馬奎斯的一生

Gabriel García Márquez: A Life

傑拉德・馬汀(Gerald Martin)著
陳靜妍譯

國際媒體讚譽

馬汀在敘事中結合了背景故事和小說……使讀者更了解馬奎斯偉大小說背後的歷史。

——Jason Wilson，《獨立報》

我們已經有他的小說，現在，感謝老天，我們有了這部永垂不朽的作品。

——《金融時報》

他的傳記……寫了十七年，他一點也不後悔投入這麼多的時間……從頭到尾都引人入勝。

——《泰晤士報》

大師級……馬汀的書是卓越的功績，不著痕跡的推崇一位複雜的人，對他一生的作品則是不可或缺的關鍵。

——《週日電訊報》

名家精采推薦

王安憶（知名作家）

荒誕作品的創作，更需要嚴格的現實作基礎。這基礎一是為抽象歸納其更真實更本質的情景所需，二是為無拘無束的想像的真實根據所需。《百年孤寂》的作者正是在對現實進行了深切的體察，思考，判斷，歸納之後，才可有縱情的想像，創作一部《百年孤寂》。而《百年孤寂》所表現的馬康多與布恩迪亞家族興衰的運動過程，不僅是拉丁美洲的現實，而是可應用於一切生存：小至一個生命，大至一個帝國，這便也是《百年孤寂》不是作為一本對拉丁美洲的解釋，而是作為一部小說獨立存在的意義。

王聰威（小說家）

跟我們這些平凡人得應付的情感瑣事相較，那些震古鑠今的偉大作家，比方說像是賈西亞．馬奎斯，到底是怎麼度過他們的愛情人生呢？

讀《馬奎斯的一生》，可以讀到馬奎斯夫人梅瑟德斯對丈夫的風流情事這麼下結論：「賈布是個非常不尋常的男人，非常不尋常。」

真是高明無比的回答。這個從來沒有對馬奎斯說過「我愛你」的女人，為私人間的情感遊戲，同時也是全世界讀者都想一窺的大師隱私，築起了無可深究的霧般圍籬，卻又令人感到有種深情的包容。光讀這些小細節，就覺得本書真是太過癮了。

甘耀明（小說家）

賈西亞．馬奎斯，無論稱他「大師中的大師」、「現代小說的救世主」，或「通往魔幻世界的守門員」，不過是在他既有榮耀之上多放根羽毛。但我得說，《馬奎斯的一生》開啓視窗，視野廣闊又鉅細靡遺，呈現馬奎斯的冒險式生命書寫，我視為床頭書捧讀。任何人在此書可以發現自己遺落的羽毛，放回背上，絕對有飄浮快感。

夏曼・藍波安（知名作家）

馬奎斯的一生恰似南美洲大陸末端的哈恩角：天候變換的莫測，海象洋流的更替是如此的具象，如此的本質，比航海家在大海孤寂的故事更豐饒。身處的年代，哥國多事之秋的世代，外祖父的經歷，孕育了馬奎斯兒時鷹眼般的銳利視野，恰給西方文人平原視角最劇烈的諷刺。他是哈恩角洋流湍急之處的黑鮪魚，是結實的，有智慧、有感性的整體。

張淑英（台大外文系教授）

一位傑出的作家，浸淫在創作的世界裡，猶如「愛與魔鬼」的掙扎，時而像「沒人寫信給上校」般的孤單期盼，時而像是「迷宮中的將軍」，英雄有淚；總要歷經「愛在瘟疫蔓延時」的艱辛等待，始有《百年孤寂》的經典著作的誕生，更能發揮「預知死亡紀事」的想像能力；提筆創作，如「風吹落葉」般—自然或狂飆—那就是賈西亞・馬奎斯。馬奎斯的一生，愛情、家庭、創作、人生，他的態度忠於初衷，忠於鄉土，忠於文學。他是安地斯山的神鷹——胸懷拉美，翱翔世界。

陳小雀（淡江大學美洲研究所副教授兼所長）

《馬奎斯的一生》有學術研究的批判探索，也有傳記作家的細膩縷述，是傑拉德・馬汀透過三百多場訪談、歷時十七年所累積完成的巨作。以馬奎斯為主幹，時光貫穿百餘年，從十九世紀末的哥倫比亞千日戰爭到二〇〇七年《百年孤寂》出版四十週年；空間則隨著馬奎斯的足跡橫跨新舊大陸，並旁及拉丁美洲國家的風風雨雨。魔幻寫實大師即使早已名利雙收，然而一生悲喜交織，難掩孤寂本質，儼然一部精采絕倫的小說，不亞於他的任何一部作品。閱讀《馬奎斯的一生》彷彿沉浸於如夢似真的「馬康多外傳」。

董啓章（知名作家）

並不是每一個小說家都適合出傳記。小說越精采，作者的人生便相對地越失色。馬奎斯是那少數例外。他的小說固然散發著非凡的魔力，他的人生也充滿著戲劇化的元素——從哥倫比亞小鎮電報員之子到世界知名的小說家，從海明威的仰慕者到諾貝爾文學獎得主，從窮途潦倒的記者到名成利就的大人物，更不要說年少時跟九歲女孩一見鍾情、長大後結為夫婦終身不渝的愛情故事。最令人讚嘆的是，馬奎斯竟然能以寫小說的精湛技藝，來駕馭自己的人生，讓自己的故事看來猶如一部充滿驚奇但又富有條理的小說。在傳記作者傑拉德·馬汀的筆下，馬奎斯的藝術與人生的完美融合得到了最熱情的總結。這於老作家來說是莫大的幸福，而於讀者來說，是一場魔幻的盛宴。

鄭樹森（美國聖地牙哥加州大學榮休教授）

西方文壇有一個調侃諾貝爾文學獎的笑話，說這個獎是「死吻」；得主的成就雖得肯定，但必然從此「江郎才盡」，空戴桂冠。美國小說家史坦貝克一九六二年獲獎時，即揚言不懼此「咒」，且自信日後定有突破。但到了一九六八年，史坦貝克還是齎志以終。史坦貝克之前的幾位美國小說家（如海明威和福克納），獲獎之後雖有作品問世，但都江河日下，大不如前。相形之下，哥倫比亞小說家賈西亞・馬奎斯一九八二年獲獎後，不但文類多樣，且好評如潮，是五十年來打破「諾咒」的第一人。

黎紫書（知名作家）

毫無疑問，馬奎斯具備一個傳奇人物應該有的所有條件。馬奎斯這名字早已超越文學，甚至也超越了地域和時間。那不只是一個寫在文學史或人類史上的名字；正如其名作《百年孤寂》一樣，他早已融入文學和歷史本身。

我原來十分害怕這樣的一本傳記會做出太多揭露，以致破壞了一個傳奇人物該有的神祕性。而現在看來這是一件不太可能的事，因為馬奎斯擁有他人生故事的各個版本。這些版本看來都魔幻而寫實。結果你知道得愈多，便愈被其中「不可解說的真實」所迷惑。

駱以軍（知名作家）

這是一本讓曾對小說有夢的讀者熱血賁張、泫然欲泣的傳記。

馬奎斯把小說推到我們人類地圖最蠻荒卻也最熱鬧的邊界。他貧窮潦倒，之後又為成名所累，卻永遠如他筆下的鬥雞對小說保持那瘟疫、夢咒般的狂熱。而這本書如那些藤蔓纏蛇神話怪獸刺青周圍，漫開在皮膚的淡藍墨暈，我們讀到小說之外的，堆放在他那巨大靈魂工場裡如何用他自己拉胚長出的邦迪亞上校、獨裁者，或阿里薩，「啊，一個小說家該是這樣活法。」讀畢我們會如是說。

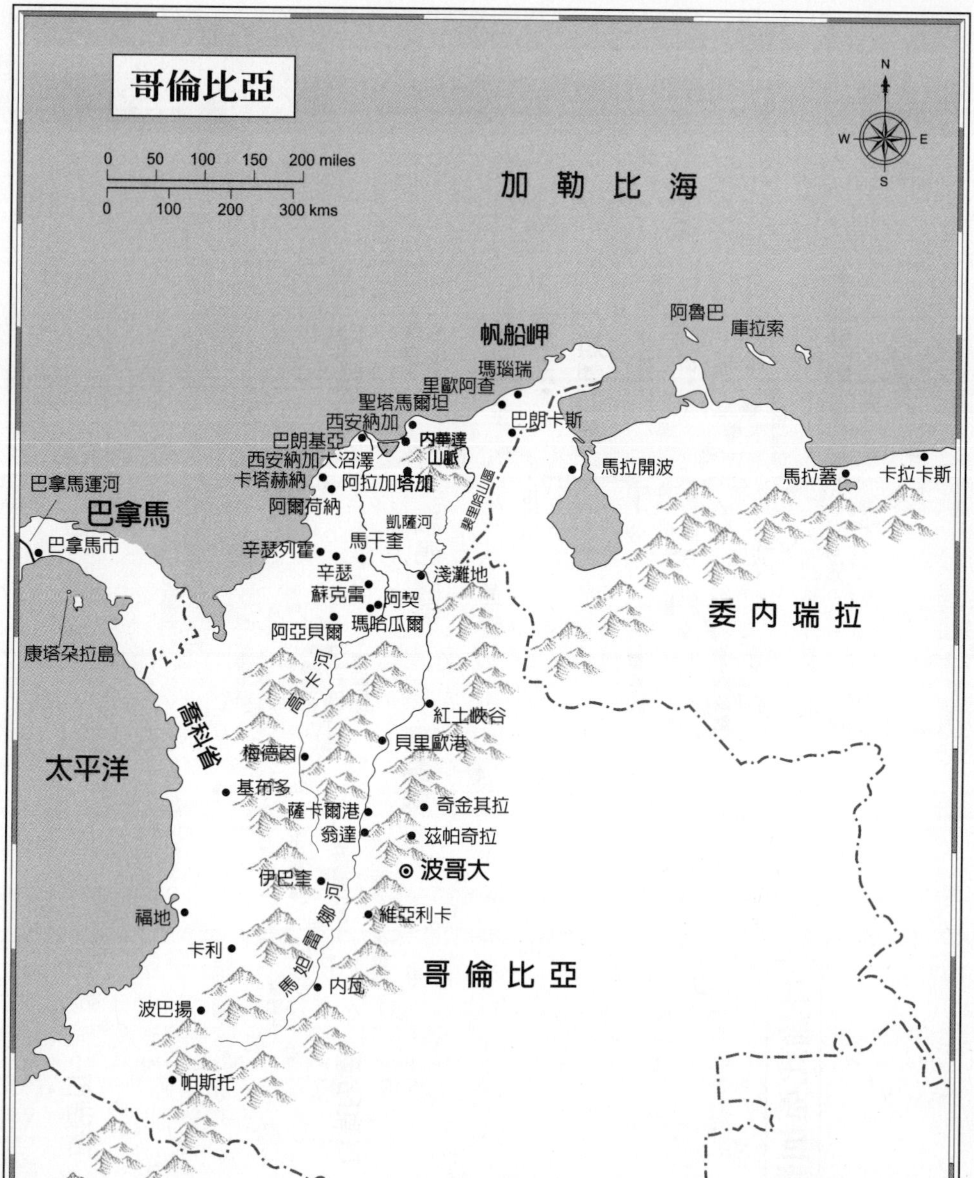
哥倫比亞
0 50 100 150 200 miles
0 100 200 300 kms
N
W
E
S
加勒比海
阿魯巴
庫拉索
帆船岬
瑪瑙瑞
里歐阿查
聖塔馬爾坦
西安納加
巴朗基亞
內華達
山脈
西安納加大沼澤
卡塔赫納
阿拉加塔加
阿爾荷納
巴朗卡斯
馬拉開波
馬拉蓋
卡拉卡斯
巴拿馬運河
巴拿馬
巴拿馬市
凱薩河
馬干奎
辛瑟列霍
辛瑟
蘇克雷
阿契
瑪哈瓜爾
阿亞貝爾
淺灘地
裴里哈山區
委內瑞拉
康塔朵拉島
高卡河
喬科省
紅土峽谷
貝里歐港
梅德因
太平洋
基布多
薩卡爾港
奇金其拉
翁達
茲帕奇拉
波哥大
伊巴奎
福地
維亞利卡
馬妲雷娜河
卡利
內瓦
哥倫比亞
波巴揚
帕斯托
厄瓜多
巴西
秘魯
雷帝夏

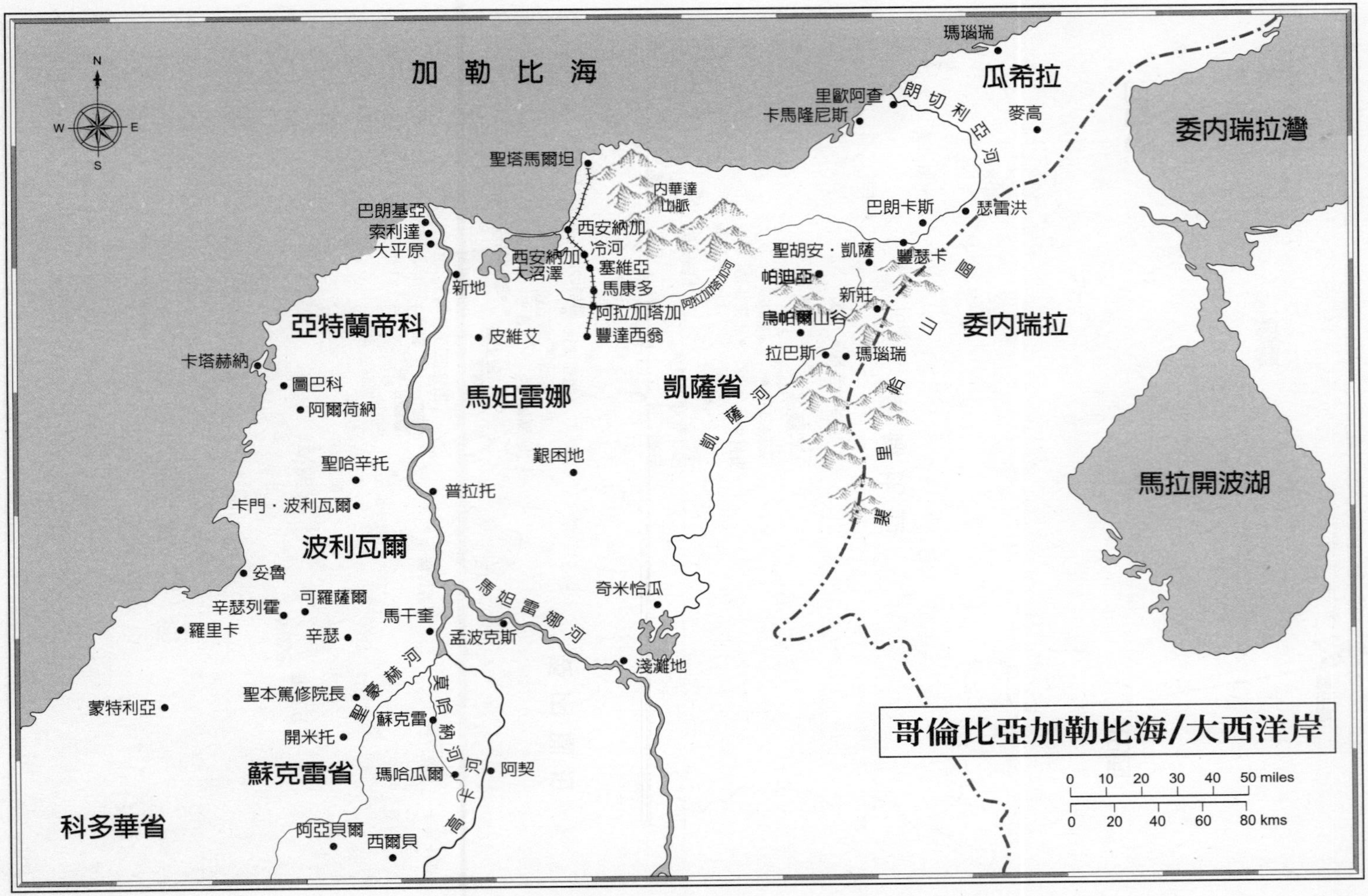

哥倫比亞加勒比海/大西洋岸

加勒比海及墨西哥灣
0 100 200 300 400 500 miles
0 200 400 600 800 kms
美國
聖安東尼奧
紐奧良
帕斯卡古拉
密西西比河
坦帕
邁阿密
巴哈馬群島
蒙特瑞
墨西哥灣
墨西哥
墨西哥市
庫埃納瓦卡
維拉克魯茲
坎昆
哈瓦那
古巴
大西洋
卡馬圭
比蘭
關塔那摩
聖地牙哥
多明尼加
共和國
太子港
海地
聖多明尼加
聖胡安
波多黎各
牙買加
京斯頓
多米尼克
聖文森
貝里斯
貝里斯
聖克里斯托巴爾・卡薩斯
(恰帕斯州)
宏都拉斯
瓜地馬拉市
瓜地馬拉
特古西加爾巴
聖薩爾瓦多
薩爾瓦多
尼加拉瓜
加勒比海
阿魯巴
庫拉索
馬拿瓜
里歐阿查
聖塔馬爾坦
巴朗基亞
卡塔赫納
阿拉加塔加
卡拉卡斯
千里達
與
托巴哥
太平洋
聖荷西
哥斯大黎加
巴拿馬
運河
巴拿馬市
巴拿馬
康塔朵拉島
委內瑞拉
喬治城
圭亞那
馬妲雷娜河
哥倫比亞
波哥大
巴西

致謝詞

傳記考察研究的一大重擔，就是需要許多人的協助（需要欠上許多人情債）；雖然他們這樣的付出一無回報，但大多數的人仍慷慨親善以對。少有研究者能受助於這麼多人——或者更確切地說，如此深切且一籌莫展地受助於如此高比率的受訪者——即使成品最終的缺點當然都是我一個人的問題。

首先且最重要的，在英國（及美國）的部分，我要感謝我的太太藍兒；她在這十八年多以來，在我考察此書內容、寫書的前置作業，及寫作的過程中，助我以非凡的寬宏、奉獻，及（最多的是）耐心。這本書也是她的作品；沒有她的協助，我還得多花許多年才寫得完。我也要感謝我的女兒卡蜜拉和莉歐妮，在我們偶爾忽略深愛的女兒及其家人的時候，她們從未埋怨。其次我在華威大學的摯友約翰金恩，這本書的兩個版本都請他過目，包括較長的版本；而他讀的時機和方式減輕了我的神經衰弱，且讓我的時間和精力能夠得到最佳成果，我會永遠感謝他。

Gail Martin、Andrew Cannon 和 Leonie Martin Cannon（兩位都是文學律師）、Liz Calder 和 Maggie Traugott 都讀了本書手稿，且給了許多無價的建議。Camilla Martin Wilks 在困難的時刻對於家譜給予關鍵的協助。

我對賈布列爾・賈西亞・馬奎斯和梅塞德斯・巴爾恰致上無比的謝意。很少有夫妻像他們肩負著這麼多公眾及私人的責任，且儘管大家都心照不宣地知道，傳記作者總是提出些最侵犯或探人隱私、惱人、又無法預料的請求和要求，但他們將近二十年來仍始終待我以禮，且既慷慨相助，脾氣又好。他們的兒子羅德里哥和貢薩羅（以及貢薩羅的太太琵雅）也一直很友善且熱心幫忙。他們的秘書，尤其是 Blanca Rodríguez 和 Mónica Alonso Garay，總是應要求給予協助；他們的堂妹 Margarita Márquez Caballero，同時也是他們在波哥大的秘書，不只迷人，還非常有效率，在工作份外也幫忙許多。賈西亞・馬奎斯先生在巴塞隆納的經紀人卡門・巴爾塞斯多次與我長談，並在這項任務的開始及結束時都給予莫大的幫助。卡塔赫納的 Foundation for a New Ibero-American Journalism 執行長 Jaime Abello、和他獨一無二的同事 Jaime García Márquez 都是近年來最支持我的；而若是沒有哈瓦那的 *Foundation for New Latin American Cinema* 主管 Alquimia Peña，我可能根本見不到賈布列爾・賈西亞・馬奎斯一面。其後，Antonio Núñez Jiménez 將他對於賈布列爾・賈西亞・馬奎斯及費德爾・卡斯楚之間關係的知所，以及他在哈瓦那的機構（Fundación de la Naturaleza y el Hombre）的資源都讓我使用。

在哥倫比亞，我的甘蔗酒（cachaca）酒友 Patricia Castaño 的熱情、對這個國家的認識、和她人脈連結的技巧，帶給我的益處和資源，對一個外來的研究者是無價的。還好有她的幫助與建議，否則這本書不會是現在這個模樣；而研究和準備的過程也因有了她和她先生 Fernando Caicedo 的友誼和好客，而更加有趣、快樂。Gustavo Adolfo Ramírez Ariza 讓我對賈西亞・馬奎斯與這個首都的關係更加了解（即使他家住海邊〔譯註：哥倫比亞首都波哥大深處內陸，離海岸至少四、五百公里。〕），且以各種圖示及細節，提供我關鍵、明智的協助（順道感謝他的母親 Ruth Ariza）；Rosalía Castro、Juan Gustavo Cobo Borda、Margarita Márquez Caballero 及 Conrado Zuluaga 都毫不遲疑地慷慨敞開他們在哥倫比亞的人脈，並提供我亟需的資源與材料。Heriberto Fiorillo 讓我得以接觸新的 'La Cueva' 酒吧，而

Rafael Darío Jiménez 則以真知洞見及愉快的心情帶我遊遍阿拉加塔加。

而在哥倫比亞，我不僅有幸數次見到賈布列爾・賈西亞・馬奎斯的母親露易莎・聖蒂雅嘉・馬奎斯・伊瓜蘭・賈西亞，且受他的親戚——尤其是他的兄弟姊妹、和他們的配偶和小孩——視爲家族一份子般地對待（'el tío Yeral'，意即「Yeral 叔叔」，譯註：Yeral 爲作者名字 Gerald 的南美腔調發音）。將家族成員一一列名可能太過個別化，但我感謝他們每一位，不只是爲了他們提供的資訊，也是因爲他們在個人層面和集體的各種層面上賜予我的美好人性體驗：Margot García Márquez；Luis Enrique García Márquez 及 Graciela Morelli 和他們的小孩；Aida Rosa García Márquez；Ligia García Márquez（族譜學者，對所有的研究者都是上帝賜給的禮物）；Gustavo García Márquez 和 Lilia Travecero 及兒子 Daniel García Travecero；Rita García Márquez 與 Alfonso Torres、Alfonsito 和所有其他人；Jaime García Márquez 和 Margarita Munive；Hernando（Nanchi）García Márquez 及其家人；Alfredo（Cuqui）García Márquez；Abelardo García 與家人；Germaine（Emy）García；最後但絕非不重要的是令人難忘且懷念的 Eligio（Yiyo）García Márquez，他的妻子Myriam Garzón 及他們的兒子 Esteban García Garzón 與 Nicolás García Garzón。希望在之後的書，我能在「家族傳」上多加著墨。

大家族的成員中，我碰到作家 José Luis Díaz-Granados，且受到他及兒子 Federico，母親 Margot Valdeblánquez de Díaz-Granados（同時也是另一位不可或缺的傳記作者）的慷慨協助，此外還有 José Stevenson，另一位傑出的作家兼好友，他對波哥大的了解助我良多，Oscar Alarcón Núñez（又一位作家，這個家族以盛產作家爲傲）、Nicolás Arias、Eduardo Barcha 及 Narcisa Maas、Miriam Barcha、Arturo Barcha Velilla、Héctor Barcha Velilla、Heriberto Márquez、Riohacha 的Ricardo Márquez Iguarán、Margarita Márquez Caballero（之前提過）、Rafael Osorio Martínez 及 Ezequiel Iguarán Iguarán。

在巴黎，Tachia Quintana de Rosoff 和她的先夫 Charles Rosoff 一直幫助、款待我，認識她使我深感榮幸。

在世界各地，包括以上提到的，我訪談過的人包括了：Marco Tulio Aguilera Garramuño、Eliseo (Lichi) Alberto、Carlos Alemán, Guillermo Angulo、Consuelo Araujonoguera（'La Cacica'）、Germán Arciniegas、Nieves Arrazola de Muñoz Suay、Holly Aylett、Carmen Balcells、Manuel Barbachano、Virgilio Barco、Miguel Barnet、Danilo Bartulín、María Luisa Bemberg、Belisario Betancur、Fernando Birri、Juan Carlos Botero、Pacho Bottía、Ana María Busquets de Cano、Antonio Caballero、María Mercedes Carranza、Alvaro Castaño 與 Gloria Valencia、Olga Castaño、Rodrigo Castaño、José María Castellet、Fidel Castro Ruz、Rosalía Castro、Patricia Cepeda、Teresa (Tita) Cepeda、Leonor Cerchar、Ramón Chao、Ignacio Chaves、Hernando Corral、Alfredo Correa、Luis Carmelo Correa、Poncho Cotes、Luis Coudurier Sayago、Claude Couffon、Antonio Daconte、Malcolm Deas、Meira Delmar、José Luis Díaz-Granados、Eliseo Diego、Lisandro Duque、Ignacio Durán、María Jimena Duzán、Jorge Edwards、María Luisa Elío、Rafael Escalona、José Espinosa、Ramiro de la Espriella、Filemón Estrada、Etzael 與 Mencha Saltarén 及他們在巴朗卡斯的家人、Luis 和 Leticia Feduchi、Roberto Fernández Retamar、Heriberto Fiorillo、Cristo Figueroa、Víctor Flores Olea、Elida Fonseca、José Font Castro、Marcos María Fossy、Alfonso Fuenmayor（我很感激 Alfonso 那一趟舊巴朗基亞難忘之旅）、Carlos Fuentes、José Gamarra、Heliodoro García、Mario García Joya、Otto Garzón Patiño、Víctor Gaviria、Jacques Gilard、Paul Giles、Fernando Gómez Agudelo、Raúl Gómez Jattin、Katya González、Antonio González Jorge 和 Isabel Lara、Juan Goytisolo、Andrew Graham-Yooll、Edith Grossman、Oscar Guardiola、

Tomás Gutiérrez Alea、Rafael Gutiérrez Girardot、Guillermo Henríquez、Jaime Humberto Hermosillo、Ramón Illán Bacca、Michael Jiménez、José Vicente Kataraín、Don Klein、Maria Lucia Lepecki、Susana Linares de Vargas、Miguel Littín、Jordi Lladó Vilaseca、Felipe López Caballero、Nereo López Mesa（'Nereo'）、Alfonso López Michelsen、Aline Mackissack Maldonado、'Magola' in the Guajira、Berta Maldonado（'La Chaneca'）、Stella Malagón、Gonzalo Mallarino、Eduardo Marceles Daconte、Joaquín Marco、Guillermo Marín、Juan Marsé、Jesús Martín-Barbero、Tomás Eloy Martínez 與 Gabriela Esquivada、Carmelo Martínez Conn、Alberto Medina López、Jorge Orlando Melo、Consuelo Mendoza、Elvira Mendoza、María Luisa Mendoza（'La China'）、Plinio Apuleyo Mendoza、Domingo Miliani、Luis Mogollón 及 Yolanda Pupo、Sara de Mojica、Carlos Monsiváis、Augusto（Tito）Mon-terroso 和 Barbara Jacobs、Beatriz de Moura、Annie Morvan、Alvaro Mutis 與 Carmen Miracle、Berta Navarro、Francisco Norden、Elida Noriega、Antonio Núñez Jiménez 及 Lupe Véliz、Alejandro Obregón、Ana María Ochoa、Montserrat Ordóñez、Jaime（'El Mono'）Osorio、Leonardo Padura Fuentes、Edgardo（'Cacho'）Pallero、James Papworth、Alquimia Peña、Antonio María Peñaloza Cervantes、Gioconda Pérez Snyder、Eduardo Posada Carbó、Roberto Pombo、Elena Poniatowska、Francisco（'Paco'）Porrúa、Gertrudis Prasca de Amín、Gregory Rabassa、Sergio Ramírez Mercado、César Ramos Hernández、Kevin Rastopolous、Rosa Regás、Alastair Reid、Juan Reinoso 及 Virginia de Reinoso、Laura Restrepo、Ana Ríos、Julio Roca、Juan Roda 與 María Fornaguera de Roda、Héctor Rojas Herazo、Teresita Román de Zurek、Vicente Rojo and Albita、Jorge Eliécer Ruiz、José（'El Mono'）Salgar、Daniel Samper、Ernesto Samper、María Elvira Samper、Jorge Sánchez、Enrique Santos Calderón、Lászlo Scholz、Enrique（Quique）Scopell and Yolanda Field、Elba Solano、Carmen Delia de Solano、Urbano Solano Vidal、José Stevenson、Jean Stubbs、Gloria Triana、Jorge Alí Triana、Hernán Urbina Joiro、Margot Valdeblánquez de Díaz-Granados、Germán Vargas、Mauricio Vargas、Mario Vargas Llosa、Margarita de la Vega、Roberto de la Vega、Rafael Vergara、Nancy Vicens、Hernán Vieco、Estela Villamizar、Luis Villar Borda、Erna Von der Walde、Ben Woolford、Daniel Woolford、Señor 及 Señora Wunderlisch 夫婦、Martha Yances、Juan Zapata Olivella、Manuel Zapata Olivella、Gloria Zea 及 Conrado Zuluaga。我感激以上所有人，且很想細數每位訪談者爲我做的，及教我的一切，但這就會占去一本書的篇幅了。

其他令我感激的資料、訪談，及其餘各種形式的協助與招待，來自於：Alberto Abello Vives、Hugo Achugar、Claudia Aguilera Neira、Federico Alvarez、Jon Lee Anderson、Manuel de Andreis、Gustavo Arango、Lucho Argáez、Ruth Margarita Ariza、Oscar Arias、Diosa Avellanes、Salvador Bacarisse、Frank Bajak、Dan Balderston、Soraya Bayuelo、Michael Bell、Giuseppe Bellini、Mario Benedetti、Samuel Beracasa、John Beverley、Fernando Birri、Hilary Bishop 與 Daniel Mermelstein、Martha Bossío、Juan Carlos Botero、Pacho Bottía、Gordon Brotherston、Alejandro Bruzual、Juan Manuel Buelvas、Julio Andrés Camacho、Homero Campa、Alfonso Cano、Fernando Cano、Marisol Cano、Ariel Castillo、Dicken Castro、Juan Luis Cebrián、Fernando Cepeda、María Inmaculada Cerchar、Jane Chaplin、Geoff Chew 及 Carmen Marrugo、Fernando Colla 和 Sylvie Josserand、Oscar Collazos 與 Jimena Rojas、Susan Corbesero、Antonio Cornejo Polar、Sofía Cotes、George Dale-Spencer、Régis Debray、Jörg Denzer 和 Ledy Di、Jesús Díaz、Mike Dibb、Donald Dummer、Conchita Dumois、Alberto Duque López、Kenya C. Dworkin y Méndez、Diamela Eltit、Alan Ereira、Cristo Figueroa、Rubem

Fonseca、Juan Forero、Fred Fornoff、Silvia Galvis(其寫賈西亞・馬奎斯家族之著作舉足輕重)、José Gamarra、Diego García Elío、Julio García Espinosa 和 Dolores Calviño、Norman Gall、Verónica Garibotto、Rosalba Garza、César Gaviria 及 Ana Milena Muñoz、Luz Mary Giraldo、Margo Glantz、Catalina Gómez、Richard Gott、Sue Harper Ditmar、Luis Harss、Andrés Hoyos、Antonio Jaramillo（'El Perro Negro'）、Fernando Jaramillo、Carlos Jáuregui、Orlando 與 Lourdes Jiménez Visbal、Carmenza Kline、John Kraniauskas、Henry Laguado、Patricia Lara、Catherine LeGrand、Patricia Llosa de Vargas、Fabio 和 Maritza López de la Roche、Juan Antonio Masoliver、Tony McFarlane、Pete McGinley、Max 及 Jan McGowan-King、María del Pilar Melgarejo、Moisés Melo 和 Guiomar Acevedo、Oscar Monsalve、Mabel Moraña、Patricia Murray、Delynn Myers、Víctor Nieto、Harley D. Oberhelman、John O' Leary、William Ospina、Raúl Padilla López、Nohra Parra、Michael Palencia-Roth、Alessandra María Parachini、Rafael Pardo、Felipe Paz、Conchita Penilla、Pedro Pérez Sarduy、Carlos Rincón、Manuel Piñeiro（'Barbarroja'）、Natalia Ramírez、Arturo Ripstein、Jorge Eduardo Ritter、Isabel Rodríguez Vergara、Jorge Eliécer Ruiz、Patricio Samper 和 Genoveva Carrasco de Samper、Emilio Sánchez Alsina、Noemí Sanín、Amos Segala、Narcís Serra、Donald L. Shaw、Alain Sicard、Ernesto Sierra Delgado、Antonio Skármeta、Pablo Sosa Montes de Oca、Adelaida Sourdis、David Streitfeld、Gustavo Tatis Guerra、Michael Taussig、Totó la Momposina、Adelaida Trujillo 與 Carlos（'Caturro'）Mejía、Carlos Ulanovsky、Aseneth Velázquez、Ancizar Vergara、Erna Von der Walde、Dan Weldon、Clare White、Colin White、Edwin Williamson、Michael Wood、Anne Wright 和 Marc Zimmerman。我還是很想詳述以上各位的貢獻，其中許多人的幫助都十分可觀，還有些助我極爲深廣。對於我疏漏的人，在此謹致

上誠摯的歉意。

我還要感謝英國普茲茅斯大學的圖書館長 Roger MacDonald 在此計畫初期給予殷勤的幫助，以及為匹茲堡大學建立拉丁美洲藏書庫的傳奇圖書館長 Eduardo Lozano。

匹茲堡大學 Faculty of Arts and Sciences 的 Peter Koehler 院長及 John Cooper 院長都在許多年間給我無價的支持。

我也一定要感謝超強的編輯 Neil Belton，這本書最初就是他的點子；我們合作得很愉快。我的經紀人 Elizabeth Sheinkman 在巧妙的時刻出現在我的人生中，她一直都很有事業心、果斷、且永遠都給予我溫暖的支持，在此獻上由衷的感激。

最後是Bloomsbury的團隊——Ruth Logan、Nick Humphrey、Phillip Beresford、明智且人脈深廣的Emily Sweet、擁有絕對關鍵的交際手腕及絕佳編輯功力的冷靜Bill Swainson——他們以超乎職責的耐心、關心對待本書的無賴作者。本書因為有他們無窮的努力而更臻佳境，我誠摯地感謝他們所有人。

（陳奕文／譯）

前言

賈布列爾・賈西亞・馬奎斯於一九二七年出生於哥倫比亞，爲第三世界最有名的作家，也是文學形式「魔幻寫實」的最佳代表，這種寫作風格在其他開發中國家與其小說家之間頗受歡迎，薩爾曼・魯西迪便是其中一位代表人物。賈西亞・馬奎斯也許是拉丁美洲文學界有史以來最受尊崇、最具代表性的一位小說家；在這個公認名作難求的時代，過去四十年來，他在歐洲及美國「第一世界」的地位無人能及。

的確，若是檢視二十世紀的小說家，我們發現目前評論家公認的「偉大」作家皆來自前半世紀（喬哀斯、普魯斯特、卡夫卡、福克納、吳爾芙）；然而，二十世紀後半也許只有賈西亞・馬奎斯真正的成就一致公認的偉大作品。他的傑作《百年孤寂》於一九六七年出版，出現在「現代主義」和「後現代主義」小說轉折之際，也許是一九五〇年到二〇〇〇年之間，唯一不分國籍、文化的受到廣大歡迎的作品。在這方面，就主題（概括的說是「傳統」和「現代性」之間的衝突）和接受度而言，說這是世界上第一本真正「全球性」的小說，一點也不爲過。

在其他方面，賈西亞・馬奎斯也是鮮有的現象。他是一位嚴肅但受到一般大眾歡迎的作家，正如狄更斯、雨果或海明威，不但作品廣受歡迎，知名程度直逼運動員、音樂家或電影明星。一九八二年獲獎時，他是近年來最受歡迎的諾貝爾文學獎得主。在拉丁美洲，自從賈西亞・馬奎斯發明「馬康多」之後，他在此因而脫胎換骨的地區家喻戶曉，大家都親暱的叫他「賈布」，如同默片時代的「查理」或足球界的「培耶」。他雖然是二十世紀拉丁美洲最知名的四、五位人物之一，卻來自名不見經傳的鄉下小鎮，不到十萬的人口大多是文盲，鎮上沒有鋪路也沒有下水道，而且這裡的地名「阿拉加塔加」（也就是「馬康多」）也只會讓第一次聽到的人發笑（雖然聽起來像咒語「阿布拉卡達布拉」可能使他們心生好奇）。來自拉丁美洲的著名作家很少出身如此小鎮背景，然而，他們在文學上和政治上也少有他如此深入的投入與了解。

如今，賈西亞・馬奎斯名利雙收，在五個國家光鮮的地段置有七個家。最近幾十年來，他得以要求（或更經常地拒絕）半小時五萬美元的受訪費；他也得以選擇任何報紙發表文章，收取高額稿費。正如莎士比亞，他的作品標題如鬼魅般出現在世界各地的報紙頭條上（「一百個小時的孤寂」、「預知災難紀事」、「獨裁者的秋天」、「愛在金錢蔓延時」）。他大半輩子的時間都被迫面對、忍受驚人的知名程度。有錢、有名、有權的人都希望得到他的青睞和友誼——方斯華・密特朗、菲利普・貢薩雷茲、比爾・柯林頓、近幾任哥倫比亞和墨西哥總統，以及其他名人。然而，雖然他在文學上和財富上如此的成功，他一生仍然信奉左派革新主義，捍衛對其有利的主張，並致力於進步的基業，包括成立具影響力的新聞、電影學院。三十多年來，他和另一位政治領袖費德爾・卡斯楚的親密友誼也不斷引起爭議與批評。

我花了十七年的時間撰寫這本傳記。有別於早期每個人所告訴我的（你永遠見不到他，就算見到他也不會合作），我在開始著手的幾個月內就見到了我的主角，雖然不能說他很熱中（「你爲什麼想寫傳記？傳記代表死亡」），但他很友善、親切、包容。的確，每次我問到自己所寫的這本傳記是否算得到認可，總是得到一樣的答案：「不，這不是經過認可的傳記，只是經過默認的傳記。」不過令我感到意外和感激的是，二〇〇六年，賈西亞・馬奎斯自己告訴世界媒體我是他的「正式」傳記作者。也許，這也使我成爲他唯一正式默許的傳記作者！這真是一項非比尋常的殊榮。

如眾所皆知，傳記作者和傳記對象之間的關係並不容易，但我非常幸運。他是一位專業記者、也是專業作家，熟悉如何把別人的人生故事用在自己的小說裡；就這一點而言，輪到他成爲被寫的對象時，賈西亞・馬奎斯可說是相當的容忍。一九九〇年十二月，我首次在哈瓦那見到他時，他說他答應我的請求，只有一個條件：「做好你的工作。」我想，他會同意我沒讓他代勞我的份內工作，我需要他的協助時，他也伸出援手回應。爲了撰寫這本傳記，我進行了大約三百場的訪問，許多參與的人已不在人世；然而，我知道若不是「賈布」暗示我「沒問題」，費德爾・卡斯楚和菲利普・貢薩雷茲可能不會接受訪問。如今他總算可以讀到這本書了，我希望他仍然覺得我沒問題。他始終不願意給我每個傳記作者夢寐以求的「掏心掏肺」，因爲這樣的互動「不適宜」；然而過去十七年來，我們在不同時間、地點、私下和公開場合的相處，加起來相當於一個月的時間；我相信他告訴我一些少有他人知道的事。然而，他從來未曾試圖以任何方法影響我，而且，他總是以天生記者的倫理與犬儒說：「你看到什麼就寫什麼，你寫什麼我就是什麼。」

這本傳記的研究以西班牙文進行，所閱讀的資料也是西班牙文，大多數的訪問也是以西班牙文進行，卻以英文寫成、出版（雖然西語翻譯於二〇〇九年出版）。在一般正常的情況下，傳記作者，特別是第一本完整的傳記作者，應該由傳記對象的同胞撰寫，對於祖國和對象本身瞭若指掌，能夠理解每次溝通之中最細微的神韻。但我的情形並非如此（除此之外，賈西亞・馬奎斯是國際知名人物，不只是一位知名的哥倫比亞人），如同他本人聽到我的名字被提起時，也許曾經不那麼誠心的嘆息：

「嗯，我猜每個有自尊的作家都該有個英文傳記作者。」我懷疑，在他眼中我唯一的優點顯然是一生熱愛他所出生的拉丁美洲，並爲之傾倒。

賈西亞・馬奎斯一生中所有重要的時刻，他都有各種不同的版本，整理這些版本並不容易。如同馬克吐溫一般，他喜歡編造故事，更別說吹牛，他也喜歡故事有令人滿意的收尾，尤其是他自己的人生故事；同時，他也非常喜歡開玩笑，反學術、非常偏愛神秘、明目張膽的離間，正好讓記者或教授失去線索。這是他稱爲「大媽媽主義」的一部分（稍後再補充，目前也許可以小心的譯成「戲謔」）。就算你可以確定某些特定的軼聞來自某些「真正」發生過的事，你還是沒辦法寫成某個特定的故事，因爲你會發現，他人生中大多數知名的故事他都說過好幾個版本，每一種版本都有某些真實的元素在內。我自己就親身經歷過這種渲染的狂熱，而且也很樂意的受到感染（不過是我自己的生活，希望不是這本書）。對於我總是不屈不撓、準備好應付只有瘋狗和英國人才會使用的調查伎倆，賈西亞・馬奎斯家族總是印象深刻。因此，我覺得無法抹煞賈西亞・馬奎斯自己散播、顯然相信的神話，乃至於我（顯然是我狂熱的特質）曾經在一個大雨滂沱的夜裡，坐在阿拉加塔加廣場的長凳上，只爲了「感受」我的傳記對象知名出生地的氛圍。

經過這麼多年，難以想像這本書終於完成了，而我在此寫著前言。許多疲倦不堪、比我更傑出的傳記作者認爲，投資在如此苦勞的時間和精力根本划不來，只有傻瓜和頭腦不清楚的人才會開始這樣的工作，也許以爲有可能與偉大、優秀或僅是有名的人物交談、得到認同，我也許可能同意這樣的結論。然而，若是有哪一位對象值得投入人生四分之一的時光，無疑地非賈布列爾・賈西亞・馬奎斯不尋常的人生與事業莫屬。

傑拉德・馬汀　二〇〇八年七月

注：我累積了超過兩千頁，六千個注解時，終於了解到自己永遠不可能完成這本書。因此，讀者所見到的是一本更長傳記的簡約版；如果時間許可的話，我打算在過幾年再出版這幾近完成的完整版。不過，理智告訴我應該暫時停下這龐大的工作，趁這位已年過八十的傳記對象還能夠閱讀此書時先把累積的資料寫成簡短、相對緊湊的故事。

目次

第二部 旅居海外：歐洲及拉丁美洲（一九五五—一九六七）／183

序曲

卑微的出身

1800-1899

時序是一九三〇年代初期，場景是哥倫比亞北部的熱帶海岸地區，一個炎熱得令人喘不過氣的早晨，一位年輕女性坐在聯合水果公司的火車上，凝視著窗外一排又一排的香蕉園，隨著陽光的變化閃閃發光而逐漸朦朧。她所搭乘的蒸汽火車從加勒比海的港口城市巴朗基亞出發，一路上被蚊子圍攻，這夜車越過西安納加大沼澤，此時正經由香蕉區前往內陸小鎮阿拉加塔加。許多年前在這裡，她把自己尚在襁褓中的長子賈布列爾留給年邁的父母。除了賈布列爾之外，此時的露易莎・聖蒂雅嘉・馬奎斯・伊瓜蘭・賈西亞還有三個小孩。當時，她的先生賈布列爾・埃利西歐・賈西亞帶著她離開此處前往巴朗基亞，把「小賈布」留給外公和外婆照顧，他們是尼可拉斯・馬奎斯・梅西亞上校和特蘭基利娜・伊瓜蘭・科特斯・馬奎斯，這是露易莎・聖蒂雅嘉那之後第一次回到阿拉加塔加。馬奎斯上校自世紀初苦澀的千日戰爭中退役，畢生忠貞擁護哥倫比亞自由黨，後來擔任阿拉加塔加當地市政機關的出納局長。

對於露易莎・聖蒂雅嘉和英俊的賈西亞的戀情，上校和特蘭基利娜夫人相當憤怒地反對。他不只是個窮小子、外地人，而且還是私生子、混血兒，也許最糟的是，賈西亞熱情支持令人厭惡的保守黨。他遇見露易莎這位城裡最適婚的年輕女子時，才當了沒幾天的報務員。她的父母把她送出城、寄宿親戚家近一年的時間，希望藉此澆熄她對這位充滿魅力的外地人瘋狂的迷戀，但終究失敗了。至於賈西亞，如果他寄望和上校女兒的婚姻會讓自己發財，那麼，結果令他失望；雖然想盡辦法安排在這地區的首府聖塔馬爾坦舉行婚禮，但新娘的父母拒絕出席，他也丟了阿拉加塔加的工作。

望著車窗外時，露易莎在想些什麼？也許，她早已忘記這段旅程有多麼不舒服，她在回想著度過童年和少女時期的大宅院嗎？大家對她的出現會有什麼反應？她的雙親、她的阿姨姑姑、兩個許久沒有見到的孩子：最大的小賈布，還有如今也和外公外婆同住的妹妹瑪格麗妲。經過小香蕉園馬康多時，火車發出汽笛聲，讓她想起自己的童年。幾分鐘後，阿拉加塔加映入眼簾，在陰影下等待的是她的上校父親……他會如何迎接她？

沒有人知道他說了什麼，不過，我們非常清楚接下來所發生的事[1]。回到老上校的家，大屋裡的女性幫小賈布做好準備，迎接他永遠不會忘記的一天：「她到了，你的母親到了，小賈布，她到了，你的母親。你有聽到火車的聲音嗎？」附近的火車站再度傳來汽笛聲。

後來，小賈布說自己並沒有關於母親的記憶，她在他有任何記憶之前就離開了。如果現在她對他有什麼意義，那是外公外婆從來沒有解釋過的缺席、一種焦慮、好像有什麼事不對勁，也許有問題的是他。外公在哪裡？外公總是把一切說得很清楚，但外公此刻並不在家。

接著，小賈布聽到他們進到房子的另一頭，一位阿姨牽起他的手，一切都如夢境一般：「你媽媽到了，」阿姨說。他跟著進去，過了一會兒，他看到一位不認識的女士站在房間的另一個角落，背對著關上百葉窗的窗戶。她是位美麗的女士，頭戴草帽、身上的寬鬆洋裝長袖及腕。她在中午的熱氣中沉重地呼吸著，他則充滿陌生的迷惑，因爲他喜歡這位女士的外表，卻馬上了解到自己並沒有像他們所告訴他的，以他應該愛母親的方式愛著她，也不像他愛自己的外公外婆那樣的方式，甚至不像他愛自己的姑姑阿姨一般。

那位女士說：「你不來擁抱一下你的母親嗎？」她把他拉向自己，擁他入懷。她有一種他永遠不會忘記的味道，母親離開時他還不到一歲，如今他已經快七歲了。只有現在，因爲她的歸來，他才明白了一件事：母親離開過他。對此，小賈布永遠無法釋懷，最重要的也許不是因爲他始終無法面對這份感覺，不過與此也相去不遠。接著很快地，她再度離開了他。

一九〇五年七月二十五日，上校任性的女兒，小賈布的母親露易莎・聖蒂雅嘉出生於小鎮巴朗卡斯，位處內華達山脈以東，遙遠的瓜希拉和山區省分帕迪亞之間[2]。露易莎出生的時候，她的父親屬潰敗陸軍的一員，在哥倫比亞內戰「千日戰爭」（一八九九—一九〇二）中被保守黨擊潰的自由黨。

一八六四年二月七日，賈布列爾・賈西亞・馬奎斯的外公尼可拉斯・里卡多・馬奎斯・梅西亞出生於哥倫比亞北大西洋岸的里歐阿查，此處陽光普照、海洋氣味濃厚、滿佈灰塵，是這最未開化地區小小的首府，也是令人敬畏的瓜希拉印地安人的家鄉，從殖民時期到現今都是走私毒品的避難所。關於馬奎斯早期的生活所知甚少，僅知他只有小學教育程度，卻充分發揮所學；曾經有一陣子被送往西去和表妹法蘭希絲卡・西莫多希雅・梅西亞一起住在卡門・波利瓦爾，位於雄偉的殖民城市卡塔赫納的南部。這對表兄妹在此處由外婆何瑟法・法蘭希絲卡・維達撫養長大。後來，尼可拉斯花了幾年時間遊歷了整個海岸區之後，法蘭希絲卡加入他的家族，住在他家，終身未嫁。尼可拉斯在卡馬隆尼斯住過一段時間，位於距離里歐阿查約十五英里的瓜希拉沿岸。傳說當時早熟的他參與過一場或一場以上十九世紀時哥倫比亞經常發生的內戰，他在十七歲時回到里歐阿查，在父親尼可拉斯・卡門・馬奎斯・埃爾南德茲的監督下成爲銀匠，這是傳統的家族事業。尼可拉斯雖然完成小學教育，但他的工藝家族無法負擔他繼續接受教育。

尼可拉斯・馬奎斯在其他方面也很具生產力：回到瓜希拉的兩年內，這位恣意而爲的少年旅人就已成爲兩名私生子的父親——在哥倫比亞稱爲「自然的孩子」——，荷西・馬利亞出生於一八八二年，卡洛斯・阿貝爾托出生於一八八四年[3]。他們的母親是里歐阿查性格古怪的未婚婦女阿塔葛拉西亞・韋德伯朗奎茲，來自一個頗具影響力的保守黨家族，比尼可拉斯年長許多，我們並不清楚尼可拉斯爲何沒有娶她。兩個兒子都跟母親的姓，都養育成堅定的天主教徒和保守派，但尼可拉斯卻是熱情的自由派。這是因爲直到最近爲止，哥倫比亞的傳統向來是孩子接受父母的政治立場，但這兩個孩子並不是由尼可拉斯所撫養長大，而是由母親那邊的家庭。因此在千日戰爭裡，兩個兒子都對抗自由派，也就是他們的父親。

就在卡洛斯・阿貝爾托出生後一年，二十一歲的尼可拉斯娶了一位年紀相當的妻子，特蘭基利娜・伊瓜蘭・科特斯，她出生於一八六三年七月五日，同樣來自里歐阿查。雖然特蘭基利娜也是私生女，她的姓氏卻來自當地兩個主要的保守黨家族。尼可拉斯和特蘭基利娜皆明顯可見是歐洲白種人家族的後裔，尼可拉斯這個無可救藥的獵豔高手則流連於不同種族、膚色的女性之間，不過不論在家還是出外，基本上還是維持這種由最基本、淺到深的膚色階級。許多事最好先作保留。

因此，我們開始摸索著回到賈布列爾・賈西亞・馬奎斯最知名小說《百年孤寂》的讀者所熟悉的晦暗家譜迷宮。在書裡，他故意不提供提示以助讀者釐清家族關係：通常只用名字(而非姓氏)，而且重複好幾代到誇張的程度。對讀者而言，這也成爲本書不言而明的挑戰，但無疑的也複製了作者所經歷的迷惑和焦慮、孩童時期試著解開糾結不清的家族傳說，及其歷史架構。

以尼可拉斯爲例，他出生時是私生子，不是由父母養育，而是由外婆扶養長大。當然，在一個以旁系家族鞏固安全的邊塞社會裡，一點也不是不尋常的事。如我們所見，他在二十歲前就已經有了兩個私生子，這一點也很尋常。在那之後，他馬上娶了特蘭基利娜，她和阿塔葛拉西亞一樣來自比他高的社會階層，雖然爲了門戶平衡，她不但也是私生女，而且還是他的表姊這一點在哥倫比亞也稀鬆平常。即使世界其他地方已經有所改變，拉丁美洲仍然維持這樣的習俗，但如同私生子一般仍然帶有汙名。這對夫妻的祖母是同一人，胡安妮塔・埃爾南德茲，她在一八二〇年代從西班牙來到哥倫比亞。尼可拉斯來自她原先的婚生家庭，特蘭基利娜則來自她和外遇的後代，發生在她守寡之後，和一個比她小十歲，在里歐阿查出生的歐洲移民後裔。結果只過了兩代，胡安妮塔的兩個孫子尼可拉斯・馬奎斯・梅西亞和特蘭基利娜・伊瓜蘭・科特斯這對表姊弟也在里歐阿查結婚。雖然他們的姓氏並不相同，不過，他的父親和她的母親都是膽大敢爲的胡安妮塔的小孩，互爲同母異父的兄妹，卻是事實。你永遠不確定自己結婚的對象究竟是誰，這樣的罪惡也許會帶來詛咒，或是更糟糕的，如同《百年孤寂》中布恩迪亞家族所害怕的，生出一個帶著豬尾巴的小孩，至此絕子絕孫。

不消說，除了身爲私生子，亂倫的陰影更無可避免的籠罩著尼可拉斯和特蘭基利娜，也爲兩人之間的關係增加了更黑暗的層面。後來，尼可拉斯在婚後又生了更多，也許十來個私生子。然而，他卻居住在一個虔誠的天主教社會，有著所有的傳統社會階層以及勢利眼，最低的是黑人或印地安人（當然，對他們而言，沒有任何可敬的家庭願意和他們扯上關係，雖然在哥倫比亞幾乎所有的家庭，包括最上層社會的家庭都有這樣的關係）。這樣混亂的族群混合和階層使得私生子成爲輕而易舉之事，然而，通往上層社會卻只有一條又直又窄的路，如同許多年後小嬰兒賈西亞・馬奎斯長大的社會一般，也是同樣的困惑和虛僞。

就在他和特蘭基利娜・伊瓜蘭結婚不久之後，尼可拉斯・馬奎斯離開懷孕中的她——以家族家長的觀點，這總是離開女人最好的方式——在當時仍屬哥倫比亞一部分的巴拿馬待了幾個月，和舅舅荷西・馬利亞・梅西亞・維達爾一起工作。在那裡，他和似乎是一生至愛的女子，美麗的伊莎貝爾・盧伊茲生了一個私生女瑪麗亞・葛列高利亞・盧伊茲。然後，他的第一個婚生子胡安・迪歐斯出生之後，他才在一八八六年回到瓜希拉[4]。尼可拉斯和特蘭基利娜還有兩名婚生子女：瑪格麗妲出生於一八八九年，露易莎・聖蒂雅嘉在一九〇五年七月出生於巴朗卡斯，雖然因爲覺得自己有難言之隱，她一直到死前不久都堅持自己也是在里歐阿查出生的，本文稍後提及。她也嫁了一個非婚生的丈夫，最後生了一個婚生子賈布列爾・荷西・賈西亞・馬奎斯。不論不倫關係在賈布列爾・賈西亞・馬奎斯的小說裡受到如何幽默的待遇，非婚生關係在書中如此多的著墨，其來有自。

尼可拉斯的非婚生子女並沒有在內戰中慘死，如同上校最喜歡的外孫後來在小說中幻想的（總共有十七個私生子）[5]。比如說，莎拉・諾利耶卡是尼可拉斯和班恰・諾利耶卡的「自然」女兒，以「那個班恰・諾利耶卡」爲人所知，後來和葛列高里歐・班尼拉結婚，住在豐達西翁，就在阿拉加塔加的下一個火車站。一九九三年，我在巴朗卡斯見到她的孫女艾莉妲・諾利耶卡，鎮上只有她還擁有尼可拉斯・馬奎斯所設計的小金魚。安娜・里歐斯是阿森妮雅・卡利尤的女兒，在一九一七年和尼可拉斯的姪子以及緊密的工作夥伴歐亨尼歐・里歐斯結婚（他和法蘭希絲卡・西莫多希雅・梅西亞有親戚關係，也和尼可拉斯住在一起），安娜・里歐斯說莎拉和露易莎長得很像，「皮膚如花瓣一樣迷人[6]」，她大約在一九八八年左右去世。艾斯特班・卡利尤和艾爾維菈・卡利尤是莎拉・曼努耶拉・卡利尤的非婚生雙胞胎。根據安娜・里歐斯所言，艾爾維菈是小賈布的「巴阿姨」，和尼可拉斯一起住在阿拉加塔加，臨終前住在卡塔赫納，在那裡，與她差很多歲的同父異母姊妹露易莎・聖蒂雅嘉「收留她，並照料她的後事」。根據另一項資料，尼可拉斯・高梅茲是亞蜜利亞・高梅茲和烏巴諾・索拉諾的兒子，和莎拉・諾利耶卡一樣住在豐達西翁。

結果，尼可拉斯最大的兒子，非婚生的荷西・馬利亞・韋德伯朗奎茲是所有孩子裡最成功的一個：戰爭英雄、政治人物、歷史學家。他年紀輕輕就娶了曼努耶拉・莫雷烏，生了一子五女。其中一個女兒瑪歌的兒子是荷西・路易斯・迪亞斯・葛拉那多斯，也是作家[7]。

早在他成爲上校之前，尼可拉斯・馬奎斯就從不毛的海岸首府里歐阿查搬到巴朗卡斯，也懷抱著成爲地主的野心，看上巴朗卡斯附近的丘陵地既便宜又肥沃。（賈西亞・馬奎斯對這些事的陳述不總是很可靠，說尼可拉斯的父親留了一些那裡的土地給他。）很快的，在山坡上一塊稱爲牧場的地方，他從朋友手上買了一片農場，以當地的果樹命名稱爲「鄉下佬」。馬奎斯開始種植甘蔗，用家用蒸餾器釀出粗釀的蘭姆酒，稱爲「奇連奇」（私自蒸餾的烈酒）。如同其他地主一般，他應該有非法販賣這些烈酒。後來，他在朗切利亞河畔買了另一座較接近鎮上的農場，由於不論從那一邊接近都必須越過河水，他稱之爲「海峽」。他在那裡種植菸草、玉米、甘蔗、大豆、絲蘭、咖啡和香蕉。這座農場如今依然存在，只是有一半已經廢棄，建築物傾頹，有些不見了，不過，一株芒果樹仍然如同揮霍一空的家族標旗般的聳立著，整個熱帶景觀充滿了憂鬱和懷舊。也許，這個回憶起的影像只是訪客的想像，因爲大家都知道馬奎斯上校離開巴朗卡斯的時候並不是太光榮，至今仍籠罩著整個社區。然而，早在這發生之前，戰爭陰霾早已籠罩著呆坐著的上校。

比賈西亞・馬奎斯的外公更不爲人知的，是他父親早年的生活。賈布列爾・埃利西歐・賈西亞於一九〇一年十二月一日出生於波利瓦爾的辛瑟，此地比大沼澤還要偏僻，甚至比尼可拉斯・馬奎斯在內戰中活躍建立名聲的馬妲雷娜河還要偏遠。賈西亞的曾祖父顯然叫佩德羅・賈西亞・高登，據說在十九世紀早期出生於馬德里。賈西亞・高登如何或爲何來到新格瑞納達總督區，不得而知，也不知道他和誰結婚。然而，一八三四年，他在波利瓦爾的開米托（現屬蘇克雷省）有一個兒子，叫阿米納達・賈西亞。根據莉西亞・賈西亞・馬奎斯指出，阿米納達和三個不同的女子「結婚」，生下三個小孩，接著又成爲「鰥夫」。他認識了比他小二十一歲的瑪麗亞・安赫列斯・帕特尼那・布斯塔曼特，一八五五年出生於辛瑟列霍，他們也生下三個小孩，埃利塞爾、海梅和阿爾赫米拉。他們雖然沒有結婚，阿米納達仍接納承認他的孩子，讓他們跟他的姓。小女孩阿爾赫米拉・賈西亞・帕特尼那於一八八七年九月出生於開米托，也就是她父親的出生地。她十四歲就成爲賈布列爾・埃利西歐・賈西亞的母親，因此是我們的作家賈布列爾・賈西亞・馬奎斯的祖母[8]。

阿爾赫米拉的一生多半在牧牛鎮辛瑟度過。她是西班牙文化裡所稱「眾人的女人」：高眺、如雕像般的優美、皮膚白皙。她一生未婚，但和幾名男性有過幾段感情，和其中三人生下了七名非婚生子，特別是其中一名貝哈拉諾[9](她的孩子都跟她姓賈西亞)。但她的第一個情人是賈布列爾・馬汀尼茲・賈里多，當時已經是名教師，也是保守派地主的繼承人，但古怪到精神錯亂的程度，幾乎花光自己繼承的財產[10]。他在阿爾赫米拉十三歲的時候就誘惑她，不幸的是，當時賈布列爾・馬汀尼茲・賈里多已經娶了同在辛瑟出生的羅莎・梅薩，他們育有五個婚生子女，沒有一個叫賈布列爾。

因此，賈布列爾・賈西亞・馬奎斯的父親一生都以賈布列爾・埃利西歐・賈西亞，而非賈布列爾・埃利西歐・馬汀尼茲・賈西亞闖蕩[11]。任何在乎這些事情的人都幾乎可以馬上想到他是非婚生子。不過在一九二〇年代後期，賈布列爾・埃利西歐彌補了這些不利的處境。正當尼可拉斯・馬奎斯在戰爭中得到軍銜，成爲「上校」之時，賈布列爾・埃利西歐這位自學的順勢療法師也開始把「醫生」加在自己的姓名前；馬奎斯上校和賈西亞醫師。

第一部

家鄉：哥倫比亞

1899-1955

第一章
關於上校以及注定失敗的事業
一八九九—一九二七

歐洲人發現拉丁美洲已屆五百年，然而對於此處的居民而言，拉丁美洲似乎令他們非常地失望，彷彿她的命運已經被哥倫布這位「偉大的船長」所決定，他誤打誤撞的發現了新大陸，誤名為「印度」，在十六世紀初苦澀而幻滅地死去。又甚或拉丁美洲的命運是由「偉大的解放者」西蒙‧波利瓦爾所決定，他在十九世紀初期結束了西班牙的殖民統治，卻因為新近解放地區不團結，苦澀地認為「起而革命的人乘風破浪」，最後絕望的死去。更接近近代的是埃內斯托‧切‧格瓦拉，他是二十世紀最浪漫的革命象徵，於一九六七年在玻利維亞犧牲，這一切只是更加肯定了一個想法：拉丁美洲仍是未知的大陸，仍然是屬於未來的土地，是浮誇夢想和悲慘失敗的家園[1]。

早在格瓦拉的名字聞名世界之前，在一個哥倫比亞的小鎮上，一個小男孩就聽著他的外公訴說著持續了一千日的戰爭。二十世紀初期，以波士頓為總部的聯合水果公司選擇在此種植香蕉時，歷史曾經短暫的發光發亮。故事結束時，這個小男孩也經歷了戰敗者苦澀的孤獨、過去年代的光榮之舉，以及如鬼魅般英雄和惡棍的故事。這些故事讓小男孩知道，正義並不是自然而然地就會成為生活的一部分，在這個世界上，正義並不總是代表勝利，故事中佔據許多男女心思的理想也許會失敗，甚至從地球上消失。除非他們忍受存活下來的記憶，並活下來訴說這些故事。

自西班牙獨立七十年後的十九世紀末期，共和體制的哥倫比亞只有不到五百萬的人口，但掌控的是也許僅有三千人的大農場地主菁英，大部分是政治人物和商人，許多也是律師、作家或文法學家，這也就是首都波哥大爲何被稱爲「南美洲的雅典」之故。十九世紀有超過二十起全國性和地方性戰爭蹂躪哥倫比亞，其中，千日戰爭是最後一場，也是最慘烈的一戰，由自由黨對抗保守黨，中央派對抗聯邦派，布爾喬亞對抗地主，首都對抗地區。在大多數的其他國家，十九世紀由自由黨或其相等政黨贏得歷史地位，然而在哥倫比亞，保守黨至一九三〇年代仍然保持優勢，自由黨於一九三〇到一九四六年之間短暫的居於主導地位，但保守黨於一九四六年再度執政，直到一九五〇年代中期，至今仍勢力龐大。在二十世紀末期，哥倫比亞的大選仍由傳統的自由黨和傳統的保守黨競爭，沒有其他黨派佔有一席之地[2]。此現象的確無出其右，但終於在過去十年間改變。

雖然名爲「千日戰爭」，這場衝突其實在開始前就已經結束。保守黨政府佔盡資源優勢，自由黨只能仰賴他們雖然能啓發人心、但卻無能的領袖拉法耶·烏利貝·烏利貝的古怪行徑。然而，這場戰爭仍然拖了將近三年，戰況越來越慘烈，越來越苦澀，越來越徒勞。從一九〇〇年十月，兩方陣營都不再押解戰俘：雙方宣布「死亡之戰」，哥倫比亞至今仍然與這灰暗的含意共存。此戰役於一九〇二年十一月結束時，整個國家已經民不聊生，百業蕭條，即將永遠失去巴拿馬省，也許有十萬名哥倫比亞人遭到屠殺，雙方衝突的方式導致結下的仇恨與報復延續了數十年。這使得哥倫比亞成爲一個奇特的國家，兩個主要政黨曾經互爲死對頭將近兩個世紀的時間，卻在此策略性的結合，確保人民永遠無法抒發真正的民意。在二十世紀的拉丁美洲，沒有一個國家的政變或是獨裁政權少於哥倫比亞，然而，哥倫比亞人爲這看似安定政權所付出的代價，卻高得驚人。

千日戰爭的觸角深入全國各地，但重心逐漸往北轉向大西洋沿岸地區。一方面，身爲政府首都的波哥大全然沒有受到自由黨反動分子的威脅；另一方面，自由黨的領袖經常接受命令到鄰近同情的國家或美國避難，並爲下一輪的衝突籌募基金購買武器時，他們的陣線無可避免的往海岸線敗退。此時，北方三分之一的地區稱爲海岸區，居民則稱爲「岸邊人」，此處包括兩個主要地區：西邊的波利瓦爾，首府爲卡塔赫納港，以及東邊的馬姐雷娜，首府爲聖塔馬爾坦港，隱身於偉大的內華達山脈之下。內華達山脈兩側的大城包括東邊的聖塔馬爾坦以及西邊的里歐阿查，其間所有的城鎮，山脈四周的運輸道路遍及的西安納加、阿拉加塔加、烏帕爾山谷、新莊、聖胡安、豐瑟卡以及巴朗卡斯等，這些城鎮在戰爭中換手多次，提供尼可拉斯・馬奎斯和最大的兩個兒子(私生的荷西・馬利亞・韋德伯朗奎茲和卡洛斯・阿貝爾托・韋德伯朗奎茲)剝削的機會。

一八九〇年早期的某一段時間，尼可拉斯・馬奎斯和特蘭基利娜・伊瓜蘭帶著兩個孩子，胡安・迪歐斯和瑪格麗妲搬到哥倫比亞瓜希拉地區的小鎮巴朗卡斯。他們在妥士莫街租了一棟房子，距離廣場只有幾步路，如今這棟房子仍然存在。馬奎斯開了一家珠寶店，出售自己打造的作品——項鍊、戒指、手鍊、鍊子，以及他所專長的小金魚。這看來安定而有營利的生意使他成爲社區裡受人尊敬的對象，他有一名年輕學徒歐亨尼歐・里歐斯，後來成爲他的合夥人，待他幾乎像自己的兒子一樣。尼可拉斯・馬奎斯把他從卡門・波利瓦爾帶到里歐阿查之後，曾經一起共事。里歐斯是尼可拉斯的表妹法蘭希絲卡・西莫多希雅・梅西亞同母異父的哥哥，尼可拉斯和表妹一起在卡門長大，後來帶著她一起去阿拉加塔加。千日戰爭開始時，三十五歲的尼可拉斯・馬奎斯已經在自由黨歷經多年的掙扎與苦澀，年紀已不適合冒險。況且，他已經在巴朗卡斯爲自己建立了舒適、有生產力、滿意的生活，很樂意累積財富。不過，他還是加入了烏利貝・烏利貝的軍隊，在瓜希拉、帕迪亞和馬妲雷娜省分打仗，有證據顯示他參與得比別人更久、更認真。身爲司令官，他從一開始就參與戰役，也參與自由黨軍隊佔領家鄉里歐阿查，在一九〇二年十月衝突結束時，他都參與其中。

一九〇二年八月底，如今烏利貝・烏利貝經常不定時的公開露面，剛剛受到增援的自由黨軍隊接受他的指揮，從里歐阿查向西朝山脈前進，於九月五日抵達已知爲自由黨要塞的小村阿拉加塔加。在此處，烏利貝・烏利貝會同克羅多米洛・卡斯提歐、荷西・羅沙里歐・杜藍將軍以及其他軍官會談了兩天，尼可拉斯・馬奎斯名列其中。在阿拉加塔加，他們做出了再度奮戰此一命運性的決定，結果導致西安納加一役災難性的挫敗。

烏利貝於一九〇二年十月十四日清晨朝西安納加推進，政府軍的戰艦一從海上開砲，自由黨便處於劣勢。烏利貝・烏利貝在他的騾子上被射傷，好幾顆子彈打中他的外套，卻奇蹟似的沒有打到身體(這並不是第一次發生)。一如賈西亞・馬奎斯的奧瑞利亞諾・布恩迪亞上校對此事也許會憤怒的說：這些野蠻人以爲我有幾套制服可以換！(野蠻人是自由黨給保守黨的封號。)尼可拉斯・馬奎斯年少的兒子卡洛斯・阿貝爾托英雄式的戰死，而擔任保守黨軍隊卡拉祖阿師第四號主帥的哥哥荷西・馬利亞則倖免於難。

兩天後，受到卡洛斯・阿貝爾托之死的衝擊，荷西・馬利亞騎著騾子離開西安加納，朝著被擊潰的自由黨營地而去。他的父親身處自由黨陣營，正在療養傷口。荷西・馬利亞帶來保守黨的和平協議，他騎的騾子接近潰敗的自由黨時，被一群先遣部隊攔截，他被蒙住眼睛、騎著騾子遞交保守黨的和平條件給烏利貝・烏利貝。在這樣歷史的一刻，十九歲的非婚生子與其反叛軍的父親之間籠罩著年輕兒子的死亡陰影，他們之間有什麼交流，我們永遠不會知道。烏利貝・烏利貝和他的高階軍官討論保守黨的提議之後，決定接受。年輕的信差騎著騾子回到西安加納，很晚才抵達火車站，興奮的群眾在此處興高采烈的迎接他，以及這個令人欣喜的消息。十天後，一九〇二年十月二十四日，帶著旗下的高階軍官，保守黨領袖和烏利貝・烏利貝在離西安納加不遠處名為「尼蘭地」的香蕉園會面，簽署和平協議。難以掩蓋的是苦澀的真相：自由黨遭到空前的潰敗。

一九〇二年末期，尼可拉斯・馬奎斯回到巴朗卡斯和妻子特蘭基利娜的身邊，恢復舊日生活。他們的第三個孩子露易莎・聖蒂雅嘉於一九〇五年出生，生活似乎回復正常[3]。然而一九〇八年時，尼可拉斯參與一項暴力事件，此事永遠地改變了他家族的命運，他亦被迫離開巴朗卡斯。八十五年後，我於一九九三年經過巴朗卡斯時，大家都還記得這個故事。不幸的是，每個人的版本都不同。不過，沒有人否認以下的事實：事件發生於一九〇八年十月十九日星期一，一個雨天的下午大約五點鐘左右，這一天是長達一週的畢拉聖母節的最後一天，遊行隊伍舉著她的照片向幾條街外的教堂而去。尼可拉斯・馬奎斯上校是當地的政治人物、地主、銀匠、也是顧家男人，當時四十多歲的他，開槍殺死了一位叫梅達多的年輕人，他是朋友兼軍隊同僚法蘭西斯科・羅梅若將軍的外甥。另一件沒有人會否認的事是，尼可拉斯很「受女性歡迎」，或者更直率的說，他是個風流胚子。對於某些讀者而言，這樣的特質也許和他受尊敬的在鄰居中有所衝突，然而在這樣的社會裡，至少有兩種聲譽是男人沾沾自喜的：其一是他的「好名聲」，傳統上受人尊敬，總是混雜著恐懼，知道如何以此對付別人；另一種是「唐璜」或「男子漢」，其他人很樂意為他傳播這樣的名聲，通常也在本人的默許之下。而秘訣在於確保這兩種名聲相輔相成。

我聽到的第一個版本和接下來的版本同樣有說服力。費雷蒙・艾斯特拉達正是在事件發生的那一年出生，如今已經全盲，但由他說來，這個久遠的故事卻殘留著其他人所無法傳達的生動。費雷蒙說，當時已經有數名非婚生子女的尼可拉斯誘惑老朋友羅梅若將軍的妹妹梅達達‧羅梅若，並在廣場上喝酒時誇耀著。有很多流言耳語流傳著，大部分是針對梅達達，有些和特蘭基利娜有關。梅達達對她的兒子說，「我的兒子，你一定要用血把這個中傷人的嘴巴洗乾淨，沒有其他的方法。如果你不去解決，我會幫你穿褲子，你可以幫我穿裙子！」梅達多是個優秀的射擊手，在戰爭中和尼可拉斯並肩作戰，如今住在附近的馬鈴薯田裡。他不斷地公開挑戰，侮辱他的前任指揮官，而他的指揮官也很認真的面對這個警告，等待著年輕人的出現。慶典的那一天，梅達多穿著白色斜紋呢雨衣騎馬進城，走一條(如今已經不存在的)小巷抄近路。下馬時，他一手拿著一株草，另一手拿著朝聖者點燃的蠟燭。尼可拉斯說：「梅達多，你有帶武器嗎？」梅達多說：「沒有。」「那麼，記得我以前告訴過你的。」——尼可拉斯開了槍，有人說是兩槍。住在巷子裡的一個老太太出來說：「所以，你終於把他殺了。」「正義的子彈戰勝了力量。」尼可拉斯說。「接著，」盲眼的費雷蒙說：「老尼可拉斯‧馬奎斯騎馬到街尾，跳過水坑，一手拿著他的槍，一手拿著雨傘，找朋友羅倫索‧索拉諾‧高梅茲陪他去自首。他被關進監獄，但後來他聰明的律師兒子荷西‧馬利亞‧韋德伯朗奎茲設法讓他出獄；由於梅達多是非婚生子，不確定他是姓帕伽科還是羅梅若，因此，韋德伯朗奎茲認爲被害人的身分並不清楚。你知道，這是技術問題，韋德伯朗奎茲就是這麼讓他免於受罰的。」

不過，最清楚的莫過於尼可拉斯的合夥人歐赫尼歐的女兒安娜‧里歐斯，她當然比其他人有更好的理由知道，她告訴我，特蘭基利娜和整件慘劇有著密切的關連[4]。她回憶特蘭基利娜非常的嫉妒，而她當然也有很好的理由，因爲尼可拉斯總是背著她偷腥。梅達達是寡婦，小鎮居民對寡婦總是有很多流言蜚語，大家都謠傳她經常扮演尼可拉斯的情婦，特蘭基利娜因此開始沉迷於這樣的可能性。也許因爲梅達達來自更高的社會階層，因而比他其他的戰利品更加危險。據說，特蘭基利娜曾經問過女巫的意見，從河邊帶回河水清洗門檻，在房子四周灑檸檬水。然後，據說有一天她上街大叫：「梅達達家失火了！失火了！失火了！」她付錢給等在聖荷西教堂鐘塔的小男孩敲鐘警告，很快的，尼可拉斯被撞見在光天化日之下偷偷跑出梅達達的房子（他的將軍朋友應該是出門了）。

提供筆錄給有關當局時，尼可拉斯．馬奎斯被問到自己是否承認殺了梅達多．羅梅若．帕伽科，他說，「是的，如果他活過來，我會再殺一次。」保守黨市長決定保護尼可拉斯，派部下去領取梅達多的屍體。他被放在雨中，面朝下雙手反綁之後才放在車上運走。大多數的人都接受這場衝突是由梅達多起頭，發生的事是他「自找的」。即使如此，僅有的事實似乎顯示是尼可拉斯選擇了最後一場表演的時間、地點和方式。並沒有足夠的資料能理解他行為的合理性、或是該受到多少譴責，但非常清楚的是，這件事毫無英雄氣概：尼可拉斯並不是什麼呆坐的農夫，而是有經驗的退伍軍人，他偷襲殺死的是自己的軍隊下屬，也比他年輕。

巴朗卡斯有許多人將此看成是宿命，這種事的西班牙文是「不幸」，比較接近厄運而非羞辱。據說，梅達多的許多家人都同情上校的不幸，不過，還是有談論到私刑處死和暴動的恐懼，因此，尼可拉斯一被釋放出來就派武裝警衛把他送回家鄉里歐阿查。不過，連那裡都不甚安全，因此又送到聖塔馬爾坦的監獄，位於內華達山脈的另一邊[5]。看來似乎是特蘭基利娜頗具影響力的親戚設法讓刑期減為在聖塔馬爾坦服刑一年，第二年以「城市做為監獄」。特蘭基利娜、孩子們和其他家人在幾個月後隨他而去，有些說他用自己工藝品賣的錢買到釋放，他在監獄裡做他的珠寶、小金魚、蝴蝶和聖餐杯出售，以賄賂出獄。尚沒有人發現和這案子有關的文件。

賈西亞．馬奎斯家族從來沒有面對這個事件完整的寓意，只流傳經過消毒的版本。根據這個版本，在某個階段謠傳梅達達本來就不是省油的燈，她又在「幫本地男子的忙」。在廣場喝酒的時候，尼可拉斯的一個朋友評論這個流言，尼可拉斯說：「不知道是不是真的？」而梅達達聽到這故事的方式顯示尼可拉斯自己是散播流言的源頭，因而要求她的兒子捍衛她的名聲。後來，露易莎常常回憶到，暗示沒有提到的這一段時，特蘭基利娜說：「都是爲了一個很簡單的問題。」在這個版本中，槍戰由「雙方」參與，死的那個死有餘辜，殺人犯成了這場謀殺「真正的受害人」[6]。

一九六七年，《百年孤寂》成功之後（相較於其他家人，賈西亞・馬奎斯書中對這場謀殺的版本美化程度較少），尤薩問作者書中的主角是他童年的哪些人。賈西亞・馬奎斯回答：「是我外公。不過，請注意他是我在書裡後來找到的紳士。他很年輕的時候不得已殺過人，他住在小鎮上，似乎有人一直找他麻煩，挑釁他，他沒有多加注意，直到處境變得很困難，他只好給對方一顆子彈。小鎮居民似乎對他的作爲抱以相同的意見，因此死者的一個兄弟那天晚上睡在門口，在我外公的房門外，以防死者的家人來報復。我的外公因而無法忍受那小鎮所存在對他的威脅，動身起程去了他方，也就是說，他不只是去別的地方，他和家人去了很遠的地方，建立了一個新的城鎮。是的，他離開建立新的城鎮，但我最記得外公的是，他總是對我說『你知道死人的重量嗎？』[7]」在那之後的許多年後，賈西亞・馬奎斯對我說：「我不知道外公爲什麼惹上那些事，又爲什麼要發生這種事，但那是戰後很艱難的時期，我仍然相信他是不得不這麼做[8]。」

也許只是巧合，然而，在賈布列爾・賈西亞・馬奎斯的小說裡，十月總是最抑鬱的月份，邪惡預兆的月份。

尼可拉斯・馬奎斯羞愧的離開巴朗卡斯，隨後的行蹤圍繞著一股神秘氣息[9]。賈西亞・馬奎斯的母親露易莎所說的版本則因對象而有所不同[10]，她告訴我，尼可拉斯被轉到聖塔馬爾坦監獄的幾個月後，她和特蘭基利娜從里歐阿查坐船到聖塔馬爾坦（露易莎只有四歲），他在一年後被釋放，這家人搬到附近的西安納加住了一年，於一九一〇年抵達阿拉加塔加，這成了官方版本。然而，西安納加的居民堅持尼可拉斯一家人從一九一〇年到一九一三年在那裡住了三年，到一九一三年才搬到阿拉加塔加[11]。也許，尼可拉斯以西安納加為基地，在鄰近的地區尋找新的機會，若果如此，他也許在阿拉加塔加這個主要為自由黨的城鎮開始發展政治和商業的興趣，然後才把家人遷到那裡。另一個可能性是，無論他為了什麼理由留在西安納加，無論是一年或三年，事實是，住在西安納加的是伊莎貝爾·盧伊茲。尼可拉斯於一八八五年在巴拿馬認識她，大約是他和特蘭基利娜結婚之時，她則在一八八六年生下他的女兒瑪麗亞·葛列高利亞·盧伊茲。

有別於殖民地色彩濃厚的聖塔馬爾坦，西安納加現代化、商業化、喧鬧、無拘無束，也是此地區的交通轉運站。這裡也位處加勒比海沿岸，是和大沼澤及大沼澤區的連接點：蒸汽船穿越大沼澤區連結陸上交通，通往馬姐雷娜河和波哥大，以及快速成長的商業城市巴朗基亞；並且在一八八七年後連結這地區的第一條鐵路，從聖塔馬爾坦到西安納加。這條鐵路在一九〇六年到一九〇八年之間延長，延伸至香蕉區的山脊到阿拉加塔加和豐達西翁。

香蕉區位於聖塔馬爾坦以南，往西位處西安納加大沼澤和馬姐雷娜河之間，北鄰加勒比海及大西洋，東邊是大沼澤和內華達山脈，最高峰為哥倫布和波利瓦爾[12]。位在山脈西部的寬廣平原和大沼澤之間的就是稱為阿拉加塔加的小聚落，賈布列爾·賈西亞·馬奎斯的出生地。較高處是內華達山脈，愛好和平的克寂族在此隱居。不過，首先建立阿拉加塔加的則是好戰的齊米拉人，隸屬阿拉瓦克族的一支。這個部落與其族長稱為「加塔加」，意謂「清水」。因此，他們把河流重新命名為「加塔加」，他們的部落「阿拉加塔加」（在齊米拉人語中，「阿拉」為「河流」之意），清水之處[13]。

一八八七年，來自聖塔馬爾坦的農人把香蕉栽種引入此地區，一九〇五年，以波士頓爲總部的聯合水果公司進駐。工人從加勒比海各地移民到此，包括卡恰克人(意謂內陸人，岸邊人如此嘲弄地稱呼來自內陸的同胞[14])，還有來自委內瑞拉、歐洲、甚至中東和遠東：即所謂的「枯葉垃圾」，賈西亞・馬奎斯第一本小說《葉風暴》的主角所貶抑的對象。幾年之內，阿拉加塔加從一個小聚落轉型成繁榮的小鎮，賈西亞・馬奎斯稱之爲「大西部潮之鎮」。此處於一九一五年成爲自治區，成爲哥倫比亞國家政治系統運作完整的一部分。

有別於他的孫子常常聲稱的，這個小鎮真正的領袖並非馬奎斯上校，而是荷西・羅沙里歐・杜藍將軍[15]。杜藍擁有阿拉加塔加附近數座大型種植園，他帶領自由黨勢力在地區性的戰爭奮戰二十幾年，近半世紀來是阿拉加塔加自由黨實質的領袖。尼可拉斯・馬奎斯是他親近的下屬，在一九一〇年到一九一三年之間，也許也成爲他在阿拉加塔加最信任的政治同盟。當時，也是杜藍協助馬奎斯在這裡安頓，在阿里瓜尼買地，在鎮上置產，並取得地區稅務員的職位，後來則是地區財務長[16]。這些責任，加上他在軍方的聲譽，使得馬奎斯上校無疑的成爲當地社區最受尊敬和最有力的成員之一，不過他總是必須仰賴杜藍的善意，接受來自保守黨政府政治指派的人，並承受聯合水果公司經理的壓力。

賈西亞・馬奎斯的母親露易莎告訴我，尼可拉斯在上一個世紀初被指派爲阿拉加塔加的「區稅務員[17]」，也許是一九〇九年，但他沒有馬上帶著家人前往，那是因爲新興發展中的熱帶城鎮衛生環境不良，當時只是一個人口不及兩千的小村落。不過，讓我們想像一下他們抵達時的場景：一九一〇年八月，一行人坐在香蕉公司漆黃色的火車上，充滿樂觀、探索的拜訪——包括馬奎斯上校、特蘭基利娜夫人、他們的三個婚生子女胡安・迪歐斯、瑪格麗妲和露易莎，他的非婚生女艾爾維菈・里歐斯，他的姊姊韋內佛列妲・馬奎斯，他的表妹法蘭希絲卡・西莫多希雅・梅西亞，以及在瓜希拉以一人一百披索的價格買下的三個印度僕從，阿利里歐、阿波利納和梅梅。不幸的是，阿拉加塔加附近的區域仍然對健康有害，疾病叢生，這個剛抵達的家庭幾乎立即慘劇上身，二十一歲的瑪格麗妲死於傷寒。她總是臉色蒼白，淺色的頭髮紮成兩個辮子，是上校最鍾愛的女兒，對於她的死亡，他和他迷信的家人可能詮釋爲更加重的懲罰他在巴朗卡斯所犯下的罪。如今，她永遠無法進入父母必定爲她期望的婚姻，因而把所有的希望都放在小露易莎身上。家族傳說提到，就在她臨死之前，瑪格麗妲坐在床上看著她的父親說：「你的房子的眼睛不見了。[18]」她蒼白的印象成爲大家共同的記憶，特別是在她十歲時拍攝的一張照片裡。在上校開始在波利瓦爾廣場附近蓋起大而舒服的房子裡，永遠不會紀念她的忌日十二月三十一日。

尼可拉斯・馬奎斯雖然並不富有，但總是徒勞的等待著政府應允給內戰退役榮民的撫恤金，不過他卻成爲當地社區顯赫一時的人，小地方的大人物。他最後擁有一座大型木造房子，內鋪水泥地板，比起大多數鎮民所居住的簡陋房舍，阿拉加塔加的居民公認是十足十的豪宅，只有他的孫子不這麼認爲。

一九二四年七月，一位新的報務員賈布列爾・埃利西歐・賈西亞從本家辛瑟來到鎮上時，上校的女兒露易莎已經快滿十九歲，她的父親則已經滿六十歲[19]。當時，阿拉加塔加已經「繁榮」了好幾年，露易莎被送到沉悶的聖塔馬爾坦最受尊敬的修道院學校「顯靈學校」就學，不過在十七歲就因爲健康狀況不佳而離開。「她沒有回學校，因爲我們的外公外婆說她看起來很瘦、很憔悴，他們擔心她會像姊姊瑪格麗妲一樣死掉，」她的女兒莉西亞回憶道[20]。露易莎會縫紉、彈鋼琴、她所接受的教育代表著他們從瓜希拉搬到香蕉區之時，尼可拉斯和特蘭基利娜對於社會地位提升的渴望與其慰藉。因此，他們對於細心呵護的女兒可能愛上不知從何而來黝黑、微不足道的報務員，這年輕人既沒有父親也沒有什麼未來可言，讓上校感到非常的驚愕。

尼可拉斯・馬奎斯和女兒的追求者賈布列爾・埃利西歐・賈西亞見面時，彼此之間並沒有什麼共同之處，不過諷刺的是，這個主題經常在賈布列爾・賈西亞・馬奎斯的書中出現：一群非婚生子女。雖然尼可拉斯是婚生子，賈布列爾・埃利西歐是非婚生子，他們二十幾歲結婚的時候，卻都已經擁有不只一名的非婚生子女。

賈布列爾・埃利西歐早年生活的細節鮮為人知，僅知他的童年和少年時期非常貧困——的確，連他的小孩似乎都很少問到這些細節：重要的總是馬奎斯那一邊，和瓜希拉的關連[21]。「我們知道的是他有一些同母異父的兄妹，包括路易斯・安立奎、貝妮妲、胡立歐、恩娜・馬奎西達、亞當・雷納多和艾列瑟。我們也知道他在親友的協助下完成中學教育——在當時的世界各地都是值得注意的成就。我們也聽到在一九二〇年代早期，他設法在卡塔赫納大學的醫學院開始上了一些課，但很快地就被迫放棄。他後來告訴自己的孩子說，他身為老師的父親本來願意資助他接受訓練，但遇到財務問題，只好收回承諾。沒有人資助他的學業，他離家到加勒比海沿岸的科多華和波利瓦爾省分工作，主要當小鎮的報務員，也擔任順勢療法的醫生，遊歷了整個前哨地區的河川、沼澤和森林。他成為也許是馬干奎的第一個報務員，接著在妥魯、辛瑟列霍和其他城鎮工作。由於報稅員的工作需要仰賴機器的現代科技和操作員的讀寫能力，因此在當時的下層階級之間無疑比較受到尊敬，但也是很辛苦、要求很高的工作。在蘇克雷以南，高卡河上的一個小鎮阿契，四個非婚生子女中最大的阿貝拉多在此出生，當時的賈布列爾・埃利西歐只有十九歲。一九二四年，在如今蘇克雷省，當時為科多華省邊境的阿亞貝爾，大沼澤的邊緣，他惹上更多麻煩。一九二四年八月，他第一位真正的情人卡梅利娜・艾墨西優為他生下另一個孩子卡門・羅莎之後，他在此要求她嫁給他。然而，就在一趟前往巴朗基亞安排事宜的旅程中，他顯然被親戚卡洛斯・安立奎・帕雷哈給說服，打消了這個天真的決定[22]，跑到阿拉加塔加這個種植園的小鎮，在此找到報務員的工作。當時的他對於如何引誘女子已經很有經驗，以詩詞和情歌包裝他在性事上征服的飢渴。或者，如同他有名的兒子後來所寫的，他是「那個年代典型的加勒比海男子」，這也表示除了其他特質，他有著愛說話、外向、誇張、皮膚黝黑或非常黝黑的特色。

賈布列爾・埃利西歐抵達尼可拉斯・馬奎斯上校在阿拉加塔加的家時，帶著卡塔赫納一位神父的推薦信，這位神父早年認識馬奎斯上校。根據賈布列爾・埃利西歐自己的版本，由於這個原因，以好客聞名的上校溫暖的接待他，邀請他吃飯，第二天帶他到聖塔馬爾坦，他的妻子特蘭基利娜和唯一的女兒露易莎在此地的海邊避暑。在聖塔馬爾坦的車站，上校買了一隻籠子裡的雲雀給賈布列爾・埃利西歐，讓他送給露易莎當作禮物。坦白說，此舉聽起來難以置信，卻是上校的第一個錯誤，雖然再次有別於賈布列爾・埃利西歐自己的說法：他對露易莎並沒有一見鍾情。「老實說，」他回憶道，「露易莎雖然非常美麗，但一開始我對她並不是那麼地印象深刻。[23]」

露易莎對賈布列爾・埃利西歐的印象也好不到哪裡去。她總是堅持他們一開始不是在聖塔馬爾坦認識的，而是在阿拉加塔加參加一個當地小孩的葬禮後，她和其他年輕女性唱歌送別那小孩到更好的地方時，一個男聲加入合唱，她們生氣的看著是誰時，卻看見一名英俊的年輕男子，穿著深色夾克，四個鈕子全扣起來。其他女孩子異口同聲的說：「我要嫁給他。」但露易莎說對她而言，他看起來似乎只是「另一個陌生人[24]」。露易莎雖然沒有經驗，但也不是唾手可得之人，加上她性格謹慎，有很長的一段時間斷然拒絕他每一次的追求。

報務辦公室就在教堂對面，在阿拉加塔加主要廣場後面，靠近墓園，離上校的家只有幾條街[25]。

這個新來的人有第二封推薦信，這次是來自教區神父。善良的神父是否注意到這個新來的人常常在夜深人靜時有女性訪客，我們並不知道，然而，據說賈布列爾・埃利西歐在報務辦公室後面的房間不止有自己的吊床，還爲他的情人提供安穩的床鋪。他是個有天分的業餘小提琴手，擅長表演〈舞會之後〉，這是一首來自美國的黃金年代、悲喜交加的華爾滋，勸誡年輕情人不要錯過他們的機會。神父邀請他演奏小提琴，伴隨著所謂「處女的女兒」合唱團，此舉正如放狐狸進雞窩一般。他的情史包括一位剛合格的當地小學教師羅莎・艾雷娜・費格森，謠傳他們之間有婚約，且傳得很厲害，以至於他在露易莎家的宴會上和上校的女兒開玩笑，說她會是主要的伴娘或教母。這無疑是個經過算計的笑話，如果她已經受到賈布列爾・埃利西歐的吸引，正好故意說來讓露易莎嫉妒。彼此互稱「教母」、「教子」，可以讓兩人在並不認真、虛構的正式關係僞裝下，打情罵俏的愈增親密。

賈布列爾・埃利西歐對女性很有一套，而且又很英俊。不過，他一點也不憤世嫉俗，而是毫不羞恥，比任何同樣背景、資格、天分的人要自信得多。他來自波利瓦爾的熱帶大草原，同鄉以外向和喧鬧聞名，與來自前哨瓜希拉的尼可拉斯・馬奎斯和特蘭基利娜形成強烈對比，他們不安、自省、完全懷疑打招呼的人。二十世紀早期，瓜希拉仍然被認爲是印地安人的領地，上校公開的友善掩飾的是根深柢固的瓜希拉部落對於舊思維和地方的懷念、對外人的疑心。況且，他最不需要的就是不合格的女婿、額外的負擔，他心目中所謂成功的結合對象無疑是更高地位的家庭，至少能像自己一般受尊敬。

身爲父親的至愛，露易莎多少有點脆弱、有點被寵壞。說來也許有點誇大，但傳說形容她是「阿拉加塔加的美女」[26]。事實上，她並不是典型的美女，但的確很吸引人、活潑而優雅，雖然也許有一些特立獨行的行徑，而且頗爲不切實際。她被所愛與尊敬的父母親封閉在家裡和所屬的社會階層，由於父親放蕩不羈的過去，對於她在性方面和社會的安全上更神經質的加強保護[27]。此外，根據小賈布自己的記載，這家人已經培養出長期、矛盾的「亂倫」傳統，拒絕所有外來的追求者，因此把男人變成「偷偷摸摸的街頭獵人」，因而經常迫使女性變成老處女。無論如何，比起眼前這位抵達阿拉加塔加八個月之後，目光堅定的在她身上，後來娶她爲妻的男人，露易莎的經驗少得多。

他們開始在週日彌撒時交換熱切的眼神，一九二五年三月，賈布列爾・埃利西歐尋找方式表達他的感情，要她委身下嫁。他會佇立在房子前的杏仁樹下，午睡時間或是傍晚時，露易莎和她的姑姑法蘭希絲卡・西莫多希雅・梅西亞會坐在那裡縫紉。偶爾，他們有機會在院子內的大栗樹下聊一兩句，法蘭希絲卡姑姑總是斥責露易莎的追求者，同時以伴遊的姿態在附近監視著，如同《愛在瘟疫蔓延時》中不幸的艾斯科拉斯提卡姑姑一般[28]。最後，在那棵值得紀念的大樹下，他演出浪漫民俗裡最不殷勤的追求：「聽啊，馬奎斯姑娘，我整晚醒著，想著我急需結婚，我心裡的女人就是妳，沒有別人。告訴我妳的靈魂是否對我有意，但別認爲妳一定要同意，因爲我對妳並非至死不渝。我給妳二十四小時考慮。」[29]他被令人敬畏的法蘭希絲卡姑姑打斷。不過，二十四小時之內，露易莎派了其中一名印地安僕從送來一張紙條，建議私下會面。她說自己懷疑他是否認真，他似乎很會打情罵俏。他說他不會等候，天涯還有很多芳草。她要求他保證許諾，他發誓，如果她願接受，他永遠不會再愛別人。他們同意彼此會和對方結婚，沒有別人，「只有死亡」可以阻止他們。

上校很快看到令人憂慮的徵兆，他們彼此之間的迷戀，決定趁這場戀曲還沒有萌芽之前趕快阻止，卻不知道如今已經開花。他拒絕報務員上門，拒絕再和他說話。對於尼可拉斯和特蘭基利娜而言，他們還沒有準備好讓賈西亞追求自己的女兒。有一度，上校主持一場無法排除賈布列爾・埃利西歐的社交活動時，他是房間裡唯一沒有被邀請坐下的人。年輕人覺得自己受到嚴重的威脅，甚至買了一把槍，但卻無意離開這個小鎮。當時露易莎雖然已經二十歲，賈布列爾・埃利西歐二十四歲，但她的父母親告訴她，她太年輕了。無疑的，他們也指出他黝黑的膚色、是私生子、又是令人可憎的保守黨政權公務員，而這政黨又是上校在戰時所對抗的，他也是「枯葉垃圾」的一員，我們鎮上隨風飄盪的垃圾人渣。然而，這場戀情仍秘密的持續：彌撒後在教堂外、去戲院的路上、四下無人時在上校房子的窗邊發酵著。

這些新的約會方式由法蘭希絲卡姑姑告訴她的上校表哥，他則決定採取激烈的作法。由特蘭基利娜和一名僕從陪同，他把露易莎送上長長的旅程前往瓜希拉，途中投宿朋友和親戚家。即使今日，這都是一趟不舒服、辛苦的路程。由於尚無現代公路可用，那個年代必須行走狹窄的小徑，爬上俯瞰內華達山脈較低坡的峭壁，露易莎以前從來沒有騎過騾子。

上校的計畫完全失敗，如同他自己過去的行爲一般，露易莎輕易的智取特蘭基利娜。這位歷經許多戰役的老兵沒有算到賈布列爾・埃利西歐會想出自己的「遊說策略」，更不該低估了報務員的資源。《愛在瘟疫蔓延時》書中詳述了這整個密碼傳情的故事，藉由母親和女兒所經過的每個鎮裡同情的報務員的幫忙下傳送。安娜・里歐斯回憶電報傳訊的效率，露易莎在瑪瑙瑞被邀請去跳舞時，她要求未來的丈夫許可參加，同一天就收到肯定的答覆讓她跳舞到早上七點鐘[30]。由於其他報務員的團結，這對母女在一九二六年年初抵達聖塔馬爾坦的海邊時，賈布列爾・埃利西歐已經等著迎接他穿著「浪漫」粉紅色洋裝的愛人下船。

顯然露易莎拒絕回到阿拉加塔加，她和哥哥胡安・迪歐斯及其妻子迪莉雅待在聖塔馬爾坦，住在波索街。就家庭的衝擊而言，可以想像她如此反抗的行爲所付出的代價。雖然有胡安・迪歐斯代表父親緊盯著兩個女人，迪莉雅本身經歷過馬奎斯伊瓜蘭家族部落般排外的恐怖，很高興可以幫上小姑的忙。在此比較自由的條件下，賈布列爾・埃利西歐會在週末時探視露易莎，後來他被調到里歐阿查，距離已遠得無法在週末探訪。露易莎和聖塔馬爾坦的教區神父佩德羅・艾斯畢霍閣下談過，他以前也待過阿拉加塔加，是馬奎斯上校的好朋友。神父在一九二六年五月十四日寫信給上校，說服他這兩位年輕人非常相愛，婚姻可以避免他曖昧所稱「更糟糕的不幸」[31]。上校終於心軟，同時，他一定知道露易莎再過幾個星期就滿二十一歲。於是，一九二六年六月十一日早上七點，這對年輕情侶在聖塔馬爾坦的大教堂成婚，這是「受祝福之心」之日，也是此城市的象徵。

賈布列爾・埃利西歐後來會說，他是因為一場夢境才拒絕邀請岳父岳母出席婚禮，不過，看來似乎應該是他們拒絕出席。在一九六九年到一九七〇年左右，尤薩大部分的消息直接來自賈西亞・馬奎斯，他說上校自己堅持這對夫妻應該住得「離阿拉加塔加遠遠的」[32]。提到這一點時，賈布列爾・埃利西歐總是反駁自己其實非常樂意照辦。他們坐船到里歐阿查時，兩人都暈船，他向新娘承認自己成為鄉下獵豔高手的第一年時就已經誘惑了五名處女，有兩名非婚生子女。他是否告訴她自己的母親在這方面的紀錄，我們必須存疑，然而，新婚丈夫關於自己不良行為的告白，必定使她深深的不悅與震驚。不過，後來露易莎一輩子都記得的是，和賈布列爾・埃利西歐在里歐阿查租的房子裡共度的幾個月，是她一生中最快樂的時光之一[33]。

即使不是在婚禮之前，露易莎也可能在婚禮後的第一個晚上就懷孕了。家族傳說中，她的懷孕必定會化解賈布列爾・埃利西歐和上校之間的冰冷關係。據說，禮物經由荷西・馬利亞・韋德伯朗奎茲之手送到。不過，一直到胡安・迪歐斯從聖塔馬爾坦抵達的那一天，轉達特蘭基利娜很想見自己懷孕女兒的心聲，賈布列爾・埃利西歐才讓她回到阿拉加塔加待產[34]。

離開近十八個月之後，在沒有丈夫作伴的情況下，二十一歲的露易莎在一個二月的早晨回到阿拉加塔加。懷孕八個月的她已經從里歐阿查經歷又一次大風大浪的旅程到聖塔馬爾坦。幾個星期之後，一九二七年三月六日星期天早上九點鐘，在不尋常的暴雨之中，她產下了小男嬰，賈布列爾・荷西・賈西亞・馬奎斯。露易莎告訴我，當情況「非常糟糕」之時，她的父親提早離開去做彌撒，等他回來的時候，一切都結束了。

據說嬰兒的體重重達九磅五盎司，出生時臍帶繞在脖子上。後來，他把自己幽室恐懼症的傾向歸因於這個早年的不幸。他的姑婆法蘭希絲卡・西莫多希雅・梅西亞提議用蘭姆酒塗抹，用受洗水保佑他，以免發生更多意外。事實上，要再經過將近三年半的時間，這名嬰兒才會和他的妹妹瑪歌一起受洗，瑪歌當時也和父母親分開，和外公外婆住在一起。(小賈布對於受洗記得很清楚，是在一九三〇年七月二十七日，在阿拉加塔加的聖荷西教堂，由法蘭西斯科・安卡利塔主持，教父教母是他父母婚禮的證人，他的叔叔胡安・迪歐斯和姑婆法蘭希絲卡・西莫多希雅。)

雖然上校心愛的女兒已然成爲他另一個失敗的事例，但馬奎斯上校執意將這個失敗視爲一小場戰役，並決心贏得整個戰爭。他慶祝這個嬰兒的出生，生活會繼續，如今把所有的精力放在她的第一個孩子，即他的長孫「我的小拿破崙」身上。

第二章 阿拉加塔加的家

一九二七—一九二八

「我最永恆而生動的記憶並不是關於人，而是阿拉加塔加的房子，我和外公外婆住的地方，至今仍然令我魂牽夢繫。更重要的是，我每天都帶著這種感覺醒來，不論是真實還是想像，我夢到自己在那棟老舊的大宅院裡，並不是我回到那裡，而是……而是我就在那裡，沒有特定的時空，沒有特別的理由，彷彿從來沒有離開過。即使現在在我的夢裡，主導我整個童年那種夜晚的不祥之感仍然持續地存在。這是一種無法控制的感覺，每天從傍晚就開始，一直到睡夢中仍然糾纏著我，直到我從門縫裡看到曙光的到來。」[1]

如此這般，半個世紀後在巴黎，和老朋友比利尼歐・阿布雷右・門多薩聊天時，賈布列爾・賈西亞・馬奎斯回憶起他在哥倫比亞小鎮阿拉加塔加「奇妙」童年的主要影像。小賈布人生前十年的時光都沒有和父母或後來定期報到的許多弟妹住在一起，而是和外公尼可拉斯・馬奎斯・梅西亞上校、外婆特蘭基利娜・伊瓜蘭・科特斯夫人一起住在他們的大宅院裡。

大宅院裡住滿了人——外公外婆、姑姑阿姨、臨時工、僕從、印地安人——但也充滿著鬼魅（也許最重要的是他缺席母親的魅影[2]）。許多年後，即使他在時空上皆已經遠離此地，此處卻都還持續的佔據他的心靈。而他重新發現、重新刻畫、重新掌握這段記憶的企圖，成為他作家養成的一大部分。這是從童年時期就存在於他內心的一本書：朋友回憶，小賈布才不到二十歲的年齡就已經在寫一本冗長的小說《家》，描述阿拉加塔加那座老舊、被遺忘的大宅院；雖然在一九三七年賈布列爾・埃利西歐再次帶著妻兒搬離阿拉加塔加時曾經出租，但直到一九五〇年代末期，這座宅院都屬於這個家族所有。這座大宅院最後終於再次出現在賈西亞・馬奎斯寫於一九五〇年的第一本小說《葉風暴》中，完整但帶著某種程度的幻想成分。然而，只有在後來的《百年孤寂》（一九六七年）中，他才完整、詳盡、具體的呈現了佔據他心靈的宅院。他所描繪的方式是如此這般，小賈布生動但焦慮、往往也令他害怕的童年永恆的在馬康多的魔法世界裡成形，其中，從馬奎斯上校家所望出去的視野不止包括阿拉加塔加這個小鎮，並且擴及他所出生的哥倫比亞，以及實際上拉丁美洲，甚至更遠之處。

小賈布出生之後，當時的賈布列爾・埃利西歐還在里歐阿查工作，仍然悶悶不樂，等了好幾個月才頭一次回到阿拉加塔加。他把里歐阿查的工作辭掉，永遠地放棄了報務員的工作，希望在阿拉加塔加以順勢療法謀生。然而，由於他並無資格證明自己的才能，同樣地也沒有什麼錢，在上校的家裡顯然也不受歡迎（雖然與家族傳說完全相反），因此，最後經過了一些詭譎的協調後，他同意把小賈布留給外公外婆照顧，自己則帶著露易莎前往巴朗基亞[3]。

當然，這兩對夫妻的協議在當時大家族的傳統社會裡幾乎是很正常的，然而，一般人仍然很難理解露易莎明明大可以繼續哺育初生兒好幾個月，卻選擇在他年紀這麼小的時候就離開。看起來似乎可以肯定的是，她對丈夫的忠誠相當堅定：就算她的父母親如此地批評他，就算賈布列爾・埃利西歐有諸多缺點和特異之處，她一定是很愛她的男人，才會毫不猶豫的委身於他。更重要的是對她而言，丈夫的重要性超過長子。

露易莎和賈布列爾・埃利西歐留下自己的初生兒，坐上火車離開阿拉加塔加到巴朗基亞時，他們心裡在想些什麼，或是對彼此說些什麼，我們永遠不會知道。我們所知道的是，這對夫妻初次嘗試獨立在財務上完全失敗，幾個月內，露易莎再度懷孕後回到阿拉加塔加，於一九二八年九月八日產下第二個小孩路易斯・安立奎。這表示當年十二月，西安納加香蕉園工人屠殺事件發生之前的那段時間，以及後來在阿拉加塔加及附近發生殺戮事件時，她和第二個小孩正在阿拉加塔加。小賈布自己最初的記憶就是士兵行進經過上校的房子。令人好奇的是，賈布列爾・埃利西歐於一九二九年一月前來帶母親和新生兒回到巴朗基亞時，他們讓新生兒在離開前迅速的受洗，小賈布卻直到一九三〇年七月才完成受洗[4]。

讓我們瞧瞧賈西亞・馬奎斯回憶錄《細說從頭》封面上的這張照片，這一歲小孩的面孔。這張照片拍攝的幾個月前，他的母親把他留給外公外婆，如今，拍攝的幾個月後，她回來了，卻被困在罷工和接踵而至的屠殺戲劇之中。這起屠殺事件不只極為重要，甚至是具有決定性的重大事件，不只改變了哥倫比亞的歷史，直接導致自由黨在半世紀的內戰、排斥後於一九三〇年八月重新執政，因而也把這小男孩和其祖國的歷史結合在一起。這起屠殺事件發生的時機也正是小男孩的母親本來可以帶他一起回到巴朗基亞的時候，但她最後帶走的卻是另一個小孩，剛出生、受洗的路易斯・安立奎，把小賈布留給外公外婆，讓他們一起在大宅院裡，從而確定小賈布得自己承受被遺棄的這個事實，承受她的缺席，也讓自己面對這無法解釋的事件發生順序，以及，經由詳細闡述這樣的故事，形塑了一種特質，如同所有的特質一樣，把自己的個人情境、所有的歡樂和殘酷，結合外在世界的歡樂與殘酷。

雖然他記憶中非常的孤獨，然而，小賈布並不是大宅院裡唯一的小孩，只是唯一的男孩。他的妹妹瑪格麗妲從小賈布三歲半開始也住在那裡，還有他芳華少女的表姊莎拉・艾蜜莉亞・馬奎斯——舅舅胡安・迪歐斯的私生女，被自己的妻子迪莉雅拒絕(有人說，迪莉雅認爲那女孩是荷西・馬利亞・韋德伯朗奎茲的女兒，不是她丈夫所出)——也在那裡和他們兩兄妹一起長大。大宅院其實並不是賈西亞・馬奎斯時而聲稱的大宅[5]。事實上，在一九二七年三月時，那並不是一棟大房子，而是三棟分開、木造加磚塊建造的房子，幾座附屬小屋，以及後方的一大片土地。等到小賈布出生時，這三座建築物已經有了美式的刷水泥地板、鐵窗、防蚊紗窗、紅色鍍鋅斜屋頂，不過有些附屬小屋仍然保留比較傳統哥倫比亞式的棕櫚葉屋頂，房子外則有杏仁樹爲入口遮蔭。等到賈西亞・馬奎斯有最早的記憶時，進大門之後左側之處已經有兩棟建築物，第一棟是上校的辦公室，連接著一間小小的會客室、美麗的小陽台，花園裡有茉莉花樹，以及許多美麗的玫瑰花、茉莉花、甘松、纈草、天竺葵、百合，這裡總是飛滿了黃色的蝴蝶，更遠處是三個房間的套房。

這三個私人房間的第一間是外公外婆的臥室，一九二五年才完成，小賈布兩年後在這裡出生[6]。隔壁是所謂的「聖靈室」，和外公外婆住在一起的十年間，小賈布其實睡在這裡，嬰兒床睡不下後，他就睡在吊床上，分別或同時由妹妹瑪格麗妲、姑婆法蘭希絲卡・西莫多希雅，和表姊莎拉・馬奎斯陪伴，加上不變的聖人供奉，日夜以棕櫚油燈照明，每一位都守護著家族中特定的人：「守護外公、守護孫子、守護房子、沒有人生病等等——都承襲自我們曾曾外婆的習俗。」[7]法蘭希絲卡姑婆一生中許多時間跪在這裡禱告。最後一個房間是「行李間」，放著許多古老的物品，從瓜希拉移民時帶來的家族信物[8]。

房子左側位於走道對面的是六個房間，前面的露台上羅列著花盆，家人稱爲「秋海棠的露台」。入口處這棟建築右邊的三個房間，加上對面的辦公室和會客室，可稱之爲大宅的公共區域。第一間是客房，給尊貴的客人住宿，包括如艾斯畢霍先生本人。不過，來自瓜希亞、帕迪亞和馬妲雷娜各處的親戚和戰友也投宿此處，包括自由黨戰爭英雄拉法耶・烏利貝・烏利貝和班雅明・艾雷拉將軍[9]。隔壁是上校的銀匠工作室，直到去世前，他都在此繼續練習此工藝，雖然他的市府職責使他過去的職業只能成爲嗜好[10]。巨大的餐廳位在房子的正中央，對尼可拉斯而言，這裡甚至比隔壁的工作室更重要。餐廳的空氣流通，餐桌可以容納十個人，也有幾張搖椅，有需要的時候供餐前餐後喝酒用。隔壁是第三個房間，也就是「盲女之房」，家裡最受敬重的鬼魅，特蘭基利娜的姊姊畢特拉・科特斯阿姨幾年前在此過世[11]，拉薩羅舅舅也是，如今，其中一個或其他阿姨會睡在那裡。再來是食具／儲藏室，必要的話，比較不重要的客人安置於此。最後是特蘭基利娜的大廚房，有烘焙師傅的大烤箱，就像餐廳一樣的開放式。外婆和阿姨們做麵包、蛋糕、各式甜點讓客人享用，也讓家裡的印地安人拿去街上販賣，補貼家庭收入[12]。

聖靈室和行李間後面還有一個小陽台，這裡有一間浴室和大水槽，使用搬運工荷西・康特雷拉斯每天運送的五桶水裡的一部分，特蘭基利娜在這裡幫小賈布洗澡。在一次難忘的場合裡，小賈布爬上屋頂，正好看到阿姨在下面裸身淋浴。他以爲她會發怒，趕緊把自己遮掩起來，她卻只是對他揮揮手。至少，《百年孤寂》的作者是這麼記得的。從浴室旁的陽台看出去，右邊的一個院子裡矗立著芒果樹，角落有一座很大的工具棚，做爲木匠的工作室，也是上校實現他改裝、重建房子的戰略基地。

接著，在浴室和芒果樹的後方，在這片土地最後方，由這巨大房舍所彰顯的財富和野心誇耀地代表著嶄新、快速成長的阿拉加塔加，似乎融入了稱爲開墾地的開闊半野生空間，成爲鄉間景致的一部分[13]。這裡的番石榴堆在一個巨大的鐵桶裡，特蘭基利娜會拿來做甜點，而這個味道永遠會讓小賈布聯想到他在加勒比海的童年。這裡隱約可見到那高大、如今頗具傳奇的栗子樹，在《百年孤寂》中和荷西・阿卡迪歐・布恩迪亞綁在一起的場景；也正是在這巨蔭的栗子樹下，賈布列爾・埃利西歐・賈西亞向露易莎求婚，而她的「守衛」法蘭希絲卡姑姑在陰影下對著他咆哮。這些樹上有鸚鵡、金剛鸚鵡、金鶯，而麵包樹上甚至有樹懶。後方的閘門旁矗立著馬廄，養著上校的馬和騾子，來訪的客人如果只是吃午飯，會把自己的馬綁在外面街上，如果打算久留，客人會把馬匹綁在此處。

大宅院隔壁是孩子們總認爲是鬼屋的建築，他們稱之爲「死人之屋」，鎮民也流傳著血腥的故事，因爲一個叫安東尼奧・莫拉的委內瑞拉人在裡面上吊自殺，死後還繼續住在那裡，可以清楚的聽到他在裡面咳嗽、吹口哨[14]的聲音。

賈西亞・馬奎斯最早的記憶開始根植之時，阿拉加塔加仍是個充滿戲劇性與暴力的前哨城鎮。幾乎每個男人都隨身帶著開山刀，也少不了槍枝。他最早的記憶之一是在外面露台玩耍時，一名女子路經大宅院，以布包著丈夫的頭，斬首的軀體則拖在身後。他還記得自己很失望，因爲那屍體以毯子覆蓋著[15]。

白天是生動、多樣、永遠在改變中的世界，時而暴力，時而充滿神奇；夜間則總是如常地充滿恐怖；他回憶道：「大宅裡充滿神秘氣息，我的外婆非常緊張，她看得到很多東西，會在晚上告訴我。她談到死人的靈魂時會說『他們總是在外面吹口哨，我常常聽到』。每個角落裡都有死人和回憶，晚上六點之後，根本不能在裡面走動。他們會讓我坐在一個角落裡，我停留在那裡，就像《葉風暴》裡的男孩一樣[16]。」難怪那小孩會在浴缸裡、廚房的火爐邊看到死人，有一次，他甚至在自己的窗戶上看到惡魔[17]。

日常生活無可避免的由特蘭基利娜主導，她的丈夫和其他女人叫她「米娜」，她是個嬌小緊張的女人，灰色、焦慮的眼睛，銀色白髮從中分線，框住她無疑是西班牙裔的臉龐，髮髻掛在蒼白的脖子上[18]。賈西亞・馬奎斯回憶道：「如果分析事務的狀態，我的外婆才是大宅院真正的主人，不只是她，還有那些她永遠與之溝通的幻想力量，決定那天可以做什麼，不能做什麼，因爲她會詮釋自己的夢境，根據可以吃什麼，不能吃什麼來安排家裡的事務，就好像羅馬帝國一樣，由鳥來主宰，由雷聲和大氣所傳達的訊息，解釋氣候的改變、情緒的改變。他們雖然應該是非常虔誠的天主徒，但其實我們被看不見的神祇操縱著[19]。」她的衣著總是戴孝或半戴孝，也總是瀕臨歇斯底里邊緣，特蘭基利娜從早到晚輕飄飄的在房子裡來去，唱著歌，總是試圖表現出鎮定、不爲所動的氛圍，但也始終注意著保護她所照顧的人，免於總會存在的危險：受折磨的靈魂（快點，讓小孩上床）、黑色蝴蝶（把孩子藏起來，有人要死了）、葬禮（把孩子叫起來，不然他們也會死掉）。她總是在夜晚結束時提醒孩子們這些危險。

羅莎・費格森是賈西亞・馬奎斯的第一位老師，她回憶特蘭基利娜非常迷信，羅莎和妹妹在傍晚抵達時，老太太可能說：「妳知道嗎，我昨天晚上聽到一個巫婆……跌在那邊的屋頂上[20]。」如同賈西亞・馬奎斯小說中的許多女性角色一般，她也習慣回想自己的夢境。有一次她告訴眾人，她夢到自己感覺到一堆跳蚤，所以把頭拿起來放在兩腿中間，開始殺死一隻一隻的跳蚤[21]。

法蘭希絲卡・西莫多希雅・梅西亞姑婆又叫「奶媽姑婆」，小賈布的童年時期，她是當時住在家裡的三個姑婆裡令人印象最爲深刻的一位。有別於特蘭基利娜，不管是自然或是超自然的事物，據說這位姑婆什麼都不怕。她是上校在巴朗卡斯的夥伴歐亨尼歐・里歐斯同母異父的妹妹，從小和表弟一起由上校在卡門・波利瓦爾撫養長大。梅達多殺人事件發生之後，她和上校一起從巴朗卡斯搬到阿拉加塔加。她的膚色比較黝黑、體格健壯，她會把黑髮像瓜希羅印地安人一般編成辮子，再綁成髮髻後才上街。她的衣著全黑、靴子綁得很緊、抽濃烈的香菸、永遠都一派精神，大聲喊叫著問題，以她高聲、深沉的聲音命令、主張、安排著孩子們的一天。她照顧每一個人、每一位家庭成員、所有的流浪兒。她爲客人準備特別的甜點和他們喜愛的食物，在河裡幫孩子們沐浴(有頭蝨的時候用石炭酸)，帶他們去上學、上教堂，帶他們上床睡覺、要他們禱告，然後才把他們留給特蘭基利娜夜晚追加諄諄叮嚀。她得到信任保管教堂和墓地的鑰匙，在聖日裝飾祭壇，也幫教堂準備聖禮，孩子們則興奮的期待吃到受過保佑的剩餘聖禮，而神父也是這家的常客。「奶媽姑婆」一生未婚，她認爲自己大限將至時，就動手開始爲自己縫裹屍布，如同《百年孤寂》裡的阿瑪蘭妲一般。

對孩子們而言，第二重要的是「巴阿姨」艾爾維菈・卡利尤，於十九世紀末出生於巴朗卡斯。她是上校的私生女之一，和艾斯特班・卡利尤是雙胞胎。她二十歲時搬到阿拉加塔加，雖然一開始相處時無可避免的充滿緊張氣氛，但特蘭基利娜視她如己出，在許多年後她也在蘇克雷照顧特蘭基利娜直到老死。她的脾氣很好、不愛出風頭、努力工作，總是在打掃、縫紉、做甜點販賣，雖然比較不喜歡上街。

另一位是「娜娜姑婆」韋內佛列妲，也就是尼可拉斯唯一的親姊姊。她雖然自己另外有房子住，但也經常出現在大宅院裡。她和丈夫拉法葉・金特羅一起搬到阿拉加塔加，就在上校去世前不久，她在尼可拉斯的家裡去世，生前大多數時間都在他的辦公室裡。

家裡也有幾名女傭，大多是兼職工人，負責打掃房子、洗衣、碗盤等工作，這裡也的確是一棟滿是女性的房子，如此這般的事實一方面使小賈布注定和外公這唯一的男性有特別密切、實際上具有某種決定性的關係，另一方面這也使他一生和女性的相處都很輕鬆，並且仰賴她們。對小賈布而言，男性的角色要不像他外公一樣是仿效的對象，不然就是像父親一般地令人恐懼。他早期和女性的關係則較爲多采多姿、較爲複雜(大宅院裡幾個印地安僕從根本就是奴隸，而那男孩阿波利納不能算是男性，因爲他不算是完整的人）。

讀到童話故事時，賈西亞・馬奎斯一定很訝異其中有多少是關於小男生、小女生和外公外婆的故事──故事總是圍繞著外公外婆，就像他、瑪歌、尼可拉斯和特蘭基利娜一樣。就心理上而言，這是個複雜的世界，他後來對朋友比利尼歐・門多薩解釋，「奇怪的是，我希望像外公一樣實際、勇敢、保守，可是卻無法抗拒不斷發生的誘惑，也想要一窺外婆的世界[22]。」「傻爸爸」在孫子的記憶中如獅子般偉大，爲一群引人注意的女性帶來秩序和紀律，爲了尋找安全和重獲尊嚴，他帶領這一屋子女性到阿拉加塔加，他也予人印象坦白而直率、果斷，提供直率的意見。小賈布覺得自己才是他的嫡系子孫以及繼承人。

上校到哪裡都帶著小外孫，向他解釋一切，如對事物存疑時就帶他回家，拿出家裡的字典，自書裡找到的解答來加強自己的權威[23]。小賈布出生時上校六十三歲，如妻子一般貌似歐洲人，結實、身高一般、寬廣的前額、日漸稀疏的頭髮、濃密的八字鬍。他戴著金邊眼鏡，當時右眼已經因爲青光眼而盲[24]。他會穿著無垢的白色熱帶西裝、頭戴巴拿馬帽，顏色明亮的吊褲帶。他是個直率而善心的人，有著單純而自信的權威，眼裡的光彩顯示他瞭解這個身處的社會，在任何情況下盡力而爲，但道德上並非故做正經之人。

外公世故、合理化的說教，外婆則是另一種世故、天啓般的口若懸河，兩者的語調皆爲絕對的肯定。許多年後，當賈西亞・馬奎斯成功的重現這兩種詮釋與描述現實的方式，再配上無可比擬的幽默感時，他發展出一種世界觀和相輔相成的敘事技巧，在他的每一本新書裡，讀者可以馬上認出來。

雖然在千日戰爭中挫敗，馬奎斯上校仍然成功的在承平時期致富。敵對狀態結束之後，保守黨政府開放共和體制下的哥倫比亞接受外來投資，在第一次世界大戰期間以及隨之而來的時期，全國經濟以前所未有的速度擴張。美國的投資人集中投資在石油輸出、礦產和香蕉，美國政府最後付給哥倫比亞政府兩千五百萬元作爲失去巴拿馬的補償，這筆資金投資在一些公共工程上，以國家現代化爲目標，但隨之而來的是更多的舉債，這些美元和披索滿天亂飛，製造了財務上的失控，哥倫比亞的歷史學家稱之爲「百萬之舞」。對於這短暫幾年容易賺錢的時光，許多人的記憶是加勒比海沿岸一段空前的繁榮與機會。

香蕉是熱帶水果，需要七到八個月的生長期，幾乎一年四季都可以收成、運送。香蕉可以分別包裝，再加以現代的種植、運送方式，有助改造世界資本主義首善城市的飲食和經濟習慣。聖塔馬爾坦的地主趕不上情勢變化，哥倫比亞北部海岸地區的開放亦爲時已晚。一八九〇年代中期，本來就已擁有中美洲和牙買家許多土地的美國實業家小凱斯開始在聖塔馬爾坦附近購買土地。接著，他在一八九九年成立聯合水果公司，辦公室在波士頓，主要的運送港口在紐奧良。就在他購買土地的同時，小凱斯也買下聖塔馬爾坦鐵路的股份，最後水果公司不但經營鐵路，而且還擁有六萬股中的兩萬五千股[25]。

一位評論家說，小凱斯的股份在哥倫比亞相當於「海盜的特許狀[26]」。一九二〇年中期時，香蕉區是全世界第三大的香蕉輸出地，每年離開聯合水果公司在聖塔馬爾坦港口的香蕉超過一千串，其鐵路網從聖塔馬爾坦延伸六十英里到豐達西翁，其間有三十二個車站。聯合水果公司幾乎壟斷所有土地、灌溉系統、輸出海港，輸出至聖塔馬爾坦、橫越大沼澤，也幾乎壟斷電報系統、水泥製造、肉類和其他食物，還有電話與冰塊[27]。由於聯合水果公司擁有香蕉園和鐵路，實際上控制了區內的九個城鎮，並間接控制了當地警方，政治人物以及媒體[28]。屬於聯合水果公司的最大農場之一名爲馬康多，位於瓜卡馬雅爾區塞維亞河畔一百三十五英畝的土地上。

雖然政治上仍屬保守派，但聖塔馬爾坦的指揮高層、統治階層已和紐約、倫敦和巴黎有來往，文化素養較高。然而，如今聯合水果公司的白色艦隊每天都爲眾人帶來與美國、歐洲和加勒比海其他地區的接觸。同時，來自世界各地、哥倫比亞兩地區的移民，包括瓜希拉半島以及從前奴隸逃奔至此的地區波利瓦爾地區，他們來到此地在香蕉園工作，或是做小生意，爲農場和工人提供服務。工匠、商人、船伕、妓女、洗衣女工、音樂家、酒保都出現。吉普賽人也來來去去，不過在那個年代，幾乎香蕉區所有的居民實際上都是吉普賽人。日漸成長的社區開始與國際市場接軌、進貨，戲院每週播放兩、三部電影，蒙哥馬利・華德百貨公司的目錄、桂格麥片、曼秀雷敦、代替發酵粉的安諾水果鹽、高露潔牙膏等，當時許多在紐約和倫敦找得到的東西這裡都有。

一九〇〇年，阿拉加塔加的人口只有幾百人分散在鄉間，集中在河畔。到了一九一三年增加到三千人，在那之後，人口於一九二〇年代晚期遽增至約一萬人。這裡是此地區最炎熱也最潮濕之處，也生產最大的香蕉，每天工人都非常的辛勞，因爲對於大部分的人而言，在阿拉加塔加的溫度下，即使坐著或躺著都很不舒服。到了一九一〇年，上校開始帶著家人搬到此處之時，鐵路已經一度從聖塔馬爾坦經由西安納加、阿拉加塔加通到豐達西翁，這也是此地區最邊界的一站。香蕉園種在鐵路兩旁，延伸將近六十英里遠。

阿拉加塔加是繁華的城鎮，也帶有這樣的氛圍。星期天有樂透，樂隊在大廣場演奏。首次於一九一五年舉辦的阿拉加塔加嘉年華會特別吸引人，每年廣場上滿是臨時搭起的酒館、攤位、舞池、商人、治療師、藥草師，女性穿著外國風味的服裝和面具，當地男子穿著卡其褲和藍色襯衫大搖大擺的走進來，瀰漫在一陣雪茄煙霧、蘭姆酒和汗水之中，由西安納加沼澤吹來的鹽味微風散播著氣味。

據說在那樣的黃金歲月裡，幾乎每樣東西都可以出售：不只是世界各地的消費品，還有舞伴、選票、與魔鬼的契約[29]。

即使在最興盛的時期，這個小鎮的大小也不過只有每個方向約十條街道的面積。如果不是這麼可怕的溫度，任何稍微健康的人都可以在二十分鐘之內從一頭走到另一頭。鎮上只有幾輛車子。聯合水果公司的辦公室就在尼可拉斯・馬奎斯上校家的正對面，靠近他委內瑞拉朋友阿夫列多・巴爾波薩醫生的藥局。鐵路的另一側是另一個社區，亦即美國公司的行政營地，旁邊的鄉間俱樂部有休閒草坪、網球場、游泳池，在這裡可以見到「美麗慵懶的女性穿著印花布洋裝、寬邊薄紗帽，在花園裡用金色剪刀剪著花朵[30]」。

在香蕉園的時代，阿拉加塔加這個地方對於上帝或法律僅有有限的尊敬。爲了回應當地居民，聖塔馬爾坦的教區從里歐阿查派駐了第一位神父佩德羅・艾斯畢霍來到阿拉加塔加，他以兼職方式運作，花了二十多年的時間推動教區教堂的興建[31]，某一天彌撒時，以能讓人浮在空中而聞名的也是他。他成爲馬奎斯・伊瓜蘭家族親近的朋友，每到阿拉加塔加時就住宿在他們家。如今許多年之後，舊宅所在的街道仍稱爲「艾斯畢霍先生之街」。

一九二八年年底，阿拉加塔加的黃金時代以暴力的方式結束。聯合水果公司需要勞工建造鐵路、灌溉運河、清理土地、種樹、收成水果、把貨物裝上火車和船，並把香蕉運走。一開始，公司很容易的分隔、統治工人；不過，工人在一九二〇年代逐漸組織成工會，並於一九二八年十一月提出一連串要求，包括加薪、減少工作時數、更好的工作環境，但管理階層拒絕了這些要求。一九二八年十一月十二日，香蕉區的三萬名工人宣布罷工，當時賈西亞・馬奎斯還是嬰兒，只有二十個月大。

罷工的工人在同一天進駐香蕉園。執政的保守黨總統米格爾・阿巴迪亞・門德斯回應的方式是在第二天派卡洛斯・科特斯・巴爾加斯將軍來到這個地區領導平民和軍隊，隨他前往的還有來自高地的一千八百名部隊。科特斯・巴爾加斯將軍到達聖塔馬爾坦時，他和手下軍官受到聯合水果公司管理階層的盛宴款待，士兵住在聯合水果公司分散四處的營房和倉庫裡。據說，聯合水果公司高層爲軍官舉辦放蕩的宴會，當地的婦女被欺負且受到侮辱，妓女亦一絲不掛的騎在軍隊的馬匹上，並在公司的灌溉溝渠裡赤身裸體的洗澡[32]。

一九二八年十二月五日清晨，三千名工人抵達西安納加，佔領廣場，因爲控制西安納加就是控制了整個地區的鐵路通訊。西安納加和阿拉加塔加是此地區最強烈支持罷工的城鎮，如同西安納加的商人一般，阿拉加塔加當地的商店和地主直到罷工最後一天都給予罷工工人顯著的物質協助[33]。荷西・羅沙里歐・杜藍將軍有著好雇主的名聲，他嘗試和工會維持良好的關係；的確，許多保守黨認爲他和「社會主義者」太過友善[34]。十二月五日中午，杜藍將軍（當時在軍隊通訊中形容他是「整個地區的自由黨領袖[35]」）發了一封電報到聖塔馬爾坦，要求火車載他和同僚到聖塔馬爾坦，他希望能夠由奴涅斯・羅卡州長協助，在工人和公司之間居中協調。科特斯・巴爾加斯將軍表面上雖然同意，無異是不情願的派了火車前往[36]。杜藍和他的代表團包括尼可拉斯・馬奎斯上校，一行人終於在當天晚上九點抵達西安納加，受到工人熱烈的歡迎；他們繼續前往聖塔馬爾坦協調，卻在抵達時遭到逮捕。保守黨政權、聯合水果公司和哥倫比亞軍隊似乎已經準備好血腥鎮壓，給工人一個教訓。

在西安納加，與軍隊對抗的群眾超過三千人[37]。每個士兵都有一把來福槍和刺刀，火車站前設立了三座機關槍。小喇叭響起時，一位軍官賈拉維托上尉向前宣讀「一號命令」：開始包圍狀態、宣告宵禁、馬上生效，禁止四人或四人以上的群眾集結，若不在五分鐘內解散就會遭到射擊。群眾一開始還對著軍隊歡呼，高喊愛國口號，如今開始破口大罵。過了一會兒，科特斯・巴爾加斯本人向前對群眾喊話，要求解散，不然就會被開槍。他又給了他們一分鐘，此時，群眾裡有一個人大叫出一句不朽的還嘴之言，永遠記錄在《百年孤寂》中：「我們再送你一分鐘！」「開火！」科特斯・巴爾加斯大叫，三座機關槍裡的兩座(另一座卡住了)以及兩、三百支來福槍的槍聲在廣場上回響。許多人倒在地上，可以跑的趕快跑[38]。科特斯・巴爾加斯後來說，砲火只維持了幾秒鐘，但將軍的兒子薩爾瓦多・杜藍當時在廣場旁的房子裡，他則說維持了五分鐘，之後周遭安靜到他可以聽到房間裡蚊子的嗡嗡聲[39]。據說，軍隊用刺刀了結那些受傷的人[40]；據說，科特斯・巴爾加斯威脅所有士兵當晚如果不服從命令，就當場槍決[41]。當局早上六點鐘才開始處理屍體，官方的說法是九死三傷。

到底死了多少人？四十年後在《百年孤寂》一書中，賈西亞・馬奎斯發明了三千人這個數字，他的許多讀者都信以爲真。一九二九年五月十九日，波哥大的《觀察家日報》則說死亡人數「超過一千人」。同樣的，美國駐波哥大代表傑佛遜・卡菲利在寫於一九二九年一月十五日，但許多年後才公開的一封信裡寫到，根據聯合水果公司的總經理湯瑪士・布萊德蕭，死亡人數「超過一千人」。(一九五五年，聯合水果公司當時的副董事長告訴研究人員，這場大屠殺的死亡人數是四百一十人，接下來的幾個星期死亡人數則超過一千人[42]。)至今，這個數據仍受到討論以及激烈的爭辯。

賈布列爾・埃利西歐・賈西亞當時在巴朗基亞工作，無法與家人聯絡，不過阿拉加塔加的報務員告訴他大家都平安沒事。露易莎才剛生下路易斯・安立奎，賈布列爾・埃利西歐正計畫把他們帶回巴朗基亞。他總是站在政府估計的死傷人數這一邊，甚至爲科特斯・巴爾加斯道歉，爭辯西安納加一個小賈布的姨婆的丈夫告訴他，不可能有多少人死傷，因爲「沒有人不見」。

犯人在大屠殺之後立刻遭到處決。聯合水果公司的職員帶領一小隊軍隊在阿拉加塔加「到處開槍，格殺勿論[43]」。在阿拉加塔加，某一個晚上就有一百二十個工人失蹤[44]，教區的安卡利達神父第二天晚上整晚沒睡，努力確保另外七十名犯人不被處決[45]。大屠殺之後的三個月間，官方和阿拉加塔加的居民領袖，包括出納尼可拉斯・里卡多・馬奎斯和他的藥師朋友阿夫列多・巴爾波薩，放逐的委內瑞拉人馬可・夫列特斯將軍，以及整個議會，都被說服寫信宣告圍城期間軍隊的行爲毫無不當之處，並且是爲了社區的福祉[46]。此舉必定參雜了非常痛苦的道德逆轉，幾乎無法承受的羞辱感。接下來的圍城維持了三個月。

這次的罷工和痛苦的收場對此地區造成不可抹滅的創傷，並成爲哥倫比亞歷史上最具爭議性的事件之一。一九二九年，二十六歲的豪赫・艾列瑟・凱坦成爲全國性的領袖，他發起強烈的國會遊說對抗政府、軍隊和聯合水果公司，而這位政治人物的遇刺也激發了短暫但驚人的暴動，史稱「波哥大大暴動」。他拜訪了大屠殺的現場，和數十人談過之後，於一九二九年九月花了四天的時間向波哥大的眾議院報告。他所提出最具戲劇性的證據是一塊兒童的頭骨碎片，以及安卡利達神父的一封控訴信，是他在幾個月後爲賈布列爾・賈西亞・馬奎斯施洗[47]。由於凱坦的驚人證詞，西安納加工人的刑期都被撤銷。雖然自由黨依然軟弱，全國性的組織力也不強，但受到激發起而行動，開始在政治上得到優勢，開始起而奪權，於一九三〇年執政，但在一九四八年四月凱坦被暗殺後畫下句點，這起暗殺是哥倫比亞二十世紀歷史上最重要、影響最深遠的事件。

聯合水果公司及其員工關係的破滅，香蕉區大屠殺的影響突然遭逢變化，大蕭條不但吞噬了整個地區，也吞噬了全球的貿易系統。這驚人的衰敗使得公司嚴格管制人事，高層和行政人員離開，阿拉加塔加開始漫長而無法停止的衰落，而這段時期也正好是賈西亞・馬奎斯的童年，他外公生命的最後歲月。

第三章
牽著外公的手
一九二九—一九三七

雖然阿拉加塔加衰落的種子已經種下，然而，衰敗的現象還要數年的時間才會明朗；在這同時，上校家中的生活一如往常的繼續。在大沼澤的另一頭，賈布列爾・埃利西歐白天在勝家公司所屬五金行上班，同時最近也開了屬於自己的藥局，在露易莎的幫忙之下，這樸素的藥局在晚間和週末營業。這對年輕夫妻忍受著艱辛的貧困生活，養尊處優的露易莎過去習慣了母親、姑姑、僕從的照顧，一定覺得生活非常辛苦。

時序來到一九二九年十一月九日，露易莎的第三個孩子瑪格麗妲出生後，上校和特蘭基利娜帶著小賈布來到巴朗基亞。對於這位年僅兩歲半的小男孩而言，他對此行主要的記憶是第一次看到紅綠燈。一九三〇年十二月，由於艾妲・羅莎的出生，他的外公外婆再次帶他回到巴朗基亞，這是他第一次在城裡見到飛機，這也是哥倫比亞航空旅行的先驅[1]。由於艾妲・羅莎出生於十二月二十七日，這亦是他第一次聽到「波利瓦爾」這個字眼，由於這天剛好是這位偉大的自由派英雄百年紀念日，巴朗基亞和整個拉丁美洲地區都在紀念他。小賈布對父母親並沒有很深刻的印象，然而，對於一個尚在試圖瞭解這個世界以及自己處境的小孩而言，對於這些探視一定深覺困擾[2]。最後一次探訪時，特蘭基利娜見到瑪格麗妲的病容及她內向的性格，認爲她所需要的照顧遠遠超過一個煩惱的年輕母親能力所及，因而堅持把她帶回阿拉加塔加，和小賈布一起撫養長大[3]。

因此，小賈布成長過程中決定性的時期從兩歲繼續延伸到近七歲，從他母親第二次離家到父母親和弟妹回到阿拉加塔加之前的這段期間，這五年的記憶才是世界的讀者後來所認識的神秘馬康多真正的基礎。雖然，所謂他和親生父母沒有聯絡並不是真的，不過，他在一九二八年之後便和他們、或其他的弟妹沒有緊密的聯繫，這卻屬實。因此，他也沒有理由對他們有什麼深刻的印象。他唯一的家長是外公外婆，唯一的妹妹是瑪格麗妲，如今叫瑪歌，她直到三、四歲才成爲令人滿意的同伴。只是，當時已經是一九三三年年底，其他的家人已經快回到阿拉加塔加。尼可拉斯和特蘭基利娜顯然決定，與其不斷地解釋他的父母親需要離開(還有離開的原因，以及他們什麼時候會回來)，長期而言，不如對他的出身蓋上沉默的面紗比較不那麼痛苦。當然，其他孩子一定問過問題，賈西亞・馬奎斯不可能如自己總是聲稱的那般無知。比如說，露易莎從來未曾出現在床前祈禱的記憶中，確實對他而言很難想像。然而，他很清楚的知道母親和父親是禁忌的話題，也學到盡量不要觸及。

根據西班牙和拉丁美洲的傳統，女性屬於家裡，男性屬於街上。是他的上校外公漸漸把他從女性世界的迷信和預兆中解救出來，還有那些似乎從自然的黑暗本身所延伸出來的故事；也是上校把他放在屬於男性世界的政治和歷史中，帶他出門，可以說是把他帶到光天化日之下。(「我會說，直到八歲爲止，和外公的關係是讓我和現實保持聯繫的臍帶[4]。」)在後來的日子裡，他會以感人的單純記得外公是「鎮上公認的統治者[5]」。

事實是，如大地主一般真正有勢力的男人鮮少佔有地方上的政治要位，如財務長或稅收員，而比較喜歡把這些職位留給較不重要的親戚，或是通常對於法律無知的中產階級政治代表[6]。市長由省長指派，省長由波哥大的政治人物決定，他們和地方的利益有關。像尼可拉斯・馬奎斯這樣的自由派，通常必須以頗爲羞辱的方式和保守黨及聯合水果公司等其他當地勢力來往。當時，整個政治系統非常的腐敗、仰賴個人關係以及各種形式的資助。像馬奎斯這樣重要的當地人士可以得到聯合水果公司的好處，如公司商店裡新鮮的肉品，以及其他吸引人的豪華享受，因而可以得到信賴，繼續協助維持這個體系。小賈布和瑪歌許多最生動的回憶是外公探索住家對面的商店，如同阿拉丁神燈的洞穴一般，上校和小賈布會凱旋歸來，用美國製造、輸入的神奇商品讓瑪歌驚喜並神魂顛倒[7]。

當地的財務長和稅收員主要的業務是收取地區(有時候是個人)稅捐，來自當時存在唯一重要的稅捐來源，也就是酒稅。這表示上校自己的收入大幅仰賴受人鄙視的「枯葉垃圾」的財務福祉、個人飲酒量、以及隨之而來的縱慾行爲。尼可拉斯自己如何小心翼翼的執行他的責任，我們無從得知，然而，這個系統並沒有爲私人善舉留下太多自由的空間[8]。一九三〇年之後，自由黨睽違五十年後首次執政，一切應該對尼可拉斯比較有利，他在自由黨參選人安立奎・歐萊亞・艾雷拉勝選的過程中投入甚多，然而，我們所有的資料都顯示情況越來越糟。

賈西亞・馬奎斯回憶道：「他是家裡我唯一不怕的人。我總覺得他瞭解我，關心我未來的志向[9]。」上校非常鍾愛他的小外孫，每個月都慶祝他的小拿破崙的生日，任他予取予求。不過，小賈布自己並不會成爲戰士，甚或是運動員，而是一輩子活在恐怖的支配之下——鬼魅、迷信、黑暗、暴力、拒絕[10]，全部源自阿拉加塔加，源自他焦慮、混亂的童年。然而，他的聰明、敏感，甚至頻繁的鬧脾氣，讓他寵溺的外公更深信這個孩子非常值得疼愛，而且，也許注定成就偉大的事業[11]。

這個男孩當然值得教育，是他承繼了老人的回憶、他的人生哲學、政治道德、他的世界觀，上校在他的身上因而生生不息。是上校告訴他千日戰爭的故事、自己和朋友的罪行、英勇自由派的故事；

是上校解釋香蕉園的存在，聯合水果公司和他們的公司宿舍、商店、網球場、游泳池，以及恐怖的一九二八年罷工，戰爭、疤痕、槍戰、暴力和死亡。即使是在相對安全的阿拉加塔加，老人睡覺時總在枕頭下放一把左輪手槍，雖然在梅達多殺人事件之後，他已經不再帶槍上街[12]。

小賈布六歲或七歲時，已經完全是個哥倫比亞人。外公是他心目中的英雄，然而，即使這個英雄也受制於美國經理和保守黨的政治人物。他輸了戰爭，沒有贏，即使小男孩一定也略微的猜測到，也許槍戰並不如當初刻意讓他相信的，是英雄式的無瑕行爲。許多年後，家人最喜歡的故事之一是小賈布坐著聽外公說故事，不停地眨著眼，忘了自己身在何處[13]。瑪歌回憶道：「小賈布總是在外公身邊聽著所有的故事。有一次，一位朋友從西安納加來訪，他是和外公一起參與過千日戰爭的其中一位老人。如往常一般，小賈布站在那位男士身旁專注的聆聽著；可是，原來他們給男士坐的椅子其中一隻腳卡到小賈布的鞋子。他只是安靜的忍耐著、安靜的站著，直到拜訪結束，因爲他想：『我如果出聲的話他們會注意到我，會把我趕出去[14]。』」

後來，他的母親告訴我，「小賈布總是很成熟，他小時候就很懂事，彷彿像個小老頭子一般。我們就是這麼叫他，那個小老頭兒。」終其一生，他的朋友都比自己年長許多，比較有經驗。雖然他自己的政治立場支持自由黨，後來支持社會主義，但他總是有意無意的被他喜歡的人身上智慧、權力和權威的結合所吸引。如果說，賈西亞・馬奎斯後來的人生中最強烈的衝動是重現外公的世界，這樣的結論並非憑空想像而來。

最恆久而重要的，馬奎斯上校提供了一連串具象徵意義的探險、印象深刻的事件，停留在他外孫的想像之中；許多年後，在他最著名的小說裡，他把這些記憶融合成一個完整、成形的影像。有一次，小男孩還很小的時候，老人帶他到公司的商店去看冰凍在冰塊裡的魚。許多年後，賈西亞・馬奎斯回憶道：「我伸手去摸，感覺好像被冰塊燙到。我在《百年孤寂》裡的第一句話需要冰，因為在這全世界最熱的城鎮裡，冰塊是神奇的東西。如果不熱的話，這本書就不會有意義。光是這句話就已經讓這個地方夠熱，不需要再提起，充滿整個氛圍[15]。」同樣的：「《百年孤寂》最初的影像已經在《家》(他第一次嘗試的小說)，以及《葉風暴》中出現。不論是參觀香蕉公司，或是去看火車站，每一天都是一個新奇的發現。香蕉公司帶來電影院、收音機等等；馬戲團帶來單峰駱駝和雙峰駱駝，嘉年華會帶來摩天輪、雲霄飛車、旋轉木馬。外公總是牽著我的手去看所有的東西，他帶我去電影院，我雖然不記得電影的內容，但記得影像。外公沒有分級的概念，所以我看過種種影像。不過，其中最生動、總是重複出現的，是一個老人牽著小孩的手[16]。」結果，在他最著名小說的第一行他寫下：「許多年後，當他面對行刑槍隊時，奧瑞利亞諾・布恩迪亞上校會記得那個遙遠的午後，他的父親帶他去尋找冰塊。」作者把他和外公一起探險的不同影像轉變成闡述自我的經驗，虛構的兒子和他的父親，從而下意識的確認尼可拉斯不只是他的外公，也是他覺得自己從來不曾擁有過的父親。

因此，將近十年的時間，那小孩和老人住在一起，大部分的時間都和他一起在城裡走動。他們最喜歡的散步路線之一是星期四到郵局，查看來自二十五年前的那場戰爭，上校的撫卹金是否有消息，卻從來都沒接獲過，此事在小男孩的心裡留下了深刻的印象[17]。他們最喜歡的另一條路線是到車站去拿當天來自上校的兒子胡安・迪歐斯(小胡安舅舅)的信，因為兩個男人幾乎天天寫信給對方——大部分寫的是公事，還有親戚朋友的動向[18]。他們會從車站再走到短短的大道上，也就是紀念哥倫比亞國慶日命名的七月二十日大道，蒙特梭利學校在此(尼可拉斯的好朋友荷西・杜藍將軍捐的土地)[19]；接著，他們走土耳其人街，經過「四角落」、阿夫列多・巴爾波薩的藥局，回到位於第六街和第七街之間六號公路上的家裡。或者，他們也許經過家裡、自由黨總部，繼續走到當時還在興建中的聖三一聖詹姆士教堂，這裡有三座小小的中殿、三十八張木椅、許多石膏聖像、一座很大的十字架，下面有骷髏旗。（小賈布是此教堂的輔祭男童，總是去望彌撒，童年期間皆參與教堂事務。）[20]接著他們會走過波利瓦爾廣場，周圍的建築物上佇立著禿鷹，他們走到賈布列爾・埃利西歐以前工作的報務辦公室，雖然我們不知道這件事實是否曾經受到提及。從此處再過去不遠就是墓園，沿著一排棕櫚樹——如今埋葬著杜藍將軍、當地生意人荷西・維達・達康德以及韋內佛列妲姑婆——這裡最近才成爲開放的鄉間，過去曾經是森林，放牧的草原，此時則由無止盡、完美排列的香蕉園隔離起來。

其實，幫助小賈布來到這個世界的是一位委內瑞拉女性璜娜・夫列特斯，她的丈夫馬可・夫列特斯將軍和獨裁者胡安・維森德・高梅茲失和，因而走上流亡一途。他成爲聯合水果公司的倉庫經理，他家是聯合水果公司辦公室區的一部分。夫列特斯夫人不只在小賈布出生時幫了很大的忙，後來還告訴他和他的小朋友們一系列古典童話故事——地點都在卡拉卡斯！——因而造成他一輩子對於委內瑞拉首都的熱愛[21]。另一位委內瑞拉人住在泥巴路的另一邊，小賈布家的對面，也就是藥師阿夫列多・巴爾波薩，亦是高梅茲的受害者。他在第一次世界大戰之前來到此地，當了鎮上的醫生，娶了當地女子阿德莉亞娜・貝杜果。香蕉潮時期，他擁有鎮上首屈一指的藥局，但到了一九二〇年代末期也受制於經濟衰退，就在吊床上搖晃著打發時間[22]。

另一個比較靜謐、遙遠的存在是「美國佬」，他們在聯合水果公司工作，住在賈西亞・馬奎斯後來稱爲「通電流的雞舍」的公司宿舍，有附空調的房子、游泳池、網球場和修剪整齊的草坪。是這些世故的人使河川改道、發動罷工以及後來的大屠殺；是他們蓋了兩條河之間的運河，在一九三二年十月的暴風雨中造成驚人的水災，五歲的小賈布從外公家的陽台上凝望著，因而留下記憶[23]。

義大利人安東尼奧・達康德・法馬在第一次世界大戰之後來到此地。藉由他的電影院「奧林匹亞」，他帶來默片、留聲機、收音機，甚至出租腳踏車給對此感到驚訝的居民。安東尼奧·達康德和兩姊妹輪流住在一起，一個只幫他生了兒子，另一個只幫他生了女兒[24]。至今，阿拉加塔加仍住著許多達康德的後代。

某些小賈布最恆久的記憶是關於一位人稱艾米里歐大爺的「法國人」，只不過他其實是比利時人，帶著枴杖和腳上的一顆子彈，他也是在第一次世界大戰之後抵達。艾米里歐大爺是位有天分的珠寶商兼木匠，晚上都和上校下棋或玩牌，直到有一天他去看了《西線無戰事》，回家後用一顆氰化物自殺[25]。葬禮是上校安排的，整起事件後來寫在《葉風暴》中(他是書中的「醫生」，角色部分融合了憂愁的委內瑞拉藥師阿夫列多·巴爾波薩)，以及《愛在瘟疫蔓延時》(他是聖愛耶勒米)。賈西亞·馬奎斯回憶道：「外公在一個八月的星期天聽到他自殺的消息。當時我們正走出八點的彌撒，他幾乎是一路把我拉到那比利時人的家裡，市長和兩個警察正在那等著。紊亂的臥室給我的第一印象是強烈的氣味，他所吸入致死的氰化物氣體有著一股苦澀的杏仁味。屍體躺在行軍床上，蓋著一張毛毯。他身邊的一張木凳上有一只托盤，他在上面蒸發毒藥；還有一張紙，上面用畫筆小心的寫著：『沒有人的錯，我自殺是因爲自己毫無價值。』外公把毛毯移開的那一刻仍然彷彿昨天一般的留在我的腦海中。屍體沒有穿衣服、僵硬而扭曲，皮膚沒有顏色，像是覆蓋著一層黃色的薄紗，淡淡的眼睛彷彿還活著一樣地看著我。回家時，外婆看到我的臉就預測說，『可憐的孩子，這輩子都沒辦法安穩的睡覺了[26]。』」

有理由相信艾米里歐大爺的屍體的確糾纏著這個易受影響的男孩的想像力，以及他的整個童年時期，當然也可能融入了其他他看過或僅只想像過的屍體；這在他第一篇出版的故事裡明顯可見，默想著把自己當成屍體(或可能曾經是屍體)。在《葉風暴》中，小說的故事重心圍繞著下葬，也受到諸多質疑，然而即使在此之後，這個主題卻仍然一次又一次的從他受創的意識下浮現。也許，這煙幕之下掩蓋的是上校本人的屍體，只是小賈布永遠沒有機會見到。

有時候，上校會在小賈布上床前帶他出去最後「一轉」：「外婆總是在我晚上和外公散步回家之後偵訊我，她會問我們去了哪裡，做了些什麼。我記得某天晚上和其他人一起經過一間房子，看見外公坐在客廳裡，我從遠處看著他彷彿坐在自己家裡一樣。不知道為什麼，我從來沒有對外婆提起這件事，可是，我現在知道那是他情人的家，他去世的時候，那女人想見他，我外婆不肯放她進門，說只有合法的妻子可以見最後一面[27]。」他的外婆不肯放進門看尼可拉斯屍體的，幾乎可以肯定是伊莎貝爾・盧伊茲，她似乎在一九二〇年代搬到阿拉加塔加[28]。就連小賈布班上的一個女生，特蘭基利娜都說不可以和她有任何關係：「你永遠不可以和她結婚。」只不過，小男孩要到長大之後才懂得這個警告的意義[29]。

小賈布和上校出門散步，和上校的同志、朋友們打招呼時，家裡的女人永遠忙著安排招待客人，有些抵達的是高官顯要、上校過去參加戰爭的同僚，或是他自由黨的好友。許多是他過去不當行為而衍生出來的「人情債」，他們通常坐騾子抵達，把騾子綁在房子後方，睡在林中開墾地的吊床上[30]。不過，大部分的客人都是坐火車來：「火車每天早上十一點抵達，外公總是會說：『我們不論魚、肉都要準備，因為你永遠不知道客人比較喜歡魚還是肉。』所以，我們總是很興奮的看來的是誰[31]。」

然而在一九三〇年代初期，情況開始有所轉變。香蕉園罷工和大屠殺，加上一九二九年的大蕭條，一切開始倒退，阿拉加塔加短暫的繁榮不敵正開始的急速衰退。雖然發生了大屠殺事件，而且許多人對於香蕉公司普遍的傲慢亦多所怨懟，然而在接下來的半個世紀中，這家公司在阿拉加塔加留給人的記憶卻是充滿懷念之情。許多對話都臆測著公司重新回來的可能性，順便帶來舊日好賺的錢，以及不斷的刺激[32]。尼可拉斯從酒類和其他來源的收入大幅減少，不久，穩定的收入變得稀稀落落。至於馬奎斯・伊瓜蘭家族，他們自瓜希拉出走之後永恆的失落感如今更加嚴重，感受到阿拉加塔加最風光的日子已然逝去。沒有撫卹金的尼可拉斯和特蘭基利娜一面開始正視貧窮，一面進入不安而令人害怕的老年。

一九三四年年初，露易莎回到阿拉加塔加探望長子和長女，和父母溝通。從任何角度看來，這都不是一次容易的會面。她不但不服從父母、且令他們蒙羞，把一個令人無法接受的女婿帶進這個家族，他們一直沒有原諒她。一九三三年年初，巴朗基亞的狀況已經陷入絕望，她可能說服了賈布列爾・埃利西歐讓自己想辦法回到阿拉加塔加。她在一個早上坐火車從西安納加到來，火車誤點。瑪歌非常害怕她這位不認識的母親，躲在外婆的裙子裡，害怕自己被帶走[33]。小賈布當時六歲多快七歲，對於這個陌生人的到來感到完全的迷惑，見到房間裡有五、六位女性，不知道哪一位才是自己的母親，當她比手勢要他靠近時，他又覺得難爲情[34]。

等他重新和露易莎時熟稔時，小賈布已經開始在新的學校受教育，這所位在七月二十日大道上的學校在火車站附近，由於大致上使用瑪麗亞・蒙特梭利的教學方式，因而用她的名字當作校名紀念。蒙特梭利系統只限於幼稚園的活動，只要在小學時導入好的天主教教育，一般認爲並沒有什麼壞處。這個方法強調兒童的創意潛能、成長學習的內在慾望以及獨特性；也著重教導自發性、自我引導、藉由兒童本身的感官作爲媒介。賈西亞・馬奎斯後來說，好像是在「玩一場活著的遊戲」[35]。

結果，小賈布的第一個老師羅莎・艾雷娜・費格森是他父親在阿拉加塔加的第一個情人（至少賈布列爾・埃利西歐是如此聲稱），也許小賈布不知道這一點是件好事。羅莎・艾雷娜出生於里歐阿查，據說是當地第一位英國領事的後代，和波利瓦爾的侍從威廉・費格森上校有親戚關係。她在聖塔馬爾坦的師範學校念書，隨著家人來到阿拉加塔加，她的父親和祖父在聯合水果公司上班，她的一位親戚成爲市長[36]。蒙特梭利學校開辦於一九三三年，小賈布一年級念了兩次，因爲第一次念到一半時，學校因爲運作問題而關閉；因此，他直到一九三五年八歲時才學會讀寫。

羅莎・艾雷娜是一位優雅、溫柔、美麗的女性，兩度被封爲阿拉加塔加的嘉年華會皇后。她把全部的精力投注在西班牙黃金年代的詩歌上，後來爲她這位聰明的學生一輩子所熱中[37]。她是他的第一個純純之愛，能夠接近她讓他既興奮、又尷尬，她則鼓勵他欣賞語言和詩歌。六十年後，羅莎・艾雷娜對於她有名的舊學生有著特別生動的記憶：「小賈布像個洋娃娃一樣，頭髮顏色如同打過的棕糖一般，蒼白的皮膚帶著些許粉紅色，在阿拉加塔加是很奇怪的膚色。而且，他總是小心翼翼的清洗得很乾淨，梳理得很整齊。」[38]賈西亞・馬奎斯這邊則說，費格森小姐「讓我沉浸在光是爲了見她而去上學的愉悅之中」[39]。她把手臂放在他身上教他寫字的時候，他會有無法解釋的「異樣感覺」[40]。費格森回憶道：「他很安靜，話很少，非常、非常害羞。由於他的勤奮、愛乾淨、聰明，同學很尊敬他，但他從來都不喜歡運動。他以能夠首先完成老師的指示而自豪。[41]」她教小賈布兩個關鍵的工作習慣——準時、沒有錯誤的作品，這後來成爲他一輩子的堅持。

本來，小賈布在讀寫方面並沒有早熟的表現，他也沒有在家自學[42]。然而，他在開始學習閱讀的很久之前就已經自學畫畫，直到十三歲都是他最喜歡的活動。他很小的時候，老先生甚至允許他在家裡的牆上畫畫。除此之外，他還喜歡臨摹外公報紙上的漫畫小故事[43]，還會重述上校帶他去看的電影情節：「他以前會帶我去看各種類型的電影，我特別記得吸血鬼……第二天，他會要我再講一次電影內容給他聽，看我有沒有認真看。所以，我不但電影記得很清楚，而且很注意如何說故事，因爲我知道他會要求我一步一步的說，看我懂不懂。」[44]因此，電影使小男孩心醉神迷，對他們這一代而言，電影、包括有聲片，是比書寫文學更早的體驗，而這當然是歷史上的第一次。後來，是上校教導他對文字及字典的敬意，字典「什麼都知道」，甚至比羅馬的教宗還要絕對地正確[45]。相較於尼可拉斯較爲傳統式的教育，以權威和加強個人能力爲基礎，蒙特梭利系統永遠著重鼓勵，探索與發現，兩者必定有著完美的互補。

不過，如今小賈布和瑪格麗妲的生活卻發生了撼動性的改變。賈布列爾・埃利西歐總是精力充沛，但行事風格上卻是想到什麼做什麼；他對財務一竅不通，搬到巴朗基亞的時機正是這個城市開始繁榮之際，但他的個性想在這樣的大城市從頭開始，本來就不被看好。因此，一旦哥倫比亞開始面臨衰退，情況只有更糟。他成功的拿到了藥師執照，離開五金店的工作，在市中心開了不止一家，而是兩家藥局，「第一牧師」以及「第二牧師」[46]。但這項創業也失敗，一家人慌亂的搬回阿拉加塔加。露易莎先帶著路易斯・安立奎和艾妲回去，住在上校家裡；艾妲・羅莎一九三〇年十二月出生時，露易莎已經是在四年內生完四個小孩之後，隔了三年才又懷孕，可是她如今又懷孕了。賈布列爾・埃利西歐總有其他的「公事」要忙，一離開就是好幾個月，終於，他在一九三四年十二月一日自己生日那一天回家，但距離第五個小孩莉西亞在八月出生已經很久了。[47]

他回家的時間是那段時日中少數確知的日子，因爲賈西亞・馬奎斯生動的記得一位陌生人的到來：一位「削瘦、黝黑、聒噪、愉悅的男人，穿著白色西裝，戴著草帽，散發出一九三〇年代加勒比海的味道。」[48]這位陌生人是他的父親。他清楚記得這個日期是因爲有人祝賀賈布列爾・埃利西歐生日快樂，並詢問他的年齡。出生於一九〇一年十二月一日的賈布列爾・埃利西歐回答道：「和耶穌同年。」幾天後，小男孩和這位陌生的父親首次出遊，到市場爲其他的孩子買聖誕禮物。小賈布也許一方面選擇感覺這個經驗很榮幸，可是，原來聖誕節買禮物的不是小耶穌或聖誕老公或是聖尼可拉斯，而是自己的父母，他栩栩如生的記得自己理解到這一點時幻想破滅的感覺[49]。在未來的日子和幾十年間，這父親時常使兒子失望，他們之間的關係從來不是輕鬆或親密。

時序來到一九三五年早期，賈布列爾・埃利西歐開設了新的藥局「G.G.」（賈布列爾・賈西亞的縮寫），並設法說服醫療單位給他一張有限制的執照以開設順勢療法診所，讓他診斷、治療病人，並開立處方，販賣自己江湖郎中的藥方，做爲唯一適合的診斷藥物。他瀏覽雜誌和醫學期刊，執行自己時常駭人聽聞的實驗。很快的，他發明一種「本月綜合藥方」，以「G.G.」爲品牌名稱，如同《百年孤寂》裡的荷西・阿卡迪歐・布恩迪亞一樣鬧笑話，這位無能、只會作白日夢的角色無疑的帶有幾分賈西亞・馬奎斯自己特有的不切實際，至於這點是從哪裡繼承而來，則一點也瞞不了人。經濟上，他們的生活一直很不安定，持續接受來自馬奎斯上校的接濟，他自己也越來越窮。接受這些接濟很丟臉，卻是必須。賈布列爾・埃利西歐回來之前，露易莎趁他獨特而任性的丈夫不在時暫時搬去和父母同住[50]。羅莎・艾雷娜・費格森甚至記得尼可拉斯開始加蓋房子容納新搬進來的家人，也許希望他不喜歡的女婿不會回來[51]。然而，賈布列爾・埃利西歐真正回來時，他和露易莎在離上校家幾條街的地方租了房子，在那裡，他們的第六個孩子古斯塔沃於一九三五年九月二十七日出生。

在他們年輕、生活處於掙扎中的父母家裡，老實說孩子比較像是在院子和街上長大，而不是在家裡；路易斯・安立奎和艾妲長成正常、健康、難管教的孩子，好動、外向、但沒有明顯的情結。同時，小賈布和瑪格麗妲則由老人家帶大，發展出比較不同的世界觀，執迷、迷信、宿命論、恐懼，但也勤勉而有效率。兩個都很乖巧，不算膽小，在家裡的時間比在街上多[52]。小賈布和瑪格麗妲一定曾經感覺被自己的父母無法解釋的拋棄，爲什麼是我？爲什麼是我們？然而，又對於在受到尊敬、受到喜愛的外公外婆家被照顧覺得很特別。是這兩個外來者，瑪歌和小賈布，在後來的日子裡讓賈西亞・馬奎斯一家人一起擺脫困境中的掙扎。

新的環境很難適應[53]。艾妲記得，小賈布對於外公、外婆的感情善妒，其他弟妹來訪時，他總是睜大眼睛看著一切，看著每一個人，想確定他們待的時間不久，沒有人可以介入他和外公之間。對面藥師的兒子安東尼奧・巴爾波薩比小賈布大十歲，是這家人的好朋友，他記得小賈布很娘娘腔，或是「撒嬌鬼」，會玩陀螺和風箏，但從來不和街上的孩子一起踢足球[54]。

也許因爲小賈布從來沒有受到鼓勵愛好探險，因此，藉由畫畫、閱讀、電影院，以及他和大人之間的互動，他發展出很活躍的想像力。他似乎變成一個愛炫耀的人，總是試圖以自己別出心裁的想法或有趣的軼事讓訪客印象深刻，也對這些故事的要求越來越高，才能達到想要的效果。特蘭基利娜深信他是個靈媒。無可避免的，大人把他愛好說故事和幻想的行爲解釋爲不誠實的傾向，終其一生，賈西亞・馬奎斯面對他們質疑自己的正直時，總是難以面對[55]。也許，沒有一位現代作家的作品如他一般的受人注目，卻又神秘的凸顯了真實與虛構小說之間的關係，逼真性和真摯的特性。

最大的兩個孩子還住在外公外婆家，來自瑪歌動人心弦的軼事顯示：「外公不讓人罵我們。我記得有一次，我們大一點的時候，他們准我們自己去媽媽家裡。我們大約早上十點離開的時候，外公在切乳酪，我們要了一片。我們到媽媽家的時候才發現，原來路易斯・安立奎和艾妲在禁食，他們吃了對付寄生蟲的藥，好幾個小時不可以吃東西。他們自然很餓，看到乳酪的時候也要了一些。我的父親發現時非常生氣，開始罵我們。小賈布說：『快跑，瑪歌，他要打我們了。』然後他拉著我的手，我們趕快跑掉。我們很害怕的回家，我在哭。我們告訴外公發生什麼事之後，他去罵我爸爸，問他爲什麼對我們大叫，爲什麼威脅我們。」[56]

不過在一九三五年，舊世界真的開始結束了。一天早上六點鐘，年過七十多歲的尼可拉斯爬上房子旁的梯子去抓家裡養的鸚鵡，因為鸚鵡被卡在屋頂大水槽上防止芒果樹葉掉進去的麻布裡。他不知怎麼的失足跌到地上，幾乎無法呼吸。瑪歌記得每個人都在尖叫，「他摔下去了！他摔下去了！[57]」從那時開始，本來還算健康的老人健康狀況急速下滑。是在這個時候，偷看醫生為外公看診的小賈布看到外公靠近大腿根部的地方有一個子彈痕，一個不可否認的戰士印記。可是，這個老戰士跌倒之後一蹶不振。他開始用手杖走路、病痛不斷，不久就去世了。發生摔倒的意外之後，他們不再在鎮上散步了，小男孩和外公之間最重要而基於安全感的魔法也開始凋謝。上校甚至必須要求賈布列爾·埃利西歐和露易莎代表他去收稅和其他費用，對他的自尊而言，此舉必定是很大的打擊。

一九三六年年初，小賈布轉到阿拉加塔加的公立學校[58]，突然對閱讀認真起來。他的外公和費格森小姐已經啓發他的學習，如今字典開始發號施令。然而，最刺激他想像力的一本書是他在外公的舊行李箱裡找到的《一千零一夜》，這本書似乎影響了他如何詮釋當時在阿拉加塔加大部分的經驗，部分類似波斯市場，部分類似大西部。因為書的封面不見了，所以有很長的一段時間他並不知道這本書的書名。他發現書名的時候，想必在異國情調和神話的《一千零一夜》，以及更具當地氣息、歷史性的「千日戰爭」之間做了聯想。[59]

如今上校成了真正的廢人，賈布列爾·埃利西歐覺得自己可以再度主張對兩個寄養孩子的權利。因此，縱使小賈布剛學會讀寫沒多久，正感受到這份魔力，但他愛冒險、坐立不安的父親就已決定要把整家人帶去辛瑟，他自己的出生地。這次也包括小賈布。這位他幾乎不認識的男子已經決定兒子主要的特質是天生的騙子，這個孩子「去一個地方，看了什麼東西，回家來講完全不同的故事，[60]他誇大一切」，這個男人把他從家裡、外公外婆和妹妹瑪歌身邊帶走。一九三六年十二月，這位生來只會空談，令人生畏的父親帶著小賈布和路易斯・安立奎先去辛瑟探路，查訪那裡發展的可能性是否比越來越慘的阿拉加塔加要好[61]。

賈布列爾・埃利西歐讓兩個男孩和當地的教師一起讀書，但這些課程並不爲權責單位所認可，小賈布又損失一學年。難怪他最後決定下修自己的年齡以彌補所有失去的學年。如今，兩個男孩開始認識多采多姿的祖母阿爾赫米拉・賈西亞・帕特尼那，四十多歲的她仍然未婚。她十四歲生下賈布列爾・埃利西歐之後，至少又和三個男人分別生了六個小孩。「我現在瞭解到，她是位很了不起的女性。」六十年後，賈西亞・馬奎斯說：「她是我所認識最自由的心靈，她總是多準備一張床，讓想要與人分享的人使用。她有自己的道德標準，一點也不在乎別人怎麼想。當然，我們以爲這在當時是很平常的。她的幾個兒子，也就是我的叔叔，他們比我還年輕，我以前還和他們一起玩，我們會出門去捕鳥之類的。我從來沒有多想，那就是我們所在的社會。當然，當時的地主會誘惑或強暴十三歲的少女後再拋棄她們。我父親和一家人長大之後回去看她，她當時四十多歲，他發現她又懷孕時非常得生氣。她只是笑了笑說：『有什麼好氣的？你以爲自己是怎麼來到這世上的？』」[62]

雖然他晚年拿這件事來開玩笑，然而對於這次的停留，小賈布的回憶是破碎、也無疑痛苦的。不難想像離開生病的外公使他焦慮，見到較不風光那一邊家族的文化衝擊。如同阿拉加塔加一般，辛瑟是個小而密集的城鎮，有更大的中央廣場，一如往常如結婚蛋糕般的教堂，一樣有波利瓦爾的雕像，居民大約九千人。這裡的經濟收入主要來自家畜、米、玉米，和大多數畜牧地區一樣，政治氛圍基本上是保守派。人稱阿爾赫米拉祖母爲「西美大娘」，她住在斜坡廣場上一棟小小兩房木屋裡，離主要廣場很遠，房子漆成白色，棕櫚葉做的屋頂，她所有的孩子都是在那裡出生的[63]。這樣的體驗必定讓小賈布看到一個完全不同的世界。他已經不再是馬奎斯上校所保護的小孩，必得需要適應他那些非婚生叔叔、堂兄弟們比較狂野的生活方式，更別提他自己叛逆、日漸魯莽的弟弟路易斯・安立奎。

同時，在阿拉加塔加的家裡，生活也越來越困難，在一九三七年三月初達到極限。意外發生的兩年後，馬奎斯上校在聖塔馬爾坦死於支氣管炎，他一直沒有從一九三五年梯子上摔下來的意外中復元。一九三七年一月二十一日，老人已經因爲在他家去世的姊姊韋內佛列姐悲痛不已，我們只能想像他摯愛的「小拿破崙」離開對老士兵的精神有什麼影響。一九三七年年初，爲了喉嚨開刀，他的兒子胡安・迪歐斯把上校遷到聖塔馬爾坦。三月份他染上肺炎，於三月四日去世，享年七十三歲，葬於另一個英雄波利瓦爾去世的城市，在他的教堂裡安息。

馬奎斯上校於同一天下葬於聖塔馬爾坦市民墓園，《國家報》（*El Estado*）以短暫的訃聞記載了他的去世。瑪歌生動的記得聖塔馬爾坦的葬禮，「我哭了一整天，可是小賈布和我父親，還有路易斯・安立奎都在辛瑟，只爲了他的另一次探險。小賈布好幾個月後才回來，所以我不記得他的反應。然而那一定是很深很深的悲痛，因爲他們深愛對方，他們是不可分離的。」[64]

在辛瑟的小賈布是間接聽到父親和祖母的對話，才得知這個死訊。許多年後，他會說自己聽到消息時哭不出來，只有長大後才瞭解到老人對他的重要性。他甚至輕描淡寫地說：「我有其他讓我擔心的事，我記得當時我有頭蝨，覺得非常難爲情。以前，他們說你死了頭蝨才會離開你，我記得自己很擔心：『完蛋了，如果我現在死掉，每個人都會知道我有頭蝨！』所以在那樣的情況下，外公的死訊不可能爲我帶來太大的影響，我主要的憂慮是頭蝨。事實上，我在後來長大之後才開始想念外公，我無法找到人代替他，因爲我的父親從來都無法真正取代外公[65]。」這樣突兀的回憶和挑釁的誇張，他典型而間接的表達個人情緒，不僅清楚的否認，也隱藏著一個更簡單、更殘酷的事實：在這個痛苦而時常無法理解的童年裡，他最愛的人、所有智慧的泉源、所有安全感的根本，他始終無法好好的哀悼他的死去。如今，他被新的核心家庭所圍繞，他真正的家人，他小時候離棄他的家人已在身邊，但小賈布就像個孤兒一樣。一九七一年四月，在自己的親生父親面前回答記者關於外公的死，賈西亞・馬奎斯帶著他獨特、在此爲殘酷的誇張：「他死的時候我八歲，從那之後，我的生命中再就沒有發生過重要的事，一切都很平淡。」[66]

賈布列爾・埃利西歐帶著兩個男孩短暫的回到阿拉加塔加，說服露易莎到辛瑟加入他們。露易莎對此行的態度堅定的表達她一點也不熱中。在一九九三年她告訴我：「我不想去。想像一下，帶著一家子的幼兒以及我們的家當，坐火車到西安納加，換坐船到卡塔赫納，再坐車到辛瑟。可是，我總是做他想做的事，而他是個偉大的旅行家、探險家。所以我們租了兩輛卡車，路易斯・安立奎和小賈布坐在第一輛，他們的父親坐在第二輛，路上還翻了一次車。」[67]只有他們最近剛結婚的表妹莎拉・馬奎斯留在阿拉加塔加的舊房子裡，陪伴特蘭基利娜和法蘭希絲卡姑婆。

對於這些家族命運的改變，瑪歌的反應很苦澀：「我們在外婆家一直住到開始缺錢，然後，她必須用小胡安舅舅寄給她的錢，接著決定小賈布和我應該搬到辛瑟和父親一起住……太糟糕了，從一個安靜的環境搬去和魔鬼住在一起，與我的弟弟妹妹們，加上我父親的個性既粗暴又大聲。他永遠不放過任何一件事。他以前打艾妲打得很凶，她都不在意，我想：『如果他敢碰我，我就去跳河。』可是，小賈布和我都不曾反抗過他，我們總是聽他的話。」[68]

然而，他們在辛瑟的生活過得很糟，賈布列爾・埃利西歐投資牲畜，尤其是一群山羊，結果是災難一場，他們一家人在幾個月內就回到阿拉加塔加。賈布列爾・埃利西歐沒有陪妻小走完全程，而是在巴朗基亞停留，在那裡設法又設立了另一家藥局。在阿拉加塔加，其餘的家人在家中的院子裡把上校的衣服燒掉，小賈布不知如何在火焰中看到老人重生。小賈布慢慢的接受失去外公、外婆病倒的事實，外婆已經失去視力，因爲失去結褵五十多年的丈夫而悲不可抑，同時，還加上令人敬畏的法蘭希絲卡姑婆體力衰退，她和尼可拉斯在一起的時間比他的妻子還要長。對小賈布而言，這是整個世界的盡頭，沉浸在自己甚至不認識的如此悲傷之中。如今完全身處多年前曾經拋棄他的家人之中，他很不情願的重新融入阿拉加塔加其他孩子的生活裡。

路易斯・安立奎比較沒有那麼深思，也沒有哥哥那樣多的負擔，他馬上恢復加勒比海家鄉的生活方式，而超級敏感的小賈布要在許多年後才有辦法欣賞此地，他悲哀懷舊所回顧的不只是自己失去的世界，還有他錯過的樂趣。兩個孩子都回到男子公立學校，路易斯・安立奎回憶道，很快的，連吉普賽人和馬戲團都不經過這裡了，正如賈西亞・馬奎斯的家庭一般，許多人都準備離開：「連妓女都走了，那些在『學院』執業的人，他們是這麼稱呼享樂之屋……自然的，我從來沒有(進去)，但我的朋友告訴我有關的一切。」69

許多許多年間，小賈布心目中的阿拉加塔加比他魯莽而喧鬧的弟弟所記得的要黑暗許多，如同他第一本文學畫像《葉風暴》所描述的。雖然更久之後，他已能溫馨的談到這個城鎮。但他總是害怕回去，直到四十歲時才有足夠的距離，透過以流浪漢冒險爲題材的濾紙重新審視。然而，路易斯・安立奎從小就已經有這樣的能力。

他們每個人的盡頭都到了，如今，十一歲的小賈布正要離開「那炎熱、滿是灰塵的城鎮，我的父母向我保證我是在那裡出生的，我幾乎每天晚上都夢到自己身在那裡——天真、沒沒無名、快樂的模樣。這樣說來，也許我就不會變成現在的我，也許會是更好的：只是自己永遠不會寫出來的小說裡的一個角色。」70

第四章

學校的日子：巴朗基亞、蘇克雷、茲帕奇拉

一九三八—一九四六

賈布列爾・埃利西歐帶著小賈布一起前往巴朗基亞，花了兩個月的時間成立藥局，開始他們的新生活。十一歲的小賈布發現，他們身邊沒有可以炫耀的對象時，他父親反而對他比較好。然而，他也常常一個人被丟著不管，賈布列爾・埃利西歐常常忘了餵他吃飯。有一次，小男孩甚至發現自己在市中心的街上夢遊，顯示嚴重的情緒困擾。[1]

巴朗基亞位處馬妲雷娜河開始展開流入加勒比海之處。半個世紀以來，這裡從原本僅是位於歷史殖民港灣卡塔赫納和聖塔馬爾坦之間的一個部落，轉變成也許是哥倫比亞最有活力的城市、哥倫比亞船運業的希望，以及航運中心。這是唯一一個擁有眾多海外移民的城市，因而在某種層次上成爲一個首都，比起波哥大灰暗的安地斯傳統派，或是鄰近卡塔赫納的貴族保守派，巴朗基亞有著自己強烈、將就的現代感。這裡到處都是國內外的進出口生意、工廠和工作室、德國的航空公司、荷蘭的製造商、義大利的食物製造商、阿拉伯的商店、美國的發展商，以及眾多小銀行、商業機構和學校。許多公司由來自荷蘭以及安地列斯群島的猶太人成立。不論經由水路或空路，巴朗基亞是外國遊客進入的

地點，也是前往波哥大的遊客轉運站。哥倫比亞最富盛名的嘉年華會就在巴朗基亞舉行，許多當地人仍然整年不耐煩的期待二月的這一個星期，原本就充滿活力的社區更加的熱鬧。

在辛瑟以及短暫回到阿拉加塔加時，由於許多雙方親友在場，他們之間的關係比較沒有那麼緊張。然而，當他們在一九三八年晚期抵達巴朗基亞，把特蘭基利娜和姨婆留在阿拉加塔加時，是賈西亞‧馬奎斯的核心家庭第一次自己單獨相處。小賈布和瑪歌沉默的哀悼著外公，想念如今生病的外婆，再度感到適應困難的程度幾乎使他們無法忍受。然而，他們還是必須承受。兩兄妹都知道對方很痛苦，但他們從來不提。而且，他們的母親也正經歷類似的哀悼，不情願、且明顯不樂意的搬回巴朗基亞。新的藥局位在市中心，新家在下區，或是下城，也許是巴朗基亞最知名、最受歡迎的地區。房子很小，卻意外的做作，賈布列爾‧埃利西歐瞭解到，再度懷孕的露易莎完全沒有心情對這一切處之泰然。他們家雖然只有兩間臥室，大客廳有四支多利斯樑柱，屋頂上有一個小小的仿塔樓，紅色和奶油色鄉間油漆，當地人稱之爲「那間城堡」。

幾乎馬上很清楚的是，新開的藥局又是個災難式的失敗。賈布列爾‧埃利西歐幾乎被自己的不幸所淹沒，再次往他處另謀發展，留下懷孕、沒有謀生能力的妻子與孩子。如今來到的是這家人最困苦的日子。賈布列爾‧埃利西歐在馬妲雷娜河的上下游以及北部來來去去，治療特別的病人、做臨時工、尋找新的門路。露易莎一定懷疑他到底會不會回來。她的第七個小孩莉妲在一九三九年七月出生，賈布列爾‧埃利西歐不在場，由巴阿姨到巴朗基亞幫露易莎的忙，賈西亞‧馬奎斯在回憶錄裡提到，小孩命名爲莉妲是爲了紀念聖莉妲‧卡夏，她在世的聖行是「以耐心忍受她放蕩不羈丈夫的壞性格」[2]。在此之後，露易莎‧聖蒂雅嘉又生了四個孩子，全是男丁。

她被迫仰賴弟弟胡安‧迪歐斯的慷慨解囊，他在聖塔馬爾坦當會計師，已經供養阿拉加塔加的特蘭基利娜和阿姨[3]。然而，原來露易莎其實有著賈布列爾・埃利西歐永遠無法顯露出來的韌性、切合實際及常理的性格。她是個安靜、溫柔的女人，看起來可能被動而天真，雖然她從來沒有足夠的錢安穩的扶養他們、給他們衣服、受教育，卻有辦法養育、保護十一個孩子。賈布列爾・埃利西歐的幽默感低俗而特異，露易莎則是尖酸的諷刺——這一點也是深藏不露——她的幽默感從嘲諷到歡樂都有，在她兒子筆下的許多女性角色身上永生不死，最引人矚目的就是《百年孤寂》裡令人難忘的烏蘇拉・伊瓜蘭。在巴朗基亞的這段日子裡，小賈布和母親一同對抗真正的貧窮，彼此之間發展出新的緊密關係，也持續不再中斷：賈西亞・馬奎斯強調這一點對他的重要性，但隱藏自己所受的傷害，說他和母親之間的關係很重要……「也許是我最重要的一段關係」[4]。

雖然生活很困苦，露易莎仍然決定送小賈布去上學，讓他完成小學教育。他是最大的孩子，成績也最好，代表這家人未來最大的希望。美洲卡塔赫納學校的校長胡安・文圖拉・卡薩林對他的新學生很保護，能有來自成人男性的鼓勵與同情一定是神的旨意。即使如此，賈西亞・馬奎斯對於學校的回憶仍然是感到孤獨、克服許多試煉和磨難的記憶。他把自己沉浸在如《金銀島》和《基督山恩仇記》這些書裡。

他也必須尋找真正的工作，幫一家叫「東京」的商店油漆招牌，賺幾文錢，這家店現在還在老家的隔壁。小男孩會幫店主寫一些告示，例如「如果找不到，問就對了」，或是「讓人賒帳的在外面討債」。值得記得的一次是他在當地的公車上漆油漆，得到二十五披索(哥倫比亞的公車是拉丁美洲最豔麗的)。另一次他參加廣播電台的才藝比賽，他記得唱聞名的華爾滋《天鵝》，但不幸只得到第二名；他也記得母親告訴所有的親朋好友，自然她也希望他贏得五披索的獎金，卻難掩失望。他也在當地的印刷廠找到一份工作，包括在街上叫賣樣品。他遇見一個阿拉加塔加的朋友的母親之後，丟了這份工作，她在他身後大叫：「告訴露易莎・馬奎斯她該想一想，如果她的父母看到最喜歡的孫子在市場發傳單會怎麼說。」[5]

這個年紀的小賈布身體不好，蒼白、營養不良、發育不足。露易莎試著保護他不得到肺結核，她丈夫不在的時候給小賈布司各脫魚肝油，一種有名的魚肝油牌子；賈布列爾・埃利西歐旅行回來時會說小賈布身上滿是「魚的臭味」。男孩最令人沮喪的童年記憶之一是，有一天，一位常來家裡賣牛奶的女人當著孩子的面，很無知的對露易莎・聖蒂雅嘉說：「我很不想這麼說，夫人，但我不認為妳這個孩子能活到成年。」[6]

家人偶爾一次打電話給這位失聯的家長時，露易莎說她不喜歡他說話的語調，下次打電話時她又勸他回來。此時第二次世界大戰剛爆發，也許她感覺特別不安。賈布列爾・埃利西歐發了一封電報，上面只寫著：「無法決定」。她察覺不對勁時，給他一個很乾脆的選擇：請他馬上回家，不然她馬上帶著所有的孩子動身去找他。賈布列爾・埃利西歐屈服了，一個星期內就回到巴朗基亞，但馬上又開始夢想新的門路。他懷念的回想著一個很年輕時去過、叫蘇克雷的河邊小鎮。無疑的，那裡有一個他中意的女人。他從供應藥商那裡借了一筆錢，很快的，就在幾個月內，這家人又從哥倫比亞最現代的城市搬到偏遠鄉下的小地方。

如同往常，賈布列爾・埃利西歐先去新地方探路，留下再度懷孕的露易莎負責搬家或賣掉家當。這次她賣掉了大部分的家當，接著帶著七個小孩出發。一年半前小賈布和父親前往巴朗基亞時，已經被賦予超過自己年齡的任務，此時發現自己的角色也成了家中的男人，幾乎包辦所有的事務，包括打包、訂搬家公司的卡車、買蒸汽船的票帶家人往上游前往蘇克雷。不幸的是，售票員票賣到一半竟改變規則，公司說所有的孩子都要買全票，露易莎發現自己不夠錢。絕望的露易莎只好孤身靜坐抗議，結果贏了。幾年後，八十八歲的露易莎本人在巴朗基亞和我聊天時，還記得這場長征：「十二歲的小賈布是最大的孩子，必須安排這趟旅程。我記得看到他站在蒸汽船的甲板上數孩子，突然驚慌的說：『少了一個！』結果是他自己，他忘了把自己算進去。」[7]

行走河上的船把他們往南帶到馬妲雷娜北部最大的城市馬干奎，從這裡他們必須改坐汽艇上溯到較小的聖豪赫河，再沿著更狹窄的莫哈納河前進；河的兩旁是沼澤和叢林，是個讓孩子的想像力奔馳的大探險。最小的兒子古斯塔沃只有四歲，一九三九年十一月抵達蘇克雷是他早期最生動的記憶：「我們坐汽艇到蘇克雷，踩著一塊木板下船。那一幕深深的印在我的腦海裡：我的母親走下木板，全身穿著黑色，洋裝袖子上是珍珠的鈕釦，她當時應該大約三十四歲左右。好幾年後，我自己三十歲的時候想起這件事，彷彿在看一幅畫像，然後我瞭解到，她的臉上有著一股聽天由命的表情。這是很容易瞭解的，因爲我母親上的是修女學校，她也是城裡最重要的家族裡最受疼愛的小孩，被寵壞的小女孩，上繪畫課和鋼琴課，突然之間，她住在一個小鎮上，這裡有蛇跑進房子裡，沒有電燈，淹水的時候情況之糟，冬天時土地都淹沒在水裡，只剩下一群群的蚊子飛來飛去。」[8]

蘇克雷是一個人口大約三千的小鎮，對外沒有道路或鐵路，彷彿一個浮在水中的小島，被遺忘在交錯的河流小溪之中，夾雜著曾經茂密的熱帶叢林，現在由於大量的人口進駐而稀薄，但仍然以樹木及灌木叢覆蓋，有大片空地給牲畜、稻米、甘蔗和玉米；其他的農作物包括香蕉、可可、絲蘭、甜薯和棉花。在灌木叢和平原之間，視季節的不同，河流的高度，景色永遠在改變。一九〇〇年到一九二〇年中期，移民來自埃及、敘利亞、黎巴嫩、義大利和德國。比較富裕的居民住在大廣場附近，不是一般的廣場，比較像是長一百五十碼，也許寬三十碼的地區，一端是河流，另一端是教堂，中間的街道兩旁有一排色彩明亮的兩層樓房。在這裡，賈布列爾・埃利西歐租下他的新房子，一樓充當藥局。

他們抵達之後不久，露易莎堅持提出小賈布中學教育的問題，說服她不情願的丈夫小賈布應該被送回巴朗基亞的聖荷西學校，她提到自己在離開前已經查詢過了，「他們那裡出過州長，」她說[9]。小賈布也許感到自己再次被拒絕，但決定表現出勇敢的樣子，「我覺得學校好像地窖一樣，我痛恨被鈴聲操縱的生活，但這也是我從十三歲開始唯一享受自由生活的希望，能與家人和平相處，但遠離他們的控制。」[10]

一位朋友描述他當時的外表：「他的頭很大、很寬，如金屬絲般蓬亂的頭髮。他的鼻子有點粗糙，像鯊魚翅一樣長長的。他的鼻子右邊有一顆痣已經開始長，看起來一半印地安人、一半吉普賽人。他是個削瘦、沉默寡言的男孩，去上學是不得已的。」[11]他快十三歲了，教育程度嚴重落後。回到海岸大城的前十五個月，他和其中一個韋德伯朗奎茲表哥荷西・馬利亞、他的妻子歐登希雅和他們的小女嬰住在一起。他睡在客廳的沙發上。

雖然他懷疑自己的能力，加上與其他有才華男孩的競爭，小賈布在學校各方面表現都很優異。他以幾篇文學練習作成名，《我的愚蠢幻想》是幽默的諷刺詩集，寫的是他的同學以及嚴格或愚蠢的校規，老師注意到這些詩集的時候，常常要求他吟誦[12]。他也在學校的雜誌《青年》上發表其他短篇詩集，在學校的三年間得到一連串受信任和責任的職位。比如說，每週成績最好的男生可以在早上升旗，而小賈布擔任這個工作很久。學校雜誌裡有一張他和獎牌的合照，他稍微側著臉的看著相機，有點不好意思，好像有理由懷疑自己成功的公平性。這個感覺跟著他許多年。

第一年結束時，少年的賈西亞・馬奎斯回到家裡，度過每年十二月和一月的假期。無可避免的，家裡又有小孩出生了，這次懷胎七月就早產：他的弟弟海梅注定要虛弱七年。小賈布成為他家的教父，後來海梅也成為小賈布最親近的弟弟。如今，這家人已經適應新的環境，一如往常，小賈布有很多需要彌補。弟弟妹妹逐漸把他當做偶爾出現的哥哥，因爲他偶爾出現、安靜、害羞、有點孤獨、年紀最大又最有距離感。從少年時期一開始就經常的缺席加深了這男孩和父親之間的鴻溝。他的父親從來都不瞭解他，似乎也沒有嘗試過。但他從來沒有忘記妹妹瑪歌，她也同樣的畏懼他們的父親；而他們的母親永遠沒有時間理會她。她非常想念他（「我們好像雙胞胎一樣」）。小賈布意識到她的孤獨，他不在家時，每星期都很認真的寫信給瑪歌[13]。

他不喜歡回家。如果仰賴賈西亞・馬奎斯在一九六七年和二〇〇二年自傳中的陳述以瞭解蘇克雷，那麼，我們什麼也不會知道；僅有小說中的間接證據，例如一九五〇年代寫的《邪惡時刻》、《沒人寫信給上校》，一九八〇年代早期寫的《預知死亡紀事》，這些懷恨的陳述只是確認這些小說所給人的冷酷憂鬱印象。蘇克雷是匿名的村莊、黑暗馬康多的邪惡姊妹鎮，他甚至不直呼其名，就像他很少提到自己的父親，在他的心裡視爲同一。（《邪惡時刻》原來的篇名是「這個狗不拉屎的小鎮」。）然而對其他較年輕的孩子而言，特別是莉妲和其他四個在那裡出生的，這是個遍布河流、叢林、野生動物和自由的熱帶天堂。

這也是賈布列爾・埃利西歐作爲藥師和順勢療法師最成功的一段時期。他不但自力更生，還和當地的診所有聯絡。對於當時這樣的春風得意，站在保守黨這邊是有幫助的，因爲有別於阿拉加塔加，蘇克雷是個保守黨居多的城鎮，同時，暴力永遠隨時會爆發。海梅受洗的那一天，當地的號兵在正要吹到最高音、最奔放的音符時被割喉。有些人說血噴了三公尺遠。路易斯・安立奎馬上聽說了這件事，趕快跑去看。不過等他到場的時候，那不幸的男人屍體還在發抖，但血已流盡[14]。沒有再公開發生這樣戲劇性的事件，直到一位家族朋友卡耶塔諾・貞提爾，他們的隔壁鄰居，一九五一年一月在整個鎮的眼前被謀殺，他們的生活都無法回頭的改變了。

對小賈布而言，聲名狼藉的父親爲家族帶來震撼性的改變。一九四〇年代末期，小賈布回到蘇克雷，從汽艇上走下來時，被一個活潑的年輕女性擁抱，說自己是他的姊姊卡門・羅莎，同一天晚上，他發現自己還有另一個同父異母的哥哥阿貝拉多也在鎮上當裁縫。阿貝拉多的出現一定使他非常的震驚。小賈布和這個幾乎不認識的家庭在一起唯一的安慰就是自己是老大，如今，這個唯一的安慰也被奪走了：他不是父親的長子，只是母親的長子。

賈布列爾・埃利西歐的事業挫折和對專業的自卑情節是他和小賈布之間問題的一部分，因爲小賈布總是以外人的眼光看待他。賈布列爾・埃利西歐大多數的孩子對他醫藥專長和成就的故事信以爲真[15]。而小賈布已經見過世面，無疑的比起弟弟妹妹抱持存疑的態度。賈布列爾・埃利西歐顯然讀得很多、懂得很多，但也厚顏無恥，當他毅然決然的聽從自己的直覺時，他的病人只能跟著冒險。他在巴朗基亞時是合格的順勢療法醫生，在那裡當藥師的時候，辛苦的在卡塔赫納大學兼任學生，希望得到完整的醫生資格。最後，在漫長的協調之後，他被賦與「自然科學博士」的學位，但他在那之前許久就已經自稱爲「醫生」[16]。小賈布不太可能認真看待他父親假裝的頭銜，而且無疑的，他比較喜歡「上校」這個頭銜。賈布列爾・埃利西歐常常誇耀自己的技術一點也不正統：「我去看病人的時候，他的心跳告訴我他怎麼了，我會很認真的聽，『這是肝臟的問題，』心臟會如何如何地對我說，『這個男人會死於說話』，然後我告訴他的親戚，『這個男人會死於說話』，結果這個男人就死於說話。不過後來我失去了這個本領。」[17]

並不意外的，特瓜（意謂「術士」，是輕蔑的字眼，指介於西方庸醫和印地安藥草師之間的所有醫療人員）以及所有的順勢療法醫生，在當時的哥倫比亞都有著性行爲放蕩的名聲。他們畢竟是旅行的專家，和經過的大多數地區都沒有關連，接觸異性的機會無人能及，對於任何令人警覺的行爲都有

◀尼可拉斯・里卡多・馬奎斯上校（1864-1937），賈布列爾・賈西亞・馬奎斯的外公，約攝於1914年。

◀特蘭基利娜・伊瓜蘭・科特斯・馬奎斯（1863-1947），賈布列爾・賈西亞・馬奎斯的外婆。

▲尼可拉斯・馬奎斯上校（左後方）在1920年代打扮時髦的熱帶出遊。

▲露易莎・聖蒂雅嘉・馬奎斯・伊瓜蘭（1905-2002），賈布列爾・賈西亞・馬奎斯的母親攝於婚前。

◀賈布列爾・埃利西歐・賈西亞（1901-1984），賈布列爾・賈西亞・馬奎斯的父親，與露易莎・聖蒂雅嘉攝於結婚當天，1926年6月11日，聖塔馬爾坦。

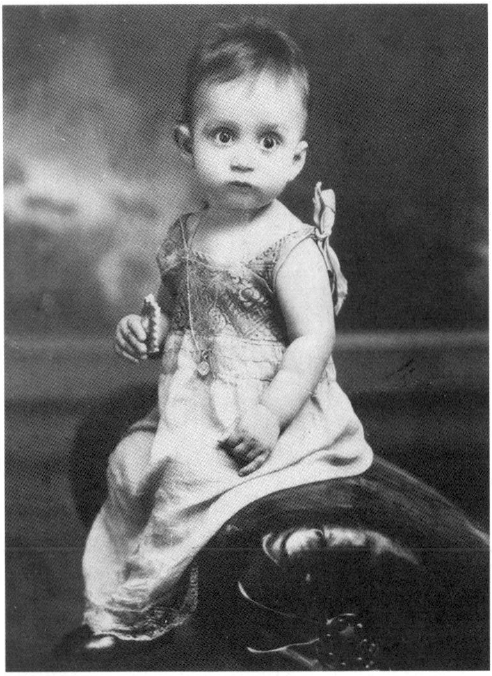

▲賈布列爾·賈西亞·馬奎斯攝於一歲生日。這是賈布列爾·賈西亞·馬奎斯為他2002年自傳封面所選擇的照片。

▲上校在阿拉加塔加舊房子的一部分，重新整修前。

▶艾爾維菈·卡利尤（巴阿姨），賈布列爾·賈西亞·馬奎斯和妹妹瑪歌童年住在阿拉加塔加時照顧他們的阿姨之一。

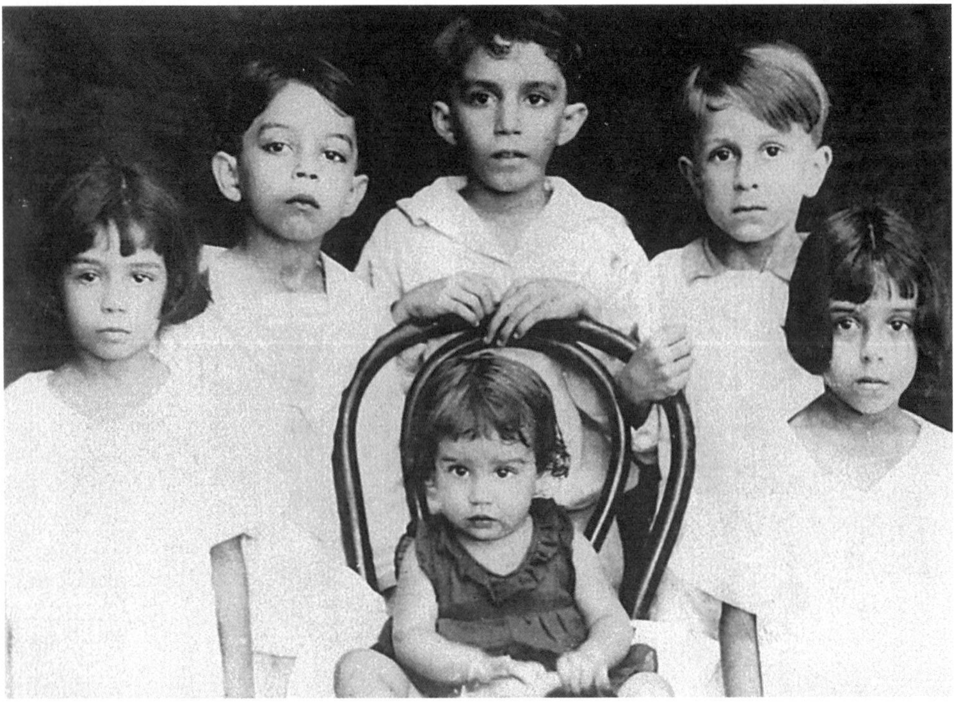

▲（由左至右）艾妲、路易斯·安立奎、表弟賈布、愛德華·賈西亞·卡巴耶羅、瑪歌、小莉西亞1936年，由賈西亞·馬奎斯兄弟姊妹的父親賈布列爾·埃利西歐攝於阿拉加塔加。

◀小賈布1941年攝於巴朗基亞的聖荷西學校。

▲茲帕奇拉的國立中學，賈布列爾・賈西亞・馬奎斯於1943-1946年間在此就讀。

▲賈西亞・馬奎斯兄弟路易斯・安立奎和小賈布（右），他們的表姊妹和朋友。約於1945年攝於馬干奎。

▲阿爾赫米拉・賈西亞（1887-1950），賈布列爾・賈西亞・馬奎斯的祖母（右）與女兒恩娜在辛瑟，恩娜於1944年在24歲時據說是因巫術去世。

▲賈布列爾・賈西亞・馬奎斯，萌芽的詩人，1940年代中期攝於茲帕奇拉。

▲貝蕾妮瑟・馬汀尼茲，賈布列爾・賈西亞・馬奎斯1940年代中期在茲帕奇拉的女友。

▲梅瑟德斯．巴爾恰，1940年代就讀於梅德茵的學校。

▲蒸汽船「大衛．阿朗哥號」。賈布列爾．賈西亞．馬奎斯於1940年代搭乘此船由河岸區前往波哥大。

◀1950年4月，巴朗基亞：拉蒙．維耶斯的送別會。在場的酒客包括赫爾曼．巴爾加斯（後排左三）、奧蘭多．里維拉（「菲古利塔」）（後排右一）、「鮑伯」普列耶多（前排左一）、賈布列爾．賈西亞．馬奎斯和阿豐索．福恩馬佑爾（中）、身邊是拉蒙．維耶斯（前排右二）。

▶費德爾．卡斯楚（左）和其他學生攝於波哥大大暴動時，1948年4月。

▼1950年，巴朗基亞：（由左而右）賈布列爾．賈西亞．馬奎斯、阿爾瓦洛．塞培達、阿夫列多．德卡多、拉法葉．艾斯克隆那、阿豐索．福恩馬佑爾攝於《先鋒報》辦公室。

▶賈布列爾．賈西亞．馬奎斯攝於《觀察家日報》辦公室，1954年，波哥大。

▲塔奇雅・昆塔娜，巴黎。

◀賈布列爾・賈西亞・馬奎斯，攝於巴黎法蘭德斯飯店，1957年。

▲賈布列爾・賈西亞・馬奎斯及友人（左一站立為路易斯・維亞爾・玻達），1957年於莫斯科紅場。

◀蘇聯入侵匈牙利：1956年蘇俄軍方坦克車在布達佩斯街上。這一刻全世界的社會主義者下結論，蘇維埃聯邦的問題不在於史達林。

◀卡拉卡斯：1958年5月13日，示威抗議群衆攻擊美國副總統理查・尼克森的座車。美國拉丁美洲政策的歷史性警鐘。

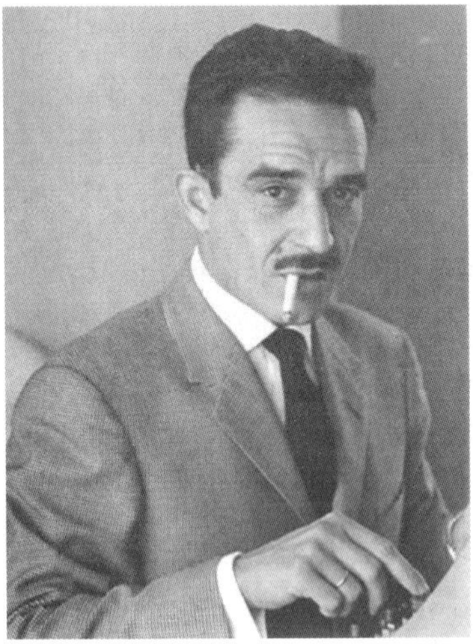

◄梅瑟德斯·巴爾恰攝於巴朗基亞，與賈布列爾·賈西亞·馬奎斯成婚前。

▲1959年波哥大，為「拉丁美洲通訊社」工作的賈布列爾·賈西亞·馬奎斯。

►1958年12月，古巴：切·格瓦拉與同志在戰役後稍事休息，隨後進軍哈瓦那。

▼1959年，波哥大：賈布列爾·賈西亞·馬奎斯和比利尼歐·門多薩攝於「拉丁美洲通訊社」辦公室。

◄1960年代，波哥大：賈布列爾·賈西亞·馬奎斯與梅瑟德斯攝於第七街。

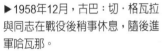

▲1961年1月，哈瓦那：古巴國民兵準備迎戰美國入侵，當時賈布列爾・賈西亞・馬奎斯抵達紐約為古巴革命效力。

▲1961年4月21日：美國支持的入侵者在西隆海灘（豬玀灣）被擊潰之後被帶到監獄，當時賈布列爾・賈西亞・馬奎斯準備離開「拉丁美洲通訊社」前往墨西哥。

◀1964年，墨西哥：賈布列爾・賈西亞・馬奎斯（戴眼鏡，明顯格格不入）和路易斯・布紐爾（前排左二）、路易斯・阿科里薩（前排左一）、以及（後排由左至右）阿爾曼多・巴爾特拉、佚名、佚名（也許是凱薩・薩瓦提尼）、阿杜羅・雷普斯坦、阿爾貝托和克勞迪歐・伊薩克。

▲1967年，哥倫比亞烏帕爾河谷：（由左至右）克雷門特・金特羅、阿爾瓦洛・塞培達、羅貝多・帕瓦侯、賈布列爾・賈西亞・馬奎斯、埃爾南多・莫利納、拉法葉・艾斯克隆那。

▲1966年，阿拉加塔加，賈布列爾・賈西亞・馬奎斯和手風琴樂手：這項即興的活動為後來烏帕爾河谷哥倫比亞民族音樂瓦耶那多音樂節撒下種子。

◀卡密洛・托瑞斯：賈布列爾・賈西亞・馬奎斯的大學同學，為他的長子羅德里哥施洗，成為拉丁美洲最有名的革命神父，1966年於戰事中犧牲。

▲1969年：巫師或笨蛋？賈布列爾．賈西亞．馬奎斯攝於巴塞隆納，頭上頂的是《百年孤寂》有名的神秘封面。

▼1960年代後期：梅瑟德斯、賈布、貢薩羅、羅德里哥攝於巴塞隆納。

▲1968年8月：蘇聯入侵捷克斯拉夫，許多原先支持蘇維埃聯邦的支持者的最後一根稻草。

▲1960年代後期：賈布列爾·賈西亞·馬奎斯於巴塞隆納。

◀賈布列爾·賈西亞·馬奎斯與帕布羅·聶魯達，攝於聶魯達在諾曼地家裡的院子，時間約為1972年。

▶「文學爆炸」夫妻檔(由左至右)：馬立歐·巴爾加斯·尤薩、妻子派翠西亞、梅瑟德斯、荷西·多諾索、妻子瑪麗亞·琵拉爾·索拉諾、賈布列爾·賈西亞·馬奎斯攝於巴塞隆納，1970年代早期。

▲賈布列爾・賈西亞・馬奎斯寫作《獨裁者的秋天》，1970年代，巴塞隆納（由長子羅德里哥拍攝）。

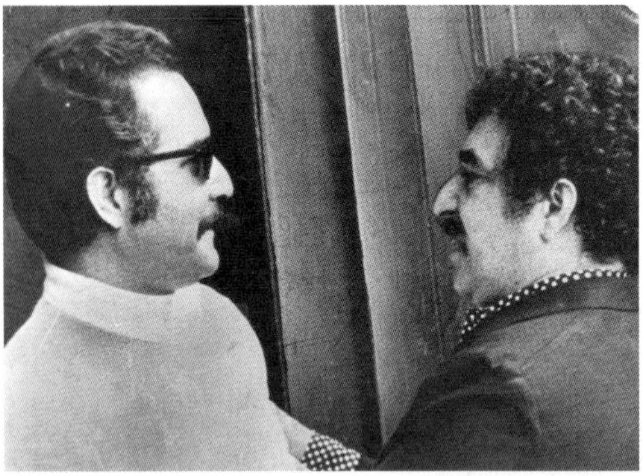

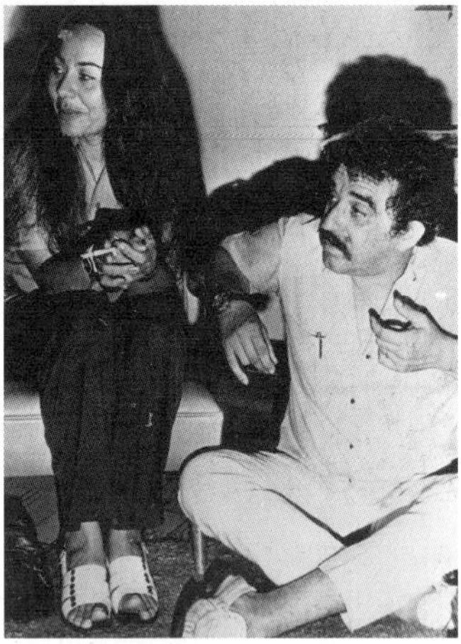

▶賈布列爾・賈西亞・馬奎斯與梅瑟德斯。

▲1971年，賈布列爾・賈西亞・馬奎斯和卡洛斯・富恩特斯攝於墨西哥市。

▶1971年，卡塔赫納：賈布列爾・賈西亞・馬奎斯帶著次子貢薩羅和墨西哥記者基耶爾莫・歐丘瓦探望父母親賈布列爾・埃利西歐和露易莎・聖蒂雅嘉。

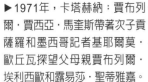

▲《文學爆炸》作者：（由左至右）：馬立歐・巴爾加斯・尤薩、卡洛斯・富恩特斯、賈布列爾・賈西亞・馬奎斯、荷西・多諾索。只少了胡立歐・柯塔薩。

▲1970年，西德：胡立歐・柯塔薩、米格爾・安赫爾・阿斯圖里亞斯、賈布列爾・賈西亞・馬奎斯。

◀1973年，巴黎：查爾斯・羅索夫（左）和塔奇雅・昆塔娜（右）的婚禮。擔任伴郎的賈布列爾・賈西亞・馬奎斯凝視著。

▼1973年9月11日：智利聖地牙哥：總統薩爾瓦多・阿言德捍衛莫迪納官邸，防止反抗軍。他身後是丹尼洛・巴爾圖林醫師，有別於阿言德的命運，他逃過一劫，後來在哈瓦那和賈布列爾・賈西亞・馬奎斯成為好友。

▲1973年9月11日，智利聖地牙哥：皮諾切特將軍和他的親信。

◀1976年2月：在安哥拉的古巴軍隊。

▲「費德爾是國王」：1980年代，古巴總統卡斯楚。

▲1970年代：巴拿馬總統奧馬・托利侯斯。

▲1977年，波哥大：賈布列爾・賈西亞・馬奎斯訪問菲利普・貢薩雷茲。

▲1977年，波哥大：賈布列爾・賈西亞・馬奎斯和龔雪婁・阿羅荷諾奎拉（「賈西卡」）、《觀察家日報》編輯基耶爾莫・卡諾。他在1986年被帕布羅・艾斯科巴的手下殺害，而她於2001年據稱被哥倫比亞革命軍游擊隊殺害。

◀1977年，波哥大黃金城機場：賈布列爾・賈西亞・馬奎斯和卡門・巴爾塞斯、馬奴耶・薩巴塔・歐立維亞。

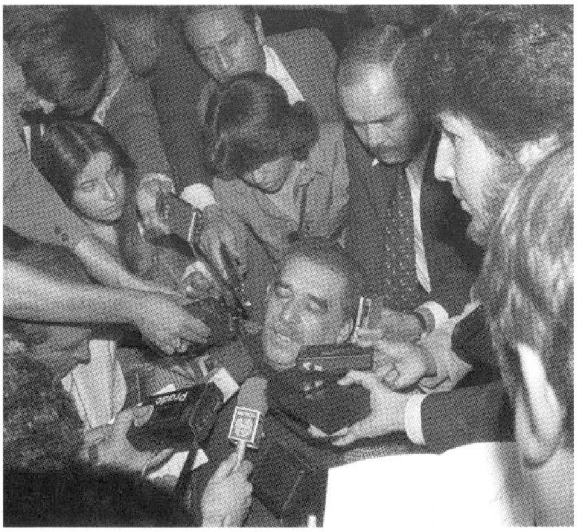

▲1981年，墨西哥市：賈布列爾·賈西亞·馬奎斯從哥倫比亞自我放逐之後被媒體包圍、受矚目的景象。

▲1982年10月，墨西哥市：阿爾瓦洛·穆堤斯擔任賈布列爾·賈西亞·馬奎斯和梅瑟德斯的私人司機，以防止他們受到媒體注意。

▲1982年12月，斯德哥爾摩：賈布列爾·賈西亞·馬奎斯以岸邊人的「摺邊大寬帽」慶祝得獎。

▲1982年10月，斯德哥爾摩（由左至右）：海梅·卡斯楚、赫爾曼·巴爾加斯、賈布列爾·賈西亞·馬奎斯、查爾斯·羅索夫（後方）、阿豐索·福恩馬佑爾、比利尼歐·門多薩、埃利西歐·賈西亞（後方）、赫南·維耶科。

►1982年12月，斯德哥爾摩：賈布列爾·賈西亞·馬奎斯站在得獎人的圓圈裡，瑞典國王古斯塔夫十六世在一旁鼓掌。

▶1993年，卡塔赫納：聖蒂雅嘉和她的兒女。（後排從左至右）海梅、阿夫列多（庫奇）、莉西亞、賈布列爾·賈西亞·馬奎斯、古斯塔沃、埃爾南多(南奇)、埃利西歐（伊尤）、路易斯·安立奎；（前排由左至右）赫梅尼（艾米）、瑪歌、露易莎·聖蒂雅嘉、莉妲、艾妲。

▲賈布列爾·賈西亞·馬奎斯與費德爾·卡斯楚，1983年加勒比海海邊。

▲1988年，哈瓦那：賈布列爾·賈西亞·馬奎斯與勞勃·瑞福。

▲1980年代中期，波哥大：賈布列爾·賈西亞·馬奎斯、梅瑟德斯、貝坦古總統與其妻子艾倫娜·阿瓦雷茲。

▲1985年11月6日：火光中的波哥大司法大廈（貝坦古的任期中），軍隊突襲司法大廈擊退M-19游擊隊。

▲1989年11月，世界改變：慶祝柏林圍牆倒下。

◀1992年，波哥大：在豪赫．艾列瑟．凱坦劇院裡，賈布列爾．賈西亞．馬奎斯向他的仰慕者致意。

▼1993年波哥大：聖母鬥牛場：賈布列爾．賈西亞．馬奎斯和梅瑟德斯。

▲1999年，賈布列爾．賈西亞．馬奎斯。

▲巴塞隆納，約2005年：卡門．巴爾塞斯（大媽媽）攝於她的辦公室，身後是賈布成功的照片。

▶2007年，哈瓦那：前往卡塔赫納慶祝自己的八十大壽前，賈布探視他罹病的朋友費德爾·卡斯楚。

▲2007年3月，卡塔赫納：賈布列爾·賈西亞·馬奎斯與比爾·柯林頓。

▶2007年3月，卡塔赫納：賈布列爾·賈西亞·馬奎斯與西班牙國王胡安·卡洛斯一世。

◀2007年3月26日，卡塔赫納：八十大壽慶生活動中，賈布列爾·賈西亞·馬奎斯向仰慕者揮手致意。

合理的解釋。附近一個村落的女人雇了一個律師指控賈布列爾・埃利西歐在麻醉時強暴她，雖然他否認較嚴重的強暴行爲，但承認他是她小孩的父親[18]。和病人發生性行爲是刑事犯罪，但他成功地從這也許是事業中最危險的一刻脫身，才免於失去一切。後來，另一位女人出現說自己的孫女也被賈西亞醫生弄懷孕了，她沒辦法照顧她。在無可避免的爭執和責怪之後，露易莎和她的母親一樣，接受丈夫的後代也是她的子女。賈西亞・馬奎斯自己提到：「她非常憤怒，然而她接納這些孩子，我真的聽到她說：『我不希望家族的血親在世界各地流浪。』」[19]

第一次放年假時，小賈布不但必須學習接受阿貝拉多和卡門・羅莎的出現，還有關於其他的私生子的黑暗低語，另一個創傷的體驗等待著他。他帶著父親給的一張字條，結果去的地方是名爲「時光」的妓院。女人打開門上上下下打量他，然後說：「喔，當然，這邊走。」她帶他進到一間昏暗的房間，脫下他的衣服，然後，以他第一次公開談論時說的用語，她「強暴他」。他後來回憶道：「那是發生在我身上最糟糕的事，因爲我不知道發生什麼事，我非常確定自己快死了。」[20]雪上加霜的是，那妓女很殘忍的告訴小賈布，他應該請顯然已經是常客的弟弟給他上一課。他一定把這個下流、恐懼、羞辱的經驗怪罪在父親身上。的確，在拉丁美洲的悠久傳統下，巴西人慣稱爲「派小男孩去買糖」，這很有可能出自賈布列爾・埃利西歐之手。

在聖荷西的第二年正如第一年一般的開始。賈西亞・馬奎斯仍然是初中的文學之星，低調的廣受歡迎。他寫了一篇遊記，是關於一九四一年三月到海邊的校外旅行，這是一篇令人享受的閱讀，充滿幽默、少年的熱情、才華洋溢：「在車上扎迪瓦爾神父要我們唱一首歌獻給聖女，我們照做了，雖然有些男孩提議唱波洛民謠[21](哥倫比亞的黑人音樂歌曲)如〈老母牛〉或是〈無毛母雞〉。」這篇遊記的結尾「想知道是誰寫這些『愚蠢幻想』的人應該寫信給小賈布。」他是用功的那一個，對運動和打架避之唯恐不及，休息時間別人在踢足球的時候，他常常坐在陰影下看書。不過，如同許多其他在他前後好學又不愛運動的學生，他學說笑話，用口才保衛自己。

只是，眼見的這神秘少年可不是代表全部的他。小賈布正盛開的教育在一九四一年中斷，由於五月份發生情緒失控的事件，長期缺席，他錯過了下半學年的功課。就在兒子成名之後，一向不守口如瓶的賈布列爾・埃利西歐在一九六九年的訪問中談到：「他好像有精神分裂症，會突然發脾氣之類的。有一次他對著神父丟墨水瓶，那是一位很有名的耶穌會修士。因此他們寫信給我，認爲我應該把他帶離學校，我就這麼做了。」[22]家族傳說則認爲賈布列爾・埃利西歐打算在兒子頭上「意識和記憶所在之處」鑿洞，只因爲露易莎威脅公開這件事才使他作罷[23]。不難想像，這樣的計畫對於原本已經對家庭醫生沒有信心的小男孩有什麼樣的效果，想到父親真正進到他的腦袋裡，他一定非常的害怕。

可憐的小賈布回到蘇克雷時，他同父異母的哥哥阿貝拉多直言他需要的是「好好爽一下」，當聖荷西的其他男孩還在忙著向聖女禱告時，他提供一連串樂意配合的年輕女性，想給他早期的性經驗。當時的賈西亞・馬奎斯顯然身處一個非常具男子氣概的社會裡，覺得自己比其他男人沒有男子氣概，這些太早熟的探險讓他覺得在性這件事上和他們站在同一國，不論他有什麼其他複雜的情節，這種感覺一直沒有離開他，並且支撐他面對其他各式各樣的焦慮與挫折。[24]

是在這時候，一個神秘的角色荷西・帕倫希亞出現，他是當地地主的兒子。正如小賈布的弟弟路易斯・安立奎一般，帕倫希亞是位有才華的音樂家，也是個花天酒地的能手（喝酒、唱歌、誘惑女性）。他和小賈布成爲好朋友，一直到波哥大時期仍是。他也很英俊、很會跳舞，這是很會唱歌的小賈布尚未拿手的。帕倫希亞後來成爲許多流浪漢冒險小說的主角，甚至幾年間誇張軼事的主角，直到他過早卻非預料之外的去世。對於成長中的少年而言，得到這樣的朋友無疑是另一個激勵。

一九四二年二月回到學校時，年輕的賈西亞・馬奎斯受到師生溫暖的歡迎。雖然在回憶錄裡對這個經驗只有輕描淡寫，但他一定對於自己缺席以及必須編謊解釋感到尷尬與羞辱。對於他的「治癒」，他的父親得到很多功勞。賈西亞・馬奎斯已經不和荷西・馬利亞與他的妻子歐登希雅・韋德伯朗奎茲住在一起，因爲他們現在有兩個小孩。如今他和父親的叔叔艾列瑟・賈西亞・帕特尼納住在一起，他是銀行員，以正直和慷慨聞名，熱中英語。艾列瑟的女兒瓦倫蒂娜和小賈布一樣很愛讀書，帶他參加當地「沙與天空」的詩人聚會。[25]

有一天，他在其中一個詩人家等候時，一個「倒進混血模子的白種女人」來訪。她的名字是馬汀娜・豐瑟卡，她嫁給一名超過六呎高的黑人河川領航員。小賈布只有十五歲，以他的年齡而言身材算嬌小。他和她聊了幾個小時，一邊等詩人到來。後來，他又看見她默默在等他，據他表示，他們在「聖灰禮儀日」從教堂出來時她就在公園的凳子上等待著。她邀他一起回家，開始了一段激烈的豔遇——如野火一般燃燒的秘密之愛——維持了整個學年。領航員常常一次離家十二天，同時間的星期六小賈布必須在八點之前回到艾列瑟叔公家，假裝去看星期六下午國王電影院的演出。不過幾個月之後，馬汀娜說她認爲他最好去別的地方讀書，因爲「這樣你就會瞭解我們之間不可能有更進一步的發展」[26]。他淚眼婆娑的離開，一回蘇克雷就宣布他再也不要回聖荷西或是巴朗基亞。根據他的版本，他的母親說，「那麼你必須去波哥大。」他的父親說沒有錢讓他去，小賈布突然瞭解到自己還是想繼續念書，脫口而出說：「有獎學金。」幾天後薪水來了，「趕快準備，」賈布列爾・埃利西歐說，「你要去波哥大了。」[27]

小賈布於一九四三年一月前往首都碰運氣。對這個家庭而言，此舉是極大的冒險，波哥大的旅程是昂貴的投資，小男孩的入學考試卻多半可能會失敗。波哥大幾乎等於另一個國家，這段旅程既漫長又令人卻步。他的母親修改了父親的黑色舊西裝，全家人都前往登船甲板送行。從來不輕易放過旅行機會的賈布列爾·埃利西歐和小賈布一起坐上小汽艇，他們沿著莫哈納河和聖豪赫河，下行大馬妲雷娜到馬干奎市。小賈布在那裡和父親說再見，坐上江輪大衛·阿朗哥號往南到薩卡爾港。這段航程通常需時一週，但如果河水較低或蒸汽船卡在河岸上時則可能需要三週。雖然他第一個晚上哭了，原本看來似乎令人擔憂的前途卻成了意想不到的旅程[28]。船上滿是其他年輕的岸邊人，如他一般充滿希望的第一次申請獎學金，或者一些更幸運的學生和已經註冊在長假之後回學校的大學生。在他的記憶中，這趟旅程彷彿浮動的節日一般，和其他年輕人一起唱著波麗露、瓦耶那多(哥倫比亞民族音樂)以及昆比亞音樂自娛，一方面也賺幾文錢，在那「行駛的木造明輪船，在這赤道支流彌漫梔子花的香味和腐朽的蠑螈中留下鋼琴圓舞曲的琴聲」[29]。

幾天後，小賈布在旅程尾聲告別他這群較有經驗的旅伴，他們嘲笑母親強迫他攜帶的行李——一塊棕櫚葉睡墊、纖維做的吊床、粗毛毯、緊急用的尿壺——並從他手上搶走，丟到河裡。這條河流記錄著進入這可倫丘文明，岸邊人對於波哥大的鄙稱，暗示他們所有人都粗糙而無知、無法分辨好壞[30]。看來身在那些邪惡而傲慢的卡恰克人之中，他所知道或擁有的一切在波哥大都毫無用處。

在東安地斯山脈山腳下的薩卡爾港，乘客搭上前往波哥大的火車。蒸汽火車爬上安地斯山脈時，岸邊人的心情改變了。鐵路每轉一個彎，空氣就變得更冷冽、更稀薄、使得呼吸越來越困難[31]。他們大多數人開始發抖、頭痛。在八千英尺的高原上，火車開始朝首都城市加速前進，越過波哥大的薩巴納，這片長三百英里、寬五十英里的高原在終年陰雨下是一片灰暗的深綠色，然而，安地斯山的太陽高高的自深藍色的天空照耀時，這片高原則呈現亮麗的祖母綠。薩巴納散布著小小的印地安村落，有灰色泥磚黏土的小屋、茅草屋頂、柳樹和桉樹，連最低下的小屋都裝飾著花朵。

火車於下午四點鐘抵達首都。賈西亞・馬奎斯常說那是他生命中最糟的一刻。他來自陽光、海洋、熱帶的繁茂之地，有著悠閒的社會習慣，相對的也是一個衣服和偏見都不多的世界。在薩巴納，大家都緊緊包著披風，哥倫比亞式的披風；而在多雨陰沉的波哥大，後方的安地斯山脈高達八千六百六十英尺，似乎比薩巴納還要寒冷，街上滿是穿著深色西裝、背心、風衣的男子，就像倫敦的金融區一般，不見女性的人影。這很不情願的小男孩衷心的嘆了一口氣，戴上據說波哥大大家都戴的黑色軟氈帽，下了火車，把沉重的金屬行李箱拖到月台上[32]。

沒有人在等著接他。他瞭解到自己幾乎無法呼吸，身邊隨處都是陌生的煤灰味。車站和外面的人群漸漸消失時，小賈布爲他拋在身後的世界哭泣。他是個孤兒：他沒有家人、沒有陽光、不知道該怎麼辦。終於，一位遠親到來，帶他坐上計程車到靠近市中心的一間房子裡。在街上大家都穿黑色，在室內他們則都穿披風和浴袍。賈西亞・馬奎斯在第一天晚上上床之後馬上又跳下床，大叫有人把他的床弄濕了。「不是有人把你的床弄濕，」他們告訴他，「波哥大就是這樣，你要習慣。」他整晚沒睡的哭泣自己所失去的世界。

四天後的一大早，他站在希門內茲・奎薩達教育部外面排隊，這條大道以紀念征服哥倫比亞的西班牙征服者而命名，是他建立了波哥大[33]。排隊的人龍從教育部三樓開始，沿著希門內茲大道延伸兩條街，似乎沒有盡頭，而賈西亞・馬奎斯就站在接近盡頭之處。隨著早晨的時光逝去，他愈見絕望。中午過後，他感覺有人拍他的肩膀，是他在馬干奎的蒸汽船上認識的律師阿多爾夫・高梅茲・塔馬拉，來自海岸區的他整趟旅程都在讀書，包括杜斯妥也夫斯基的《替身》，和傅尼葉的《美麗的約定》。高梅茲・塔馬拉對賈西亞・馬奎斯的歌唱能力印象深刻，要求他寫下其中一首波利露的歌詞，他要唱給自己在波哥大的愛人聽，作爲回報的是他自己的那本《替身》。正發抖的年輕人脫口而出自己也許沒有勝算的期望：希望拿到獎學金。不可思議的是，原來這高雅的律師不是別人，正是負責掌管全國教育獎學金的主任，他馬上把這位疲倦不堪的申請人帶到隊伍前面，進入一間大辦公室，接受賈西亞・馬奎斯的申請。他在舊波哥大的一家學院聖巴托勒梅學校接受考試，從殖民地時期，哥倫比亞的上層階級就在這裡受教育。他通過了考試，得以在三十英里外茲帕奇拉的新學校國立男子學校入學。賈西亞・馬奎斯比較希望在比較有名的波哥大聖巴托勒梅註冊，因而難掩失望。

他既沒有錢、也沒有時間回家和驕傲興奮的家人一起慶祝。他從來沒有聽過茲帕奇拉，不過還是直接前往，於一九四三年三月八日坐火車抵達，正好在他十六歲生日的兩天之後。茲帕奇拉是個小型的殖民地城市，典型的安地斯風情，氣候如同波哥大一般。這裡曾經是基恰印地安人帝國的經濟中心，以鹽礦作爲根據地，至今仍是吸引遊客的主要景點。堂皇壯觀的主要廣場圍繞著巨大的殖民地房子，藍色的陽台，沉重、懸挑的紅磚屋頂，前方則是蒼白教堂般拱門加上雙塔，對於當時其實只是個大村子的地方而言，似乎太大了。茲帕奇拉滿是小型工作室，黑色煙囪用來蒸發處理鹽之後，再將產品賣回給政府。分子如灰塵般飄浮在整個社區之上。對於一個來自海岸區的男孩而言，此處的氣候和環境都很寒冷、黯淡而壓抑。

學校是剛成立的，但位在一棟舊的殖民地建築裡。這裡曾經是聖路易斯・貢札卡學校，一棟儉樸的兩層樓建築，可回溯到十七世紀。校內有一座內院，周圍是殖民式拱門[34]。校地包括校長的書房和私人空間、秘書室、絕佳的圖書室、六座教室、一間實驗室、一間儲藏室、一間廚房、一間餐廳、廁所和淋浴室，八十名左右的寄宿生睡在二樓的大宿。他後來會說，得到獎學金去茲帕奇拉像「抽獎抽到一隻老虎」。學校是「懲罰」、這「冰冷的鎭是不公義」[35]。

雖然賈西亞・馬奎斯當時並不喜歡學校，卻從哥倫比亞歷史獨特的兩個情境中得益。保守黨在一九二七年放棄了國立中學教育，交予私營，基本上就是教會；然而，阿豐索・羅培茲・布馬雷霍在一九三四年當選總統時，宣布「進步革命」。此爲這個國家歷史上唯一的一次，受到墨西哥革命以及西班牙共和社會主義不安定改革的啓發，政府決定團結這個國家，使其民主化、建造新型的公民社會。這個轉變其中一個主要的方法就是擁真正的國家教育體系，第一個成立的「國立學院」正是茲帕奇拉國立學院。此時，全哥倫比亞只有四萬名中學生，那一年只有不到六千人畢業(只有十九名女性)。大多數的哥倫比亞人對於自己國家地域的複雜性只有很模糊的概念，但在茲帕奇拉，來自四方的學生都共處一室[36]。

茲帕奇拉的老師非常優秀，許多老師因爲革新派的立場被其他學校拒絕，但他們大多是非常努力的理想主義者、激進自由派，甚至馬克斯信徒，被派到茲帕奇拉是爲了防止他們汙染波哥大上層階級孩子的心靈。他們都是自己科目的專家，大多經歷過哥倫比亞最偉大的教育家之一、岸邊人精神科醫師荷西・法蘭西斯科・索卡拉斯所領導的高等師範學院，索卡拉斯是馬奎斯上校舊時戰爭同志的親戚，也是上校妻子特蘭基利娜的親戚[37]。他相信哥倫比亞的年輕人應該接觸各種想法，不要排除社會主義的潮流。此地的許多老師都剛畢業，和學生之間建立非常輕鬆且友好的關係。

學校的課程很緊湊。起床鈴聲六點鐘響起，六點半時，賈西亞・馬奎斯已經洗了冷水浴、穿好衣服、擦好鞋、清理指甲、鋪好床。學校沒有制服，不過大部分的學生穿藍色西裝外套、灰色長褲、黑皮鞋。賈西亞・馬奎斯只能盡量利用父親的舊衣服，接下來幾年都因爲磨損不堪的舊西裝外套和特別長的袖子而尷尬不已，不過在沒有暖氣的學校裡，這套舊西裝至少可以幫他保暖。晚上九點鐘，學校的一日活動和家庭作業完成之後，男孩們回到宿舍，而賈西亞・馬奎斯來此之後，學校也開始了一項值得記憶的傳統。宿舍有一個小隔間給老師坐著打盹，到熄燈之前有一個老師會坐在那裡，從窗口讀書給男孩們聽，等他們睡著。他通常嘗試古典文學名著如《鐵面人》，但有時也讀更沉重的《魔山》[38]。根據賈西亞・馬奎斯的說法，他首先朗讀的作品來自馬克・吐溫，這是很適切的：他是自己國家的象徵、克・吐溫的他而言，在其他成就之外首先回想到馬克・吐溫，對於注定成為自己土地的馬為民族幽默感下定義、撰寫地域及中央之間關連的年代紀。宿舍有鐵床，上面鋪著木板，這些木板常常是男孩互相竊取的對象。賈西亞・馬奎斯因為常常半夜作噩夢，尖叫吵醒整個宿舍而變得有名。他承襲了母親露易莎的傾向，他最糟的噩夢「不是發生在最糟的背景，而是在歡樂的氣氛裡，和平常人或是在一些尋常的地方，然後馬上藉由不經意的一瞥[39]，發現到一些不詳的訊息。」他最近剛讀過杜斯妥也夫斯基的《替身》這一點對此應該毫無幫助。

星期六上課上到中午，下午六點前他們可以到鎮上自由活動，去看電影或安排舞會——幸運的話在當地女孩子的家裡。星期六他們可以踢足球，不過岸邊人比較喜歡打棒球。星期天到六點以前完全自由，學校雖然有神父的宗教教學，並沒有每天的禮拜，而且星期天上教堂也不是強迫性——雖然賈西亞・馬奎斯以前會出席，也許如此一來就不用在寫給母親的信裡說謊。對於一九四〇年代的哥倫比亞而言，這樣的自由是非常不尋常的。因此，賈西亞・馬奎斯後來回想起來，每天三餐好飯，比家裡更多的自由——一種「監督下的自治」——茲帕奇拉的生活畢竟還是不錯的。

他永遠感謝學校幫他在哥倫比亞和拉丁美洲歷史所打下的基礎。然而，無可避免的文學還是他的最愛，涉獵範圍從希臘和羅馬文學到近代的西班牙和哥倫比亞文學。他當時的拼字和現在一樣意外的古怪(雖然沒有他悲慘的數學那麼差勁)，他安慰自己，聽說偉大的波利瓦爾拼字也很差。他後來說，自己最好的拼字老師是他的母親露易莎，他念書的時候，她都會糾正信上的拼字錯誤之後再寄回去給他。

週末他通常打球，在學校和朋友一起踢足球，上電影院，在街上或是茲帕奇拉高地草原的桉樹下散步。有時候，星期天他會坐火車到三十英里外的波哥大，拜訪同是岸邊人的親戚，在一次這樣的場合裡，一位朋友在街上介紹他認識一位遠親貢薩羅・貢薩雷茲，他在《觀察家》日報工作。貢薩雷茲也在阿拉加塔加出生，對當時年輕的賈西亞・馬奎斯還有著鮮有的印象：「他大概十七歲左右，體重不超過五十公斤。他一直沒有跟我打招呼，我說話前他不會先說話，我馬上懷疑這孩子是個有條不紊、細心、有紀律的人。他沒有從所在的地方走開，很舊但很乾淨的鞋子還一隻踩在人行道上，另一隻踩在波哥大十六街的第七大道柏油路上。也許他是個膽小的人，不表現自己的恐懼。他態度謹慎、幾乎有點悲傷的，非常的孤獨，不爲人知。然而一開始的保留與拘謹解除之後，他開始溝通，表現出一種控制的嘮叨，我後來聽他說那是他的『好人表演』。一、兩分鐘之後他就開始談到書……」[40]

閱讀是這個難以捉摸的年輕男子在茲帕奇拉主要的活動。在巴朗基亞，他已經讀過每一本可以找到的便宜的朱爾・維爾內和艾米里歐・薩卡爾小說，以及程度淺顯的詩集，加上西班牙黃金年代的古典文學，他可以背誦裡面的許多詩。如今，孤獨的少年開始讀每一本可以到手的書。他讀完圖書館裡所有的文學書籍，接著轉向歷史、心理學、馬克斯主義——主要是恩格爾——甚至佛洛伊德和諾斯特拉達穆斯的預言。同時，他對正式教育的要求及僵硬感到無聊，整天都在作白日夢，嚴重到差點失去獎學金。然而努力了一、兩個星期之後，他讓同學和老師很驚訝的拿到滿分五分的成績，成爲「頂尖學生」。

一九四三年末期，小賈布再度回到蘇克雷。從巴朗基亞和茲帕奇拉的學校，從波哥大的大學，從卡塔赫納和巴朗基亞的工作，他總是回到這個偏遠的河邊小鎮，直到家人在一九五一年搬到卡塔赫納。在這裡以及許多附近的城鎮裡，他遇見筆下許多最知名角色的原型，包括「天真的艾倫狄拉」及同名角色，《愛在瘟疫蔓延時》中他稱爲瑪麗亞・阿雷罕德莉娜・塞凡提斯的妓女。他前往茲帕奇拉念書的第一年，家裡的第九個孩子埃爾南多（南奇）在三月底出生，妻子懷孕的時候，多情的賈布列爾・埃利西歐再度惹上麻煩，又有一個私生子出生。這一次，露易莎和她的長女瑪歌都充滿女性的憤怒，有很長一陣子，連賈布列爾・埃利西歐都認爲自己太過分，但一如往常的，他又再度說服了她們。[41]

這一次的假期中，賈西亞・馬奎斯身上又發生了另一次熱烈的性經驗，這次是和一位性感的年輕黑人女性，他稱爲「妮格羅曼塔（靈媒之意）」（他在《百年孤寂》的倒數第二章裡也給了同樣性感的黑人女性這個名字），她的丈夫是警察。路易斯・安立奎說了一部分的故事：「一天午夜，小賈布在蘇克雷的阿瓦雷茲橋上遇見一名警察，警察正要去妻子的房子，小賈布正從警察妻子的房子出來。他們向對方打招呼，警察問候小賈布的家人，小賈布問候警察的妻子。如果這是我母親說的故事，你可以想像她知道但沒有說出來的那些。她也不完全講清楚，因爲在這個故事的結尾，警察向小賈布借火，他靠近的時候警察做了一個鬼臉說：『真是的，賈布，你一定是去了『時光』，你身上有妓女的味道，連公山羊都不願意跳過去。』[42]」根據賈西亞・馬奎斯自己的版本，他和警察的妻子被捉姦在床（很不幸的他睡著了），警察用一輪俄羅斯輪盤威脅他，要小賈布加入。警察最後放過他，不光是因爲他和賈西亞・馬奎斯的父親立場相同，也因爲他感激賈布列爾・埃利西歐最近治好他的淋病，其他醫生都無法醫治。[43]

小賈布開始長大，終於開始看起來像他真正該有的年紀。在茲帕奇拉，同年齡的人記得此時的他很瘦，雙目發直，總是在發抖，抱怨天氣太冷，從前梳理整齊分邊的頭髮變得毛絨絨，不再容易順服[44]。他不再試圖看起來像卡恰克人，不再穿著嚴肅、整齊的衣服，頭髮總是上髮油，梳理整齊，而是開始展現自己的特色。一撮纖細的岸邊人鬍子出現在他少年的嘴唇上方，任其留長。前任校長被一位年輕詩人卡洛斯・馬汀取代，只有三十歲的他英俊得像個俊俏的男演員偶像，他是流行的「石頭與天空」詩曲運動的一員，在波哥大風行一時。這些詩人的名字來自西班牙人胡安・拉蒙・希門內茲的作品，在當時大多數其他拉丁美洲共和國裡不會被認爲具有革命性。不過在哥倫比亞，詩總是比散文受歡迎——除了演講，此乃另一個國民專長——這也是文學保守主義的重地。這裡的詩曲傳統非常豐富，在充滿偉大詩人的土地上是最優秀的。然而，在不尋常的狹隘、主觀主義者的駕馭下運作，哥倫比亞的社會及歷史現實在當時的文學幾乎是完全缺席的。新興的哥倫比亞詩人如愛德華・卡朗薩、阿杜羅・卡馬丘・拉米瑞茲、豪赫・羅哈斯、卡洛斯・馬汀反映出希門內茲的作品，以及後來西班牙一九二〇年代，又加上拉丁美洲的前衛詩人如聶魯達，他也在一九四三年九月拜訪波哥大，並聯絡這個團體。

接下來的六個月中，詩人馬汀代替謙遜的卡洛斯・胡立歐・卡德隆・厄米達成爲賈西亞・馬奎斯的西班牙文學教授。賈西亞・馬奎斯已經用假名「哈維爾・賈塞斯」寫詩。馬汀特別專注在盧本・達里歐的作品，他的〈藍……〉在一八八八年出現，到他在一九一六年去世之間，這個偉大的尼加拉瓜人幾乎獨力使西班牙和拉丁美洲詩曲語言做了重大的變革。達里歐的童年剛好和賈西亞・馬奎斯相仿，成爲年輕哥倫比亞詩人殿堂中主要的神祇[45]。他開始「模仿」、技巧性的拼湊偉大的西班牙人，如加西拉索・維加、克維多、洛爾卡，以及拉丁美洲作家如達里歐和聶魯達的作品。在男孩們的要求下，他幫他們寫十四行詩給其女友，有一次甚至由輕率的收信人又引述回來[46]。他也用自己的經驗寫情詩，由自己和當地女孩的感情啓發靈感。較年長的賈西亞・馬奎斯總是對這些早期做的努力有點罕見的難爲情，甚至否認許多作品是自己筆下之作。

岸邊人學生一有機會就在鎮上安排舞會。藉由這個機會以及其他可能的機緣機會，他認識了一些年輕女性。其中一位是貝蕾妮瑟・馬汀尼茲，她在茲帕奇拉的末期曾經是他短暫但顯然充滿激情的浪漫伴侶。她和賈西亞・馬奎斯在同一個月出生，她在二〇〇二年時回憶——當時她已經是寡婦，有六個孩子，住在美國——她和賈西亞・馬奎斯「一見鍾情」，他們主要的共同熱情是當時流行的波麗露，他們會在談情時唱給對方聽[47]。還有令人難忘的是西西莉亞・貢薩雷茲・皮扎諾，「她不是特定人的愛人，可是，對所有迷戀詩的人，她是謬思。她的反應很快，很有個人魅力，來自舊式保守黨家庭，卻不受傳統拘束，對於詩有超自然的記憶力。[48]」西西莉亞以很殘忍的西班牙文被稱爲「獨臂人」，因爲她只有一隻手臂，用袖子遮住另一邊。她是個漂亮、活潑的金髮美女，小賈布常常和她談詩。大部分的男孩子都假設她是他的女朋友。

當然，這兒還有其他的探險，夜間在戲院裡胡作非爲，男孩們用打結的床單溜出宿舍，在黑暗中去參加什麼不正當的聚會。學校門房似乎永遠沒辦法抓到潛逃者，男孩們認爲他是他們沉默的同黨。賈西亞・馬奎斯和另一位較年長的女性發生關係，她是一位醫生的妻子，趁丈夫不在的夜晚，賈西亞・馬奎斯去她的臥室，位在茲帕奇拉的舊殖民地房子之一迷宮般房間和走廊的盡頭。這個值得讓薄伽丘訴說的故事在《百年孤寂》開場不久難忘的一景出現，年輕的荷西・阿卡迪歐第一次的性經驗就是發生在黑暗中穿過一整屋子睡在吊床上的人，在摸索找路之後。[49]

卡洛斯・馬汀認識那一代所有傑出的詩人，他到達的幾個月後，其中兩位最有影響力的愛德華・卡朗薩和豪赫・羅哈斯就被他邀請來茲帕奇拉演講。賈西亞・馬奎斯和一位朋友很榮幸的在馬汀所租，靠近鎮廣場殖民式房子的大廳裡訪問他們。這是他第一次接觸在世最高位的文學家，馬汀介紹他給兩位名人客人，說他是「偉大的詩人」時，他立刻覺得既高興又難爲情[50]。很不幸的，兩個男孩所創立的雜誌《文學論壇》成爲國家政治發展可能的受害者，賈西亞・馬奎斯第一次體驗到，羅培茲・

布馬雷霍總統試圖改革下新的哥倫比亞所受到的暴力威脅。一九四四年七月十日，羅培茲布馬雷霍第二任的第二年，他在帕斯托鎮遭到綁架，主謀是極端保守主義的政治人物勞瑞安諾・高梅茲所支持的意圖政變者，自由派稱他爲「怪獸」。面對越來越強大的壓力，羅培茲・布馬雷霍在一九四五年七月三十一日辭職，由另一位自由派阿貝爾托・耶拉斯・卡馬爾哥在日益緊張的氣氛中做完剩下的任期。政變計謀發生的幾天後，身爲校長的卡洛斯・馬汀送了電報到總統府聲援。不久，茲帕奇拉的保守黨市長帶著警察到學校來，沒收了所有第一期的《文學論壇》，這是特別在波哥大的工作室加印的。幾天後，教育部長打電話召喚新校長到他的辦公室，要求他辭職。

賈西亞・馬奎斯回到卡德隆・厄米達先生的班上，繼續自己的閱讀。他曾經表示，佛洛伊德的作品和朱爾・維爾內[51]同樣的深具思索，充滿想像力，並且啓發他寫了一篇文章〈強迫性精神病〉；諷刺的是，他是在被學校課後留校時寫的[52]。這篇文章寫的是一名變成蝴蝶的女孩飛到遠方，經歷了一些不尋常的歷險。賈西亞・馬奎斯的同學嘲弄這樣的刻意做作時，老師趕忙給他支持、鼓勵，並且在他可能用得上的敘述結構以及修辭上給與實質的建議。故事在學校裡流傳，一直到學校秘書那裡，他預言式的說，這篇文章讓他想起卡夫卡的《變形記》。

這一是個非常重要的細節，因爲賈西亞・馬奎斯總是說，自己第一次聽說卡夫卡是一九四七年在波哥大的時候，並直接影響到他第一次出版的作品[53]。然而，看起來他似乎在學校時就已經讀過卡夫卡的作品。有趣的是，如送書的人所觀察到的，高梅茲・塔馬拉給他的《替身》這本書必定是杜斯妥也夫斯基最奇特的作品之一，而且是最不爲人知的作品之一。不過，法蘭茲・卡夫卡卻是那個有讀者的人。對於如賈西亞・馬奎斯這樣的年輕人而言，他的內心已經非常不安，也在先前的學校經歷過嚴重的情緒困擾，如今不但要面對自己的自信問題、更大的自我挑戰，而且要面對波哥大在權威、品味和文明方面陳腐的規矩。我們都具有不止一個的個性，不止一個身分的這種想法，想必讓他非常的安慰，並且具有相當的療癒作用。卡德隆先生後來聲稱，他告訴這個具有才華的學生——當時觀察的人認爲他身爲平面藝術家的才華比作家更高——說他可以成爲「哥倫比亞最偉大的小說家」[54]。這樣的精神支持當然是無價的。

雖然有這些課餘活動，他對學校的課業只偶爾投注一下心力，賈西亞・馬奎斯在學校的地位卻越來越高。一九四四年的最後一天，他在學校第二年的尾聲，哥倫比亞最重要的報紙《時代報》(*El Tiempo*)在文學副刊登了他的詩，用的是筆名哈維爾・賈塞斯。將近六十年來，作者對此非常的難爲情；然而，當時對於一位當時十七歲，還有兩年才念完中學教育的人而言，一定是非常美妙的肯定[55]。這首詩〈歌曲〉獻給一位朋友羅莉塔・波拉斯，她不久前悲慘的去世。這首詩由「石頭與天空」團體的會長愛德華・卡朗薩寫了一首詩引文。詩文如下：

詩歌

「這首詩在下著雨」E.C.

下著雨。這一個下午
是一整片雲層。下雨。
這一個下午浸潤在
你的悲傷之中。
偶爾風帶來

他的歌曲。偶爾……
我覺得靈魂緊貼著
妳缺席的聲音。

下著雨。我在想著
妳。夢想著。
這個下午沒有人會
瞭解我的哀愁，緊閉。
沒有人。只有妳的缺席
時時刻刻的使我痛楚。
明日你的存在
會和玫瑰一起返回。

我想著——下著雨——
妳溫柔的凝視。
女孩如新鮮果實，
如節慶般喜悅，
今日妳的名字如黎明般
在我的詩裡。56

賈西亞・馬奎斯評價自己學生時代寫的詩道：「它們比較像沒有靈感或抱負的技巧練習，我並沒有賦予什麼詩的價值，因爲並不是出自我的靈魂。」[57]事實上，第一次讀這首詩——更別說標題——當然暗示其情緒的負荷頗爲強烈。技巧方面，雖然値得肯定，卻必須承認並非獨創——是模仿一九二〇年代的聶魯達拼湊而成，不過也不壞——確實是次等的。事實似乎是，賈西亞・馬奎斯覺得難爲情的原因不只是因爲他位處拉丁美洲最有「詩意」的共和國，早期寫詩全然可理解其技巧上的缺失，而是更強烈但沒有表達出來的，少年時期的情緒。

接續少年時期在巴朗基亞的英勇，他越來越高的文學聲望一定解釋了賈西亞・馬奎斯在一九四四年十一月二十七日負責在畢業典禮上發表畢業感言，他對大自己兩歲的同班同學道別。演講所選擇的題目是友誼，也是他未來人生的主題之一。

一九四四年，回家的路只帶他到馬干奎。賈西亞・馬奎斯一家人本來以爲自己很快樂的在蘇克雷定居，然而對賈布列爾・埃利西歐而言，快樂總只是一種過渡時期的經驗，他決定把爲此感到不情願的一家人搬到下游的馬干奎，這個炎熱、不規則延伸、平坦的城市四周圍繞著沼澤，位於馬妲雷娜河上方的一個海角，馬妲雷娜河是巴朗基亞和巴朗卡貝梅哈之間最重要的河流，也是馬妲雷娜和哥倫比亞西部重要的主要聯絡道路。有理由相信賈布列爾・埃利西歐是爲了逃離自己的風流韻事和難堪才離開，然而，這並沒有阻止他懲罰第二個兒子路易斯・安立奎的不當行爲，他被送到梅德茵的感化學校待了十八個月。

是在馬干奎，小賈布的妹妹記得見到他未來的妻子梅瑟德斯・巴爾恰。賈西亞・馬奎斯自己總是聲稱，他們認識的時候她才九歲，這樣算起來，他們第一次見面的時間在應該一九四一年十一月到一九四二年十一月之間——甚至在他離開前往茲帕奇拉之前——，他當時(才十四歲)就知道自己會娶她[58]。梅瑟德斯自己聲稱「對於過去一點記憶也沒有」，只確認自己第一次遇見未來的丈夫時「只是個小女孩」[59]。如今，一九四五年年初，他寫了一首詩，題爲〈給不可捉摸女學生的黎明十四行詩〉，有很好的理由假設這位女學生就是梅瑟德斯・巴爾恰，她正在讀小學的最後一年。這首詩在茲帕奇拉和馬干奎流傳，是另一首熱中於拼貼聶魯達的詩。現在留存的版本標題只剩下「女孩」，署名是「哈維爾・賈塞斯」：

女孩

她經過時向我打招呼
從她清晨聲音中呼出的空氣
模糊的不是我窗戶四周的光線
倚靠在玻璃上而是我自己的呼吸，我的靈魂深處。

她如晨光一般早起，
如所有故事般不可思議，
正當她抄近路穿過
晨光散發出純白色的血滴。

如果她身穿藍色上學，
沒人得知她步行或飛行，
她的腳步輕盈，宛如微風
晨間的憂鬱中無人能辨
三者何為微風，
何為女孩，何為晨光？[60]

如果這首詩果真是爲梅瑟德斯而寫，那麼，這是賈西亞・馬奎斯少數公開寫到她，卻不帶有一絲幽默諷刺的作品。

他在一九四五年二月回到學校時一定是帶著混雜的情緒。他學會抽菸，一天抽四、五十根，這個習慣維持了三十年[61]。上課時他常找藉口上廁所，並焦慮的等待下課時間。他的表現部分像是對於體系失望的反叛派，一方面又像叛逆詩人，不滿意任何制度。除了文學之外，他開始對所有的科目感到乏味，幾乎無法忍受必須讀自己沒有興趣的科目。他總是對自己的課業成績感到驚訝，猜測老師是用個性假設他的聰明才智所打的分數，而不是真正的學業成就。

雖然感到孤立，他的行爲表現和紀錄卻很好。校長前往波哥大總統府向羅培茲・布馬雷霍總統的緊急代替人選耶拉斯・卡馬爾哥總統要求，希望提供學生補助到海岸遊學時，他是被選上同行的三位男學生之一。耶拉斯不但同意，而且在學年結束時前來參加學校的畢業典禮。後來的日子裡，賈西亞・馬奎斯和這位老練的自由派政治人物變得很熟稔，和他一起與波哥大的偉大權貴們建立了令人好奇又矛盾的關係。當然，十八歲就初次和總統見面、接觸政府職位是太早了一點。在這一年，賈西亞・馬奎斯發表了最成功的演講之一，也是唯一即興的一次。第二次世界大戰結束時，全校師生欣喜若狂，他被要求說幾句話。他宣布法蘭克林・羅斯福如同偉大的西班牙英雄西德一般，「死後也能獲得勝利」。這個用語不但在學校馳名，而且傳遍市內。賈西亞・馬奎斯的演講聲譽又更高一層樓。[62]

他在一九四五年年底回到蘇克雷。父親關掉了馬干奎的藥房，有好幾個月的時間又回到閒蕩的老樣子，留下再度懷孕的露易莎(她沒有懷孕的時候幾乎不准出門)，在雜亂無章的大房子裡自己想辦法帶著一大家子。他回來之後又把家人遷回蘇克雷居住，但這次住的房子不在上次待的同一條街上。他放棄了藥局，又回到全職的順勢治療師。第十個孩子阿夫列多(庫奇)在二月出生，但這個孩子實際上是由瑪歌帶大的。

如今，小賈布任由自己讓他善良但無可救藥的弟弟帶著墮入歧途。他立刻加入路易斯・安立奎的樂團，整晚不回家，常常光臨當地的妓院，把他從樂團賺來的那一份錢第一次放縱的花在喝酒上。聖誕節期間，他本來應該如往常在年底的慶典上做出貢獻，結果，他消失到附近的馬哈瓜爾十天，待在妓院裡：「都怪瑪麗亞・阿雷罕德莉娜・塞凡提斯，我在第一個晚上遇到這個非比尋常的女人，就一頭栽下去，這是我一生中最長也最狂野的一次狂歡。」[63]

在許多的嘆息和沉默之後，露易莎終於問他的長子發生了什麼事，他回答：「我受夠了，就這麼回事。」「什麼?受夠我們?」「受夠一切。」他說自己厭倦他的生活、厭倦學校、厭倦旁人對他的期望。由於這番話並不是母親可以直述轉達給賈布列爾・埃利西歐的，所以她思量了一下，最後建議解決的辦法是讓小賈布如當時拉丁美洲其他有抱負的年輕男子一樣，去念法律。「畢竟，」她機靈的說，「這對寫作是很好的訓練，人家說你可以成爲很好的作家。」根據他的回憶錄，小賈布對母親這一席話首先的反應是負面的：「既然要當作家就要當偉大的作家，可是，現在已經沒有偉大的作家了。」讀者這時才驚訝的瞭解到，雖然這位年輕人還沒有讀到喬哀斯或福克納，他並沒有興趣成爲那些可憐的二十世紀庸才所代表的作家：在他尚未成熟的內心深處，他想成爲的是像但丁或塞萬提斯這樣的作家！露易莎並沒有因爲他的異議而打退堂鼓，接下來的幾天裡，她完成了了不起的協調工作，甚至不需要父子倆面對面討論：雖然風度很差，賈布列爾・埃利西歐仍接受兒子不會步上他的後塵進入醫界，小賈布也接受自己不但要完成大學學位，還要去國立大學念法律。如此這般，嚴重的少年反抗和災難性的家庭危機都解除了。[64]

如今的賈西亞・馬奎斯是個性生活道德敗壞的人，隨著聖誕節接近，他必定很驚訝的發現那位來自馬干奎的「不可捉摸女學生」搬到蘇克雷了。她的全名是梅瑟德斯・拉奎爾・巴爾恰・帕爾多，她和他一樣是藥師的孩子。賈布列爾・埃利西歐還年輕時，於一九二〇年代早期在馬妲雷娜盆地的河流和叢林旅行的時候就已經認識了這女孩的父親。她在一九三二年十一月六日出生，和小賈布一樣也是老大，有著一種神秘的美麗：高高的顴骨、深色彎曲的眼睛、長而苗條的脖子、非常優雅的舉止。她住在大廣場上，就在小賈布的好朋友卡耶塔諾・貞提爾家對面，他則住在賈西亞・馬奎斯一家搬到馬干奎之前住的房子隔壁。

如同她的父親一般，梅瑟德斯的母親拉奎爾・帕爾多・羅培茲來自一個農場畜牧家庭。不過，雖然在可羅薩爾出生，而且是天主教徒，德梅特里歐・巴爾恰・維利亞有部分中東血統。德梅特里歐的父親艾利亞斯・巴爾恰・法古雷出身亞歷山卓，也許來自黎巴嫩：可能因此才有著梅瑟德斯身上具備「暗藏的美麗，尼羅河的誘惑」[65]。艾利亞斯於一九三二年五月二十三日取得哥倫比亞國籍，也就是梅瑟德斯出生的六個月之前。他活到近一百歲，幫人們讀咖啡渣、看星盤。「我的祖父是純粹的埃及人，」她告訴我，「以前，他會把我抱在膝蓋上跳著，唱阿拉伯文歌曲給我聽。他總是穿著白衣、打黑色領帶、戴金錶、草帽，像墨利斯．謝瓦利爾一樣。他去世的時候我大概七歲。」[66]

梅瑟德斯．拉奎爾的名字是爲了紀念她的母親和外婆，她是德梅特里歐和拉奎爾六個孩子的老大。這家人在她出生後搬到馬哈瓜爾，又搬到馬干奎，最後終於搬到附近的蘇克雷。德梅特里歐有一些不同的生意，包括一般雜貨，不過，如賈布列爾．埃利西歐．賈西亞一般，他的專長是藥學。梅瑟德斯剛在馬干奎對岸的孟波克斯聖方濟修女學校「神聖之心」讀了一年，距離也許是哥倫比亞保存最完整的小型殖民地城市主要廣場上有名的聖巴巴拉教堂的八角形塔樓，只有一街之遙。[67]

馬干奎一位童年時期的朋友告訴我，「梅瑟德斯總是吸引很多人的注意，她的身材姣好，又高又瘦。雖然公平的說，她的妹妹瑪麗亞．羅莎更漂亮。但梅瑟德斯總是得到比較多的讚美。」[68]當時，她在家裡的藥局幫忙，賈西亞．馬奎斯家的小孩幫父親跑腿辦事時，常會碰見她。當時與後來的日子裡，他們都知道梅瑟德斯很有自信，有著一股安靜的權威感。小賈布很少直接做什麼，只是常常逗留在藥局裡，和梅瑟德斯的父親德梅特里歐．巴爾恰聊天：小賈布總是比較喜歡年長的男子。雖然德梅特里歐和賈布列爾．埃利西歐是好朋友，但德梅特里歐卻有著身爲自由派的美德。梅瑟德斯本人總是堅持自己很幸運，她並不知道這位害相思病的愛慕者的目的。通常，她甚至不會搭理小賈布的存在，她的父親透過鏡子看著她經過，溫柔的訓斥她：「要打招呼。」她告訴小賈布，她的父親總是說「會娶你的王子還沒有出生。」她告訴我有很多年的時間，她都以爲小賈布愛慕的對象是自己的父親！

一九四五年到四六年之間的聖誕節假期，他們在派對上巧遇，他終於有機會接近這位冷淡、心不在焉的女孩。在《預知死亡紀事》中，敘事者回憶：「許多人知道，我是在其中一個派對正熱烈的時候要梅瑟德斯・巴爾恰嫁給我，當時她連小學都還沒念完，我們十四年後結婚時，她提醒我這一點[69]。」派對後的幾天，他看到她帶著兩個小孩走在街上，她笑著說：「對，是我的小孩。」他把這個成人的笑話方式當成來自這神秘年輕女子的暗號，他們有著同樣的思考方式。這讓他細細回味了好幾年。

賈西亞・馬奎斯回茲帕奇拉讀最後一年，這段時期有著非常光鮮的開端。他魯莽的朋友帕倫希亞在卡塔赫納最後一年的功課當掉了，賈西亞・馬奎斯不知如何的讓他在國立學院註了冊，而帕倫希亞回報的方式是幫他買了一張機票。他們坐沒有減壓的DC-3到波哥大，這趟旅程花了四個小時，而不是十八天[70]。帕倫希亞在廣場上最好的房子裡租了一個大房間，從窗戶可以看到大教堂。這個房間提供賈西亞・馬奎斯有用的藏身之處，他得以享受身爲十二年級生的學長地位。帕倫希亞幫他買了深色西裝表示感謝之意，念書時期，賈西亞・馬奎斯一直爲了自己邋遢的舊衣服而難爲情，這樣的光景終於可以結束了。

在這學校最後一年的開始，賈西亞・馬奎斯滿十九歲。他是已經出版過作品的詩人，在同學之間有其傲人之處。他常常以幽默或嘲諷的詩文娛樂他們，以及特別爲他們的女朋友寫的詩，或把同學和老師畫成諷刺漫畫。即使在這個年紀，他仍然飽受噩夢之苦，不但自己飽受驚嚇之苦，同舍的學生和老師也飽受驚嚇。因此，這最後一年他搬到比較小的宿舍，他的尖叫比較不會打擾到太多人。

如今，整個哥倫比亞的情勢非常的緊張不安。依照預測，保守黨在全國選舉中打敗了分裂的自由黨。賈西亞・馬奎斯在一九四六年十一月畢業時，他們已經在惡毒的報復政治敵人及其支持者，特別是在鄉間，農民有理由希望土地改革可能成爲政治議題，但根本沒有發生。有史以來態度最尖銳的豪赫・艾列瑟・凱坦越來越受歡迎，如今是自由黨無庸置疑的領袖，已經宣布擔任一九五〇年選舉的候選人，爲擊退保守黨又增加了些許的歇斯底里的張力。「暴力事件」指的是從一九四〇年代末期到一九六〇年代期間一波波可怕的暴力衝突，造成二十五萬哥倫比亞人死亡。這段衝突通常從一九四八年四月開始起算，不過，賈西亞・馬奎斯在茲帕奇拉的最後一年就已經開始感受到了。

由於爲自己的考試緊張，並且迫切希望實踐對母親的承諾，賈西亞・馬奎斯終於在最後的考試中得到與其天分相等的考試結果。不過他很幸運。考前複習的時候，他和帕倫希亞整晚在外喝得醉醺醺，他們很有可能被退學，並且禁止參加考試，這表示他們要再一年才能以「學士」畢業。不過，校長瞭解到如果他最好的學生這樣結束學業，不但難爲情也令人遺憾，因此改變了決定，親自護送兩名遲考的少年到波哥大參加考試[71]。後來，賈西亞・馬奎斯承認：「我所學的每一件事都要感謝在茲帕奇拉所讀的學位這段歷程。」[72]

如此這般，英雄回家了，仍然深信自己的成就是一個大型自信的假象，也爲了同樣的原因而缺乏自信心。然而，他也稍微的意識到，如果可以像那樣矇騙每個人，也許表示自己比他們所認爲的還有才華。雖然對此他抱有罪惡感，但下了決心繼續欺瞞家人，在取得律師學位這件事上虛與蛇委，另一方面其實追隨著自己選擇的人生道路。

從馬干奎回到蘇克雷不久之後，賈布列爾・埃利西歐在鎮上廣場有一段距離之處又租了一間房子，可是卻又要開始蓋一棟自己的房子。這棟頗具野心的一層樓烏托邦位在芒果樹間，距離莫哈納北岸大約五十碼。是否終於決定落地生根了?這家人後來稱他們的新家「鄉間別墅」。不過，對他而言全世界只有一間房子算是家的小賈布稱它爲「醫院」，因爲他的父親在那裡看診、做實驗；因爲房子漆成白色，也因爲他吝惜讚美這男人最小的成就。

然而就蘇克雷的標準而言，雖然比不上鎮上廣場相對豪華的住家，但新房子令人意外的寬廣。海梅・賈西亞・馬奎斯記得那是一棟很好的房子，雖然沒有電(當時阿拉加塔加有電)，也沒有自來水或是衛生設備（阿拉加塔加也有完整的衛生設備）。這家人使用的油燈總是圍繞著熱帶昆蟲，晚上常有蛇蜷縮在窗台上。一個鄰居璜娜小姐會來煮飯、打掃、和孩子玩，訴說由當地傳說而來的恐怖故事。

這家人的情況有另一個很大的改變，莉西亞回憶道：「特蘭基利娜外婆和我母親同父異母的姊姊巴阿姨來跟我們一起住在新家。巴阿姨向瓜希拉印地安人學來，知道所有大自然的秘密，可以預測乾旱和下雨。我們都很愛她，她幫忙照料我們長大。是她告訴我們所有關於家族祖先的故事……我們的外婆去世的時候，母親興築了一個美麗的小花園，種了玫瑰和雛菊讓她帶到墓裡。[73]」賈西亞・馬奎斯回憶當時特蘭基利娜已經既瞎又痴呆，只要收音機開著就不願意脫衣服，因為她想像發出聲音的人也許在看著她。[74]

無疑的，關於新房子還是有感人的故事。小賈布特別難為情的是，家人在一九四六年年底慶祝他返家。他和父親一起在此居住，但他們的關係並不好，並且他感到父親在不久及長久的未來還打算欺騙他、讓他失望，但這一刻是雙方的勝利：小賈布是「學士」，當時即對使中產階級也是很稀有的成就。賈布列爾・埃利西歐蓋了一座不錯的新房子，決心在大家慶祝兒子的學業成就時，提醒大家他自己的成就。艾妲・羅莎回憶：「我永遠不會忘記小賈布高中畢業時父親在蘇克雷辦的派對。賈布列爾・埃利西歐先生真的去鎮上邀請了蘇克雷的每一個人，殺了一隻豬，每個人都有酒喝，我們跳舞跳了整個夜晚。」[75]

在這段過渡的假期中，賈西亞・馬奎斯盡可能的遠離家人，希望這樣的時光盡早結束。他完成了中學教育，雖然仍無法確切料想到，但盡可能盡量累積他在生活裡會需要的正式教育。他仍然不確定自己要做些什麼，但眼前展開的是回到陰沉的安地斯城市波哥大，花數年念一個大學學位，一個還沒有開始就已經覺得非常疏遠的職業，他希望永遠不要進入的專業。

第五章
大學生活與波哥大大暴動
一九四七—一九四八

一九四七年二月二十五日，賈布列爾・賈西亞・馬奎斯在國立哥倫比亞大學註冊，這意味著得在波哥大待上四、五年，對於已經知道自己痛恨這個地方的年輕人而言，他對此前景必定非常的沮喪。從蘇克雷到高地首都坐蒸汽船再坐火車的這段漫長旅程，並不是他之前所經歷過、充滿期待的假期。哥倫比亞內部正處於焦慮不安的狀態，居於少數的保守黨新政府決心捍衛政權，佔多數的自由黨由於做了錯誤評估，讓兩位候選人圖爾拜和凱坦與保守黨的歐斯畢納・裴瑞茲對抗，只好在挫折感中掙扎。

賈布列爾・埃利西歐本來希望兒子成爲醫生、神父或律師，送他去首都念書是爲了社會地位以及財務收入如今。既然保守黨當權，當然應該有錢可賺，文學只是個充滿風險的副業。小賈布成功的避免在此時攤牌，然而，在他倆之間，受到諸多爭執的法律學位現在成爲他假借的託辭，結果，小賈布也被迫成爲父親總是指稱的那個騙子。

波哥大位於滿山寶藏的鹽礦、金礦和祖母綠之中，神秘黃金城的所在之處，由安達魯西亞探險家貢薩羅・希門內茲・奎薩達建立於一五三八年八月六日。他命名此城市爲聖念巴卡大，因此，波哥大本來是聖念巴卡大，接著是聖念波哥大。許多年間「聖念」省略掉，但在二十世紀晚期又短暫恢復，彷彿宗教稱號可以解救這個城市，重新回到祖母綠的王位之上，超越下方這個蠻荒國度。在歷史上，波哥大總是站在對的這一邊，而哥倫比亞的其他地區總是在錯的那一邊。然而，對於如此多元、基本上熱帶的國家而言，位在海拔八千英尺的高度，這個時常寒冷、通常下著雨的城市卻是個很奇怪的首都，在一九四七年擁有七十萬居民，稱為卡恰克人(可譯為蠢蛋或時髦)[1]。

傳統上，波哥大認為自己擁有除了西班牙以外，全世界「最純正的」口語西班牙文[2]。在一九四〇年代，哥倫比亞幾乎所有的政治人物都是律師，他們其中許多都在國立大學教書，特別是自由黨的律師。新的大學城是裝置藝術建築的地標，於一九四〇年開始興建，一九四六年大致完成，矗立在波哥大的市郊，後方是遼闊的平原。在賈西亞・馬奎斯的時代，這所大學的學生超過四千名，一半來自鄉下的省分。政治右派認為這所大學是共產黨的溫床。

這名新學生在之前的弗羅利恩街，現在的八號公路找到寄宿之處，地點在靠近希門內茲・奎薩達大道的角落，許多岸邊人學生都住在這裡。弗羅利恩街是市內最古老、最知名的街道之一，和最聞名的第七大道平行。賈西亞・馬奎斯的廉價旅社距離第七大道和希門內茲・奎薩達的交叉路口大約三百碼，一般認為是城市的心臟地帶，甚至被當地的擁護者稱為「全世界最棒的街角」。

在寄宿之處的二樓，賈西亞・馬奎斯和幾位岸邊人學生共用一個房間，包括難以約束的荷西・帕倫希亞。房間很舒服，但不豪華；雖然食宿很便宜，賈西亞・馬奎斯的手頭還是很緊，總是缺錢：「我總是覺得自己缺五分錢。」雖然很痛苦，他從來不曾大聲張揚；由於賈布列爾・埃利西歐的努力，家人的生活總是比農民和無產階級舒適，然而，在小賈布的童年和少年時期，貧窮以及隨之而來的羞辱是時常出現的，甚至延伸到後來的生活中。

他對於這個時期的痛苦回憶，讓人想起卡夫卡評論讀法律「如同在智慧的層次上仰賴鋸屑維生，而且是已經有好幾千人的嘴巴先幫我咀嚼過的鋸屑」[3]。學校的師資包括前任總統之子阿豐索・羅培茲・米歐爾森，他也是未來的總統。第一年，賈西亞・馬奎斯的統計學和人口統計學被當掉，憲法學勉強過關，那正是羅培茲・米歐爾森的課。他在四十五年後對我說：「不，他不是個好學生。可是，由於我自己岸邊人的家庭背景，所有來自帕迪亞和馬妲雷娜的學生都會選我的課，他們知道我一定會讓他們及格。」[4]

一位學生路易斯・維亞爾・玻達回憶道：「我一開始就認識賈布，法律系有大約一百名新生——只有三個女生——按照字母順序分成兩組。賈布在第一組，我在第二組。我對法律很有興趣，但賈布一點也不，他很早就開始蹺許多課。我們以前會談論文學：多斯・帕索斯、海明威、福克納、赫曼・赫塞、湯瑪斯・曼，還有一些俄國作家。我們很少談到哥倫比亞文學，只有幾個詩人，例如巴爾巴・亞克博、雷翁・葛雷夫、路易斯・卡洛斯・羅培茲。我們中午會回到市中心，坐在咖啡座，那也是我們念書的地方。住在廉價旅社是沒有地方可以念書的，咖啡座的老闆會讓學生佔據一個角落，就像常客一樣。」[5]

有時候，賈西亞・馬奎斯和他的岸邊人朋友會安排即興的週六晚舞會，然後星期天早上九點鐘，年輕的岸邊人會走第七大道和十四街到播放「岸邊人時間」的廣播電台，接著，他們會在外面的街上跳舞。如今的賈西亞・馬奎斯已驕傲的代表著自己的文化，比他剛開始在聖荷西學校穿得更花俏，以彌補他的貧窮。那是「拉丁」音樂第一個偉大的時代，賈西亞・馬奎斯就位處其核心時期之中。[6]

他也和保守的卡恰克人交朋友，有些在他的未來扮演重要的角色，其中一位是貢薩羅・馬亞利諾，他的母親被這位小小之名悲傷、卓別林式的形象所打動[7]。其他包括維亞爾・玻達、卡密洛・托瑞斯，後來以游擊隊宗師烈士揚名南美大陸[8]；他一生最親近的朋友之一是比利尼歐・阿布雷右・門多薩，他是波亞卡一位傑出政治人物比利尼歐・門多薩・聶拉的兒子，在當時大概是凱坦最親近的政治同盟，比賈西亞・馬奎斯年輕幾歲。

看起來，有些賈西亞・馬奎斯的同僚似乎帶有一絲同情意味的對待他；比利尼歐・門多薩說許多人是藐視他，並認爲他已經「無可救藥」。他回憶維亞爾・玻達在奧地利咖啡館介紹自己認識這位年輕的岸邊人時，他「穿過擁擠的桌子以及黑帽子，以他閃閃發光的米色熱帶西裝使我們驚豔。」然而，他也被這位新生的舉止行爲所震驚，女服務生過來桌子旁的時候，岸邊人對她全身上下的凝視，低聲的建議：「今晚？」接著把自己的手放在她的臀部。她推開他的手，帶著誇張的厭惡表情轉身離開。[9]

在多采多姿的裝扮、岸邊人的嘲諷[10]，與少年的自尊(「我有問題？我孤單？」)背後，賈西亞・馬奎斯是個深自孤獨的年輕人，有著非常矛盾的自我價值。除了友誼，他此時的生活寂寞、孤立、沒有方向、也沒有才能。但也帶著藐視權威的態度：只是爲了保護自己，他才裝成是個活潑的岸邊人。星期天，爲了逃離孤獨，他在灰暗單調的城市裡無止盡的坐著電車，閱讀、思考[11]。有時候他接受貢薩羅・馬亞利諾的邀請，他也是卡密洛・托瑞斯和維亞爾・玻達的朋友。馬亞利諾只比賈西亞・馬奎斯晚四天出生，有著傑出的雙親。他告訴我：「對於一個異鄉人而言，波哥大的那些週末可以非常的漫長。賈布以前會在星期天到我家玩，我們總是有巧克力和南美洲餡餅(玉米漢堡)。我的母親在我九歲時就守寡，很同情他，在她的眼裡他總是很寂寞，她總是對他很好。她也像他一樣，來自鄉下，他們很容易就知道和對方聊些什麼。」[12]

如同馬亞利諾和維亞爾・玻達所觀察到的，賈西亞・馬奎斯在大學生活一開始時，就在保護色的岸邊人性格下發展自己的文學使命；不過，他不願意承認這樣的野心，以免失敗。當然，法律的魅力無法和文學比擬，他長而混亂的頭髮、刺目顏色的長褲、詭異的格紋襯衫，是他彷彿如魚離水，自我意識的反叛著自己每一個尷尬的動作。

維亞爾・玻達和卡密洛・托瑞斯編輯一頁稱爲《大學生涯》(*La Vida Universitaria*)的文學出版品，是報紙《理性》(*La Razón*)星期二的增刊，登出賈西亞・馬奎斯兩首「石頭與天空」風格的詩[13]。「海螺詩」在六月二十二日刊登，就在托瑞斯做出命運性的決定，放棄大學成爲神父的幾個星期前[14]。其中兩段如下：

八
因為我的大海是永恆的大海，
童年的大海，無法忘懷，
漂浮於夢境之中
彷如空中的鴿子……

十二
是我們初戀的大海
在秋日的眼中……
一日我想望大海
——童年的大海——為時已晚[15]

寫這首詩的小男孩不僅非常清楚自己失去了童年，並且失去了其他的家園——加勒比海海岸，海洋與陽光之地。

在這座鬼魅般的高地城市中，賈西亞・馬奎斯所尋找的是類似卡夫卡的東西，而他最後找到的也的確是卡夫卡。一天下午，一位岸邊人朋友借他一本阿根廷作家波赫士所翻譯的《變形記》[16]。賈西亞・馬奎斯回到寄宿處，進到房間裡，脫掉鞋子，躺在床上；他讀了第一行：「一天早上，葛瑞格・薩姆沙從一個不安的夢境中醒來，發現床上的自己變成了一隻巨大的蟲子。」對此深深著迷的賈西亞・馬奎斯記得他對自己說：「見鬼了，我外婆就是這麼說話的。」[17]

無疑的，卡夫卡拓展了他的想像力(包括他想像自己是作家的能力)，就長遠來說，讓他了解到就算是最古怪的段落也可以用很平實的方法敘述。然而，賈西亞・馬奎斯一開始從卡夫卡身上得到的，似乎與他後來回想時說的不太一樣。首先很顯然的，卡夫卡的主題是在都市中存在的孤立感，但在這表面之下，瀰漫在他所有作品之中的是他對於另一個權威的恐懼，他的父親——他同時痛恨又崇拜的暴君先祖。

四年前抵達波哥大時，賈西亞・馬奎斯已經讀過杜斯妥也夫斯基的《替身》，背景位於受壓抑更甚的聖彼得堡。卡夫卡的版本是直接從那本小說衍生出來的，對這個年輕作家的影響無庸置疑。賈西亞・馬奎斯發現了歐洲現代主義，更甚有之的是，他發現歐洲現代主義一點也不只是複雜而做作，現代主義的創新來自當代的精神，從當代解析現實的結構，可能和他直接相關……縱使他身處拉丁美洲偏遠的首都城市。

《替身》和《變形記》書中的主角都是分裂性格的受害者，這些角色非常的敏感、恐懼權威，藉由內心把外在的世界變形，最後推論出是他們自己生病、變形、變態、不得其所。對於自己的能力和與他人關係的認知上，許多年輕人深陷矛盾的衝動、防衛性的攻擊；然而，賈西亞・馬奎斯的自信有時令人驚嚇的傲慢(他是上校的孫子，很擅長)，但卻同時又有著不安全感和自卑的情節(他是庸醫的兒子，被他拋棄，但也許又很像他)，兩者之間的鴻溝無疑的非比尋常，也製造出一種活力使他發展隱藏的野心，如凶猛、長久的火焰一般在他的內心燃燒著。

讀過《變形記》的第二天，賈西亞・馬奎斯坐下來寫了一個故事，標題是「第三度的斷念」，是他身爲擁有嚴肅作品的準作家以來的第一篇作品。聽起來已經很「賈西亞・馬奎斯」，深具野心、深刻的主觀意識，瀰漫著荒誕、孤獨和死亡。這部作品開始了賈西亞・馬奎斯時常出現的風格：從一具未埋葬的屍體開始，以此爲中心思想開始編撰故事[18]。最後，他的讀者會發現賈西亞・馬奎斯忍受三種互相關連、卻不可能的矛盾基本原理：對於死亡以及被埋葬的恐懼(或者更糟的，被活活的埋葬)、必須埋葬他人的恐懼，以及尚未被埋葬的恐懼。「死人可以快樂的忍受他已無法改變的狀況，」這第一部作品的敘事者宣布，這個人不確定自己還活著還是死了，或者同時或連續存在。「但活著的人無法放棄就此讓自己被活生生地埋葬。然而，他的四肢不回應他的呼喚，他無法表達自己，這也是讓他最恐懼的，無論死活他最大的恐懼是他們會把他活活的埋葬。」[19]

藉由補償的方式，賈西亞・馬奎斯的故事似乎提出了新的美洲起源——一個家譜概念中所找到的歷史族譜：

> 他覺得自己好像是棵二十五歲的樹……也許後來他會覺得有一點點懷念，懷念不是作為正規的、解剖學上的屍體，而是想像的、抽象的屍體，只存在於他親戚模糊的記憶中……然後他

知道自己會從蘋果的血脈中而起，在秋天的早晨發現自己被飢餓的小孩吃掉。那時他會知道——這樣的想法的確使他悲傷——他失去了自己的完整性。20

藉由一個人失去的個體性融入一棵樹中，這樣自然以及歷史上的象徵（一代一代的家譜），顯然受困於處於房子內部的恐懼，受困於生命和死亡之間，如同受困在棺材中一樣（也許在記憶中），這些恐懼因而得以緩和。這年輕人從出生就和生父生母以及隨之而來的弟弟妹妹分開，他對於家譜的感受也如此強烈，既無需說明，也不需要心理分析的學位來質疑這位年輕作家是否在下意識裡感覺——如同他回顧自己早年的生活——自己的父母親把他活生生的埋葬在阿拉加塔加的房子裡。而他真正的自我埋葬存在於第二個自我之中，他必須建立的新身分，如同哈姆雷特一般，保護自己對於母親真正的感覺，以及對於篡位的賈布列爾・埃利西歐可能存在的致命感受，這位遲來出現的男人聲稱自己是他的父親，但其實小賈布非常清楚，他真正的父親是尼可拉斯・馬奎斯上校，所有認識他的人都敬仰、尊敬他，親切的存在於在他早年的生活之中。然而這一切消失了。隨之而來的有可能是一篇文學上的驚濤駭浪（達成願望的一種形式），或是作者真正達到智慧（以及「聽天由命」？）：「那些可怕的現實並沒有帶給他任何焦慮。相反的，他在那裡很快樂，和他的孤獨一起。」

雖然這篇作品的故事情節很笨拙，但有著神奇的催眠效果，敘述方式帶著無可置疑的自信，不只是文學上的自信，對於新作家而言也有著令人意外的果斷，結局完全顯露出賈西亞・馬奎斯的風格：

已經斷念了，他會聽到最後的祈禱，拉丁文呢喃著最後的字句，輔祭男童笨拙的回應著。墓園裡泥土和骨頭的冰冷會穿透到他自己的骨頭裡，也許可以驅散那「味道」。也許——誰知

> 道！——不可避免的，那一刻會強迫他不再如此的無力。當他感覺自己沉浸在自己的汗水中，一層濃厚有黏性的液體，好像出生前在母親的子宮裡，也許那一刻他會覺得自己活著。但到那時他會對死亡這件事認命，他也許會死於斷念。21

在《百年孤寂》、《獨裁者的秋天》、《迷宮中的將軍》這些三十年、二十五年、四十年後寫的書裡，讀者會認得他的語調、主題，以及文學構思。也許著作中也顯而易見、互相矛盾(令人厭惡的敘事本質)的在爭取著權威。

八月二十二日，寫完這篇故事的一、兩個星期後，他在《觀察家日報》艾德華・薩拉梅亞・玻達的每日專欄「這都市及世界」中讀到，薩拉梅亞・玻達「很焦慮的想認識新的詩人和說故事的人，由於作品沒有適合或恰當的出版而未與人知曉或受到忽略」22。薩拉梅亞是左翼同情者，是最受尊敬的報紙專欄作家之一。賈西亞・馬奎斯把自己的故事寄去。兩星期後，他坐在磨坊咖啡館裡，快樂又驚愕地看到自己作品的標題蓋滿整頁的「週末」增刊。他興奮的跑出去要買一份，卻如同往常的發現自己剛好「少五分錢」。他回到寄宿的地方拜託朋友，他們一起去買了《觀察家日報》。一九四七年九月十三日，第十二頁就是賈西亞・馬奎斯的作品《第三度的斷念》，加上藝術家埃爾南・梅利諾所畫的插圖。

他快樂至極，也受到許多的激勵。六個星期之後的十月二十五日，《觀察家日報》又刊出他的另一個故事〈夏娃在她的貓裡面〉(Evà esta dentro de su gato)，同樣也是關於死亡和後來的再生，關於一個女人夏娃沉迷於吃橘子而不是吃蘋果的慾望，決定藉由寵物貓的身體使靈魂轉世，卻發現自己受困於——埋葬於——三千年後，一個嶄新而令她迷惑的世界。她是個美麗的女人，非常希望逃離男人的注意力，她身體的魅力卻開始如惡性腫瘤一樣使她痛苦。她開始意識到大動脈充滿了小小的蟲子：

她知道牠們來自那裡，那些冠上她姓氏的人必須忍受牠們，必須承受牠們的折磨，如同她承受著直到清晨仍無法征服的失眠症一般的承受著。就是這些昆蟲在她前人的臉上刻畫了那些苦澀的表情、無法安慰的悲傷。她看過他們從消失的存在中向外看，從他們古老的畫像中，相同焦慮的受害者……[23]

那些深深執著於家譜的《百年孤寂》以及早期的版本《家》很快就會開始構思（也許已經構思了），可以透過這一異常出眾的段落預先見到端倪。

第二篇故事才刊出三天，他並無預料到的文學恩人就在自己的每日專欄裡宣布，一位新的文學新星已經出現在國內的舞台上，他這位一年級的學生還不到二十一歲。薩拉梅亞很肯定的宣布：「在賈西亞・馬奎斯的作品中，我們看到一位異常出眾的作家問世。[24]」如此給予他信心鼓勵，也有其副作用，賈西亞・馬奎斯更加忽略他的課業，對於閱讀和寫作的沉迷則愈發覺得有正當性。經過半世紀之後，這位聞名世界的作家評論自己一開始寫的故事是「瑣碎、抽象、有些很荒誕、完全沒有真實感受作為基礎。[25]」他再度做出與實際情況相反的詮釋，這一點也顯示他痛恨自己那些詩和早期寫的故事，正因為它們來自其「真實的感受」。後來，他學會掩飾這些感受——但並非完全壓抑——也就是讓自己容易受傷害、尚未成熟的浪漫主義和感情主義，後來可能露出馬腳，也有可能是因為他不願意把自己成為作家的功勞給波哥大[26]。

一九四七年的聖誕節假期，賈西亞・馬奎斯留在波哥大，留在廉價旅社費用很貴，但回去蘇克雷的旅費更貴。梅瑟德斯對他的主動仍然不為所動，而且他的外婆去世，母親又要生小孩了。不過除此之外，他雖然勉強通過考試，卻只有統計和人口統計學不及格。他現在已經知道自己不會走法律這一行，但還不願意面對賈布列爾・埃利西歐，和他討論這件事。前兩篇故事的成功顯示對他而言，也許人生還有另一條路，他比較想好好利用這也許短暫的獨立。

也許是在這次的假期，他開始寫下一篇故事〈死亡的彼岸〉（La otra costilla de la muerte）。如果第一篇故事是關於自身死亡的冥想，這篇故事比較是省思他人的死亡（或者也許一個人的母親的死亡，一個人的替身，在這裡是指一位兄弟）。因此敘述方式以現代主義的「他」和「我」交替，是很恰當的，我們無疑的再次處在一座城市裡，但如今主導的主題是雙胞胎、替身、身分、反省（包括內在反省、意識）。作品中這位兄弟死於癌症，敘述者對其有極度的恐懼，現在則變形為另一具身體。

> 在他之後到來，和他一起沉浸於母親子宮的流質夜晚之中，他和他一起攀爬祖先家譜的支系；和他一起屬於四對曾祖父母的血液之中，他來自許久之前，盤古開天之際，以自己的重量，以神秘的存在維持著，整個宇宙的平衡……他的另一個兄弟，羈絆著出生，勾在他的腳踝上，一代一代的翻滾下來，夜復一夜，以吻傳承，以愛承接，經由血脈與睪丸，如同一段夜間旅程般，直到他抵達最近的一個母親的子宮。[27]

這對於族譜、朝代的著迷，以及對於平行宇宙完全的探索（時間、空間、物質、靈魂、想法、生命、死亡、埋葬、腐敗、變形）是一種思想和感受的結構，一旦明確的探索、闡明，顯然立刻從賈西亞・馬奎斯的作品中消失，但事實上卻又變得模糊，實際表現出來的則拘謹而有計謀的使用，以達到最大的效果。這一開始身爲文學角色的賈西亞・馬奎斯是焦慮、超級敏感、懷疑有病而焦慮的——卡夫卡式：與他後期小心建構的敘事表達大相逕庭，比較接近的作家是塞萬提斯。顯然，他並沒有受到哥倫比亞或其他拉丁美洲作家的影響——他連這些最有名的作品都沒有讀過——早期的賈西亞・馬奎斯攻擊拉丁美洲基本的家系（等同、存在、歷史）及認同問題（存在、本質、神話）。無疑的，這些元素組成當代拉丁美洲的基本問題：在一個沒有令人滿意起源神話的大陸，一切待價而沽，家譜無可避免的是重要的問題。而賈西亞・馬奎斯尚未寫到非婚生子的問題（這才是**真正**折磨他的問題，在此處當然也曖昧不明）。然而很清楚的是，這位敘述者本身就是問題所在。

漫長的假期終於結束，情況也似乎好轉。一九四八年新學年開始時，路易斯・安立奎來到波哥大，理論上是爲了繼續中學教育，實際上，他在高露潔—棕欖公司找到一份工作，是小賈布幫他找的。他空閒時則一如往常的鬧事。如今，他們的小胡安舅舅（胡安・迪歐斯）在母親特蘭基利娜死後已經搬到波哥大，在國家官僚體系工作。路易斯・安立奎帶來一件秘密禮物，本來應該留到三月六日小賈布二十一歲生日，然而，他的哥哥和朋友在機場告訴他沒有錢可慶祝時，路易斯・安立奎狡猾的透露自己口袋裡的驚喜是一台新的打字機：「下一步就是拜訪波哥大市中心的當鋪，那傢伙打開盒子，轉動把手，拉出一張紙條。我記得他看著打字機說：『這一定是給你們其中一人的。』我們的一位朋友拿起紙條大聲念出：『恭喜。我們很以你爲傲，未來屬於你。賈布列爾和露易莎寫於蘇克雷，一九四八年三月六日。』接著，當鋪的助理問：『你們要多少？』打字機的主人回答：『越多越好。』」[28]

有了路易斯・安立奎新的收入，加上小賈布自己的朋友提供報紙插畫賺的錢，接下來幾個星期的生活水準改善許多——隨之而來的是酒、女人和唱歌的探險——路易斯・安立奎揭露他和魯莽的荷西・帕倫希亞之間無賴般的友誼。同時，小賈布如今已經是大學諸多學生中最優秀的，有著自命不凡的文學地位蹺更多的課，更加把時間狂熱的用在閱讀和寫作文學上，包括閱讀另一位現代主義作家的大作，詹姆斯・喬哀斯的《尤里西斯》。

當時，哥倫比亞的政治風暴正在快速的集結之中，直接撲向波哥大。豪赫・艾列瑟・凱坦是一位傑出的律師，吸收了各處的政治影響力，包括來自墨西哥革命、馬克斯主義和莫索里尼，也是二十世紀哥倫比亞歷史最具魅力的政治人物、拉丁美洲在平民政治年代最成功的政治領袖。他是上升的無產階級以及快速發展的城市中許多中下階級的英雄。賈西亞・馬奎斯一開始知道他，即是他一九二九年登上全國舞台時，他於一九二八年十二月在西安納加接下香蕉園工人大屠殺事件的案子。賈西亞・馬奎斯不知道的是，在他許多的關鍵線民中，有法蘭西斯科・安卡利塔神父，也就是在阿拉加塔加幫他受洗的神父，也許還有尼可拉斯・馬奎斯上校。雖然凱坦所屬的自由黨分裂因而造成選舉失敗，但他的勢力仍然越來越強，很快得到領袖的地位，以前所未有的政治風格開始了拉丁美洲最保守的共和國之一。由於他的演說鏗鏘有力，還有演講時的聲調，有些人稱他爲「舌」，其他人稱他爲「喉」。直到最近，賈西亞・馬奎斯幾乎從來沒有在公開訪談中談到凱坦過，最可能的原因是從一九五〇年代早期開始，他自己的政治立場一直屬於拉丁美洲的平民主義左派，另一部分的原因則無疑的是因爲一九四八年四月時，雖然他很直覺的支持自由黨，但他的政治意識大部尚未發展完全。

一九四八年四月，第九屆泛美會議在波哥大市中心舉行，在美國的敦促之下，美洲國家組織正在成立。四月九日星期五，就在下午一點過後，在弗羅利恩街他寄宿的地方，賈布列爾・賈西亞・馬奎斯、路易斯・安立奎以及一些岸邊人朋友一起坐下來吃午餐，當時，豪赫・艾列瑟・凱坦正離開自己的律師事務所辦公室，走在第七大道上，要和自由黨的同事比利尼歐・門多薩・聶拉以及其他人一起用午餐。他接近希門內茲大道和第十四街之間的十四—五十五號時，一名叫胡安．羅阿．西亞拉的失業工人從對面的黑貓咖啡館走過來，在短距離的射程內朝他開了三、四槍。凱坦倒在人行道上，距離「世界最棒的角落」只有幾碼。此時是一點五分。他們把他抬起來之前，來見父親的少年、十六歲的比利尼歐．阿布雷右．門多薩驚嚇的向下凝視著奄奄一息的領袖的臉。私家車緊急把凱坦送到中心診所，送達不久就宣告死亡，聚集在診所外的大批群眾感到傷心不已。

那是謀殺事件的部分，接下來就是「波哥大大暴動」[29]。一波波憤怒和歇斯底里的情緒立刻橫掃這座城市，波哥大一陣騷動，開始了一下午的暴動、掠奪和殺戮。自由黨理所當然的認爲這是保守黨在背後策畫的暗殺計畫：幾分鐘之內，羅阿就被殺死，殘破不堪的屍體被裸身拖在街上，朝向總統府。波哥大市中心是哥倫比亞政治反應中樞的象徵，開始延燒。[30]

賈西亞．馬奎斯馬上跑到謀殺現場，但凱坦垂死的屍體已經被緊急送到醫院——哭泣的男女大眾用自己的手帕沾滿倒下領袖的鮮血——羅阿的屍體已經被拖走。路易斯．維亞爾．玻達記得那天下午兩點到三點之間，在凱坦倒下幾步路的地方見到馬奎斯：「我看到他很驚訝。『你從來都不是凱坦的支持者，』我說。『不，』他說，『但他們把我的廉價旅社燒掉了，我所有的故事都丟了。』」[31]（這個誇大的事蹟隨著年月更增神秘的地位。）在同一趟路上，賈西亞．馬奎斯趕著回到廉價旅社——當時還完好存在——吃完午飯時，在第十二街碰到一位叔叔，法律教授卡洛斯．帕雷哈。帕雷哈在街上擋下他的年輕姪子，催促他到大學去代表自由黨安排學生起義。賈西亞．馬奎斯在不情願下動身出發，但帕雷哈一走出了他的視線，他又改變主意，穿過混亂的人群回到弗羅利恩街的寄宿處，如今波哥大已經是致命的危險之處。

路易斯．安立奎和其他的岸邊人在慶祝末日的來臨。在他們的喧譁之間，從收音機已經可以聽到卡洛斯叔叔和作家豪赫・薩拉梅亞一起（他注定像他的堂弟愛德華・薩拉梅亞・玻達一樣，成爲賈西亞・馬奎斯生命中另一個重要的人物），他們兩位都力促哥倫比亞人民站起來對抗卑劣的保守黨，因爲他們暗殺了哥倫比亞最偉大的政治領袖，以及未來唯一的希望。帕雷哈自己這邊極端派經營的書店是縱火的受害者，嘶吼著「保守黨必須用更多條人命賠償凱坦的命。[32]」小賈布、路易斯・安立奎和他們的朋友都在廉價旅社的收音機上聽到他的武裝呼籲，但都沒有回應他的召喚。

在不遠之處有另一位年輕的拉丁美洲人，除了喜悅和興奮的情緒，二十一歲的他也正不知所措。卡斯楚是古巴的學生領袖，以反對泛美會議學生代表的一員來到波哥大。卡斯楚完全忘了拉丁美洲學生會議，走到街上去，企圖在人民起義、暴力、非正規的行動上賦予一些革命的邏輯。才僅僅兩天前，卡斯楚在七號公路的辦公室訪問過如今已經殉難的領袖，此舉顯然也讓這位哥倫比亞的政治人物印象深刻。不可思議的是，他們倆人同意在四月九日下午兩點再見一次面：有人發現凱坦當天的行事曆上用鉛筆寫著卡斯楚的名字。難怪哥倫比亞保守黨政府及右翼媒體很快就聲稱，卡斯楚不是和謀殺的計畫有關，就是共謀顛覆泛美會議，挑撥起義，或兩者皆有。有幾次，卡斯楚距離他未來的朋友賈西亞・馬奎斯必定只有數百碼之遙[33]。回顧起來，在卡斯楚對於革命政治的瞭解上，「波哥大大暴動」之於他的重要性不亞於後來一九五四年，瓜地馬拉的事件之於他未來的同志切・格瓦拉[34]。

卡斯楚開始組織尚未發生的革命時，賈西亞・馬奎斯在痛惜自己失去的打字機——那家當鋪也被掠奪——並準備著說詞好面對他父母。煙霧開始從寄宿房子後方燃燒中的昆迪納馬爾卡州立建築飄過來時，賈西亞・馬奎斯兄弟安排他們來自蘇克雷的朋友前往小胡安舅舅的新家，就在四條街外。這群朋友和兄弟加入一般大眾的掠奪，路易斯・安立奎搶到一套天空藍的西裝，未來幾年中他的父親也在特別的場合穿了好幾次。小賈布找到一個優雅的小牛皮公事包，成爲他的戰利品。不過，此掠奪的最大獎是一個十五公升的大酒壺，路易斯・安立奎和帕倫希亞找到幾種酒，灌了幾瓶進去，以勝利的姿態扛到小胡安舅舅家去。

瑪格麗妲・馬奎斯・卡巴耶羅當時十二歲，她如今是賈西亞・馬奎斯在波哥大的私人秘書，仍然生動的記得自己最喜歡的表哥、他弟弟和他們的朋友來到。房子裡滿是來自海岸區的難民，晚上喝私釀的酒喝到醉醺醺，年輕人到建築物的屋頂加入小胡安舅舅，驚愕的看著燃燒中的市中心[35]。同一時間在蘇克雷，家人最糟的情況唯恐會發生，如同小賈布的妹妹莉妲所回憶：「我小時候唯一一次看到母親哭泣就是四月九日。當時，看得出來她非常難過、擔憂，因爲凱坦被刺殺的時候，小賈布和路易斯・安立奎都在波哥大。我記得第二天下午大概三點鐘的時候，她突然換衣服去教堂。她要去感謝上帝，因爲他們剛剛告訴她，她兒子很安全。此事讓我很驚訝，因爲我不習慣看到她出門，平時她總是在家照顧我們。」[36]

在波哥大，年輕的岸邊人在室內待了三天，政府宣布進入圍城狀態，狙擊手還在攔截那些零星出門的人。市中心繼續慢慢的燃燒、大學關閉、波哥大舊城大多已毀。然而，保守黨政府依然存在。自由黨的領導人物和出乎意料果決的歐斯畢納・裴瑞茲總統達成了令人不滿的協議，他們把其中一些人放回內閣，但實際上在未來十年仍然是沒有實權的政黨。他們覺得街上夠安全可以回去之後，兩兄弟的父母督促他們飛到蘇克雷，他們開始找機票回海岸區。路易斯・安立奎決定到巴朗基亞碰碰運氣，他最近的最愛在那裡等待著他，小賈布決定在卡塔赫納大學繼續讀法律，或至少決定試著假裝這麼做。四月九日災難性的事件發生一週之後，賈西亞・馬奎斯、他的弟弟路易斯・安立奎和年輕的古巴煽動者卡斯楚從波哥大搭乘不同的飛機出發，前往他們不同的歷史命運。

至於哥倫比亞則成爲歷史的陳腔濫調；然而，凱坦之死和後續的「波哥大大暴動」把二十世紀的哥倫比亞歷史一分爲二，這一點無庸置疑。凱坦可能的成就只能留待臆測。從那之後，沒有政治人物能夠如他一般的感動群眾，隨著他死後的每一年，哥倫比亞解決本身真正政治問題的希望更加渺茫。他死後的危機使得游擊隊運動有機會崛起，直到今日都持續危害著這個國家的政治生命。如果說「千日戰爭」顯現的是上層階級聯合對抗農民的需要，「波哥大大暴動」同樣的顯現了都市無產階級群眾所代表的危險。然而，這樣的反應在鄉間最爲直接，開始了世界上最殘暴、代價最大的二十五年內戰：「暴力事件」。

至於賈西亞・馬奎斯，公平的說，他不像其他人一般深陷這事件之中；對他而言，「波哥大大暴動」是發生在他身上最幸運的事。這件事打斷了他在哥倫比亞最優秀的大學研讀法律學位，讓一個想找藉口逃離教育的年輕人爲之一振，也給他無可辯駁的託詞好放棄令他痛恨的地方，回到他所愛的海岸區。不過，他得先熟悉這個首都城市，這對於更開闊的國家意識非常重要。他從此不再完全認真地對待兩個政黨，逐漸開始發展出成熟的政治意識。隨著他失去或拋棄大部分所擁有的物質，對於這個國家的本質，賈西亞・馬奎斯如今吸收了重要的教訓。這位年輕人坐飛機到巴朗基亞和卡塔赫納時，這些新的體驗也許是他隨身最重要的資產。

第六章

回到海岸區：卡塔赫納的實習記者

一九四八——一九四九

一九四八年四月二十九日，就在弟弟路易斯・安立奎出發的兩天之後，賈西亞・馬奎斯所乘坐的道格拉斯DC-3客機降落於巴朗基亞。路易斯・安立奎留在巴朗基亞開始找工作，很快地進入哥倫比亞國家航線航空公司，在那裡工作了十八個月。同時，在「波哥大大屠殺」的餘波之中，哥倫比亞所有的運輸系統仍然一片混亂，在加勒比海沿岸的高溫下，小賈布帶著沉重的行李箱和同樣厚重的深色西裝，坐著郵車朝向卡塔赫納而去。[1]

卡塔赫納已經光景不再。西班牙人在一五三三年抵達時，此地成爲殖民系統的要塞，連接西班牙、加勒比海和南美洲；不久，舊城搖身一變成爲整個新世界運送、販賣奴隸最重要的城市之一。雖然有這樣的歷史背景，它還是成爲(如今依然是)整個拉丁美洲最優雅、風景最美麗的城市之一。[2]

然而，十九世紀自西班牙獨立之後，巴朗基亞擴張成爲哥倫比亞所需要的大型貿易城市，卡塔赫納的發展則停滯，默默療養自己的傷口、哀痛，以過去的光榮和被蹂躪的美麗自我安慰。這個頹廢的城市是賈西亞‧馬奎斯的新家。他回到加勒比海沿岸，回到這個感官的世界；在這個世界裡，人體的美麗、醜陋、脆弱皆以原來的樣貌被接受。他從未造訪過這個威風的城市，但同時被其堂皇與荒蕪所震懾。此處並未完全避開波哥大大屠殺的影響，但如同整個海岸地區一般，即使處於圍城狀態實施、宵禁，有審查制度，也很快地回到一種不安的尋常。這位年輕人直接來到位在仕女街的瑞士旅館，此地也充當學生宿舍，卻發現他富有的朋友荷西‧帕倫希亞尚未抵達。主人不願意在沒有預先付款的情況下給他房間，又飢又渴的他被迫在舊城牆內遊蕩，最後在大廣場的板凳上躺下來，希望帕倫希亞很快會出現。然而帕倫希亞並沒有如期出現，在板凳上睡著的賈西亞‧馬奎斯因爲違反宵禁被兩個警察逮捕，也可能是因爲他沒有香菸可以賄賂。他在警局牢房的地板上過了一夜。這是他在卡塔赫納的初體驗，不是什麼好預兆。第二天，帕倫希亞終於出現，兩個年輕人終於得以住進宿舍了。[3]

賈西亞‧馬奎斯到只有幾條街外的大學去，終於說服校方讓他繼續完成法律系第二年剩下的課程，包括通過他第一年不及格的科目，而校方則在他未來的同學面前爲他進行測驗。他和帕倫希亞持續先前在波哥大的生活，喝酒、狂歡，縱使有宵禁，他們的行爲還是如帕倫希亞一樣閒蕩的上層階級學生一般，這是賈西亞‧馬奎斯根本無法負擔的生活。這樣閒靜的生活終於在幾個星期後結束，帕倫希亞決定另覓他途，賈西亞‧馬奎斯搬到集體宿舍，一個月食宿加洗衣的費用只要三十披索。

接著，命運之神的大手介入。正當他在城牆隔壁葛瑟馬尼舊奴隸區的惡行大街上閒晃時，遇見前一年在波哥大認識的黑人醫生馬奴耶‧薩巴塔‧歐立維亞。薩巴塔後來成爲哥倫比亞有名的作家兼記者，一向對朋友樂善好施；第二天薩巴塔帶著這位年輕人到天主聖約翰街的《環球報》（*El Universal*）辦公室，就在他學生宿舍的轉角，把馬西亞‧馬奎斯介紹給總編輯克雷門特‧馬奴耶‧薩巴拉。他剛好是艾德華‧薩拉梅亞‧玻達的朋友，讀過賈西亞‧馬奎斯登在《觀察家日報》的短篇故事，早已經是他的仰慕者。雖然賈西亞・馬奎斯這個年輕人很羞怯，總編輯讓他當專欄作家，並沒有討論薪資待遇內容，只說期待第二天見到他，第三天報紙就刊出他的第一篇文章。

當時，賈西亞・馬奎斯似乎只是把記者這一行當成謀生工具，而且是層次比較低的寫作。不過，此時剛過二十一歲生日的他之所以能夠被雇用爲記者，就是因爲他之前得到文學地位之故。他馬上聯絡父母親，告訴他們現在自己已有能力支付生活費用。既然他有意盡快放棄這些法律課程，即使拿到文憑也不打算執業，這些念頭讓他大大的心安理得起來。

《環球報》本身是嶄新的報紙，十個星期之前才由貴族的自由黨政治人物、曾是省長和外交官的多明哥・羅培茲・埃斯瓜里亞薩成立。如今，有鑑於越來越多的保守黨暴力，他決定在海岸區的傳播戰中打開新的戰線。這是「波哥大大屠殺」發生的一個月前，在這個極度保守黨的城市中，從來沒有其他自由黨的報紙。

大家都同意薩巴拉是報紙的王牌人物。由於這位總編輯的努力和洞察力，雖然辦公室並不討人喜歡，《環球報》卻也漸漸成爲政治理念連貫性的典範；並且依照當時的標準，也提供相當不錯的寫作園地。對於賈西亞・馬奎斯這位新進人員而言，這種提供優秀寫作的環境來得正是時候。薩巴拉是名纖弱、緊張的男子，五十多歲的他出生在在聖哈辛托，有著「印地安人」的特徵和頭髮、膚色黝黑、一點小肚子、總是戴著眼鏡，很少見到他手上沒有香菸。根據謠傳，他也是未出櫃的同性戀，把頭髮染黑對抗老化，一個人住在旅館的小房間裡。他曾經是凱坦的政治夥伴，據說他年輕時曾經是班雅明・艾雷拉將軍的私人秘書，也在將軍的《民族日報》(*El Diario Nacional*)工作過。一九四〇年代，他在教育部工作，後來和比利尼歐・門多薩・聶拉的雜誌《解放行動》(*Actión Liberal*)密切合作。

薩巴拉把賈西亞・馬奎斯介紹給另一位新進人員艾科妥・羅哈斯・赫拉索，這位二十七歲的年輕詩人畫家來自加勒比海港口的妥魯。他沒有認出賈西亞·馬奎斯，但其實八年前在巴朗基亞的聖荷西學校裡，他曾經短暫的當過他的藝術老師。賈西斯·馬奎斯的人生中不斷地出現此類非比尋常的巧合。羅哈斯·赫拉索自己則注定成爲哥倫比亞最優秀的詩人和小說家，也是位頗爲受人景仰的畫家[4]。他的長相粗獷、威風凜凜、嗓門比較大、體格比較高大、比較固執己見，顯然也比他的新朋友熱情、感情奔放卻又同時易怒。

由於記者不受宵禁限制，因此，午夜過後很久，薩巴拉檢查、訂正過報紙八頁的每一篇文章之後，他會邀請兩位年輕的徒弟去吃飯。如今賈西亞·馬奎斯開始新生活，這樣的生活形態會維持許多年；他工作整晚，白天大多數的時間在睡覺(如能睡覺的話)。在卡塔赫納，這樣的生活並不容易，因爲法律系的課早上七點就開始，但賈西亞·馬奎斯六點鐘才到家。晚上唯一有營業到這麼晚的地方是一家餐廳酒吧，外號「洞穴」，位在市場後面的親水區，由非常俊美的年輕黑人同志荷西·聶維斯(雪中的喬)所開[5]。在這裡，記者和其他的夜貓子暢快享用牛排、牛肚、米飯加蝦子或螃蟹。

薩巴拉回到自己的單人房後，賈西亞·馬奎斯和羅哈斯·赫拉索開始在港口區遊蕩，從先烈步道開始，這裡有九座雕像紀念一八一六年對抗西班牙帝國的首批反抗者[6]。接著，賈西亞·馬奎斯回家工作，在這焦慮的幾個小時之間，他沉迷於自己的寫作、修辭，然後腳步輕盈的給老闆看第一個專欄稿。薩巴拉讀過後表示寫得不錯，但還不夠好。首先，他的個人性太強、文學性也太強，第二，「你沒有注意到我們受到審查制度的限制嗎？」薩巴拉拿起桌上一支紅色的鉛筆修改。幾乎從一開始，結合賈西亞·馬奎斯自己與生俱來的天分與薩巴拉的專業熱情，就製造出了可讀性高、令人著迷、又明顯原創的作品[7]。賈西亞·馬奎斯在《環球報》所有的專欄都以「新段落」發表，他的第一篇文章受到編輯最多的注目，內容關於宵禁和圍城狀態，巧妙的僞裝成城市的冥想狀態。年輕作家預言式的問到，在一個政治暴力和去人性化的年代，如何能期待他這一代成爲「善意的人」？顯然，這位新手記者因爲四月九日的事件突然間言論變得極端。第二篇文章也同樣的傑出[8]。如果第一篇是傳統上較含蓄的談論政治，第二篇幾乎是文化政治的宣言：捍衛手風琴。卑微的手風琴是樂器中的遊牧民族，然而，在海岸區由沒沒無名的音樂家發展出的音樂形式瓦耶那多(Vallenato，哥倫比亞民族音樂)中，卻是基本要素；對賈西亞・馬奎斯而言，更是此地區人民與其文化象徵，更別說代表他自己挑戰統治階級成見的慾望。他堅持手風琴不只是遊牧民族，而是無產階級的象徵。第一篇文章拒絕來自波哥大的政治，第二篇則擁抱作者新發現的文化根源。[9]

這是賈布列爾・賈西亞・馬奎斯人生中第一次對於未來有一定程度的安心。他不但有工作，而且其他人認爲他做得很好，他是個新聞人。他會繼續零星、消極的研讀法律，但他已經找到逃避法律專業，進入新聞和文學世界之路。他不會再回頭。

接下來的二十個月裡，他爲《環球報》寫了四十三篇署名的文章，未署名的則有好幾倍。基本上這還是明顯老式的新聞業，評論加上文學創作，娛樂意義大於政治改革，的確比較接近每日或每週「記事」，在一九二〇年代的拉丁美洲報界還不算過時。另一方面來說，賈西亞・馬奎斯的任務之一是過濾收到的電報，以選擇新聞、提出評論和文學延伸的主題，這點在當時的新聞界是非常重要的。這項每日的磨練必定讓他得到寶貴經驗，把每日生活中發生的事物轉化成「新聞」，成爲「故事」，立即揭開日常現實的面紗，對他最近探索卡夫卡的作品提供有力的紓解。這個時期的新聞界幾乎到處都不得不採取美國式事必親躬、捲起袖子的新聞從業方式。賈西亞・馬奎斯一開始就如魚得水，這也使他成爲與當代拉丁美洲作家非常不同的作家；對這些作家而言，他們所遵循的典範仍是法國以及法國式的作風，然而在這個年代，法國本身卻一開始就失去了對於現代主義的掌握。

不過，他還有許多需要學習之處，這位新專欄作家的原創性從一開始就很明顯，對於雇用他的編輯而言必定是一大喜悅。就在三個月之後，他寫到卡塔赫納的非裔哥倫比亞作家豪赫・阿特爾時，他含蓄的召喚兼具當地色彩、又具大陸色彩的文學作品，足以代表「我們的種族」，並且給大西洋岸「屬於自己的認同感」。身爲馬奎斯上校的孫子，在二十一歲的年紀就採取這樣的立場，相當驚人。[10]

那第一年的七月中旬，保守黨警察在卡門・波利瓦爾地區屠殺自由黨家庭，就在賈西亞・馬奎斯的外公和法蘭希絲卡姑婆長大的地點。卡門有著長遠而光榮的自由黨政治傳統，剛好也是薩巴拉的出生地聖哈辛托最鄰近的大城鎮，因此，兩個男人對於那裡發生的事件特別注意，也都發起運動，以「卡門・波利瓦爾發生了什麼事」作爲口號。這是薩巴拉冷酷的笑話，他每次重新發起運動，卻面對政府的否認和遲鈍時，總是以此收尾：「毫無疑問地，在卡門・波利瓦爾什麼事也沒有發生。」[11]後來，賈西亞・馬奎斯在《百年孤寂》著名的一段中寫到虛構的馬康多時，在關鍵的香蕉工人屠殺事件發生之後，賈西亞・馬奎斯用了幾乎一模一樣的詞彙。

就某些方面而言，當時在哥倫比亞當記者這實在是最差的時機。一九四八年四月的事件後，審查制度又馬上開始，只是海岸區比較沒有內地那麼嚴格。賈西亞・馬奎斯一開始進入新聞界是因爲「暴力事件」，然而，「暴力事件」卻嚴重的限制記者可以做的事。接下來的七年間，在歐斯畢納・裴瑞茲、勞瑞安諾・高梅茲、烏達內塔・阿貝拉耶茲、羅哈斯・畢尼亞的政權統治下，雖然程度不同，政府仍然持續實施審查制度。更具意義的是，一九四八年五月二十一日，賈西亞・馬奎斯事業的第一篇文章中暗示了清楚的中間偏左政治立場。他後來並沒有偏離這個主要的立場，但也從來沒有在最終狀況下(如馬克斯主義所言)限制或曲解他的小說。

到《環球報》上班才兩個星期，賈西亞・馬奎斯就要求放假一星期，他前往巴朗基亞、上溯馬干奎、接著到蘇克雷探望家人。他是否有停留孟波克斯去看梅瑟德斯一眼，不得而知。他出發的時候，一定已經發現自己的薪水並不如他讓父母親相信的那麼多，但他顯然不忍心說明白。這不但是他在「波哥大大屠殺」之後第一次回家，也是他在一九四七年二月前往波哥大就讀大學之後第首次返家，時間已經超過一年。因此，自從他母親的母親去世之後，這是他第一次見到她，也是他第一次見到么弟埃利西歐・賈布列爾，如同他自己一樣以父親的名字命名，只是命名的方式更完整。賈西亞・馬奎斯比埃利西歐・賈布列爾大二十歲，他晚年常常開玩笑的說，新生兒如此命名是因為「我母親失去我，但她想確定家裡永遠都會有一個賈布列爾」。事實上，賈布列爾・埃利西歐在一九四七年十一月親自接生埃利西歐・賈布列爾，後來家人都叫他伊尤，這位父親宣布：「這嬰兒長得很像我，有別於長得一點都不像我的小賈布，所以這一個新生兒用我的名字命名，只是反過來——埃利西歐・賈布列爾！」[12]

小賈布回到卡塔赫納。他雖然幾個星期前就通過面試，但六月十七日才正式在大學註冊。他的工作很順利，但經濟上，這位年輕作家卻正面臨災難。賈西亞・馬奎斯雖然實際上是全職記者，他的薪水卻是按照篇數計酬。他自己從來都不是數學家，對於預算問題也漠不關心，不過，一個朋友拉米洛・艾斯畢里埃亞後來計算，不論署名與否，他每篇文章的稿酬是三十二分，相當於三分之一披索，而其他工作則根本沒有薪水，比任何想像得到的最低工資還要低。六月底，他已經被趕出廉價旅社，又開始睡在公園的板凳上、或其他學生的房間裡，或是眾所皆知的，睡在《環球報》辦公室一綑綑的新聞紙上，因為那裡永遠不關門。一天晚上，他和同事走在世紀公園裡，他們常常坐在「勿觸摸我」（出現在耶穌復活後見到抹大拉的圖像）紀念碑前的台階上喝東西、抽菸、聊天，另一位記者豪赫・佛朗哥・姆內拉問他住宿的問題有沒有解決，賈西亞・馬奎斯坦言自己遇到困難。同一天晚上，佛朗哥・姆內拉帶他回到自己位於「布告欄角落」燒酒屋街的家，靠近舊城的薪傳劇場。這家人擁抱這位飢餓、無家可歸的學生，特別是豪赫的母親卡門・姆內拉・娥蘭[13]，其他人的母親總是很容易喜歡小賈布。在卡塔赫納剩下的日子裡，他偶爾會在那裡吃飯、睡覺，但盡量進食少量以緩和自己的良心。因此在這個時期，賈西亞・馬奎斯的生活比他在波哥大時更加殘酷、絕望，他現在根本就已經習慣性的忽略自己的生理需求。即使在這海岸地區，他以自己恐怖的彩色襯衫聞名(他通常一次只擁有一件襯衫)以及格紋外套、下身穿的黑色羊毛長褲來自一套舊西裝、套在腳踝的鮮黃色襪子，以及沾滿灰塵、從來不擦的印地安式麂皮平底鞋。他一撮撮的鬍鬚並不明顯、有些蜷曲，沒有整理的黑髮鮮少碰到梳子。就算住到佛朗哥・姆內拉的房間之後，他還是一樣累了或清晨來臨就隨處席地而眠。他骨瘦如柴(瘦得像掃把一樣)，朋友見到他時，他總是永遠保持愉快，似乎從來不可憐自己，也不求助，因而受到感動的朋友，白天總是湊錢請他吃飯，晚上則攜他一同參加在夜晚的探險娛樂。

他的朋友和熟識的人意見各有不同。許多人，特別是社會保守主義派，認爲他特異的行徑簡直到了瘋狂的地步，或者甚至常常認爲他是同志[14]。就連羅哈斯・赫拉索這樣的朋友後來回想起來都認爲他有點娘娘腔(「真是個好孩子」[15])。羅哈斯和另一位朋友卡洛斯・阿雷曼都記得賈西亞・馬奎斯的男孩子氣，生氣勃勃的步伐——他一直保留著——每當有人提供新的靈感，或是他想到新的故事而興奮時，他總是歡天喜地的跳舞[16]。相識的朋友記得他等待午餐時總是在桌上敲著手指或是手上的東西，安靜或大聲的唱著歌，他身上似乎總是傳出音樂聲。[17]

賈西亞・馬奎斯以驚人年輕的年紀從朋友和同事身上學到他們教他的東西，也發展出自己一套關於職業的重要想法。比如說，喬治・伯納・蕭的宣言表示從今以後要致力於廣告標語和賺錢，賈西亞・馬奎斯則進一步的評論，對於像他這樣「決心不爲了商業理由寫作，卻發現自己因爲虛榮而在做」的人而言，這是值得思索的問題。[18]

他在卡塔赫納的生活逐漸安定下來，大部分的課都沒去上，不過，並不是所有的教授都有點名，自由黨的老師認同這位年輕人面對新聞與審查制度的衝突感，以及整體上與主管機關的衝突，因後者不止一次派軍隊前往報社辦公室嚇阻員工。在他最重要的人際關係裡，古斯塔沃・伊巴拉・梅拉諾是其中一位，他是念古典文學的學生，畢業於波哥大師範學院，如今在《環球報》辦公室附近幾碼之處的當地學校教書。伊巴拉・梅拉諾已經是羅哈斯・赫拉索的好朋友。賈西亞・馬奎斯和這兩位一起散步，一毛錢也不用花，也不需要接受任何施捨，因爲他們既不喝酒也不狂歡，主要討論的是和詩以及宗教哲學相關的高尚議題。[19]

賈西亞・馬奎斯也有其他朋友，他們的喜好比較沒有那麼嚴肅。其中，比較重要的友人是艾斯畢里埃亞兄弟，拉米洛和奧斯卡，他在一九四八年時偶爾和他們碰面，一九四九年時往來更頻繁。他們不只對政治有興趣，特別是極端自由主義甚至馬克斯主義，也比較有世界觀。賈西亞・馬奎斯和他們以及其他人一起喝酒、上妓院。一九四八年七月刊出三篇意外挑釁的文章中顯示，當時的賈西亞・馬奎斯可能迷戀一些夜鶯，也有可能當時他對於性和愛情的態度正在摸索成長，並描繪在後來的作品中。他第一次頗爲明確的描繪年輕女性的胴體時，一面若有所思：「想到這一切有一天都會被死亡取代，」接著結束第一個句子，「想到在妳身體裡面，遠離自己的存在，這痛苦有一天會找到自己最終的解救。[20]」幸好，卡塔赫納保守的天主教徒不看《環球報》，正如同他們不會赤身裸體走在波利瓦爾廣場上。

到第三篇文章時，這位年輕作家已經找到自己的一些關鍵想法之一，後來在小說《愛在瘟疫蔓延時》中賦予典型的形式：愛情可以維持永恆，但更容易像花朵一般在最短暫的時間內凋謝，就像生病一樣[21]。只有少數男性訪客能忘記第一眼見到卡塔赫納或哈瓦那這些加勒比海港口女性肉感、衣不蔽體的景象，而賈西亞・馬奎斯年輕時就住在海岸區，正是加勒比海妓院最風光的時代。至於認真、正經的女朋友，拉米洛・艾斯畢里埃亞記得他只提過一個：當時十六歲的女學生梅瑟德斯。「不過，我沒辦法想像她看上他哪一點：他只是個孩子，一點也不顯眼，長滿青春痘，好像得了瘧疾，看起來發育不良，一點份量也沒有……如果在街上看到他，你會以爲他只是個送信的小子。」[22]

梅瑟德斯的家人和賈西亞・馬奎斯大部分的家人都還住在蘇克雷，不過，住在巴朗基亞的路易斯・安立奎常常在週末和假期時前往卡塔赫納：「小賈布在卡塔赫納就像在波哥大一樣，假裝在讀法律，其實在寫作。」[23]當時是拉丁美洲波麗露舞曲三重唱興盛的年代，路易斯・安立奎的夢想就是如班丘斯一般成立自己的三重唱——「比起聽到小賈布在寫作，這會給我父親帶來更大的震撼。」[24]

大約在此時，薩巴拉收到波哥大的薩拉梅亞・玻達捎來信息，詢問這位年輕學徒的文學活動。其實，此時的賈西亞・馬奎斯已經放棄了他的故事，但他無法對薩拉梅亞說不，很快了修改了〈死亡的彼岸〉，於一九四八年七月二十五日刊登在《觀察家日報》。當賈西亞・馬奎斯知道一位很重要而且具影響力的人物還在掛念著他，而且還在波哥大繼續協助他發展寫作興趣，這必定讓他既感到受寵若驚，又覺得非常的安慰。

一九四八年九月十六日，賈西亞・馬奎斯爲報社公務前往巴朗基亞，但沒有直接坐巴士回卡塔赫納，而是決定去見幾個由卡塔赫納的朋友所推薦的記者。這是另一個具歷史性的決定。他前往《民族報》(El Nacional)的辦公室，赫爾曼・巴爾加斯和阿爾瓦洛・塞培達當時工作之處。他們是一群鬆散的波希米亞同好，後來稱爲「巴朗基亞團體」[25]。第一天晚上，賈西亞・馬奎斯對於討論的熱情、有見地的貢獻，已經讓這個團體的第三位成員阿豐索・福恩馬佑爾印象深刻，這位自由黨報紙《先鋒報》（*El Heraldo*）的助理編輯要賈西亞・馬奎斯回卡塔赫納之前去找他。

賈西亞・馬奎斯很高興知道這些顯然見過世面的記者已經知曉他的名聲，並且像失散已久的兄弟般擁抱他，把他介紹給當地的文學大師，也就是卡泰隆作家拉蒙・范恩斯。他們出發前先往酒吧和妓院作樂，最後來到一個叫作「黑色尤菲米亞」的傳奇地點，此地後來在《百年孤寂》中名垂千古。在那裡，賈西亞・馬奎斯唱了一個多小時的曼波和波麗露歌曲，奠定了個人的勝利，以及和這個團體之間的聯結。他在阿爾瓦洛・塞培達的家裡過夜，有別於其他人，他們的年齡相當，對於花襯衫和藝術家的長衫品味類似，只是塞培達的頭髮更長、穿涼鞋，像個拓荒時代的嬉皮。塞培達嗓門很大、性格容易誇大、固執己見。他給賈西亞・馬奎斯看一整面牆的書籍，大多是北美和英語的書，他大聲的說：「這些是目前最好的書，唯一值得閱讀的，由唯一知道如何寫作的人寫的。如果你要的話可以全部借走。」

根據回憶錄，第二天早上，賈西亞・馬奎斯被送走時帶著一本小說《奧蘭多》，由一位他從來沒有聽過的作家維吉妮亞・吳爾芙所著。塞培達似乎認識她，因爲他總是稱她爲「老好吳爾芙」，就像整個團體的人顯然都和他們最喜歡的作者威廉・福克納有親密關係，他們通常叫他「老頭子」[26]。這許多年後，這些硬漢仍然訝於拘謹的吳爾芙夫人的文字所顯示的熱情。朋友回憶道，對於當時聲稱在她的某篇小說中讀到一句顯然不像女士的句子時，賈西亞・馬奎斯特別感到衝擊。「愛就是脫掉內褲」是來自《奧蘭多》中「愛就是脫掉襯裙」的「約略」翻譯[27]。這句引述對於他的世界觀所造成的影響，可能比乍看之下還要深遠。無論如何，他告訴每個人「維吉妮亞」是個「強悍的老娘兒」。[28]

第二年的考試時間漸漸逼近，賈西亞・馬奎斯非常絕望。他的出席率非常不穩定——正式紀錄上就有十五次缺席——即使聽進去，吸收的也很少。一位當時的同學回憶賈西亞・馬奎斯「在報社工作到凌晨三點，在新聞紙卷上睡到七點，那時間我們已經開始上課。他總是說自己待會兒要洗澡，因爲他來大學之前沒有時間洗澡。」[29]他那一年的平均成績及格，但羅馬法當掉，而且數年後還回來糾纏他，並且很可能在他永遠無法取得律師資格這回事上扮演決定性的角色。

在此同時，他與巴朗基亞團體的來往不僅啓發他，也讓他更有自信，並且開始寫第一本小說，標題爲「家」。這本小說寫的是他自己的過去，的確也可能是他醞釀許久的一本小說。他最開始寫這本小說是在一九四八年的下半年，接著在一九四九年的上半年加緊腳步。他的朋友拉米洛・艾斯畢里埃亞和哥哥奧斯卡住在父母親位於舊城牆內的巴帝尤二街上一座龐然的十九世紀大屋裡。賈西亞・馬奎斯經常去拜訪，常常在那裡吃飯，偶爾也在那裡睡覺。那棟房子裡收藏著很多書籍，賈西亞・馬奎斯常常被人發現躲在圖書室裡閱讀哥倫比亞的歷史。哥哥奧斯卡記得：「我父親稱他爲『公民勇氣』，因爲他說，像他那樣穿著需要很大的勇氣……我母親把他當親生兒子一樣疼愛……他會帶著用領帶綁起來的一大捆紙，也就是他在寫的東西，他會打開稿子坐下來唸給我們聽。」[30]

從存留的手稿以及後來刊登在巴朗基亞《先鋒報》的摘錄中，我們可以看到小說的故事背景正如賈西亞・馬奎斯的外公外婆家，主題使人聯想到福克納，不過風格卻不相同；小說非常有趣、有潛力，但流於平淡，現存的手稿看不出受到福克納或喬哀斯、甚至維吉妮亞・吳爾芙的影響。書中的人物有點像他的外公外婆以及他們的祖先，地點有點像阿拉加塔加，有一場類似「千日戰爭」的戰爭，不過，此時他尙無法超越片段的插敘、平淡、看來似乎毫無生命力的敘述。看起來，賈西亞・馬奎斯似乎無法逃離那座大宅院。或者換句話說，他無法分辨「家」和現實中的房子，小說和靈感的起源。然而我們毋庸置疑的是，在此篇小說中《百年孤寂》以令人訝異的程度萌芽：孤獨、命運、懷舊、父權統治、暴力，這些主題都在等待著十多年後才會找到的特殊語調和觀點。部分的事實是，賈西亞・

馬奎斯仍然無法完全的諷刺自己的文化，當時無法想像任何和尼可拉斯・馬奎斯有關的事物可能是荒唐或甚至可笑的。諷刺的是，當時他並沒有想到可以連結卡夫卡的幻想世界和真實世界裡他的回憶。[31]

一九四九年三月，他突然病重。根據他自己的說法，引發此次危機的是他和薩巴拉在政治上的爭執。三月底的某天晚上，賈西亞・馬奎斯和薩巴拉坐在「洞穴」裡，編輯吃著他的深夜晚餐。自從去過巴朗基亞之後，賈西亞・馬奎斯的行爲越來越差勁，在《環球報》的工作表現不穩定；由於和阿爾瓦洛・塞培達的交往而顯露出青少年叛逆、漫不經心的跡象。薩巴拉湯喝到一半停下來，透過眼鏡看著他，尖酸的說：「告訴我，賈布列爾，你做這些愚蠢的行徑時，有沒有注意到這個國家正一步一步朝向毀滅？」[32]受到刺激的賈西亞・馬奎斯繼續喝酒，結果在「先烈步道」的板凳上沉沉睡去。第二天早上，他在一陣熱帶傾盆大雨中醒來，衣服全濕，肺部劇痛，後來被診斷罹患肺炎。他因而回到蘇克雷，不管需要多久時間，都必須在父母親的房子裡休養——對於支氣管病人而言，蘇克雷不是很理想的地點，因爲此地附近的水位比以前還要高，鎮上就像《邪惡時刻》或《預知死亡紀事》裡一樣常常淹水。

這成爲重要的一次返家。賈西亞・馬奎斯曾經說，他預期大概得待上半年跑不掉，雖然後來其實並沒有超過六個星期。不過，這不但是許多年來他和家人共度最長的時間，也是他事先知道自己會被關在家裡很長的時間。他當時並不瞭解，但其實內心已經開始了一場安靜無意識的革命。如今他的眾多弟妹都已經長大，這場革命的速度尚無立即的效果，但長期而言，對他的文學、歷史想像和觀點非常的重要。也許可以說，如今糾纏他想像力的不止有死人，還加上活著的人。

如今當上記者，賈西亞・馬奎斯也開始注意蘇克雷這個地方。當地最有意思的傳奇人物之一是西爾貝(女)侯爵，據說這一名金髮的西班牙女子，應該是住在偏僻的村落西爾貝(爲毒蛇之意)，她從來沒有結婚，也不曾和男子發生過性行爲。她會魔法，名下的農場有好幾個城鎮大，活了兩百多年。每一年她都會巡迴當地幫人治病，幫助她所保護的對象。她死前讓牲畜遊行經過她的房子，花了九天的時間，直到牠們踩在濕土的腳步終於形成蘇克雷西南方、聖豪赫河以及高卡河之間的西爾貝大沼澤(西安納加)。然後，她把剩下最珍貴的遺產、寶藏以及永生不死的秘密一起埋在大沼澤裡，剩下的財產分給服侍她的六個家庭。[33]

這個傳說由賈西亞·馬奎斯的朋友，荷西·帕倫希亞的堂弟安赫爾·卡西·帕倫希亞轉述，加上自己收集的其他故事，不僅有助於爲三、四年後他所寫的一系列才華洋溢的文章奠下基礎，也啓發一九五〇年代末期了不起的文學創作《大媽媽》；無庸置疑的是首部具有成熟賈西亞·馬奎斯風格的作品。另一部分的靈感來源是蘇克雷一位富有的居民，住在這家人的朋友貞提爾·奇門多家族隔壁。她的名字是瑪麗亞·阿馬利亞·參帕尤·阿瓦雷茲，這名女子看不起教育和文化，無止盡的炫耀自己的財富。她在一九五七年去世時，舉辦了一場特異豪華的葬禮[34]。另一個同樣不尋常的故事是一位十一歲的女孩，被外婆強迫賣淫的她在許多年後成爲他筆下許多個虛構的角色，其中最著名的是「艾倫狄拉」[35]。

事實上，身爲一位說故事的人，如今他的發展以最具戲劇性的方式受到質疑。在一封給巴朗基亞朋友的信中，賈西亞·馬奎斯暗示對方，如果可以收到一箱書以平衡蘇克雷的荒蕪以及父母家的不文明，那將令人期待[36]。書籍依照他的願望寄到，包括福克納《聲響與憤怒》、《哈姆雷特》、《在我彌留之際》、《野棕櫚》、維吉妮亞·吳爾芙的《達洛威夫人》、多斯·帕索斯的《曼哈頓轉運站》、史坦貝克的《人鼠之間》、《憤怒的葡萄》、納森《珍妮的畫像》，以及赫胥黎的《針鋒相對》。不幸的是，閱讀這些才華洋溢現代主義作家的文學作品的結果就是，《家》的工作慢到幾乎停擺[37]。更重要的是，他在逐漸恢復健康之際，也開始恢復餘興活動。他一直沒有到西爾貝村，但在露易莎・聖蒂雅嘉極度的反感之中，他和肉感的妮格羅曼塔又恢復了關係（她當時已成寡婦）。他也交了一些新朋友，其中之一是來自孟波克斯的卡洛斯・阿雷曼，當時他已經被選爲縣議會的成員，他回憶自己在一九四九年五月抵達蘇克雷時：「在臨時茅屋裡，一群歡迎我們抵達的群眾之中，一名男子的穿著帶著異國風情，特別顯眼：農人涼鞋、黑長褲、黃襯衫。我對拉米洛說：『那隻鸚鵡是誰？』他回答：『那是小賈布。』他穿著那些衣服非常顯眼，其他人的衣著都穿卡其布。」[38]

因此，應該尚處於療養之中的賈西亞・馬奎斯和朋友哈克波・卡西、另一位自由黨戰士一起加入一個團體，他們一起坐三艘汽艇航行於整個莫哈納地區，每艘船都插上自由黨的旗幟，船上有整桶的蘭姆酒，以及一個銅管樂團。自由黨的支持者在河邊喝采，當地的老闆通常是自由黨的地主，會在他們上岸時安排慶典和會議。奧斯卡・艾斯畢里埃亞後來回想：「其實，那時候我們都信仰馬克斯主義，都在等待革命，但卡洛斯・耶拉斯從來都沒有下命令。」[39]

五月中旬，賈西亞・馬奎斯覺得身體已經復原，可以回到卡塔赫納進行日常活動。身爲新選上的縣議員，他的朋友卡洛斯・阿雷曼並沒有顯然更加妄自尊大，不過，利用自己的新地位和預算安排大吃大喝，通常可以讓他貧窮的朋友有足夠的食物可以維持一個星期，加上總是一成不變的在妓院落腳。[40]

賈西亞・馬奎斯從蘇克雷回來，寫下一篇關於學生選美的署名文章時（此舉已經非常罕見），他並不是署名賈布列爾・賈西亞・馬奎斯，而是「塞提莫斯」，這是受到維吉妮亞・吳爾芙筆下《達洛威夫人》角色名字所啓發的筆名[41]。在第一篇署名「塞提莫斯」的文章〈星期五〉中，最顯著的是筆下的自信、幾乎傲慢的語調中包括以下輕蔑的聲明：「我們是學生，我們已經發現了完美國家的程式：

也就是不同社會階層之間的和諧、公平薪資、盈餘價值公平分配、解散得支薪的國會，完全、集體的放棄選舉。」

賈西亞・馬奎斯生病前嚴重的忽略了法律系的學業，康復之後更下定決心不予理會。他大聲宣揚自己對法律的痛恨，在大學威嚴的走廊上安排即興足球賽，因此名噪一時。危險的是，他如果得到律師資格，有可能因誘惑、家人因素或良心被迫去執業。卡塔赫納的法律課程比波哥大更加繁瑣，最後，他的醫藥法和民法討論課都不及格(報復賈布列爾・埃利西歐？)，民法考試則低分險過，另外五科及格。如果考慮到他缺席的狀況，有這樣的成績實在是個奇蹟。然而，他沒有挽救羅馬法，因此帶著三科不及格升到大學生涯的第四年。[42]

時空來到十一月九日的波哥大。現任保守黨政府瞭解到自由黨領導階層的分歧和軟弱，再度實施圍城，並且關閉國會——所謂的「體制內政變」。幾天後，政府宣布八點開始實施宵禁。由於自由黨未能即時反應，等於鼓勵保守黨毋需再克制，此次再加倍的「暴力事件」使得整個國家屍橫遍野，最嚴重的是鄉下地區。不過雖然一如往常，北部海岸區受到的影響最少。

在國際上，一九四八到一九四九年這段時期也是非比尋常的年代，是二十世紀最緊張、最具決定性的時刻。新的泛美系統在波哥大創立，賈西亞・馬奎斯也在波哥大。這個組織的成立主要是爲了美國的利益，直到最近才主導在歐洲一項關於成立聯合國的討論，並且足具象徵性的安排將此新機構的會議地點從倫敦遷往紐約。不久前，杜魯門總統才決定在日本投下兩顆原子彈，如今宣告全世界對抗共產主義的聖戰——中央情報局於一九四七年成立，作爲對抗共產主義的角色之一——教宗則沉默的站在美國這一邊。杜魯門總統因爲這方面立場強硬而獲選連任。以色列在西方國家的全力支持下建國、北大西洋公約組織成立、蘇聯對柏林實施禁運、美國以空投回應。蘇聯測試自己的原子彈。

一九四九年十月一日，中華人民共和國成立。此時，賈西亞・馬奎斯終於決定主導自己的人生，離開卡塔赫納。在最近宣告的冷戰及隨之而來的時期中，運作於世界的新國際系統已經穩固的到位，這是他成年生活及其當代的背景。

此時，黑人流浪漢作家、革命家及醫師馬奴耶・薩巴塔・歐立維亞的生命路徑再度與賈西亞・馬奎斯交會，正如同未來再度所發生的。此時，他帶賈西亞・馬奎斯首度經歷曾經是帕迪亞的這個省分，馬奎斯上校在千日戰爭中的出沒之地。薩巴塔・歐立維亞剛從波哥大的國立大學畢業，雖然出身卡塔赫納，他動身前往雪山山腳下、距離烏帕爾山谷大約十二英里的小鎮拉巴斯，在此從事他的新專業。薩巴塔邀請賈西亞・馬奎斯和他一起前往新居，年輕人把握這個機會。在拉巴斯和烏帕爾山谷，他第一次見到瓦耶那多和梅倫格舞歌手在她們的自然環境裡表演——尤其是具影響力的非裔哥倫比亞手風琴家小亞伯・安東尼奧・維亞，他是第一位錄製瓦耶那多音樂的人。[43]

回到卡塔赫納時，他終於下定決心：該是離開的時候了。若要回顧他的文化傳承，巴朗基亞是比較方便的地點。他在卡塔赫納最後一次公開露面是在十二月二十二日的派對上，慶祝十七歲的朋友豪赫・里・畢斯維爾・科特斯的小說《藍霧》(*Neblina azul*)出版。他在《環球報》以些微的讚許、施惠以及藐視的評論抨擊。

奧斯卡・艾斯畢里埃亞回憶賈西亞・馬奎斯唱著自己宣告爲「我所學的第一首瓦耶那多歌曲」時，第一句是歌詞：「我會給你一束勿忘我，讓你照著花名做。」[44]這句歌詞被卡塔赫納的作家含蓄的用來暗示賈西亞・馬奎斯一些不公平的「遺忘」——實際上斷絕關係的，不只是這個城市，與被公認爲勢利、保守的上層社會價值、還有幫助過他的朋友、啟發過他的同事，另外還有最重要的，愛他、教導他的編輯：克雷門特・馬奴耶・薩巴拉。直到一九九四年《愛與魔鬼》的序曲之前，賈西亞・馬奎斯從來沒有公開提過他。[45]

這位年輕人顯然後來對於特定個人有不知感恩的情況，針對卡塔赫納時期對他往後發展貢獻良多的人，他也始終如一的輕描淡寫。但同樣清楚的是，如今卡塔赫納的作家聲稱，這城市及其知識分子對這位發跡時期的小說家的影響過於巨大，卻低估了他在此地的遭遇讓他吃了多少苦。賈西亞・馬奎斯在學校的這七年是個可憐的男孩，仰賴獎學金和他人的善舉。在波哥大他永遠缺錢，在卡塔赫納——以及後來在巴朗基亞——他根本就是一貧如洗。然而在那些年間，他仍然有辦法微笑，幾乎總是抱持正面的態度，不論友善或不友善的見證人都證實他真的從來未曾自憐，或要求他人的同情。他如何維持泰然自若，如何保持信心，如何建立自我決心，如何有辦法在如此艱鉅的環境下養成、強化他的使命，加上家裡有十個弟妹也居住在相對而言貧窮的環境中，也只能用像是勇氣、性格、無法動搖的毅力這樣的字眼來詮釋他的處境。

第七章
巴朗基亞、書商和波希米亞團體
一九五〇—一九五三

「老天，我認爲他去巴朗基亞是爲了新鮮的空氣、更自由、更高的薪水。」[1]四十多年後，拉米洛・艾斯畢里埃亞如此解釋朋友的決定，他爲何從卡塔赫納這個歷史城市往東八十英里到熱鬧的海港城市巴朗基亞。一九四九年十二月底，賈西亞・馬奎斯離開卡塔赫納時，已經又開始實施宵禁，在傍晚宵禁開始前抵達巴朗基亞並不件容易的事。他口袋裡揣著露易莎偷塞給他的兩百披索，另外，一位大學教授馬立歐・阿拉里歐・菲利伯則不知道塞了多少錢給他。在波哥大搜刮來的皮箱裡放著《家》的手稿，一如往常，他比較擔心弄丟的是手稿而不是錢。雖然他再次獨自一人度過聖誕假期，卻仍然非常興奮；畢竟，如同一位喜好卡塔赫納的人後來所承認：「在那個年代，來到巴朗基亞就像回到現實世界，真正的行動中樞。」[2]阿豐索・福恩馬佑爾向賈西亞・馬奎斯保證，自己會動用一切關係幫他在《先鋒報》找到工作。

巴朗基亞這個地方幾乎沒有歷史，也沒有傑出的建築，卻很現代、積極進取、充滿活力而友善，而且距離糟蹋哥倫比亞內在的「暴力事件」非常遙遠。此處人口接近五十萬。「是巴朗基亞使我得以成爲作家，」賈西亞・馬奎斯在一九九三年這樣告訴我：「這裡有哥倫比亞最高的移民率——阿拉伯人、中國人等等，如同中古世紀的科多華，是一座開放的城市，裡頭滿是聰明才智但一點也不在乎自己是否很聰明的人。」[3]

後來以「巴朗基亞團體」知名的精神創立人是加泰隆尼亞人拉蒙・維耶斯，他注定要成爲《百年孤寂》中有智慧的卡泰隆老書商[4]。他於一八八二年出生於山村貝爾加，在巴塞隆納長大，在西班牙小有名聲，後來才於一九一三年移民至西安納加。巴朗基亞的謠言至今仍傳說他是同性戀，這似乎其來有自。賈西亞・馬奎斯在加勒比海時期兩位重要的導師薩巴拉和維耶斯似乎都是同性戀。賈西亞・馬奎斯認識他時（只有非常短暫的時間），維耶斯已經六十多歲了。他身材稍微粗壯、滿頭白髮、額頭上的頭髮像鸚鵡一樣不受控制。他有辦法讓人同時感覺既害怕又友善，他雖然酒喝的不多，但很會聊天，有著非常細膩但尖酸的幽默感，偶爾也非常殘酷的坦白[5]。他在團體中享有非常崇高的地位，知道自己不是偉大的作家，但他廣泛的閱讀，對於文學的觀點開闊而精闢。他從來不曾富有，但總是輕鬆以對。維耶斯使這個團體的成員凝聚在一起，讓他們有信心相信即使身處一個沒沒無名、顯然沒有文化的城市，沒有歷史、沒有大學、沒有有教養的統治階級，但他們還是有可能受教育，而且很容易走在時代的尖端。賈西亞・馬奎斯從來沒有忘記他說過的一句話：「如果福克納住在巴朗基亞，他會坐在此處。」[6]這一點也許是真的。早在馬歇爾・麥克魯漢提出「世界村」的概念之前，他就已經以此爲自己的中心思想。

阿豐索・福恩馬佑爾出生於一九一七年，是名作家荷西・菲利克斯・福恩馬佑爾之子；他是團體中最安靜的，也許是年輕團員中最認真的一位，但也是最關鍵的人物。首先是由於他和上一代有直接的關連；其次是因爲他藉由自己先前的關係把大家凝聚在一起；第三則是他首先建議賈西亞・馬奎斯應該換到《先鋒報》，福恩馬佑爾自己工作了二十六年的地方。他廣泛的閱讀西班牙文、英文和法文作品，表面上缺乏遠見，安靜、謹慎，但如同其他人一般是經驗老到的酒客，對於整個團體的和諧是堅定的潤滑劑。他有嚴重的口吃，但蘭姆酒或威士忌常有舒緩之效。他強烈偏好古典文學和字典，無疑是此團體中真正博學、最廣泛閱讀之人。

赫爾曼・巴爾加斯是福恩馬佑爾的好友兼同事，一九一九年出生於巴朗基亞。他身材高大、有雙具有穿透力的碧眼，是位永不滿足的讀者；他做起事來既緩慢又謹慎，有點難以接近。福恩馬佑爾雖然嚴肅，但不可避免的經常出錯、邋遢又有趣，巴爾加斯則總是穿著白襯衫，一絲不苟——雖然偶爾在判斷上冷酷無情[7]，但非常牢靠。（後來賈西亞・馬奎斯的手稿都是寄給他徵求第一印象，寫信要求增援書籍或金錢也是找他。）他是個老菸槍，菸草顏色越深越好。雖然他和福恩馬佑爾是最安靜、不好動的，喝起酒來卻不遑多讓，特別是一種主要配方爲「蘭姆、檸檬加蘭姆」的酒。[8]

阿爾瓦洛・塞培達・薩穆迪歐是這團體中具活力的引擎，英俊、瀟灑、有著全世界最開朗而明亮的笑容，女性無法抗拒——他和哥倫比亞一些重要女性藝術家有過很公開的羅曼史——卻也受到男士的歡迎。他於一九七二年英年早逝，因而成爲巴朗基亞的傳奇[9]。他於一九二六年三月三十日出生於巴朗基亞，但總是聲稱自己出生於西安納加，香蕉工人大屠殺所發生的地點，因爲他希望自己的出生和這可惡「卡恰克人謀殺岸邊人」的悲慘歷史事件有某種淵源。他的父親是保守黨的政治人物，在阿爾瓦洛小時候就發瘋去世，使得這小男孩身上帶著一股悲劇的味道，以他奔放而令人難忘的成人性格所掩飾。塞培達是個充滿矛盾的個體，總是以憤怒的咆哮解決這些矛盾。他的外表像個流浪漢，一九四九到五〇年在美國時弄到了一筆錢，和當地上流社會總是有緊密的聯繫，包括巴朗基亞商人胡立歐・馬立歐・聖多明哥，他有一小段時期曾經是會員，後來成爲哥倫比亞首富，也是拉丁美洲最富有的人之一。

更具自殺性而情緒不穩定的人物是阿雷翰德羅・歐布雷貢。賈西亞・馬奎斯抵達巴朗基亞時，他並不在此處。的確，賈西亞・馬奎斯在巴朗基亞的時候，歐布雷貢大部分的時間都在歐洲，但偶爾還是會來此探視，在賈西亞・馬奎斯停留期間前後他都是重要的會員。歐布雷貢是位畫家，一九二〇年出生於巴塞隆納，其家族擁有巴朗基亞的歐布雷貢紡織工廠，以及市內的豪華旅館「綠野飯店」。他結婚又離婚數次，如塞培達一般吸引女性。歐布雷貢是典型充滿激情的畫家，到了一九四〇年代聲譽往上攀升[10]，在費南多・玻特羅成名之前，於二十世紀後半成爲哥倫比亞最知名、無疑最受喜愛、最受推崇的畫家。他通常只穿條短褲，就這樣。在巴朗基亞，他的功績是個傳奇：單挑數位美軍陸戰隊隊員，因爲他們苛待一位妓女；一口吃下另一位酒客訓練的蟋蟀；從當地馬戲團租來一頭大象，砸爛他最喜歡的酒吧的大門；和朋友玩威廉・泰爾遊戲，只不過用的不是弓箭而是酒瓶。他最喜歡的狗在一樁意外之後癱瘓，因爲他一槍打在牠的頭上。如此這般。

這些是後來以「巴朗基亞團體」聞名的主要角色，一九五〇年代早期，賈西亞・馬奎斯受邀參加他們所安排，永不間斷的嘉年華會。許多其他成員幾乎同樣的多彩多姿、深具個人特色。赫爾曼・巴爾加斯在一九五六年寫到這個團體的多元興趣，談到他的朋友在「後現代主義」存在之前就已是先驅之士：「他們可以以同樣的興趣，毫無偏見的思考不同的現象，如喬哀斯的《尤里西斯》、柯爾・波特的音樂、阿夫列多・斯特凡諾的技巧，或威利・梅斯的技術、安立奎・葛勞的繪畫、米格爾・埃爾南德茲的詩、雷內・克雷爾的評論、拉法葉・艾斯克隆那的梅倫格舞、賈布列爾・費格羅阿的攝影，或是『黑色亞當』、『黑色尤菲米亞』的生命力。[11]」巴朗基亞團體的成員認爲友誼比政治更重要，雖然塞培達傾向無政府立場，賈西亞傾向社會主義，但他們幾乎都是自由黨。賈西亞・馬奎斯後來說，這群朋友之間擁有所有會令人想擁有的書，他們會於夜深之際在妓院裡引述書中內容，第二天又早上把談到的書借給他，而他讀的時候還處於宿醉之中。[12]

這個團體似乎反布爾喬亞，但其實他們更反貴族階級。塞培達和歐布雷貢都和城裡一些最重要的政治、經濟、社會利益有關。他們最驚人的立場是對於北美許多事務的共鳴。在當時的拉丁美洲非常罕見。當時波哥大和拉丁美洲大多受到歐洲文化的束縛，巴朗基亞團體則認為歐洲已經成為過去、傳統，比較偏好美國更直接而現代的文化例證。自然的，這樣的喜好並不應用在政治問題上，也並不是不加批判。但不論好壞，這樣的立場使得這個團體領先拉丁美洲其他重要的文學或知識運動大約二十五年。

當然，這樣的傾向幾乎使他們反卡恰克人，最極端的是塞培達，他對加勒比海大眾文化深具信念——也就是反安地斯，倡言現代化。他後來鼓吹加勒比海共和國的成立。一九六六年接受波哥大記者丹尼爾・參貝爾的訪問時，他強調岸邊人「不是先驗論者……不發明神話。我們不像卡恰克人是說謊的人、虛偽的人[13]。」參貝爾是卡恰克人，不知道他的哥倫比亞同胞竟然可以做到這樣，深深著迷於此超然的個性。塞培達率先熱中不廢話的北美作家如福克納與海明威，積極倡導這團體最喜愛的消遣：大媽媽主義(獨裁主義)。

他們出沒於巴朗基亞市中心的幾條街。賈西亞・馬奎斯後來說「世界從聖布拉斯街開始」，此處最近重新命名為三十五街[14]。事實上，聖布拉斯街夾在進步街(四十一號公路)和七月二十日街(四十三號公路)之間的那一段，就是「世界書局」的所在之地，加上哥倫比亞咖啡館、哥倫比亞電影院、快樂咖啡館、美洲小館。往北一條街是「美洲撞球室」，往東一條街是位於西蒙・波利瓦爾步道的羅馬咖啡座。再過去一點是露天市場旁的哥倫布公園，維耶斯就住在那裡，可以看到聖尼可拉斯教堂，此地以「窮人的教堂」而廣為人知，距離《先鋒報》的辦公室只有幾步之遙。[15]

這表示他有能力可以幫助卡塔赫納的家人，寄給他們足夠的錢負擔房租和水電費。

他本來暫時借住在穆堤斯母親在烏薩昆的家，此刻搬到國家公園附近一家「沒有名字的供膳宿舍」，靠近一名法國女子的家，她曾經收留過舞蹈時代的艾娃・裴隆。他有自己的房間，雖然在那裡的時間不多，卻已是想像不到的豪華。未來的日子裡，他偶爾找到時間與精力偷渡一些過渡時期的女性到房間裡[3]。不過接下來的一年半裡，他的時間主要花在報社、宿舍、穆堤斯的辦公室，以及波哥大的哥德式劇院裡，執行他身爲編輯部職員、劇院評論、最終明星記者的責任。

也許令人意外的，波哥大報社之間的戰爭主要是介於兩家自由黨大報社之間。《觀察家日報》由梅德茵的卡諾家族成立於一八八七年(於一九一五年搬到波哥大)，因此比對手《時代報》歷史悠久，《時代報》成立於一九一一年，於一九一三年由愛德華・參托斯買下。參托斯家族仍然擁有《時代報》，並營運到二〇〇七年，才由西班牙出版商「行星」買下大多數股份。那年一月，賈西亞・馬奎斯進入《觀察家日報》時，當時的社長是基耶爾莫・卡諾，這位創辦人短視、謙遜的孫子最近才剛接手這個位子，不可置信的是他才二十出頭。他和賈西亞・馬奎斯有超過三十年的交情。

賈西亞・馬奎斯已和兩位重量級作家有完整的聯繫：六年前發掘他的愛德華・薩拉梅亞・玻達，以及他的表弟貢薩羅・貢薩雷茲「貢哥」，他一九四六年當法律系學生時就開始在報社工作。後來全世界所熟知「賈布」這個名字首先出自薩拉梅亞・玻達之口。當時一張聞名於世的照片裡出現沒有經驗、完全令人陌生的賈西亞・馬奎斯：纖瘦、優雅、考究的面容、眼神中同時充滿好奇與狡黠，拉丁式鬍鬚下一抹淺淺的微笑。只有一雙手洩漏出這男人永恆的生活在緊張之中。

《觀察家日報》的新聞部編輯是荷西・「莫諾」・薩卡爾(「莫諾」是「金髮」也是「猴子」之意)，一位要求嚴格、不假辭色的主管，他的口頭禪是「新聞、新聞、新聞」[4]。他從小接受報社的雇用，因此所受的教育包括新聞學校和社會大學，因而自成一格。從一開始，他就對賈西亞・馬奎斯的名聲不以爲然，深深地質疑他無庸置疑的文學能力和無可救藥的「抒情風格」。[5]

不過幾星期後，賈西亞・馬奎斯寫了兩篇關於皇室權力與孤獨、神話與現實的文章顯現了他的價值：第一篇〈克麗歐佩特拉〉非常有趣，這篇文章殷切的期望一座據說是埃及皇后的新雕像不會改變兩千年來男性對她的浪漫印象；第二篇〈孤獨的皇后〉是關於英國女王伊麗莎白新近喪夫的母親。這也許是賈西亞・馬奎斯對於當代特定主題最爲人印象深刻的精心之作——特別是結合權力、名聲和孤寂——二十年後在〈獨裁者的秋天〉中達到最高峰。

> 當時已經是祖母的皇太后一生中第一次真正的獨自一人。由孤寂陪伴著，她漫步在白金漢宮浩瀚的長廊裡，想必懷舊的記得那快樂的時光，當時的她從來沒有夢想、也沒有希望夢想成為皇后，和夫婿與兩個女兒住在親情滿溢的房子裡……渾然不知神秘的命運之手會把她的孩子和孩子的子嗣變成國王和女王，她成為孤獨的皇后。一位孤獨、悲傷過度的家庭主婦，她的家漸漸淡入白金漢宮迷宮般的無邊無涯之中，無盡頭的長廊，無邊際的後院延伸到非洲邊界。[6]

很詭異的，薩拉梅亞・玻達對於年輕的伊麗莎白二世情有獨鍾，這篇文章特別說服他賈西亞・馬奎斯已經準備好迎接更偉大的作品。[7] 基耶爾莫・卡諾說，賈西亞・馬奎斯來到的時候，他很自然必須適應報社警覺、似乎有些匿名的風格，但經過一段時間之後，其他作家開始調整自己，配合新人傑出的即興創作能力，並且起而效尤。[8]

賈西亞・馬奎斯記得自己坐在辦公桌前為報紙的「每一日」專欄寫文章，在吵雜房間的另一頭，荷西・薩卡爾或基耶爾莫・卡諾會用大拇指和食指告訴他需要多少字數填補版面。他的新聞寫作失去了些許的魔力，更糟的是，波哥大並沒有提供他在海岸區隨手拈來的重要靈感。二月下旬，他已經無趣到快要掉眼淚的程度，說服管理階層讓他嘗試電影評論，於週六刊出。能夠每週幾次逃避「全世界最抑鬱的城市裡」獨裁下生活的緊張、報社裡令人厭倦又有些多餘的學徒生活，能夠逃到電影的幻想世界裡避難，對他而言想必這是非常美好的解脫。而他也算是先鋒，因為在此之前，哥倫比亞的報紙並沒有記者寫過常態性的電影專欄，頂多只是自限於提供情節大綱以及報導明星的名字。

從一開始，他對於電影的觀感就是以文學性和人文主義出發，不是針對電影的拍攝手法[9]。事實上，賈西亞・馬奎斯當時快速進化的政治意識型態想必使他的思考能力更加敏銳，使他有機會「教育人民」，也許使他們脫離錯誤的意識，不再偏好整套包裝的好萊塢產品，而是以美學塑造的法國作品，他特別喜歡來自義大利、以「美學」構想並執行的作品。不過無論如何，一九五〇年代波哥大的影迷不太可能欣賞對於自己想看電影的前衛評論，而賈西亞・馬奎斯一開始就很執著於從「人民」的角度審視現實，當然他也一面在進行中修正方向。無疑的，他的電影評論所持的是美學上和意識型態上可質疑的「一般常識」立場，但賈西亞・馬奎斯的特質之一就是他的「一般常識」無可避免的是「正確判斷力」，幾乎從來不是「無稽之談」。[10]

從一開始，對於自己認為是膚淺的商業片以及好萊塢系統的意識型態與價值，他抱持敵意的態度——他認為奧森・威爾斯和查理・卓別林是例外——他時常捍衛歐洲電影，希望把他們的製作和道德標準引進哥倫比亞，成為國家電影發展的標準；再加上拉丁美洲的角度，可以在未來的歲月裡成為永久堅持的目標。相當意外的是，他很在意技術問題：劇本、對白、導演、攝影、音效、音樂、剪輯、演技，也許由此可見他後來所稱自己文學作品的「工匠」：也就是他從來不願意完整分享的專業「竅門」，至少關於小說方面是不願意[11]。他堅持劇本應該精簡、前後連貫、流暢，特寫和長鏡頭應該有相等的份量。他從一開始就很關注故事完整性的概念，終其一生都如此執著，也解釋他對於《一千零一夜》、《吸血鬼德古拉》、《基督山恩仇記》以及《金銀島》持續的尊崇——這些都是以高明的技巧講述的大眾文學作品；在電影中，他也是要求如此元素的存在。主導的應該是客觀的現實，然而內心世界、即使是幻想世界，都不該忽略。他特別提到維多里歐・狄西嘉的《單車失竊記》中，最傑出的特色就是其「人性的真實性」，和「如人生的方法」。這些主要的概念主導他接下來幾年的觀點，距離融合成古典義大利新寫實主義的布爾喬亞和社會寫實主義也不遠，不過並非前衛。對於當時在巴西、阿根廷或古巴電影中可以找到萌芽中的法國新浪潮，他似乎並無察覺。的確，在他十二月三十一日所選出年度電影中，無疑顯示出對一九五四年的賈西亞・馬奎斯而言，義大利新寫實主義才是電影製作的王道。當然諷刺的是，他最喜愛的當代導演狄西嘉和無可比擬的劇作家瑟薩雷・札瓦帝尼從來都沒有參與寫過像《葉風暴》這種情節的電影劇本。這也就是爲什麼此時此刻，賈西亞・馬奎斯不會再寫像〈葉風暴〉這樣的小說。

上班的週間緊張忙碌，一週結束時他參加記者的常態聚會「文化星期五」，《觀察家日報》和《時代報》的員工碰面一起喝酒、互相辱罵，有時喝到清晨[12]。他也參加波哥大的電影俱樂部，策畫的是這位年輕作家多年間所認識，眾多精力旺盛的加泰隆尼亞人流亡人士之一路易斯・維森。他曾經和偉大的評論家喬治・薩杜爾一起合作《法國螢幕》(*L'Écran Français*)，此刻在哥倫比亞賣書爲生，並和兩位哥倫比亞人——影評人厄南多・薩瑟多和畫家安立奎・葛勞一起主持電影俱樂部。聚會之後，在距離報社辦公室不遠之處，路易斯・維森和他哥倫比亞妻子南希的家裡，他也會經常參加派對。[13]

然而，在「波哥大人」的世界裡，這新穎、頗爲中產階級的生活形態無法取代海岸區生活中純粹的玩樂和振奮，更別說興趣。賈西亞·馬奎斯在波哥大居住的早期寫信給阿豐索·福恩馬佑爾：

> 如果我告訴您我在這裡的狀況還算不錯，現在還得是得再加強穩固自己的處境，您高貴父執輩的關心也才能更放心。報社裡的氣氛很好，目前為止我享受和資深員工一樣的特權。不過難過的是我在波哥大還是沒有家的感覺，雖然如果繼續這樣下去我沒有其他選擇，只能習慣。因為我在這裡並沒有過著「才智」的生活，對於小說情節的發展有些迷失，因為「尤里西斯」(薩拉梅亞·玻達)，我在這裡唯一見到的天才，總是埋首在大本無法消化的英文小說裡。推薦一些翻譯給我，我收到一本西班牙文版的《薩托里斯》，但書散掉了，我把它退回去。[14]

新增的富裕並沒有讓他偶爾回到巴朗基亞拜訪朋友，或知道梅瑟德斯在做什麼，也沒有讓他和家人保持聯絡——當然，還有晒晒太陽，以及光是離開波哥大就能得到的舒坦。不過，他的名字出現在阿爾瓦洛·塞培達不久後所導演的實驗性短片《藍色龍蝦》中，顯示他拜訪海岸區的次數還算合理得頻繁。[15]

如今，他的老朋友已經有了新的聚會場所，巴朗基亞團體的成員不再那麼自命不凡，不再是「洞穴裡的惡作劇」，如同賈西亞·馬奎斯五年後在《大媽媽的葬禮》中爲他們取的名字。他離開巴朗基亞不久之後，這群人就重新聚集，把活動焦點從舊城中心搬到波斯頓區，距離梅瑟德斯·巴爾恰住的地方不遠。阿豐索・福恩馬佑爾的表弟愛德華・維拉・福恩馬佑爾是個另有志願的牙醫（梅瑟德斯曾是他的病人），他開了一家酒吧，原先的店名是「徘徊」，後來這群人把它改名爲「洞穴」（就像卡塔赫納碼頭邊那家酒吧一樣）。雖然主角本人並無法經常出現，然而，和賈西亞・馬奎斯有關的傳說中，此處被賦予名垂千古的地位，如神聖的廟宇一般。店內之喧鬧、大量飲酒和爭吵，維拉最後不得不貼上告示：「在這裡，顧客永遠都不是對的」。

回到波哥大，一九五四年六月九日，他在近中午時回到希門內茲・基薩達大道附近，探視當時正在模範監獄服刑的舊老闆胡立歐・凱薩・維耶卡斯，賈西亞・馬奎斯在此目睹了新軍事政權最惡名昭彰的暴行之一。他突然聽到一陣機關槍的聲音：就在驚嚇的作家眼前，政府軍對著示威的學生開槍，造成嚴重傷亡，包括多人喪命。這個事件終結了政府和自由黨媒體之間不安的停戰協定。在《環球報》工作的早期，賈西亞・馬奎斯激進的政治觀點就很明確，當時正是「波哥大大暴動」的幾星期後。但此次第三度住在波哥大，接近波哥大，不只讓他決心投入特定的政治意識型態，也就是社會主義——至少也有幾年的時間觀察和詮釋現實的特定方式，以及特定的表達方式、溝通技巧。這樣做的結果就是他的政治新聞報導、小說《沒人寫信給上校》、《邪惡時刻》和〈大媽媽的葬禮〉等故事。他已經渴望多年有機會的話想成爲記者，但《環球報》和《先鋒報》總是仰賴國際電訊，加上他們缺乏資源，更重要的是，在當前政權的審查制度之下，根本無法從事嚴肅的新聞報導。在許多方面，他們的任務是出版東西，只要不是以往的保守黨宣傳文宣，什麼都可以。《觀察家日報》的老闆是不可動搖的，如今他們手下有這位年輕作家，展現對於國內不同領域的大眾，他們所做的事，發生在他們身上的故事的好奇；賈西亞・馬奎斯是一個喜歡故事的人，只要有機會就把自己的人生寫成故事，他現在會把握這個機會，把其他人的人生也變成故事，抓住讀者的想像力。

在當時的哥倫比亞，新聞通常都很可怕。當時是「暴力事件」的高峰，寡頭政治野蠻的準軍隊殺手在鄉間持續的屠殺自由黨，他們又被稱爲「煽動低下階層革命者」或「鳥人」；自由黨的游擊隊則在許多地區努力的拚鬥著無望的戰役。酷刑、強暴、凌辱屍體皆屬稀鬆平常。羅哈斯・畢尼亞在三月六日開始新聞審查，在波哥大學生殺戮事件後又更加嚴格。前任總統羅培茲・布馬雷霍於三月二十五日提議兩黨協議治理國家，這個提議在三年後才修成正果，發明所謂的「國家陣線」，但此刻並沒有得到正面的回應。

這些事件部分反映了冷戰狂熱時期外圍國家的處境。美國正處於麥卡錫主義的高峰，艾森豪甚至在一九五四年八月使共產黨成爲非法，麥卡錫終於在同年十二月遭到參議院譴責。同時，共產黨集團正致力於一九五五年五月簽署的「華沙公約」。在巴朗基亞，賈西亞・馬奎斯比大多數的朋友和同事更有同情心的聆聽共產黨員豪赫・羅登的喋喋不休。他上次在巴朗基亞是史達林在莫斯科去世後的幾個月，哥倫比亞羅哈斯・畢尼亞政變的幾週後，當時一位假裝賣錶的男人拜訪賈西亞・馬奎斯，結果，原來是一位共產黨員在招募黨員，特別是記者，以手上的鐘錶交換。賈西亞・馬奎斯到波哥大就開始和政治革新派的同事一起工作，另一位賣錶的推銷員隨即又出現，不久，賈西亞・馬奎斯就聯絡上了哥倫比亞共產黨的總書記西伯爾特・維拉，他秘密的住在距離市中心只有幾條街的地方[16]。賈西亞・馬奎斯清楚的瞭解到，共產黨從他和塞培達一起在《民族報》共事時就開始監視他，認爲他是有前途的人才，但據他所言，他們同意他對共產黨最好的用處是撰寫嚴肅的報導，似乎在黨的條件方面他並沒有妥協。在未來的幾年間，共產黨似乎繼續以此觀察賈西亞・馬奎斯的活動，可能的話支持他的立場。

七月底，薩卡爾建議賈西亞・馬奎斯到安堤歐基亞去調查七月十二日的土石流「他媽的到底發生了什麼事」。他搭乘前往梅德茵的飛機，城市東邊的「半月」社區在兩週前倒塌，死傷慘重。有些存疑者把責任怪在政府的腐敗和偷工減料上，賈西亞・馬奎斯的任務是到現場重建事故經過。這勇敢的記者後來承認自己對於飛行感到非常緊張，出動阿爾瓦洛・穆堤斯和他一起旅行安撫他，把他安置在豪華的奴帝巴拉飯店。他獨自一人時因爲緊張而作嘔，完全被體能上的挑戰和道德責任所淹沒，差點在到達梅德茵的第一天就辭去報社的工作。鎮定下來之後，他發現「半月」社區已經沒有人了，因此也沒有什麼可以補充在他之前其他記者的相關報導。他完全不知道該怎麼做，一場暴風雨更延長了他的痛苦。他再次考慮逃回波哥大，最後，完全的絕望以及碰巧和計程車司機的對話促使他開始行動。他開始思考、真正的思考他在調查的這個事件：可能發生了什麼事、他該去哪裡、該做些什麼？緩慢但帶著愈發的興奮，他發現記者工作中調查這部分的樂趣，發現事實的創意，某種程度上是發明事實，爲數以萬計人民塑造甚至改變現實的力量。他瞭解到「遭逢意外之死」就是他的「觀點」，他要求計程車司機馬上帶他到「埃斯堂西亞斯」，這場災難中最多死者原先出發之處。他很快地發現了官方疏失的證據，短期和長期都有（這場山崩似乎已經醞釀了六十年！），但也揭露了這場悲劇不預期以及更具戲劇性的一面，大多數的讀者比較不想知道的：許多的死亡是因爲城市其他部分的人在沒有官方指導或協助的情形下試圖協助，因而引發第二次山崩。他訪問了許多倖存者和目擊證人，官方單位則包括當地的政治人物、消防隊員和神職人員。[17]

接著，他開始寫。很有可能一開始是非常海明威式的，但等他寫完的時候，已經完全是賈西亞・馬奎斯自己的風格，獨特的呈現人生是一場充滿恐怖和命運的諷刺戲劇，人類的命運注定活在由時間所主宰、未知的力量：

> 經濟系學生胡安・伊格納希歐・安赫爾站在延伸向下的岩棚上，他的前面還有一名大約十四歲的女孩，和一名十歲的男孩。他的同伴卡洛斯・賈布列爾・歐布雷貢和費南多・卡耶朝著相反的方向跑。前者一半被埋起來，窒息而死；後者有氣喘，停下來喘氣，上氣不接下氣的說：「我跑不動了！」就再也沒有聽到他的聲音。「我和那男孩女孩一起跑下去的時候，」胡安・伊格納希歐說：「我來到一個凹洞，我們三個趴在地上。」男孩從此沒有再起身，安赫爾後來從屍體中辨認出那女孩，她起身一會兒但又沉下，看到凹洞上的土又浮起來時，絕望的尖叫著。一陣土石流崩塌在他們的身上。安赫爾試著再跑，但他的雙腳不聽使喚。泥土瞬間就到達他的胸部，他掙扎掙脫右手。他維持這樣的姿勢，直到雷鳴般的聲響停止，他感覺到在濃密無法掙脫的泥沼底部的雙腳，那女孩一開始用盡力氣抓住他的腳踝，朝他爬去，最後，逐漸減弱的載浮載沉之後，她抓住他腳踝的手已經鬆脫了。[18]

幾乎可以肯定副標題都是賈西亞・馬奎斯自己選的，「悲劇始於六十年前」；「梅德茵，自力救濟的受害者」；以及「老舊金礦是否加速悲劇發生？」[19]他學到如何把自己的世界觀點融入一套新聞「角度」之中。他朋友的好朋友「賈布」最近才誕生，但偉大的故事家「賈布列爾・賈西亞・馬奎斯」終於現身。值得一提的是，雖然他很樂意把部分責任怪罪在相關單位身上，但也很在意呈現出所有的事實，包括許多懷抱善意前往救援的人，卻無意中增加悲劇的規模。

下一篇《先鋒報》的新聞報導是一系列關於哥倫比亞被遺忘的地區，位於太平洋岸的丘可省。一九五四年九月八日，政府決定把未發展、森林密布的丘可省切割之後分給安堤歐基亞、卡爾達斯和瓦耶地區。賈西亞・馬奎斯帶著攝影師基耶爾莫・參契茲前去報導激烈的抗議與衝突事件。旅程之顛籤、飛機之老舊，他記得「飛機裡在下雨」，連飛行員都快嚇死了。丘可這個省分的居民大多是非裔哥倫比亞人，立刻就使賈西亞·馬奎斯想起阿拉加塔加及其周邊的環境。對他而言，把丘可地區分割解體的建議就是波哥大冷酷無情心態的表徵，雖然其他評論員怪罪的卻是具野心的安堤歐基亞人。他抵達的時候發現示威行動已經逐漸式微，他就找了朋友安排更多抗議行動！以確保他的任務成功。幾天後，隨著新聞越滾越大，越來越多的記者過來報導，政府取消了原先重新建構四個省分的計畫。[20]

十月下旬，賈西亞·馬奎斯最新的學習典範埃尼斯托·海明威獲頒諾貝爾文學獎，就正如他迷戀福克納那段時期所發生的一樣。賈西亞·馬奎斯以「每一日」筆名寫了一段，重複他先前關於諾貝爾獎現象的評論，這一次，對於這個已經頒發給許多「不值得」作者的獎項，他降低了可能的重要性。至於海明威，他猜測對於一位一生中「充滿興奮時刻」的人，想當然這一刻必定比較沒有那麼令人興奮。[21]

一九五五年刊出賈西亞·馬奎斯最有名的新聞報導，來自一場非常冗長的訪問，每次四個小時，多達十四次，受訪者是海軍軍官路易斯·阿雷翰德羅·委拉斯科。二月下旬，驅逐艦卡爾達斯號從阿拉巴馬州的莫比爾改裝後要回到停靠港卡塔赫納，途中據說因爲暴風雨而失去控制，他是八名掉下船的船員之一。委拉斯科在救生艇上生存了十天，沒有食物，可飲用的水很少。他成了全國的英雄，由總統贈勳，受到媒體的致敬，包括新的電視頻道，享受一切的光彩，直到賈西亞·馬奎斯決定訪問他……這個訪問是基耶爾莫·卡諾的主意，賈西亞·馬奎斯自己則認爲這個故事已經冷卻下來。訪問在希門內茲大道的小咖啡座進行[22]，委拉斯科擁有驚人的記憶力，本身又是個敘事高手，然而，賈西亞·馬奎斯已經發展出一種能力，可以提出揭露事實的問題，凸顯答案的精華或是故事中最人性化的一面。委拉斯科一開始只強調英雄的那一面：和海浪搏鬥、控制救生艇的問題、對抗鯊魚、心靈的掙扎，直到賈西亞·馬奎斯打斷他：「你難道沒有發現已經過了四天，你都還沒有大小便！」[23]每次訪問之後，他在傍晚回到辦公室，寫相關的章節寫到很晚。荷西·薩卡爾從他手上接過稿子，有時候不需更改就直接跑到印刷廠。基耶爾莫·卡諾告訴賈西亞·馬奎斯，希望他可以寫到五十章。在十四章的系列連載結束之後，《觀察家日報》於四月二十八日發行完整故事的特刊，這次聲稱是「哥倫比亞報紙出版的最大發行量！」

賈西亞·馬奎斯詳盡而不厭其煩的問題、尋找新的角度、無意中揭露軍艦並不是在暴風雨中翻覆，而是因爲載有未恰當安置的非法商品而下沉，其安全程序也不盡完善。這篇報導使得《觀察家日報》和軍事政府直接對上，無疑使賈西亞·馬奎斯更加成爲「不受歡迎人物」，被認爲是政權的敵人、麻煩製造者。那些經常質疑他的勇氣和投入的人應該慎重的回顧他這一時期的人生。無疑的，賈西亞·馬奎斯想必是個被標上記號的人，雖然他慣常對當時的危險保持低調，但不難想像他的感受：他深夜必須走過陰森、抑鬱的城市回家，不安的漂浮在軍事專政的緊張氣氛中。他居然毫髮無傷的生存下來，這可不是一種奇蹟？[24]

許多年後，賈西亞·馬奎斯成爲世界知名的作家之後，這份報導再度出版，名爲《船難水手的故事》（一九七〇年）。驚人的是，這本書成爲他最成功的作品之一，在接下來的二十五年間售出一千萬本。一九五四到五五年間，賈西亞·馬奎斯從來沒有直接挑戰過保守派政府，但在一篇又一篇的報導中，他所持的觀點完全反駁官方版本，因而使許多比他更高聲疾呼的左派同僚更有效的挑戰統治階層，指引他的是詳盡的調查、反思、溝通國內的現實狀況。總的來說，他持久而優異的展現說故事者藝術的力量、想像力的核心重要性，甚至在代表事實題材之時也是如此。

就在這些完全投入和推動的文章之後，《葉風暴》終於在五月底出現於波哥大，由出版商利斯曼・包姆旗下鮮爲人知的印刷品牌希巴出版社印製，每本要價五披索。賈西亞・馬奎斯的畫家朋友西西莉亞・波拉斯負責設計封面，描繪一個小男孩坐在一張椅子上，雙腿搖擺，等待著什麼——也就是賈西亞・馬奎斯曾經是的那個小男孩，在外公去世之前的夢想時代，如今轉移到第一本出版的小說裡。畫家聲稱印製了四千本，但賣出的不多[25]。相對於他當時強而有力、高知名度的記者地位，這本書的出版是個奇怪的對比，因爲它不僅屬於一個賈西亞・馬奎斯已經拋在腦後的年代，也是被拋在腦後的敘述方式——同時也是靜止、歷經時間折磨、宿命論、虛構的。

不過，總算出現一本印製成書的作品。雖然完全沒有解除、甚至平息他的執著，但這本書直接取材於他的童年，五年前他和露易莎・聖蒂雅嘉如故事般回到阿拉加塔加後，他突然「脫離」《家》而寫出的作品。書名是一九五一年臨時想出來的，爲了把小說送到布宜諾斯艾利斯，出版前的幾個月，賈西亞・馬奎斯寫了類似序曲或是尾聲的文字，標出的日期是「一九〇九」，使標題更有意義，在歷史上和神話上都給小說一個角度，同時釐清它的社會意義，增加更清楚的頹廢、失落和懷舊感。這些元素都由書中一位類似上校的敘事者傳達，這個聲音哀悼「枯葉垃圾」的來到、移民工人——而非哀悼資本主義和帝國主義的到來——接著不情願的接受發生在鎮上的事是「自然」情況的一部分，人生本身內在上下起伏的循環。此處所見的是一名二十五到二十九歲的男子，以七十歲的聲音寫作，但只用一點點的嘲諷看待他。此書獻給赫爾曼・巴爾加斯，哥倫比亞的評論都還不錯，無可避免的，許多評論都出自於賈西亞・馬奎斯親近的朋友和同事。

他非常疲倦、厭倦了波哥大，一篇篇的報導所需要的研究一點一滴的耗費著他的精力，責任感隨著期待水漲船高，在在使他覺得被淘空，加上其來有自的恐懼，政府也許會對他明顯敵意的立場進行報復。因此，可以離開的機會來臨時——而且是去歐洲——他很快的把握，雖然後來他反駁並非如此。一如往常的，他這趟旅程的理由並不明確。傳說他需要離開國內是爲了逃避來自政府的威脅，傳說也說這個解釋本身就是賈西亞・馬奎斯據稱自我戲劇化的直覺行爲中的許多例子之一。但不能這麼容易的排除政治因素的解釋：在許多最具挑釁性的報導之後，他曾經數度到海岸區去避風頭；許多《觀察家日報》的其他記者都受到威脅，或是遭到不知名的人物攻擊。這趟旅程也許是僞裝在記者任務背後一次短暫的自我放逐，或是僞裝在政治動機下，一趟自我放逐的遊歐旅程。或者，也許只是如同報社所說的：一次短暫的國外任務，從會見「四巨頭」開始——在日內瓦開會的美國、蘇聯、英國和法國元首。

他離開波哥大的公寓，大多數的東西都送人。他在波哥大也存了一小筆錢，雖然卡塔赫納的家人仍然窘迫，他還是隨身帶著這筆錢[26]。他顯然同意至少去幾個月——在某些報導裡，他聲稱自己本來只打算離開「四天」——但心知肚明可能會待得更久[27]。另一方面，連他都無法想像自己會離開兩年半。對於這些不同的版本，最不寬厚、但最有可能的解釋是他無法向貧窮的家人或未來的妻子承認，雖然已經在波哥大待了十八個月，如今自己卻必須刻意的遺棄他們更長的一段時間。他有很強烈的責任感，但歐洲和未知的誘惑更強烈。

七月十三日是他在波哥大的最後一天晚上，在基耶爾莫・卡諾家有一場喧鬧的送別會，結果，賈西亞・馬奎斯因而錯過了第二天早上到巴朗基亞的班機，不過他還是坐上了中午那一班。據說，他的家人非常勉爲其難的同意可以暫時不需要他的資助，然而，他們當然完全不知道他到底要離開多久。他一定感到非常的不安而疲累，然而，還有如今芳齡已二十二歲的梅瑟德斯要晤面——可是，他又能對她說些什麼？當然，他還有在當地的朋友和以前的同事辦的另一輪送別會要參加。他的心裡「認定」梅瑟德斯已經超過十年，但現在終於要決定她是否會成爲他的「未婚妻」——也就是說，他是否也會成為她「認定」的對象。其實，自從當初在蘇克雷他要求她嫁給他時，已經經過十年了。沒有人問過她的生命中是否有其他愛慕的對象——她很明確的告訴我，從來沒有過別人——或是賈西亞・馬奎斯為什麼認為可以拿她的忠誠冒險——或者，拿她的命運冒險。也許，他準備好接受自己害怕拒絕所帶來的含意，以及自己並沒有物質上的安全感可以提供給她的這個事實，如同《愛在瘟疫蔓延時》裡的佛羅倫狄諾・阿里薩所想的，不論要花多久的時間才能得到他心目中的女人，不論她此時做些什麼，他們總有一天會在一起，她會屬於他。這整段離別以許多方式訴說，覆蓋著神秘的面紗。

最後，他對梅瑟德斯求婚。如同所發生的，也許此事所顯示的不只是他的焦慮、恐懼、害怕失去自己所愛的女人，以他漫長、非常漫長的方式；但卻也可能是無意識的害怕自己將失去哥倫比亞，失去未來和哥倫比亞之間的聯繫。梅瑟德斯也來自他自己出身的地區、背景，保證會有人站在他這一邊，一輩子瞭解他的「出處」。簡單的說，她所代表的不只是但丁式的柏拉圖理想——並不是說他不認為她的外表非常的具吸引力——但也是非常實際、經過深思熟慮的選擇：完美的結合。他和但丁不同，他最終得以娶到難以得到的「心目中的女性」，她才九歲時他就選擇了她[28]。那麼似乎肯定的是，他現在之所以求婚，正是因為他打算離開她一陣子。也許他覺得自己現在是個有名望的記者，帶著光鮮的任務要去歐洲，比較能夠面對對方的拒絕。也許正因為同樣的理由，她比較有可能接受求婚。但事實是，梅瑟德斯甚少在回憶錄中出現，而他們兩位也甚少提供這場驚人戀情的細節。他在一九五四年離開巴朗基亞前往波哥大之前，他們根本很少有實質的交談，但他卻覺得他們之間存在著一股默契。[29]

事實上，在他二〇〇二年出版的回憶錄中典型而頑強的是，以浪漫之姿出現最多的並不是他的一生至愛梅瑟德斯，而是另一名女子馬汀娜・豐瑟卡，他的初戀，少年十五歲時在巴朗基亞與之有過一段熱烈戀情的已婚女性——直到她選擇結束。他在波哥大那一章提過她好幾次[30]。她真的存在嗎？顯然是，因爲一九五四年年底的某一天，他在電話裡聽到她「開朗的聲音」，在大陸飯店的酒吧裡和她見面，這是十二年來的第一次，她開始顯現出「不該有的老年人」跡象，問他是否曾想念她？「那時，我才告訴她實話：我從來沒有忘記過她，可是她說再見的方式太殘酷了，改變了我生命的本質。」她表現得很有風度，但帶著一絲怨懟，甚至是惡意；她生了雙胞胎，但向他保證不是他的。她說想看看他好不好，所以他問：「那我好不好？」她笑著說：「這一點你永遠不會知道。」結束這一段感情時，他逗趣的說，一接到馬汀娜的電話，他就很渴望見到她，但又害怕自己也許必須和她共度餘生，「那天之後，每當電話鈴聲響起時，我感受過許多次同樣淒涼的恐懼」。

這一段告白非常的引人遐思，更有意思的是，原意揭露了多少，又是爲什麼。這是關於他和女人的告白嗎？也是對女性未曾言明的態度提供某種正當性？就在賈西亞•馬奎斯終於對梅瑟德斯許下承諾之前，馬汀娜突然毫無理由的出現這一點，似乎有點奇怪。這是否以某種隱含的方式再次確認，在這樣的文化中，男人如果和妓女、僕役或他人的妻子有頻繁的性關係，就無法與打算結婚的對象有性關係，因而決定把兩種感覺分開，一種是非正式的情聖唐璜，對「瘋狂的愛情」敞開懷抱，另一種是正式的人夫角色，在安定、某種「安排」的婚姻關係中，終其一生廝守身爲「處女」的女性（至少對其他男人是如此），一位忠誠、可靠的妻子，「好的愛情」的對象[31]？如果關於馬汀娜•豐瑟卡的軼聞是真的——即使是杜撰，其他女性也曾對他有懲罰性的影響——可以解釋他爲什麼如此頻繁的在自己的小說和文章裡表達對於性愛分離的在意，爲什麼他許多年來都緊緊抓住這個想法，把自己安排比他給年輕許多的女子，爲什麼他在回憶錄裡沒有表達對梅瑟德斯的感情（這些感情永遠可以、必須被視爲理所當然）。賈西亞•馬奎斯曾經告訴過我，她（梅瑟德斯）「從來沒有說過她愛我」，也許這有可能是爲什麼當我在她的好友南希・維森面前問到她關於他們人生的這一段時，梅瑟德斯帶著一絲憂鬱的向我保證（雖然沒有一絲苦澀）：「賈布是個非常不尋常的男人，非常不尋常。」[32]對我而言，再要求澄清顯然是非常不智的行爲。

當然，這大部分是兩個非常堅強、非常諷刺、非常講究隱私的人之間的遊戲。關於他離開之前他們之間的協議，許多年來雖然有許多版本[33]，但賈西亞・馬奎斯在他的回憶錄裡向我們保證，他前往歐洲之前並沒有「見到」他的甜心——除非他真的有在街上的計程車裡透過車窗看到她，但沒有停下來。因此，在沒有見到梅瑟德斯的情況下，他無可避免的在「洞穴」參加另一場送別會，已經帶到波哥大的宿醉又加重許多。第二天，團員還有辦法起床到機場送行。對於三十六小時橫越大西洋到舊世界的旅程而言，他理所當然的宿醉是最糟糕的準備。不過，他還是準備好迎接眼前的體驗——二十八歲的他是個成功的記者、受尊敬的作家、已經出版首部作品，就這樣的旅程而言是很恰當的一刻。歐洲聞名的風華等待著他，但瞭解他的人可以確定的是，他會以自己努力掙來的角度看待這些風華。不消說，他的回憶錄中完全沒有提到尤里西斯或潘尼洛普。

第二部

旅居海外：歐洲及拉丁美洲

1955-1967

第九章 探索歐洲：羅馬

一九五五

亞維安卡航空公司的班機「哥倫比亞人」是洛克希德超級星座號客機之一，由聞名古怪的百萬富翁霍華・休斯所構思，當時每週有一個航班飛往歐洲，途中停靠幾個加勒比海城市，包括百慕達、亞速爾群島，再飛到里斯本、馬德里和巴黎。後來，對於第一次離開舊世界之事，賈西亞・馬奎斯評論表示，他很意外這樣壯觀的飛行機器是由休斯先生所設計的：「他的電影糟透了！[1]」至於他自己，雖然帶著前所未有的宿醉，不過至少還清醒得足以寫一封短信給梅瑟德斯，在蒙特哥灣寄出。對於他們倆之間的關係能否進一步，這是他破釜沉舟的努力。他在回憶錄中提到這樣做的動機是來自於「後悔」沒有讓她知道自己要離開，但從其中所有隱含的意義看來，也許他只是沒有勇氣要求她寫信。

飛機終於抵達巴黎，降落時擴音器傳出警訊，飛機起落架可能有問題，乘客必須有最壞的打算。不過他們仍然安全降落，賈西亞・馬奎斯來到了舊世界[2]，此時正值第二次世界大戰在歐洲結束十週年。他沒有時間觀光，第二天一早就坐車到日內瓦，於下午抵達，此時距離他離開巴朗基亞已兩天。對於在巴黎短暫的停留，他向讀者提及的只有法國人對於環法自由車賽的興趣高於在日內瓦所發生的事。他於七月十七日抵達日內瓦，發現瑞士人也同樣如此，對於在日內瓦所發生的事，熱衷程度遠不環法自由車賽。事實上根據他的觀察，唯一對日內瓦發生什麼事有興趣的，似乎只有被派往當地報導的記者。他狡猾的向讀者暗示，除了哥倫比亞記者賈布列爾・賈西亞・馬奎斯。[3]

他奔入沿途找到的第一家旅館，換下衣服，開始準備經由全美電信送出第一篇反高潮的報導，但在接下來的日子裡，他只能滿足於使用航空掛號郵件。那年夏天，下雪的瑞士竟然熱浪來襲，他因而感到非常失望；他後來回憶另一件令他失望的事情是：「透過火車窗所見到的草地和我在阿拉加塔加透過火車窗見到的草地一模一樣。」[4]他沒有絲毫外語能力，也沒有在異國街道上尋找方向的經驗，但幸運巧遇一位會說西班牙文的德國牧師，在對方協助下奔回聯合國大樓。如釋重負的，他見到一些拉丁美洲媒體團的成員，包括高傲、代表《時代報》的卡恰克人赫爾曼・阿西涅加斯，他們的出現都是爲了報導「四巨頭」代表之間的談判——蘇聯的尼可萊・布列加寧、英國的安東尼・艾登、美國的艾森豪(艾克)和法國的艾德格・福爾。總共加起來共有來自世界各地大約兩千名記者在場。

「四巨頭」是冷戰期間國際舞台上最活躍的國家，他們藉由談判各自掌控了對於戰敗城市柏林的部分控制權，也在聯合國安理會中擁有否決權，並且擁有，或即將擁有核子武器。如果世界要走出一九四五年八月廣島和長崎的破壞所帶來全球核子災難的陰影，要在不熟悉又令人懼怕的新時代存活下來，那麼，這四個國家彼此之間的協調是非常重要的。因此，有一段時間他們各自分別會面，而非經由統籌組織如聯合國、北大西洋公約組織，或隨後迅速崛起的華沙公約組織。接下來，在一九五六年的蘇伊士運河危機之後，法國和英國失去大部分的影響力，冷戰聚焦在美蘇之間的關係。但此時「四巨頭」的會面被認爲是第二次世界大戰之後的第一道曙光——經常有人猜測「東西方關係解凍」的可能性——迎接的是歡聲雷動和西方平面與電子媒體的大力報導。

賈西亞・馬奎斯的第一份電報想必讓花錢僱他橫越大西洋的老闆很失望，也讓報紙的讀者十分不安。這篇報導的標題是「日內瓦對於會議漠不關心」，可想而知，這並不是什麼推銷報紙的好點子。後來的標題也同樣的潑讀者冷水——大家都很清楚這是賈西亞・馬奎斯本人的作品——包括「鮮豔的四巨頭」、「我的好客戶艾克」、「四個快樂的好朋友」，以及「真正的巴別塔」。前一次的「四巨頭」會議於前一年一月在柏林舉行；不消說，此次吸引全世界目光焦點是因爲世人確實深深恐懼核子災難，然而，賈西亞・馬奎斯比大多數人更瞭解真正的關鍵所在。由於先前十八個月在波哥大的記者生涯帶給他的政治教育，他把這次的會議貶低爲好萊塢式的聚會，由社會主義專欄作家報導。終於，在這許多年後，他有機會親眼透過高層政治的窺視鏡觀看——也許也很渴望這麼做——但他從來沒有被歡聲雷動的景象所欺騙，更別說對於國際媒體報導政治新聞的神秘角色有任何天真的幻想。他的報導具有娛樂性，雖然報導內容是關於「艾克」、布列加寧、艾登和福爾，更別提他們的妻子——他們個個小心翼翼的潤飾著自己的形象，如電影明星一般，而世界媒體也參與潤飾——這並不是賈西亞・馬奎斯最喜歡的新聞採訪方式。

體悟到他這一行在資料收集和文化上的困難，他開始尋找立足之地。大部分的報導還是刻意地膚淺、幽默——好像既然無法嚴肅的報導這些故事，他也拒絕嚴肅地看待。他很快的必須面對一項事實：在歐洲的這段期間，他永遠無法進行使他在哥倫比亞成名的那種直接性的調查報導，因此也不會有任何卓越的成就。不過，他漸漸地學習如何善加利用自己的處境，如何讓他的資料看起來具有原創性，如何尋找「另一個角度的新聞」[5]；同樣重要的，是如何形塑自己的報導，讓家鄉的讀者印象深刻。幾乎是同一時間，他越來越意識到在「進步」的國家裡，某些程度上所有的新聞都是編造出來的。因此，他也開始進行自己的新聞「烹飪藝術」。遠在一九六〇年代的「新新聞學」成形之前，他那些波哥大的報導就顯示了有資料根據的想像力的力量，不只是使其報導具完整性的資料，更以其文學性帶出了作爲專業專長的部分風味；如今，當他最需要的時候，這些專業知識會一次又一次的幫他不少忙。這也是爲什麼從一開始，既明確也帶暗示性的，他的報導關於自己的程度相當於他應該報導的事件；從一開始他就明白的指出，寫新聞報導的不是那些有錢有名的人，而是由跟隨他們的記者把他們變成「故事」。[6]

無可避免的，使他印象深刻的部分比他願意透露出來的要多——包括他緊張和恐懼的程度也一樣。他在波哥大也許成爲一個人人畏懼的記者，但在那樣的形象之下他仍有著膽怯和扭捏的個性。雖然有岸邊人的「開玩笑」，但在歐洲的前幾個星期對於賈西亞・馬奎斯有很深的影響，如同他四分之一個世紀之後——很恰當的，在《觀察家日報》——的文章中經常提及的經驗顯示出來。令人好奇的是，賈西亞・馬奎斯抵達歐洲時明顯欠缺的正是拉丁美洲意識。他滿足於自己海岸區文化的認同感——而不是哥倫比亞文化，他尚未將此文化意識轉變成完整的拉丁美洲「大陸國族主義」。他在日內瓦、羅馬和巴黎最重要的發現並不是「歐洲」，而是「拉丁美洲」[7]。然而，他的內心仍然有所猶豫，必須等回到拉丁美洲本身才能理解他在歐洲發現了什麼。

離開日內瓦之前，也許出乎意料但顯然令他很愉快的是，他收到一封來自梅瑟德斯的信。這無疑的改變了他的整個前景——諷刺的是，雖然他既高興又如釋重負，但也許也讓他更加決心善加利用自己在歐洲的經驗，以及如今相較於從前只能算是暫時的自由。把自己和她綁在一起之後讓他更有自信可以走得更遠、更久。

經歷過日內瓦的興奮之後，「四巨頭」的戲碼還在上演之際，賈西亞・馬奎斯到了義大利，預定在九月初採訪威尼斯第十六屆電影藝術展覽，它更爲世人熟悉的名字則是「威尼斯影展」。這無疑是他的主意，而不是他在《觀察家日報》老闆的意思。他後來告訴朋友，自己急著去義大利是因爲報社打電報指示他趕快到羅馬，萬一教宗死於打嗝[8]，那麼他就可以預先準備。不過私底下，義大利始終是他個人的頭號目的地。波哥大電影俱樂部的朋友給了他一張清單，列上所有該做的事。不過除此之外，他很想去羅馬拜訪有名的電影城「奇內其達」，他最心儀的劇作家凱薩・薩瓦提尼大部分的作品完成之處。他另一個秘密的抱負是到東歐，希望可以比較鐵幕東西兩邊隱藏在「四巨頭」浮誇語言下的兩個世界。他知道自己心目中對於資本主義和社會主義的理論，此刻他想親眼目睹、親身體驗。

他於七月三十一日抵達義大利首都，此處和日內瓦一樣炎熱。一位搬運工帶他從車站到附近國家大道上的旅館；許多年後，他在回憶中習慣性的賦予其神話般的價值：「那是一棟非常古老的建築，以多樣材料重建，每一層樓都是不同的旅館。窗戶非常靠近羅馬競技場，不但可以看見數千隻貓在露台的陽光下打盹，更可以聞到發酵的尿騷味[9]。」至於「永恆的城市」本身，此時這位哥倫比亞特派記者只寄了兩篇稿子回去，一篇是教宗庇護十二世在岡道夫寓邸的假期，他在那裡參加了教宗的公開接見活動。這兩篇報導中都含有恰如其份的敬意以安撫他的天主教讀者，又有足夠的暗諷娛樂那些相較之下沒那麼恭敬虔誠的讀者，畢竟後者的立場是自由黨左邊偏中間。賈西亞・馬奎斯幾乎不著痕跡地的暗示著教宗不應試圖加入好萊塢的名人之列，藉由告知新聞媒體自己的身高和鞋子尺寸而進入這個如今政治人物也被吸引進去的圈子：他的讀者受邀省思，這位可敬的人物畢竟只是個男人！

由於他計畫中前往東歐的地方不可能寄發報導，因此，賈西亞・馬奎斯明白自己必須先寫出一些有內容的東西，提前贏得他的「假期」。對於義大利的政治情況，他什麼也沒有寫，當時義大利尚處於戰前法西斯主義到戰後基督教民主主義的轉型期，從鄉村社會轉變成都市社會的過度階段。取而代之的是，他的第一篇重要報導是一系列關於所謂「威瑪・蒙特西醜聞案」，他整個八月都花在這件案子上，誇大的稱之為「世紀大醜聞」。三十一歲的蒙特西，是羅馬一位木匠的女兒，兩年前當她被謀殺時這個案子被掩蓋，賈西亞・馬奎斯執筆時仍然不清楚箇中內幕，但顯然和上層階級的腐敗、警察內部腐化以及政治人物操作有關。(一般認爲這個案子啓發了費里尼的突破之作，一九五九年的《甜蜜生活》。)賈西亞・馬奎斯拜訪蒙特西住過的地區和她的房子、距離四十二公里處她的屍體所出現的海灘，以及幾家酒吧，有些當地人可能有消息可以提供。至於剩下的，他非常有效的利用其他資源，一有時間就進行自己的研究，寫下記者生涯最驚人的一篇報導[10]。刊載這一系列報導時，《觀察家日報》如是宣布：「過去一個月以來，賈西亞・馬奎斯拜訪這樁慘劇所發生的地點，發掘威瑪・蒙特西之死，以及隨後審判最細微的枝節。」[11]

他馬上瞭解到，這個故事的時空有著某種特性，超越案情細節、偵查神秘的案情本身，對未來形成伏筆：後來文化評論稱之爲「電影、狗仔隊、小報、女性特質、政治的交錯。」[12]他自己盡力達到的目標是，探索是否如同義大利的擁護者相信的，電影的新寫實主義模式和社會主義美學的進步中有必要的關連。早在具有影響力的法國影評安德烈・巴贊分析之前，賈西亞・馬奎斯就很清楚的直觀認爲，當代的義大利電影是一種「重建式的寫實報導」，加上「自然的遵守事實」，因而使得義大利的國民電影成爲「極端人道主義形式」[13]，他在波哥大的電影評論中也如此表示。他可能同時也省思到，藉由修正好萊塢所成就的神秘難解，義大利戰後電影和新聞報導對於名人產生了新增、更加批評的態度——等到他自己也成名之後，這項知識成爲他無價的保護盾——然而，更加令人憂心的是在二十世紀的後半葉，連那些沒沒無聞的人也開始幻想像自己是個名人，彷彿自己頻繁的在攝影機前永恆性的處於曝光、被誤解甚或背叛的危險中。在當時那場評論的遊戲中，很少有人得到這樣的結論，一開始就沒有基本的事實或真相可以溝通。這個課題留給後現代的理論家去解決，不過他們理解的時候，賈西亞・馬奎斯已經早了他們好幾步。

蒙特西的報導安全的寄出之後，於九月十七日和三十日之間刊登。他前往威尼斯參加第十六屆影展時，戰後冬天第一次提早抵達威尼斯以及東歐。賈西亞・馬奎斯花了數天時間沉浸在偉大的歐洲電影競爭的氛圍之中，日以繼夜的看電影，偶爾出去探索威尼斯。他注意到義大利人的奇特之處，以及貧富之間的鴻溝——義大利的窮人總是輸家，但他們「總是輸得很愉快，別有風格」[14]。他對拉丁美洲人本來就抱持著這種觀點，如今他把心力投注在讓拉丁美洲人更意識到這一點，比以前更滿足於自己的生活。數年後他補充道，義大利人「除了生活沒有其他目標」，因爲他們「早就發現人生只有一次，這樣的確定性讓他們對於殘酷很敏感。」[15]

如同在日內瓦報導中一般，他善加利用狀況，寄出去的報導不止關於電影本身，也有更膚淺的內容，例如哪一個明星是否出席，其中，他對於海蒂・拉瑪退燒的吸引力表示失望，她曾經因爲在《狂喜／諾言？》這部電影裡的大膽裸露而使得威尼斯群眾對她如癡如狂。此外他也鄙視蘇菲亞・羅蘭對於性的虛僞，據說後者不情願的每天在沙灘上穿著不同的泳裝出現，並且對於安諾・艾美自我表現得像個明星，但行爲卻不像明星而表示存疑。如預言般，雖然卡爾・德萊葉的《復活》實至名歸的贏得首獎，賈西亞・馬奎斯最熱中的是一位年輕義大利導演法蘭西斯柯・羅西當時參展的影片《生死之交》（一九五五年），「這位一頭亂髮的二十九歲男孩，有著足球員的面孔，也像足球明星一樣的站立著，答謝電影殿堂中最偉大的起立致意。」[16]

如今，賈西亞・馬奎斯在特里雅斯德上了火車，於一九五五年九月二十一日抵達維也納，正是最後佔領的部隊離開兩個月之後，維也納歌劇院重新開放的兩個月前。他假裝維也納是旅途的終點，「十月份」都待在那裡，關於這個城市他只寫了三篇報導，分別在十一月十三日、二十日和二十七日刊登[17]。要再經過四年，他才謹慎認爲已經的可以發表旅程其他部分的報導。

如同當時的許多人一般，賈西亞・馬奎斯也無法把維也納和卡羅・里德的《黑獄亡魂》(劇本由葛蘭・格林所寫)分開，他認真的拜訪電影中神秘色彩十足的拍攝地點。也是在維也納，他後來說遇見「羅貝妲女士」，後來重新命名爲「佛列妲女士」，這位哥倫比亞同胞也是靈媒，在奧地利首都以「出借自己作夢」爲生[18]。某個滿月的多瑙河畔夜晚，這位不大真實的預言家告訴他自己最近夢見過他，他應該馬上離開維也納，這位來自阿拉加塔加迷信的男孩坐上了下一班火車[19]。他沒有對讀者提及的是，這班火車帶他穿過了鐵幕。

因此，賈西亞・馬奎斯從奧地利前往捷克斯洛伐克及波蘭。在威尼斯影展時，他想辦法幫自己弄了張華沙國際電影節的邀請函。不過，賈西亞・馬奎斯對於這兩個國家的報導要到四年後才見報，因此我們無法確定確切的時間(他自己也不記得)，或他最初的印象；等到發表時，這些印象已經被更新，融入他在一九五七年旅行到莫斯科和匈牙利時，順道短暫的回到這兩個國家的故事，倉促寫下的紀事在一九五七年十一月發表。一九五七年首次旅程的報導最後於一九五九年八月出現在波哥大的《彩印》(Cromos)雜誌，此時他已經投身古巴革命，比較不那麼在乎要隱藏自己的行蹤。他一直沒有承認一九五五年獨自前往的這趟旅程，不過，即使他最後出版了關於捷克斯洛伐克和波蘭的文章，也是安插在後來一九五七年在其他人的陪同的東歐旅程紀錄裡。[20]

有鑑於這些壓制和運作，很難清楚的建立清楚的時間表，並猜測賈西亞・馬奎斯政治意識的發展過程。但我們的確可以推論的是，從一開始他就看出矛盾之處：布拉格是個富麗堂皇、放鬆的城市，表面上正如其他西歐國家首都；然而，居民卻似乎對政治一點興趣也沒有。當時的波蘭葛慕卡尚未上任，各項建設發展十分落後，仍然處處可見納粹大屠殺的傷痕；但波蘭人對政治卻較爲熱中，是頗爲令人意外的一群讀者，他們成功的把共產主義和天主教融合在一起，是其他共產主義國家所未曾嘗試過的。四年後，賈西亞・馬奎斯回憶波蘭人是所有社會主義「民主國家」裡最反俄羅斯的。另一方面，他也使用一連串輕蔑貶低的形容詞，如「歇斯底里」、「複雜」、「困難」，表示波蘭人有著「幾乎如女性般的過度敏感」，「很難知道他們想要什麼」[21]。他不喜歡克拉克夫，因為在他的眼中對方是徹底的保守主義，退化的天主教。不過，他對於奧許維茲集中營的描述雖然短暫，卻非常驚人。終於有一次，這位輕浮的評論員坦承自己處於哭泣邊緣，對這趟旅程給了令人心碎而醒世的描述：

一間展覽室巨大觸及天花板的玻璃櫃裡盛滿了人類毛髮。一間展覽室陳列著鞋子衣物，手帕上還有手縫的縮寫，因犯帶到幻想的旅館的行李箱上還有旅館給遊客的標籤。一個箱子裡塞滿了兒童的鞋子，磨損的金屬鞋跟：穿去學校的小小白色靴子，至於那些加長的鞋子來自那些死於集中營前竟然還費力從小兒麻痺存活下來的孩子。一個巨大的房間裡塞滿人工物品：幾千副眼鏡、假牙、眼珠子、木腿、沒有手的羊毛手套，所有人類的聰明才智所發明讓人類正常的小玩意。我脫隊安靜的離開展覽室，咬緊牙根壓抑內心的憤怒，因為我想哭。[22]

相較之下，對於越過邊境時共產主義官僚荒誕的描述則是非常的精采。

十月底，他回到羅馬，寄回哥倫比亞的是三篇關於維也納的報導、四篇關於教宗，以及另外三篇關於蘇菲亞・羅蘭和珍娜・露露布麗姬妲之間的競爭。有趣的是他評論道，除了她們之間「重要數據」的戰爭之外，顯然比較沒有天分的露露布麗姬妲的形象卻好很多，不過，他預測羅蘭最後會勝利，當她瞭解到「在令人尊敬的蘇菲亞・羅蘭這個角色裡，蘇菲亞・羅蘭是獨特而脆弱的」[23]。他搬進帕里歐里的一家小旅館，和一位哥倫比亞男高音拉法葉・里貝羅・西爾瓦同住，對方已經在羅馬住了六年。如同賈西亞・馬奎斯一般，里貝羅・西爾瓦來自貧窮的背景，年齡相彷。他也是另一個藉由毅力和不斷犧牲往上爬的人，如同賈西亞・馬奎斯所記載，其他人出門去城裡的時候，他總是在家練習聲樂。[24]

好幾星期的時間，里貝羅・西爾瓦擔任他非正式的翻譯以及嚮導，傍晚時分，兩人借一輛偉士牌機車遊覽城市，他們最喜歡的娛樂是在夜幕低垂時觀賞波格塞公園裡的妓女攬客。由這個無害的嗜好所啓發，里貝羅・西爾瓦留給賈西亞・馬奎斯在義大利首都最甜蜜的回憶：「午餐之後，羅馬沉睡之時，我們會騎著借來的偉士牌，去看穿著藍色透明薄紗、粉紅府綢或綠色亞麻布的小妓女，有時候她們會邀我們去吃冰淇淋。一個下午我沒有去，午餐後我睡著了，被膽怯的敲門聲吵醒。我惺忪的打開門，在小巷的黑暗中我因爲精神錯亂而看到一幻影。是一個光著身子的小女孩，非常的美麗、剛洗好澡、擦了香水、全身覆蓋著爽身粉。『晚安，』她用非常輕柔的聲音說，『男高音要我來的。』」[25]

賈西亞・馬奎斯一抵達就已經嘗試和羅馬東南部的電影城「奇內其達」聯絡，那是當時世界最大的此類夢幻工廠，他很想在那裡的實驗電影中心研究電影製作。當時「奇內其達」並沒有提供課程，但如今他成功的認識了活躍的義大利人和拉丁美洲人，例如阿根廷的費南多・比利，他是逃離裴隆政權的流亡分子，未來成爲一位重要的朋友和合作的對象；以及其他當時在羅馬研讀電影的拉丁美洲電影人，如古巴的托瑪斯・古堤瑞茲・阿列和胡立歐・賈西亞・艾斯琵諾沙。比利穿戴新軟呢帽和尺寸過大的長大衣歡迎年輕人，帶他回到位在「西班牙廣場」的公寓，去「西班牙咖啡館」喝咖啡，因而開啓了一段漫長豐富的友誼。

此時，賈西亞・馬奎斯在實驗電影中心報名上電影導演課程。並不令人意外的，他最主要的興趣在於劇本寫作，這也是爲什麼狄西嘉的編劇凱薩・薩瓦提尼是這般重要的一個偶像，讓他如此熱衷，把「前所未有的人性」帶入他那個時代的電影裡[26]。回顧那些日子，他後來評論道：「今天你無法想像一九五〇年代初期新寫實主義的形成對我們這一代的意義，那是完全創新的電影。我們看的電影是戰爭片或是馬賽勒・卡內和其他法國導演的電影，是他們帶動藝術流行。然後突然間，新的寫實主義用退貨的底片，據說從來沒有看過攝影機的演員……似乎一切都是在街上完成，根本不可能看得出來這些場景如何湊在一起，如何維持節奏和色調。對我們而言是個奇蹟。」[27]他發現義大利新寫實主義在義大利的接受度比其他地方低的時候，一定是既意外又失望，這一部分是因爲所刻畫的戰後義大利面向正是他們所急於甩掉的。恰如其分的，說是《米蘭奇蹟》（一九五二）這部電影，他和費南多・比利在一九五五年又看了一次，是這部狄西嘉、薩瓦提尼和費里尼合作的電影使他覺得電影能夠改變世界，因爲他和比利都認爲從電影院出來時，現實本身改變了。事實上，當時正處於顛峰的奇內其達正打算提供費里尼作品的背景。費里尼從新寫實主義美學出發，發展出一種「魔幻寫實」，和賈西亞・馬奎斯日後受推崇的風格不無類似之處。[28]

結果，原來在電影中心編劇只是整個導演課程的一小部分。也許可以預測的，賈西亞・馬奎斯幾乎馬上感到乏味，除了朵托蕾薩・羅莎多所教授的蒙太奇，她堅持是「電影的語法」。事實是，賈西亞・馬奎斯對於任何一種正式的教育都不太感興趣，如果不是真正必修的，他會避而遠之。此刻他對「奇內其達」也是如此（雖然許多年後他會說在那裡待了好幾個月，甚至有九個月的時間）。然而，他的朋友基耶爾莫・安古羅後來出現尋找賈西亞・馬奎斯時，朵托蕾薩・羅莎多卻記得後者這位真正懶惰的學生是她最優秀的學生之一[29]。後來，許多人會很意外的發現賈西亞・馬奎斯對於電影製片過程的一些技術層面有很深入的瞭解，雖然他不願意承認，但其實是在「奇內其達」學的。

如同他後來所經常提到的，賈西亞・馬奎斯仍然喜歡電影，只不過不知道電影是否喜歡他。不過，他對於薩瓦提尼的好感從來沒有幻滅，對於他自己眼中的天才有著非常獨特的觀點，「我是薩瓦提尼之子，他是『發明情節的機器』，故事就這麼流瀉而出。薩瓦提尼使我們瞭解感覺比知性的原則更重要。」[30]這樣的信念使得賈西亞・馬奎斯抵抗自己未來面對的攻擊，來自文學和電影界的「社會寫實主義」，尤其是在古巴。光憑這一點，就使得他在義大利的短暫停留、他與「奇內其達」的短暫邂逅意義非凡。

在歐洲的拉丁美洲人開始厭倦、不知道該做什麼的時候就跳上火車去巴黎。賈西亞・馬奎斯本來並沒有如此打算，但在一九五五年年底的那幾天卻這麼做。諷刺的是，企圖進入電影這另一個領域時，他只是找到回到文學的路──更別說他對於哥倫比亞的執著高於一切。他在思索一本小說、一本新寫實小說，當然，就電影的層次而言是在羅馬啓發靈感，但注定要在文學的巴黎寫成。他的火車在午夜之後進站，聖誕節前一個下雨的夜晚。他坐上計程車，第一個印象是一名妓女站在靠近火車站的街角、橘色雨傘之下[31]。計程車本來應該載他到詩人豪赫・凱坦・杜藍所推薦的「精益飯店」，結果他卻到了拉斯培爾大道上的法國文化協會青年旅社下榻。他在巴黎待了將近兩年的時間。

第十章
飢寒交迫的巴黎時期：波西米亞人 一九五六—一九五七

一九五五年十二月，賈布列爾・賈西亞・馬奎斯前往法國首都之時，誰知道他在尋找些什麼？任何認識他的人都可以猜得到，對這位哥倫比亞的海岸人而言，義大利在社會和文化層面的同質性比較高，這北方笛卡兒的國度在他眼中則較爲冷淡、有自信、具殖民氣息，也更吹毛求疵。從一開始他大致的態度是：歐洲可以教導他的，他大多已經在書上或他處學到，好像他是來這裡看著它腐爛——可以說像水煮高麗菜的味道，而非總是觸動他心弦和感官的熱帶番石榴。然而，他畢竟還是來到此處，巴黎。[1]

他從法國文化協會青年旅社搬到一家比較便宜的旅社，此處比較受到拉丁美洲遊客的歡迎：拉丁區裡由拉瓜夫婦所經營，位於居亞斯路十六號的法蘭德斯旅社。此地正對面是相較之下更爲富麗堂皇的聖米榭爾大飯店，也受到拉丁美洲人的喜愛[2]。其中一位長期住客是頗具影響力的非裔古巴詩人、共產黨員尼可拉斯・紀嚴，他是一大群獨裁者時期流亡海外的拉丁美洲作家之一，作家群還包括：秘魯的歐德里亞政權（一九四八至一九五六年）、尼加拉瓜的索摩薩（一九三六至一九五六年）、瓜地馬拉的卡斯帝尤・阿爾馬斯（一九五四至一九五七年）、多明尼加共和國的特魯希尤（一九三〇至一九六一年）、古巴的巴提斯塔（一九五二至一九五八年）、委內瑞拉的裴雷茲・希門內茲（一九五二年至一九五八年）、最後，甚至是哥倫比亞的羅哈斯・畢尼亞（一九五三至一九五七年）。整個拉丁區在文化上由相鄰的索邦支配，雖然鄰近地區的聳然巨物萬神殿才是最雄偉的建築。

賈西亞・馬奎斯幾乎立刻就聯絡上比利尼歐・阿布雷右・門多薩，他們在一九四八年四月的暴動前於波哥大短暫相識。小門多薩是個嚴肅、有些做作的年輕人，在父親的政治挫敗及凱坦被暗殺之後幾個月的放逐之中，他對世界的觀感受到重創，傾向極端社會主義，同樣正投向國際共產主義運動的麾下。他在波哥大的媒體上讀過關於賈西亞・馬奎斯《葉風暴》的出版報導，「從他的照片和標題會以爲他必然是個很糟糕的小說家。」[3]一九五五年的聖誕夜，他和兩位哥倫比亞朋友在拉丁區的「巴黎人馬克杯酒吧」，穿著粗呢大衣的賈西亞・馬奎斯從冬日的午後進到酒吧裡。他們一開始聊到文學、生活和新聞業時，門多薩和他的朋友對這位新人的第一印象是傲慢、自滿、彷彿最近在波哥大的十八個月把他變成了典型的卡恰克人。他聲稱自己對歐洲毫無讚賞之處，其實他似乎只對自己有興趣。他已經出版了一本小說，只有在談到第二本的故事情節時才變得活潑起來。

結果，在比利尼歐・門多薩身上，賈西亞・馬奎斯遇見了自己未來最要好的朋友，雖然並不是最經常聯絡的，但他後來比誰都瞭解賈西亞・馬奎斯，而且比起其他人較不受限於一般自由判斷和品味的顧慮。諷刺的是，他後來成爲賈西亞・馬奎斯人生和發展最可靠的人證之一。雖然第一印象是負面的，但門多薩仍邀請這個新人參加聖誕節的晚餐派對，這是由來自安堤安基亞的哥倫比亞建築師埃爾南・維耶科與其藍眼美國妻子，在位於塞納河畔葛內果路的公寓所舉辦。這裡聚集了來自哥倫比亞的移民和放逐者，他們吃著烤豬、菊苣沙拉、大量的波爾多紅酒。賈西亞・馬奎斯拿起一把吉他，唱著由朋友艾斯克隆那所做的瓦耶那多樂曲，改變了那些哥倫比亞人對他的第一印象，但女主人仍向比利尼歐抱怨，那個新來的是個「可怕的傢伙」，不只看起來以為自己很重要，而且還用鞋底按熄菸蒂[4]。三天後，在冬日的第一場雪之後，兩人再次見面，賈西亞・馬奎斯這來自熱帶的孩子高興的沿著聖米榭爾大道在盧森堡廣場上跳舞，正如賈西亞・馬奎斯粗呢大衣上閃閃發亮的雪花一般，門多薩對他的保留態度也融化了。

一九五六年一月和二月，他們大部分的時間都在一起；後來門多薩回到卡拉卡斯，他大部分的家人如今居住之處。在那首先的幾週裡，這兩位新朋友的時間多花在門多薩在索邦最喜歡出沒逗留之處，蘇夫洛街(或雅典古衛城)上的「卡普拉德咖啡座」，這是一家便宜、友善的希臘餐廳，就在醫學院路的盡頭。如果讓此時認識賈西亞・馬奎斯的人形容他，他們也許會無情的說他並不討人喜歡，也許比利尼歐・門多薩也是如此，或更有甚之。況且，少數哥倫比亞人聽到他們的名字時會以漠不關心回應，他在哥倫比亞四處以「比利尼歐」聞名，正如賈西亞・馬奎斯以「賈布」聞名。許多人認為門多薩很不老實、偏離正道，被認為是他所出身博亞卡高地的典型產物。但沒有人否認他是個傑出的記者與雄辯家。他是個無法預測的人、多愁善感，但也很有意思、會自我解嘲(真正的自我解嘲，非常罕見)、既熱心又慷慨。

一月的第一個週末，這兩位朋友坐在學院路的咖啡座讀著《世界報》(*La Monde*)，這才發現，由於審查制度和直接感到的威脅，憤世嫉俗的羅哈斯・畢尼亞終於把《觀察家日報》關門大吉(《時代》報已經在幾個月前關門)。門多薩回憶賈西亞・馬奎斯對這個事件輕描淡寫：「『沒有那麼嚴重，』他說，只是像鬥牛士被牛角牴到之後一樣。其實事情可嚴重多了。[5]」報紙在前一個月已經被處以六十萬披索的罰金，如今完全關閉。賈西亞・馬奎斯不再收到支票，到了二月初，他已無法負擔在法蘭德斯旅社的房租，善心的拉瓜夫人讓他暫時欠著。根據賈西亞・馬奎斯的版本之一，她後來慢慢的把他的房間一層一層地往樓上搬，直到最後他住在七樓沒有暖氣的閣樓裡，她假裝忘記他的存在[6]。朋友來訪的時候發現他戴著手套、披著哥倫比亞人的厚披巾、戴著毛氈帽在閣樓裡寫作。

聽到《觀察家日報》的壞消息之前，賈西亞・馬奎斯已經生活得很拮据，門多薩很訝異他從哥倫比亞帶來的家當這麼少。門多薩把他介紹給尼可拉斯・紀嚴以及另一名共產黨活躍分子、富有的委內瑞拉小說家兼記者米格爾・奧特羅・西爾瓦，他和其父於一九四三年共同創立了頗具影響力的卡拉卡斯《民族報》。就在門多薩前往委內瑞拉之前，他們在居亞斯路的酒吧巧遇，奧特羅・西爾瓦邀請他到雷阿勒市場旁的知名餐館「豬蹄」用餐。許多年後，當他們已經成爲朋友，奧特羅・西爾瓦並沒有記得這位蒼白、削瘦不堪的年輕哥倫比亞人，一面認真的聽著他以共產黨的觀點分析法國和拉丁美洲的情形，一面狼吞虎嚥的吃下這天佑的免費一餐[7]。奧特羅・西爾瓦和紀嚴剛聽說在二月二十五日第二十次蘇維埃共產黨黨代表大會中，赫魯雪夫出人意表的指責史達林以及其個人崇拜。他們對於這新宣告的共存政策非常不安，認爲它是失敗主義者，並焦慮的揣測著國際共產黨運動的未來。[8]

在這段巴黎時期，紀嚴成爲賈西亞・馬奎斯最喜歡的軼聞主角之一：「當時，裴隆統治阿根廷、歐德里亞統治秘魯、羅哈斯・畢尼亞統治我的國家、索摩薩、巴提斯塔、特魯希尤、裴瑞茲・希門內茲、史托斯納爾——事實上，整個拉丁美洲都是獨裁者。尼可拉斯・紀嚴習慣早上五點起床，一面喝咖啡一面看報紙，然後他會打開窗戶大叫，如此一來，兩家住滿拉丁美洲人的旅館裡都可以聽得到他，彷彿他是在卡馬圭的陽台上。某日，他打開自己的窗戶大叫：『他下台了！』每一個人——阿根廷人、巴拉圭人、多明尼加人、秘魯人——都以爲下台的是他們自己國家的獨裁者。我聽到他的話，心裡想著：『去他的，羅哈斯・畢尼亞下台了！』結果，後來他告訴我下台的是裴隆。」[9]

一九五六年二月十五日，《觀察家日報》關門六星期後，一家新的報社《獨立報》（*El*

Independiente）成立，直接取代《觀察家日報》。有兩個月的時間由前自由黨總統阿貝爾托・耶拉斯・卡馬爾哥擔任編輯，他也是美洲國家組織的前任秘書長。在相當困難而焦慮的幾週之後，賈西亞・馬奎斯終於得以鬆一口氣。比利尼歐・門多薩月底前往卡拉卡斯時，他很滿意這位新朋友得以重新站起來，生活無虞。賈西亞・馬奎斯近三個月來的第一篇文章於三月十八日出現在報紙上。他寄出的這篇報導分成十七部分——最後重印放在書裡時將近一百頁。這樁審判中的被告被控在最近的間諜醜聞中，越南處於法國統治下的最後幾個月裡，把法國政府的機密送到共產黨的手裡。一九五六年三月十二日，《獨立報》在頭版宣布「《獨立報》特派員前往採訪本世紀最轟動的審判」。（難怪賈西亞・馬奎斯後來以誇張聞名）諷刺的是，縱然他在這一系列報導上投注了相當多的心血，《獨立報》在卻四月十五日關門，這表示賈西亞・馬奎斯並沒有機會追蹤報導審判的高潮，這無論如何都不能算是他對於新聞報導最傑出的貢獻，也不能說是最好的故事結尾，讓他的讀者非常的沮喪。不過再一次的，雖然他自己不知道，賈西亞・馬奎斯已經遇見了在後來人生中扮演重要角色的人。這場司法審判的明星是前任內政部長、當時的司法部長方斯華・密特朗：「他是一位淡髮的年輕人、穿著淡藍色西裝，讓審判過程多了一絲電影的味道。[10]」由於對越南殖民地戰爭聞名的反對立場，密特朗自己在本案中也受到嫌疑。不過目前，密特朗和法庭裡的人物正進入賈西亞・馬奎斯的新小說裡。

賈西亞・馬奎斯所下榻的閣樓聽得到索邦的鐘聲，他坐在此處寫信給梅瑟德斯・巴爾恰，他認識甚淺的未婚妻從床頭櫃上方一張裱框照片裡凝視著他。比利尼歐・門多薩回憶他第一次登上朋友閣樓房間時的景象，「我走到牆邊去看他未婚妻的照片，掛在那裡的一位年輕女孩，一頭長長的飄逸直髮。『是那神聖的鱷魚，』他說。[11]」賈西亞・馬奎斯到歐洲之後，梅瑟德斯開始寫信給他，每星期至少兩次，通常是三次。他也很認真的回信[12]。他寄給她的信通常經由他的父母轉交：他的弟弟海梅當時十五歲，記得在巴朗基亞時有時候幫他送信給梅瑟德斯。

新小說的靈感來自他和梅瑟德斯第一次見面時那偏遠的河畔小鎮，不過這本書的內容一點也不浪漫，最後的書名是《邪惡時刻》。雖然他不可能知道，但這本命運多舛的小說直到一九六二年才得以出版。這本書的時間背景並不是賈西亞・馬奎斯和巴爾恰・帕爾多家族一起居住於小鎮的時間，而是設定在幾年後，當代都會化的時期，主要聚焦在「暴力事件」對於當地的影響。這是因爲「暴力事件」影響著海內外所有哥倫比亞人的思維——他自己再次的成爲一位間接的受害者——離開波哥大之前，他最近的新聞報導把自己反政府的立場更鮮明而尖銳的表達出來。

賈西亞・馬奎斯小說裡所描寫的小鎮幾乎就是蘇克雷。的確，地形上的細節非常精確，讀者幾乎可以自己畫一張當地地圖，所有的注意力著重在河流、木板走道、大廣場，以及周遭的房子。接下來的幾年裡，蘇克雷成爲許多短暫，令人不安的小說背景：《邪惡時刻》、《沒人寫信給上校》、《預知死亡紀事》，全都直接的表達其暴力充斥的命運。

許多年後才有人開始注意在這個河邊小鎮原有的身分，的確，大多數的讀者持續但徒勞地試圖使這些相當不同的描述和氣氛符合馬康多／阿拉加塔加。在未來的年月中，賈西亞・馬奎斯自己接受訪問時，從來不曾直接提到蘇克雷，就像他幾乎從來不曾提到自己的父親，這兩個事實必然密不可分。在某個場合中他曾經提到：「這是一個村落，這裡沒有魔法，也就是爲什麼我寫到它時總是帶有新聞性的文學意味。[13]」然而可以說，他用來在批判寫實主義佔有一席地位的真正的蘇克雷——對抗他的父親、對抗哥倫比亞保守主義，啓發他創造受苦已久的角色，使人回憶起狄西嘉的《風燭淚》或《單車失竊記》——真正的蘇克雷在社會背景上和阿拉加塔加並非如此不同，的確，如他的弟妹們幾乎異口同聲的作證，在某些方面蘇克雷更具異國情調也更浪漫。一如往常，信者眼中出魔法。不同的是，小賈布住在蘇克雷時，並不是以嬰兒到十歲的孩子立場體驗此處，如同他體驗阿拉加塔加一般；也不是和所愛的外公上校住在一起。無論如何，他從來沒有真正的住在那裡過，因爲他被送去讀書——雖然被送去讀書是個特權，然而，當時他無疑的解讀成再次的被家人排擠在外。除此之外，他住在阿拉加塔加的年代是令人振奮的經濟熱潮時期，蘇克雷時期則見證「暴力事件」的開始。

《葉風暴》在他離開波哥大之後、前往歐洲之前出版。當時，賈西亞・馬奎斯的共產黨朋友曾經評論說，雖然這本書很傑出，但對他們的品味而言，書中充滿太多神話和詩。賈西亞・馬奎斯向馬立歐・巴爾加斯・尤薩和比利尼歐・門多薩承認——他們當時同意共產黨員的批評，他發展出一種罪惡感情結，因爲《葉風暴》這本小說「既無譴責也沒有揭發什麼」[14]。也就是說，這本書並沒有遵從共產黨針對投身社會文學的概念、唾棄資本主義的鎭壓，刻畫更好的社會主義未來。的確，對於大部分的共產主義者，小說形式本身就是中產階級的工具：電影是二十世紀唯一真正的大眾媒體。

雖然《邪惡時刻》是一部政治性的作品，意在「揭發」，但賈西亞・馬奎斯仍然是個敏銳的敘事者，拐彎抹角的批判政治和意識型態：例如，他甚至沒有明示自己所描述進行壓制的政權是個保守黨政府——不過當然，這一點對任何哥倫比亞讀者都顯而易見。在他所質疑的那段期間，雖然每年都有成千上萬的人民被警察、軍隊、準軍事組織所謀殺，其中許多是以可以想像最野蠻、殘酷的方式對待，但這本小說裡卻只有兩件死亡：一件平民「榮譽犯罪」，預測了後來《預知死亡紀事》的中心事件，另一件則是較可預測、由政府所犯下的政治犯罪——雖然乍見之下比較是無能的結果而非設計使然。事實上，小說的目的是要在沒有明白的陳述之下表達出一點，書中所描繪的權力結構一定無可避免的、重複的製造出如此壓制的行動：明白的說，如果市長想要生存的話，就得讓一些對手斃命。

這出乎意料之外的冷靜，對於權力本質的瞭解，使得小說家超越把淺薄的宣傳變成道德教化或參與此宣傳的慾望，自然的他對保守黨的心態深感遺憾，但他從不譁眾取寵。在自傳中，賈西亞・馬奎斯表示市長這個角色是由他的黑人情人「妮格羅曼塔」的警察老公所啓發，但赫爾曼・巴爾加斯記得他先前曾經提供另一個解釋：「其實，《邪惡時刻》中的市長其來有自，來自蘇克雷附近的一個小鎭，賈西亞・馬奎斯曾經表示，他是妻子梅瑟德斯的一個親戚，是個真正的罪犯。他想殺掉梅瑟德斯的父親，因此身上總是帶著一把槍。有時只是爲了惹惱她，賈西亞・馬奎斯提醒她，這傢伙是來自她的家族。」[15]

儘管他已經盡力，但這小說彷彿頑固的拒絕有所進展，他也開始失去控制。他沉浸在自己所重現哥倫比亞最沮喪的時期，在他筆下那不再著迷的世界裡漫無目的揮舞著雙手；隨著時序由冬日進入春季，賈西亞・馬奎斯越來越少見到巴黎。不過，他偶爾也會出門見一見這個世界。第四共和、無精打采時期的法國也是令人沮喪的狀況，皮耶・孟戴斯・法朗斯這位理想派最高行政法院院長曾經試圖勸法國人以喝牛奶代替葡萄酒而名噪一時，他最近被迫下台，由艾德格・福爾取代，但也沒有太久。法國在越南被擊潰，在阿爾及利亞也力不從心。然而，雖然當時沒有人知道，巴黎卻處於最喚起人記憶的時刻，就在如今的歐洲共同體無可避免的在一九六〇年代開始改變它之前，從煙熏藍到太空時代的銀色。賈西亞・馬奎斯通常在便宜的學生餐廳吃飯，如「卡普拉德咖啡座」和「雅典古衛城」；爲了偶爾啓迪才智，大部分的拉丁美洲人覺得需要漫步到索邦或羅浮宮一帶，在閃閃發光的巴黎鏡子上觀看如自己一般的他人，但賈西亞・馬奎斯通常在街道大學上打發時間。

然後，出乎意料之外，他的生活突如其來的改變了。一位葡萄牙記者爲巴西的報紙採訪法國間諜案的審判過程，三月的一個晚上，賈西亞・馬奎斯和這位葡萄牙記者一起出去時，因緣際會的認識了一位年輕女性——二十六歲的西班牙演員塔奇雅，她正要首度發表詩作。將近四十年後，回憶起賈布列爾(她總是這麼叫他)拒絕去聽她的發表會：「『詩的發表會，』他輕蔑的說，『真是無聊！』我假設他痛恨詩。他在聖賈曼德佩大道上、靠近教堂的馬畢雍咖啡館等著，我們在發表會結束後去找他[16]。他骨瘦如柴、看起來像個阿爾及利亞人，捲髮加上鬍鬚，我一向不喜歡有鬍鬚的男人。我也不喜歡粗獷的男人，我總是有著西班牙種族及文化的偏見，認爲拉丁美洲男人比較低下。」[17]

塔奇雅的本名是瑪麗亞．龔瑟希翁．金塔娜，一九二九年一月出生於西班牙巴斯克地區吉布茲哥亞省的內瓦。她出生於天主教家庭的三姊妹之一，在內戰後支持佛朗哥政權。她的父親喜好詩，在她小時候經常念詩給她聽，並不知道這會決定她的未來。一九五二年，她在畢爾包認識了當時有名的西班牙詩人布拉斯．奧特羅，她當時在此擔任保母，這是佛朗哥時期少數西班牙女性能夠獨立工作的機會之一。奧特羅比她年長十三歲，幫她取了一個接近「龔奇塔」(小貝殼之意，暗指女性性器官)的新名字：「塔奇雅」，並且色誘她。在那之後不久，她就跑到馬德里去念戲劇——雖然當時必須要滿二十五歲才能在沒有父母許可下離家成爲演員，她和這名男子在馬德里開始了一段熱情但注定不幸的戀情。他是個偉大的詩人，但非常反覆無常，並且是個無法自制的登徒子。塔奇雅這名字出現在他一些最爲人知的詩裡。奧特羅瘋狂而無法預測的個性讓她吃盡苦頭，爲了離開他——雖然要完全的離開他是很多年後的事——她逃離西班牙：「我在一九五二年年末去到巴黎，做了六個月類似保母的工作。這個城市讓我炫惑不已，接著在一九五三年八月一日，我又回到那裡定居。我沒有生活需要的技能，只能去上戲劇課試著擠進這一行。」

塔奇雅好冒險、吸引人、好奇、勇於嘗試新的體驗。雖然她自己的最愛是戲劇，在戰後存在主義時期以及一九五〇年代末期始於巴黎的新浪潮電影中，像她這樣的女性被認爲特別迷人：纖細、暗膚色的左岸人、通常身著黑色衣料，留著後來因珍．西寶而開始聞名的小男生伏貼短髮、具有源源不絕的活力。不過在感情上，此時的她並沒有歸屬。身爲外國人，她打進法國戲劇圈的機率微乎其微，但她並不打算回西班牙，也沒有打算尋找長期戀情。她在自己的國家經歷了一段「狂野的戀曲」，從那之後，再沒有任何人與事物如此吸引她，或激發她的想像力。如今在這裡，她向眼前這不討人喜歡的哥倫比亞人訴說自己的人生故事。

「我會說，我第一眼就不喜歡賈布列爾，他似乎很專橫、傲慢、但又很害羞，並不怎麼吸引人的組合。我喜歡詹姆士・梅森那一型——布拉斯看起來很像他——就是英國紳士那一型，不是像泰隆・鮑華那種漂亮、年輕的拉丁情人。而且，我一直都比較喜歡年紀大一點的男人，賈布列爾和我差不多年紀。他很快開始吹噓自己的工作，似乎認為自己是個記者，而非作家。朋友十點鐘離開酒吧，我們繼續聊天，隨後在巴黎街頭漫步。賈布列爾說了一些法國人的壞話……雖然後來法國人也報了一箭之仇，因為他們太理性，無法接受他的魔幻寫實。」

塔奇雅發現，一旦和這個擅長譏諷的哥倫比亞人開始聊天，就會發現他的另一面。他的聲音、自信的笑容、說故事的方式很特別。賈西亞・馬奎斯和這位直率的年輕西班牙女人開始親近，很快的就十分親密。這也許是個很典型的例子。接下來的年代裡，最有名的拉丁美洲小說是阿根廷胡立歐・柯塔薩的《跳房子》，於一九六三年出版。這本書是關於一九五〇年代一位拉丁美洲移民漫步巴黎的故事，他被一群波希米亞朋友、藝術家和知識分子圍繞，主要著墨在拉丁區。那漫無目標的主角奧利維拉已經不再年輕、沒有工作，也沒有興趣找工作，他在書裡尋找自我、尋找世界、他的靈感、他憂鬱的繆斯，一位美麗的年輕女性，類似嬉皮的誕生，稱為「女巫師」、「女魔法師」。柯塔薩從來沒有真正經歷這樣的浪漫，但賈西亞・馬奎斯有。他們一起散步聊天，慢慢的熟稔起來：「漸漸的，我開始喜歡上賈布列爾，雖然一開始持保留態度，但我們之間慢慢的發展起來。幾星期後，我們開始穩定下來，我想是四月的時候。一開始，賈布列爾有足夠的錢請女生喝飲料、一杯熱巧克力，或是看電影。後來他的報社關門，他什麼也沒有。」

是的，賈西亞・馬奎斯認識塔奇雅的三個星期之後，波哥大的《獨立報》就關門大吉了：雖然他不可能知道，但這一次關閉了將近一年，對於一段新的感情是災難性的處境。報社沒有寄來欠他的錢，反而寄來一張回哥倫比亞的單程機票。機票送到的時候，賈西亞・馬奎斯嚥下一口水、深呼吸，然後把機票拿去換錢。他這麼做是來自想要更深入認識歐洲的慾望，想完成新小說的慾望，還是因為墜入愛河？他的《邪惡時刻》已經寫了三個月，他打算繼續寫。因此，由於諸多原因，他完全沒有打算離開巴黎。在波哥大，他沒有什麼自己的時間寫作，如今，他再度一意孤行。這是他自己的決定，但生活注定會很辛苦。還因為身邊有了塔奇雅。

我自己於一九九三年三月在巴黎見到塔奇雅・金塔娜，我們漫步於她和賈西亞・馬奎斯在一九五〇年代中期同樣漫步的街道。六個月後，在墨西哥市、賈西亞・馬奎斯的家裡，我鼓起勇氣問他：「那麼關於塔奇雅呢？」當時只有少數人知道她的名字，知道他們之間故事來龍去脈的人則更少，我猜他一定希望我放過這一段。他也同樣的深呼吸一口，彷彿看著棺材慢慢打開：「嗯，有發生。」我說：「我們可以聊一聊嗎？」他說：「不要。」是在這個時候他才第一次告訴我，臉上表情像個治喪師一般，決心把棺材蓋子重新蓋上，「每個人都有三個生活：公開生活、私人生活，以及秘密的生活。」自然的，公開生活攤開來給所有人看，我只要去找資料查訪就好了；至於私人生活我則偶爾被允許一窺，顯然應該由我自己揣摹出其他部分；而秘密生活，「不，絕對不要！」他暗示道，如果存在什麼地方，會是在他的書裡，我可以從那裡開始。「總而言之，別擔心，你寫什麼我就是什麼。」因此，對於塔奇雅・金塔娜這個人，她在賈西亞・馬奎斯心目中的地位，得在一九五六年以及之後，我們必須檢驗他的書才能得知。不過，塔奇雅本人倒很樂意訴說她這一邊的故事。

> 認識賈布列爾的時候，我正要搬進阿薩路的一個小房間裡。我不記得原來住在哪裡，你永遠不會相信我在巴黎住過多少旅社和公寓。我甚至和維歐蕾塔・帕拉同住一個房間過。這個新住處靠近蒙帕納斯、在「傷兵院」和聖賈曼德佩之間，靠近圓頂咖啡館、丁香園咖啡館、圓頂餐廳以及菁英咖啡館，距離盧森堡花園、蒙帕納斯的劇院、電影院、爵士酒吧都只有幾步之遙。我們有時候會去他在法蘭德斯旅社的房間，但大多睡在阿薩路。那是一棟別墅改裝的房子，我住在舊廚房裡，很小、像女傭的房間一樣，傭人房，外面有一片小小的露臺院子。房間裡只有一張床和水果箱，想像一下，以前有十二個人坐在那張床上。房東是嚴格的天主教徒，不過她睜一隻眼閉一隻眼，讓我們為所欲為。最棒的是露天的小院子，他常常坐在那裡等我！通常手撐著頭。他真是把我弄得很心煩，但我很喜歡他。

遇見塔奇雅不久之後，這位哥倫比亞人發現自己原本的創作進展雖然一波三折，但至少有重要的進展，如今卻漸漸的離他而去。許多年後，他成爲世界上技巧方面最有自信的「專業」作家，總是知道要寫些什麼，也必定完成。但在他人生的這個階段，每一件工作似乎中斷後又變成另一件，寫作是痛苦的經驗，而思考似乎從來沒有達到預期發展的過程。因此是在這個時候，書中一位配角開始漸漸的發展出自主的故事內容，最後要求自己獨立的文學環境。此故事為一位羞怯膽小卻又頑固不已的老上校、逃離馬康多的難民，來自過於熟成香蕉氣味的地方，他在「千日戰爭」中服役，事件發生的五十年後，這個男人還在等待著積欠他的撫卹金。原來的小說如今已擱置一旁，這本來是一部冷酷、殘酷的作品，需要勇氣和某些疏離，但作者發現自己不預期的在熱情和艱困的時刻，活出自己版本的波希米亞精神。

正如同陪同母親的旅程所帶來的懷舊心情是催生《葉風暴》的力量，在類似的情緒下，感傷的情緒(懷念不可能活在當下)是把《沒人寫信給上校》(西文直譯《上校沒人寫信給他》)從《邪惡時刻》這本無止盡延遲和延期的小說之中，獨立出來的力量。再一次的，這部作品的靈感來自一位女性：以一種絕望、縈繞不去的方式，這本關於上校的小說是賈西亞・馬奎斯當時在巴黎和塔奇雅親身經歷的投射。他們的戀情在意料之外、令人興奮、熱情、完全的不預期，然而，他們很快的開始缺錢。從一開始，這段感情就被貧窮制約，接著很快受到悲劇的威脅。因此，這也不是第一次，這部仍然在進行中的第一本小說被一條老舊的條紋領帶綁起來，被塞到法蘭德斯旅社搖搖欲墜衣櫃的最裡層；而飢餓的上校與他不幸、飽受折磨的妻子之間澎湃激烈、令人著迷、絕望的故事則在一九五六年五月或六月初開始成形。

賈西亞・馬奎斯在下榻旅社所積欠的房租令人憂心的不斷累積，然而也許顯而易見的，就算他付不出錢，或者說自己付不出錢，他還是保住了那個房間。幾星期之後，他和塔奇雅開始連吃飯都有問題。當然，他以前也在波哥大、卡塔赫納、巴朗基亞經歷過這些困境，彷彿他必須要挨餓才能為抓住這份職業提供一個正當性。因為生活得挨餓，他的家人不能怪他沒有追求法律學位，塔奇雅不能抱怨他沒有工作養她，因為他自己為了寫書不惜承受任何程度的辛苦。沒錯，他的法文還很生澀，工作也不好找，但事實是，他並沒有真的在找工作。賣機票的錢用完之後，他收集空瓶子和舊報紙，在附近的店家換取幾分錢。有時候，他說自己從肉店「借」一根骨頭讓塔奇雅熬燉品[18]。有一天，他在地鐵站向路人索討車錢——又少了最後五分錢——反而被賞他錢的法國人羞辱了一頓。他寫信向哥倫比亞的朋友求助，發覺自己滿懷希望的等待，時間一週又一週的過去，如同他的外公在那許多年前等待撫卹金，如同他新書裡的上校一般。也許，這樣的反諷反而成爲支撐他的動力。

在某種層面上，他和塔奇雅的感情從一開始就沒有機會修成正果。他們認識三個星期後他就丟了工作；幾個月後發生了另一場災難：「一天晚上，我們走在香榭麗舍大道上，我發現自己懷孕了。我有很奇怪的感覺，我就是知道。懷孕之後，雖然一面工作一面嘔吐，我還是出去照顧小孩、打掃。我回來時他什麼也沒做，我卻必須開始做飯。他說我很霸道，叫我『將軍』。同時，他在寫他的文章和『上校』——當然是關於我們的故事：我們的處境、我們的感情。他一面寫我一面讀那小說，我很喜歡。但我們九個月間不斷的吵架，不停的吵。很辛苦、很累，我們互相把對方逼瘋，我們只是在鬥嘴嗎？不是，是真的很激烈的爭吵。」

「可是，」塔奇雅回憶：「他也很熱情，他的內心很溫柔，我們互相傾訴一切。男人很天真，所以我教他一些事，關於女人的事，給他的小說很多材料。我的印象是賈布列爾有過的女人很少，當然，當時他還沒有和女人同居過。我們雖然經常吵架，但也有好時光。我們以前會談小嬰兒的事，他會長什麼樣子，幫他想名字。賈布列爾告訴我無數的故事，關於他的童年、他的家人、巴朗基亞、塞培達等等迷人的故事。實在很棒，我很喜愛。賈布列爾也常常唱歌，特別是艾斯克隆那的瓦耶那多——像〈空中之屋〉。他也唱昆比亞音樂，像〈我的漂亮女孩〉。他的聲音很美。當然，雖然我們每天都吵架，但晚上對彼此的瞭解卻一點問題也沒有。」

「賈布列爾常常在埃爾南・維耶科位於葛內果路家裡無盡的派對中唱歌。維耶科非常有魅力、藍眼、濃眉、很吸引人。他是唯一有房子、有錢、有車子的人——他非常喜愛MG跑車。賈布列爾總是在那裡唱著歌、彈吉他，他舞也跳得很棒。我們也有法國朋友住在榭魯畢尼路，河的另一邊，是在那裡，我們認識了所有布拉松的歌曲。我第一次去共產黨的「人道節」也是賈布列爾帶我去的，同行的有他和路易斯・維亞爾・玻達。在那一方面，我仍然是個非常傳統的女人：我只是坐在那裡，什麼也沒說的聽著男人談論政治。當時，我對政治既沒有知識也沒有想法，不過我的直覺是要支持進步的思想。在我看起來，賈布列爾則是個值得讚賞、專注、有原則的人，至少在政治方面是如此。在政治道德這方面，我的印象中他是個非常正直、嚴肅、值得尊敬的人。當時在我的眼裡，他和其他共產黨員沒有什麼兩樣。我記得自己曾經說，彷彿我知道自己在說些什麼：『我想共產黨員也有好壞之分。』賈布列爾看我一眼，有點嚴厲的回答：『不，女士，只有共產黨員和非共產黨員之分。』」

「我必須承認，在懷孕的過程中他非常平和講理，這一點應該可以這麼說。我們開誠布公的討論，他問我想要什麼，我想，關於生小孩這件事他很樂觀其成。『他很自滿』，如他們這裡的人說：只要我想要的，他都可以忍受。是我自己不想要的。他知道我對孩子的事很認真，所以他知道我會要他娶我。對於這件事，他很大方也很軟弱，他只是放手讓我決定。我不認爲他像我一樣對這件事那麼地害怕。也許，從他拉丁美洲人的立場來看這件事並非不尋常或值得震驚，據我所知，他也許還覺得很驕傲。」

「後來，我在巴黎北部找到一位男護士，他放進一根探針。我記得似乎是賈布列爾找到他的。因爲第一次掉出來，他必須再做一次，實在是太糟糕了，但還是沒有用。這完全是我的決定，不是他的。當然，到那時，雖然可能因爲我的家庭背景，我和上帝已經疏遠，但等到我們經歷這些時，我已經懷孕四個半月了，非常的絕望。這是一段很痛苦、很痛苦的時期。後來我出血，他非常的害怕，差點昏倒——賈布列爾看到血時，嗯，你知道……我在皇家港產科醫院住了八天，離我住的地方很近。晚上探病時間到的時候，賈布列爾總是第一個到院的父親。

「流產之後，我們兩人都知道這段感情結束了。我一直威脅要離開，終於真的走了，就這樣離開，先到維耶科他家去療養，然後到馬德里。我很難過，筋疲力竭。對於我們之間的感情，我一直能夠掌握，但這場懷孕傷害我很深。一九五六年十二月，我從奧斯特利茲火車站離開巴黎，賈布列爾安排一群朋友帶我到車站。雖然我的身體已經從手術後康復，但內心仍然非常脆弱。當然，我們抵達車站時已經遲到了，行李必須倉促拋上車，我急忙上車，甚至沒有時間一一說再見。我有八個行李箱，賈布列爾總說是十六個。火車開走的時候，我很難過雙手摀面的貼著窗戶哭泣。接著，車子開始移動時，我瞪著窗外的賈布列爾，表情感傷的賈布列爾，他開始起步跟上，又被拋在車後。其實，他在一九五六年真的傷了我的心，他就是無法面對。當然，我不可能嫁給他，對此我從來沒有一絲絲的後悔。他太不可靠了，有這樣的父親我不能把孩子帶到這個世界上，因爲沒有什麼比這更重要的了，對不對？然而在某種層面上，我卻錯得一塌糊塗，因爲，後來事實證明他是個非常好的父親。」

塔奇雅是位勇敢、幸運、有毅力、勇於冒險的女性，愚蠢或聰明得足以在這些特質成爲女性的「權利」之前就過著完全獨立的生活。雖然她的故事是把賈西亞・馬奎斯的需要放在自己的需要之上，不難想像並非出自於她的選擇。經歷過一段重要的感情之後——她在這段感情裡也發現自己爲文學這個職業「犧牲」——很難想像她會忍受任何對她而言無法接受的事。也許，他們之間的感情是很強烈的聯繫，但在她懷孕之後變調，對事物要求太多——要不就是結婚，要不就是結束。這並不是她第一段認真的感情——不過，這卻是雙方第一次和另一個人住在一起。

對於墮胎的嘗試，賈西亞．馬奎斯大概不太高興，海岸區的傳統並不認爲孩子會是問題。在他的家庭裡，包括他的外婆特蘭基利娜、母親露易莎，她們都接納許多和她們沒有直接關係的孩子，他也許因而對於孩子的死亡感到非常不安。如果他和別的女人生小孩，梅瑟德斯會很不好受，但拉丁美洲人對此比較習慣，不如歐洲人一般的嚴厲批判。至於他很快的回去迎娶梅瑟德斯，他也許會想：那又如何？她之前也不過是個孩子。對於一個二十八歲的拉丁美洲男子而言，在巴黎譜出戀曲本來就是意料中之事，若是沒有的話，他的朋友反而會很失望。如果塔奇雅把孩子生下來，也許他終究還是會離開她。在他選擇梅瑟德斯時，他似乎也刻意選擇了一個和他來自相同背景的女人，她能夠完全瞭解他的思維方式、他的喜好。

塔奇雅離開了，但他還有他的小說。對賈西亞．馬奎斯而言，這本小說非常的獨特，所設定的時空背景正是他寫作的時間，一九五六年年底，歐洲處於蘇伊士運河危機的處境之中。詳細情節早在塔奇雅前往馬德里之前就已經形成，時間是十月：主角是一位上校，讀者永遠不會知道他的名字。他曾經住在馬康多，七十五歲的他在哥倫比亞森林深處一個令人窒息的河邊小鎮腐朽、凋零，上校等他參加千日戰爭之役的撫卹金已經等了五十六年，沒有其他謀生方式。上次收到國家發放撫卹金之機構的來信是十五年前的事了，然而他仍然每天滿懷希望的去郵局查詢。因此，他的人生就是在等待永遠沒有出現的消息。他和妻子生下一個兒子奧古斯丁，他是個裁縫，年初時因發放秘密的政治文宣而被政府殺害[19]。本來是奧古斯丁在照顧兩個老人家，他遇害之後留下他的冠軍鬥雞，値一筆不小的錢。上校忍受無數的侮辱，只因爲不願意把這隻雞賣掉。對他和兒子的朋友而言(朋友名爲阿豐索、阿爾瓦洛和赫爾曼)，這隻鬥雞成爲尊嚴和抵抗的象徵，也是回憶奧古斯丁的紀念品。上校的妻子比較務實、體弱多病的她需要治療，並不同意他的作爲，時常催促他把公雞賣掉。小說結束時，上校仍然頑固的抵抗。

賈西亞・馬奎斯曾經說，這本小說有多重的靈感：首先——由於他總是先有視覺靈感才開始創作——這是他許多年前的記憶，他在巴朗基亞魚市場看到的一名男子，「帶著些許沉默的焦慮」的等待著一艘船[20]。其次，屬於比較個人方面的，是他自己的外公等待千日戰爭撫卹金的回憶。但就體型上而言，主角的雛形是拉法葉・艾斯克隆那的父親，也是一位上校，他比較瘦，因而符合賈西亞・馬奎斯想像中挨餓的主角[21]。第三，很明顯的靈感來源還有「暴力事件」期間哥倫比亞的政治局勢。第四，就藝術靈感而言，有來自狄西嘉的《風燭淚》、薩瓦提尼所寫的劇本，關於另一名男子與他另一個珍藏的物品(他的狗)，在同代的一般冷漠之中，在戰後的羅馬過著沉默、如耶穌苦難之路的生活。然而，賈西亞・馬奎斯從來沒有承認的是，《沒人寫信給上校》是來自第五點，也是最直接的一點——他和塔奇雅當時所經歷的戲劇性人生，以蘇伊士運河危機作爲政治處境的背景，在他們的生活和小說裡俯拾皆是。[22]

在現實生活與小說中，兩位女性都忍受她所詮釋爲同居男性的自私或軟弱，這個男人必須順服自己，他有比她還重要的歷史任務。兩位女性都照顧這個男人(在小說裡老夫妻已經失去了他們的兒子；在真實的世界裡，她失去了自己的孩子之後，塔奇雅最後厭倦了照顧賈布列爾)，她負責家裡所有必要的重要工作，發揮母性天份，做著所有的實務工作，他則無益的賣力於毫無希望的烏托邦世界裡，毫無希望的遲滯著，以鬥雞象徵他的勇氣、獨立、最後的勝利。她堅信最後會以悲慘收場，他則維持不屈服的樂觀。上校兒子的死和小說主要的情節已經過了九個月，妻子對上校說：「我們是兒子的孤兒。」此話足以當成賈西亞・馬奎斯和塔奇雅之間戀情的墓誌銘。那公雞(小說、作者的自尊)是個人認同集體價值的象徵。讓生活得以繼續，可平息彷彿紀念碑一般的罪惡感及哀傷(流產，兒子的死）。賈西亞・馬奎斯的個人信條可能一直都是：「唯一的出路就是穿越。」《沒人寫信給上校》是某種散文體，雖然無可否認歸屬於「寫實主義」，但具有如同詩一般的功能。中心主題的等待、希望、氣候現象、身體的功能（尤其是排泄，或者在不幸的上校身上，無法排泄）、政治和貧窮、生與死、孤獨和休戚與共、天命和宿命，都不可能切割。雖然賈西亞・馬奎斯總是說對白不是他的強項，但他藉由筆下厭倦人生的角色所傳達的幽默、輕微的調整不同，藉以凸顯差別，是他成熟作品裡最重要的特色。如同塞萬提斯的獨特，那無庸置疑的幽默在這本優美的短篇小說中得到明確的表現，正如上校自己一般，不論多麼短暫的描繪，都成爲二十世紀小說裡最難忘的人物。最後一個段落是所有文學裡最完美的一段之一，似乎集中、進而釋放整本書所引領出來的主題和影像。疲累不堪的老人想辦法睡著了，但他惱怒的妻子無法控制、用力的把他搖醒。既然他終於決定不要賣掉鬥雞，而是幫牠準備上場，她想知道他們現在要靠什麼過日子。

「我們要吃什麼？」

上校花了七十五年——他七十五年的生命，一分鐘一分鐘的——來到這一刻。他感覺純淨、清明、無敵，那一刻他回答：「狗屎。」[23]

讀者也感受到這釋放的感覺，在完美融合的結局和釋放、解脫感之間不言而明的對比，找不到什麼美學的樂趣：一種升高的意識、抗拒、反抗。對於賈西亞・馬奎斯總是如此重要的尊嚴，如今已然恢復。

數年後，《沒人寫信給上校》成爲世界公認的短篇小說鉅作，如同海明威的《老人與海》，其中完整的張力、謹慎安排的情節節奏，以及傑出準備的結局幾近完美。作者本人後來說，《沒人寫信給上校》有我「從新聞學來的緊湊、簡潔和直接。」[24]

然而，小說的結局並不是故事的結束，總是有另一個說故事的方法。二十年後，賈西亞・馬奎斯寫了一本奇特、令人不安的敘事《雪地裡妳的血跡》，也可以稱為《沒人寫信給上校》的修正版。如果前一部作品是他對於當時情境的詮釋版本，無疑的為自己辯駁，那麼，後面這一本同樣清楚的是自我批評，並且對塔奇雅遲來的辯白。他是改變了心意，還是嘗試撫慰許多年前的情人？在後者的故事裡，一對年輕的哥倫比亞情侶到馬德里度蜜月，然後開車到巴黎。他們離開西班牙首都時，那年輕女子妮娜・妲貢德收到一束紅色玫瑰花，刺傷了她的手指，一路流血流到巴黎。她一度說：「想一想，雪地裡的血跡一路從馬德里到巴黎，可以寫出一首好歌。」自然的，失去這麼多她自己的血之後，作者一定記得塔奇雅走了相反的方向，在寒冬之中一路從巴黎回到馬德里。這一切是在驅魔嗎？在故事裡，這對年輕的情侶抵達巴黎時，熟悉法國的妮娜已經懷孕兩個月，住進同一家醫院——「一家大型、晦暗的醫院」，就在當費爾—羅什洛大道旁，一九五六年塔奇雅治療出血之處，她當時極有可能在此死去，但實際上死去的是她未出生的嬰兒。妮娜未受教育的丈夫這次到歐洲前從來沒有離開過哥倫比亞，他在巴黎的雪中手足舞蹈，正如賈西亞・馬奎斯第一次看到雪時一樣。結果，在冰冷、充滿敵意的巴黎，比利・桑伽茲・阿維拉完全無法面對危機，而妮娜在醫院中死去，他甚至沒有在她死前見到最後一面。[25]

塔奇雅離開了。聖誕節時，賈西亞・馬奎斯回到法蘭德斯旅社，全部的時間都住在那裡，他後來稱之為「一九五六年悲傷的秋季」[26]結束時，大多數的朋友把塔奇雅的問題與她戲劇性的離去怪在他的身上。然而，這本小說已經在最後階段，他已經找到方法為發生的事提供正當性，至少對他自己而言(他認為不和其他男人談自己的感情問題是一種榮譽),沒有什麼可以阻止他。雖然有個嘮叨的女人,小說尾聲鬥雞的存活也是小說本身的存活;最後,小說就在塔奇雅前往馬德里的幾星期之後完成,他把日期訂為「一九五七年一月」。小孩沒有誕生,誕生的只有小說。塔奇雅說,在那幾個月那樣的情形之下他居然還能完成小說,他很「幸運」。很難同意這和運氣有任何關係。

如今沒有塔奇雅買食物、討價還價、煮便宜的餐點,賈西亞・馬奎斯只能勉強度日,就像老上校在小說第一頁刮他的咖啡壺一樣。他後來告訴朋友荷西・豐特・卡斯楚,自己曾經在冰冷的閣樓上躲了一個星期,沒有吃飯,只喝自來水,只為了躲避旅社的經理。他的弟弟古斯塔沃回憶道:「我們在巴朗基亞喝酒的時候,我記得小賈布告訴過我一個秘密:『《百年孤寂》出版之後,每個人都是我的朋友,但沒有人知道我付出什麼代價才走到那裡。沒有一個朋友知道我已經淪落到在巴黎吃垃圾堆裡的食物,』他告訴我,『有一次,我去一個幫過我忙的朋友的派對,派對結束之後,女主人請我幫她把垃圾拿到街上去,我餓到當場就從裡面揀東西來吃。』」27

在其他方面,他也有未解決的困難。有些朋友認為他拋棄塔奇雅,因而和他漸行漸遠,不再對他親切大方。他在一家拉丁美洲俱樂部「休息站」找到一份唱歌的工作,他和塔奇雅曾在那裡度過幾個夜晚,她自己偶爾也曾經在那段時間找到工作。他大多不是唱瓦耶那多,而是唱墨西哥傳統音樂,和一位委內瑞拉畫家兼雕刻家赫蘇斯・拉法葉・索托唱二重唱,他是動態藝術的先鋒之一。他一個晚上賺一美元(相當於二〇〇八年的八美元),到處吃人家的飯。他嘗試回到《邪惡時刻》的寫作上,然而,和老上校在一起這個幾個月之後,《邪惡時刻》對他已經失去魅力。巴朗基亞「洞穴」的朋友成立了「幫助小賈布朋友社團」,他們集資買了一張百元大鈔,在「羅登書店」苦思用什麼方法寄給他們的朋友最好。豪赫・羅登利用他在共產黨的經驗,解釋自己如何學到用明信片寄送秘密訊息。他們按照這個方法，同時寄了一封信解釋這個作法。當然，明信片比信早到，而憤怒的賈西亞・馬奎斯盼望的不僅是祝福，嗤之以鼻的大罵：「混蛋！」把明信片丟進了廢紙簍。當天下午，解釋的信件寄達，幸運的他在旅社的垃圾堆裡翻出那張明信片。[28]

然而，他沒有方法可以換錢。當時在羅馬尋找賈西亞・馬奎斯的攝影師基耶爾莫・安古羅回憶道：「有人介紹他一位叫『妞妞』的朋友，她剛從羅馬來，而且剛領到薪水，身上應該有很多錢。所以他去見她——那時是冬天，他包得很緊——『妞妞』打開門，迎面而來的是暖氣房流瀉出來的一陣暖風，『妞妞』沒穿衣服，她並不漂亮，但身材絕妙，不需要挑動她就會脫掉衣服。所以，『妞妞』坐下來——根據賈布的說法，讓他很不舒服的是她繼續好像穿得端端正正一般——蹺起二郎腿、開始談起她所認識的哥倫比亞和哥倫比亞人。他開始告訴她自己的問題，她點點頭，走過房間到一個小小的錢櫃旁。他瞭解到她想和他上床，但他卻想吃飯。結果，他離開去吃東西，吃得太多，因為消化不良生病了一個星期。」[29]無疑的，這則二手軼聞在傳誦的過程中被許多人加油添醋。是「妞妞」帶了一本《沒人寫信給上校》回羅馬給安古羅讀。雖然安古羅說得非常謹慎，塔奇雅回到馬德里之後，「妞妞」和賈西亞・馬奎斯在巴黎似乎有過一段短命桃花。無疑的，對於受傷的自我很有好處。

不過事實仍然是，賈西亞・馬奎斯住在巴黎時，有十八個月的時間只能仰賴機票換來的現金、偶爾來自朋友的接濟、些微的儲蓄過活，也沒有錢回哥倫比亞。不過，如今他會說法文，對巴黎很熟，有不同的朋友和點頭之交，包括一、兩位法國人、來自幾個國家的拉丁美洲人，以及幾位阿拉伯人。的確，賈西亞・馬奎斯自己常常被誤認是阿拉伯人——這個年代不只有蘇伊士運河事件，還有阿爾及利亞的衝突——不止一次，他在例常的安全搜索中被帶去警察局：

一天晚上，我正要離開電影院，一個警察在街上抓住我，在我臉上吐口水，一面揍我，一面把我押到武裝車上。車上都是安靜的阿爾及利亞人，也是在附近的咖啡館被抓起來痛打、吐口水。他們和逮捕我的警察一樣，以為我是阿爾及利亞人。所以，我那個晚上和他們在一起擠在警察局附近沙丁魚罐頭般的牢房裡，穿著襯衫的警察談論他們的孩子，吃沾過葡萄酒的麵包。為了惹惱他們，那些阿爾及利亞人和我整晚不睡的唱著布拉松的歌曲，對抗法律與秩序的凌辱以及愚蠢。30

這一夜他在裡面交了幾位新朋友，阿赫梅・鐵巴是位醫生，針對這場衝突提供他身爲阿爾及利亞人的觀點，甚至讓他參與了幾次代表阿爾及利亞利益的顛覆活動31。不過在經濟上，情況越來越糟，一個冷酷的夜晚，他看見一個男人穿過聖米榭爾橋：

我並沒有完全理解到自己的情形，直到某天晚上，我發現自己在盧森堡花園旁，整天沒有吃東西，也沒有地方睡覺……我走過聖米榭爾橋，感覺自己在霧中並不是一個人，因為可以清楚的聽到另一頭傳來的腳步聲。我看見他的身影出現在霧中，在同一個人行道上，和我一樣的速度，我清楚的看見他的格紋外套、紅黑方格，那一刻，我們在橋中央經過對方時，我看見他凌亂的頭髮，土耳其人的鬍子，白天飢餓、晚上無眠的悲傷表情，我看見他的眼中滿是淚水。我的血頓時凝結，因為那個男人的長相真的酷似在回家路上的我。32

後來談到那些日子時，他會宣告：「我也知道等待信件、飢餓、行乞的滋味：我就是這樣在巴黎寫完《沒人寫信給上校》。他的體內有一點點的我，一模一樣。」[33]

大約這個時期，財務狀況非常不同的埃爾南·維耶科在塔奇雅流產後收留她，解決了賈西亞·馬奎斯大部分的問題，並借了賈西亞·馬奎斯十二萬法郎讓他去付給法蘭德斯的拉瓜夫人。某天晚上，從派對出來的路上，雖然酒醉但意識仍然清醒，維耶科告訴賈西亞·馬奎斯他們需要開誠布公的談一談。他問現在旅社的帳單累積到多少？賈西亞·馬奎斯拒絕討論這個問題。他年輕時，人們經常幫助他的原因之一是因爲他們總是看得出來，不論他的情況有多糟，他從來不會特別自怨自艾，也不會開口求助。最後，在一陣酒醉的戲劇之後，維耶科掏出一支鋼筆，在路邊一輛車的車頂上開了一張支票，塞進朋友的大衣口袋裡，面額大約相當於三百美元，在當時是一筆不小的金額。賈西亞·馬奎斯深深的感激，但也覺得羞辱[34]。他把錢拿給拉瓜夫人時，她的反應是結結巴巴，反而還紅著臉不好意思——這裡畢竟是巴黎，波西米亞和困苦的藝術家之都——「不用、不用，先生，這樣太多了，你先付我一部分就好，其他的以後再付。」

他因而得以活過那個冬天，沒有小孩的父親這個角色，沒有被一位歐洲賽絲(妖婦)給困住，梅瑟德斯還在哥倫比亞等著他。一九五七年年初，某個晴朗的日子，他看見偶像海明威和妻子瑪麗·威爾許在聖米榭爾大道上朝著盧森堡公園走去。他穿著舊牛仔褲、伐木工人襯衫、戴著棒球帽。賈西亞·馬奎斯羞赧得不敢靠近，又興奮的想做點什麼，結果他從馬路的另一頭大叫：「大師！」這位偉大的作家，他關於一位老人、大海和一條大魚的小說某部分啓發了年輕人最近完成的小說，一部關於一位老人、政府撫卹金和一隻鬥雞的作品。海明威舉起手，以稍微帶著點稚氣的聲音大叫回應：「朋友，保重！」[35]

第十一章 鐵幕之內：冷戰時期的東歐 一九五七

一九五七年五月初，比利尼歐・門多薩帶著妹妹索蕾妲回到巴黎，發現他的朋友更削瘦、更修長、更刻苦。「他的套衫袖子上有洞，鞋底走路的時候會進水，粗獷的阿拉伯臉龐上顴骨很明顯。」[1]不過，對於朋友的法文進步，對巴黎環境以及問題的瞭解，則令他印象非常深刻。五月十一日，他們一起在著名的雙叟咖啡館聽到羅哈斯・畢尼亞被推翻、流亡的消息，就在他被哥倫比亞天主教會譴責的十天之後。接收的是五人軍政府，這兩位朋友對隨之而來的未來都不樂觀。

賈西亞・馬奎斯和門多薩都有左派的淵源以及幻想，非常希望前往東歐，前一年互相矛盾的報導尤其給了他們強烈的動機，一開始是赫魯雪夫公開譴責史達林，接著是蘇聯入侵匈牙利的騷動。他們決定從萊比錫開始，路易斯・維亞爾・玻達流亡時曾以學生獎學金在這裡住了一年。前陣子還有工作的門多薩，爲了這個夏天買了一輛二手雷諾四門汽車，六月十八日，他以時速六十五英里載著活潑的索蕾妲和沉默的賈西亞・馬奎斯馳騁在德國的高速公路上，沿途經過海德堡和法蘭克福[2]，再從法蘭克福進入東德。賈西亞・馬奎斯關於這另一個德國的文章——再一次，他必須等待許久才見得到文章發表，提到鐵幕其實只是紅白相間的木製路障。對於邊境的情況、破舊的制服、邊境警衛的無知，這三位朋友感到相當震驚；邊境警衛幾經困難才有辦法寫下賈西亞・馬奎斯的出生地，也許一點也不令人意外。接著，由索蕾妲・門多薩開夜車把他們載往威瑪。早餐時分，他們在一家國營餐廳停留，再次因爲眼前的景象而感到驚嚇。門多薩記得他們進門之前，下車時伸著懶腰打呵欠的賈西亞・馬奎斯對他說：「聽好，大師，我們要瞭解這一切。」「瞭解什麼？」「關於社會主義。」賈西亞・馬奎斯回憶到，進到這家一點也不吸引人的餐館好像「一頭栽進一個沒有準備的現實」[3]。大約一百名德國人坐在那裡吃著火腿和蛋的早餐，豐盛得足以供給王公貴族，不過他們自己看起來洩氣而怨恨，就像受盡屈辱的乞丐。當晚稍後，三位哥倫比亞人抵達威瑪，第二天一早，他們從此處前往參觀附近的布亨瓦德集中營。後來，賈西亞・馬奎斯寫到自己一直無法把這些死亡集中營的現實和德國人的性格連在一起，「就像好客之於西班牙人，慷慨之於俄國人」。[4]

這三位朋友繼續開車前往萊比錫，萊比錫讓賈西亞・馬奎斯想起波哥大南區，而這並不是什麼最高禮讚。萊比錫的一切都很破舊、令人沮喪，他回憶道：「穿著藍色牛仔褲和襯衫的我們，身上滿是來自公路的塵埃，我們是唯一『人民民主』的跡象。[5]」此時，他並不清楚問題的根源是社會主義本身，還是俄國人的腐敗。

賈西亞・馬奎斯在他所寫的文章中提到，他和「佛朗哥」（比利尼歐・門多薩）「忘了」萊比錫是馬克斯—列寧大學的所在地，他們可以認識一些「南美洲的學生」，更具體地討論目前的情形。[6]事實上，這才是他們選擇這個城市的原因：這裡是維亞爾・玻達的家，賈西亞・馬奎斯在報導中給了他一個假身分，一個名叫「瑟席歐」的智利共產黨員，三十二歲的他兩年前從故鄉流亡，在此攻讀政治經濟學。維亞爾・玻達的確是生活在流亡之中，只不過是從哥倫比亞流亡在外，他在波哥大和共產黨青年團密切來往，成功地找到一份獎學金在東德的城市念書[7]。回巴黎申請延長簽證的時候，他曾去塔奇雅在阿薩路的房間看過賈西亞・馬奎斯；當時，他們主要談話的內容是「真正存在的社會主義」。「賈布和我，」維亞爾・玻達在一九九八年告訴我：「對於共產主義體制的想法差不多，想要的也差不多：就是博愛而民主的社會主義。」賈西亞・馬奎斯生命中的許多時間都圍繞著同行的旅人、共產黨，更常見的是前共產黨員。在後者之中，有後悔的前共產黨員，他們堅持左派路線；以及怨懟的前共產黨員，許多轉爲極端到左派。賈西亞・馬奎斯不情願地下結論表示，民主的社會主義比共產主義理想，至少從實際的角度上觀察是如此。[8]

維亞爾・玻達帶朋友到一家國營歌舞廳，看起來就像妓院，廁所門口還有計程車用的碼表、酗酒過量和從事低級活動的情侶。賈西亞・馬奎斯寫到：「這不是妓院，因爲社會主義國家嚴格禁止並重罰賣淫。這是一家國營機構，但從社會觀點來看，這裡比妓院還要糟糕。[9]」他和門多薩覺得追求女人的行爲還不如轉移到街上。他們所認識的拉丁美洲學生，甚至是認真的共產黨員，都堅持加諸在東德體系的並不是社會主義。希特勒已經消滅了所有真正的共產黨員，當地的領導只是官僚走狗，在沒有徵詢人民意見的情形下就把所謂「放在行李箱從蘇聯帶來」的革命加諸於人民身上。賈西亞・馬奎斯評論道：「我相信在本質上絕對有人道上的失落感，對於大眾的關心使得個人隱形。這一點在德國人來說是成立的，對於俄羅斯士兵也是成立的。在威瑪，人民反對由俄羅斯士兵帶著機關槍看守火車站，但沒有人在乎可憐的士兵。」賈西亞・馬奎斯和門多薩要求維亞爾・玻達讓他們釋懷，藉由一些辯證法解釋東德的現況。維亞爾・玻達一生都是忠貞的社會主義者，一開始滔滔不絕，忽然又停下來咒罵：「一堆狗屎。」

總而言之，賈西亞・馬奎斯對東德的反應幾乎完全是負面的。他對於自己在西柏林的時間有著混雜的情緒，在那裡，美國人以更強烈的熱情除舊布新，這個尋常的努力只是爲了讓蘇聯的那一邊看起來很糟糕：

> 第一次接觸這個運作於社會主義範圍內的巨大城市讓我留下空虛的感覺……在粗野而精密的運作下，有些東西開始成形，卻與歐洲完全相反。閃亮、無菌的城市，一切事物有著不幸的效果，看起來太新……西柏林是個巨大的資本主義宣傳媒介。[10]

諷刺的是，這個宣傳工具在他身上非常有效，包括他對東柏林的描述，在冷酷中帶有擺脫幻想的清醒：「到了晚上，相對於西柏林一大片的彩色廣告看板，東邊只有紅星的閃耀。這城市如此陰沉的氣氛，唯一的好處是符合這個國家的經濟現實，除了史達林大道之外。」[11]史達林大道這巨大的規模很不幸地也只有巨大的粗俗感。賈西亞・馬奎斯預測在「五十年或一百年內」其中一個政權勝利時，柏林會再次成爲一個龐大的城市，「龐大的商業博覽會，建立在兩個系統所提供的免費範例上」[12]。鑑於東西兩方的政治緊張局勢和競爭，他的結論是，柏林是個驚慌失措、無法預測、無法理解的人類空間，在這裡，沒有什麼是如同表面所見，每一件事物都經過操作，每個人都和每日的欺騙有關，沒有人具備無瑕的良知。

在柏林待了幾天之後，這幾位朋友盡可能快速地回到巴黎。索蕾妲・門多薩繼續前往西班牙，兩個男人不知道接下來要做些什麼[13]。也許他們的印象太草率，也許別的國家情形比較好。幾個星期之內，萊比錫和柏林的朋友本來就排好要前往莫斯科參加第六屆世界青年大會，建議他們應該一同前往。早先在羅馬時，賈西亞・馬奎斯曾經試圖取得前往莫斯科的簽證，但由於他沒有正式的贊助人，被拒絕了四次。然而在巴黎，由於非比尋常的運氣，他現在又和自己的護法馬奴耶・薩巴塔・歐立維亞聯絡上。薩巴塔的妹妹迪麗雅是一位哥倫比亞民俗專家與表演家，正帶著一個主要由哥倫比亞黑人組成的團體，從帕倫奎和馬帕雷前往參加莫斯科盛會[14]。賈西亞・馬奎斯是個相當有說服力的歌手、吉他手、鼓手，他和門多薩加入這一團，接著前往柏林去和其他人會合。其他前往參與節慶的哥倫比亞人在柏林會合，包括埃爾南・維耶科和路易斯・維亞爾・玻達。

直到最後一分鐘，賈西亞・馬奎斯都不確定自己能不能成行。他寄了一封頗為誇張的信到馬德里通知塔奇雅，也許當時兩人都意想不到地又恢復聯絡，信中表示，索蕾妲・門多薩幾天後會飛到那裡，宣布自己要不是在「今晚午夜之前」出發前往莫斯科，不然就是在回到哥倫比亞之前去倫敦，在那裡繼續未完成的小說（《邪惡時刻》）。信中也提及他那天稍晚在馬畢雍咖啡館和索蕾妲碰面。（提到他們第一次說話的馬畢雍咖啡館，無疑是他刻意的，就像大部分顯然漫不經心的信件，目的是要傷害他的舊情人。）至於《沒人寫信給上校》，這本書屬於他們兩人：「如今角色已經獨立自強，我對它失去了興趣，他現在可以說話吃泥巴。」事實上，他也大可以對它失去興趣，因為這本書已經寫完了。他說自己常常見到塔奇雅的小妹帕姿，暗示自己和金塔娜家三姊妹之間的關係。最後，說完他很高興離開「這個悲傷而孤獨的城市」之後，他以明顯（或偽造的）苦澀教訓她：「我只希望妳會瞭解到人生很苦，總是、總是、總是會如此。也許有一天妳會不再發明一些關於愛情的理論，瞭解到當一個男人誘惑妳的時候，妳也必須做一些事去誘惑他，而不是要求他每天愛妳更多。馬克斯主義對此有一個名稱，但我現在想不起來。」[15]

柏林到布拉格這段路真是噩夢一場，在這段長達三十個小時的火車旅程上，賈西亞・馬奎斯、門多薩和後者的哥倫比亞朋友帕布羅・索拉諾必須站在廁所外，頭靠在對方的肩膀上睡覺。接著，他們在布拉格有二十四小時的時間恢復體力，賈西亞・馬奎斯得以很快地更新兩年前對於此地的印象。下一段路程比較輕鬆，到布拉提斯拉瓦，接著是位在斯洛伐克、烏克蘭和匈牙利交接之處的差普，再前往基輔、莫斯科[16]。他對於托爾斯泰祖國的幅員廣大，他感到非常震驚；他們進入蘇聯的第二天，火車都還沒有橫越烏克蘭[17]。一路上每次火車停下來時，烏克蘭和俄羅斯平民就對著火車丟花束、獻上禮物，因爲大部分的人在前半個世紀幾乎沒有看過外國人。賈西亞・馬奎斯和西班牙人聊天，內戰時他們還只是小孩，當時撤離的他們曾經因爲蘇聯的生活困難而嘗試回到西班牙，但此刻又在回莫斯科的路上。其中一個「無法瞭解任何人爲何有辦法在佛朗哥政權下生活。不過另一方面來說，他瞭解人們在史達林政權下如何生活。」然而賈西亞・馬奎斯很失望地注意到，莫斯科電台是火車上唯一的無線電頻道。在將近三天的旅程之後，他們於清晨抵達莫斯科，大約是七月十日，就在莫洛托夫敗給赫魯雪夫下台後的一個星期[18]。賈西亞・馬奎斯對於莫斯科第一和最持久的印象是「世界上最大的村落」，如今有九萬兩千名訪客，其中近五萬是外國人，他們爲了參加慶典而來。他們許多是拉丁美洲人，有些如帕布羅・聶魯達已經很有名，不過，其他年輕人後來對自己的國家也有極大的影響，如卡洛斯・豐瑟卡，後來尼加拉瓜桑定組織的領袖，或者也包括賈布列爾・賈西亞・馬奎斯。節慶的主辦單位運作良好，如同許多前人和來者，賈西亞・馬奎斯思考著蘇維埃政權何以舉辦這樣的活動，或者三個月後如何把人造衛星送入太空軌道，然而，在提供人民合理的生活水準，或是製造美觀的衣服和其他消費品上，這個政權卻顯得如此失敗。[19]

賈西亞・馬奎斯、門多薩和他們的新朋友幾乎馬上就放棄參加青年大會，花了兩個星期探訪莫斯科和史達林格勒。在一張一群朋友拍攝於紅場的照片中，一如往常消瘦的賈西亞・馬奎斯蹲在大家前面，即使在一九五〇年代矇朧不清的黑白照片裡，他還是顯得很突出、散發活力，並難掩一等快門按下就迫不及待要行動的慾望。他在當時的文章裡承認，他們只有兩個星期的時間，他對俄文又一竅不通，「我無法得到任何絕對的結論。[20]」莫斯科一派光鮮，呈現最好的一面，賈西亞・馬奎斯評論：「我不想認識整理好頭髮之後才出來待客的蘇聯。一個國家就像女人一樣，你要在她們剛起床的時候認識她們。」因此，他嘗試挑釁這國家的主人(史達林是罪犯嗎?)，最後甚至問到，莫斯科都沒有狗是否因爲都被吃光了，他被告知這種口吻是「資本主義媒體的詆毀」[21]。最具啓發性的對話是和一位老太太，雖然史達林的名聲應該在一九五六年二月就已經被赫魯雪夫弄得信用全失，她卻是莫斯科唯一敢和他談論史達林的人。她說自己原則上不反對共產主義，但史達林的政權窮凶惡極，是「俄國史上最嗜血、邪惡、具野心的人」——簡而言之，她在一九五七年告訴賈西亞・馬奎斯的事情要在許多年後才得以見光。他的結論是：「沒有理由認爲這位女性瘋了，除了可悲的事實——她看起來的確如此。」[22]也就是說，他已經懷疑對方講的都是事實，但沒有證據，也沒有意願相信。

賈西亞・馬奎斯多次嘗試造訪史達林和列寧的墳墓，最後終於在第九天得到許可。他表示，蘇維埃聯邦禁止卡夫卡是因爲他是「有害的玄學家」，但他本來有可能是「史達林最好的傳記作家」。前蘇聯大部分的人根本沒有見過他們的領袖，雖然沒有他的許可，任何一棵樹上的樹葉都不准動，有些人更懷疑他是否存在。因此，只有卡夫卡的書讓賈西亞・馬奎斯有所準備，讓他能面對蘇維埃體制下最不可思議的官僚系統，包括獲得許可造訪史達林之墓。他終於如願進去時，非常驚訝裡面竟然一點味道也沒有，他對列寧感到失望，看來像是「蠟像模型」，很驚訝地發現史達林本人「無悔地沉浸在長眠之中」。史達林的確類似自己的宣傳口號：

> 他有著人類的表情，活潑、一抹微笑似乎不只是肌肉的收縮，而是情緒的反應。那表情裡帶著一絲譏諷，除了他的雙下巴，其他都和這個人不搭配，他看起來不像個愚蠢的人。他是個

> 才智沉潛的人、一個好朋友，有著一定的幽默感……不過，最讓我印象深刻的還是他雙手的細緻、薄而透明的指甲。這可不是女人的雙手嗎？[23]

後來比利尼歐・門多薩說，他相信是那一刻，點燃了《獨裁者的秋天》的第一絲火花[24]。在某種層次而言，史達林經過防腐處理的屍體微妙而含蓄地解釋他如何藉由「喬大叔」的形象，成功地欺騙社會自己真正的方法與動機。[25]

有別於大多數的外國遊客，賈西亞・馬奎斯認爲與其把錢浪費在莫斯科的地鐵上，倒不如花在改善人民的生活。他很失望地發現，如今自由戀愛只是這令人意外、一本正經的國家裡含糊的回憶。他不認同地注意到前衛電影導演艾森斯坦在自己的國家竟幾乎無人知，但他認同匈牙利哲學家喬治・盧卡奇革新馬克斯無神論者的企圖，社會也逐漸恢復對杜斯妥也夫斯基的重視並容忍爵士樂（雖然搖滾樂還不行）[26]。他很意外地注意到，這裡並沒有仇恨美國的跡象——相較於拉丁美洲是尖銳的對比——他特別注意到一個事實，前蘇聯似乎經常需要發明已經存在於西方的東西。他努力地試圖瞭解事情的本質，但顯然和一位年輕學生的反應有所共鳴，這位學生受到一位訪問法國共產黨員的譴責時反駁：「你只活一次。」他認爲自己所拜訪共同農場的主任就像是「社會化的封建地主」。他在其他代表離開後留下來，試圖瞭解蘇維埃經驗中非凡的複雜性，「這種複雜性無法被簡約成簡單的配方，在資本主義或共產主義宣傳中兩者擇其一」[27]。因爲他停留的時間比別人久，過邊境的時候只有自己一個人，一位看起來像查爾斯・勞頓的蘇維埃口譯對他說：「我們以爲所有的代表都已經離開了。如果你想要的話，我們可以再把小孩叫出來丟花朵，可以嗎？」[28]

整體而言，賈西亞・馬奎斯對於前蘇聯的看法是認可的；這許多年之後的此時，讓人想起他後來對於古巴及其一九七〇年代困境的反應。然而，他也並沒有企圖掩藏所見到的負面印象。回程的路上，他和比利尼歐·門多薩、帕布羅·索拉諾一起造訪史達林格勒(現稱窩瓦格勒)，從此處揚帆下窩瓦到窩瓦—頓大運河的入口，那裡有一尊巨大的史達林雕像，得意地主掌著這個國家最偉大的成就之一。賈西亞·馬奎斯在基輔和比利尼歐·門多薩分手，繼續前往匈牙利。門多薩後來被困在布勒斯特—立陶夫斯克一個多星期，因爲索拉諾得了肺炎，門多薩則經由波蘭回家。賈西亞·馬奎斯對於眼前情景非常失望——「我們失去了純真」，他後來說，漸漸地相信所有共產政權都被同樣退化的遺傳密碼所詛咒(不過他後來還是再嘗試了一次，在一九五九年相信古巴)。然而，賈西亞·馬奎斯並沒有中產階級的過去可以哀悼，也沒有中產階級的品味需要培養，他仍然渴望更多體驗。他想辦法讓自己加入一群十八人的外國作家和觀察家的團體，包括兩位記者——他自己和比利時的墨利斯·梅爾——一起受邀訪問布達佩斯。

此時距離一九五六年十月蘇聯入侵不到一年。蘇聯軍隊於一九五六年十一月鎭壓匈牙利起義之後，雅諾斯·卡達取代艾姆瑞·納吉成爲領袖。時序是一九五七年夏天，匈牙利已經封閉了十個月，根據賈西亞·馬奎斯表示，他所參與的團體是第一個被允許回到這個國家的外國代表。這一次的訪問爲時兩週，官方安排的行程中沒有自由活動的時間可以接觸這個城市或匈牙利人：「他們盡一切力量阻止我們對於現況形成任何具體印象。[29]」第五天，賈西亞·馬奎斯在午餐後逃離他的護衛，獨自前往市內參觀。他對西方媒體針對一九五六年起義鎭壓的報導存疑，但市內建築的情況和匈牙利人給他的資訊，讓他相信匈牙利人真正的死傷人數(估計五千人死亡、兩萬人受傷)應該比他在西方媒體上所讀到的數字更高。接下來的幾個晚上，他和一般匈牙利人談話，包括幾名妓女、家庭主婦和學生，他們的疏離和犬儒讓他非常震驚。他和同伴墨利斯·梅爾大膽的行爲導致了始料未及的結果：官方決定必須更慎重地對待這些外國人，因此介紹他們給卡達本人，也隨同前往他的巡迴演講地之一，距離布達佩斯八十英里的烏比斯。這個策略奏效——這不是賈西亞·馬奎斯最後一次因爲直接上達權力最高點而陶醉。他描述卡達顯然只是個平凡的勞工階級，「星期天到動物園餵大象吃花生」，他是個謙遜的人、只是剛好掌權，顯然沒有怪獸般的胃口，認爲必須選擇支持民族主義的極右派或是支持蘇維埃佔領他的國家，進而保全他強烈信仰的共產主義。[30]

賈西亞·馬奎斯顯然樂意接受對方提供的論點，讓他對於匈牙利街道上所見到的沮喪景象能夠稍微釋懷。他分析共產政權的矛盾之處，工人如何被剝奪己身勞力的成果，才能建立共產國家，並且生動的說本來可以避免前一年的掠奪：「問題在於，健康的共產黨有可能把這些積鬱的胃口導引到別的方向。」[31]如今，他的結論是卡達需要協助以跳出身陷的泥沼，但西方國家只在意讓情況越來越糟。而情況的確越來越糟，政府被迫引進監視系統，綜合的成效是「真正的可怕至極」：

> 卡達不知道該怎麼做。由於手上的燙手山芋而使他墮落地呼救蘇維埃部隊的那一刻起，已經無法挽回，他必須放棄自己的信念才能向前走。然而處境卻是把他往回推。他被困在對付納吉的行動裡，指控對方出賣國家給西方，因為這是他唯一可以為自己的政變提供正當性的方法。既然他不能加薪，也沒有消費品，既然經濟已經破壞、他的通敵者未經公開審判或無能，既然人民不會原諒他帶進俄國人、也無法製造奇蹟、既然他無法丟掉這塊山芋、也無法從側門溜出去，他只好把人民關進監獄，繼續在違背自己原則的情況下維持一個恐怖政權，比從前他曾經對抗過的政權還要糟糕。[32]

雖然努力地爲卡達找藉口，賈西亞・馬奎斯深深地感到震驚、洩氣。九月上旬，他從布達佩斯回到巴黎，在比利尼歐・門多薩返回卡拉卡斯之前打電話給他。雖然他持續努力地對於自己在匈牙利的經驗寫下正面報導，他仍然宣稱：「目前爲止我們所眼見的一切都不及匈牙利。」[33]當然，此時這趟旅程仍然是個秘密，直到十二月中旬他才通知在卡塔赫納的母親「一家委內瑞拉雜誌贊助一趟長途旅程」，但他還是沒有說明這趟旅程帶他去了哪些地方。[34]

賈西亞・馬奎斯經過漫長的旅程回到巴黎，既沒有錢，也沒有地方可去。「坐了五十一個小時的火車之後，我口袋裡只有一個打電話的銅板。我不想浪費掉，但時間又太早，我等到早上九點才打電話給一個朋友。『在那裡等著，』他說，朋友帶我到他在弩伊利租的一間傭人房，借給我住。在那裡，我再度坐下來寫《邪惡時刻》。」[35]不過在一九五七年九月下旬和十月，在巴黎的傭人房裡，賈西亞・馬奎斯先寫下他對於最近這一趟旅程的印象，天衣無縫地加入一九五五年對於波蘭和捷克斯洛伐克的印象。結果是一整系列的文章，最後在一九五九年以〈鐵幕後的九十天〉發表，雖然他在蘇聯和匈牙利的經驗是能隨即經由比利尼歐・門多薩於《時代》雜誌(卡拉卡斯)發表[36]。對於歷史的一刻，這些文章成爲非凡的見證——一位心懷善意的觀察家非常有見解、先見之明地批評蘇維埃體制的弱點[37]。他把這些文章寄給良師——《獨立報》的愛德華・薩拉梅亞・玻達「尤里西斯」刊登，他現在是副總編輯。天知道這個老左派編輯是以什麼樣的心情收到這些文章，將其擱置在自己的檔案櫃裡，賈西亞・馬奎斯兩年後才找到稿子，終於設法讓它們刊登於《彩印》週刊。[38]

同時，塔奇雅在西班牙待了九個月：「和賈布列爾的戀情結束之後，我有三年的時間完全地迷惘：受傷、苦澀，所有的感情都出錯，我身邊一個男人也沒有。」十二月聖誕節前她直接前往馬德里，馬上受到錄用。她在一位委內瑞拉富人瑪麗特薩・卡巴耶羅的劇團工作，相當諷刺的是，她擔綱主演《安蒂岡妮》，這部與賈西亞・馬奎斯的第一本小說《葉風暴》密切相關的劇作：她飾演安蒂岡妮的妹妹伊斯美妮。

接著，她回到巴黎：「我的老闆瑪麗特薩・卡巴耶羅開著她的賓士車一路送我，真是個光鮮的經驗。」某日，從現今聖米榭爾大道上盧森堡咖啡座的窗外，她看見他——「比我想要的還要早發生」。她走進去，他們聊了一下，決定應該「好好地結束」，於是去附近一家便宜的旅館共度春宵。「很難、很悶，但比較好。那是在他離開巴黎不久之前，在一九五七年最後的分離之後，賈布列爾和我直到一九六八年才再度碰面。」[39]

賈西亞・馬奎斯在巴黎的時光差不多已經接近尾聲。戴高樂於六月重掌政權，本來應該讓第四共和免於失去阿爾及利亞，他卻宣布第五共和開始，最後藉由放棄阿爾及利亞，從法國人手中拯救了法國人。

十一月上旬，亞伯特・卡謬得到諾貝爾文學獎的消息宣布幾週之後，賈西亞・馬奎斯搬到倫敦[40]，打算在這裡撐越久越好；就像在巴黎一樣，他希望文章可以刊登在《獨立報》以及委內瑞拉雜誌《時代》，如今由比利尼歐・門多薩擔任總編輯。門多薩只在十一月下旬刊登了其中兩篇：〈我訪問匈牙利〉以及〈我在俄國〉。賈西亞・馬奎斯一直很想學英文，到東歐的這段旅程更是直接凸顯出這件事的重要性，因爲那裡沒有人會說西班牙文。剛好，他到達歐洲之後也對英國事務開始表達興趣——皇室以及政治人物(艾登、畢文、麥克米蘭)，就算他所自稱的興趣其實只限於英國舊習的衰微。雖然佛朗哥政權下的西班牙禁止其他的意識型態(也許他甚至懼怕自己在那裡會被捕，因爲西班牙和哥倫比亞有緊密關係，也懼怕他有可能在羅哈斯・畢尼亞政府反共產黨的黑名單上)，他和一名西班牙女子在一起快一年，顯然訪問歐洲其他舊殖民國家是他偉大遠景的一部分，同時也合乎邏輯。的確，考慮到當時的困難、悲慘的經濟狀況，他還能夠見識到東歐和西歐這麼多的地方，真是相當令人吃驚。不過，他既希望以微薄的收入住在倫敦，又不懂當地語言，也沒有在巴黎隨手可及的拉丁美洲關係，的確堪稱為他勇敢的意圖。

他在南肯辛頓的一家小旅社撐了將近六個星期，不是在寫《邪惡時刻》，而是更多從中延伸的故事，後來出現在《大媽媽的葬禮及其他故事》時，受到許多讀者的喜愛。如同他關於上校及其撫卹金的短篇故事，但不同於《邪惡時刻》，這些故事不是關於故事背景管理小鎮的冷酷官方，而是關於窮人面對逆境時的作爲，如同他希望自已在巴黎的黑暗歲月所做的，加上角色與正面價值，一個薩瓦提尼型的故事。他雖然懷抱善意，卻沒有給自己什麼機會學習當地的語言，只有週末會在海德公園的演講者角落聽人演講。在〈倫敦的週六〉一文中，他幾乎民俗式地總結自己在英國首都的經驗，也許是「他在歐洲寫過最好的新聞報導」[41]。寫這些文章時他還在倫敦，一九五八年一月文章刊登於卡拉卡斯《民族報》及《時代》雜誌。他在其中提到：

> 我到倫敦的時候以為英國人在街上自言自語，後來才知道他們在說「抱歉」。星期六整個城市的人擠到皮卡迪利圓環，根本不可能走動而不撞倒人，接著就是一整片嗡嗡作響、整齊的街上合唱：「抱歉」。因為霧的關係，我對英國人唯一所知的就是他們的聲音。在中午的陰影下，我聽到他們道歉，用他們的樂器找路，就像飛機在黑暗棉花的霧中所做的。最後，上個星期六在陽光下，我終於第一次見到他們，他們都在街上邊走邊吃。[42]

不過，他後來告訴當時也住在倫敦的馬立歐・巴爾加斯・尤薩，他主要的不滿是沒有黑菸草，他大多的錢都拿來買進口的「高盧人」牌子。然而，他也說，倫敦對他有著奇怪的吸引力：「你很幸運地在這樣的一個城市裡，由於神秘不可知的理由，除了對我而言是世界最棒的城市，這裡也是最適合寫作的城市。我以觀光客的身分前來，卻有某種力量使我關在房間裡，真的可以飄浮在煙霧之中，一個月內我寫了《大媽媽》裡差不多所有的故事。我浪費了所有應該去探訪各地景點的機會，但得到一本書。」[43]

十二月三日，他經由巴朗基亞的梅瑟德斯寄了一封信給卡塔赫納的母親。在信中，他提到寫信給波哥大的迪莉雅舅媽，應該是爲了向她最近去世的丈夫胡安・迪歐斯致悼念之意，後者即露易莎・聖蒂雅嘉唯一的兄弟。當時，他雖然說以爲自己很快就會回家，但賈西亞・馬奎斯的計畫其實尚未成形：「我在倫敦兩個星期，準備好回到哥倫比亞。接下來的幾個星期裡我考慮很快地去一趟巴黎，接著到巴塞隆納和馬德里——既然西班牙是我唯一還不認識的歐洲國家——所以，我算好應該最晚聖誕節或新年就會回到哥倫比亞。我還沒有厭倦遊歷世界，但梅瑟德斯已經等我太久了，要她再等下去不公平。我沒想錯的話，也許她還有那麼一點點耐心，但要她再等下去是不對的，因爲我在歐洲學到的一件事就是，並不是每個女人都像她一樣忠實而認真。[44]」他說自己沒有錢、沒有工作，只有《觀察家日報》似乎有一點希望。他要求母親寄兩份出生證明給他，加註：「信不信由妳，我沒有在歐洲結婚。」

不到兩個星期後的十二月十六日，他意外地收到來自卡拉卡斯的一份電報，比利尼歐・門多薩的老闆提供他一張機票前往委內瑞拉首都，到《時代》雜誌與他和門多薩一起工作。這個良機不容錯失，加上倫敦顯然並沒有留下任何讓他可以選擇的餘地。他後來告訴我，在這個城市「外國人沒有準備最低消費根本不可能生活」[45]。不過，他還是打電話給門多薩，說有一個瘋子從卡拉卡斯打電話抱怨他(瘋子)的不幸，並提供他一份工作。門多薩表示卡洛斯．拉米瑞茲．麥奎格的確瘋了，但有工作可做是真的。賈西亞．馬奎斯於聖誕節前離開倫敦，不是如他最近承諾的回到哥倫比亞，而是前往委內瑞拉。

四十年後他對我說：「你知道，一九五六年年初在歐洲丟掉那份工作時，就像在巴朗基亞一樣，我又放棄了一切。我可以很容易在其他報社找到工作，只是我仍流浪了兩年，直到理所當然地停下來返回我自己的創作上，大部分的時間我只是聆聽自己的情緒、我的內心世界；我有這種經驗，也建立了一個個人的世界。大部分的拉丁美洲人在歐洲接受文化的洗禮，我卻完全沒有。」46

第十二章
委內瑞拉和哥倫比亞：「大媽媽」的誕生
一九五八—一九五九

一九五七年十二月二十三日，收到來自卡拉卡斯電報的一星期後，賈西亞・馬奎斯飛到委內瑞拉的麥奎蒂亞機場，內心充滿著興奮與期待。他的旅程經由當時大雪紛飛的里斯本，接著遠遠地飛離歐洲，降落於蘇利南的巴拉馬利波；這裡令人窒息的熱氣與隨處可見的番石榴有著他童年的味道[1]。他穿著藍色牛仔褲、特價時在聖米榭爾大道上買來的棕色尼龍襯衫，每天晚上都洗一遍，其他行李只放在一個硬紙板的行李箱裡，主要是《沒人寫信給上校》的手稿，也就是他在倫敦開始寫的新小說，以及仍然尚未命名的《邪惡時刻》。門多薩記得大約下午五點鐘他的朋友抵達，和姊妹索蕾妲一起簡單地帶他遊覽了一下卡拉卡斯市中心，然後帶他到時髦的聖伯納迪諾郊區，讓他住在一家義大利移民開的廉價旅社裡。

這是他第一次造訪哥倫比亞以外的拉丁美洲國家。卡拉卡斯是一座人口大約一百五十萬的集合城市，坐在門多薩白色MG敞篷跑車進入市中心時，賈西亞・馬奎斯問他和索蕾妲市中心在哪裡？當時的卡拉卡斯已經是個以不規則狀擴張、漫無條理、汽車當道的城市，在綠色山丘及阿維拉山紅紫色的山脊前閃閃發亮，有如熱帶地區的北美城市一般。當時的委內瑞拉處於無情的軍事政權掌握之下，這也不是第一次。的確，偉大解放者西蒙・波利瓦爾的家鄉幾乎沒有議會民主的傳統或經驗。魁梧的馬可・裴瑞茲・希門內茲將軍專政統治已達六年之久，不過在他統治期間，來自石油工業的工業潮帶來一連串建築和公路的興建風潮，是其他拉丁美洲國家所尚未體驗過的。[2]

《時代》雜誌的老闆卡洛斯・拉米瑞茲・麥奎格(員工叫他「瘋子」)是個禿頭的瘦子，常會有一陣陣的歇斯底里，至少門多薩是這麼說的。他穿著皺皺的白色熱帶西裝，大半輩子都戴著當時軍事獨裁政權主導的拉丁美洲下正受歡迎的深色鏡片。第一天的早上，他甚至沒有回應賈西亞・馬奎斯的招呼，也許，正如之前在《觀察家日報》時的基耶爾莫・卡諾，他無法把眼前這位華而不實、削瘦身材的男人和門多薩口中所描繪的傑出作家、記者聯想在一起，他早已相當牢固的聲譽，在歐洲的兩年半間又更加地穩固。

賈西亞・馬奎斯不為所懼。他後來描述，雖然並未馬上有賓至如歸的感覺，但在卡拉卡斯這一段時期裡他「既快樂又無拘無束」(他後來在那裡所寫文章選集的標題)。對他而言，在歐洲灰暗的壓抑之後，委內瑞拉稍嫌專橫。但在過度的分貝以及歡迎這方面，卡拉卡斯的氣氛令人想起他所熱愛的巴朗基亞，熱帶生活歡樂及隨性的氣氛，加上一項非比尋常的優勢：卡拉卡斯真的是這陌生加勒比海國家的首善之都。

賈西亞・馬奎斯和門多薩很興奮又能在一起，他們在比利尼歐另一個妹妹艾爾維菈的家裡慶祝聖誕節和新年。前一年，賈布有好幾個月的時間都相當孤單，在倫敦的短暫時間完全與世隔絕，此時的他非常高興有觀眾聽他無窮盡的故事發想，縱使偶爾並不情願，自從遇到「奇內其達」和薩瓦提尼的電影劇本之後，這些靈感大幅地增加。門多薩以前未曾近距離接觸過有固定住所和穩定工作的賈西亞・馬奎斯，因而非常驚訝他在報社辦公室如此認真工作，居然還有辦法維持另一個完全不同的生活：「在每一個地方，我都目睹他身爲小說家的秘密工作，總是找機會進行自己的書稿創作。我甚至也染上了小說家的怪異分裂人格，每一天，他和自己的角色生活在一起，彷彿他們有自己的生命。寫每一章之前他會先說給我聽。」[3]

賈西亞・馬奎斯在委內瑞拉停留期間，最重要及最難忘的一刻發生在第一個星期。十二月十五日，他從倫敦飛到卡拉卡斯的幾天前，裴瑞茲・希門內茲才經由非常可恥的作弊公民投票確認掌權。一九五八年一月一日下午，準備完年末特刊、前一晚參加了新年狂歡之後，賈西亞・馬奎斯、門多薩和門多薩的妹妹計畫去海邊，然而正當大家都拿起毛巾和泳衣時，賈西亞・馬奎斯有一股家人和小說裡經常發生、更別提他自己總是不可預測的人生裡經常發生的預感。他告訴比利尼歐：「糟糕，我感覺有事要發生了！」他繼而偷偷告訴大家要小心注意。幾分鐘後，他們站在窗口看著轟炸機飛過城市上空、掠過屋頂，聽著機關槍開火的聲音。遲來的索蕾妲・門多薩在這時抵達，從街上大叫著新聞：「馬拉卡市的空軍基地起義了，他們正在轟炸米拉佛瑞斯的總統官邸！」大家急忙跑到屋頂上觀看這幕奇景。[4]

起義受到鎮壓，但卡拉卡斯卻陷入混亂之中。緊接著而來的是令人緊張的三個星期，充滿了焦慮、陰謀和鎮壓。經歷了數年的恐怖和威嚇之後，從一月十日起，一群群示威人士開始在市內各處抗議、反抗警察。一天下午，這兩位哥倫比亞人在大樓外時，國家安全警察突襲《時代》雜誌辦公室，逮捕了在場的所有員工，全部帶到總部去。當時老闆人在紐約，門多薩和賈西亞・馬奎斯一整天開著那輛白色MG跑車在處於危機的城裡，直到宵禁時間，因而逃過被逮捕及搜刮資料的命運。一月二十二日，委內瑞拉媒體全體停止工作，這是紐約的民主黨領袖「愛國執政團」策畫發起全體罷工的序曲。當天晚上，緊張情勢升到最高點，這兩位朋友熬夜在門多薩的公寓裡聽著收音機，凌晨三點，他們聽到頭頂飛機的引擎聲，看到裴瑞茲・希門內茲的飛機燈光帶他到放逐地聖多明哥。街上滿是歡欣鼓舞的人民在慶祝這個新聞，氣笛聲一直響到凌晨仍然不絕於耳。[5]

裴瑞茲・希門內茲離開才三天後，賈西亞・馬奎斯與門多薩和一群記者在市區的總統府焦慮地等待著前一晚剛宣布的執政團、軍隊作何決定。房門突然打開，門內一名士兵顯然屬於爭論失敗的那一方，手持機關槍倒退著走出房間，從官邸撤退進而流亡，只留下地板上的泥腳印。後來，賈西亞・馬奎斯說：「在那一刻，那士兵離開房間的那一刻，從他們討論如何成立新政府的房間裡，我才第一次對權力有了意會，感受到權力的神秘。」[6]幾天後，他與門多薩和米拉佛瑞斯總統官邸的管家促膝長談，他從委內瑞拉典型強人獨裁者胡安・維森德・高梅茲上任第一天就服侍過所有的委內瑞拉總統。胡安・維森德・高梅茲從一九〇八年到一九三五年統治這個國家時，有著令人聞之色變的名聲；然而總管談到他時，卻帶著特別的崇敬以及無庸置疑的懷舊。直到那時，賈西亞・馬奎斯對於獨裁者總是抱持著往常民主式的本能反應，但這次的邂逅讓他開始思索：爲什麼有這麼多人受到這類人物的吸引？幾天後，他告訴門多薩自己開始產生興趣想寫一本關於獨裁者的偉大小說，大聲地說：「你們沒有注意到嗎？還沒有出現？」[7]最後，高梅茲成爲中心主角的原型，也許是《獨裁者的秋天》中心主角的原型。

在這些發人深省的邂逅之後，賈西亞・馬奎斯很快地讀到桑頓・懷爾德的小說《三月十五日》，重現凱薩大帝死前最後時日。這本書使他想起最近在莫斯科看見史達林以防腐保存的屍體之姿，他開始蒐集一些細節，最後賦予自己的獨裁者生命，生動地呈現出對於權力、權威、無能和孤獨的沉迷，它們自童年時期就縈繞他的想像力。門多薩回憶到，當時他的朋友，不露倦容花很多時間閱讀拉丁美洲看似無止境的一連串暴君的資料，他們一起在附近餐廳用餐時，會以他們生活中生動、最誇張的細節談論他，進而逐漸的發展出輪廓：沒有父親的男孩、對母親有著不健康依賴的男性，對於世俗所有權力有著強烈的慾望[8]（高梅茲的名聲是把委內瑞拉當成巨大的牧場在執政）。新小說的元素很快各就其位，然而再一次地，這個計畫完全的開花結果還得經過許多年。

然而至少在目前，賈西亞・馬奎斯得其所哉。他回應新環境的喜悅和機會，彷彿自己是委內瑞拉國民，開始對人權、正義、民主發展出更明確的論述。根據許多讀者的評斷，他爲《時代》雜誌寫的文章是整個事業中水準最高的一部分。在歐洲時，他以第一人稱的觀點賦予自己的報導可信度和直接性，如今，他進展到一種幾乎非個人的超然，只更增加了他陳述的明確度，甚至潛在的熱情。[9]

裴瑞茲・希門內茲下台才兩個星期，賈西亞・馬奎斯已經寫了一篇非常深刻的政論文章，標題爲「在此奮鬥過程中教士的參與」[10]，解釋了委內瑞拉教會大致上的角色，特別是某些神父的勇氣，更別提卡拉卡斯大主教本人，在許多民主政治人物都已經放棄之時，是他促成了獨裁的瓦解。他非常清楚教會對於拉丁美洲政治的持續影響力，許多次都在文章中提到教會的「社會教誨」。這不只是實用主義的想法，也是先見之明，因爲同年十月，若望保祿二十三世成爲新的教宗，後來以「解放神學」爲人知的第一個徵兆此時在拉丁美洲已經非常顯著。賈西亞・馬奎斯在波哥大時期的大學朋友卡密洛・托瑞斯，成爲全拉丁美洲以新宗教教義的信條爲基礎介入游擊隊戰鬥，而最爲人知的神父。

三月的某一天，他和比利尼歐・門多薩、荷西・豐特・卡斯楚以及其他朋友坐在卡拉卡斯的「豪華咖啡館」喝著酒，他看看手錶說：「他媽的，我快錯過飛機了！」比利尼歐問他要去哪裡？賈西亞・馬奎斯說：「去結婚。」豐特・卡斯楚回憶道：「這使我們大家都很驚訝，因爲根本沒有人知道他有女朋友。」[11]自從賈西亞・馬奎斯第一次向梅瑟德斯・巴爾恰求婚以來，已經超過十二年了；根據他自己的說法，自從他第一次決定要娶她爲妻算起來已經超過十六年。此時的他剛滿三十一歲，她二十五歲。除了通信內容之外，他們其實並不太認識對方。另一方面，比利尼歐・門多薩很清楚賈西亞・馬奎斯和塔奇雅・金塔娜的戀情——她甚至寫信問他是否有可能在委內瑞拉找到工作——他的妹妹索蕾妲見過這位西班牙演員，兩人並結下堅固的友誼。的確，就在他抵達卡拉卡斯後不久，她曾經問過賈西亞・馬奎斯如何能放棄這樣的女人？梅瑟德斯會搬到自己幾乎一無所知的世界，她丈夫的世界——的確，她對丈夫的世界，瞭解遠遠不及身邊這些新朋友。對於自己身爲這個外向但也非常注重隱私、甚至守口如瓶的男人生命中的女人，要到很多年後，她才終於對此角色感到完全的自信。

哥倫比亞的家人已經將近三年沒有見到小賈布了，就算是在那之前，自從一九五一年年底他短暫地和他們一起住在卡塔赫納後回到巴朗基亞以來，他們也只見過他一、兩次。事實上，賈西亞・馬奎斯卡塔赫納家人的處境變得很差，直到最近才有所改善，但即使如此都還是很困難。不過，上校在阿拉加塔加的舊房子終於在一九五七年八月二日賣掉了[12]。由於房租收入變得微不足道，隨著建築物慢慢凋零，最後，賈西亞・馬奎斯家族決定以七千披索賣給一對貧窮的農人夫婦，他們剛剛贏得當地的樂透。這筆錢幫助了賈布列爾・埃利西歐完成他在卡塔赫納的皮耶・玻帕所蓋的新房子。

露易莎衷心的想確定小賈布能得到最好的教育——也許她在父親死前如此向他保證過——然而，她漸漸地被身爲十一個孩子母親的生活弄得筋疲力盡，而她掛念著排行比較前面幾個女孩子的教育問題，似乎比較是因爲不希望讓她們落入蘇克雷「當地鄉巴佬」的魔掌，而不是幫助她們走向獨立的未來。其中一個例子就是艾妲，從聖塔瑪爾坦畢業之後，她在卡塔赫納的慈幼會修女學校教低年級學生，小賈布在一九五八年回家之前的幾年，她突然決定成爲修女，離家前往梅德茵。當時，賈布列爾・埃利西歐和露易莎・聖蒂雅嘉都反對艾妲的決定——正如同他們反對她和拉法葉・裴瑞茲之間的感情，蘇克雷一位想要娶她的男孩——但這次沒有用。無論如何，這家人很快就要爲賈布列爾・埃利西歐對於教育自由放任的態度付出慘痛的代價，如今青春期的庫奇(阿夫列多)開始誤入歧途，成爲毒品的受害者，最終縮短了他的生命。

同時，最小的妹妹莉妲則捲入一場鬧劇，差點演變成「羅蜜歐與茱麗葉」。「我唯一的情人是我的丈夫阿豐索・托瑞斯。我一九五三年十一月從辛瑟回到卡塔赫納，十二月在鄰居的妹妹家認識他，悲劇從此開始，因爲除了古斯塔沃以外，沒有人喜歡他[13]。」她認識阿豐索的時候只有十四歲，家人非常反對他們在一起。阿豐索雖然英俊過人，但暗膚色卻一點幫助也沒有。儘管面臨極大的阻撓，莉妲和阿豐索還是秘密地交往了四年。有一次，她對於這樣的情況非常難過，把頭髮全部剪掉以抗議父母的態度——他們甚至不讓那年輕人進到屋內。他們永遠都不希望自己的女兒結婚(如同艾妲一般，瑪歌在蘇克雷也有她自己的拉法葉，拉法葉・布耶諾，等她決定反抗父母時，他已經把另一個女孩的肚子搞大，瑪歌從此不再接受愛情)。如今，莉妲的大哥小賈布會來拯救她，她在學校讀過他寫的故事(她最喜歡《船難水手的故事》)。

賈西亞・馬奎斯休了四天假。飛到巴朗基亞，住在七十二街和四十七號公路路口的舊阿罕布拉旅館，只帶著一個空行李箱。「卡拉卡斯的衣服很貴[14]，」他說。後來，梅瑟德斯堅持是他「突然出現」在她家，不過他大概有事先聯絡她，而這只是長期以來有人問到他們的求愛過程和婚姻時，他們慣常攤出的滑稽版本。她告訴我，她總是栩栩如生地記得自己躺在藥房樓上房間裡的床上，一個妹妹大叫：「小賈布來了[15]！」不過，她不肯說自己是興奮還是只有驚訝。當天晚上，路易斯・安立奎從西安納加坐飛機過來，加上小賈布、福恩馬佑爾和巴爾加斯，他們到「洞穴」共度朝聖般的單身漢之夜。

一九五八年三月二十一日早上十一點，訂婚不到三年之後，這對新人在七月二十日大道上的永援聖母教堂結婚[16]。「洞穴」的成員幾乎全體出席，阿豐索・福恩馬佑爾記得小賈布看起來似乎因為那一刻的莊嚴而感到迷茫，穿著暗灰色西裝的他比往常更為清瘦，領帶極為罕見地工整。新娘姍姍來遲得令人憂心，但穿著令人驚豔，驚人的藍色長禮服和面紗。喜宴地點則選擇在她父親座落於街道另一頭的藥房裡。[17]

兩天後，這對新人前往卡塔赫納拜訪梅瑟德斯的婆家。對露易莎而言，自己的兒子離開這麼久，出現的時候已經結婚，這種感覺一定很奇怪。阿豐索藉此機會安排去美麗華冰淇淋店見女朋友的大哥。第二天早上莉妲上學時，露易莎對她說：「小賈布昨天和阿豐索談過了，他今天會和妳的父親談，所以今天會決定妳的事情。」莉妲後來聽說大哥對父親說：「該是你開始把那些商品賣掉的時候了。」阿豐索終於可以進到屋子裡。為了表示他是認真的，他說自己準備再等一年，等莉妲念完高中。而為了表示自己一點也不嚴苛古板，賈布列爾・埃利西歐說他不贊成長時間訂婚，這對情侶應該馬上成婚。結果這起婚事在三個月內就完成，莉妲因而高中沒有畢業，反倒生了五個小孩，接著在當地的政府機構工作，支撐家計二十五年。阿豐索・托瑞斯則漸漸成為卡塔赫納賈西亞・馬奎斯家族中的男人。[18]

賈西亞・馬奎斯家族裡年紀最小的是伊尤，四十年後，他回憶起小賈布閃電般的造訪：「他才剛結婚，和梅瑟德斯一起來卡塔赫納度蜜月，或是說再見，或者兩者都有，我不知道。不過，我很清楚地記得他們：兩個都坐在大廳的沙發上，在皮耶・玻帕的大房子裡，我在那裡度過青春期。他們不停地說話、抽菸。他們菸抽得很凶：在大廳、廚房裡、餐桌上，甚至在床上，上面他們有自己的菸灰缸和三包香菸。他很瘦，她也是。他很緊張，有著細細的鬍鬚，她長得很像蘇菲亞・羅蘭。」19

對於親朋好友而言，這對新婚夫婦太早離開，他們經由馬拉開波飛往卡拉卡斯。她幼時朋友後來告訴我，在蘇克雷下午的陽光下，這小女孩曾經靠在露臺牆邊說：「喔，我想去環遊世界，住在大城市裡，住遍不同的旅館。」如今她出發了。在她過去擁有的人生裡，沒有理由相信這樣的夢想會成真。他們在飛機上聊天時，賈布告訴梅瑟德斯一些自己的夢想：他會出版一本名為《家》的小說；他會寫另一本關於獨裁者的小說；四十歲的時候他會寫出畢生傑作。她後來仔細回想：「賈布出生的時候眼睛張得開開的……他總是能夠得到自己想要的，就算是我們的婚姻也一樣。我十三歲的時候他對他的父親說：『我知道自己要和誰結婚。』當時我們只不過剛認識而已20。」如今，她嫁給了這個自己幾乎一無所知的男人。

這是新的賈西亞・馬奎斯，因著結婚的現實、新的責任而改變，此刻坦然地計畫未來。自然地，這不只是夫婿試圖讓妻子印象深刻，他也在創始一個新的年代、新的計畫。即使是他心愛的文學，屬於他自己的領域，都是這新方程式的一部分。他再也不能只是隨隨便便地活著，左手進右手出，一切都必須經過計畫、組織——包括寫作在內。

門多薩全家都出現在卡拉卡斯機場，包括如今垂垂老矣的前國防部長比利尼歐・門多薩・聶拉，他漸漸地知道自己在哥倫比亞的政治抱負已經隨著時間煙消雲散。在哥倫比亞贏得歷史性勝利的保守黨，在委內瑞拉顯然永遠地輸了。

面對這吵雜、外向、也許過於自信、甚至專橫的新家人，梅瑟德斯感到不知所措。二妹索蕾妲無疑暗中、也許甚至負面地拿她和見過世面的塔奇雅比較。二十年後，在一本時髦波哥大雜誌的文章裡，最小的妹妹龔雪婁無意地揭露梅瑟德斯覺得如此不安的原因。回憶起許多年前她抵達之時，龔雪妻寫道：「她有著海岸區女性典型的體型：苗條但骨架較大、膚色黝黑、較高而不是較矮、鳳眼、豐唇微笑，嚴肅同時也帶點嘲弄。那是梅瑟德斯・巴爾恰第一次出國，她抵達卡拉卡斯時，看起來似乎是個羞怯、安靜的平凡人，穿的窄裙似乎比流行的要大一號，短髮，那頭永遠的捲髮對她沒有好處[21]。」簡而言之：她可能有非洲血統、過時、一點也不顯眼。毫不令人意外地，梅瑟德斯後來告訴我，她在卡拉卡斯「花了太多時間」和門多薩一家人在一起，這些時間「不合乎我的品味，一點也不有趣——坦白說，我很想離開門多薩一家人」。只是，剛開始她幾乎每天都必須和他們一起用餐。賈西亞・馬奎斯在聖伯納迪諾的羅萊馬大廈安排了一間小公寓，裡面幾乎沒有家具或家庭用品[22]，此等糗事被這對新婚夫妻講了好幾年。比利尼歐・門多薩從來沒有離開賈西亞・巴爾恰家，即使在蜜月期間也一樣[23]，馬立歐・巴爾加斯・尤薩三十年後一邊告訴我這個故事時，還對此哈哈大笑。門多薩自己的回憶錄《冰與火焰》含蓄地證實這個故事。我們也許可以想像比利尼歐原本承諾要守口如瓶，但到頭來卻告訴全世界梅瑟德斯第一次嘗試下廚的災難——梅瑟德斯承認自己連顆蛋都不會煮，是賈布教她的[24]——以及她到卡拉卡斯之後一句話也沒說的事實：「我見到梅瑟德斯三天後告訴我妹妹，『賈布娶了個啞巴。』」[25]

不過，梅瑟德斯說自己和丈夫之間的溝通沒有問題。一九九一年，我問她認爲維繫他們之間感情的是什麼？她說：「我覺得問題在於肌膚相親的效應，你不認爲嗎？沒有這一點的話，什麼也沒有[26]。」但那只是開始，她很快地進入他的內心，不過和他真正認識她之前那些年的挫折有所不同，這個男人以爲自己絕對能生活於自給自足中，自從外公在他十歲過世之後就不再指望任何人，但她如今成爲他生命中不可或缺的人。她爲他的生活帶來冷靜、秩序。漸漸地，隨著她越來越有自信——或者，隨著她找到方法把內在的自信轉化成外在的表達——她開始在賈西亞・馬奎斯諸多衍生的雜事中加諸如今傳奇性的秩序感匯整，她整理他的文章、新聞剪報、文件、故事、《家》及《沒人寫信給上校》的打字稿。

事實上，在婚禮之前，雖然在他到達卡拉卡斯之後發生了激烈的政治和新聞抗爭，賈西亞・馬奎斯仍然狂熱地投注在他的文學作品上。門多薩建議他的朋友參加一個由《民族報》發起、米格爾・奧特羅・西爾瓦贊助的短篇故事比賽，他幾乎一鼓作氣地寫下第四個馬康多故事〈週二的午休〉。比利尼歐指出，賈西亞・馬奎斯的這篇故事寫於一九五八年復活節的那一個禮拜(如果他朋友說的是實話，但再一次地，很可能早就有比利尼歐沒看過的第一個版本)，這個故事來自他從小就記得的事件，先是聽到有人大叫「那小偷的母親來了」，接著見到一名可憐的婦人走過阿拉加塔加上校的房子[27]。這個短篇故事所描述的是一個女人和她的女兒坐火車抵達馬康多，被迫在鎮民敵意的眼光下走過街道，才能拜訪她兒子所埋葬的墓地，他在企圖搶劫時被射殺。這雖然是少數設於阿拉加塔加—馬康多的故事之一，但風格上謹守賈西亞・馬奎斯這段時期新寫實主義的美學特色。他常常說自己認爲這是他寫得最好的一篇故事，最引人入勝、「最親密」，可能是因爲在他童年的記憶中神奇地融入了自己和母親歸鄉的經驗，一九五〇年在正午的炎熱中走在阿拉加塔加的街上[28]。雖然有這些可取之處，但文章並沒有得獎。

當然就靈感而言，這一篇以及其他馬康多—阿拉加塔加的故事寫出作者「奇妙」的童年記憶，許多是懷舊的；而背景設在「鎮上」(蘇克雷)的故事則驅走他痛苦的青春期記憶。然而，不論背景是馬康多或是「鎮上」，這些故事並不是專注在管理兩個地區的冷血官方——雖然馬康多的神父永遠沒有「鎮上」的神父冷酷，其他官方也是如此(馬康多甚至沒有市長)——而是專注在平凡的人們身上，以貼近的觀察、溫暖的顏色描繪他們在嚴苛困境中試著過活，在總是逆境的情況下以最大的勇氣、禮儀、尊嚴、榮譽生活著。如果這聽起來很多愁善感，不可能是「現實的」，那麼，是這個作者的天才使他有辦法說服最多疑的讀者認同他的看法。

賈西亞・馬奎斯碰巧可以利用五月下旬和整個六月寫他的故事，因爲再一次地，如同一九四八年和一九五六年，不受歡迎的不幸卻爲他帶來文學上的好運。裴瑞茲・希門內茲不久前才被美國總統艾森豪頒爲美國之友，五月十三日，就他在下台不到四個月之內，共和黨副總統理查・尼克森前往委內瑞拉進行一場災難性的友好訪問。尼克森的車子被困在離開機場的路上，被丟石頭、吐口水，差點喪命。這個事件受到世界各地媒體的報導，認爲是美國和拉丁美洲關係降到冰點的歷史徵兆，而針對這次被羞辱的挫敗檢討，也引致三年後「進步聯盟」的成立。如同其他報社老闆，拉米瑞茲・麥奎格決定寫一篇特別的社論悲嘆尼克森的遭遇，其實就是在爲這個事件道歉。關於這個事件，門多薩則是參與了一次激烈的爭論，他對著老闆尖叫「去吃屎吧！」當場辭職走人。下樓梯時，他遇到遲到的賈西亞・馬奎斯，解釋發生了什麼事，賈西亞・馬奎斯轉頭和他一起走出去，兩人都丟了工作。[29]

兩名失業的記者回到聖伯納迪諾，接了梅瑟德斯去喝一杯，到當地餐廳「巴別拉寒舍」吃飯，一面做事後分析，一面慶祝。後來證明，梅瑟德斯不但爲人較安靜，而且還有黑色幽默感，他們一邊告訴她發生什麼事，爲什麼被炒魷魚，她一邊放聲大笑。這多出來的時間讓賈西亞・馬奎斯得以延長他的蜜月期，繼續寫他的短篇小說，這對新婚夫婦因而有更多時間相處在一起。[30]

她隨身帶著一大捆賈布寫給她的信到卡拉卡斯，總共六百五十頁。幾個星期後，他要求她把這些信銷毀，因爲，根據她的回憶：「它們有可能會落入他人手中。」他自己的版本則是，每次他們意見不同的時候，她總是說，「你不可以這麼說，因爲你從巴黎寫給我的信說你永遠不會這麼做。」當他確定她不願意毀去時——根據他們的個性，一定是經過非常謹慎而困難的討論——，他建議從她手中買下這批信件，最後他們同意象徵性的一百委內瑞拉銀幣，之後她就把這些信件全數銷毀[31]。如果這件事屬實，那麼實在非常有意思(甚至如果不是真的也一樣)。首先最主要地，這顯示他含蓄地保證一輩子都會和她維持婚姻關係，對她而言永遠不會有所謂的「小賈布」時期可以回顧，因爲他們之間永遠不會有距離存在，因此也永遠不需要藉由看舊信件來懷舊。其次，也許私底下，這些信件是給他自己的，一段他的確曾經拋棄她的時期的紀念品，他和塔奇雅的戀情、和「妞妞」之間的露水姻緣。無疑地，他的良心要求銷毀這些證據(可能因爲他沒有排除再度和塔奇雅恢復聯絡，他和梅瑟德斯結婚前正好是他和塔奇雅認識兩週年)。最後，不論乍看之下有多麼不可能，也有可能是當這個年輕人在飛機上吹噓著未來的功績時，其實他知道自己將來會出名，從一開始就有這樣的直覺，因此應該提前銷毀生命中所有的證據，爲未來的學生、評論、傳記作者建立一個現成的形象。不論哪一個才是真相，這個行爲都符合賈西亞・馬奎斯心中深植的直覺，不要緊緊抓住過去不放，也不要收集紀念品或定情物——即使是來自他的小說。

比利尼歐・門多薩再度被國內頂尖的新聞雜誌《菁英》(*Elite*)延攬。在那裡，賈西亞・馬奎斯遇見了未來最重要的委內瑞拉朋友西蒙・阿貝爾托・康薩爾維，他後來成爲共和國的外交部長。經由拉丁美洲最有影響力的報紙集團之一卡普里列斯集團的所有人米格爾・安赫爾・卡普里列斯，門多薩成功地在同一家機構幫賈西亞・馬奎斯找到另一份工作。因此，六月二十七日，賈西亞・馬奎斯成爲卡普里列斯雜誌中最輕佻的《委內瑞拉影像》(*Venezuela Grafica*)總編輯，這本雜誌素以「委內瑞拉色情照片」而廣爲人知，尤其是諸多穿著清涼的「名角」[32]。他剛幫《菁英》雜誌寫了一篇重要的文章，關於匈牙利前總理納吉的死刑(一九五八年六月二十八日)，但幫新雜誌則寫得很少。

來自哥倫比亞的好消息是，《沒人寫信給上校》突然刊登在六月號的《傳奇》(*Mito*)，就在賈西亞・馬奎斯一九五五年前往歐洲之後，這本文學評論雜誌曾經刊登過〈伊莎貝爾於馬康多之望雨獨白〉。賈西亞・馬奎斯表示，他給了赫爾曼・巴爾加斯一份小說的稿子，但巴爾加斯卻「在我不知情」的情況下轉手給編輯凱坦・杜藍[33]。《沒人寫信給上校》刊登於文學雜誌上這件事，再一次地說明賈西亞・馬奎斯的小說幾乎總是悄悄地刊登，因此只有幾百個人會讀到。不過總比沒有好，當時他一定是這麼想。當時，暢銷書這樣的概念並不在他的期望之中。

不過再一次地，另一種政治力正要介入，進而對他的命運做出極端的改變。一九五六年早期在巴黎，尼可拉斯・紀嚴告訴他一個叫卡斯楚的年輕律師是古巴唯一的希望，他是七月二十六日運動的領袖，自此之後，賈西亞・馬奎斯就一直注意這個男人的功績，包括他在墨西哥的準備，搭乘格拉瑪號遊艇，史詩般但災難性地前往古巴的旅程，以及在古巴馬埃斯特拉山脈的游擊戰。卡斯楚很快地成爲賈西亞・馬奎斯直覺中的另一個焦點人物。經由一個賈西亞・馬奎斯永遠不會忘記的過程，委內瑞拉正摸索著走向新的民主秩序，但委內瑞拉不是他的國家，隨著時間的逝去，對他的吸引也逐漸淡化；無論如何，他藉由寫作參與報導、編輯的能力已經不再。卡斯楚的奮鬥無疑具有代表拉美大陸之意，更別說抱負，也許古巴真的會成爲賈西亞・馬奎斯的國家。

他曾經在卡拉卡斯訪問過卡斯楚的妹妹艾瑪，〈我的哥哥費德爾〉於一九五八年四月十八日刊登在《時代》雜誌，他在該年年中也以持續的熱情注意著古巴的發展。雖然卡斯楚尚未宣布自己的運動是社會主義運動，賈西亞・馬奎斯發現在他長久的記者生涯中，他第一次能夠對一位政治人物表現出無限的熱心，對他的革命運動有著明顯的樂觀。他提到卡斯楚最喜歡的食物是義大利麵，他自己是烹飪此料理的高手，接著註記：「在馬埃斯特拉山，費德爾仍然在煮義大利麵。『他是個好人，一個簡單的人，』他的妹妹說，『他是個很好的聊天對象，最重要的是，他很會聆聽。』她說他可以聽上好幾個小時，以同樣的興趣聆聽各式的對話。關心身邊同伴的問題，加上堅不可摧的意志，似乎是他人格的核心特質[34]。」四十五年後，賈西亞・馬奎斯會說出幾乎同樣的話——更別說吃著由卡斯楚在他自己的廚房裡所煮的義大利麵——並不奇怪：費德爾・卡斯楚是少數他能夠相信的人事物之一。如今，發現卡斯楚曾經參與「波哥大大暴動」，賈西亞・馬奎斯除了對於這位年輕古巴人史詩般的冒險投以濃厚興趣之外，他們之間的連繫又多了一層傳記體上的巧合之處。的確，他和艾瑪・卡斯楚善意的訪問之後，卡斯楚「七月二十六日運動」在卡拉卡斯的成員開始提供賈西亞・馬奎斯情報，然後他再轉提供給他所任職的雜誌。

一九五八年除夕，賈西亞・馬奎斯和梅瑟德斯去了由卡普里列斯家族舉辦的新年派對，凌晨三點回到自己住的大樓時，電梯壞了。他們兩人都喝了很多，因此每爬一層樓就要坐下來休息，才能爬到六樓。他們終於打開門進公寓時，聽到城裡傳來喧譁聲，人聲歡呼、汽車喇叭聲、教堂鐘聲、工廠的汽笛鳴叫聲交織一片。難道是委內瑞拉又一次的革命嗎？他們的公寓裡沒有收音機，只好趕快再跑下六樓去查明發生了什麼事。管理員是名葡萄牙女子，告訴他們不是委內瑞拉，而是古巴的巴提斯塔下台了[35]！當天稍後，一九五九年一月一日，費德爾・卡斯楚帶領他的游擊隊進入哈瓦那，爲拉丁美洲的歷史開啓新頁；自從拉丁美洲被發現以來的第一次，全世界都會直接地受到此地政治事件的撼動。也許，拉丁美洲孤獨和失敗的時期終於結束了，賈西亞・馬奎斯如此臆測著。當天稍後，他和比利尼歐・門多薩一起慶祝這個消息，在門多薩家族於「麗山」的露臺上暢飲冰啤酒，看著汽車在卡拉卡斯高速公路上鳴著喇叭，車窗外飄著古巴國旗。接下來的兩個星期中，兩個朋友在各自的辦公室裡追蹤媒體電報的每一個細節。

一九五九年一月十八日，賈西亞・馬奎斯在整理他在《委內瑞拉影像》雜誌辦公室的辦公桌，整理完了正準備回家，此時一位古巴革命分子出現，表示飛機在麥奎蒂亞機場等著帶領有興趣的記者前往島上觀察巴提斯塔罪犯的審判，史稱「真相行動」。他有興趣嗎？他必須當場決定，因爲飛機當天晚上就要離開，連回家打包的時間都沒有。反正梅瑟德斯已經回巴朗基亞一陣子和家人渡假，因此賈西亞・馬奎斯打電話給比利尼歐・門多薩——在行李箱裡放兩件襯衫，馬上去機場：費德爾邀請我們去古巴。他們兩個當晚就出發，賈西亞・馬奎斯僅僅穿著身上的衣服，沒有護照，從巴提斯塔軍隊接收來的雙引擎飛機發出「令人無法忍受的尿騷味」[36]。他們上飛機時，媒體和電視攝影機記錄著整起事件，賈西亞・馬奎斯驚恐地看見坐在駕駛艙的是一位有名的電台主持人，沒人知道這位流亡的古巴人是個飛行員。接著，買西亞・馬奎斯聽見他對航空公司抱怨飛機超載，乘客和行李堆在走道上。賈西亞・馬奎斯以顫抖的聲音問駕駛員，他是否認爲他們有辦法飛到目的地，駕駛員告訴他安心信任「處女號」。飛機在熱帶風暴中起飛，半夜還必須在途中的卡馬圭緊急降落。

他們於十九日早上抵達哈瓦那，這是費德爾・卡斯楚成爲總理的三天後，古巴仍然沉浸在新革命的興奮、迷惑和波折之中。四處都是紅旗，蓄鬍的游擊隊肩上扛著來福槍，混雜在似夢般眼神、戴著草帽的農夫，以及無法忘懷的喜悅之中。兩位朋友首先注意到的是，巴提斯塔的空軍如今也允許蓄鬍，表示自己也是革命分子。沒多久的時間，賈西亞・馬奎斯就發現自己來到總統府，他回憶道，這裡一片混亂——革命分子、反革命分子、外國記者都混在一起。門多薩記得他們依序進入媒體室時，見到卡密洛・西安富耶格斯和切・格瓦拉在說話，他很清楚地聽到西安富耶格斯說：「我們應該槍斃那些混蛋[37]！」幾分鐘後，賈西亞・馬奎斯訪問傳奇的西班牙將軍阿貝爾托・巴尤時，聽到頭頂上直升機的聲音，是卡斯楚搭機過來，向建築物前沿著使命大道聚集的百萬民眾解釋「真相行動」的宗旨意義[38]。卡斯楚進入這個大房間時，賈西亞・馬奎斯中斷他的訪問；新領袖準備他的演講時，他們之間只隔了三個人。他開始說話時，賈西亞・馬奎斯感覺背上有一把手槍抵著他，總統隨扈錯把他當成偷偷滲入的間諜。幸運的是，他有機會及時解釋自己的身分。

第二天，兩位哥倫比亞人前往「體育場」，目睹被控爲戰犯的巴提斯塔支持者的受審，他們在那裡待了一天一夜。「真相行動」的目的是爲了向世界展示，革命只審判、處決戰犯，而非所有的「巴提斯塔支持者」，如同部分美國媒體已經指稱的。賈西亞・馬奎斯和門多薩出席了赫蘇斯・索薩・布朗哥上校的審判，他是巴提斯塔軍隊中最惡名昭彰的成員之一，被控謀殺沒有武裝的農民。台上有一個像拳擊台的地方，以探照燈照明，被告戴著手銬站著。兩位哥倫比亞人坐在前排，同時，群眾吃著臨時的餐點、喝著啤酒，一面圍觀吆喝著，而索薩・布朗哥臉上帶著輕蔑、譏諷和恐怖的神情，試圖爲自己辯護。索薩最後終於被判有罪時，比利尼歐・門多薩手拿麥克風對著這位被定罪的人，讓他可以回應判決，但索薩拒絕回應。賈西亞・馬奎斯後來表示，這個事件改變了他對於《獨裁者的秋天》的想法，他如今設想一場最近被推翻的獨裁者的審判，由屍體旁的獨白陳述。當局問他和門多薩晚上是否有意與其他記者一同去探視被定罪囚犯的牢房，但被他們回絕；第二天早上，索薩・布朗哥的妻子和十二歲的雙胞胎女兒去飯店請求外國媒體簽署陳情書請求特赦，他們全都簽了名。那位母親前一天晚上給女兒吃了藥，讓她們保持清醒，「她們才會永遠記得這個晚上」[39]。賈西亞・馬奎斯的簽名似乎是基於同情這家人，以及畢生反對死刑的態度，而不是出自於關心程序正義。如同索薩・布朗哥所抗議的，審判的確是像「馬戲團」，但也不算血腥，他的罪行並沒有疑問。許多年後，賈西亞・馬奎斯和門多薩表示，雖然有一些不合規則，但他們相信處刑是公平的。[40]

三天後，這兩位朋友飛回卡拉卡斯。比利尼歐・門多薩已經被他在委內瑞拉所見愈演愈烈的仇外情節所激怒，決定回到波哥大。他在二月底離開，開始爲《彩印》和《街道》(*La Calle*)等雜誌做特約撰稿工作，一面等待來自古巴的消息。門多薩一直都比他年長的朋友容易受影響，也比較衝動，烏托邦的喜悅說服門多薩自己應該以某種方式爲新革命盡力，兩人都認爲這個現象的規模和重要性將會遍及整個拉丁美洲。賈西亞・馬奎斯已經明白地向古巴的聯絡人表示，如果他們找到恰當的職務給他做的話，自己也可能準備爲新政權効力。

美國媒體則以非常悲觀的態度談論著哈瓦那的「殺戮」，一批批地處決任何可以找得到的「巴提斯塔支持者」，而新的革命政府繼續堅持它只是在審判、處決罪證確鑿的戰犯。賈西亞・馬奎斯和門多薩被新政府說服古巴革命具有正當性，相信美國政府和媒體的反應是不公正的。一位阿根廷記者豪赫・里卡多・馬塞提在「體育場」的事件中接受訪問，宣稱美國對於古巴事件的報導「再次顯示需要拉丁美洲媒體的力量來保護拉丁美洲人民的利益」[41]。從拉丁美洲的角度報導新聞這個議題向來是賈西亞・馬奎斯的關切重點，最後，新政府邀請馬塞提在哈瓦那成立他所推薦的那種新聞機構，後來稱爲「拉丁美洲通訊社」，一旦對這個不可或缺的革命工具達成共識，馬塞提開始從各大洲的各個國家尋找同仁以及撰稿人，在拉丁美洲所有主要城市設立辦公室。

四月，就在卡斯楚訪問華盛頓和紐約十一天，受到美國政府刻意的冷落之後不久，一位叫羅德里哥・蘇阿瑞茲的墨西哥人來到波哥大，醉醺醺的他帶著一行李箱的鈔票。此時的基耶爾莫・安古羅娶了義大利人，帶她回波哥大，和基耶爾莫・安古羅談過之後，蘇阿瑞茲提議比利尼歐・門多薩應該負責設立波哥大的「拉丁美洲通訊社」辦公室。門多薩接受了，同時也表示自己有個朋友在委內瑞拉，是個傑出的記者，並且熱心支持革命，只等著對方提出邀請。「現在就去找他！」是當場的回答[42]。這場革命真是想到哪裡做到哪裡。賈西亞・馬奎斯後來說：「都是口頭承諾，沒有支票、沒有收據，那個時代的革命就是這樣[43]。」幾天後，加拿大皇家銀行通知門多薩有一萬美元匯到他的名下。他打電報給賈西亞・馬奎斯，要他搭乘下一班飛機前往波哥大。

真的需要下決定的時候，賈西亞・馬奎斯想爲古巴工作的慾望，克服了他不願意回到波哥大的心情。雖然委內瑞拉有問題也有躊躇，但政治進展令他印象非常深刻，但古巴則更進一步——其實是好幾步。根據門多薩的版本，賈西亞・馬奎斯和梅瑟德斯在五月上旬抵達波哥大時，仍然不清楚到底是爲了什麼原因。門多薩把他們從機場接到車上時，賈布才慶祝這個消息：「古巴！太棒了！」[44]擔任記者十二年以來，他第一次有機會做自己想要做的那種工作，沒有審查制度、沒有妥協——至少他是這麼認爲。新的「拉丁美洲通訊社」辦公室位於七號公路—第七街，在十七街和十八街之間的坦帕咖啡座對面：光是這一點就覺得是在革命；而且，其實距離他十五年前第一次到波哥大，要去茲帕奇拉之前所住的宿舍頗爲接近[45]。在賈西亞・馬奎斯的眼裡，波哥大已經不再是堅不可摧的卡恰克人堡壘：如今，這個城市是一九四八年四月費德爾・卡斯楚學習革命重要一課之處，他和比利尼歐要在此散播革命的種子。他馬上開始工作——有太多需要學習，太多需要即席發揮。沒多久，七號公路的辦公室就成爲哥倫比亞左派的聚會之處。其中的員工包括梅瑟德斯的弟弟愛德華，他們參與了拉丁美洲二十世紀歷史上最騷亂、熱情、但結果也最悲慘的開始。當時，世界各地的革新主義者都以最熱烈和熱情的注意力鎖定古巴的發展，拉丁美洲的年輕人開始把「古巴實戰經驗」應用在自己的國家，在拉丁美洲各處成立游擊隊運動。門多薩和賈西亞・馬奎斯自己也常常在辦公室附近的街上安排支持古巴的集會。

雖然有以上如火如荼的活動，但哥倫比亞一如往常地證明它置身於大陸規則之外。在革新主義人士的眼中，哥倫比亞的發展並不如古巴或委內瑞拉一般地有望。哥倫比亞教會譴責羅哈斯・畢尼亞的政權之後，羅哈斯・畢尼亞在一九五七年三月開始動搖，自由黨領袖阿貝爾托・耶拉斯・卡馬爾哥領導的公民運動號召全面罷工。獨裁者於五月十日辭職，屬意由賈布列爾・巴利斯・高爾迪尤將軍所領導的五人執政團接手，勉強答應恢復民主。七月二十日，在西班牙東部地中海岸的濱海休閒地希切斯，耶拉斯和流亡的保守黨領袖勞瑞安諾・高梅茲策畫「國家陣線」，未來保守黨和自由黨將以雙頭政府組織輪替，以避免政治混亂——其實指的就是左傾——以及恢復軍事統治的危險。執政團於十月宣布全民公投，一九五七年十二月一日，公民投票通過這個計畫。一輪詭異初選似的投票決定自由黨和保守黨最受歡迎的參選人之後，耶拉斯在一九五八年的選舉中同額競選，賈西亞・馬奎斯和梅瑟德斯・巴爾恰在三月的婚禮之後回到委內瑞拉，自由黨領袖很快地在一九五八年八月以哥倫比亞下一個「民選」總統的姿態接受歡呼。

在一篇他結婚當天刊登於卡拉卡斯的文章裡，賈西亞・馬奎斯明確而有力地總結哥倫比亞最近的歷史：

> 一九四九年十一月九日，原本低調的百萬富翁、保守黨總理馬利安諾・歐斯畢納・裴瑞茲下令解散國會，經過沒有選舉的八年九個月十一天之後，哥倫比亞人再度回到投票所，重新選出國會。此解散國會的法令於某星期六的三點三十五分生效，開啟連續三個的獨裁政權，使得國內二十萬人死於非命，以及歷史上最糟的社會以及經濟的不平等。毫不留情地軍事追殺自由黨，毀損了我們國家的選舉事實。[46]

他的評論還不止於此。賈西亞・馬奎斯認爲，自由黨在一九四六年失去政權終究歸咎於耶拉斯・

卡馬爾哥，並且鄙視他居然成爲參選人，因爲他其實是保守黨，果不其然地從二十年前曾經代表自由黨參選的同一組「寡頭政治的執政者」中招募自由黨參選人。由阿豐索．羅培茲．米歐爾森於一九五九年二月十三日所成立的新政黨「解放革命運動黨」在一九六〇年代雖造成一時的騷動，不過，對於兩個政治恐龍之間的爭鬥終究沒有太大的影響。

一如往常，賈西亞．馬奎斯一點也不樂意回到慘澹的波哥大，更甭提哥倫比亞政治帶給也的挫折感。不過，對於波哥大人的背信棄義，如今他有妻子分享他的感受，以及他身爲「海岸人」的抗拒。梅瑟德斯已經懷孕好幾個月，剪了短髮，常常穿長褲，此舉使波哥大的鄰居非常震驚，特別是對懷孕女性對於古巴高跟鞋的偏好以及她丈夫俗氣的襯衫[47]。比利尼歐．門多薩還是單身漢，幾乎每天都會出現在他們家，賈布忙的時候則由他帶梅瑟德斯去電影院。他和他的朋友都有著相同深藍色的雨衣，他們的朋友總是開玩笑，「看起來好像是由同一個母親所打扮的兩個男孩子。」[48]

賈西亞．馬奎斯於一九五七年所寫，關於訪問東歐共產國家的文章於一九五九年七月二十七日至九月二十八日間刊登於《彩印》雜誌，系列標題是《鐵幕後的九十天》。也許重要的是他沒有重複匈牙利的文章，這也許是因爲賈西亞．馬奎斯給予卡達如此好的評語之後，他卻處決了納吉。因此，他針對這個議題另外寫了文章——雖然這篇文章並未令他的讀者想到他和卡達之間的交情，而且可以注意到，他怪罪的是赫魯雪夫，而不是匈牙利人：「即使是我們這些原則上相信赫魯雪夫在社會主義歷史上扮演決定性角色的人，也必須認清這位蘇維埃總理已經開始令人起疑地看似史達林[49]。」有趣的是，賈西亞．馬奎斯最強調的一點是處決納吉是「愚蠢的政治行爲」；面對也許原則上該受譴責的極權政策時，他不是最後一次採取如此實際的立場。寫下這篇文章的人此時明確地相信在特殊的情境下有「對」與「錯」，冷血地把政治置於道德之上，最後會義無反顧地支持如費德爾．卡斯楚般「無可取代」的領袖，這一點，也許我們不該覺得意外。諷刺的是，比起他兩年前離開巴黎往倫敦之前寫的稿子，東歐這一系列文章在一九五九年時反而比較具有實質意義，因爲接下來的二十五年間，由於拉丁美洲激烈的左傾，共產主義、社會主義、資本主義和民主制度將一再地引起辯論，甚至有人爲它不惜殺人。

八月二十四日，梅瑟德斯生下他們的長子羅德里哥・賈西亞・巴爾恰。這不幸的嬰兒生爲卡恰克人，但他的受洗卻使他注定有個光明的未來。不出所料，他的教父是比利尼歐・門多薩，教母是赫爾曼・巴爾加斯的妻子蘇珊娜・莉娜瑞斯，如今住在波哥大，但嬰兒由卡密洛・托瑞斯神父施洗，後者是賈西亞・馬奎斯一九四七年在國家大學時同爲法律系學生的激進派神父。托瑞斯於一九四七年年底離開大學，他不幸的女友選擇了僻靜的修道院，他則於一九五五年成爲神父，接著在天主教魯汶大學研讀社會學，和其他大學舊友正好同時都在歐洲，如賈西亞・馬奎斯、比利尼歐・門多薩、路易斯・維亞爾・玻達。回到哥倫比亞之後，他回到國家大學教授社會學，他們全體首度重逢。等到一九五九年這群人再度碰面的時候，托瑞斯神父在波哥大的邊緣社區非常活躍，越來越疏離傳統的教會系統[50]。毫無疑問地，賈西亞・馬奎斯希望托瑞斯擔任施洗儀式的主祭神父是因爲感情因素——但他也是他和梅瑟德斯唯一認識的神父。起初，托瑞斯拒絕比利尼歐・門多薩擔任教父，不只因爲他並不是信徒，更由於眾所皆知他並不虔誠。嬰兒受洗時，托瑞斯吟誦著：「相信聖靈現在降臨於這嬰孩身上的人應該跪下。」在場的四位都站立不動。[51]

羅德里哥出生之後，每當這兩位「父親」從辦公室回家（幾乎總是在深夜），他們會想辦法把嬰兒吵醒和他玩；梅瑟德斯抗議時（她總是這麼做），賈西亞・馬奎斯會說：「好啦，好啦，別念我們兩個爸爸了[52]。」卡密洛・托瑞斯仍然經常拜訪賈西亞・巴爾恰家，六年後，單純一如往常的托瑞斯神父加入國家解放軍游擊隊，卻在第一場戰役中犧牲。他仍然是二十世紀拉丁美洲史上最有名的革命神父。

古巴革命的一九五九年已近尾聲。早在這一年結束之前，賈西亞・馬奎斯就完成了無疑被公認爲他所寫過最重要的短篇故事。事實上，這篇非比尋常的創作〈大媽媽的葬禮〉從來都不應該放在其他從倫敦開始創作，而最後在委內瑞拉完成的選集裡，那些作品其實承襲新寫實主義，風格和意識型態上都和《沒人寫信給上校》相輔相成。〈大媽媽的葬禮〉全然不是承襲，甚至也不是那個意識型態年代和文學體裁的高峰，〈大媽媽的葬禮〉是頗爲新穎的作品：是賈西亞・馬奎斯整個文學和政治軌道上最關鍵的一篇作品，首度結合他的兩個文學體裁「寫實」和「魔幻」，並爲接下來半個世紀完整的成熟作品鋪路，特別是兩部重要鉅作《百年孤寂》以及《獨裁者的秋天》。的確，此篇故事規模之巨大，特別是結局，融合了賈西亞・馬奎斯個人的神話與詩意中不同的元素，他自己都花許多年的時間釐清最重要的脈絡，才有辦法設想出接下來的數年間等待他的兩部鉅作的結局。

事實是，對賈西亞・馬奎斯而言，在政治層面上，回到哥倫比亞這件事即使帶來意料中的文化衝擊，卻也是非常強烈的。《沒人寫信給上校》在歐洲寫成，儘管發生了這一切，他還是對家鄉和一些人帶有一些感傷的情懷。即將出版選集裡的其他故事也是在歐洲開始寫，在委內瑞拉的前幾個月內完成；這些作品中對一般哥倫比亞人散發出的情感以及他對於未命名的上校的情感，無疑是類似的。然而，〈大媽媽的葬禮〉是他回到哥倫比亞之後的產物，不僅是在離開哥倫比亞超過三年之後，也無疑地是在歐洲、委內瑞拉、古巴之後。首次閱讀時，就能感受到這些不同的體驗接連影響他對於這個國家的感受；感受到作者累積的挫折感，藐視、憤怒一個國家竟能無止盡地耗弱自己的子民，而且似乎永遠、永遠不會改變。

因此，對於〈大媽媽的葬禮〉首先的評論是，故事裡幾乎什麼事也沒有發生，一段毫無意義的歌舞；或者，幾乎毫無意義。這篇作品訴說——的確，由非常像賈布列爾・賈西亞・馬奎斯自己的敘事者訴說這個故事——一位老哥倫比亞女族長「大媽媽」的生與死（關於死多於生）。哥倫比亞所有的政治人物和顯貴，甚至來自國外的貴客如教宗等，都來參加她的葬禮。故事中暗示但並沒有明說的是，大媽媽一生都在蠻荒之地度過，她的財富來自無恥又無情地剝削勞動農民階層，她自己醜陋、粗俗，在每一方面都可笑而荒唐。然而，在她那未命名的國度裡，似乎沒有人注意到這些明顯的事實。也就是說，賈西亞・馬奎斯創造了一個寓言，其中刻畫了首先由凱坦所建立、仍然封建的半「寡頭政治」中真正的道德狀態；以及統治階層卡恰克人的虛偽，假裝哥倫比亞是所有可能的世界中最好的土地，唯一令人失望的卻是被這些高人一等的人所欺壓的人民，這些人民可憐、出身低賤。在賈西亞・馬奎斯看來，我們所擁有的是一個由十九世紀的政治體系監管的殖民式土地佔有系統。什麼時候，喔什麼時候，哥倫比亞的二十世紀才會來到！因此，他的故事由裡到外，以倒轉方式開始描寫這個世界：

> 對於世界的異教徒，這是大媽媽的真實故事，馬康多王國絕對的主權者，享壽九十二歲，上個九月的某個星期二死於聖潔的味道之中，教宗出席她的葬禮。53

十五頁後的結尾：

> 如今至尊教宗的身體與靈魂都可以上升至天堂，他在世間的使命完成，共和國的總統可以坐下來根據自己健全的判斷能力來執政，過去與未來的萬物之后都可以結婚，過著幸福快樂的

> 生活，並生下許多子嗣，平民老百姓也可以架起他們的帳棚，在大媽媽無邊無際的土地上過著他媽的快樂無比的生活，因為唯一能夠與他們為敵，唯一有足夠勢力反對他們此舉的人，已經開始在那鉛座下腐爛。唯一剩下的只有一人靠在門邊，坐在椅凳上講述這個故事給後代子孫，作為警喻和榜樣，讓全世界的異教徒都知道大媽媽的故事，因為明天星期三，清道夫就會把葬禮遺留下來的垃圾掃得乾乾淨淨，永遠清潔溜溜。[54]

這使人聯想到卡爾・馬克斯本人的語調和修辭[55]。這位敘事者的聲音和觀點只差一點點就是完全的諷刺，近乎史威特或伏爾泰式的諷刺，如此地有力，他可以反述的方式舖陳自己的理念，也很肯定讀者能瞭解他的意思。

顯然地，〈大媽媽的葬禮〉是賈西亞・馬奎斯離開哥倫比亞長達四年之後，對於國內情勢和回國感到失望、憤怒的反應。如今，最大的差異在於他的聲音有著作者的權威，他在更寬廣的世界中的體驗賦予他身爲作者的藐視和輕蔑[56]。敘事者所描繪的哥倫比亞無法改變，但從這個觀點（蘇聯？委內瑞拉？古巴？）知道改變是可能的，而這一點是《葉風暴》的作者所尚未知曉的。這樣的故事只有可能在一九五九年完成，當賈西亞・馬奎斯經歷過馬克斯稱之爲「辯證」的經驗之後——哥倫比亞國家前線對照古巴革命——因而給他早已隱約出現的魔幻寫實一種野性、嘲諷、狂歡節似的政治意涵。的確，這個故事在精華和平衡上都屬於一個獨特的時刻，其中所訴說的一點是：「我已經無法再寫如選集裡的那些故事。我的『寫實』階段已經結束。」然而，如今他也將成爲盛大歷史諷刺的受害者。

如同命運的軌跡，雖然已經達到寫實主義的盡頭，或是新寫實主義階段，但他如今很熱心地和古巴聯繫；矛盾的是，古巴政權打開許多拉丁美洲作家和知識分子的想像力，卻很快地支持賈西亞・馬奎斯如今已經無法寫出的社會寫實主義作品。他需要見到其他拉丁美洲作家出版以神話和魔幻為題材的小說使自己安心，才能完成整部屬於自己的小說，其中忽略——或該說是明確地拒絕——社會寫實主義的信條。接下來的幾年間，嚴密的自傳性元素也起了作用。另一次——又一次——的搬家，以及需要撫養的妻小，對於即將來臨的時期有著重大的影響：如今令他從使命分心的元素已不再和從前一樣，因為他已經沒有以前那種奢侈，餓著肚子還能隨時隨地回應靈感的召喚。因此，有一段很長的時間，〈大媽媽〉看起來只是一個年代的結束（或者甚至有一段時間是他身為作家事業的結束）；只有在更遙遠的未來，才能看出這不可或缺、歷史上的關鍵點，也是他成熟時期的開始。

因此事實上，就文學方面而言，一九六〇年代中期的賈西亞·馬奎斯尚且未成定數，如果古巴革命的工作不順利的話，他甚至考慮回巴朗基亞和阿爾瓦洛·塞培達一起從事電影工作[57]。某次他去巴朗基亞時，梅德茵電影院的代表阿貝爾托·阿基爾和賈西亞·馬奎斯一起坐在「綠野飯店」等待塞培達，他本來應該帶著國家電影機構的企畫案出現，卻沒有現身。午餐時，賈西亞·馬奎斯不經意地提到梅瑟德斯從波哥大打電話告訴他，他們需要付六百披索才不會被斷電。阿基爾身兼律師和編輯，兩年前《傳奇》雜誌出版《沒人寫信給上校》時，他非常推崇。午餐結束後，他提議再出版這本小說。賈西亞·馬奎斯說：「你瘋了，你知道我的書在哥倫比亞賣得不好。記得《葉風暴》的初版慘狀嗎？」不過，阿基爾打算說服他，提議付他八百披索，預付兩百。賈西亞·馬奎斯想到電費，當場同意。在一年後的一封信裡，他抱怨他是「唯一一個在熱帶炎熱的下午，癱坐在竹製的搖椅裡，帶著宿醉，還跟人作口頭約定的人」[58]。不過，他對阿基爾說得沒錯。一九六一年出版的時候，前面的兩千本只賣了八百本。如果他要在哥倫比亞等待成功，可能要永遠地等下去。

第十三章 古巴革命及美國

一九五九—一九六一

「拉丁美洲通訊社」的創辦人是出身阿根廷的豪赫‧里卡多‧馬塞提，一九六〇年九月，他在前往巴西的路上來到波哥大。馬塞提有著電影明星的長相，風度翩翩直逼他的朋友兼同胞埃內斯托‧切‧格瓦拉，這位友人已經參與對抗共產黨派系鬥爭的沉重奮鬥，是他在哈瓦那時經常和比利尼歐‧門多薩討論的話題。拜訪波哥大短暫的兩天裡，馬塞提到賈西亞‧馬奎斯的家裡探訪，告知他和門多薩，自己已經無法在哥倫比亞同時負擔兩位值得信賴的人薪水，問他們兩人誰願意離開前往另一份工作？雖然門多薩未婚，但他那一年已經去過古巴許多次，也去舊金山參加美洲新聞協會的會議，他想留在哥倫比亞。一開始就和馬塞提相談甚歡的賈西亞‧馬奎斯因而同意前往[1]，本來的想法是讓他在哈瓦那進出幾個月，摸清「拉丁美洲通訊社」最新的運作方式，協助訓練新進記者，接著再派往特定任務。他很快就動身出發，路過巴朗基亞時，讓梅瑟德斯和羅德里哥留下與她的家人一起度假。

接下的三個月裡，他前往哈瓦那至少四次，有一次待了一整個月。哈瓦那是座被包圍的城市，始終恐懼反革命，每天都似乎無法避免美國侵略的可能，並在這其中掙扎著革命的進展。那一年年初，卡斯楚已經把許多企業國營化，八月份，他終於徵收了島上所有的美國財產，以報復美國的「經濟侵略」。一個月前雙方關係開始緊張時，赫魯雪夫支持基於歷史沿革下的古巴立場，對於美國在古巴的一小塊關塔那摩，古巴擁有所有權。九月三日，這位蘇維埃領袖要求聯合國從紐約遷往較中立的地點，到了二十九日，他在同一個聯合國用鞋子拍桌子，誇張的擁抱費德爾・卡斯楚。無疑的，這是戰爭，或至少是戰爭的序曲。

拉丁美洲通訊社的辦公室距離濱海步道只有兩條街，是沿著哈瓦那加勒比海海岸線的一條蜿蜒大道。外面的馬路以沙袋和路障阻擋，隨時都有革命軍站崗。停留哈瓦那期間，賈西亞・馬奎斯和一位巴西記者阿羅爾多・華爾一起住在醫療養老院大樓二十樓的一間小公寓；裡面有兩間臥室、一間客廳，以及眺望大海的露台，用餐則在一樓的「西芭利餐廳」或附近的餐廳。在斷斷續續停留哈瓦那的那三個月裡，賈西亞・馬奎斯幾乎只見到這些地方[2]。然而，他再一次的發現自己又處於一個新計畫的開端，需要每個人，包括他自己，都得努力達到自己能力的極限。他們並沒有制式的工作時間，需要的時候就得配合工作，每天都有新的危機。有時候他晚上溜到電影院裡，深夜回辦公室的時候，馬塞提還在。賈西亞・馬奎斯常常和他一起工作到早上五點鐘，然後馬塞提九點鐘又會打電話給他。

不久，辦公室就被正統的共產黨所滲透，由深具影響力又有經驗的安尼巴爾・埃斯卡蘭特所領導，顯然計謀從內接收革命工作。有一次，馬塞提和賈西亞・馬奎斯抓到他們安排深夜秘密會議[3]。強硬派(在哥倫比亞稱為笨蛋、傻瓜)、「教條主義」、「派系」在古巴長久以來就有和別人合作的歷史，有時候是「機會主義者」、「改革」「中產階級」政黨和政府，只要不是黨員他們就會起疑。他們的情報保密森嚴，試圖以莫斯科式的觀點、使用莫斯科式修辭和教條傳播新革命的政策，破壞他人所領導的提案，就算這些提案其實符合新政府的目的。如同此時這樣的貼近觀察後，賈西亞・馬奎斯學到苦澀的一課，奠定未來所有的政治態度和活動。他已經問自己同樣的問題，一個幾乎島上每個人都會問的問題，而且半個世紀後還在問：費德爾到底有什麼打算？

和他關係比較密切的是馬塞提以及另一位阿根廷作家兼記者魯道夫・華許，他和妻子普琵・布蘭莎一起負責所謂的特殊服務。一九五七年，華許寫了一篇拉丁美洲經典的紀錄敘事〈屠殺任務〉，關於阿根廷的一次軍事陰謀，風格和賈西亞・馬奎斯《船難水手的故事》有些許雷同之處。賈西亞・馬奎斯在古巴的事業高峰是華許破解了中央情報局的加密情報，內容是後來所知「豬玀灣入侵事件」的準備工作（對古巴人則是「西隆海灘」）。馬塞提每天都會追蹤每個國家機構的工作，注意到電報機上來自「熱帶有線」混亂曲解的段落。「熱帶有線」是「全美有線」在關塔那摩的附屬機構，馬塞提開始覺得事有蹊蹺。華許有幾本解碼手冊，幾天幾夜沒睡後想辦法破解了整份文件。這是一份從華盛頓發到關塔那摩的加密文件，關於一九六一年四月入侵古巴的計畫。密碼破解之後，賈西亞・馬奎斯被通知一起去慶祝，馬塞提要華許扮成賣《聖經》的新教牧師，前往查訪關塔那摩瑞塔胡婁的反革命訓練基地，但古巴政府有其他相較之下沒那麼浪漫的情報策略，華許只好留在哈瓦那[4]。

前往古巴的這幾趟旅行之間，賈西亞・馬奎斯回到波哥大和家人身邊。他最後一次到古巴是一九六〇年十二月，搭乘泛美航空班機由巴朗基亞經由卡馬圭前往，他在卡馬圭等候轉機到哈瓦那時，天候變差、飛機誤點。就在他站著等候消息時，機場大廳突然一陣騷動，是費德爾・卡斯楚和他的伴侶希麗雅・桑切茲抵達。司令官肚子餓了，在機場餐廳要了一份雞肉料理；被告知沒有雞肉時，卡斯楚說他已經參觀養雞場三天了，爲什麼革命沒辦法把雞送到機場，尤其那些在拉丁美洲的美國佬說古巴人快餓死了，機場餐廳的狀況剛好幫他們印證了這點。賈西亞・馬奎斯試圖接近希麗雅・桑切茲，解釋自己的身分、在古巴做什麼時，過程中並沒有人干預。卡斯楚走過來，向賈西亞・馬奎斯打招呼，對他指出古巴雞肉和蛋的問題。卡斯楚和桑切茲在等一架DC-3載他們回哈瓦那，同時，廚師終於找到雞肉，卡斯楚消失到餐廳去。接著他再度出現，被告知哈瓦那的機場因爲持續的天候不佳而關閉。卡斯楚回嘴說：「我五點一定要到，我們要出發。」賈西亞・馬奎斯一如往常的希望自己的班機會誤點很久，不確定那位古巴領袖是瘋了還是單純的魯莽。幾個小時後，他搭乘古巴航空子爵式客機抵達哈瓦那時，如釋重負的見到卡斯楚的飛機停在跑道上。從那之後，他就擔心這位古巴領袖的安危。

就在聖誕節前，馬塞提有一天順路經過，他說：「我們要去利馬，那裡的辦公室有問題。」他們在墨西哥市停留一天，賈西亞・馬奎斯第一眼就被這堂皇的阿茲特克首都所炫惑，更沒有想到將來會在這裡度過許多時光。阿爾瓦洛・穆堤斯最近從雷昆貝利監獄被釋放，他在哥倫比亞把雇主埃索公司給他的公關費用拿來過分慷慨的對待朋友，因而被控盜用公款而在此服刑十四個月。賈西亞・馬奎斯去探視他，一如往常的受到溫暖的歡迎，穆堤斯即使拮据的時候也一樣慷慨好客。

接著，賈西亞・馬奎斯和馬塞提坐上一架七〇七噴射客機，經由瓜地馬拉市向利馬飛去，這是賈西亞・馬奎斯第一次的超音波客機體驗。由於馬塞提和華許發現瓜地馬拉參與古巴流亡人士的準備工作，馬塞提對於要停留在這馬雅城邦的首都城市非常地興奮，即使時間非常短暫。在機場，衝動之下，馬塞提爭論要前往起義分子的訓練基地，華許找出地點是在瑞塔盧，因而造成了一些傷害。賈西亞・馬奎斯說這是有勇無謀，馬塞提不屑的說：「你只是個膽小的自由派，可不是！」所以，沒有冒險，他們對當地的獨裁者米格爾・伊迪格拉斯・富恩特斯鬧了一場惡作劇。關於起義軍訓練基地的情報並沒有刊登在國際媒體上，但馬塞提卻有點不負責任的決定給伊迪格拉斯一場虛驚。機場有一張巨幅的照片，是火山前的瓜地馬拉國家公園。兩人在這張照片前照相，然後把照片放在信封裡，附上一段話：「我們走遍了你整個國家，發現你爲了協助古巴入侵做了些什麼。」他們在信中寫下地點、軍隊的數目。把信寄出去之後，機場因爲天候不佳而關閉。賈西亞・馬奎斯對馬塞提說：「你知道我們今晚要睡在這機場裡，明天那混蛋伊迪格拉斯會收到那封信，把我們的卵蛋切掉！」幸運的是機場及時開放，他們得以搭機離開。[5]

在那趟旅程中，賈西亞・馬奎斯根本沒到利馬。他們在巴拿馬停留時，馬塞提聽到他嘗試打電話給梅瑟德斯，問他梅瑟德斯現在人在哪裡，賈西亞・馬奎斯答說「巴朗基亞」，馬塞提叫他回到妻小身邊，因爲聖誕節馬上要到了。因此，賈西亞・馬奎斯改了機票飛到巴朗基亞，不過在那之前還被巴拿馬警方短暫的拘留。

就在賈西亞・馬奎斯在哈瓦那的短短幾個月間，「拉丁美洲通訊社」裡馬塞提的人和共產黨派系分子之間的關係惡化，他們希望這場革命符合蘇維埃聯邦世界以歐洲爲中心的革命概念。他和門多薩焦慮的看著這些得過且過的人、官僚，引述著莫斯科的咒語，開始騷擾、取代、最後迫害那些馬塞提和賈西亞・馬奎斯所認同、浪漫、開放心胸、長髮的革命浪子。這些男女以及他們所爲之奮鬥的古巴人民建立了一個風格，由卡斯楚和格瓦拉所推動，一切都是隨性、隨意、非正式的：因此首先，這兩位領袖叫「費德爾」和「切」，還有「勞烏」和「卡密洛」。但馬塞提已經告訴賈西亞・馬奎斯和門多薩，共產黨的眼線觀察他們在哥倫比亞的一舉一動，跟蹤一位古巴幹員拜訪波哥大辦公室。馬塞提責罵門多薩寫信向他抱怨，這封信可能被他的敵人讀到，轉寄給他的上司：結果，其中一封跑到切・格瓦拉本人手上[6]。在新古巴，每一條筋脈、每一間辦公室、每一家工廠、都全心全意、滿腔熱血的爲革命奮鬥。比利尼歐・門多薩相信老式的共產黨員贏了第一回合——因此馬塞提才會遭遇困難（還有最後格瓦拉的困難）——但卡斯楚會贏得第二回合，就等他讓埃斯卡蘭特受審，對共產黨員以其人之道還治其人之身[7]。這樣的奮鬥太過複雜，無法輕易詮釋，自從那時就一直持續。

新年時再度回到哈瓦那，馬塞提承受的壓力越來越大，決定派賈西亞・馬奎斯前往蒙特婁開設新的辦公室，但此舉卻很快成爲泡影。不過紐約有一個職缺，比原先的有更好！賈西亞・馬奎斯回波哥大整理哥倫比亞辦公室的東西，退掉了承租的公寓，把餐桌椅和其他家具留給門多薩，秘密的住在卡塔赫納的老朋友佛朗哥・姆內拉家裡，佛朗哥・姆內拉當時也已經住在波哥大[8]。接著，他飛到巴朗基亞接梅瑟德斯和羅德里哥，他們一直和她的家人在一起。他把所有的書都留給卡塔赫納的妹妹莉妲，放在一個巨大的木箱裡。家族的書蟲埃利西歐有許多年都猜測「小賈布的箱子」裡到底裝了些什麼。[9]

這年輕的一家人於一九六一年一月初抵達紐約。美國已經在一月三日和古巴斷交，因此，這並不是個適合進行如此探險的時機，但再度的顯示出賈西亞・馬奎斯非比尋常的能耐，在每件事正要開始發生的時候剛好到達正確的地方。一月二十日，約翰・甘迺迪就職成爲美國最年輕的總統。雖然被前一任政權的古巴政策所連累，不過反正他大概也會支持入侵古巴的行動。紐約的「拉丁美洲通訊社」位在靠近洛克斐勒中心的一棟摩天大樓裡，人手不夠，所以他們很樂見賈西亞・馬奎斯的加入[10]。這段時期，大家的猜疑心都很重，因此這新來者對於自己的前景不是很樂觀。「我從來沒有見過一個更適合被謀殺的地方，」他後來寫道：「那是個骯髒、孤單的辦公室，在洛克斐勒中心旁的一棟舊大樓裡，房間裡滿是電報機，編輯室只有一扇窗戶，看出去是下面的庭院，永遠陰暗、聞起來像冰凍的煤灰。這裡日夜都有老鼠在垃圾桶裡爭奪殘羹剩飯。」[11]數年後，他告訴美國小說家威廉・甘迺迪說，當時的紐約「無出其右，腐敗、但也處於重生的過程中，就像叢林一般的使我著迷。」[12]

此時的邁阿密約有十萬名古巴難民，每個月有更多人抵達，許多來到紐約。美國正計畫在入侵時利用許多這些難民，把他們送到瓜地馬拉的秘密基地訓練。雖然接下來入侵古巴應該是國家機密，但在邁阿密幾乎是公開的秘密。如同賈西亞・馬奎斯後來說的：「從來沒有一場戰爭更早被人預知。」[13]在紐約，支持和反對革命的拉丁美洲人小心翼翼的各自選擇不同的酒吧、餐廳和戲院。不小心去到敵人的範圍是危險的，常常發生全武行，警方也時常小心的等到一切結束後才抵達現場。賈西亞・馬奎斯也同樣小心的避免這些衝突。

這家人在紐約只待了五個月，但賈西亞・馬奎斯後來記得這是他一生中壓力最大的時期。他們住在靠近第五大道上的韋伯斯特飯店，就在曼哈頓市中心。「拉丁美洲通訊社」的員工經常受到來自古巴難民以及反卡斯楚歇斯底里的壓力。來自反革命的「古薩諾斯」(蟲，革命分子使用的名稱)電話謾罵每天都會發生，賈西亞・馬奎斯和他的同僚照例會回答：「說給你媽聽吧，混蛋！」他們也必須確定身上總是帶著可以充當武器的東西。某一天，梅瑟德斯接到一通電話威脅她和羅德里哥，來電的人說知道他們住在哪裡、她幾點鐘帶孩子出去散步——通常在附近的中央公園。梅瑟德斯有一個朋友住在紐約市另一頭的牙買加，這通電話的內容她沒有對丈夫露出絲毫口風，只藉口整天待在旅館很無聊，想去找朋友住一陣子。賈西亞・馬奎斯在此時修改《邪惡時刻》，他最邪惡的一本書，也許是適切的。

梅瑟德斯離開旅館之後，在越發緊張的情勢下，他大部分的時間都在辦公室，晚上睡在那裡的沙發上。三月十三日，他在華盛頓參加了一場歷史性的記者會，由約翰・甘迺迪宣布成立「進步聯盟」[14]，預言了一個短暫的時期；支持拉丁美洲國家的獨裁者數十年之後，美國開始使用人權、民主、合作這些語言，不過，美國會再度回到這個政策——一九六四年在巴西——並在一九七〇年代以不可逆轉的姿態更加地強烈。賈西亞・馬奎斯承認甘迺迪的演講「值得稱爲舊約先知」，但認爲「進步聯盟」只是個「爲了阻擋古巴革命的新風潮所用的緊急補丁」。[15]

再一次的，在賈西亞・馬奎斯看來，紐約辦公室裡的內部緊張介於舊式強硬派古巴共產黨和馬塞提所招募的新種拉丁美洲左派之間。「在紐約的辦公室裡，我被當成馬塞提的人[16]。」情況很快的糟到無法容忍的地步，賈西亞・馬奎斯開始考慮自己的立場，最後決定他想脫身。一天午夜，獨自在辦公室裡，他收到來自一個加勒比海口音的直接威脅，宣布：「準備好，混蛋，你的時間到了，我們要來找你了！」賈西亞・馬奎斯在電報機上留了言：「如果我離開前沒有把這個關掉，那是因爲我被殺了。」來自哈瓦那的訊息回覆：「好的，夥伴，我們會送花的。」接著在驚慌之下，他一點鐘離開大樓時忘了把機器關掉[17]。他害怕的溜回旅館，在雨中經過聖派屈克大教堂的灰色龐然大物，害怕自己的腳步聲，甚至穿著身上的衣服睡覺。

沒多久，衝動的馬塞提由於來自共產黨員愈增的壓力設計而辭職。四月七日，賈西亞・馬奎斯寄了一封信給比利尼歐・門多薩，通知他馬塞提辭職的消息，說自己也決定起而效尤：他已經遞出辭呈做到四月底，告訴門多薩他考慮去墨西哥。四月十七日「豬羅灣入侵事件」發生的前一天，卡斯楚才剛宣布革命如今是「社會主義革命」，大家早就懷疑正是如此；入侵事件發生之後，卡斯楚本人要求馬塞提繼續堅守崗位，參加反革命囚犯的現場直播訪問。馬塞提同意，賈西亞・馬奎斯也決定繼續工作，直到入侵後的危機結束[18]。事實上，他從那時就宣稱自己當時真正想做的是從紐約回到古巴。

古巴在豬羅灣得到偉大勝利的那一天，卡斯楚親自指揮島上的防禦以及逮捕入侵者，比利尼歐・門多薩發現，很神秘的波哥大的電信公司第一次拒絕傳送他的電訊，馬上懷疑美國對哥倫比亞單位施壓，切斷對古巴的通訊。他打電話給紐約的賈西亞・馬奎斯，賈西亞・馬奎斯說：「等一下，第五大道上有一家公共電報公司，就在辦公室隔壁。」因此，反革命入侵者傳奇挫敗的那一天，古巴人宣稱是「拉丁美洲領土上第一個對抗帝國主義的勝利」，這兩位朋友很驕傲的智取中央情報局。不過不久之後，賈西亞・馬奎斯回到旅館，手寫了封信給馬塞提——他幾乎很少這麼做(他甚至在信上寫下日期)——約略的寫下他的牢騷，他如何反對莫斯科式的派系主義，萬一正統共產黨路線勝出的話，他對於革命未來的恐懼。他把信留在旅館房間裡，等待他知道不可避免的辭職的那一刻。還好他待到豬玀灣戰役之後，如果他就在那之前離開，永遠會被冠上不顧大局、只求自保的名聲[19]。他一點也不知道的是，馬塞提也很快的永遠離開「拉丁美洲通訊社」，隨後回到阿根廷，在一九六四年死於毫無希望的革命征戰之中。

賈西亞・馬奎斯在紐約的時間已經接近尾聲，比利尼歐・門多薩飛到哈瓦那和馬塞提討論情勢。消息傳來，「他們」笨蛋強硬派終於在新社長西班牙人費南多・雷伏耶塔領導下接收了「拉丁美洲通訊社」，此時門多薩正和馬塞提及他的妻子龔其塔・杜莫耶斯午餐。五月下旬，門多薩再次坐著泛美航空的班機從哈瓦那回家到紐約；接受過中央情報局的偵訊之後，梅瑟德斯和羅德里哥在機場接他。梅瑟德斯以她神色自若的方式微笑著說：「所以，『那群笨蛋』接收了通訊社嗎，教父？」「是的，教母，沒錯。」他告訴她自己已經向新的「拉丁美洲通訊社」社長遞出辭呈，另外一份寄給古巴總統多帝科斯，她則告訴他賈布自己的辭職信已經寫好了，只等他來。[20]

一九六〇年代之後，賈西亞・馬奎斯對這些問題絕口不提——包括後來和安東尼奧・努聶茲・希門內茲之間的討論，他是一位正統的共產黨員；在沒有提到細節的情形下，他只是表示覺得強硬派共產黨員是「反革命分子」[21]。然而一九六一年的這些事件對他人生的陰影超過十年之久，顯然因爲他不斷的認爲古巴革命是「有要領的」強硬派(當時應以卡斯楚的弟弟勞烏爲代表)，對上較爲直覺式的革命浪漫派(以卡斯楚本人爲代表)，這兩派之間無止盡的鬥爭。二十五年後門多薩表示，緊接在一九五七年東歐旅程之後，他自己在古巴的經驗對於遠離社會主義有決定性的影響，因爲說服他所有的社會主義政權最後都無可避免的成爲官僚與獨裁。他堅持在一九六〇年代初期，賈西亞・馬奎斯如同他自己一般因所發生的事件而疏遠社會主義，當時他們的看法完全一樣。22

門多薩留在紐約幾天，等待關於朋友欠薪以及機票的消息。他白天和梅瑟德斯以及羅德里哥在中央公園散步，賈西亞・馬奎斯則在辦公室收拾細軟。接著，賈西亞・馬奎斯和門多薩一起在第五大道、時代廣場和格林威治村閒晃，討論發生的事、古巴的未來。他們自己不確定的計畫，困在兩個不同的意識型態之間，兩個不同的世界，他們兩人都正要開始遭逢困境。五月二十三日，賈西亞・馬奎斯寫信給阿爾瓦洛・塞培達：

如今，糟糕至極的危機持續一個月之後，這星期才終於開始進展，「拉丁美洲通訊社」一些不錯的年輕人都滾蛋了，遞上誇張的辭職信。儘管我們可以看見眼前的狗屁，我從來沒有想到過情況會變得這麼令人無法抵擋，我以為自己在紐約還有幾個月的時間，不過，我留下來最後的希望今晚已經消失殆盡，我六月一日要去墨西哥，走陸路，目標是橫越混亂的深南方。我不知道究竟該怎麼做，但我在嘗試從哥倫比亞搶救一些美金，希望能讓我在墨西哥住一段時間，讓我一邊找工作。誰知道他媽的要做些什麼，因為身為記者我已經投降了，也許找個知性的工作。23

就在門多薩離開紐約之後，馬塞提打電話給賈西亞・馬奎斯，說情況又再改善了。他和多帝科斯總統談過，被告知原來他還在菲德爾・卡斯楚屬意的名單上。他要求賈西亞・馬奎斯延遲到墨西哥的行程，但此時這位哥倫比亞人已經訂好計畫，只等著他的遣散費，而「拉丁美洲通訊社」則不急著照辦。他想說服他們給他一些遣散費加上他和家人去墨西哥的機票，所以不情願的拒絕了馬塞提的乞求。他在一封信裡向門多薩解釋：

> 我瞭解馬塞提：不論我們試著做什麼，他要求私下的幫忙一開始會變成某種巨大複雜的任務，我會深陷其中，直到同志看到番石榴成熟了決定要吃，如同他們對「拉丁美洲通訊社」所做的。而且：如果馬塞提仍然深陷其中，而且有危險，正如你告訴我他的情況，我會推翻自己計畫盡一切力量幫助他。但我的印象是總統找到了方法協助他，他已經不這麼急著需要幫助。[24]

後來他表示：「我在自己應該無微不至管理的辦公室裡已經成了陌生人。幸運的是，四十八小時之內一切就會結束了[25]。」他擔心拉丁美洲辦公室不會支付他家人的回程機票，而自己名下只有兩百美元。

實際上，賈西亞・馬奎斯一家人沒辦法飛回哥倫比亞，因此他們由陸路前往墨西哥。在墨西哥他們嘗試尋找協助回家(雖然門多薩自己相信在墨西哥長期滯留一直是賈西亞・馬奎斯最渴望的心願，也許接下來的幾年間，他的動態和動機遭到誤解，那是因爲他總是不願意承認自己不想回到哥倫比亞以及一大群家人身邊)。毫不意外的，紐約的管理階層說他已經辭職了，不是被炒魷魚——顯然他被認爲，如果不是反革命的「蟲」的話，那麼就是逃兵——他們並沒有授權允許給他機票去墨西哥。後來，共產黨在哈瓦那問起他的朋友：「賈西亞・馬奎斯轉投反革命陣營了[26]。」六月中旬，對於從「拉丁美洲通訊社」能拿到什麼費用已經斷念，對革命也是，賈西亞・巴爾恰一家人坐上往紐奧良的灰狗巴士，門多薩從波哥大又寄了一百五十美元到此地給他。

帶著十八個月大的孩子，那十四天的旅程對他們而言非常的吃力，至少可以這麼說，頻繁的停靠，如同這對夫妻後來所報告，沒完沒了的「厚紙板漢堡」、「木屑熱狗」、塑膠桶的可口可樂。最後，他們開始吃羅德里哥的加工嬰兒食品，特別是燉水果。他們見到馬里蘭州、維吉尼亞州、南北卡羅萊納州、喬治亞州、阿拉巴馬州以及密西西比州。對於賈西亞・馬奎斯自己而言，這樣做的好處是帶他走過福克納的國度，這是他一直以來的夢想。在後來十年間人權改革發生之前，如同當時所有的外國遊客一般，這對年輕夫妻震懾於美國南部遍布赤裸裸的種族歧視，特別是在喬治亞州和阿拉巴馬州。他們在蒙哥馬利錯過了一個晚上的睡眠，因爲沒有人願意把房間出租給「骯髒的墨西哥人」。等他們抵達紐奧良的時候，非常渴望「真正的食物」，他們用掉門多薩寄到哥倫比亞領事館的一百五十美元裡的一部分，在一家高級法式餐廳「舊廣場」吃了一頓飽餐。不過，他們很失望的看到送來的牛排上放了一大顆水蜜桃[27]。一九八三年賈西亞・馬奎斯回憶他們偉大的探險：

> 在這趟英雄式的旅途尾聲，我們再次面對事實和虛構之間的關係：棉花田裡完美無瑕的巴特農神殿，農人在路旁旅舍的屋簷下午休，黑人的工寮殘破不堪，蓋文・史蒂文生大叔的白人子嗣和他們穿著薄紗的慵懶女人星期天上教堂禱告，約克納帕塔瓦郡可怕的世界從巴士車窗經過我們的眼簾，正如同老大師小說中一樣的真實，一般的生動。[28]

他在這趟旅程之後的第一封信裡告訴門多薩：「我們安全的抵達了。這趟非常有意思的旅程一方面證明福克納和其他人對於自己的環境說的是實話，另一方面，羅德里哥是個非常靈活的小傢伙，可以適應任何的緊急應變。」29

最後，在漫長而難以忘懷的兩個星期之後，他們到了邊界的拉雷多，在這全世界充滿最強烈對比的前哨，他們找到一個骯髒、汙穢的小鎮，不過，他們在此卻覺得人生突然又是真實的了。第一間便宜的餐廳提供了美味的一餐，梅瑟德斯發現墨西哥人知道烹飪米的秘訣以及其他一切，認爲在墨西哥這樣的國家她也許可以過得下去。他們坐上火車，於一九六一年六月下旬抵達墨西哥市。在那裡，他們遇到的是一座浩瀚但仍然可以適應的城市，大道上排列著花朵——在那個時代——非常遙遠的天空通常是透明、亮麗的藍色，仍然可以看到火山群。

第十四章
走避墨西哥
一九六一—一九六四

一九六一年六月二十六日星期一，載著賈西亞・巴爾恰一家到墨西哥的火車慢慢的停靠在美景車站。「我們在一個紫紅色的夜晚抵達，身上只有二十美元，沒有未來。」賈西亞・馬奎斯後來如此回憶[1]。在月台上迎接他們的是阿爾瓦洛・穆提斯，他以一九五四年在波哥大歡迎賈布時一般開懷、邪惡的笑容歡迎他們來到墨西哥。穆提斯帶著這累壞的一家人到美利達街的邦南帕克公寓旅館，就位在新興流行的「粉紅區」附近，距離市中心只有幾條街，在阿茲特克戰士瓜特莫克的凝視下，兩條活躍的動脈「改革步道」和「起義大道」交錯之處。不管米飯煮得好壞與否，梅瑟德斯已經開始腸胃不舒服，大部分初次來到墨西哥首都的旅人都會碰到這樣的情形，而初來乍到的日子總因此或其他原因而非常難以適應。賈西亞・馬奎斯回憶，他們當時在墨西哥市只有四個朋友：穆提斯、哥倫比亞雕塑家羅德里哥・阿雷納斯・貝坦古爾、在紐約認識的墨西哥作家胡安・賈西亞・彭瑟，以及加泰隆尼亞電影製片、書商路易斯・維森，在此之前幫他代收信件的。[2]

在墨西哥的一黨體制下——由模糊命名的「革命制度黨」統治——，政府的政策在修辭上遠比政治操作來得激進。「革命制度黨」在一九一〇到一九一七年墨西哥革命後的幾年間出現，這是二十世紀世界首次的社會革命，持續作爲拉丁美洲革新派的榜樣，直到卡斯楚於一九五九年勝利的進入哈瓦那。然而，四十年的權力使得革命派的進步緩慢得相當於停滯不前。賈西亞・馬奎斯必須很快的學習這個新穎、複雜的國家，比起拉丁美洲的其他地區，此處的一切永遠不如表面所見。

一星期後——雖然賈西亞・馬奎斯總說是他抵達的第二天——他一早就被賈西亞・彭瑟叫醒，「你來聽聽這個！」那位墨西哥人大聲的說，他曾經造訪過喧鬧的巴朗基亞，很快的學到如何像岸邊人一樣說話，「那混蛋海明威用霰彈槍把自己的腦袋轟掉了[3]！」因此，賈西亞・馬奎斯抵達墨西哥不久寫的第一篇文章，是對已故美國作家表達敬意的長篇作品。七月九日，這篇隨筆〈自然死亡的男子〉由具影響力的知識分子費南多・貝尼特茲刊登在墨西哥主要報紙之一《新聞報》(*Novedades*)的文學副刊「墨西哥文化面」(**México en la Cultura**)。賈西亞・馬奎斯顯然被這數年前在巴黎大街上遇見的男人之死所撼動，預言「時間會讓我們看到，身爲一個沒沒無名的作家，海明威對於人性心理的瞭解以及他的文字技巧終將使他超越許多偉大的作家。」[4]

他也表示海明威的死亡似乎標記「新的年代」[5]。他渾然不知的是，這是他自己目前爲止在文學創作上最歉收的時期，因爲一種風格的寫作結束了，卻沒有很快或自動的引致另一種寫作風格的開始。更有甚之，除了一個人之外，他或其他人如何怎麼也不會想到，這第一篇文章也是他這位天生的記者接下來的十三年間最後一篇嚴肅、重要的作品。

阿爾瓦洛・穆堤斯來到墨西哥時，是此地被稱爲「最透明的地區」的最後那幾年；如今，透明的天空開始塗抹上二十世紀末汙染的灰色條紋。其實，墨西哥一點也不是穆堤斯會喜歡上的那種國家。然而，他從雷昆貝利監獄被釋放出來之後，以迷人魅力進入上流社會的能力，正是他能驚人地重返社會所非常需要的，如今這也同樣帶領賈西亞・巴爾恰夫婦毫不費力的進入一個如同多刺仙人掌果實一般難以進入的社會，亦非常的寶貴。有了穆堤斯的幫助，這對新來乍到的夫婦在靠近市中心的瑞南街找到一間公寓，這不是他們第一次直接睡在地板的床墊上。他們有一張餐桌、兩張椅子，桌子用來吃飯和工作。一開始，如同在卡拉卡斯、接著在波哥大、紐約時，梅瑟德斯必須帶著幼小的孩子住在旅館的一個房間裡；如今他們又沒有錢了，又回到最基本的生活條件。賈西亞・馬奎斯給比利尼歐・門多薩的信中寫到：「三年婚姻裡的第三次，我們進駐一間空蕩蕩的公寓。依照慣例，光線很好、玻璃窗很多，但幾乎沒有地方可以坐下來。」[6]

前兩個月裡，幾乎什麼都不順利。雖然有穆堤斯和維森的努力，賈西亞・馬奎斯還是找不到工作，他和梅瑟德斯永遠都在布卡瑞利街的內政部排隊以取得合法的居留文件。賈西亞・馬奎斯並不完全確定自己想要什麼樣的工作——電影工業似乎是他比較想去的地方。他開始變得焦慮、沮喪。「拉丁美洲通訊社」似乎決心不支付給他積欠的薪水，他繼續地等待。在一封給比利尼歐・門多薩的信中，他開玩笑地表示如果情況繼續這樣下去的話，唯一合理的發展就是再寫《沒人寫信給上校》——可是，這個故事早已經完成了[7]。門多薩接到消息，說梅瑟德斯如今懷了「阿蕾罕德拉」——賈西亞・馬奎斯堅持會是個女孩，已經取好名字——預產期在明年四月[8]。不過，這個孩子其實並不是「我一輩子夢想卻從未擁有的女兒[9]」，因爲是個男孩，而且是他們的最後一個孩子。

眼見朋友似乎開始心煩，八月下旬，穆堤斯帶他坐上二輪馬車到加勒比海岸墨西哥灣上的海港維拉克魯茲。賈西亞・馬奎斯此時才真正的注意到，墨西哥這個滿是沙漠和高原的國家其實也是個加勒比海國家。他們來到此地是因爲維拉克魯茲大學計畫在哈拉帕出版《大媽媽的葬禮及其他故事》，這本書的預付款一千披索讓賈西亞・馬奎斯付了公寓一個月的押金，開始用分期付款買「我們婚姻的第三座冰箱」[10]。他沒有錢、沒有工作，而且還有妻小要扶養。政治上他已經脫離了曾經啓發他的拉丁美洲政治首波發展，亦即其他數以千計人民加入的革命浪潮。文學上，他也失去了自己的風格：〈大媽媽的葬禮〉這個故事是以「後古巴觀點」所寫成，然而，他已經和古巴這故事的靈感來源分道揚鑣。不論如何的不情願，如今他必須接受新的、非常不同、異常複雜和強而有力的文化世界，也許需要許多年才能同化。在墨西哥，他們都需要學習適應。

某一天，穆提斯帶著兩本書爬了七層樓，沒有打招呼就進到公寓裡，把書扔在桌上大聲嘶吼：「別再廝混了，讀點東西，這樣你才知道該怎麼寫作！」這些年裡，賈西亞‧馬奎斯的朋友是否總把粗話掛在嘴邊，我們永遠不會知道——不過在這些軼事中他們總是如此。這兩本薄薄的書是墨西哥作家胡安‧魯佛的作品，其一是一九五五年出版的小說《佩德羅‧巴拉摩》，另一本是一九五三年出版的短篇故事集《燃燒的平原》。賈西亞‧馬奎斯第一天就把《佩德羅‧巴拉摩》讀了兩遍，第二天讀《燃燒的平原》，聲稱自從第一次讀卡夫卡之後就未曾對任何文學作品如此的印象深刻，表示《佩德羅‧巴拉摩》他可以倒背如流。那一年他沒有再讀其他作品，因爲其他的文學作品看起來都如此的低劣。[11]

有趣的是，對於那位世紀最偉大的拉丁美洲小說家之一，賈西亞‧馬奎斯顯然一無所知。一九六一年他三十四歲，但此時的他對於拉丁美洲這個大陸或其文學都所知甚少。此時，以「文學爆炸」聞名的拉丁美洲小說及新浪潮已經開始——然而在如此風潮的後期，他仍然不認識任何一位即將成爲同儕、同事、朋友、對手的作家，也不清楚他們作爲主要先鋒的諸多作品：巴西的馬立歐‧安德拉德、古巴的阿耶霍‧卡本迪爾、瓜地馬拉的米格爾‧安赫爾‧阿斯圖里亞斯、墨西哥的魯佛，或秘魯的荷西‧馬利亞‧阿爾格達斯。他真正熟悉的只有阿根廷的波赫士。波赫士雖然已經是最具影響力的作家，但許多方面看來卻是最不「拉丁美洲」的。在這方面，在歐洲居住的那段時間並沒有使他如同一九二〇年代的許多作家一般斷然的「拉丁美洲化」：事實上，他在巴黎的朋友幾乎都是哥倫比亞人。我們可以說，他把其他的拉丁美洲人視爲遠親而非兄弟。（這是非常哥倫比亞式的觀點：這充滿傑出人士的國家幾乎從來沒有在拉丁美洲運用過自己在文化上的份量。）「拉丁美洲化」這決定性的過程留於墨西哥完成；幸運的是，對他而言這位老師再適合不過。一九二〇年代，拉丁美洲二十世紀「身分認同之追尋」的過程大多由墨西哥所發起，於一九四〇年代注入了許多受過高等教育的西班牙難民，如今正處於另一次偉大文化運動的開端。

賈西亞・馬奎斯嘗試新的角度。他告訴比利尼歐・門多薩，很久以前某一次拜訪米喬肯州時，他看到印地安人用當地的服裝裝飾做稻草天使，給了他一個故事的靈感。他雖然開始寫，但到一九六八年才終於完成，標題是〈擁有巨大雙翼的老人〉[12]。他說，當時那是「我從前寫一本奇幻故事的舊計畫」的一部分。不過，這個故事很快就被棄置一旁，從而改寫〈失落時光之海〉（*El mar del tiempo perdido*），也是初到墨西哥時絕望的那幾個月裡所寫的。他並沒有明說，但這些和其他故事的靈感似乎來自懷念舊時的好日子，不論來自記憶或想像，那巴朗基亞前後的年代是他自己最想念的時光，塞培達夢幻似的電影《藍龍蝦》間接敘述所傳達的世界。雖然〈失落時光之海〉起初是獨立的發展之作，但是十分重要。這個故事在文學評論家之間引起混亂和迷惑，因爲似乎同時傳達許多不同的意念。這個故事接續了以〈大媽媽的葬禮〉開始的風格，只是更加低調，也沒有穿插敘事者的慷慨陳辭。這就是後來在拉丁美洲、最終世界各地眾所周知的「魔幻寫實」風格，早已由阿斯圖里亞斯、卡本迪爾和魯佛發展出的一種技巧，故事全部或部分以角色人物自己的世界觀敘述，作者沒有指出這樣的世界觀是古怪、民間傳說或迷信，而認爲世界就如書中角色人物所相信的一般。

或幾乎如此。事實上，在〈失落時光之海〉之中就有一個角色知道的比其他人多。後古巴的賈西亞・馬奎斯受限於〈大媽媽的葬禮〉中的國家議題，如今首次介紹經濟帝國主義，藉由赫伯特先生這位「美國佬」以世俗福音教士的身分來到這個已經差不多被遺棄的小鎮。他出現之前，村人就知道有什麼超凡的事情在醞釀之中，因爲原本充滿鹽味和魚腥味的空氣裡此刻卻到處都是玫瑰的味道。接著，這位新來者抵達，做了以下宣布：

「我是全世界最富有的人，」他說：「我擁有的錢財之多，已經沒有足夠的空間擺放。而且，因為我的心胸開闊到連胸襟都放不下了，我決定旅遊世界，解決人類的問題。」[13]

不消說，赫伯特先生並沒有解決問題；他榨乾本已貧窮的小鎮，讓自己更富有，繼續他的旅程。不過，他這麼做之前得先像個好萊塢電影明星一般，在居民的心裡描繪出一幅美麗的景象，留下的卻只有他們從來沒有過的不滿，以及幾乎無法表達的渴望。因此，同名角色——赫伯特先生、實際上是完全同一個角色——後來在《百年孤寂》中把香蕉公司帶到馬康多，也造成類似的影響。〈大媽媽的葬禮〉釐清了賈西亞・馬奎斯對於哥倫比亞的看法，把這個國家的問題歸因於破產的政治體制、保守的統治階級，以及中古的國家教會。〈失落時光之海〉終於介紹了偉大的拉丁美洲產物，亦即美國帝國主義，就在卡斯楚開始攻擊巴提斯塔以及古巴統治階級，接著又對付曾經支持、贊助他們的美國帝國主義之際。

也許出人意料之外的是，像賈西亞・馬奎斯這樣曾經數年間與共產黨如此接近的人，如今必須等這麼久才把「帝國主義」這個診斷應用到自己國家的病症上。我們因而必須判定，他於一九五五年到五七年間在東歐所見證、確實存在的社會主義，以及他曾經灌輸給「長頸鹿」專欄的那些美國文化，與其造就今日的他而貢獻良多的美國作家，要在兩者之間選擇並不容易，大多數上一代的拉丁美洲作家會毫不猶豫的選擇攻擊受到嫌惡的「美國佬」。另一方面而言，賈西亞·馬奎斯尚未把自己和共產黨的正統觀點完全切割，因此尚未清楚的把蘇聯看成是帝國主義政權，以史達林式的調整和馬克斯意識型態的變體作爲主要的武器。有別於後來惡意批評他的人所嘲弄的，他從來不是個急於評斷、或把複雜問題簡單化的人(除了有時候他喜歡給布爾喬亞媒體挑釁的印象)：在知識分子的省思上，他總是以最耗費精力的方式慢慢地思考，從來不求輕易脫身。他最典型的作品中說不明白的可讀性總是得來不易。

就更長遠而言，這個短篇故事有另一個面相，也是未來的指標；遠離馬康多—阿拉加塔加和村莊—蘇克雷，也就是遠離哥倫比亞，朝向不侷限拉丁美洲、而是文學的普世性。〈大媽媽的葬禮〉終於融合了兩個小鎮，在某種層面而言同時嘲諷了兩者，作者尋找方法在更大的畫布上作畫時，也做好了消失的準備。《百年孤寂》的背景仍然設在馬康多，但對於博學的讀者而言，從第一頁就很明顯可以看出是以拉丁美洲整體爲象徵：馬康多從國家一躍成爲洲際象徵。

他尚未清楚看到的是，令人意外的，一位拉丁美洲小說家於歷史的此刻通往偉大之路也是藉由拉丁美洲本身，藉由洲際的視野與觀點。此時的他仍然只是個哥倫比亞人。諷刺的是，國家政治意識發展程度較他低的他國作家卻已經跨出他尚未準備好的一大步：阿根廷的胡立歐·柯塔薩、秘魯的馬立歐·巴爾加斯·尤薩，以及最重要的，墨西哥的卡洛斯·富恩特斯，這些作家察覺到自己身爲拉丁美洲人的意識，當時正撰寫喬哀斯式《尤里西斯》風格的書，正是關於他們自己意識的改變，如何再次征服拉丁美洲，如同來自殖民國家較早的作家詹姆斯·喬哀斯曾經寫過，他自己四十年前征服歐洲的故事(記得史蒂芬·戴德拉斯的抱負：「打造……我的族群尚未存在的意識」)。如今，賈西亞·馬奎斯必須對他所執迷的對象賦予新的定義——他的外公、他的母親、他的父親、哥倫比亞——以拉丁美洲的觀點看待他們。其他拉丁美洲作家阿斯圖里亞斯、卡本迪爾、阿杜羅・烏斯拉爾・皮耶德里都在二十出頭時就已經有了身爲拉丁美洲人的認同，賈西亞・馬奎斯到三十八歲才有此覺悟，要不是有「文學爆炸」，特別是「文學爆炸」最偉大的創作家、宣傳者、墨西哥的卡洛斯・富恩特斯，也許根本有此察覺。對賈西亞・馬奎斯而言，幸運的是，他很快的就認識富恩特斯，而這次的相遇對他的人生也是非常重要。

再一次的，我們所見到的是一位作家非比尋常、也許無可比擬的自制力，早在成名之前就總是知道該如何等待一本書出版的時機，時而面對巨大的壓力或強烈的誘惑。更令人痛苦的是，這個寂寞的故事〈失落時光之海〉是以反帝國主義的觀點陳述，是古巴所給他的，他卻和古巴不再有所接觸——相反的，古巴似乎反過來唾棄他。如今他失去了古巴，如毛澤東所言「沒有政治靈魂」，身處墨西哥的他如此這般的盲目，他不禁再次開始思索自己是否應該永遠放棄文學寫作，盡快的改行寫電影劇本。如今的他有家庭，爲了自己仍然大部尚未實現的文學天職而犧牲梅瑟德斯、羅德里哥和未出生的孩子，他於心不忍：他在單身時都無法做出重要的突破，難道爲了等他一次又一次的嘗試成功，他們就必須要受罪？反正他一直都想從事電影工作，看來也越來越像是他如此處境的男人最合理的志願，他也全心朝這個方向投入。畢竟，這仍然是某種形式的寫作。

在所有西語系國家裡，墨西哥擁有最大的電影工業[14]；不過，起初電影業也沒有什麼具體的工作機會。接著，某一天晚上他找工作鎩羽而歸時——賈西亞・馬奎斯對於要求幫忙一向都不拿手——梅瑟德斯告訴他自己身上已經沒有錢買食物了，沒辦法讓羅德里哥喝他的睡前奶。賈西亞・馬奎斯抱著兩歲的兒子坐下來，向他解釋情況，並發誓絕對不會再發生。那孩子「瞭解」、沒有抱怨的去睡覺，那天夜裡也沒有醒來。第二天早上，絕望到底的賈西亞・馬奎斯打電話請穆堤斯幫忙，而穆堤斯似乎判斷他的朋友也許終於勇敢的面對飢不擇食這回事。他利用自己生意上的關係安排了幾個面試，首先是古斯塔沃・阿拉特利斯特，這位實業家前一年才不可思議的從家具製造業多樣化擴展到許多其他企業，其中之一就是電影和新聞業。

一九六一年九月二十六日，阿拉特利斯特安排他們在統領飯店的酒吧碰面，剛好是他抵達墨西哥滿三個月的那一天。賈西亞・馬奎斯回憶他因自己的一隻鞋底翻開了，所以他提早到場，而且等阿拉特利斯特離開之後，自己才啪躂啪躂的離開[15]。阿拉特利斯特製作了一些路易斯・布紐爾最好的電影，與希爾薇雅・畢納爾結褵，她是當時墨西哥最具魅力的演員，也是布紐爾三部電影的女主角[16]。賈西亞・馬奎斯顯然希望自己能透過阿拉特利斯特的關係，直接進入電影圈。然而，阿拉特利斯特最近才買了幾本大眾出版品，包括女性雜誌《家庭》（*The Family*）以及《社會事件》（*Stories for Everyone*），一份非常墨西哥的犯罪與醜聞印刷品。阿拉特利斯特打算提供這位不再幻想的懇求者的，就是編輯這幾份雜誌的工作，雖然他自己對此也保持懷疑。但穆堤斯犯了一個錯，爲了推薦賈西亞・馬奎斯，他給阿拉特利斯特看了一些對方以前的新聞作品，阿拉特利斯特很懷疑：「這傢伙太厲害了！」他低聲吼著。不過，穆堤斯向他保證這位朋友只要一著手，什麼都可以做得很好。猶豫了一陣子之後，賈西亞・馬奎斯接了這份工作——這兩份工作——回家後問羅德里哥全世界最想要的是什麼。「一顆球。」他的父親出門找到最大的球，買回家來。

如此這般，賈西亞・馬奎斯暫別他對電影的夢想，接手阿拉特利斯特的兩家雜誌，唯一非比尋常的條件是他的名字不得出現於員工名單上，他也不做任何具名。他負責《家庭》和《社會事件》——「大後方」及「街頭」，他一定是這麼想的。這不但是極盡羞辱的倒退回新聞業，而且還是最低俗不堪的新聞業。他的辦公室在南起義大道上，沒有打字機，好像只用手套火鉗在指揮調度，他幾乎無法忍受。他上次如此這般被迫犧牲自己的天職，是一九五一年父母從卡塔赫納搬到蘇克雷之後的危機，就算是當時，他都能在繁忙的工作中擠出時間繼續寫《葉風暴》。如今，就算他自己習慣挨餓，家裡的妻小也要吃飯。不僅對電影業，還有文學，他咬牙準備說再見。

另一本旗下的雜誌《勢利》成功得不負其名，雖然當時幾乎一本也賣不出去，但如今得以寄生於賈西亞・馬奎斯民粹代言人而生存。當時，《勢利》雜誌由兩位前衛作家薩爾瓦多・艾利桑多以及胡安・賈西亞・彭瑟經營，賈西亞・馬奎斯強烈的抱怨他們是剝削他勞力的文學封建貴族——並不知道有一天自己尚未出生的兒子會娶艾利桑多尚未出生的女兒[17]。偶爾，雪上加霜的，阿拉特利斯特忘記付薪水給這位艱困已久的員工。有一次積欠的薪水累積到三個月，賈西亞・馬奎斯不得不到處追他，最後追到一家土耳其浴裡，冒汗的阿拉特利斯特只好在蒸汽中開支票給他。賈西亞・馬奎斯出門後卻發現字跡都濕掉了，只好急忙再回去，直到把阿拉特利斯特追進更衣室爲止[18]。他開始越來越像墨西哥的喜劇演員康定法拉斯。

賈西亞・馬奎斯雖然非常厭惡這份工作，然而他在幾個星期之內就改善了兩份雜誌的排版、風格以及內容編排。《家庭》雜誌有一大群拉丁美洲讀者群，在食譜、編織樣式，以及《社會事件》令人毛骨悚然的故事和血腥照片中，他穿插了濃縮形式的偉大小說、傳記連載、偵探故事、普羅大眾有興趣的其他文化特寫，以及他能想得到的有品質的充填物。這些他都做過，以前巴朗基亞的《紀事》週刊，卡拉卡斯的《委內瑞拉影像》雜誌。大多是蒐羅來自其他國家的雜誌，用剪刀剪貼，這樣的行爲始於幾分的無可奈何、大部分的無趣，以及一丁點兒的憤世嫉俗[19]。一九六二年年初，《社會事件》每期的發行量增加了一千本，而且還在增加之中。到了四月份，比較平靜的賈西亞・馬奎斯向比利尼歐・門多薩報告，自己「有辦公室，裡面有地毯、兩位秘書，幾乎算得上一個家、一個院子，老闆要不是少有的天才就是完完全全的瘋子一個，我還不確定。我還不是個富豪，不過已經搬到距離辦公室不到三條街的地方，考慮七月份買一輛賓士車。如果我從這裡搬到邁阿密去組織反革命活動也沒有什麼好意外的……即將來臨的阿蕾罕德菈的預產期只剩下十天，梅瑟德斯正處於那個無止境的時期，不論是身爲妻子或作爲壯觀的景象都令人無法忍受。不過她正在爲她想要的報復做準備：她的身體回到正常尺寸之後她要買很多洋裝鞋子和其他東西。」[20]

一九六一年九月，基耶爾莫・安古羅建議賈西亞・馬奎斯應該拿出他未出版的手稿《邪惡時刻》，報名參加埃索贊助的一九六一年哥倫比亞文學獎，在一九六二年頒獎[21]。阿爾瓦洛・穆堤斯也給他壓力，據說埃索收到一百七十三份報名作品，沒有一件看起來有希望，因此才建議賈西亞・馬奎斯在最後一分鐘報名。主角自己回憶說，他鬆開領帶，再次看了看這份隨著他四處奔波的打字稿，給了最後一次嚴整的修改[22]。《邪惡時刻》不受主人的鍾愛，也從來不受評論家歡迎。情節有點過度講究、角色不夠鮮明，然而卻有著一股清澈、電影攝影的特質，以及一種超然、不加干預的技巧，讀者不得不覺得印象深刻，就連陰沉的主題都不因爲幽默或地方色彩而得以緩和。

哥倫比亞學院代表埃索決定得獎名單，賈西亞・馬奎斯的手稿被判定獲獎，他被要求提供標題，他把「這個狗不拉屎的小鎮」擺在一邊，想出了「邪惡時刻」。不過根據透露，哥倫比亞學院的院長斐利克斯・雷斯特雷波神父不但守護西班牙文，也守護教徒的道德，對於文稿中含有「避孕藥」、「自慰」這樣的字眼感到不安。雷斯特雷波神父要求哥倫比亞駐墨西哥大使卡洛斯・阿朗哥・維雷茲帶一封信給賈西亞・馬奎斯，謹慎而巧妙的和他討論，並要求他刪去這兩個字眼。如同所羅門王一般（雖然三千美元的獎金已經全部在他的口袋裡），賈西亞・馬奎斯決定允許大使可刪除一個字，他選擇了「自慰」。

彷佛命中注定，評審決定的那一天，也是賈西亞・巴爾恰家的老二貢薩羅出生的那一天，一九六二年四月十六日。賈西亞・馬奎斯後來告訴比利尼歐・門多薩，說這小孩「六分鐘」就出生了，「我們唯一擔心的是他在前往診所的路上在車上出生」[23]。獲獎之後，他暫時經濟充裕些，用一部分的錢付了梅瑟德斯待在診所的費用。不過，如他後來所言，也許有些言不由衷的，由於他覺得這錢是「偷來的」，爲獎金參賽是他一生中做過最糟糕的決定——因此，他迷信的決定不要把錢花在一般家用，而是買了一輛車，一輛紅色內裝的白色歐寶六二年轎車，用來在這座大都會中接送他的家人。他告訴比利尼歐・門多薩：「這是我一生中最特別的玩具，我半夜還爬起來看車子是否還在。」[24]

不過這些都不夠。他贏得一座文學獎，但已經不是個作家了。他繼續的煩惱，發現自己還是渴望在電影圈工作。雖然滿懷希望，而且以獻身工作爲策略，希望誘使阿拉特利斯特助他轉到電影圈，但什麼也沒有發生[25]。的確，他越是大幅翻修、改善這兩份低俗的雜誌，幫阿拉特利斯特賺越多錢，阿拉特利斯特越不可能把他調去做其他的工作。

即使在合適的情況下，他也不確定自己是否能夠寫作。自從結婚以來，他只寫了幾篇短篇故事；對他而言，就連討人厭的《邪惡時刻》似乎都是本很長的書。事實是，他的腦袋裡滿是工作上的垃圾、家事，或是和朋友談論的電影內容。他毫無信念的開始寫《百年孤寂》之後的下一本書——《艾倫狄拉與其他故事》——卻無法寫他就某方面而言等了一輩子要寫的小說，想到這一點不免令人覺得諷刺。因此，幾個月後他在空閒時再回到這本書上，也就是回到《家》的寫作。然而，《家》這本書充滿鬼魅，他再次的毫無進展，因而選擇了內心深處認爲是首選的想法，一本名爲《獨裁者的秋天》的小說[26]。此時，《百年孤寂》連書名都尚未存在，但這另一本曾經放棄的小說卻有了最後的書名。

《大媽媽的葬禮》於一九六二年四月出版，也就是《邪惡時刻》得獎的同一個月，他收到《沒人寫信給上校》的首刷本不久之後，整理了三百頁《獨裁者的秋天》，但還是覺得方向不對。最後，他又一次的放棄這個稿子，後來他會說，書中保留的只有人物的名字[27]。也許，他必須先把這本關於家人和過去的《家》的問題處理完，才有辦法再寫這本部分關於當下自己的獨裁者小說。絕望、消沉、煩惱，他再次的把手稿放在一旁，首度思索沒有文學的未來。

然而，無法忍受的是，這兩份平凡雜誌給他的挫折感越來越深，此時，他向死黨比利尼歐・門多薩抱怨：「目前我把鎮靜劑當麵包上的奶油一樣吞下去，但每天仍然睡不到四個小時。我想我唯一的希望是讓自己完全的重新開始……如你所能想像的，我什麼也沒在寫。自從我打開打字機已經超過兩個月了，我不知道從哪裡開始。想到最後我寫不出什麼東西，也不會變得比較有錢就覺得很害怕。沒什麼可說的了，兄弟。我完了，順服命運下的受害者。」[28]

政治上，他和古巴的關係使自己更為煩躁。就他而言，此事懸而未決，就古巴而言則已經結束了。雖然有他在紐約經歷過的問題，賈西亞・馬奎斯仍然覺得他的問題來自派系成員，而不是古巴政權本身。也許在內心深處，他覺得應該再待久一點。他看著這位年輕的古巴領袖和鋼鐵般的格瓦拉公然反抗美國的力量，以及布爾喬亞自由派拉丁美洲國家緊密排列在一起，他對卡斯楚的推崇只會越來越高。一九六二年四月，卡斯楚面對的難題是整個資本主義世界以及古巴共產黨中的教條主義者，賈西亞・馬奎斯總是喜歡炫耀自己有內幕消息，他寫信給比利尼歐・門多薩：「我知道費德爾證明安尼巴爾・埃斯卡蘭特清白的完整故事，我很確定馬塞提很快就會恢復名譽。費德爾對他的同志說了非常嚴苛的話──『別以為這場革命是中彩券贏來的』──有那麼一陣子我擔心這個危機非常的險峻。別的國家要十年二十年才經歷的階段，古巴卻飛速的經歷，真是不可思議。我的印象是這些同志對卡斯楚屈服，但我不能排除一個可能性——我很清楚自己在說什麼——他們也許很快就會殺死他了。不過目前，我很爲馬塞提和我們全體高興，當然，也爲我們美麗的小古巴高興，證明對大家都是不可思議的教育。」[29]

這封信非常的具啓發性：如今的賈西亞・馬奎斯已經離開「拉丁美洲通訊社」兩年，隨著派系人士企圖控制而幻想破滅，但他仍然把自己的政治信念和夢想投資在古巴的未來上，他對古巴領袖有信心、有著無限的推崇。此處我們看到對卡斯楚兩種不同的看法相合：首先，這種談話的方式顯示，如同當時許多的社會主義分子，賈西亞・馬奎斯覺得他認識私下的「費德爾」，幾乎像個朋友或兄長，就如同我們認爲自己認識某人，但其實仍置身事外；其次，更不尋常的是，這位小說家感受到自己對這位古巴領袖有內線看法，彷彿卡斯楚是他其中一本書裡的角色，行動言語或多或少實現賈西亞・馬奎斯的願望。不過古巴暫時對他關上大門，電影也是；而他唯一能夠控制的文學似乎也是如此，他開始失去希望了。

一九六二年拖拖拉拉的。古巴飛彈危機發生又結束，受到震撼、不安的世界總算倖免於難。但賈西亞・馬奎斯無止盡的隧道裡仍然看不見盡頭的亮光。然後：哈利路亞！一九六三年四月，他終於從《家庭》和《社會事件》中逃離，如同他寫給比利尼歐・門多薩信裡的歡欣鼓舞，終於成爲一位「職業作家」[30]，他的意思是「劇作家」，但這是個透露真情的同義詞。和梅塞德斯討論過自己的境遇之後，他冒險孤注一擲，在復活節假期中主動的在五天內寫了一個劇本，一部稱爲《牛仔》(El Charro)的電影。賈西亞・馬奎斯撰寫這劇本時以墨西哥演員佩德羅・阿爾門達利茲爲假想的主人翁，阿拉特利斯特聽說這個計畫時，希望把這個企畫介紹給一位最道地的墨西哥導演艾米里歐・「印地安人」・費南德茲，請他執導這部電影。但賈西亞・馬奎斯已經答應把劇本交給年輕導演荷西・路易斯・貢薩雷茲・雷翁，交換條件是對電影劇本有完全的控制權。他深信賈西亞・馬奎斯不會違背對其他導演的承諾，但阿拉特利斯特卻突然改變了先前的立場，願意支付賈西亞・馬奎斯與雜誌編輯同樣的薪水，讓他在家一年再寫兩本自選的電影劇本[31]。賈西亞・馬奎斯很高興自己的賭注得到回報。

不幸的是，沒想到阿拉特利斯特在夏天就把錢用完了，要求賈西亞・馬奎斯讓他解約，並答應繼續提供他簽證所需要的身分。既然賈西亞・馬奎斯在電影製片間有過挑起競爭的成功經驗，他也聯絡了阿爾瓦洛・穆堤斯的另一位朋友製片馬奴耶・巴爾巴恰諾，他表示只要是以特約的方式，非常樂意接受。巴爾巴恰諾最著迷的作品之一是胡安・魯佛的小說，他計畫把《黃金鬥雞》（*The Golden Cock*）的故事搬上銀幕。這個故事描述一名窮人救了一隻垂死的鬥雞，才發現自己救的是一隻冠軍鬥雞，書中角色立志追求財富以及當地的美女，一位富人的情婦，最後，書中人物失去了他們所奮力追求的一切。在許多方面，這是《沒人寫信給上校》的世界，穆堤斯推薦他非常興奮的朋友正是這個工作的不二人選。這是賈西亞・馬奎斯最好的機會，羅貝多・賈瓦爾登是國內最有名、政治地位最穩當的導演，而攝影導演賈布列爾・費格羅阿可能是全拉丁美洲最卓越的攝影師。賈西亞・馬奎斯終於在一九六三年十一月的一場婚禮上見到了故事作者——受酗酒之苦的胡安・魯佛，這也是李・哈維・奧斯華被控刺殺甘迺迪總統不久之後死去的那一天。在作者當時不甚佳的狀況、賈西亞・馬奎斯的焦慮和憂鬱所容許的程度之內，他們盡可能的熟稔起來。

巴爾巴恰諾並沒有提供給他如阿拉特利斯特一般的安全感，還有帳單要付的賈西亞・馬奎斯因而於九月份打電話給廣告經銷商華特・湯普森，並馬上被錄用。這份工作雖然和他理想中的工作差很多，但他的脾氣比較適合廣告業，比跑步機般的雜誌編輯工作賦予更多的自由。在這個新的工作環境裡，至少他比較能做自己一向拿手的：有效率、負責任的工作，同時仍然有辦法保留精力，並找到時間從事他真正有興趣的創作[32]。一九六三年的下半年、一九六四年一整年，以及一九六五年大部分的時間，他注定要同時做特約電影工作以及廣告代理商——一開始是華特・湯普森，接著是史丹頓・普利查德—伍德公司，另一家全球巨人麥肯世界集團的一部分。華特・湯普森和麥肯世界集團是世界前三名的廣告公司，因此，賈西亞・馬奎斯一度發現自己效力的對象是美國壟斷資本主義龍頭的麥迪遜大道分公司，他認爲不怎麼光彩。穆提斯在此和其他方面，早已超越他，因他在墨西哥的早期從史丹頓一成立時就已經爲其效力。

諷刺的是，由於這段多少不尋常的插曲所得到的經驗，有助賈西亞・馬奎斯日後準備好面對未來的名人地位——瞭解名聲、思考自我表達、製造個人品牌形象，以及如何經營。更諷刺的是，早期在廣告業和公關的訓練讓他在接下來的數十年間得以公開的維持政治上的自我矛盾，卻從來沒有遭受懷著敵意的美國評論界的嚴厲批評，因爲他找到了竅門。只要賈西亞・馬奎斯得到靈感，他的經理，一位改過自新的酒鬼，會舉起右手，彷彿職業拳擊手一般地在空氣中揮拳。他在家裡也有幫手：梅塞德斯總是想出好記的商品用語：「不能沒有舒潔面紙」是其中之一，他也把她許多脫口而出的評語變成獲利的廣告標語。[33]

如今，在最具影響力以及最風起雲湧的時刻之一，賈西亞・馬奎斯完全的融入墨西哥的文化環境之中。墨西哥的「粉紅區」相當於時髦倫敦的卡納比街和國王路，於一九六四年真正開始繁榮。新近成立的左翼出版公司「年代」(Era)於一九六三年九月剛買下了第二版的《沒人寫信給上校》，雖然只印了一千本，賈西亞・馬奎斯仍然喜出望外。他開始進入名人社交圈，穿梭於身著黑色皮夾克、戴著深色眼鏡的墨西哥市時髦作家、畫家、電影明星、歌手以及記者之中。這對夫妻如今既順遂又穿著得宜：羅德里哥和貢薩羅上的是私立的英語學校，先是威廉學院幼稚園，接著是聖安赫爾的伊莉莎白女王學院[34]。這家人擁有一輛車子，開始物色更大的房子。

開始從事特約電影劇本寫作的幾個月之內，賈西亞・馬奎斯爲魯佛寫了《黃金鬥雞》的劇本[35]。巴爾巴恰諾認爲劇本非常優秀，只有一點保留——他認爲這劇本使用的是哥倫比亞的語言，而非墨西哥的語言。是在這個時候，賈西亞・馬奎斯的運氣越來越好，而且具有決定性的影響。墨西哥重要的年輕作家卡洛斯・富恩特斯比賈西亞・馬奎斯小十八個月，在歐洲停留了稍長的時間後於一九六三年晚期回到墨西哥[36]。他和這位哥倫比亞人有許多共同的朋友，不論是誰介紹他們認識，對於他們第一次的見面都有幫助——富恩特斯已經知道賈西亞・馬奎斯是誰，並且推崇他的作品。根據這位墨西哥作家回憶道：「我第一次聽說賈布列爾是經由阿爾瓦洛・穆堤斯，他在一九五〇年代末期給了我一本《葉風暴》。『這是發表過最好的一本，』他說，明智的沒有明說時間或地點[37]。」由於這起推薦，富恩特斯在《墨西哥文學期刊》上刊登了〈大媽媽的葬禮〉以及〈伊莎貝爾於馬康多之望雨獨白〉。他也於一九六三年一月在《墨西哥文化(永遠)》上爲《沒人寫信給上校》寫了一篇熱烈的評論。

然而，光是富恩特斯就足以讓任何人的自卑情節愈發強烈。他的成長背景優渥、自己也善加利用，英法文流利，有著典型墨西哥男高音強而有力但和緩的聲調。他英俊、瀟灑又充滿活力，迷人至極。一九五七年，他娶了有名的女演員莉妲・馬塞多；命運多舛的好萊塢明星珍西寶在墨西哥的杜蘭戈拍攝《硬漢卡拉漢》時，也與其有過一段情。一九五八年，他出版了公認爲宣告眼前拉丁美洲小說潮的作品《淨土》。如同賈西亞・馬奎斯一般，富恩特斯也在革命後馬上前往古巴，但在政治上立場總是很獨立：他最後居然以不太可能的本領同時被共產古巴、法西斯西班牙和自由美國列爲黑名單。一九六二年，他再出版兩本傑出的書，哥德短篇小說《奧拉》(*Aura*)以及《阿特米歐・克魯茲之死》(*The Death of Artemio*)，爲二十世紀最偉大的墨西哥小說之一，也許是關於墨西哥革命的小說中最偉大的作品；他在哈瓦那完成這部作品，在這裡，他以古巴新的角度觀察自己國家凋落的革命過程。無疑的，當時三十五歲的卡洛斯・富恩特斯是墨西哥最重要的年輕作家，也是國際上的新星。

兩人有這麼多共同的興趣和才能，很快的發展出親密以及互利的關係。當然，賈西亞・馬奎斯所得到的益處是無限的。富恩特斯不只在事業發展上領先他許多年，而且是居於母國的墨西哥人，在先前的十年間，他和世界上諸多領域許多重要的知識分子之間發展出非凡的人際網路，也是賈西亞・馬奎斯所渴望加入的。富恩特斯可以帶他進入許多其他拉丁美洲作家幾乎不得其門而入之處，他在知識上的慷慨也無人能及。除此之外，富恩特斯的拉丁美洲意識比賈西亞・馬奎斯還要成熟，因此得以帶領、培養這位仍然生澀、不穩定的哥倫比亞人，在廣闊的拉丁美洲文學戲劇界裡擔任要角；比起其他人，富恩特斯可以預見這樣的角色，也比其他人更深切的投入。

賈西亞・馬奎斯和富恩特斯開始與羅貝多・賈瓦爾登一起投入《黃金鬥雞》的劇本工作。賈西亞・馬奎斯後來聲稱自己和富恩特斯花了漫長的五個月和導演爭論劇本內容，卻毫無進展。最後，電影在一九六四年六月十七日和七月二十四日之間拍攝，內景地點是著名的丘魯布斯科片廠，外景則選在克雷塔羅，由明星伊格納希歐・羅培茲・塔爾索和露恰・薇雅主演。這部九十分鐘的電影終於在一九六四年十二月十八日首映時，無論在票房收入和評論上都徹底失敗。魯佛的作品是充滿儀式、含蓄的神話，充滿想像空間與暗示性，但一點也不明確，沒有什麼比這更難改編登上大銀幕的了。

雖然兩人都堅持繼續這個體裁，特別是賈西亞・馬奎斯——他說這是「釋放我的鬼魅的安全閥」——對於電影工作，兩人都沒法完全適應[38]。不過，也不難看出他們爲什麼堅持下去：當時的文學界無錢可賺，至少看起來是如此；而電影可以直接對廣大的拉丁美洲群眾意識做出訴求。況且，在一九六〇年代墨西哥這般相對壓抑的社會裡，電影對性別和裸露提供嶄新觀點、使用美麗的女演員、年輕外向的前衛導演、以鮮少而特許的管道一窺光鮮與文化的未來。不幸的是，一九六〇年代也鼓勵熱烈而空洞的無稽之談，尤其是在墨西哥。當時，熟知潮流、跟上流行、「搞清楚狀況」，或者更好的，讓「時尚」也成為必要，就連賈西亞・馬奎斯和富恩特斯都發現自己受到這些文化標記和其公關機器的誘惑。

七月份，他向比利尼歐・門多薩坦承，對於阿耶霍・卡本迪爾最近的小說《教堂大爆炸》的推崇開始讓自己思索熱帶以及文學巴洛克風之間的關係——此舉無疑的是追隨富恩特斯。他提醒比利尼歐前一年歐洲一些翻譯作品的成功：《世紀之光》、富恩特斯的《阿特米歐・克魯茲之死》、胡立歐・柯塔薩的《跳房子》以及馬立歐・巴爾加斯・尤薩的《城市與狗》等，這名單包括當時尚未得知為「文學爆炸」的前三部小說[39]。他作夢也沒有想到，第四本、也是最有名的一本，會是由自己所寫。

如今，賈布和梅瑟德斯有機會搬到適合他們的新家[40]，他告訴比利尼歐「是間好房子，有院子、書房、客房、電話，所有布爾喬亞生活所需要的舒適感，在一個非常傳統而安靜的區域，滿是有名的寡頭政治支持者。」這點有些誇張：的確，這房子距離這個地區很近，但中間隔了一條大馬路，不過無疑仍是一座令人愉快、安靜、舒服的房子。他終於有了自己的書房，「滿是紙張的洞穴」。房子裡只有零星的家具，但比這家人之前住過的地方都還要寬敞，雖然身無長物，但總是充滿音樂，尤其是巴托爾克以及披頭四的音樂。[41]

然而，在這一陣陣的社交漩渦之中，冒充波希米亞人之後，即使有了新得的安全感以及尊敬，賈西亞・馬奎斯卻越來越不快樂。他這個時期的照片非常慘不忍睹：渾身散發出緊張和壓力，有人說看見他在派對上差點揮拳。他當時寫的是自己一點也不在乎的東西，除了偶爾寫寫《獨裁者的秋天》，但又覺得毫無進展。他是個小布爾喬亞劇作家，也是個廣告人。胡立歐・柯塔薩和馬立歐・巴爾加斯・尤薩這些成功的作家並沒有革命的經歷，卻受到古巴革命猛獻殷勤，他自己則被冷落一旁。艾米爾・羅德里格茲・蒙內卡爾是深具影響力的烏拉圭文學評論家，後來對於不只是富恩特斯和賈西亞・馬奎斯，還有逐漸擴大的「文學爆炸」中許多作家，都為其在宣傳方面扮演主要的角色。他於一九六四年一月訪問墨西哥，在墨西哥學院教書，非常擔憂賈西亞・馬奎斯的心理狀態：「受盡折磨的靈魂，棲息於最慘烈的地獄中：文學的貧乏。如果和他談到早期的作品，或是讚美(例如)《沒人寫信給上校》，是用西班牙宗教法庭裡最敏銳的刑具折磨他。」[42]

他硬撐著。一九六四年年底，他重寫了第一個原著劇本《牛仔》，原本由荷西・路易斯・貢薩雷茲・雷翁所拍攝，如今由二十二歲的阿杜羅・雷普斯坦執導，重新命名為《大限難逃》(*Tiempo de morir*)[43]。如同賈西亞・馬奎斯的許多作品，這部作品的源頭來自一個影像、一個記憶，來自一樁過去經歷過的事件。他曾經回到哥倫比亞的公寓找到以前的門房，曾經是殺手的他在織著毛線[44]。在劇本裡，一名男子因為被挑釁進而殺人，坐了十八年的牢，雖然死者的兒子發誓要殺了他，他仍然回到家鄉，他也開始織毛線。小兒子改變心意，但其他兒子不斷的挑釁老人——歷史重演——直到最後，帶有諷刺意味的，主角開槍殺了大兒子，而小兒子在主人翁沒有抵抗的情形下把他殺死。這顯然是重寫他外公在巴朗卡斯的經歷，他當時也是被一名年輕男子挑釁，只不過，尼可拉斯・馬奎斯開槍殺了他的對手，他只入獄一年而不是十八年。

賈西亞・馬奎斯完成劇本之後的幾個星期後，這部電影於一九六五年七月七日到十日之間在丘魯布斯科和帕茲跨羅拍攝，由豪赫・馬汀尼茲・歐尤斯、馬爾嘉・羅培茲以及安立奎・羅恰主演，卡洛斯・富恩特斯改編對白，攝影工作則由偉大的亞歷克斯・菲利普斯負責，賈西亞・馬奎斯的朋友維森德・羅侯負責字幕。電影長九十分鐘，一九六六年八月十一日於墨西哥市的綜藝電影院首映。再一次的，賈西亞・馬奎斯所參與的電影一般都公認失敗，雖然年輕導演生澀的電影拍攝天分也顯而易見，賈西亞・馬奎斯和雷普斯坦互相責怪對方。賈西亞・馬奎斯所投入的是他參與電影拍攝時典型會出現的優缺點：他的情節完美得足以媲美古希臘詩人索弗克里斯，對話以電影而言則說教意味太濃。賈西亞・馬奎斯以幻滅的清醒看到，對他而言，就算沒有人讀，但寫劇本沒有寫文學故事來得有成就感：首先，寫劇本和爲閱讀大眾而寫完全不同；其次，寫劇本無可避免的失去自己的獨立性、政治和道德的完整性，甚至自我認同，因爲到最後，製片和導演無可避免的僅僅把自己視爲達到目的的工具，一個商品而已。[45]

即使如此，在許多方面，這個終極幻滅的新年代開始之時，幾乎也是賈西亞・馬奎斯在電影界最具歷史性的時刻，一九六四年十月下旬，朋友中許多墨西哥最著名的人物參與拍攝他的故事《這個城裡沒有小偷》。這個故事描述某鎮上一個遊手好閒的人決定在當地的撞球間賣象牙撞球賺錢，結果卻爲自己、他長久受苦的妻子以及他們的新生兒帶來災難[46]。電影在墨西哥市和庫奧特拉拍攝，賈西亞・馬奎斯自己也參與剪輯，並扮演村外電影院的收票員；他在這樣的情形下總是覺得難爲情，因此表演上格外受到拘束。路易斯・布紐爾扮演神父的角色，胡安・魯佛、阿貝爾・奎薩達、卡洛斯・蒙希維斯飾演玩骨牌的人，路易斯・維森飾演撞球間老闆，荷西・路易斯・庫耶瓦斯和艾米里歐・賈西亞・里耶拉飾演打撞球的人，馬莉亞・露易莎・門多薩飾演餐館歌手，畫家麗歐諾拉・卡林頓則飾演穿著喪服上教堂的人；主演的是胡立安・帕斯托、羅希歐・薩卡翁以及葛菈謝菈・安立奎茲。《這個城裡沒有小偷》長九十分鐘，於一九六五年九月九日首映，顯然是那個年代較優秀的電影之一。

雖然有以上及其他的發展，就在他開始在這一行完全的安穩下來，終於開始好好的賺錢之時，電影卻開始對賈西亞・馬奎斯失去魅力。這就是重點嗎？只要他願意，他可以看見自己繼續在墨西哥電影業工作，擁有差強人意的成功。然而，他也開始意識到這並不是自己的天分之所在，寫劇本所帶來的成就與滿足感有限，而且無論如何，劇作從來都沒有完全控制他自己的命運。他再次覺得受困。而且，拉丁美洲文學的世界改變得很快，諷刺的是，甚至變得比電影還要更加光鮮亮麗。差不多就在此時，隨著電影對他喪失吸引力，他開始認爲電影就是他和文學之間問題的一部分。這並不是因爲他爲不同的媒介寫文稿，雖然無疑地的確是如此。真正的問題在於許多年前，電影佔據了他對於小說的構思方式，他需要回到自己的文學根源。許多年後再回頭看，他回憶道：「我一直認爲，藉由驚人的視覺力量，電影是最佳的表達工具。我在《百年孤寂》之前所有的作品都受到這個不確定感牽制。有過度的慾望想提供角色、布景、對話和行動當時最枝微細末節的視覺效果，沉迷於指出鏡頭觀點以及架構。不過，真正在電影業工作過之後，我不只瞭解到可以做到的，還有做不到的。我看到影像超越其他敘事元素的力量當然是優點，但也是一種限制，這對我而言是驚人的發現，因爲只有在那時我才開始意識到，小說本身的可能性是無限的這個事實。」[47]

一九六五年，馬雅考古遺跡奇琴伊察有一場知識分子的盛大座談會。卡洛斯・富恩特斯、荷西・路易斯・庫耶維斯以及威廉・史泰隆都有出席，這是一場真正喧鬧的聚會，原本廣爲宣傳的知識面向似乎被各式各樣的喧鬧搶盡鋒頭。當然，當時沒有人想到要邀請在國際上尚未知名的賈西亞・馬奎斯，而賈西亞・馬奎斯也沒有想到要出現在這樣的場合。不過，這些參與的人經由墨西哥市前往各自的目的地時，富恩特斯在他家安排了一場盛大、如今已成爲傳奇的派對。賈西亞・馬奎斯前往作客，遇見了智利小說家荷西・多諾索，他推崇《沒人寫信給上校》，並記得賈西亞・馬奎斯是個「喪氣、憂鬱的人，飽受寫作瓶頸的折磨，如同埃內斯托．薩巴托、胡安．魯佛……威廉．史泰隆遇見永恆的瓶頸一般的傳奇。」[48]

派對結束之後，後來證明兩位來客的拜訪對賈西亞．馬奎斯回到文學、以及生活上的徹底改變有著重大的影響。六月份，雷普斯坦正在帕茲跨羅和米喬肯拍攝《大限難逃》，一位年輕的智利裔美國人路易斯．哈爾斯拜訪賈西亞．馬奎斯，他們一九六一年曾在紐約聯合國大樓短暫的碰過面，哈爾斯現在正在準備一本書，對過去兩個世代拉丁美洲重要的小說家進行評論性質的訪問，以回應後來稱為「文學爆炸」的風靡現象[49]。他原本計畫訪問九位作家，包括經過嚴格挑選但仍眾口一致的選擇：來自上一個世代的米格爾．安赫爾．阿斯圖里亞斯、豪赫．路易斯．波赫士、阿耶霍．卡本迪爾、裘安．吉馬連斯．羅薩、胡安．卡洛斯．歐內提，以及胡安．魯佛；和來自「文學爆炸」世代的胡立歐．柯塔薩、馬立歐．巴爾加斯．尤薩，以及卡洛斯．富恩特斯。不過，賈西亞．馬奎斯是其中獨特的例外，可想而知，當然是由富恩特斯所推薦。[50]

這位把他包括在十大重要作家名單上的哈爾斯來訪，對賈西亞．馬奎斯想必是一大鼓勵。賈西亞．馬奎斯雖然一開始就稱哥倫比亞文學是「傷兵名單」，但在當時這首次嚴肅的重要訪問裡，賈西亞．馬奎斯尚未發展出後來所擁有的輕浮名人態度，這次訪問因而至今仍保有最非比尋常的洞察力。這是賈西亞．馬奎斯第一次接受公開質問，對於他的自我審視和自我分析應該具有很大的影響。哈爾斯如此形容他：

他很結實，但腳步輕盈、粗短的鬍髭、花菜一樣的鼻子、牙齒很多填補的地方。他穿著開襟運動衫、褪色藍色牛仔褲、肩膀上掛著一件笨重的夾克……換成另一個男人也許就因這樣艱

> 苦的人生而挫敗，卻提供了賈西亞・馬奎斯豐富的個人經驗，形成他作品的核心。他已經住在墨西哥許多年，如果可以的話他會回家——他說如果需要他的話他會放下一切——但目前他和哥倫比亞對彼此都沒有用處。其中一個原因是，他的政治觀點在那裡不受歡迎，而他對於這個議題有很強烈的感受。同時——如果海外的生活可以是很大的考驗，也有彌補之處——他就像是個努力擦亮寶石的珠寶商，已經寫了幾本書，每一本都是發自內心不計酬勞的作品，如同牡蠣裡的珍珠，他開始為自己奠定不可動搖的名聲。[51]

不過在訪問的尾聲，賈西亞・馬奎斯試圖削弱哈爾斯認爲他不屈不撓、生命力強的看法：「我有很堅定的政治理念，但我的文學理念則根據我所理解的而有所改變。」哈爾斯注意到，不知道爲什麼，他似乎也帶著一股濃濃的戲味：

> 天使賈布列爾拉緊皮帶，從走廊的黑暗轉彎處出現，眼中閃爍著光亮。他讓自己不聲不響的進到房間裡，有點不安，不知道自己會怎麼樣，但同時似乎也興奮的搓揉著雙手……他成功的被自己的思維嚇到。如今，夜晚充滿芳香、驚喜，他躺在床上，如同接受心理分析的病人一般，把香菸按熄。他說話速度很快，想到什麼就說什麼，像紙做的彩帶一樣彎曲又再平順，跟著它們從這一頭進去，從那一頭出來，卻在可以定住之前就失手了。隨性的語調帶著深層的逆流，彷彿刻意的疏忽。他有本事可以偷聽自己說話，如同試著偷聽隔壁房間的對話。重要的是沒有說出口的。[52]

賈西亞・馬奎斯真的是像這樣，還是經由自己所參與的這些精采豐富的事件所驅策，一面說一面成爲這樣的人？誰知道？哈爾斯所使用的訪問標題是：「賈布列爾・賈西亞・馬奎斯，或失去的和弦。」

首次公開出現於鎂光燈之下的幾個星期後，出現了一次重要的公務採訪。一九六二年起，巴塞隆納的文學經紀人卡門・巴爾塞斯開始擔任賈西亞・馬奎斯的經紀人，主要是有前提的幫他與出版社協商翻譯，然而目前爲止，他的小說連原文出版都有困難。前往紐約之後，巴爾塞斯於七月五日星期一抵達墨西哥，她在紐約和「哈波與羅」出版社的羅傑・克萊恩協商一紙合約，以四本長篇一千美元的代價出版賈西亞・馬奎斯作品的英文版[53]。她是個有野心的國際文學經紀人，而他是位有前途的年輕作家，拚命想成功。她向旗下的新作家自我介紹，解釋合約內容，等著他的反應。「這合約一文不值，」他如此回答。與高采烈的巴爾塞斯有著圓潤的體態和面孔，與先生路易斯・帕羅馬瑞斯本來就對這個哥倫比亞人那股令人好奇、混雜著羞怯、冷淡、傲慢的個性感到不安。他們一定非常的錯愕這個幾乎沒人聽過的作家居然如此高估自己的價值，這可不是什麼好的開始：「我覺得他非常不討人喜歡、脾氣壞，不過，關於他的合約他說對了[54]。」幸運的是，賈西亞・馬奎斯和梅瑟德斯很快的振奮起來，祭出三天的詳細解說旅遊行程以及派對，於一九六五年七月七日到達高潮，簽下第二份戲謔的合約，如同上校在他的故事裡一般，並由路易斯・維森在場見證，他授權巴爾塞斯在接下來的一百五十年間代表他本人處理大西洋兩岸所有的語言版本。如今，他自己的短篇故事開始編織魔法：他找到了現實生活中自己的「大媽媽」，而且是長期的。她馬上和「年代」協商新版的《沒人寫信給上校》以及《邪惡時刻》，很快的和費爾特伊納里協商義大利文的翻譯權。她也許認爲他應該爲自己的幸運感恩，卻不知道自己有多麼幸運。

在這些突如其來的遠方訪客以及他們的好消息之後，由於離家到帕茲跨羅拍攝了很長的一段時間，賈西亞・馬奎斯決定在接下來的週末裡帶著一家人到阿卡波可度一個短暫的假期。往阿卡波可的路是墨西哥最曲折、最具考驗性的道路，可怕的彎道蜿蜒曲折。賈西亞・馬奎斯一直很喜歡開車，很樂意開著嬌小白色歐寶汽車蜿蜒在墨西哥不斷變換的景致中。他常常說，開車這種技術立刻就自然上手，卻需要專注力，可以取代他思考小說過剩的專注力[55]。不過，那一天他還沒有開多遠，「不知從何而來」，小說的第一個句子出現在他的腦海中。在這個句子之後，雖然看不見但很明白的是整部小說，彷彿從天廳直接聆聽書寫——下載——而來。強而有力、如魔法般的無可抗拒。這個句子的秘密配方是其觀點，最重要的，它的語調：「許多年後，當他面對行刑隊……」賈西亞・馬奎斯彷彿受到催眠一般，把車停在路邊、轉頭、往墨西哥市的方向開去。然後……

在此處干預故事的發展似乎很可惜，但傳記作者被迫指出這個故事有許多版本(如同許多其他故事一般)，而前述不可能是真的，至少不像敘事者所聲稱的如此神奇。不同的版本也顯示賈西亞・馬奎斯聽到的是第一個句子，或是一個祖父帶著小男孩去尋找冰的影像(或者的確，發現其他的東西)[56]。不論事實是什麼，神秘、更別說神奇的東西，確實發生了。

在剛剛中斷的經典版本裡，賈西亞・馬奎斯一聽到腦袋裡的那一個句子馬上回頭，斷然取消這趟家族旅行，開車回墨西哥市，一到家馬上開始寫小說。其他的版本說他不斷的重複這個句子，一面開車一面思索著它的含意，一到阿卡波可之後就寫下許多筆記，回到首都的家裡之後就開始正式的寫這本小說[57]。這當然是許多不同版本中最具說服力的一個，然而，在所有假期被打斷的版本裡，兩個男孩和長久受苦、不知道自己還要受苦多久的梅瑟德斯，必須吞下他們的失望，等待另一個旅程開啓——漫長的等待。

第十五章

魔術師麥逵迪：《百年孤寂》

一九六五—一九六六

多年之後，賈西亞・馬奎斯回憶道，回家後的第二天，他一如往昔的坐在打字機前，唯一不同的是，「這次我十八個月都沒有起身[1]。」事實上，這次他只花了一年多一點的時間寫作，從一九六五年七月到一九六六年八月，其中包括好幾次中斷，但他總是說自己花了十八個月的時間，又或許這個故事其實耗費他十八年的時間。他告訴比利尼歐・門多薩，當時最大的問題是「開頭，我記得非常清楚，費盡千辛萬苦完成第一個句子之後，我害怕的問自己接下來會發生什麼事。事實上，直到帆船在叢林間被尋獲時，我都還不知道這本書接下來的走向。然而就在那個情節轉折之後，整個過程又變得令人目眩神迷，我也開始樂在其中。」[2]

換句話說，等他進行到大約第十頁，第一代的荷西・阿卡迪歐・布恩迪亞在熱帶叢林裡找到帆船以後，他才理解這段魔幻旅程不會那麼快結束。行筆至此，他總算能鬆口氣。這樣的情形在第一個星期特別明顯，當時他還處於假期的心態之中。他逐漸地放下過去五年的包袱，預計用打字機寫完八百頁的稿紙，最後則減少為四百頁，結果還算估計得不遠。在這四百頁的稿紙裡，他訴說了布恩迪亞家族四代的故事，這個家族在十九世紀來到哥倫比亞一個名為馬康多的地方，他們以困惑、頑固、執迷、黑色幽默經歷了哥倫比亞百年的歷史。這個家族從宛若嬰孩的純真，經歷男女成長的各種階段，以及隨之而來的墮落，在故事的最後一頁，布恩迪亞家族的最後一名成員被颶風席捲而去。自從這本書問世之後，書評家就不斷地猜測這個結局的意義何在。書中主要六位主角從一開始就出場，主宰了前半部的故事走向，包括建立了馬康多的荷西・阿卡迪歐・布恩迪亞；他的妻子烏蘇拉不僅是整個家族的支柱，也縱貫全書；他們的大兒子荷西・阿卡迪歐與次子奧瑞利亞諾上校——後者被視爲書中的主角；自小備受折磨，長大後同樣受苦的女兒阿瑪蘭塔；吉普賽人麥逵迪不斷帶來外界的消息，最後定居在馬康多。哥倫比亞的歷史經歷了兩次翻天覆地的變遷：「千日戰爭」以及一九二八年發生於西安納加的香蕉工人屠殺事件，是賈西亞・馬奎斯童年時期重要的兩起事件。

賈西亞・馬奎斯一直希望寫出阿拉加塔加的家族傳奇，但把阿拉加塔加改名爲馬康多；如今他在寫的這本書的確是以阿拉加塔加爲背景的家族傳奇，只是重新命名爲馬康多。然而，這已不僅只是尼可拉斯・馬奎斯上校的家族，如《葉風暴》裡沉浸懷舊之中、渴望名留青史，如今待以蔑視的諷刺態度視之；這也是賈布列爾・埃利西歐・賈西亞的家族，飽受世人的嘲弄與批評，在戲謔中時而溫暖，時而譏諷。寫下這本書的，不是那二十歲時寫下《家》的賈西亞・馬奎斯，而是透過一種奇妙的方式，由他心中的小男孩執筆，由二十歲的賈西亞・馬奎斯以懷舊的心情回顧小男孩的體驗；與小男孩手牽手的不是馬奎斯上校，而是如今將近四十歲的家居男人，飽讀世界文學、歷盡滄桑的賈西亞・馬奎斯自己。

賈西亞・馬奎斯的身上到底發生了什麼事？經過了這麼長的時間之後，爲什麼如今他總算可以下筆？在靈光乍現的那一剎那，他總算明白，與其寫一本關於童年的書，不如寫下他的童年記憶；與其寫一本關於真實的書，不如寫下真實所呈現出來的樣貌；與其寫下阿拉加塔加與當地人的生活，不如寫下他們眼中所看見的世界；與其讓阿拉加塔加在他的書中復活，不如以說故事的方式向它告別：不僅透過當地人的觀點，也透過所有發生在自己身上的故事、透過他所理解的世界、過去的他，也透過他身爲二十世紀末拉丁美洲人所具體體認的一切。換句話說，與其把阿拉加塔加與那間房子從世界中抽離出來，不如帶領世界進入阿拉加塔加。除此之外，在情感上，與其喚醒尼可拉斯・馬奎斯的鬼魂，不如讓他自己成爲尼可拉斯・馬奎斯。

他所從中感受到的，是千百個角度、不同層面的如釋重負，生命中所有的努力、痛苦、失敗、挫折都得到紓解；在這段無與倫比的創作過程中，他得到了解放、自我認同與肯定，從寫作過程的一開始他就知道——真切的知道——這部作品獨一無二、極有可能成爲不朽之作；隨著愈發激動的創作過程，這本書也開始展現出屬於故事本身龐然的格局。在寫作的過程中，當然對作者本身也散發出魔幻、神奇、欣喜的感受，稍後對讀者而言亦如是。如此這般的體驗把文學創作的魔力提升到最高的境界。不僅如此，最重要的是這本書還具有療癒性：馬奎斯不再心心念念、瘋狂執迷的嘗試重現記憶中不同的事件，而是以自己的方式重新整理了聽來的故事、過去的經驗，讓整個故事以作者希望的方式呈現。因此，這本書的確充滿了魔幻、神奇、欣喜：治癒了他許多的苦痛。

於是，那個曾經一天只寫一段文章的人，如今每天寫好幾頁。那個曾經顛三倒四、不管故事順序結構的男人，如今如同上帝塑造地球成型般按部就班、一章接著一章地寫下去。那個每次寫作都被故事轉折、角色走向折磨得死去活來的人，如今戲耍起自己的生命經歷：把外公、父親與自己結合，把特蘭基利娜、露易莎・聖蒂雅嘉與梅瑟德斯融合；許多角色裡都有路易斯・安立奎和瑪歌的小影；他把祖母變成特娜拉；把塔奇雅寫進阿瑪蘭塔・烏蘇拉的角色裡；把整個家族歷史與拉丁美洲的歷史合而爲一，把他所知所有拉丁美洲文學中重要的元素——波赫士、阿斯圖里亞斯、卡本迪爾、魯佛——

—結合《聖經》、拉伯雷、西班牙侵略史記、歐洲騎士故事、狄福、吳爾芙、福克納、海明威。難怪他覺得自己像個煉金術士，難怪他把自己——賈西亞·馬奎斯——以及諾斯特拉達姆斯、波赫士融入偉大的作家／發明家麥逵迪這個角色中，另一位把自己關進小房間裡的天才，在文學這個世界裡把整個宇宙濃縮在充滿魔法的空間裡，穿越了歷史與永恆。簡而言之，他所做到的不只是綜合了所有的元素，更重要的（根據許多人的說法，這是他成功的寫出作品被譽為拉丁美洲《唐吉訶德》的原因）是面對、結合這鮮為人知、不凡、增加生活樂趣的拉丁美洲中兩個主要、互相矛盾的特質：在侵略與暴力、悲劇與失敗這些晦暗故事的另一面，是嘉年華會的精神、拉丁美洲人民的藝術與音樂，即使在最黑暗的角落也能夠頌讚人生，在最平凡的事物上找到快樂，這樣的快樂對於許多拉丁美洲人而言不僅是受壓制與失敗時的安慰，而是預見更好的世界，對他們而言總是非常的接近；他們不止藉由他們的革命頌讚，也藉由日常生活的歡樂禮讚。後來，賈西亞·馬奎斯當然否認這種野心勃勃的意圖，「我從來沒有意識到任何意圖，」他在一九七三年告訴伊蓮娜·波妮娃托斯卡：「我只是個說故事、講古的人。」[3]

到了九月的第一個星期，他已經大有進展。他很快發現自己需要百分之百的投入創作，必須暫停其他活動。一面寫書、一面在廣告公司工作讓他非常痛苦，於是，他決定放棄兩份支薪工作與固定的社交生活。對於一位有家庭的男人而言，這是非常大的賭注。

小說的故事背景設定在化名馬康多的阿拉加塔加，但如今馬康多已經成為整個拉丁美洲的代名詞。他對拉丁美洲瞭解甚深，不過他也曾經在舊世界中生活，親眼見證資本主義世界裡的自由民主，及其與新社會主義國家如蘇聯之間的差異。他也曾住在蘇聯歷史勁敵國家最具象徵意義的城市裡，這個國家不但正在界定世界的未來，並在過去超過半世紀的時間裡箝制、主宰拉丁美洲的命運：也就是美國。這個人非常瞭解這個世界，早在我們開始回顧他對於文學的理解之前，他已經對此知之甚詳。馬康多已經成爲哥倫比亞或拉丁美洲任何一個小鎮最鮮活的形象（或者，如同非洲與亞洲的讀者後來所證實的，第三世界最鮮活的形象），進而象徵任何一個受歷史力量擺布、無法控制自己命運的小鎮。

如同現今呈現於世人眼前的，《百年孤寂》這個傳奇故事訴說的是一個家族的故事，他們於十九世紀從瓜希拉遷徙至非常類似阿拉加塔加的小鎮。故事裡的父親荷西・阿卡迪歐・布恩迪亞在榮譽與男子氣概的影響下殺了他的至交，在朋友鬼魂的糾纏下被迫離開家鄉。荷西・阿卡迪歐建立了一個名爲馬康多的小鎮，他與堅韌的妻子烏蘇拉在此蓋了一棟房子，並成爲當地公認的領袖。他們有三個小孩，分別是阿卡迪歐、奧瑞利亞諾與阿瑪蘭塔，並隨著時間的演進增加了一些角色。透娜拉是家中僕人之一，幾年下來與家族數名男子都曾發生過關係，混亂的性行爲導致布恩迪亞家族最恐怖的夢魘，最後因爲亂倫而生下帶有豬尾巴的小孩，造成整個家族的滅絕。吉普賽人時常來訪，其中一個特別精明、聰明的傢伙叫麥逵迪，最後在馬康多待了下來，並住進布恩迪亞家族的房子。故事裡也有不受歡迎的訪客：波哥大（書中未明述）的中央政府派來政治與軍事代表以控制這個純樸的小社區；這樣的安排導致了好幾次內戰，讓布恩迪亞家中的二兒子奧瑞利亞諾長大後以激進的自由黨參戰，最後成爲舉國皆知的傳奇英雄奧瑞利亞諾・布恩迪亞上校。隨後，更加邪惡的勢力來到馬康多：來自北美的水果公司進駐當地，大大轉變了馬康多的經濟與文化結構，於是勞工們以罷工對抗，在「美國佬」的搧風點火之下，中央政府派兵鎮壓，造成三千名工人與家人在馬康多外圍的火車站遭到屠殺。經歷了此一最黑暗的章節之後，馬康多逐漸走向毀滅，烏蘇拉自己則成爲毀滅的徵兆——這個故事的靈魂逐漸死去，年輕一代的角色越來越沒有活力，他們不再創造神話，反而像是歷史中的受害者，展現了人類性格中最原始的黑暗面。最後，一如麥達迪的預言，布恩迪亞家族最後一名成員與年輕的阿姨在瘋狂的愛戀之後生下了帶有豬尾巴的小孩，一如預言(來自麥達迪)，他和整個馬康多最後被末日颶風捲走。

《百年孤寂》也是一部現代主義作品，這本書集合了所有文學作品之大成，層層疊疊、蘊含豐富：它的開頭與結束宛若《聖經》一般充滿神諭，其中又摻雜了神話與人類學的元素、西方文化的神話特質、獨特的負面嵌入了拉丁美洲特有宏偉的抱負以及受到羞辱的失敗，還有最知名拉丁美洲思想家形形色色的大陸理論。不過，書中絕大部分的內容來自於賈西亞・馬奎斯個人的生活體驗。只要是稍微瞭解他一生波折的人，幾乎都可以在每一頁找到他自身人生的寫照——作者本人也聲稱書中每一樁事件的每一個細節都來自於他的個人體驗(「我只是個卑微的見證者」)。

最令人驚嘆的還是這本書的形式，書中元素五花八門，以口授形式傑出的結合至高的文學藝術。然而，儘管書中大量呈現哥倫比亞的普羅生活文化，卻沒有淪為鄉野奇譚。馬奎斯最大的成就，且是不凡的成就，是以魔幻手法呈現民間智慧，畢竟書中居民最明顯的特質就是毫無智慧，面對他們注定要不幸棲息的世界，他們完全沒有準備。在他們的世界裡，智慧派不上用場，也無立足之地。然而，這本書的形式與那些用來當作參考依據的典型現代主義作品天差地遠——彷彿是一部「不朽經典」，但其實來自二十世紀前六十年中小說裡所發現的一切，彷彿是詹姆斯・喬哀斯以說故事的語調，結合賈西亞・馬奎斯的姑婆法蘭希絲卡的敘事技巧所寫的一本小說。[4]

如此這般，賈西亞・馬奎斯使用他所發現的偉大西方神話故事(希臘、羅馬、《聖經》、外來的阿拉伯《一千零一夜》)、偉大西方古典文學(拉伯雷、塞萬提斯、喬哀斯)以及美洲大陸的先鋒(波赫士、阿斯圖里亞斯、卡本迪爾、魯佛)，這位寫下村莊、國家、世界的故事之人寫出一部作品——一面鏡子——其中他自己的美洲大陸終於認同自身，因而也找到了得以傳承之處。如果波赫士設計了觀景窗（如同過世的魯米埃兄弟之一），那麼是賈西亞・馬奎斯提供了第一幅真正偉大的集合描繪之作，使拉丁美洲因而不只可以認同自己，也受到普世大眾的認同。露易莎・聖蒂雅嘉・馬奎斯・伊瓜蘭・賈西亞的兒子在這龐然、混亂的第三世界城市中瀰漫煙霧的小房間裡粗糙、窄小書桌前所寫下的書，正是這樣的意義。他的激動不已其來有自，其中不安、欣喜的張力更貫穿整部作品。

賈西亞・馬奎斯的好運似乎還沒用完，事實上，他的好運似乎永遠用不完。路易斯・哈爾斯在六月底離開墨西哥之後，又前往幾座拉丁美洲首都城市，最後在布宜諾斯艾利斯停留；當時，知名的「南美洲」出版社正準備出版他的訪問集。後來，哈爾斯在「南美洲」的朋友法蘭西斯科・「帕可」・波魯瓦坦承：「哈爾斯跟我提起之前，我從來沒聽過賈西亞・馬奎斯這個人。然後他就這樣出現，與波赫士、魯佛及其他大作家並列，我腦中第一個閃過的念頭就是『他是誰？』」哈爾斯寫信給賈西亞・馬奎斯詢問他的書，幾個月之後便達成交易。[5]

九月初的一個下午，賈西亞・馬奎斯暫停手上的寫作，到藝術學院參加卡洛斯・富恩特斯的新書《改變膚色》的座談。座談會的最後，富恩特斯提到幾位朋友，其中一位就是這位哥倫比亞人：「我們之間的共同點不只是我們的週日儀式，還有我對於這位阿拉加塔加詩人古老智慧的推崇。」也許頗富指標意義的是，富恩特斯在此主張追求名氣與財富是作家抱負的一部分：「我不認為作家就必須窮兮兮的[6]。」座談會結束之後，阿爾瓦洛・穆提斯夫婦邀請眾人前往他們在阿莫伊河畔的公寓吃海鮮飯，包括富恩特斯與莉妲・馬塞多、荷米・賈西亞・阿斯考特、瑪麗亞・露易莎・埃利歐、費南多・帕索、費南多・貝尼特茲與艾蓮娜・賈羅，當然，還有賈西亞・馬奎斯與梅瑟德斯[7]。從離開座談會開始，賈西亞・馬奎斯一路上不斷描述和他新小說有關的軼事，在街上、在車裡、在穆提斯的公寓裡繼續，大家都聽到耳朵出油，最後只有瑪麗亞・露易莎・埃利歐還在認真聽。在那狹小而擁擠的公寓裡，瑪麗亞・露易莎整晚不斷要求賈西亞・馬奎斯繼續講故事，她最愛聽的就是那個爲了漂浮而吃巧克力的牧師。由於她如此著迷於賈西亞・馬奎斯的故事，他當下就承諾要把新書獻給她。他有雪拉哈薩德說故事的功力，她則擁有她的美麗。

自從小說在一九六七年出版之後，拉丁美洲的書評與記者就對這段時期著迷不已。《百年孤寂》出版的三十年後，賈西亞・馬奎斯的弟弟埃利西歐寫了一整本書探索此書的創作源起，賦予每個細節神秘感，更不用說盲目崇拜的重要性。不過，賈西亞・馬奎斯工作的房間卻一點都不神奇，儘管許多年後許多人都稱這個房間爲「麥逵迪的房間」。賈西亞・馬奎斯自己稱這個房間爲「黑手黨的洞穴」，十呎乘八呎見方，連接一間小浴室，一扇門及窗戶通往外面的庭院。房間裡有一座沙發、電暖爐、幾個櫃子，一張非常小而簡單的桌子，上面放著奧利維蒂打字機。當時，賈西亞・馬奎斯開始穿著藍色的連身服寫作——現在的他比較傳統(甚至還會打領帶)。他做了重大的變革，把寫作時間從晚上改到白天。以前，他總是下班後留在廣告公司或電影公司的辦公室裡寫作，現在則從早上就開始動筆，直到孩子放學回家。從前，家人對他的需求扼殺他的創作靈感，給他拘束，如今不得不的調整反而改變了賈西亞・馬奎斯面對工作以及自律的方式。梅瑟德斯本來只須扮演妻子、母親、家管的角色，現在則身兼接待員、秘書與經紀人的身分[8]。她當時並不知道這樣的情況會持續一輩子，這些改變也讓他在寫作新小說時如虎添翼。

賈西亞・馬奎斯一早送兩個兒子上學，八點半前就坐在書桌前，一直寫到大約下午兩點半小孩放學回家。兩個小孩記得父親關在那小小的房間裡埋首寫作，隱身於藍色煙霧之間，很少注意孩子的一舉一動，只有吃飯時間才會出現，回答孩子們的問題時總是心不在焉。他們懷疑他把自己這些行爲也寫進了這部嘔心瀝血之作——在第一章荷西・阿卡迪歐・布恩迪亞沉迷於實驗時，是如何對待自己發現已晚的小孩。

賈西亞・馬奎斯事後回想：「遠在出版之前的一開始，這本書就對與之有關的人施了魔法：朋友、秘書等等，甚至是肉販和我們的房東，他們等著這本書出版我才能還清欠他們的錢[9]。」他告訴伊蓮娜・波妮娃托斯卡：「我們欠房東八個月的房租，等到我們只欠三個月房租時，梅瑟德斯打電話給房東說：『我們這三個月的房租不付了，接下來六個月的房租也不付。』一開始她問我：「你到底什麼時候會寫完？」我說大概再五個月。所以她自己多加了一個月。房東對她說：「如果妳可以保證，我就等到九月。」到了九月份，我們去找房東付清了房租。[10]

另一位等著賈西亞・馬奎斯把小說寫完的是打字員「佩拉」(艾斯佩拉安薩)・阿萊薩，她爲巴爾巴恰諾工作，也幫富恩特斯打字。每隔幾天，賈西亞・馬奎斯會給佩拉一部分小說稿，通常他自己先打好字，但上面塗滿了手寫的修改，接著佩拉謄好一份乾淨的打字稿。由於他的拼字慘不忍睹，非常仰賴佩拉幫他做編輯校對；不過，他們開始合作的第一天他差點失去佩拉與小說的開頭——她在街上差點被公車撞上，稿紙四散在墨西哥市秋天潮濕的街道上。後來，佩拉坦承自己每星期都邀請朋友來讀小說的最新章節。

我們對於這個時期所知的一切都顯示，賈西亞・馬奎斯的確受到魔法的恩賜，終於一償想當魔術師的宿願。他沉醉在創作文學的狂喜中，他是奧瑞利亞諾・巴比隆尼亞，他是麥逵迪，榮耀就在前方等待著他。這本書受到偉大神話般的虔誠待遇：每天傍晚他做完筆記後，朋友來到家裡，差不多都是阿爾瓦洛・穆堤斯、卡門、荷米・賈西亞・阿斯考特和瑪麗亞・露易莎這些一整年間不斷支持他的朋友，他們也見證他成爲西方文學巨擘的過程。隨著小說逐漸成形，賈西亞・馬奎斯瞭解到其格局之大，自信和自尊也隨之水漲船高。白天，他坐在煙霧繚繞的地窖裡寫作，下午則參考書目、查證史料。荷米和瑪麗亞・露易莎總是迫不及待的等待最新的章節。特別是瑪麗亞・露易莎，她知道自己正在見證一個偉大的過程，也是他最親密的知己。他後來總是說，雖然瑪麗亞被他的書吸引，他卻不斷折服於她對於這魔幻世界充滿智慧的見解，許多她對於事物的觀察後來都被寫進書裡，他隨時打電話讓她讀到最新的進度。[11]

幾個月後，馬奎斯受邀前往墨西哥外交部文化局演講，以往他總是拒絕這類邀約，但這次答應了，特別聲明他要朗讀作品而非演講。他對自己的作品要求很高，總是充滿批判，如今陷入焦慮，深怕阿爾瓦洛、瑪麗亞・露易莎這些朋友對他的崇拜已經把他催眠，讓他迷失於自己的世界裡：

> 我在光線充足的舞台上坐下來朗讀，「我的」觀眾坐在完全的黑暗之中。我開始朗讀，不記得是哪個章節，但我繼續唸著，大廳裡一陣沉默，那寂靜而充滿張力的時刻讓我驚慌失措。我停下來，看黑暗裡凝視，幾秒後我看見前排的幾張面孔，出乎意料之外的，我看到他們的眼睛睜得大大的，像這樣，於是我繼續平靜的唸完。真實的觀眾受到我的文字吸引，不是只有蒼蠅的嗡嗡聲。唸完後我走下台，第一個擁抱我的是梅瑟德斯，她臉上的表情——我想那是婚後第一次我瞭解到她愛我，因為她看著我的表情！這一年來她省吃儉用讓我專心寫作，而那天她臉上的表情讓我很肯定這本書正往正確的方向前進。[12]

梅瑟德斯繼續努力維持家計。一九六六年初，來自上一份工作的存款已經用完，雖然丈夫已經突破寫作瓶頸，這本書卻越寫越長，眼看著就要再寫一年。最後，賈西亞・馬奎斯總算開著他的白色歐寶汽車到塔古巴亞典當，換來一筆家用[13]，他的朋友得擔任他們的司機。他甚至考慮切掉電話線，除了省錢，也避免讓自己分心：因為每次跟朋友講電話都沒完沒了。賣車的錢用完之後，梅瑟德斯開始典當起其他物品：電視、冰箱、收音機、珠寶。她堅守的三道「最後防線」是吹風機、食物調理機以及馬奎斯的電暖爐。她向肉販菲利普先生賒更多帳，說服房東路易斯・庫德耶爾寬限房租更久，他們的朋友則固定提供各式各樣的補給品。不過他們倒是保留了錄音機。此時的賈西亞・馬奎斯寫作時不能有音樂干擾，但也無法忍受生命裡沒有音樂，他最愛的巴托爾克、德布西的前奏曲或披頭四的《一夜狂歡》都是當時他生活裡的背景音樂。

整個寫作過程中最糟糕的是奧瑞利亞諾・布恩迪亞上校死去的那一天（第十三章）。如同許多作者一般，書中主要角色的過世就像失去自己的親人一樣，甚至像是一場謀殺。這場死亡的描述中加入了賈西亞・馬奎斯鮮活的童年記憶，雖然許多評論家沒有察覺到，但比起之前的作品，這位小說家在這顯然冷血的角色裡放進了更多自己的影子。奧瑞利亞諾是家中次子，卻是「第一個在馬康多出生的人」，和賈西亞・馬奎斯一樣，他在三月出生；而且，奧瑞利亞諾出生時眼睛已經張開，一離開母親的子宮就盯著房間看，據說小賈布出生時也是如此；他從小就有敏銳的洞察力，正如小賈布在家族裡的名聲一般。他愛上一個小女孩（她尚未到青春期就娶了她），但在她死後已經「無法愛人」，一切行為皆出自「萬惡的傲慢」。身為年輕人，他雖然有強烈的同理心以及仁慈（還會寫情詩——後來讓他很難為情），奧瑞利亞諾是個孤獨、自我為中心、殘忍的人，他的野心不容任何阻礙。在奧瑞利亞諾・布恩迪亞的身上，賈西亞・馬奎斯選擇一些馬奎斯上校的回憶（戰爭、工作室、小金魚），融入幾乎是自我批評的自我畫像，而在這自我批評所累積的觀感中，他也累積如今成就了一生的抱負，但過程中卻是機關算盡、燃燒殆盡、最終是自戀以及自私等。後來他在《細說從頭》書中非常強烈的強調寫作這個使命（為了成為麥達迪），事實上阻擋了另一個較為基本、也許較沒有那麼愜意的本能，也就是征服的意志力、對於聲名、榮耀以及富裕的慾望(奧瑞利亞諾・布恩迪亞上校)。在《獨裁者的秋天》一書中，如此這般自我批評的篇幅更加驚人。

凌晨兩點鐘，任務終於完成之後，馬奎斯來到臥室，梅瑟德斯睡得很沉，他躺下來啜泣了兩個小時[14]。不需要傳記作者的洞察力也可以知道，殺死他的主角不止使他面對自己的人性以及這本小說的結束，也是這獨特欣喜經驗的結束——的確，結束的不只是他生命中一整個時期，過去曾經存在的那個自己，也是他和生命中最重要的人之間那特殊、無法言喻關係的結束，也就是他的外公(如今真的永遠的失去他，因爲就連文學也無法使他復活)。諷刺中最諷刺的是，在勝利的喜悅之中，如今的賈西亞・馬奎斯卻回到自己筆下第一個故事中預見的那名男子，每次他離開生命中的一刻、曾經愛過的人與事時，注定要面臨多次、接連的死亡，除了他的妻小。

他給人的印象總是在煙霧繚繞的房間裡一直待到小說完成，不過，有個免費前往哥倫比亞的機會來臨時，他考慮許久之後決定前往。他說服導演雷普斯坦以電影《大限難逃》報名參加卡塔赫納電影節，他們從維拉克魯茲搭郵輪前往卡塔赫納，於一九六六年三月抵達(當時身爲游擊隊的朋友卡密洛・托瑞斯死後兩個星期)。儘管賈西亞・馬奎斯對雷普斯坦的作品頗有疑慮，但那部電影在電影節裡拿到首獎。三月六日那一天有許多值得慶祝的事：他的電影成功、小說前景看好、他回到卡塔赫納與家人共度三十九歲生日。他短暫造訪了波哥大，接著飛往巴朗基亞，當時比利尼歐・門多薩住在那裡。門多薩工作時接到電話。

「賈布，聽到你的聲音真開心，你在哪？」

「正坐在你家裡喝威士忌，王八蛋。」[15]

他把新小說的事說給門多薩與阿爾瓦洛・塞培達聽：「跟其他作品完全不同，朋友。這次我終於感到無拘無束，不是大紅大紫就是跌個狗吃屎。」這次的造訪中，他與阿豐索・福恩馬佑爾一起走過巴朗基亞許多老地方，喚起不少舊時回憶、地點與人物。爲了讓這次旋風式的造訪更爲完整，他十年來首次回到阿拉加塔加[16]。不過，這次與他同行的不是他的母親，而是阿爾瓦洛・塞培達開著吉普車載他舊地重遊。在這趟回到過去的旅程中，他們恰好由《時代》雜誌駐巴朗基亞的記者陪同，他後來寫了一篇詳細的報導：蛻變爲超級作家之前，賈西亞・馬奎斯已經被媒體改造成民族英雄。[17]

他本來打算停留個幾星期，但幾天後就動身前往墨西哥，在三月底到達。阿豐索・福恩馬佑爾對他的離開表示不滿，賈西亞・馬奎斯離開前解釋，他離開的前一晚突然很清楚的看到小說的結尾，可以一字一句的唸給打字員聽。他又把自己鎖在房間裡，開始反芻發生在自己身上的事。他所想到的結局——也許在某個層次上顯示他已經如何的繼續往前走，而他的哥倫比亞朋友停留原地，也是文學史上最偉大的小說結局。

《百年孤寂》這本書幾乎從一動筆就有出版社願意出版。每天都有作者可以仰賴出現的熱心觀眾，這位興奮的作者也不太需要鼓勵：他已經著魔。著魔於流竄體內的文學創意，肯定這部作品的成功寫在星空裡，早已注定。知識淵博之人知道將要出現，也知道會是偉大的作品時，神話作品中最接近的例子是詹姆斯・喬哀斯的《尤里西斯》；然而，喬哀斯當時並沒有出版商的青睞，也無法預期會成爲暢銷作家。不過，通常超級謹慎的賈西亞・馬奎斯卻充滿自信，完全不如以往一般的籠罩在束縛他的迷信之中。三月份造訪波哥大期間，他把第一章給了《觀察家日報》的老同事，於五月一日刊出。此時，卡洛斯・富恩特斯已經回到巴黎，於一九六六年六月收到前三章，驚艷不已[18]。他把文稿轉交給友人胡立歐・柯塔薩，得到相同的反應。接著，富恩特斯把第二章交給艾米拉・羅德里格茲・蒙內哥爾，一九六六年八月刊於新的文學雜誌《新世界》的第一期。

接受編輯的訪問時，富恩特斯宣布自己剛剛收到賈西亞・馬奎斯「創作中作品」(毫無疑問和喬哀斯有關)的前七十五頁，認爲毫無疑問的是絕對的傑作，這番話馬上把所有拉丁美洲先前區域性古典文學打入歷史塵埃之中。

接著，富恩特斯寄了一篇文章到《墨西哥文化》，也向國人宣布《百年孤寂》將於六月二十九日出版，是一部偉大的小說(賈西亞・馬奎斯大概根本還沒寫完)：「我剛剛讀了非常有份量的八十頁：《百年孤寂》的前八十頁，賈西亞・馬奎斯目前創作中的作品[19]。」人們幾乎無法表達他們的震驚，如此發生的事並無先例。

有鑒於整個期盼的氛圍，還好賈西亞・馬奎斯最後終於完成小說。他告訴比利尼歐・門多薩：「這本書在很突然的情況下就這麼自然地結束，在早上的十一點。梅瑟德斯出去了，我打電話找不到人告知這個消息。我清楚的記得自己的迷惑，彷彿昨日一般：我不知道如何自處，試著找事情做撐到下午三點！」[20]後來一隻藍色的貓進到屋子裡，這位作家想：「嗯，也許這本書會大賣。」幾分鐘後，兩個男孩進到屋子裡，拿著刷子，手上和衣服上都沾滿藍色的油漆。

稿子寄到「南美洲」出版社之前，他先寄一份給波哥大的赫爾曼・巴爾加斯。賈西亞・馬奎斯詢問巴爾加斯是否介意書中寫到他和他在巴朗基亞的朋友，巴爾加斯和福恩馬佑爾接連回覆，很榮幸可以當布恩迪亞最後一代子孫的朋友。接著，巴爾加斯用自己很慢的方式理解了這本書，寫了一篇文章，標題爲〈會引起騷動的一本書〉，一九六七年四月刊登於《自由交鋒》(*Encuentro Liberal*)，他自己在波哥大編輯的週刊。巴爾加斯的評論引發騷動，首先預測這本小說未來的地位[21]。巴朗基亞的比利尼歐・門多薩也收到一份稿子，他取消了當天的工作，從頭讀到尾，然後告訴新婚妻子，前任選美皇后，未來的小說家瑪維爾・莫雷諾：「他做到了！賈布寫出了他要的傑作！」比利尼歐把稿子轉給阿爾瓦洛・塞培達，阿爾瓦洛讀完之後，把雪茄從口中拿出來大叫：「真不是蓋的，賈布寫了一本了不起的小說。」[22]

依照賈西亞・馬奎斯所描述，他回到這世界的方式幾乎和「李伯大夢」一樣具戲劇性，而且令人迷惑[23]。那是「搖擺倫敦」的同一年，甘地主掌世界最大的民主體制，許多年後和賈西亞・馬奎斯一起會見這位印度領袖的卡斯楚，則忙著安排一九六七年八月在哈瓦那舉行的首次亞、非、拉丁美三洲會議。一個叫雷根的左派演員競選加州州長，中國正處於騷動之中。賈西亞・馬奎斯把這寶貴包裹的第一部分寄到布宜諾斯艾利斯的幾天之後，毛澤東宣布文化大革命。事實上，賈西亞・馬奎斯自己急著離開馬康多的魔幻世界，趕快開始賺點錢，覺得連休息一個星期慶祝都做不到。他很擔心也許要好幾年的時間才有辦法償還累積的債務。他後來說，自己寫了一千三百頁、寄了四百九十頁給波魯瓦、抽了三萬根香菸、欠債十二萬披索。可以瞭解的是，他仍然沒有安全感。書完成後沒多久，他參加了英國友人詹姆斯・帕布華斯家裡舉辦的一場宴會，帕布華斯詢問書的事情，賈西亞・馬奎斯回答說：「我手上所有的，要不是一本小說，就只是一公斤重的紙，我還不確定是哪一個[24]。」他直接回到寫電影劇本的工作上。接著，一九六六年八月，五年來的第一篇文章裡，仍然不是爲墨西哥的消費者而寫，賈西亞・馬奎斯爲《觀察家日報》寫了一篇自我參照的文章，標題：〈寫書作者的不幸〉。

寫書是個自殺性的職業。比較起即時的利益，沒有其他職業需要如此多的時間、如此多的精力、如此多的心血。我不認為許多讀者會在讀完一本書之後問自己，這兩百頁花了作者多少個小時的痛苦與家庭災難，或是他的作品收到多少錢……在這樣冷酷的評估不幸之後，基本上要問，我們作家到底為何而寫？而答案無疑的既感傷又真誠：一個作家之所以為作家，就如同他之所以為猶太人或黑人一般。成功當然有所鼓勵，受到讀者的青睞是很有激勵的，然而，這些只是附加價值，因為，一個好的作家無論如何都會寫，即使他的鞋子需要修補，即使他的書賣不出去。[25]

前一年的三月，他抵達卡塔赫納時接受的一次訪問中，這位嶄新的賈西亞・馬奎斯只不過初露頭角，如今卻真正的誕生了。他開始說和自己的意思幾乎完全相反的話，他寫到自己的不幸，因爲這個不幸已經幾乎結束了。那個從不抱怨，即使在最艱難的情況下也從不小題大作的人，現在開始打算對每件事都小題大作——不僅是對於出版商和書商的貪婪，一個他未來將會執迷的話題。如今在此，賈西亞・馬奎斯會無止盡的使群眾驚豔，永遠惱怒評論家，特別是那些深信他並不值得如此成功，深信自己遠遠的較具優越感、較不粗俗、在文學上的造詣遠遠超過其重要性，他們才應該擁有他閃閃發光的獎牌。顯然，他的這個新角色是六〇年代真正的男人——挑釁、固執己見、蠱惑人心、僞善、刻意的粗野，卻無法約束。然而，人們卻因爲所有的這些理由而愛他，因爲他似乎是他們其中之一，揚名立萬而不需要妥協，歸功於他的才智，也就是他們的才智，他們對於世界的看法。

大約在同一個時期，就在小說完成不久之後，賈西亞・馬奎斯寫了一封長信給比利尼歐・門多薩，以他當時的感受起頭，令人印象深刻，接著解釋他新近完成的傑作，以及對他的意義：

這麼多年來，我像畜生一樣的工作，感覺被疲倦所侵襲。除了唯一喜歡、但無法養活我的一件事：小說，並沒有明確的未來。其實，我的決定是無法抵擋的衝動，是以我的必要安排諸事，以便繼續寫我的東西。相信我，不論是否具戲劇性，我並不知道會發生什麼事。關於《百年孤寂》的第一章，你所說的讓我很高興，那是我為什麼出版的原因。我從哥倫比亞回來後讀過自己寫的東西，突然覺得士氣大挫，我所踏上的這個探險旅程，災難的可能和成功一樣容易。所以，為了知道其他人的想法，我把那一章寄給基耶爾莫・卡諾，我召集了要求最高、最專家、最直言不諱的人，再讀一章給他們聽，結果很棒。而且，我讀的是最冒險的那一章，美女雷米迪歐斯上到天堂，身心皆是……

關於我如何寫自己的作品，我試著不帶一絲謙遜的回答你的問題。實際上，《百年孤寂》是我第一本嘗試寫的小說，在我十七歲的時候，當時的書名是《家》。我寫了一陣子就放棄了，因為對當時的我而言實在太沉重。從那之後，這個故事就一直在我的心頭縈繞不去，我試著在心裡觀照，找到最有效的方式描述，我可以告訴你，第一個句子和我二十年前所寫的一樣，連標點符號都差不多。我從這一切得到的結論是，有一個題目糾纏著你的時候，在腦海裡揮之不去很長的一段時間，爆炸的那一天，就算冒著謀殺妻子的風險也必須在打字機前坐下來。26

這封信很清楚的顯示，寫下這一些的同時，部分的他已經準備好公開捍衛自己的觀點——以及他的小說——也預期與新聞業同等高知名度的事業。他也說，自己現在有三本不同小說的計畫在「推動」著他。

八月上旬，寫下這封信的兩週之後，彷彿兩個大災難的生還者一般，賈西亞・馬奎斯陪著梅瑟德斯到郵局去寄文稿到布宜諾斯艾利斯。包裹裡有四百九十頁打好字的文稿，櫃臺職員說，「八十二披索。」賈西亞‧馬奎斯看著梅瑟德斯在皮包裡翻錢，他們只有五十披索，只能寄大約半本書。賈西亞‧馬奎斯要櫃臺後方的職員像數薄片培根一樣，一頁一頁的數著紙張，數到五十披索夠寄的張數。他們回家把電暖爐、吹風機、果汁機拿去典當，回到郵局寄出第二批稿子。走出郵局的時候，梅瑟德斯停下腳步轉身向她的丈夫說：「嘿，賈布，我們現在只需要這本書一點都不受歡迎。」27

第十六章

終於到來的名氣

一九六六—一九六七

相較於此書最後的成功，賈西亞・馬奎斯自己比較焦慮的是兩個包裹是否平安抵達布宜諾斯艾利斯。阿爾瓦洛・穆堤斯擔任二十世紀福斯公司的拉丁美洲代表已有一年，馬上要前往阿根廷，賈西亞・馬奎斯要他帶另一份文稿去布宜諾斯艾利斯，交給「南美洲」出版社辦公室的帕可・波魯瓦。穆堤斯抵達時打電話給波魯瓦，說明自己手上有手稿，波魯瓦說：「別管你手上的，我已經讀過了，實在是太精采了[1]！」如果波魯瓦認為這本書「實在是太精采了」，那麼就意味著很有可能造成轟動。

人在墨西哥市的賈西亞・馬奎斯將所有日常筆記和家譜寫在四十本學校的作業簿裡；一聽到手稿安全抵達阿根廷，他和梅瑟德斯就著手把這些筆記撕掉、燒毀。他曾經說，這些筆記主要記載的是結構與過程。他的一些朋友比較有學術和史料方面的考量，非常驚駭的表示他不應該燒毀，而應該為後代子孫保存下來(或甚至，依照事情後來的發展，為了從中獲取一筆不小的利益)[2]。然而，賈西亞・馬奎斯總是解釋自己的難為情，為這個決定辯解，表示他並不希望別人仔細審視他的文學草稿，如同他不希望家裡的紙片或家庭親密細節的八卦被流傳一般。「就像被撞見只穿著內褲一樣[3]。」當然，部分原因也是藝術家或魔術家希望保護自己的專業秘密。不幸的是，他對傳記作家也抱持同樣的態度，在揭露自己生活中最無傷大雅的細節時，關於他的生活，他總希望可以控制流傳於世的版本——或者述說許多版本，因而沒有一個版本可以完全涵蓋他自童年以來所有的失落感、背叛、遺棄，以及自卑感。

他已經受到廣泛的討論，當時帶領拉丁美洲所謂「文學爆炸時期」、吸引國際目光焦點的是一小群先鋒隊，他被認為是第四名成員。這四位作家——柯塔薩、富恩特斯、巴爾加斯・尤薩，以及從此時開始含蓋其中的賈西亞・馬奎斯，他們在未來受到無可比擬的宣傳。然而，當時這個運動尚未完全成形，沒有證據顯示單一作家可能被稱為這個非比尋常新作品的品牌領導。但他的同僚已經知道，隱喻一般，他們已經俯首稱臣：此人非賈西亞・馬奎斯莫屬。《百年孤寂》出版之後，拉丁美洲就已經不可同日而語，首先瞭解到這一點的，是阿根廷人。

就高雅文化而言，阿根廷在拉丁美洲居於領導地位。賈西亞・馬奎斯的小說即將在光鮮都會的布宜諾斯艾利斯出版，這裡就像新世界的巴黎融合倫敦。此處的文學文化非常嚴肅，有時甚至做作，但辯論的品質總是很高，對於拉丁美洲其他地區的影響無庸置疑；特別是在西班牙內戰之後，母國對於南方大陸已不再有重要的知識或文學上的影響。一九四七年，賈西亞・馬奎斯在波哥大讀卡夫卡，一九五〇到一九五三年間在巴朗基亞閱讀的許多作家，必定是阿根廷的版本。「羅薩姐」出版社十五年前曾經拒絕他的小說，如今，他早期的夢想即將實現，那早期的錯誤也將彌補：他的書將在布宜諾斯艾利斯出版。

在阿根廷的首都，對於自己手上有一個拉丁美洲的天才這回事，「南美洲」出版社毫不掩飾——甚至可能成為重要的轟動。碰巧的是，賈西亞・馬奎斯這個名字在先前的幾個月已經在布宜諾斯艾利斯受到一些宣傳。大約在一九六六年年中，豪赫・阿瓦雷茲論刊出版了拉丁美洲短篇故事選集《十誠》，包括〈這個城裡沒有小偷〉。這本書企圖從早期成長中的熱潮獲利，在一九六六年下半年居於暢銷書的地位[4]。出版商邀請每個作家提供文學自我畫像，賈西亞·馬奎斯的文學自我畫像所象徵的是，他一旦深信自己將在文學上成功時，有全新的自我宣傳方式。

> 我的名字，先生，是賈布列爾·賈西亞·馬奎斯。很抱歉：我也不喜歡這個名字，因為這只是一連串很平凡的名字所組成，我自己也無法有所認同。我在四十年前出生於哥倫比亞的阿拉加塔加，我仍然不覺得遺憾。我的星座是雙魚座，我的妻子是梅瑟德斯，這兩者是我生命中最重要的兩件事。因為，感謝他們，至少至今為止，我才有辦法以寫作生存。
>
> 我因羞怯而成為作家。我真正的職業是魔術師，但我變魔術的時候會很緊張，只好逃入文學的孤獨之中。無論如何，兩者都引至我自小唯一有興趣的事情：我的朋友應該愛我更多。
>
> 在我的例子而言，身為作家是一項了不起的成就，因為我的作文很差。我必須讓自己遵守非常嚴苛的紀律，才有辦法在八個小時的工作之後完成半頁。我以身體對抗每一個字，幾乎每一次都是文字贏，但我非常的固執，因此有辦法在二十年間出版了四本書。我在寫的第五本比其他的速度要慢，因為，在債主和頭痛的干擾之間，我的空閒時間很少。
>
> 我從來不談論文學，因為我不知道那是什麼，而且，我十分相信如果沒有文學，世界還是會一樣運轉。另一方面來說，我深信世界如果沒有警察則會完全不同。因此，我認為如果自己不是作家，而是恐怖分子的話，對人類的貢獻恐怕還比較大。[5]

此處顯然是一個知道自己會成名的作家。再一次的，他訴說的大部分與事實相反。這樣的方式經過算計，讓他不但更引人注意，而且更受人喜愛。他所傳遞的影像是一個平常人，有著（暗中、害臊的）不尋常的才能。表面的羞怯和自嘲、內在自信和吸引目光焦點的對比非常明顯，也極度的惹惱未來的競爭對手。閱讀這篇告白的讀者也能看出這個平常人在政治上是革新主義者，雖然對於政治和其他事物都很有幽默感。他屬於那個年代，那個時刻，讀了這些之後，誰不會注意到他的書？

當時，阿根廷最具影響力的週刊是《封面故事》，主編是波魯瓦的朋友，作家托瑪斯・埃羅伊・馬汀尼茲，他後來和賈西亞・馬奎斯成爲好朋友。《封面故事》對輿論有非常大的影響力，每週賣六萬份，老闆總是在找下一個文化刺激。一九六六年十二月，在帕可・波魯瓦的鼓吹之下，他們決定派明星記者、編輯群的一員埃內斯托・休奧到墨西哥訪問賈西亞・馬奎斯。當時的機票錢對於任何雜誌社都算是一筆爲數不小的投資，但《封面故事》信任波魯瓦，知道他們投資的對象是什麼。這位阿根廷記者根本就是在墨西哥和賈西亞・巴爾恰家族住了一整個星期，六個月後，雜誌終於出版他的採訪文章時，封面上賈西亞・馬奎斯的照片不是在他平凡的街上拍的，而是舊聖安琪風景如畫的石板路上。照片由休奧本人拍攝，賈西亞・馬奎斯穿著六〇年代典型的服裝搞笑，熟悉的紅黑格紋夾克。阿根廷作家不這麼穿，這比較像傑克・凱魯亞克，很快的成爲賈西亞・馬奎斯，當時是「賈布」的特色。有別於路易斯・哈爾斯在休奧的訪問幾週前出版、具有影響力的書裡所形容的抑鬱作家，休奧照片裡的賈西亞・馬奎斯是一位快樂、有著真實喜悅的小說家，基本上在世界的一個角落裡怡然自得。[6]

四月份，馬立歐・巴爾加斯・尤薩剛出版了自己才華洋溢的第二本小說《青樓》，騎著自己的小馬加入戰局，宣布賈西亞・馬奎斯即將出版的書不是如卡洛斯・富恩特斯所斷言的，是拉丁美洲的「聖經」，而是拉丁美洲偉大的「騎士小說」。巴爾加斯・尤薩一定被這突如其來的哥倫比亞對手所震驚，如同富恩特斯一般，他顯然選擇騎士的角度。他所寫的突破性文章〈美洲的英雄阿馬迪斯〉四月出現在《封面故事》，宣布《百年孤寂》是家族傳奇，同時也是冒險故事：「尖銳、專注的散文，無庸置疑高度技巧的魔法、惡魔似的想像力，這些武器使得此描述成爲可能，是這本傑出小說的秘密。」7

阿根廷人決定給賈西亞・馬奎斯完整的待遇。他受邀於六月訪問布宜諾斯艾利斯，一面宣傳小說，同時代表《封面故事》擔任「南美洲」出版社小說獎的評審，期間，「南美洲」出版社和《封面故事》都加倍努力的宣傳小說。《百年孤寂》終於在一九六七年五月三十日付印，長三百五十二頁，售價六百五十披索，約兩美元。初版時原本打算印標準的三千本，就拉丁美洲標準而言算很多，但在阿根廷則很平常。然而，由於富恩特斯、巴爾加斯・尤薩、柯塔薩無法抵擋的熱情，加上波魯瓦自己的直覺，他們決定冒險。因此決定初版改印五千本，不過，書商又要求出版前的提案，因而在付印兩星期前改成八千本。他們預期如果順利的話，這八千本會在六個月之內賣完。一星期後，這本書賣了一千八百本，位居暢銷書第三名，對於一個沒沒無名的拉丁美洲作家而言，這是史無前例的成就。第二週結束時，單是布宜諾斯艾利斯的銷售量已經增加爲三倍，首先銷售一空。如今看來，初版的八千本完全不夠。

諷刺的是，在全體員工的努力之下，《封面故事》本身卻顯得動作緩慢，他們本來打算在六月十三到十九日那一期出版休奧已經擱置了六個月的訪問，以賈西亞・馬奎斯的照片爲封面。然而，布宜諾斯艾利斯時間六月十日早上三點十分，中東「六日戰爭」爆發，賈西亞・馬奎斯的專訪被延到二十九日。雜誌內頁有一小段本期介紹寫到，這不只是不尋常的事件，而且它(指那本書，也暗指那一期的封面)是聖洗池，新的拉丁美洲小說自此誕生。休奧的評論標題爲〈辛巴達的旅程〉，顯然一開始就把賈西亞‧馬奎斯的作品和《一千零一夜》相提並論；的確，這本書在他想像力形成的過程中扮演很重要的角色，空氣中充滿魔法。就在書付印和出售之間，披頭四的《胡椒軍曹》也注定達到神話般的地位，在世界各地的唱片行出現。

賈西亞‧馬奎斯的朋友維森德‧羅侯很傷心他的哥倫比亞朋友沒有把書賣給他的墨西哥朋友艾拉，爲了安慰羅侯，賈西亞‧馬奎斯邀請他設計封面。羅侯很努力的傳達小說的混亂、多元、大眾口味。他把「孤寂」(SOLEDAD)裡的E顛倒，引發文學評論界最深奧、難解的理論，以及厄瓜基爾書商的一封信，抗議收到瑕疵品，他們必須手工更正才不會惹惱顧客[8]。羅侯這本書的封面成爲拉丁美洲的文化象徵，但由於沒有及時送達，因此並沒有出現在初版。所以，初版的封面由出版社的設計伊麗絲‧帕哥諾畫了一艘淡藍色的西班牙大帆船，在淡藍色的叢林裡怒吼，灰色的背景，三朵橘色的花在船下盛開著。這是後來收藏家尋找的封面，不是墨西哥主要藝術家所設計的高雅封面。第二、第三和第四版在六月、九月和十二月出版，都使用羅侯的封面，每版印兩萬本，這在拉丁美洲出版史上史無前例。

六月上旬，賈西亞‧馬奎斯在墨西哥接受《視野》雜誌的訪問，相當於拉丁美洲的《時代》雜誌，也是唯一銷售美洲大陸各地的雜誌(雖然是從華盛頓出版的)。賈西亞‧馬奎斯告訴訪問者，他計畫帶家人到「靠近巴塞隆納的海濱渡假中心」住兩年[9]。他重複著如今已經廣爲人知的故事，「十七歲」就開始寫《百年孤寂》，但處理整個「包裹」對他而言太沉重。他也說了一些令人意外的話：「我寫完一本書之後就失去興趣，如同海明威所說的：『每一本寫完的書都像是死去的獅子。』因此，問題在於如何追捕大象。」賈西亞‧馬奎斯厭倦《百年孤寂》：他是認真的嗎？這樣的話在拉丁美洲各地的雜誌報紙上印出來，成爲典型的新聞現象：賈西亞‧馬奎斯式的笑話[10]。這樣的現象在許多層面都互相矛盾：刻意的漠不關心、惱怒評論家的原因之一、眨眼故意的虛僞、僞裝成謙虛的自我傲慢，都包裝在一種受歡迎的詼諧裡，使作者以卓別林式、看似毫不費力的方式逃離侵略。然而矛盾的是，在表面之下，卻也總是帶著無可否認的部分核心事實。

賈西亞・馬奎斯和梅瑟德斯在六月十九日出發前往阿根廷，迎向他們的命運。他向比利尼歐・門多薩承認自己「像蟑螂一樣害怕」，希望有「一張夠大的床讓我躲在下面」[11]。他們先飛到哥倫比亞，途中把兩個兒子留在外婆家。兩個男孩都算是墨西哥人，許多年後才回到家鄉。前往布宜諾斯艾利斯的飛機上，他們的雙親討論未來的選擇，梅瑟德斯必定想到將近十年前他們第一次一起坐飛機時，賈布對於未來的目標所做的承諾。如今，他的確在四十歲寫了「生命中最重要的小說」。六月二十日，小說出版的三週之後，他們所搭乘的飛機於凌晨三點降落於布宜諾斯艾利斯的埃塞薩機場。雖然到達的時間很晚，帕可・波魯瓦記得整個城市「立即臣服於小說誘人的魅力」，似乎處於派對的氣氛中[12]。他和馬汀尼茲去機場迎接不疑有他的夫妻，他們生活的改變遠遠超過自己的想像。賈西亞・馬奎斯完全沒有因爲旅途而疲勞，他要求看彭巴草原，吃阿根廷烤牛排[13]。雙方妥協之下，他們帶他到蒙特維多街的一家餐廳，一面習慣這位來自熱帶的男子，他穿著迷幻的伐木工人外套、緊身義大利長褲、他的古巴靴子、戴著黑色牙套的牙齒。他令人好奇，說話言簡意賅又態度淡漠，他們說服自己，的確，《百年孤寂》的作者應該就是長這樣子。至於他的妻子，她是個美麗的幻影，看起來就像美洲印地安人版的埃及皇后娜芙蒂蒂。[14]

布宜諾斯艾利斯使賈西亞・馬奎斯眼花撩亂——他說這是自己第一次體驗一個看起來不像「發展中的」拉丁美洲大都會。一天早上，他坐在街角的咖啡座吃早餐，見到一名女子提著購物袋，他的小說就夾在番茄和生菜之間。他的書已經「受歡迎又很普遍」，以「不像小說但像生活」被接受[15]。同一天晚上，他和梅瑟德斯去參加特拉學院劇院的一項活動，這是當代阿根廷文化活動的動力。托瑪斯・埃羅伊・馬汀尼茲記錄下這一刻，在不知情的情況下，賈西亞・馬奎斯永恆的成為自己先前寫好故事裡的一個角色，如同他筆下的人物麥達迪：梅瑟德斯和賈布向舞台走去，因為許多太早出現的皮草和閃亮的羽毛而驚惶失措。觀眾席處於黑暗之中，但不知為何，探照燈跟著他們。他們正要坐下，有人大叫「了不起！」開始鼓掌。一名女子回應這叫聲：「是你的小說！」她說。整個戲院的觀眾起立，在這一刻，我看到名氣從天上掉下來，包在光鮮的床單裡，如同美女瑞米迪歐斯一般，把賈西亞・馬奎斯包裹在這些光亮之中，免於時間的荒竭。[16]

馬汀尼茲說，賈西亞・馬奎斯在布宜諾斯艾利斯各地編織他的魔法。一天晚上，他正要離開拉普拉塔河岸的一個派對，注意到「一個年輕女性快樂得幾乎要飄起來」。賈西亞・馬奎斯說，「那個年輕女性真的很難過，但不知道怎麼表現。等一下，我要去幫忙她哭。」他在年輕女性的耳邊輕聲說了幾個字，巨大、無法控制的眼淚從她眼中流下。「你怎麼看得出來她很難過？」我後來問他。「你說了什麼讓她哭？」「我告訴她不要感覺這麼孤單。」「她感覺孤單？」「當然。你有見過不覺得自己孤單的女性嗎？」馬汀尼茲繼續說：「他離開的前一晚，我又悄悄的去找他，他們告訴他，巴勒摩森林裡有一片空地，情侶會躲在黑暗酷熱的洞穴裡，可以自由的接吻。」「他們稱為垃圾場，」他大膽的說，「作愛的角落，」我翻譯。「梅瑟德斯和我很需要，」他說，「我們每次一想接吻，就有人打擾。」[17]

賈西亞・馬奎斯不可能知道自己會變得多麼有名，但他一定有點概念。回到墨西哥市，他和梅瑟德斯開始計畫、收拾行囊，決定善加利用近期得到的自由。面對突然而來全新的名人地位，甚至是財務上的安全感，賈西亞・馬奎斯決定離開墨西哥，搬到西班牙。他急著出發。

小說於七月二日在墨西哥市出版，此時這家人抵達這個國家六年[18]。這本書是獻給瑪麗亞・露易莎・埃立歐的，她回憶道：「我們都瘋了，他帶了一本書給我，我們一家書店一家書店的去買，買給我的朋友，我要他在上面題字。賈布說：『妳快破產了！』我在能力範圍之內買下所有的書。我們去賈布家裡，和梅瑟德斯一起舉杯慶祝。第二天，我們當時沒有什麼錢，現在也沒有，但我們還是可以生存……你也許記得《百年孤寂》裡有一段……下了黃色雛菊的雨，我那天買了一大籃，在找得到最大的籃子裡，我裝滿黃色雛菊，手戴金手鍊，我拿起來放在籃子裡，接著去找一條小金魚、一瓶威士忌，全部放在籃子裡，然後去他家[19]。」把現實世界變成《百年孤寂》的魔幻世界這個趨勢會像滾雪球一樣越來越快，不久就使作者非常擔心自己非比尋常的小說如何被詮釋。最後，他會希望趕快離開六〇年代，卻發現自己無止盡的被拉回去。

八月一日，他前往卡拉卡斯參加匹茲堡大學所舉辦的第十三屆拉丁美洲文學國際會議，剛好碰上新成立的羅慕洛・加耶戈斯獎要頒給馬立歐・巴爾加斯・尤薩，慶祝他一九六六年的小說《青樓》。他們所搭乘的飛機分別來自倫敦和墨西哥，幾乎同時降落在麥奎蒂亞機場，足具象徵性的，他們在機場碰面：兩人在未來都將再度搭乘許多次的飛機[20]。在場已經有記者，如今他們成了室友，這也成爲一段根深柢固但起伏的文學友誼。

賈西亞・馬奎斯覺得不知所措，他沒有面對這種結局的腳本。在「文學爆炸」的這場盛宴裡，他算是晚到的人。雖然馬立歐・巴爾加斯・尤薩小了九歲，從一九五九年就住在歐洲，在巴黎和巴塞隆納時已經認識幾乎所有其他的作家。他既英俊、優雅、又很聰明(當時正在修博士)，然而，他也知道如何散發文學魅力。面對這樣無庸置疑的明星特質，新來的賈西亞・馬奎斯突然覺得緊張，受到威脅，想保護自己。在一場宴會上，他要他的委內瑞拉朋友拉起一個標語寫著：「不准提到《百年孤寂》。」雖然如此，他還是爲媒體表演：他面無表情的告訴他們，書是梅瑟德斯寫的，因爲實在寫得有夠糟，她強迫他簽名。接著，被問到當地的聖牛前任總統羅慕洛・加耶戈斯是否是偉大的小說家時，他回答：「他的小說《卡奈瑪》裡有一段關於雞的描述寫得很好[21]。」如今，賈西亞・馬奎斯開始認識任何堪稱名人的人。有了賈西亞・馬奎斯，「文學爆炸」真正存在，也開始有了希望。這個男人是魔法，他的書是魔法——他的名字是魔法：「賈布」是沃荷時代的夢，而他的名聲不只十五分鐘。

艾米拉・羅德里格茲・蒙內哥爾告訴賈西亞・馬奎斯，飛到卡拉卡斯的兩天前，他和富恩特斯、聶魯達去巴黎的「圓頂」咖啡館，富恩特斯不停的向聶魯達談論《百年孤寂》，並預測此書對拉丁美洲的重要性相當於西班牙的《唐吉訶德》。[22]

賈布與馬立歐之間的戲碼在八月十二日於波哥大繼續。《百年孤寂》尚未發行，來自布宜諾斯艾利斯的回應也零零落落。《觀察家日報》和《時代報》在前幾個星期都沒有刊登關於小說的報導。看起來彷彿哥倫比亞人故意壓抑自己的興趣，直到這本書在當地成爲無法忽視的熱潮爲止。事實上，他在家鄉受歡迎的程度不及拉丁美洲其他地區[23]。比利尼歐・門多薩與塞培達一起前往波哥大：「我記得《百年孤寂》在哥倫比亞出版前，賈西亞・馬奎斯與馬立歐・巴爾加斯・尤薩一起來到波哥大，馬立歐剛在卡拉卡斯以《青樓》贏得羅慕洛・加耶戈斯獎。當時與會的知名人士都現身，『整個波哥大』都紛紛向前恭喜他。所有人團團圍繞在他身邊，遵循著成功的規則，完全不知道賈西亞・馬奎斯的炸彈尚未引爆，他們只是禮貌性的把他視爲家鄉的作家，就不再搭理他。」[24]

八月十五日，巴爾加斯・尤薩前往利馬，不過，九月初賈西亞・馬奎斯與他一起在當地參加一場爲期一週的文學活動時，這場戲碼再度上演。這段友誼足具象徵意義的緊密融合，是在賈西亞・馬奎斯擔任馬立歐和派翠西亞・巴爾加斯・尤薩次子的教父，命名貢薩羅・賈布列爾。

他在九月底回到卡塔赫納，趁機與阿爾瓦洛・塞培達、拉法葉・艾斯克隆那造訪了烏帕爾山谷。一位名爲龔雪妻・阿勞候諾葛拉的年輕女子籌備了一個小型的瓦耶那多音樂節，正如前一年賈西亞・馬奎斯與塞培達在阿拉加塔加臨時舉辦的活動一樣，這個音樂節在隔年成爲定期的活動。結束後，賈西亞・馬奎斯開始安排離開的相關事宜。離開前能夠和哥倫比亞的家人相聚讓他非常開心，但儘管前嫌盡釋，賈西亞・馬奎斯與父親的關係似乎已無可挽回。埃利西歐回憶道：「一九六七年十月，小賈布和梅瑟德斯和兩個小孩在卡塔赫納。我仍記得當時見到他坐在床上，被躺在吊床上的人——我的父親嚇壞時，我有多麼尷尬。我父親好像總是能讓周遭的空氣充滿恐懼，幾乎是恐怖，其實是錯誤的印象(那是我家人的專長！)。後來，我和海梅、小賈布討論過，結論是小賈布只要在他面前就是手足無措[25]。」這樣的說法再真實不過。但可以肯定的是，其原因不再是因爲他對父親恐懼。另一個可以肯定的是，父親始終沒有對他的成就給予肯定，縱使小賈布現在完全不是靠當初所說的吃紙爲生，而是豐衣足食。我們也可以肯定這位逍遙在外的兒子其實也想要得到這遲來的肯定。他始終視賈布列爾・埃利西歐爲自己的繼父。

無疑的，政治仍是他們之間未解的難題。九月份，加州州長雷根鼓吹美軍在越戰中加溫，西方國家對此意見分歧。賈西亞・馬奎斯大概與父親討論過切・格瓦拉之死，小賈布曾與其在哈瓦那見過面，他的死訊於十月十日由波利維亞最高司令部宣布。這個令人心碎的消息與隨後傳來的訊息讓賈西亞・馬奎斯心中更加地五味雜陳：賈西亞・馬奎斯總是不認同這位視爲其父親形象的瓜地馬拉作家米格爾・安赫爾・阿斯圖里亞斯獲頒諾貝爾文學獎，並成爲首位獲此殊榮的拉丁美洲小說家。(一九四五年獲頒此獎的賈布耶拉・密斯特拉爾是智利詩人。)顯然地，阿斯圖里亞斯的得獎被詮釋爲世界認同拉丁美洲小說風潮將持續。阿斯圖里亞斯與賈西亞・馬奎斯這兩位「魔幻寫實」作家有太多相同之處，很快的開始厭惡對方。得到遲來榮耀的阿斯圖里亞斯害怕這位年輕的競爭者，後來戴上桂冠的賈西亞・馬奎斯則被視爲執意違背倫常。[26]

無疑地，逃往歐洲讓馬奎斯得到一些自由，逃離日常生活的壓力，也給他空間重新整理自己。記者什麼雞毛蒜皮的事都可以拿來問他，其中最常問到的就是政治。然而，認爲他意圖逃離政治責任是錯誤的。他心知肚明的是，自己唯有寫出成功的小說才有影響力，因此，最重要的是讓自己有足夠的空間與時間創作下一本書——因爲就像《百年孤寂》一般，他的下一部作品已經醞釀許久。當然，如今的賈西亞・馬奎斯可以更公然的行動，表達僞裝的象徵性立場，幾個月前沒有人會在乎。十一月份出發前往歐洲之前，面對學生要求公開承諾社會以及政治改變的壓力，他告訴《觀察家日報》，哥倫比亞的文化人被保守的統治階級迫害[27]。另一段他與阿豐索・蒙薩爾夫共同接受的訪問，在他離開後刊登於《國內焦點》，他在訪問中表示，「寫出好文章是作家的革命任務」[28]，這篇文章於隔年一月中旬再度刊登在《時代報》上。幾年前，費德爾・卡斯楚首次(也是最後一次)針對這個話題發言，和賈西亞・馬奎斯的想法有些出入。在最他最著名的演講〈給知識分子的話〉中，卡斯楚明確表示文學形式理應自由，但文學內容則否：「革命代表一切」。卡斯楚也表示，最具革命感的作家是爲了革命放棄寫作的作家。

賈西亞・馬奎斯對於他與媒體之間的關係感到非常苦惱(以及透過媒體而產生與他新讀者的關係)，在早期的那幾年，他比想像中還要努力的爲自己在政治與美學之間尋找更多空間；如果認爲自己陷於道德與意識型態的抉擇中，他的決定會是獨立的抉擇，或者至少以自己的方式面對。他告訴蒙薩爾夫，認真「專業」的作家應該將自己的使命放諸一切之上，永遠不該接受任何的「補助」或「獎助」。他說自己對讀者有深遠的責任感，《百年孤寂》出版之際，其實《獨裁者的秋天》已經差不多可以出版了，但如今他卻覺得應該全部重寫——不是為了讓它成為偉大的暢銷書，而是應該要寫出不一樣的東西。此處他所表達的是一個令人不安的想法：《百年孤寂》的成功有某部分的原因是透過他獨特的「專業技術」（他之後稱之為「竅門」），他可以把這些當成自己的特色，但如今他寧願捨棄，寫出完全不一樣的作品。「我不想模仿自己，」他說。蒙薩爾夫向同胞提到的是賈西亞・馬奎斯一開始比較像墨西哥人，而非哥倫比亞人，直到他放鬆下來，「找到思路的條理」，成為「典型的哥倫比亞岸邊人，健談、坦率、直接呈現自己的觀念，在每一次的意念表達中加入融合了黑人與西班牙血統在熱帶太陽下的智慧。」很清楚的，他以明顯的友善意圖呈現的這位作家，即使身處自己國家的首都卻仍感覺像個異鄉人，就像很久很久以前，他在自己家族中也是如此的感受。

這樣的感覺一直持續存在。賈西亞・馬奎斯已經迫不及待地想離開。

第三部

見多識廣：名人與政治

1967-2005

第十七章
巴塞隆納和拉丁美洲風潮：在文學與政治之間
一九六七—一九七〇

賈西亞．巴爾恰一家人於一九六七年十一月四日抵達西班牙[1]，在馬德里停留將近一個星期之後，他們來到巴塞隆納。本來只打算短暫停留，但如同墨西哥一般，這一住就是六年[2]。由於當地的新聞媒體受到嚴格控管，加上他已經是世界知名的人物，賈西亞．馬奎斯在此也無法以擔任記者維生。然而塞翁失馬焉知非福：在墨西哥市遠離新聞與政治，讓他寫下《百年孤寂》，在巴塞隆納則讓他寫出另一部傑作《獨裁者的秋天》。

對許多人而言，一位拉丁美洲左派造訪巴塞隆納似乎是很奇怪的行爲。長久以來，賈西亞．馬奎斯總是聲稱自己因痛恨佛朗哥的獨裁政權而迴避前往西班牙[3]。在所有西語國家中，墨西哥對西班牙政權最不友善，因此，賈西亞．馬奎斯雖然有許多加泰隆尼亞朋友從西班牙流亡到墨西哥和哥倫比亞，他自己卻從墨西哥搬到西班牙，這一點當然頗爲諷刺。對於他醞釀許久的這本關於一位更年老的拉丁美洲獨裁者的小說——對於他無助而長久飽受折磨的人民而言，這位獨裁者的權力似乎永無止盡——這位西班牙獨裁者晚年與當權末期的淒涼處境，無可避免地成爲引發賈西亞・馬奎斯寫作的動力，儘管他再三否認這點。

事實上，這個決定涉及的層面甚廣。他的文學經紀人卡門・巴爾塞斯出生於巴塞隆納，當時崛起爲西班牙與歐洲最具影響力的經紀人之一。在佛朗哥的極權政權下，巴塞隆納仍有像巴拉爾出版社與其他已經存在，或正如雨後春筍冒出的出版社，使得此處成爲一九六〇年代拉丁美洲小說發展的中心。支撐這股風潮的力量也許是受到打壓但再度興盛的加泰隆尼亞民族主義，也或許是佛朗哥獨裁政府成形所帶來的經濟翻轉，其中最強烈的動力當屬拉丁美洲小說作者的創作「風潮」，而賈西亞・馬奎斯又是其中最閃亮的明星。

他抵達巴塞隆納時，正是拉美小說風潮的重要性受到矚目之時。這雖短暫但前所未見的開闊視野定義了一九六〇年代，且成爲文學最肥沃的養分。這種接受另類文學的胸襟，在當代正統拉丁美洲文學的題材以及結構之中都顯而易見。而這一切都來自拉丁美洲的時代背景以及歷史與傳說對當代拉丁美洲的影響，特別是對於拉丁美洲未來可能會有的影響，不管這個未來是好是壞。

回顧過去，這股強烈的拉丁美洲文學風潮從一九六三年胡立歐・柯塔薩的《跳房子》開始，一直延續到一九六七年賈西亞・馬奎斯的《百年孤寂》——也是這波風潮中最優秀的一本小說。大家一致公認《跳房子》足稱拉丁美洲的《尤里西斯》——因爲這股風潮被視爲二十世紀拉丁美洲現代主義運動具體化、到達巔峰的時期。然而，《百年孤寂》的出現完全地改變了這個觀點，一下就讓人明白，一部更深遠，且需要更宏觀的作品已然出現，如同一致公認的，《百年孤寂》是「拉丁美洲的唐吉訶德」。

賈西亞・馬奎斯不但成爲眾所矚目的焦點，也幾乎成爲這股急速發展的文學運動的代名詞；報紙上關於他的報導篇幅彷彿是其他作家的總和。儘管沒有人直接表明，但這顯然是某種異國風情、某種高貴的野蠻人、某種在文學中醜惡殘忍的人神奇地變形，進而成爲這流行文化與後殖民革命時代互相矛盾中作家的新形象。經過三十年的佛朗哥政權統治之後，西班牙媒體在文化與政治上都發展不足，對於拉丁美洲這股新奇複雜的新浪潮毫無準備，賈西亞·馬奎斯因而接受了不少不經思考、令人難堪的採訪。對他們而言，這個人和他的作品從第三世界即興的風潮中無中生有地冒出來，不論他對這些容易受騙的記者脫口而出說些什麼，他其實是個非常嚴肅、無法想像地刻苦、毅力驚人的作家，不屈不撓的努力了二十年才有今天的成就，也準備以同等的韌性維持此成就。不過，卻鮮少有記者對這一點有興趣。這位作家用自己在文學上的名人地位成爲公眾人物，其程度也許只有雨果、狄更斯、馬克·吐溫和海明威等前人足以比擬。

然而，他還是持續受到低估。近四十年來，評論他的人始終無法清楚看見眼前的事實：他比他們更聰明，能任意操控他們，社會大眾喜愛賈西亞·馬奎斯更甚於那些評論家，願意原諒他的一切，不只是因爲他們喜歡他的書，而是因爲他們認爲賈西亞·馬奎斯和他們站在同一邊。就像社會大眾喜歡披頭四的原因一樣，部分因爲他們不受媒體的控制(如貓王或瑪麗蓮·夢露)，披頭四知道如何操控媒體於股掌之間：表面上好像把媒體看得很重要，事實上卻一點都不在乎。賈西亞·馬奎斯看起來像個平凡人，不做作、不浮誇也不賣弄學問。他和他的讀者沒有什麼不同之處，只不過他能把真正的文學作品寫得淺顯易懂而已。

賈西亞·馬奎斯在巴塞隆納引起一股風潮。沒多久，荷西·多諾索與馬立歐·巴爾加斯·尤薩也來到巴塞隆納。賈西亞·馬奎斯很快的認識了西班牙重要的作家和知識分子，包括了評論家荷西·馬利亞·卡斯特雷、胡安·哥蒂索羅、路易斯·哥蒂索羅與胡安·馬塞[4]。此時，反對佛朗哥獨裁政權的地下勢力在西班牙如野火燎原，主要由共產黨的聖蒂亞哥・卡利尤、豪赫・塞普恩、費南多・克勞定等人物領導、整合，其他組織如西班牙社會主義勞工黨與年輕階段的秘密戰鬥組織菲利普・貢薩雷茲則處於平等地位[5]。在歷史上，加泰隆尼亞不僅是布爾喬亞商人的故鄉，也是由他們在十九世紀時帶動西班牙的繁榮，這裡同時也是無政府主義者、社會學家、畫家、建築師的地盤，孕育出高第、阿爾班尼士、葛拉納多斯、布涅爾、達利、米羅，以及曾居住在這裡的畢卡索。巴塞隆納是僅次於巴黎的「拉丁」文化搖籃與溫室，在一八八〇年代與一八九〇年代間偉大的文藝復興時期與一九三九年西班牙共和垮台時，巴塞隆納都是一座前衛城市。如今來到一九六〇年代，政府打壓當地的語言與文化之下，巴塞隆納這個西班牙最刻苦、最具有生產力的城市開始爲自己發聲；然而，六〇年代的政治需要僞裝於文化的包裝之下，當時加泰隆尼亞正興起的民族主義受到言論自由的壓制，只能透過一群成分複雜的團體表達極端左派的立場：包括主要爲中產階級的作家與建築師、電影工作者、教授、畫家、媒體名人、哲學家，甚至被視爲「神聖左派」的模特兒。

賈西亞・馬奎斯在西班牙最早認識的朋友之一就是羅莎・雷嘉斯，如今西班牙最重要的女性作家之一與文化策展人；當時的她是一位高䠷、美麗的年輕女性，看起來就像安東尼奧尼《春光乍現》裡的凡妮莎・蕾格烈芙，同時也是當時「神聖左派」的繆斯之一。她的哥哥歐利歐爾人脈極廣(正如賈西亞・馬奎斯在墨西哥與西班牙時期認識的朋友一樣)，是當時最時髦夜店、蒙特納街「鯖魚」的老闆，所有最美麗、最危險的前衛年輕人都在此聚會。愛穿迷你裙的羅莎當時三十幾歲，已婚有小孩，卻有著六〇年代自由奔放的生活形態，在許多衛道人士眼中是離經叛道的代表，卻同時是文化與時尚的象徵。當時，她在卡洛斯・巴拉爾的辦公室負責處理公關事宜，不過，六〇年代末期時她已經擁有了自己的出版公司「布塊科學」。她讀了《百年孤寂》之後非常「震驚」：「我瘋狂地愛上這本書，而且，我現在每次旅行都會帶著，就像以前帶著普魯斯特的書一樣，每次閱讀都有新的發現。這本書就像《唐吉訶德》一樣，我相信會成爲不朽的傑作。當時，這本書簡直就直接寫到我的心坎裡，是我的一切。我們都愛死了這本書，像小孩瘋狂迷上什麼東西一樣，想要介紹給更多人。」[6]

羅莎・雷嘉斯立即邀請賈布與梅瑟德斯參加爲他們舉辦的派對，介紹一些巴塞隆納前衛社團最有影響力的成員。在這裡，他們認識了路易斯和拉蒂希雅・費度其這對夫婦，也是接下來三十年裡他們最親密的西班牙友人。費度其夫婦吸引人的部分原因是他們並非加泰隆尼亞人；如同在墨西哥一般，賈西亞・巴爾恰夫婦主要和移民互動。路易斯・費度其是一位出生於馬德里的精神科醫師，拉蒂希雅則來自馬拉加，當時在巴塞隆納大學念文學[7]。派對結束後，他們載「賈布一家」（現在開始這麼稱呼他們）回家，停車後聊了很久，當場約了下次見面的時間。賈西亞・馬奎斯總是叫他們的三個女兒「小公主」，她們和羅德里哥、貢薩羅年紀差不多，同樣也成爲一輩子的好友，五個小孩就像關係密切的表兄妹一樣。[8]

另一位早期認識的友人是年輕的巴西女子貝阿翠絲・莫拉，她是另一位「神聖左派」的繆斯；她和羅莎・雷嘉斯一樣，在一九六九年時以三十歲的年紀擁有自己的出版社「杜格拉斯」（她的夫姓）。如果這像法國的沙龍社會，那麼這些新的女主人真是年輕得不可思議。貝阿翠絲是外交官之女，來到西班牙是因爲與她保守的家人政治理念不合，靠著才能以及她的美貌走出自己的一條路。（如果羅莎像安東尼奧尼《春光乍現》裡的凡妮莎・蕾格烈芙，貝阿翠絲就是楚浮《夏日之戀》裡的珍妮・夢露。）

不過，賈西亞・馬奎斯來到巴塞隆納是爲了工作，他與梅瑟德斯很快地爲自己的社交生活設限。他們搬了幾次家，都選在「對角線大道」北邊舒服但不時髦的葛拉西亞和薩里亞區，最後終於在卡邦納塔街上一排新建築裡一間安靜、小巧的公寓安定下來，還是在薩里亞區。來訪的賓客訝於他們家清新的裝潢風格——以墨西哥式的白牆爲基調，每個房間不同顏色的家具——這也成爲他們從此之後所有住所最顯著的風格。這個令人愉快的地區意外地使人聯想到他們在墨西哥那自然、方便、近乎郊區的地帶。他們在此住到離開這加泰隆尼亞首府爲止。

他們決定把羅德里哥和貢薩羅送往當地的英國學校肯辛頓學院就讀。校長保羅・蓋爾斯來自約克夏，曾在劍橋攻讀法律。他和賈西亞・巴爾恰夫婦有共同點：在巴塞隆納辦學之前，他也曾住在墨西哥。身爲學生中最有名氣的家長，賈西亞・馬奎斯愛嘲諷人的個性讓蓋爾斯這位典型的英國人不太欣賞：「我沒有很注意到他，他當時也不是那麼有名。他很好相處，但有點愛挑釁，我猜他對英國人有點反感。但爲什麼要反對別人的文化呢？我的意思是，爲什麼要在別人的薄酒萊裡倒啤酒？……你認爲賈西亞・馬奎斯有像大家說的那麼好嗎？什麼？媲美塞萬提斯？我的老天，是誰說的？我猜是他自己說的。」[9]

巴塞隆納最知名的兩位編輯是可畏的卡門・巴爾塞斯以及巴拉爾出版社創辦人之一的卡洛斯・巴拉爾。儘管巴拉爾對拉丁美洲文學風潮的宣傳不遺餘力，賈西亞・馬奎斯與巴拉爾的關係那時已經注定不順利。據說，他在一九六六年「錯過」或「喪失」(西班牙文是同一個字)出版《百年孤寂》的機會，如果謠傳爲真，那麼，這是西班牙出版史上最嚴重的判斷錯誤。相對的，巴爾塞斯無疑是賈西亞・馬奎斯在巴塞隆納最重要的合作對象，也是繼露易莎・聖蒂雅嘉與梅瑟德斯之後，他生命中最重要的一位女性。一九六〇年代初期，她原本爲巴拉爾談作家合約，後來自立門戶。「一開始我什麼都不懂，走到哪裡都碰到勢利眼和漂亮女孩，跟他們比起來我就像個土包子。當然，後來我成功了，最早的客戶是馬立歐・巴爾加斯・尤薩和路易斯・哥蒂索羅，但賈布卻是那個爲我冒險的人。」[10]

有了梅瑟德斯為他掌管家務(他告訴記者,「她給我零用錢買零食,就像對待兒子一樣」)[11],卡門為他打理事業與工作上的雜務,她一開始即欣然接受,後來則全心投入;如此一來,賈西亞・馬奎斯得以掌控他的名聲,專心寫下一本書。他很快地瞭解到世界垂手可得:他打電話的壞習慣達到無法想像的境地,他可以每天隨時打電話到任何一個戰略據點——哥倫比亞、墨西哥、古巴、委內瑞拉、西班牙、法國——與世界各地聯繫。在事業上,他不需要追求任何機會、不需要積極追求、也不用汲汲營營:透過卡門,世界主動走向他。儘管他需要一點時間調適,但他終究會習慣。

這個調適過程的一部分存在於解釋(特別是對他自己)已經神化但成為「死獅」般的《百年孤寂》,和他進行中的新作《獨裁者的秋天》之間的關係。就算沒有再寫其他的書,《百年孤寂》已使他永垂不朽,但他已經不想再討論這本書:他希望專注在新書上。因此,他開始告訴記者自己已經厭倦《百年孤寂》——就像他已經厭倦記者的蠢問題一樣——最可怕的是,他說《百年孤寂》是非常「膚淺」的作品,之所以成功只是因為作者的「把戲」[12]。簡而言之,他表達的似乎是自己並不是魔術師,只是一個很會變戲法的人。

就某種層面而言,他顯然沒錯:《百年孤寂》的確充滿了「把戲」;不只是讀者喜愛的那種《天方夜譚》式的把戲(為麥迭迪的某些主題與鋪陳寫下伏筆),還有努力得來的現代主義寫作技巧,讓這位作者遠離對《家》的專注,因而得以消弭所有終生的執著於無形——人生的執著與文學上的執著[13]。然而在此一面向的背後,無疑的有更多層面的失望、甚至怨懟。如今,彷彿這本書奪走了他心目中的那個家、那個過去。他再也無法回到過去,但他不一定想瞭解到這一點。[14]

另一個讓他不想再討論《百年孤寂》的原因是成名之後隨之而來的壓力、責任,與來自他人的期望[15]。對此,他覺得很矛盾,有時甚至有些虛偽,但毫無疑問地,從一開始,他——很大一部分的他

——就發自內心爲其哀悼、悲傷。如同他的前人一般，他希望享有榮耀，卻不願意付出代價。因此，這本書雖然把他從過去的折磨中釋放出來，卻注定賦予他一個複雜的未來。他餘生的故事有一部分便是如他現今這般得享名聲之人，必須學習如何與此名聲共處，滿足期望與責任，並再度的克服(這次的對象是名聲與成功本身)，持續地以每一本新作得到榮耀。[16]

從這個角度看來，《百年孤寂》顯然是賈西亞・馬奎斯人生的分水嶺：馬康多的結束(他之前未被同化的世界)，以及「馬康多」的開始(如今已經成功地寫出其描繪之作，放諸腦後)；沒沒無名與隱姓埋名時期的結束，他「權力」的開始(如同《獨裁者的秋天》其中所言)；他現代主義時期的結束，後現代主義時期的開始。更宏觀地來看，《百年孤寂》這部作品也是二十世紀拉丁美洲文學的分水嶺，無庸置疑地是拉丁美洲唯一一部登上世界歷史殿堂、堪稱世界典範的小說。更宏遠地來看，雖然不見得是事實，但這本小說是轟動世界事件的一部分，以第三世界後殖民時期的到來以及站上世界舞台的文學標記所有「現代性」的結束(古巴與卡斯楚的重要性亦如是)：我們可以說，這個時期從拉伯雷開始(以諷刺中古世紀的世界觀向其告別)，以塞萬提斯的作品作爲實證；《尤里西斯》宣告其結束，我們可以主張《百年孤寂》亦是其結束的證明[17]，但認知到其歷史地位的重要性這個想法，即使只是表示其可能性，並不容易。

一九六八年四月及五月，這家人首度離開西班牙前往巴黎和義大利，強賈科莫・費特里內里在此出版第一本外文翻譯版的《百年孤寂》。費特里內里出版書的方式總是很「盛大」，媒體把文學作家當成名人報導。雖然費特里內里把他介紹爲「新的唐吉訶德」，賈西亞・馬奎斯忠於自己，拒絕爲這本書或宣傳背書。他強烈的認爲出版商剝削作家，認爲他們應該做好自己份內的工作：「既然編輯沒有幫我寫書，我爲何要幫他們賣書？」[18]

一九六八年五月，一場近乎革命事件在巴黎發生時，這場歐洲之旅已近尾聲。賈西亞・馬奎斯完全沒有提起這歷史性的重大事件，但卡洛斯・富恩特斯與馬立歐・巴爾加斯・尤薩忙趕到巴黎參與，富恩特斯還寫了一篇著名的目擊報導〈巴黎：五月革命〉，分析這場失敗的暴動[19]。當然，雖然賈西亞・馬奎斯對這起事件的結果感到失望，但他本來就對這個國家與其文化抱持非常根本的保留態度，因此，對於法國布爾喬亞階級，甚至年輕學子轉變這一切的能力有所存疑。無論如何，他還是專注在拉丁美洲的情勢發展。不過，他也決定夏天再回到巴黎，結束時他告訴比利尼歐・門多薩自己的感覺：

> 巴黎之於我，就像拔起插在腳上的一根木屑……把我和法國人聯繫起來的最後一根繩子已經斷了。法國人那種精準、神奇的能力已經老化了，但他們卻不知道……我們到達巴黎時，五月暴動過後毀損的道路還沒修好，法國人已經被那些暴動嚇壞了：計程車司機、麵包師傅、雜貨店老闆，他們對這場抗爭的評論了無新意，用一大桶的自圓其說淹沒我們，讓我們覺得那場暴動似乎只有言語上的衝突。實在太令人憤怒了……我的命運如同鬥牛士一般，卻不知如何面對。為了檢查《百年孤寂》的翻譯，我必須躲到塔奇雅的公寓裡，她現在是位成功的女士，先生會說七國語言、而且不帶口音，我們第一次見面，她就與梅瑟德斯成為好朋友，主要是基於兩人可以聯合對付我的感情。[20]

是真的，賈西亞・馬奎斯又見了到塔奇雅。她與查爾斯・羅索夫住在一起好幾年，羅索夫是位法國工程師，出生於一九一四年，父母在一九〇五年起義失敗後離開蘇俄。他的父親於一九一七年回到蘇俄參加革命，列寧死後他心灰意冷，又於一九二四年離開。認識羅索夫之前，塔奇雅有幾段短暫的緣分，但沒有認真的對象——儘管布拉斯・奧特羅找到巴黎來再度追求她，希望舊情復燃。諷刺的是，一九六〇年，她是透過布拉斯才認識了這位後來結婚的對象。但如今一九六八年，賈西亞・馬奎斯重新回到她的生活裡。「大家在我們巴黎的公寓見面，我非常緊張。我們異常地有禮貌，講一些無傷大雅的話，其實卻充滿了張力，相當詭異，也非常困難。但我們都演得像什麼事都沒發生過，裝作若無其事。」

八月二十一日，賈西亞・馬奎斯仍在巴黎，蘇聯軍隊進軍捷克斯洛伐克，摧毀社會主義改革運動、亦即由新當選的捷克共產黨第一書記亞歷山大・杜布契克所領導的「布拉格春天」運動。對賈西亞・馬奎斯而言，捷克斯洛伐克比巴黎的暴動更重要，因爲前者似乎顯示蘇聯的共產主義無法進化。他告訴比利尼歐・門多薩：「我的世界已經崩毀，但我現在認爲這樣子比較好：清楚的證明我們其實夾在兩個同樣殘酷、同樣貪婪的帝國主義之間，其實在良心上是一種解放……一群法國作家寫了一封信給費德爾，刊登於法國的《觀察家日報》，表示他支持蘇聯入侵是『古巴革命第一個嚴重的錯誤。』他們希望我們簽名支持，但我們的回覆非常清楚：那是我們自己的事，我們自己處理。但其實我不認爲很容易處理。」[21]

政治上，一九六八年是近代史上最動盪不安的一年。一月，哥倫比亞與蘇聯恢復暌違二十年的外交關係；八月，教宗保祿六世首度以教宗身分訪問拉丁美洲時，也訪問了哥倫比亞(《大媽媽的葬禮》已預言了此類訪問)。四月，馬丁・路德・金恩於曼菲斯遭到暗殺，六月，巴比・甘迺迪在洛杉磯遇刺，同一個月安迪・沃荷於紐約遭到槍擊；芝加哥警方在八月民主黨大會中與抗議群眾發生激烈衝突，十一月，理查・尼克森當選美國總統。當然，還包括五月法國學生在巴黎的暴動，當時大部分的勞工階級選擇袖手旁觀；蘇聯進軍捷克斯洛伐克則有古巴支持；十月初，就在第三世界首度舉辦奧林匹克運動會的前夕，墨西哥軍方在墨西哥市的特拉特洛克廣場（特拉特洛克）血腥鎮壓數百名手無寸鐵的抗議者。雖然身處真正的極權統治之下，這段時間，賈西亞・馬奎斯都關在巴塞隆納創作他紙上的「獨裁者」。[22]

至於在西班牙，賈西亞・馬奎斯一點都不關心這個國家的政治，許多人甚至認爲他對政治產生「政治冷感」。他在巴塞隆納的這段時間裡，總共發生兩次具體反對佛朗哥政權的靜坐抗議，他的許多朋友都參與其中，包括巴爾加斯・尤薩以及「神聖左派」差不多每一個主要成員，但馬奎斯卻缺席。三十年後，貝阿翠絲・莫拉告訴我：「那段時間，賈布的確對政治漠不關心，她強調：『政治冷感』。他從來不提政治，旁人根本無從得知他的政治意見。當時，參與政治是社交禮儀的一環，賈布卻不涉身其中。」[23]

對於賈西亞・馬奎斯的「政治冷感」，小說家胡安・馬塞有頗爲不同的回憶。一九六八年夏末，馬塞受邀擔任第四屆古巴作家與藝術家協會競賽文學獎頒獎典禮的外國評審之一。主辦單位得知詩人獎得主是據稱反革命詩人的艾貝托・帕迪亞，戲劇獎得主是同志劇作家安東・阿魯法特時，危機馬上爆發，所有的評審實際上在古巴被軟禁了好幾個星期。這是古巴言論自由衝突的開始——而這場衝突在三年後，永遠的改變了古巴在國際間，特別是在歐洲和美國的國際形象，這段期間仍被視爲適度的社會主義解放運動，但在許多作家間造成了無法挽回的隔閡。這些評審最終堅持自己的決定，主辦單位只好在那兩本書出版時加註「警語」。在古巴困了六個星期後，費德爾・卡斯楚苦等不到評審改變心意，馬塞於十月底回到巴塞隆納，在一場派對中把這段經歷告訴一群朋友，賈西亞・馬奎斯也在場。馬塞告訴我，「評審把獎項給帕迪亞是因爲他的作品最優秀，主辦單位卻持相反意見，當然，消息很快從上面傳出來。雖然後來證明帕迪亞的確是個內奸，一個扭曲、瘋狂的傢伙，但就算他們當時知道，也不會改變決定，認爲他的書是最好的，就是如此。總之，我回到巴塞隆納，卡門幫我辦了一個派對，我說出事發經過。一切都還歷歷在目，賈布的脖子上圍著一條紅色圍巾，我在解釋事情發生的經過時，他在我身邊走來走去，極爲憤怒，對我非常生氣。他罵我是個白痴，一點都不懂文學，更遑論政治。政治永遠最重要，就算他們把我們這些作家吊死也無所謂。帕迪亞是個爲美國中央情報局工作的混蛋，我們不該把獎頒給他。這真是一次奇特的經歷，他並沒有真的痛罵我，但清楚地表達我們在知識上、道德上的立場南轅北轍。後來我們還是朋友，但我覺得一切已經不復從前，尤其是對他而言。」[24]

馬塞當時不知道的是，賈西亞・馬奎斯已經意識到那個問題的嚴重性，私下針對帕迪亞一事直接向卡斯楚表達支持之意。九月中旬，他延長另一次造訪巴黎的時間，安排和胡立歐・柯塔薩見面，他們一直有聯繫，但始終沒有見過面。柯塔薩剛與第一任妻子奧蘿拉・貝納德茲分居，寫了一封非常沮喪的信給在布宜諾斯艾利斯的帕可・波魯瓦。信中提到唯一的好事是與賈西亞・馬奎斯見面：「我想讓你知道，我見到賈布列爾了，他爲了見我多待了兩天，他跟梅瑟德斯都很棒，與這樣的朋友見面，友誼就像泉水般湧出[25]。」他們討論了古巴的現狀——正好非常恰當，因爲他們後來是支持革命的死忠派，因而與其他朋友產生了距離：巴爾加斯・尤薩、多諾索、卡布列拉・因凡特、哥蒂索羅、甚至富恩特斯。賈西亞・馬奎斯聲稱，是他提議私下共同寫信給卡斯楚，但柯塔薩卻說這個想法是他提出的。大體上的意見就是私下向卡斯楚求情，不要懲罰帕迪亞，含蓄的表示他們會以沉默回報。他們沒有收到回音，但本來遭到「美洲之家」解雇的帕迪亞又復職。一九七一年，這整起事件再度爆發，但巴爾加斯・尤薩、胡安・哥蒂索羅和比利尼歐・門多薩等人已經在一九六八年就不再支持古巴，一切不復從前。

十二月八日，賈西亞・馬奎斯啓程遠征布拉格一星期，同行的有他的新朋友胡立歐・柯塔薩、他的新伴侶烏格內・卡爾維利斯，她是一位來自立陶宛的作家與翻譯，爲巴黎最重要的出版社伽里瑪工作，再加上卡洛斯・富恩特斯。他們急於想知道剛被佔領的捷克首都發生什麼事，也希望和小說家米蘭・昆德拉討論這場危機[26]。根據卡洛斯・富恩特斯的說法，「昆德拉要我們在河岸邊的一家三溫暖碰面，告訴我們布拉格發生了什麼事，顯然那是少數隔牆無耳的地方……冰上有一個巨大的洞，邀請我們將不安沉浸於其中，再度啓動血液循環。米蘭・昆德拉輕輕地把我們推進這萬劫不復之中。於是一身青紫如蘭花的我們，來自巴朗基亞的男子、我自己、來自維拉克魯茲的男子，浸沒在那我們熱帶本質如此陌生的冰水裡。」[27]

儘管有這些冒險，這段時期賈西亞・馬奎斯主要的形象是個孤獨的英雄，一個喪失了靈感卻死守寫作的作家，每天在空蕩蕩的豪宅裡遊蕩(但他住的是小公寓)，好像小說版的電影《大國民》一般；又或者如海明威老爹一樣，只是文學子彈裡裝的是空包彈，而非實彈。創作《獨裁者的秋天》時，他不像寫《百年孤寂》時那樣每天關在家裡。雖然拉丁美洲的報紙三不五時就以可笑的角度重複報導他個人的磨難，然而，他的苦悶卻是真切無比。

過了一陣子之後，每星期有幾天他開始在傍晚五點到七點之間前往卡門・巴爾塞斯的辦公室，表面上是要把《獨裁者的秋天》最新的段落交給她保管——卡門・巴爾塞斯從一九六九年四月一日開始收到這本書有份量的章節，直到一九七四年的八月底，每一章都附有「不准閱讀」的嚴格指示。實際上，賈西亞・馬奎斯是要無限制地使用她的電話，以安排他所有的商業交易與秘密活動；如此一來就不用在家處理，也省得梅瑟德斯知道那些會讓她不開心的事，包括接下來的幾年間選擇把自己的財富一大筆一大筆地捐出去，以及日後讓他涉入越來越深的政治活動。除此之外，巴爾塞斯越來越像他的姊妹，一個他可以傾訴一切，得到深深關愛，且會犧牲的姊妹。「他來巴塞隆納一陣子之後，」她告訴我，「他會走進來說：『快點準備，我有工作要給超人。』他說的是我，我後來就一直當他的超人[28]。」（不過，她後來把這些事拿來當笑話講。多年後，馬奎斯在電話裡問她：「卡門，妳愛我嗎？」她回答：「我無法回答這個問題，你佔有我們總收入的百分之三十六點二。」）

此時，兩個兒子都長大了。賈西亞•馬奎斯後來說，原以爲父母與子女之間互動關係千古不變，卻在六〇年代產生巨大的轉變：懂得變通的父母維持年輕，一成不變的父母看起來年邁許多。羅德里哥如今是好萊塢的知名電影人，他告訴我，「我記憶最深刻的是，儘管我們的社交生活非常精采，但真正永遠重要的就是我們全家四個人。全世界就是我們四個人。我們是支撐車輪上的四根輪輻，不是五個。因此，我弟弟幾年前有了小孩之後，我覺得很受傷，我就是無法接受那第五根輪輻，我都已經離家好幾年，還是有這樣的感覺。」[29]

他又說道：「我們兩兄弟都是吃母奶長大，母奶有許多好處。有些事你必須要知道，一是友誼的重要性，對別人以及他們的生活感到好奇是很重要的一件事，那也是我父親的秘方。你必須瞭解其他人的生活、他們在忙些什麼，互相分享你們的經驗。我們兩個被教導完全沒有偏見，但有些特殊情況除外——首先，拉丁美洲人是全世界最棒的人。他們也許不是最聰明、也不是最強壯的，但他們就是世界上最棒的人，最有人道胸懷、最慷慨大方。另一方面，如果出了什麼問題，你一定要知道那都是政府的錯，有什麼問題都是政府的錯。但如果不是政府的問題，那就是美國的錯。我發現父親熱愛美國，對美國的成就非常推崇，對某些美國人非常有好感，但隨著我們長大，世界上發生什麼壞事好像都可以怪罪到美國頭上。回想起來，那真的是非常人性化、政治正確的教養方式。儘管我接受卡密洛・托瑞斯的施洗，但我們從來沒有接受宗教教育。宗教很壞、政治很壞、警察跟軍隊都很壞。」[30]

「當然，還有其他重要的事。『認真』是我們一再聽到的字。舉例來說，我的父母非常重視教養。要替女士開門、嘴巴有東西的時候不能說話。我們家人堅持做事認真、有教養、準時。而且，你成績要好，就是不能功課差。但你也要會玩，知道怎麼玩、什麼時候玩；玩甚至成爲『認真』的一部分。但如果玩過頭我們會受到處罰。世界上只有兩件事值得尊敬：服務人群——如醫生或老師或其他類似的職業——最了不起的是當個藝術創作者。我們都被洗腦，認爲名氣一點都不重要，他總是說不需要『認真』看待名氣。一個爛作家可能很有名，更確實的說，名氣也可能很值得懷疑。他以他的朋友阿爾瓦洛・穆堤斯和泰托・蒙蒂羅梭爲例，他們都是很棒的作家，但沒人聽過他們的名字。但另一方面，我們兩兄弟卻很喜歡父親在街上被認出來。」[31]

賈西亞・馬奎斯差不多在這個時候戒菸。他從十八歲開始抽菸，到他戒菸前常常一天可以抽到八十根黑色菸草捲的香菸，而且兩年前他才說過寧死也不戒菸[32]。戒菸的對話發生在某天晚上，他和精神科醫師朋友路易斯・費度其一起吃晚餐，路易斯解釋自己一個月前如何戒菸及其原因。後來的三十年間，賈西亞・馬奎斯都不肯透露這段對話的細節，不過，他熄掉當時手上的香菸之後，就再也沒抽過菸；只是兩星期後發現路易斯・費度其開始抽菸斗時，他勃然大怒。[33]

一九七〇年一月，《百年孤寂》在法國獲選爲最佳外文小說，這個獎項設立於一九四八年，身爲受獎人的賈西亞・馬奎斯卻斷然拒絕參加頒獎典禮。幾個月後他告訴一位採訪者，「這本書翻成法文之後變了調」，而且，儘管書評很好，卻不暢銷——很不幸地，也許是因爲在法國「笛卡兒的精神擊敗了拉伯雷的精神」[34]。諷刺的是，美國的情況剛好相反。近代史上沒有人比此時的賈西亞・馬奎斯受到更多毫不保留的讚美。約翰・藍儂在〈紐約時報書評〉裡這麼寫道：

> 讀完這本書就像從夢境中醒來，整顆心都燃燒了起來。火爐邊一個黑暗、永生的身影，是歷史學家，也是占卜師，聲音如天使般甜美卻又瘋狂，一開始的現實感誘惑你慢慢地失去控制，再把你鎖進傳說與神話裡……只透過一個家族的連結，賈西亞・馬奎斯躍上了鈞特・葛拉斯和范達米爾・納博科夫的舞台，他的野心跟他的想像力一樣宏大，他的宿命凌駕一切。此書令人目眩神迷。[35]

隨之而來的是四月十六日在倫敦。《泰晤士報》是當時英國業界的棟樑，某種層面來說也是全世界最保守的報紙、最近才核准刊登照片，卻在六月份用一整版的版面刊登了《百年孤寂》的第一章，插圖是可能從披頭四的卡通電影《黃色潛水艇》偷來的照片，充滿了迷幻感。十二月，《紐約時報》將《百年孤寂》列爲年度十二本好書之一，也是唯一入選的一本小說。葛瑞格利・羅巴薩令人感動的《百年孤寂》英譯本也公認爲當年的最佳外語翻譯書籍。

至於其他拉丁美洲文學風潮的作家，馬立歐・巴爾加斯・尤薩終於在那年夏天如宣告已久的搬到西班牙。他在前一年完成了最著名的小說《大教堂裡的對話》，如今辭去倫敦大學的教職搬到巴塞隆納。他的朋友總是叫他「軍校生」，不只因爲那是他最暢銷的書《城市與狗》(一九六二年)的主題，也因爲馬立歐自己非常愛乾淨、整潔、井然有序，至少在理論上總是要做對的事。然而，他身邊也圍繞諸多爭議：這個聰明、表面上非常傳統的男人娶了他的表妹派翠希亞，把少年時和舅舅小姨子的醜聞婚姻拋在腦後，這段婚姻後來成爲他的小說《愛情萬歲》的題材。同時，他的另一部作品是研究賈西亞・馬奎斯小說中的自傳元素，是文學史上一位偉大作家對另一位偉大作家最慷慨也最了不起的敬意，此書的書名就叫《賈西亞・馬奎斯：弒神的故事》。這本書是以賈西亞・馬奎斯爲題材中最棒的一本，亦是基本的資料來源，三十年後的今天仍然可受公評——就算如同許多評論家所說的，此書把這位哥倫比亞人變成一位具有許多特質的作家，把馬立歐自己變成執迷於此的人。

另一位拉丁美洲文學風潮作家是患有疑病症的智利作家荷西・多諾索，他第一次和賈西亞・馬奎斯見面是一九六五年在卡洛斯・富恩特斯的家裡。多諾索是拉丁美洲文學風潮的第五位成員，最知名的作品是極受好評的《淫穢的夜鳥》（一九七〇年）。多諾索後來又寫了兩本非常重要的編年史，一本是《「文學爆炸」親歷記》（一九七二年）、《隔壁的花園》（一九八〇年），書中諷刺亦嫉妒的描繪卡門・巴爾塞斯（努麗雅・蒙克魯斯）與他「最喜愛」的作家賈西亞・馬奎斯（馬瑟羅・奇利波加）之間的關係。[36]

比利尼歐・門多薩和妻子瑪維爾・莫雷諾也決定搬到大西洋的另一邊，先到巴黎，再到西班牙的馬約卡[37]。門多薩過著非常儉樸的生活，在賈西亞・馬奎斯的慷慨解囊下，他得以經常造訪巴塞隆納。但他後來發現待在那兒並不舒服：「我會待在他家，位於卡邦納塔街上的公寓很寬敞、很安靜，但同時裝腔作勢、戴著珍珠項鍊的女士、社交名人也都在此。」[38]

在這個時候，賈西亞・馬奎斯認識了帕布羅・聶魯達與他的妻子瑪蒂達。聶魯達是拉丁美洲最偉大的詩人、老派的共產黨員，也很會享受生活，即使是最會享樂的阿爾瓦洛・穆堤斯也會羨慕、嫉妒他的生活方式。然而，聶魯達也是一位害怕搭飛機的拉丁美洲作家，因此，他從歐洲搭船回家參加一場最後由社會黨的薩爾瓦多・阿言德當選的選舉。勝利的阿言德首先的決定之一就是任命聶魯達爲駐法大使，於一九七一年派他前往巴黎。聶魯達所搭乘的船於一九七〇年夏天停靠巴塞隆納時，其中一個主要目的就是和賈西亞・馬奎斯見面[39]。後來，賈西亞・馬奎斯寫信給門多薩：「你沒見到聶魯達真是太可惜了。那個混蛋午餐時引起一股騷動，被瑪蒂達好好地修理了一頓。我們把他從窗戶推出去，帶他來這裡睡個午覺，他們回船上之前，我們度過了非常愉快的時光[40]。」也是在這個場合，還沒睡飽的聶魯達送了一本書給梅瑟德斯。賈西亞・馬奎斯回憶，「梅瑟德斯說要請聶魯達在上面簽名」，我回她「別做這種事！」我說完就躲進了廁所……結果，他在書上寫：「給在她床上的梅瑟德斯」，聶魯達看一看說，「這樣寫會讓人想歪」，於是他加上「給在他們床上的梅瑟德斯與賈布」。然後他又說，「這樣看起來更怪」，於是他又寫，「好兄弟，帕布羅」。全場哄堂大笑下，他說，「現在看起來糟透了，但已經改不了了。」[41]

接下來的幾個月裡，拉丁美洲文學風潮達到最高峰。這短暫時刻的開始是在卡洛斯・富恩特斯的舞台劇《獨眼爲王》於八月在亞維農首演時，他邀請所有拉美文學風潮的朋友出席。他們打算從巴塞隆納一起出發，包括剛搬到這加泰隆尼亞首都的馬立歐・巴爾加斯・尤薩和派翠希亞、荷西・多諾索和琵拉爾、賈布、梅瑟德斯和兩個兒子，都準備一起從巴塞隆納搭火車前往亞維農參加首演。另一位風潮的榮譽成員是西班牙的小說家胡安・哥蒂索羅，他則從巴黎前往。胡立歐・柯塔薩在沃克呂茲的塞紐有一間鄉村小屋，距離亞維農只有四十英里，八月十五日，富恩特斯租了一輛巴士，載著眾人還有許多逢迎的人前去和柯塔薩與烏格內・卡爾維利斯見面。身爲主人的柯塔薩在當地餐廳安排盛大的午宴，餐後所有人到他家，消磨了一整個下午及晚上的時光。

由於諸多原因，這次的聚會留下傳奇的色彩，不過最重要的原因在於這是拉美文學風潮的成員第一次，也是唯一一次聚在一起。不幸的是，在這愉快氣氛的背後潛藏著幾個愈發明顯的問題，其中之一從一九六八年古巴的帕迪亞事件以來越來越嚴重，並且在古巴支持蘇聯進軍捷克斯洛伐克之後更加深。如今，這兩個問題都瀕臨危機邊緣，這六位朋友之間的歧見再也難以產生共識（不過此時也還沒有）：其一是古巴對於作家與知識分子的打壓，；其二也與之相關，當時胡安．哥蒂索羅為巴黎名為《自由》的新雜誌寫稿，那時聚在一起的幾位「拉美文學爆炸時期」成員深信這個名字足以被哈瓦那當局視為挑釁，也會成為古巴政府老早懷疑「拉美文學爆炸時期」都是一群「小布爾喬亞」自由派的證據。

派對一個星期之後，柯塔薩寫道：「這場聚會非常棒也非常奇怪，感覺像在時間之外，當然無法再來一遍；對我有相當重要的意義，我卻想不出是什麼[42]。」這群風潮作家對於烏托邦的共同渴望尚能足以支撐他們成為一個團體，但也是最後一次。諷刺的是，這場如同朝聖般的聚會在柯塔薩隱密的住處舉行，他一向避免人群和假波西米亞，但如今他不只成為一群男子情誼所組成的極大規模幫派成員之一，也深深受到他們共同的社會主義夢想的吸引。

九月四日，薩爾瓦多．阿言德險勝對手當選智利總統，並於十一月三日宣誓就職，向智利人民宣示將實行「自由的社會主義」。然而，就在他上任前的十月二十二日，一場來自美國中央情報局指使的攻擊，使智利軍隊的指揮官雷內．史耐德將軍受到重傷。賈西亞．馬奎斯不久前才與智利作家豪赫．艾德華見過面，他後來為聶魯達寫傳記，當時擔任智利駐古巴大使，帕迪亞事件最後的結局他涉入甚深。

聖誕節前的一個星期，柯塔薩與他的妻子烏格內從巴黎開車經由塞紐到巴塞隆納。他們抵達之後，所有作家夫婦一同前往舊城區一家名為「烏泉」的加泰隆尼亞餐廳用餐。這家餐廳由顧客直接填寫點菜單，但這些作家忙著說話聊天，過了很長的一段時間，點菜單都還是空白的。於是，餐廳服務生向老闆抱怨，老闆面色不善地從廚房出來，以加泰隆尼亞式的諷刺語氣講了一句永垂不朽的話：

「你們難道沒有人會寫字嗎？」當下一陣沉默、帶著一絲尷尬、些許憤怒與滑稽。過了一下子，梅瑟德斯說話了，「我會寫字」她開始看菜單，替大家點菜。她的冷靜已經成爲傳奇，有一次琵拉爾・索拉諾焦慮地告訴她，重度疑病症的多諾索深信自己得了血癌，梅瑟德斯回答：「不用擔心，賈布剛得了癌症，他現在還不是活得好好的。」[43]

他們在巴爾加斯・尤薩的小公寓裡度過平安夜，好讓這對秘魯夫妻打發年紀還小的孩子上床睡覺。柯塔薩已經向全部的人丟過雪球，如今和巴爾加斯・尤薩玩著孩子收到的聖誕禮物，專注地用電動賽車比賽起來。聖誕節過後，路易斯・哥蒂索羅和妻子瑪麗亞・安東妮雅辦了一場派對，西班牙和拉丁美洲客人都受邀。一九七一年，多諾索維持他近乎英國式的嚴謹與禮儀回憶道：「對我而言，拉美文學風潮這個實體（本身）已經走到盡頭——如果真的曾經不只是我們的想像，事實上也已經結束了——一九七〇年，在路易斯・哥蒂索羅巴塞隆納的家裡，馬利亞・安東妮雅所主持的派對上，她戴著誇張、貴重的珠寶，五彩繽紛的熱褲和黑色靴子，跳舞的姿態讓我想到里昂・巴克斯特作品《雪拉哈薩德》或《彼得洛希卡》裡的模特兒。柯塔薩全新的鬍子是不同層次的紅色，非常有活力地在圍繞他們的眾人面前與烏格內跳著舞。巴爾加斯・尤薩夫妻跳著秘魯華爾茲，隨後，賈西亞・馬奎斯夫婦也加入，在眾人的掌聲中跳起梅倫格舞。同時，我們的經紀人卡門・巴爾塞斯懶洋洋地躺在沙發上厚實的抱枕堆裡，舔著手上的食物，翻攪著美味的燉肉，在費南多・托拉、豪赫・艾拉德、瑟席歐・畢都的幫忙下，餵著房間牆上裝飾閃閃發光水族箱裡的魚。卡門・巴爾塞假裝手上有線，牽動著我們跳的木偶舞步，她還研究我們：也許是因爲崇拜，也許是因爲渴望，也或許是兩者都有，就像研究水族箱裡的魚那樣研究我們。那一天晚上最重要的是他們討論《自由》雜誌的成立。」[44]

柯塔薩和烏格內在十二月底的大風雪中回到巴黎之後，節慶氣氛漸漸散去。比起聖誕節派對，賈西亞・馬奎斯與梅瑟德斯一向更喜歡新年派對，因此兩人在他們家，與拉美文學風潮剩下的一小撮成員——巴爾加斯・尤薩夫婦以及多諾索夫婦——一起迎接一九七一年。當時，他們並不知道那是他們最後一次慶祝、或以兄弟般的情誼聚在一起討論任何一件事。「拉美文學爆炸時期」即將煙消雲散。

第十八章

孤獨的作家緩慢的寫著：《獨裁者的秋天》與大千世界

一九七一——一九七五

時序來到一九七一年，賈西亞・馬奎斯已經在巴塞隆納住了三年多，小說還是沒有完成；他決定釋放一下寫作的壓力，前往拉丁美洲九個月，以滿足自己的需要，再度熟悉這個屬於他的世界。他自己比較屬意巴朗基亞，但前一年三月他告訴阿豐索・福恩馬佑爾，不確定家人是否會讓他回去：「兩個男孩整年都在想念墨西哥，我現在才瞭解到，他們在墨西哥住了很久，足以成爲一輩子隨身帶到世界各地的『馬康多』。這屋子裡唯一腐朽的愛國者是我，但我一直比較沒有份量[1]。」不過，不知他如何設法說服不情願的家人，總之他們決定再度造訪墨西哥之前，先到巴朗基亞住幾個月。

因此，賈西亞・巴爾恰一家人於一月中旬抵達了哥倫比亞。在巴朗基亞下飛機時，賈西亞・馬奎斯簡短地微笑，並對迎接他的人群舉起雙手大拇指。照片上的他穿著一整套加勒比海式服裝——墨西哥「瓜亞貝拉」薄布短衫襯衫、皮製帆布鞋、沒穿襪子——神色有些焦慮。由於在巴塞隆納的活動量比較小，加上他多攝取的澱粉類，髮量也多了起來，如今是那個年代所流行的半黑人頭，還有同樣具特色的沙巴達小鬍子。梅瑟德斯戴著深色太陽眼鏡，顯然假裝自己身在他處，但兩個男孩對這個國家幾乎一無所知，看起來既大膽又興奮[2]。當地媒體和廣播電台派出大批人馬，計程車司機從遠處大叫，看在舊時的份上，只要三十披索就可以載小賈布到馬康多。離開巴塞隆納之前，賈西亞·馬奎斯乍看之下頗爲冷淡地宣稱他回家是爲了「排毒」[3]，如今，對於自己的來訪想到更正面的解釋，並新創了他最具代表性的一種說法，說他是「聞到番石榴的味道」，一路跟著這個味道回到加勒比海。[4]

這家人南下到阿爾瓦洛和蒂達·塞培達的家，他們如今住在市中心和綠野區之間一座豪華的白色別墅裡，但有點不幸的是，塞培達本人正在紐約的醫院接受一些檢查。賈西亞·巴爾恰一家人和蒂達一起住到找到適合的房子或公寓爲止。一位記者胡安·葛薩殷得到許可，在他們喝第一輪啤酒時聽他們聊天。好像開會一樣地，賈西亞·馬奎斯解釋自己爲什麼如此揮霍地回來。他一生都想成爲世界知名的作家，爲此當了數年的記者，忍受了貧窮日子。如今，他真的是個全職的「專業」作家，他希望自己再度成爲一名記者，尋找資訊，如此一來他的人生就完整了：「已經不再的那個角色，才是我一直渴望的。」[5]

幾星期後，一位墨西哥記者基耶爾莫·歐丘瓦說服賈西亞·馬奎斯，在前往探望父母的途中到卡塔赫納的沙灘上停留，和梅瑟德斯、兩個男孩在椰子樹下休息。歐丘瓦的第一篇文章專注在露易莎·聖蒂雅嘉身上，開始了她的傳奇。爲了慶祝長子回家，她慈愛地養肥一隻火雞：

> 「可是後來我發現自己沒辦法殺這隻雞，」她告訴我們。接著，帶著《百年孤寂》裡她所啟發靈感的角色烏蘇拉·伊瓜蘭特有的堅定溫柔，她補充道：「我越來越喜歡牠了。」小賈布回家時，火雞還活得好好的，回到這個城市之後他只能滿足於每天都吃的海鮮湯，露易莎·

馬奎斯・賈西亞就是這樣的女人。她從來不在晚上梳頭髮，「我如果這麼做的話會耽擱到水手，」她解釋道。「你生命中最滿意的是什麼？」我們問她，她毫不猶豫的回答：「有一個當修女的女兒。」[6]

小賈布和梅塞德斯在巴朗基亞租的房子當時差不多就在市郊。對於貢薩羅而言，這是個非常令人興奮的環境，他對此保有非常愉快的回憶。雖然父母事先安排好了學校，但兩個男孩清晰記得的是一段居住異國的時期，有大蛇進到屋子裡，他們搜捕鬣鱗蜥，取牠們的蛋。不過，回到熱帶地區，被卡塔赫納和阿爾荷納兩邊的大家族和巴朗基亞整個網路的新朋友所圍繞，雖然這一切都很令人興奮，然而，這兩個男孩也非常清楚地知道自己是來自墨西哥市的男孩：「事實是，羅德里哥和我都是都市小孩，我們對鄉下的世界沒有什麼經驗。而我們的父母都是鄉下來的，而且還是熱帶地方來的。他們在卡塔赫納或哈瓦那時，我幾乎認不出他們。在其他地方時，他們相對比較拘謹。」[7]

四月的第一個星期，賈西亞・馬奎斯和梅瑟德斯獨自前往卡拉卡斯，他寄望重新充滿自己加勒比海的電力，爲新書注入活力。然而，實際上這是一段充滿象徵意義的旅程，回到他們一開始同居之處。接下來在加勒比海附近的旅程開始了往後越來越常發生的模式，也就是兩個男孩留在家裡，他們的父母環遊世界，回應賈西亞・馬奎斯日益遽增的名聲所帶來的誘惑與義務。

不過，在這加勒比海上航行的二度蜜月中，他也在思考一個問題，發生在這裡最大島上的問題使得這一段航行成爲他政治存在中相對最不複雜的時刻。三月二十日，古巴政府逮捕了艾貝托・帕迪亞[8]，這位作家的詩作於一九六八年夏天在島內外引發了爭議風暴，並且導致賈西亞・馬奎斯在巴塞隆納憤怒地和胡安・馬塞爭論。如今，這位古巴詩人被控從事和美國中央情報局有關的顛覆活動。四月五日，仍然在獄中的帕迪亞簽署了冗長但顯然並沒有誠意的聲明，自我批判。

雖然有這麼多的作家住在巴塞隆納，但在許多方面而言，巴黎仍是拉丁美洲的政治首都。四月九日，一群以歐洲爲基地的作家安排連署一封抗議信給費德爾・卡斯楚，首先刊登在巴黎的《世界報》，內文聲明他們雖然支持革命的「原則」，但無法接受「史達林主義」迫害作家和知識分子。連署名單上包括尚保羅・沙特、西蒙・波娃、胡安・哥蒂索羅、馬立歐・巴爾加斯・尤薩（此抗議信真正的發起人）、胡立歐・柯塔薩和比利尼歐・阿布雷右・門多薩（與即將出版《自由》雜誌的哥蒂索羅一起負責斡旋），以及……賈布列爾・賈西亞・馬奎斯。[9]

事實上，賈西亞・馬奎斯並沒有連署那封信：比利尼歐・門多薩假設他會支持這起抗議，就幫他簽了名。賈西亞・馬奎斯後來把名字拿掉，但這對他和古巴的關係已經造成傷害，接著和他那些依然簽署的朋友之間也發生了持續的鴻溝：這是所有結果裡最糟糕的。這無疑的是二十世紀拉丁美洲文學政治最重要的危機，未來的數十年間在拉丁美洲和歐洲的知識分子之間造成歧見。作家和知識分子沒有選擇的餘地，只好在這場文化內戰中選邊站，一切不復從前，尤其是賈西亞・馬奎斯和巴爾加斯・尤薩之間的關係，是這場政治紛爭所有影響中最高分貝、也最激烈的。更加諷刺的是，就在當時，巴拉爾出版社正在準備出版巴爾加斯・尤薩所著《賈西亞・馬奎斯：弑神的故事》，於一九七一年十二月出版，但他們之間著名的關係卻緩慢而肯定的開始冷卻。巴爾加斯・尤薩有三十五年的時間都不允許這本書印行第二版。[10]

隨著卡斯楚的反應越來越憤怒，賈西亞・馬奎斯的親友記得這段時期的他非常心神不寧，但仍然成功做出最冷靜而慎重的公開回應。接受巴朗基亞記者胡立歐・羅卡精心策畫的「訪問」時，他承認帕迪亞的自我批判看起來並不真實，認爲對於革命的形象造成傷害；然而，他也堅持自己從來沒有連署第一封信，聲稱費德爾・卡斯楚是被惡意的斷章取義，並宣布自己繼續支持古巴政權；並且以他特有的舉動聲明古巴政權如果帶有史達林主義的元素，費德爾・卡斯楚會如同他十年前一九六一年時一樣，第一個跳出來。[11]

雖然賈西亞・馬奎斯的回應很低調，且意圖像所羅門王一般取悅所有人，但卻適得其反。七月十日，哥倫比亞媒體要求他「對於自己在古巴問題上的立場公開說明清楚」，第二天，雖然已經比較不明顯，仍然迂迴閃避的他宣布：「我是個還沒有找到定位的共產主義者。」他大部分的朋友和同僚比較喜歡的是智利的社會主義路線，賈西亞・馬奎斯從一開始就不是。對於他的行爲，胡安・哥蒂索羅後來以毫不掩飾的苦澀批評：「賈布以他全身而退的技巧，小心翼翼地和朋友的批評立場保持距離，也避免和他們有所衝突：新的賈西亞・馬奎斯有著超凡才能的才氣雄略，是名氣的受害者，熱愛這世界所有偉大美好的事物，在全世界的層次上倡導真正或是『高深的』主張。」[12]

賈西亞・馬奎斯經歷一段非常獨特的苦悶、焦慮和舉棋不定。就在帕迪亞的危機發生之前，他已經接受了紐約哥倫比亞大學的邀請，於六月初接受榮譽學位的頒贈，這個時機實在糟得不得了。他非常清楚著名的共產主義支持者帕布羅・聶魯達和一開始就支持古巴的卡洛斯・富恩特斯，兩人都因爲訪問紐約而遭到一九六六年的革命。一九六一年豬玀灣入侵事件的時候，他已經被許多人當成逃離將沉之的鼠輩，在古巴人的眼裡，接受紐約知名大學的榮譽顯然是美方企圖爲了美國的利益而「吸收」他[13]。

最後，他對外公開的說詞是自己「代表哥倫比亞」接受這個榮譽，每一個拉丁美洲人都知道，他並不支持當時的美國政權，哥倫比亞大學也立場相同。而且他宣布，爲了下決定，他諮詢過公認是常識冠軍的「巴朗基亞計程車司機」的意見[14]。他雖然批評美國，但美國人仍然歡迎他；如果說此舉使他建立未來和美國的關係，他明顯的如釋重負；對古巴而言，他又回到喪失顏面的角色。雖然他的聲明向世界保證自己沒有連署那第一封信，但在接下來的二十年裡，他和這革命之島再也沒有任何的關連。

然而再一次的，幸運之神降臨在賈西亞・馬奎斯身上。如果古巴暫時對他關上門，另一起爭議正要爆發，並且證明除了古巴和哥倫比亞，賈西亞・馬奎斯的政治敏感度仍然非常準確。此事是否巧合我們無從得知，幾個星期之後，一位西班牙記者拉蒙・喬歐把麥克風塞到一九六七年諾貝爾獎得主米格爾・安赫爾・阿斯圖里亞斯面前，問他有人主張《百年孤寂》的作者是抄襲巴爾札克《絕對的探求》，他的意見為何？阿斯圖里亞斯愣了一下，表示他認為這主張可能有其真實之處。喬歐把這篇獨家新聞刊登於馬德里的週刊《凱旋》，巴黎的《世界報》於六月十九日轉載。[15]

一九六七年十月，阿斯圖里亞斯成為第二位贏得諾貝爾獎的拉丁美洲人，也是第一位獲頒此獎的拉丁美洲小說家。然而，他近年來由於接受政治上頗為爭議的駐巴黎大使職位而受到嚴重的批評。他發現，如今代表拉丁美洲文學的是「賈布列爾・賈西亞・馬奎斯」，而非「米格爾・安赫爾・阿斯圖里亞斯」。事實是，賈西亞・馬奎斯已經挑釁阿斯圖里亞斯多年，不顧老作家對這位年輕人的作品和成就慷慨的評論。一九六八年年初，賈西亞・馬奎斯誓言以這本關於拉丁美洲政治獨裁者的新書，「教訓」寫出《總統先生》——這部阿斯圖里亞斯的代表作的作者，並教他「如何寫真正的獨裁者小說」。[16]

賈西亞・馬奎斯對阿斯圖里亞斯之所以有這樣的態度，部分原因似乎有可能是因為阿斯圖里亞斯得了諾貝爾獎，賈西亞・馬奎斯希望自己成為第一位贏得此獎項的拉丁美洲小說家。另一部分的原因是，阿斯圖里亞斯顯然不只是拉丁美洲魔幻寫實的先驅（《百年孤寂》常被認為是魔幻寫實範例」），而且，他因爲寫了《總統先生》也成爲獨裁者小說的先驅(類似的《獨裁者的秋天》並企圖成爲最具權威的作品)。阿斯圖里亞斯因接受大使職務這件事落人話柄，同時在辯論這方面思路並不清晰、也沒有連貫性，因此很容易成爲攻擊的目標；而且，現在的他已經又老又病，拿他下手就好像從安全距離射殺大象一樣。事實上，阿斯圖里亞斯決定在一九四〇年代末期、一九五〇年代、一九六〇年代對世界共產主義扮演一種文學旅伴的角色，大體上他支持這歷史性的運動，但不把自己和特定的組織牽連在一起，這樣的角色正是賈西亞・馬奎斯自己希望所做到的。在某種程度上，賈西亞・馬奎斯重演了阿斯圖里亞斯和瓜地馬拉馬克斯主義總統哈科伯・阿本茲之間的關係，很快的和所有拉丁美洲共產主義革命家裡最有魅力的費德爾・卡斯楚建立友善的關係。

賈西亞・馬奎斯當時還不知道，但也再度地從古巴政治的黃金國中被逐出，對左派的觀眾而言是一場完美的表演。他並沒有直接爲難阿斯圖里亞斯，但協助挑起這些爭端，使阿斯圖里亞斯遇上埋伏，可以說是「大象的陷阱」。接著也有人問起，賈西亞・馬奎斯是否也爲他當代唯一真正的對手馬立歐・巴爾加斯・尤薩設下了一連串心理的陷阱，而這些在幾年後又引發另一樁更加強烈的衝突。《獨裁者的秋天》這本書是關於一位自我批判的男人無法忍受身邊人的競爭，不論在公開場合或私人生活裡，此書最後的版本在某種程度上也是在補償這些罪惡。

七月九日，回到哥倫比亞短短不到六個月的時間之後，賈西亞・巴爾恰家族離開巴朗基亞的索利達機場前往墨西哥。賈西亞・馬奎斯於七月十一日抵達墨西哥首都，抱怨他在佛羅里達短暫停留時一個女孩也沒見到，因爲「行政權力機關」在他身邊，梅瑟德斯想必對於這個笑話越來越生厭。他在首都的第一天被記者和來自《卓越》的攝影記者簇擁著，他向他們宣告這是他全世界最熟悉的城市，覺得自己彷彿從來沒有離開過。記者看著他吃墨西哥玉米捲、換錢、說笑話(「我的內在很嚴肅但外表不是」）。年輕的羅德里哥說，他寧願當棒球選手或工人也不要當學生，他縱容的父親說「你想做什麼都可以。」在攝影記者持續的陪伴下，他去卡洛斯·富恩特斯和演員老婆莉妲·馬塞多在聖安赫爾的家裡探望他們，莉妲穿著黑色皮熱褲。賈西亞·馬奎斯的車子到達時，富恩特斯大叫「抄襲！抄襲！[17]」當天晚上，富恩特斯舉辦他有名的宴會，一群熟悉的墨西哥革新派知識分子和藝術家都受邀參加。

如今，賈西亞·馬奎斯在墨西哥有了不同的地位，且此後一生都會是最受歡迎的外國之子、榮譽墨西哥人。墨西哥人永遠不會忘記，賈西亞·馬奎斯是在他們的首都寫下《百年孤寂》，而不是巴黎或倫敦。這種正面宣傳是掩蓋一九六八年特拉特洛克大屠殺那些黯淡回憶的方法之一，賈西亞·馬奎斯正好伸出援手。八月二十一日，他到總統官邸「松園」見總統路易斯·埃切維里亞，他在特拉特洛克暴動期間擔任內政部長，賈西亞·馬奎斯聲稱他們談話的內容是「寫作和解放」[18]。他從來沒有爲了一九六八年的事件公開批評埃切維里亞或前任總統迪亞斯·奧爾達斯，正如他從未因任何古巴的爭議而批評費德爾·卡斯楚。古巴和墨西哥都和美國有複雜的外交鬥爭，而且，彼此之間的外交也有些摩擦。墨西哥人被迫和美國的反共產黨勢力合作，但堅持和古巴維持外交管道，直到二十世紀末期「革命制度黨」時期尾聲。卡斯楚和賈西亞·馬奎斯都非常感謝他們的堅持。

九月下旬，這家人從墨西哥市經由紐約、倫敦和巴黎回到巴塞隆納，此時賈西亞·馬奎斯也回到工作上。他的新書出版已經四年多，他很渴望減少壓力。自從一九六七年末期的那段時間以來，雖然《獨裁者的秋天》無疑是他主要的計畫，他也定下來寫暌違數年的短篇小說，除了早先一九六一年的《失落時光之海》之外[19]，也包括〈擁有巨大雙翼的老人〉等幾篇。這些作品以《天真的艾倫狄拉與其他故事》合輯於一九七二年出版。〈天真的艾倫狄拉〉本身有很長的歷史，在某方面來說回到他外公外婆在瓜希拉沙漠的神秘世界，然而，直接靈感來源則是現實生活中的真實故事，也啓發《百年孤寂》中的一小段，其中講述一名年輕妓女被迫每天和一百名男子上床。（在成爲短篇故事前，這個完成的故事其實本來的構想是電影劇本，也早在一九七〇年十一月就以劇本的形式發表於墨西哥雜誌《永遠》）。[20]由於所有的故事都已經開頭，有些甚至寫得很早，賈西亞・馬奎斯得以利用這些故事「爲手臂暖身」，回到他未完成的小說裡。

〈天真的艾倫狄拉〉故事內容一點也不如我們所期望的，是一個回到加勒比海重新體驗「番石榴味道」的作家會寫出來的作品，乍看之下，也的確比〈大媽媽的葬禮〉故事粗糙、基本、神奇（海洋、天空、沙漠和前哨），不過，以頗爲藝術及文學的方式，彷彿先前那些故事裡奇異的元素不知爲何地被應用在一個實際的地理腳本裡，彷彿「馬康多」和「村莊」是真的，而瓜希拉（賈西亞・馬奎斯從來沒有見過）是一個神奇與神話的王國（相較之下，波哥大與其附近高地則是充滿魅影和威脅的妖怪之地）。諷刺的是，雖然評論家的意見兩極，這些故事卻使人聯想到賈西亞・馬奎斯魔幻寫實的先驅，也就是米格爾・安赫爾・阿斯圖里亞斯最令人生厭的故事，如〈利達・薩爾之鏡〉[21]。

如今，賈西亞・馬奎斯開始寫《獨裁者的秋天》，第一次很確定自己會完成。已經沒有任何的藉口了，他已經休過假，也無處可逃，就算是內心也一樣。「帕迪亞事件」發生還不到六個月，當初在柯塔薩法國南部家裡的宴會開始討論這個議題已經經過一年，第一本以「文學爆炸」爲主的雜誌《自由》已經在巴黎出版。賈西亞・馬奎斯在佛朗哥政權下的西班牙接受了第三期《自由》雜誌編輯比利尼歐・門多薩的訪問，無疑的，在古巴會受到縝密的審視。

十月份，阿言德派駐巴黎的大使帕布羅・聶魯達獲頒一九七一年諾貝爾獎，傳統左派和薩爾瓦多・阿言德手下受到圍剿的智利人民聯合黨政府都受到鼓舞。記者形容看來很脆弱、帶著病容的聶魯達被問到他是否可推薦其他拉丁美洲人得這個獎項，他說第一個想到的是賈西亞．馬奎斯，「西班牙文最優秀小說之一的作者」[22]。就在獎項正式宣布之前，聶魯達打電話給賈西亞．馬奎斯，邀請他和梅瑟德斯第二天晚上到巴黎參加晚宴。賈西亞．馬奎斯自然說不可能在這麼短的時間到達，因爲他害怕飛行，但聶魯達使用他有名的策略，用聽起來好像要哭出來的聲音懇求，這對哥倫比亞夫婦因而覺得有義務成行。等他們抵達的時候，獲獎消息已經宣布了。和他們一起在聶魯達家用餐的有：墨西哥壁畫家大衛．阿爾法洛．希克羅斯(有人懷疑托洛斯基是他暗殺的，不過也當然也曾經嘗試過)、智利畫家羅貝多．馬塔、最近從古巴被驅逐的豪赫．艾德華、法國知識分子雷吉斯．德布雷(這位剛從玻利維亞的監獄獲釋後回到巴黎，緊接的一段時間和智利的阿言德政權關係密切)，以及偉大的攝影家亨利．卡提爾．布烈松，這是一場政治上諸多挑戰的晚宴，如果有這麼一回事的話。

十二月，巴爾加斯．尤薩所著《賈西亞．馬奎斯：弒神的故事》由巴拉爾出版社於巴塞隆納出版。來自那個年代的朋友形容這兩位作家「情同兄弟」，他們的共同點比乍看之下還要多：同樣經歷過童年「家族羅曼史」特別痛苦的版本；和後來才認識的父親之間都有問題(巴爾加斯．尤薩十歲前以爲自己的父親已經過世)、攻擊他們的人格、質疑他們的文學使命；兩人同樣受到寵溺，是書呆子，一生中最初、最重要的年代都在外公外婆家長大；同樣離開早年舒適有安全感的家，前往疏離、嚴苛的寄宿學校就讀，並且很早就熟悉妓女以及其他社會底層的經驗；同樣在早熟的年紀就擔任記者，接著前往巴黎，最終待在同一家旅社，只不過時間有所不同；同樣都對朋友很好，他們認識的時候都強烈支持古巴革命，差別只在於年紀較大的賈西亞．馬奎斯已經在支持古巴的這個過程中經歷過困難，而巴爾加斯．尤薩最艱困的時期尚未來到。他們當時雖然很親近，但賈西亞．馬奎斯總是堅稱自己從來沒有讀過馬立歐所寫的這本關於自己的書，「如果有人讓我看我作品中的秘密結構、來源，和我寫作的原因，如果有人告訴我這些，我想會使我無法動彈，你懂嗎？」[23]

巴爾加斯・尤薩和賈西亞・馬奎斯第一次聚在一起，是這位年輕的秘魯人於一九六七年獲頒羅慕洛・加耶戈斯獎時。如今，時序來到一九七二年，賈西亞・馬奎斯成為這個獎項的第二位受獎人，他的反應凸顯了這份特殊友誼中巨大的鴻溝：巴爾加斯・尤薩拒絕把獎金捐給支持古巴革命的運動，賈西亞・馬奎斯決定把他的獎金捐給不同立場的委內瑞拉政黨「邁向社會主義運動」，此政黨由一位曾爲共產黨的朋友泰奧多羅・佩科夫所領導。如同佩科夫一般，賈西亞・馬奎斯說服自己，認爲蘇維埃共產主義已經不是真正的革命力量，也不關心拉丁美洲真正的需要與利益。卡門・巴爾塞斯曾經和賈西亞・馬奎斯一起到卡拉卡斯，她告訴我：「雖然我們坐的是頭等艙，一路上都在喝酒，但那是一次漫無止境的旅程。賈布已經知道他要把所有的錢捐給『邁向社會主義運動』和佩科夫，一路上都在擔心馬立歐的言詞裡最細微的細節。他滿腦子都是這些事。」[24]

這位委內瑞拉人很驚訝地見到一名頭頂黑人頭的男子。這位穿著開襟夏威夷式熱帶襯衫、灰色長褲、白鞋、沒有襪子的男子優閒地走上卡拉卡斯「巴黎劇院」的講台上接受頒獎。回憶到巴爾加斯・尤薩拒絕捐出獎金給拉丁美洲的武裝奮鬥，拉丁美洲人都在猜測賈西亞・馬奎斯會如何處理他的現金。頒獎儀式後，他馬上被問到這個問題，他宣布自己已厭倦貧窮，會向卡拉卡斯認識的人或巴塞隆納的卡洛斯・巴拉爾「再買一艘遊艇」，這成爲他最有名的俏皮話之一[25]。梅瑟德斯沒有和他一起搭機前往，她稍後才和費度其夫婦一同抵達，同樣目睹這場表演的還有十二歲的兒子羅德里哥，以及兩位和他同名的人，父親賈布列爾・埃利西歐以及么弟埃利西歐・賈布列爾，么弟最近才娶了一位來自哥倫比亞平原的女孩蜜麗安・賈爾松。小賈布邀請他們到卡拉卡斯度蜜月，配合他接受加耶戈斯獎頒發的時間。賈布列爾・埃利西歐不請自來，這三人組拜訪了十四年前小賈布和梅瑟德斯度蜜月的地方，一起投宿同一家旅社。蜜麗安還記得：「埃利西歐的父親被安置在旅館的另一棟別館，很不甘願地向經理抗議：『你怎麼可以這麼對待我，他是我兒子。』第二天早上他六點鐘就打電話給我們：『我們幾點要下去吃早餐？』」[26]

可以想見地，賈布列爾・埃利西歐對兒子在這巨大而尊貴舞台上的應對並不以爲然，但完全不知接下來要發生的事。第二天早上，賈布帶著他那張兩萬兩千七百五十元的支票、兒子羅德里哥和弟弟埃利西歐，因爲埃列西歐已經和《時代報》安排好，要針對拉丁美洲最重要的文學獎頒給他哥哥一事，撰寫一系列報導，同行的還有兩位有特殊待遇的記者、一位攝影記者、一個大袋子。他們前往一家卡拉卡斯的銀行，在那裡把支票換成現金；然後，他帶著袋子、現金和身邊這群護衛到「邁向社會主義運動」的總部，把錢交給黨主席泰奧多羅・佩科夫，他的「多年朋友」[27]。他解釋道，「邁向社會主義運動」是拉丁美洲所需要一個嶄新、年輕的運動，和共產黨運動沒有關係，也沒有既定的路線或信條。

批評自四面八方湧入，遠近皆有，包括賈西亞・馬奎斯自己的家人。「邁向社會主義運動」只不過是一個小小的組織，卻有很大的爭議。大部分的左派人士認爲他是「異教分子」，右派把他冠上「顛覆分子」的頭銜。雖然最後透露這筆錢其實是特別要給「邁向社會主義運動」的政治雜誌，不是給他們的游擊隊，但到了八月下旬，連莫斯科都開始叫他「保守分子」。有人發現他的父親通知卡拉卡斯的媒體，說他的長子「很狡猾——從小就是如此，總是編造故事」[28]。不過，比較困擾賈西亞・馬奎斯的，應該是他回到歐洲時來自帕布羅・聶魯達的批評，雖然這位智利人是長期的共產黨員，但他的觀點在許多方面和賈西亞・馬奎斯自己相同。他們再度碰面時，聶魯達告訴他自己能理解他的行爲，但此舉在國際社會主義運動中所造成的分裂遠比爲了「邁向社會主義運動」的利益所做出的善舉來得多[29]。也許是在那個時候，賈西亞・馬奎斯開始他已經應用在古巴的原則——永遠不要公開批評社會主義團體，包括莫斯科陣線的共產黨，因爲此舉只會帶給他們的敵人安慰。[30]

處理完自己的事務之後，他於八月中旬飛到紐約，探望正在紀念醫院接受癌症治療的老朋友阿爾瓦洛・塞培達。賈西亞・馬奎斯已經非常害怕醫院和死亡，這個經驗只是更加深了他對於這個偉大城市驚人的無情印象。一個星期後他回到巴塞隆納時，寫了一封信給塞培達的妻子：

> 蒂達：
>
> 我沒辦法打電話給妳，而且我無話可說：大師這麼想向我保證，他讓我相信他根本沒有生病，而是熱中照顧我。我覺得他非常的蒼白，幾乎已經筋疲力竭，但我很快瞭解到這是因為放射線治療的緣故，因為休息一個星期後，他恢復了許多，這星期之中我們只有聊天和吃飯。我警覺到他幾乎已經完全失去了聲音，但他說服我那也是因為放射線治療的緣故。的確，他使用減充血藥膏之後，我讀了處方，他開始在幾天內恢復聲音。我沒辦法和他的主治醫師討論，不過我和我其他的醫生朋友談過，他們同意某些淋巴癌這六年來已經可以治癒了！
>
> 大大的擁抱，賈布

然而，他再次因爲中斷了《獨裁者的秋天》而覺得喪氣，但也不太願意回到這件工作上。過沒多久，阿雷翰德羅・歐布雷貢打電話告訴他，事情已經沒有希望，塞培達快死了，此時比利尼歐・門多薩和他一起在巴塞隆納。經過一天的苦惱，賈西亞・馬奎斯買了一張機票。門多薩回憶道：「但他沒有去。他去不了。他的勇氣和膝蓋都不足以讓他前往：在家門口，他手上拿著行李箱，計程車從街上朝他駛來，他卻好像眩暈一般。他沒有去機場，而是把自己關在房間裡，拉上窗簾躺下。梅瑟德斯在廚房裡告訴我這件事，身旁的洗衣機彷彿人一般地呻吟嘆息著。『賈布一直在哭。』我很驚訝。賈布在哭？賈布關在房間裡？我從沒見過他阿拉伯的臉龐（如同我家鄉會說的）有一滴眼淚。只有老天爺知道他這段時間經歷了什麼。」[31]

一九七二年十月十二日是哥倫布紀念日，阿爾瓦洛・塞培達於紐約去世。雖然在各方面都反覆無常，而且對美國有深深的渴望，但塞培達卻是巴朗基亞團體裡唯一一位沒有長久離開巴朗基亞的人。（阿豐索、赫爾曼、阿爾瓦洛都出現在《沒人寫信給上校》之中，他們全都出現在《百年孤寂》裡，書中預測阿爾瓦洛會最先去世，接著是赫爾曼，然後才是阿豐索。）兩天後，他的遺體運回哥倫比亞，歐布雷貢和胡立歐・馬立歐・聖多明哥守靈到十五日的早上，靈車由一大群哀悼者護送到巴朗基亞的永眠花園[32]。幾個星期後，賈西亞・馬奎斯寫了一封信給阿豐索・福恩馬佑爾，回顧塞培達之死：「唉，大師，要這麼說真是一件他媽的痛苦的事：我已經變得一文不值，處在這個既灰心又氣餒的可憐處境下，生平第一次找不到出路。我對你說這些事，因爲我認爲，對你說對我有幫助，也許我對你說，也會對你有好處。小賈布。」[33]

第二年，聶魯達去世時，賈西亞・馬奎斯告訴波哥大的記者：「去年我的好朋友阿爾瓦洛・塞培達之死對我的打擊之大，我才瞭解到自己無法面對失去朋友。『去他的，』我想，『如果我不正視這件事，下次如果這樣的事再發生，我再聽到這樣的消息時，死去的會是我。』[34]」的確，縱然賈西亞・馬奎斯越來越有名，他仍然努力的探視與病魔搏鬥的朋友，他的哀傷當然也是真切的。但同樣真切的是，他和塞培達以及所有巴朗基亞團體的成員亦已漸行漸遠，一九七一年拜訪這個城市只是更強調了這一點。賈西亞・馬奎斯比其他人更深刻的念舊，但早在人生早期就學會如何抵抗。如今，塞培達之死爲他巴朗基亞的時期畫下明確的界線。

隨著朋友的亡故而來的是一個黯淡的秋天。十一月七日，有則不祥的新聞說，理查・尼克森獲選連任爲美國總統。同一個月，前任總統胡安・裴隆在離開十七年之後回到布宜諾斯艾利斯，起先的興奮終究演變成災難；薩爾瓦多・阿言德必須重整他的人民團結黨以終止智利一波波的罷工；帕布羅・聶魯達的癌症迫使他辭去智利駐法大使的職位。賈西亞・馬奎斯在場看著這位老共產黨詩人最後一次啓程回到南美洲，從此天人永隔。

賈西亞・馬奎斯在非常沮喪的情況下繼續寫著《獨裁者的秋天》，但也奇妙地帶著復甦的活力。阿爾瓦洛・塞培達的死讓他更清楚地體會到生命的短暫，也許瞭解到拉丁美洲的時事只能從眼前飛逝時，他不想待在歐洲。在西班牙一切停擺，大家都在等待佛朗哥將軍斷氣。這個政權顯然氣數已盡，但盡頭卻還要等很久，幾乎和賈西亞・馬奎斯筆下快完成小說裡的那個「獨裁者」的消逝一樣久。六月八日，獨掌掌大權三十四年後，佛朗哥指派路易斯・卡瑞羅・布朗哥上將爲總統。一九七三年五月，賈西亞・馬奎斯開始告訴記者他完成了《獨裁者的秋天》，不過要先放著一年或更久的時間，「看到時我是否還喜歡這本書」[35]。在他無動於衷的表面下——這位作家顯然並不在乎他的書是否出版，當然也不會回應來自出版商或讀者的壓力——顯然對小說還是抱著同樣的不安，自從一九七一年末期從巴朗基亞和墨西哥回來之後，他就很努力地處理這樣的心情。

《百年孤寂》之後的第一本書應該是小說，這是典型賈西亞・馬奎斯的先知灼見，不僅在名聲和權力完全吞噬他之前就正面處理這些陷阱，也早在中年和老年來臨之前就已經預見，並且早已麻木。不過，不可能以簡單的邏輯討論《獨裁者的秋天》。賈西亞・馬奎斯其他的作品都不及接近本書的複雜性，也許刻畫最佳的是此書詩意描述的誘人美女與其主題的醜陋[36]。實際上，這件作品的誕生有其奇妙的歷史自相矛盾之處。《城市與狗》、《克魯茲之死》、《跳房子》這些小說在一九六〇年代創造了拉丁美洲風潮，但說穿了大多只不過是一九二〇年代以及一九三〇年代偉大的歐洲和美國現代主義小說的更新版本，如《尤里西斯》、《追憶似水年華》、《曼哈頓轉運站》、《達洛威夫人》，或《押沙龍，押沙龍！》。然而，使拉丁美洲風潮具體化以及神聖化的小說《百年孤寂》中，其錯綜複雜及現代主義的表現程度似乎比起其他小說相對較小。在「後現代主義」這個名詞尚未發明的年代，艾米拉・羅德里格茲・蒙內卡爾談到賈西亞・馬奎斯小說時講的是「時代倒置」，因為顯然很清楚易讀，即使是只有些許文學素養的人也容易理解[37]。不過，賈西亞・馬奎斯覺得接下來需要寫一本更接近典型拉丁美洲風潮的小說：這也就是為什麼對於本書的目標讀者群，也就是那些有經驗的讀者而言，他們可以馬上很清楚的看出《獨裁者的秋天》裡具有喬哀斯以及吳爾芙風格的片段。在這個時刻，大多數其他作家受到賈西亞・馬奎斯的刺激，從典型拉美文學風潮的風格轉向創作更透明的「後現代」作品，如同《百年孤寂》所應該代表的。

新小說歷經許多版本。這個故事描述的是一名沒有受過教育的拉丁美洲士兵，他來自一個沒有命名、拼湊而成的國家；他雖然沒有什麼經驗，卻仍然取得政權，圖謀以獨裁統治他的熱帶國家兩個世紀。為了描繪這位恐怖的暴君，賈西亞・馬奎斯取材的對象包括委內瑞拉的胡安・維森德・高梅茲（一九〇八至一九三五年在位）、馬可・裴瑞茲・希門內茲（一九五二至一九五八年執政）、墨西哥的波費里奧・迪亞斯（一八八四至一九一一年）、瓜地馬拉的馬努耶・艾斯特拉達・卡布列拉（一九八九至一九二〇年）、尼加拉瓜的蘇慕薩家族（安納斯塔西歐、路易斯、小安納斯塔西歐，一九三六至一九七九年），以及多明尼加共和國的拉法葉・特魯希洛（一九三〇至一九六一年）。賈西亞・馬奎斯仍然堅持，如果西班牙和佛朗哥有什麼貢獻的話，就是阻礙了他。他至今仍然對佛朗哥所知甚少，因為這樣一位冷酷苦行的歐洲人物對他一點用也沒有，他也沒有興趣。

對讀者而言，他們所知此書描述的是一位「獨裁者」，這窮凶惡極的主人翁不但孤僻又有權力、既多愁善感又野蠻。雖然他顯然遲鈍到愚蠢的地步，對於權力卻有非比尋常的直覺，對於其他人的動機也有直覺性的見解；但是女性，包括他親愛的母親，對他而言仍然非常的神秘。賈西亞・馬奎斯告訴採訪者自己的領悟，亦即如果奧瑞利亞諾・布恩迪亞上校贏得他的戰爭，就會成為這位獨裁者；也就是說，如果哥倫比亞的歷史可以重寫，十九世紀贏得勝利的會是自由黨，而非保守黨[38]。為了讓他的主人翁維持神話般的力量，他決定他不該有名字：只有「獨裁者」（他的屬下則以「將軍」稱呼他）。頗為驚人的是，賈西亞・馬奎斯解釋他對此人物的刻畫是相對同情的，因為「從底比斯國王克里安以降，所有的獨裁者都是受害者」。他堅持，不幸的事實是拉丁美洲歷史的發展並非如人民所願：大部分的獨裁者來自平民階級，從未曾被他們所壓制的人民推翻；並不是神話戰勝了歷史，而是歷史本身被當成神話解釋。他認為展現這樣的過程是文學的基本目的，但他並沒有打算提供更多的啓發：「這本書的政治樣貌比表面上複雜許多，我不打算解釋。」[39]

無庸置疑的是，對於書中兩個中心主題，亦即權力與愛情這對複雜的問題，賈西亞・馬奎斯利用它們之間的回憶、懷舊、孤獨及死亡等共同特色，在這本新的小說裡不但改變、也加深了他的處理方式。權力和愛情、對權力的愛、愛情的力量，這是人類經驗的中心樣貌，是拉丁美洲歷史、社會和文學中特別強烈的要素。

這本書的背景設定在一個虛構的加勒比海國家，哥倫比亞（或者更精確的說是波哥大）似乎是其鄰國，因此，我們可以把它想成委內瑞拉或哥倫比亞海岸區本身。在這方面，這無名的國家類似由約瑟夫・康拉德在《諾斯特羅摩》(一九〇四)書中，或是西班牙拉蒙・馬利亞・瓦耶─殷克蘭在《暴君班德拉斯》(一九二六)中所發明的國度。書中對於拉丁美洲獨裁者殘酷以及暴力的刻畫，特別著重在他的「秋天」，也就是政權的晚期。

這本書的故事情節所橫跨的是一個不可能的時代背景，延伸大約兩百年的時間，大約從十八世紀後期直到一九六〇年代[40]。大部分的敘述藉由回溯順著拉丁美洲歷史的脈絡前進，直到獨裁者秋天的「遲暮之年」，「美國佬」把大海據爲己有，緊接著的是他的死亡，隨之而來他政權的結束(冬天及腐爛)。在主人翁所居住的世界裡，教會和美國佬不斷爭奪權力，「人民」本身完全處於被動；小說裡沒有歷史、沒有真正的時間變遷，也沒有真正的社會或政治的參與或互動，因而也沒有辯證式的進展。然而，獨裁者和人民之間的關係也許才是小說的中心焦點。也許可以說，賈西亞・馬奎斯原本企圖表現的是小說結束時應把作品從獨裁者交給人民，他寫人民他們的喜悅──顯然是一九五八年委內瑞拉裴瑞茲・希門內茲下台時的回憶──似乎原本的意思就是喜悅而非諷刺。

在更爲個人的層次上，獨裁者在世上最親密的關係對象是他的母親班迪西翁・阿爾瓦拉度。他的妻子拉蒂希雅・娜薩雷諾曾是修女，是他綁架來的，他也許也謀殺了她。他追求但從未到手的是選美皇后曼努耶拉・桑切茲；詭異的是，他唯一成功的情愛關係是他衰老時和一位十二歲的女學生的情誼。在男性這方面，他有一個雙面、公眾的面孔帕璀西歐・阿拉貢尼斯，他只有一位好友羅德里哥・阿基拉爾；還有後期一位邪惡的天才，即光鮮的安全部部長荷西・伊格納希歐・薩恩茲・巴拉，類似一九七〇年代在這本小說正要完成之時，在智利和阿根廷軍事執政團的顧問樣貌。這種關係結構順應西方神話裡典型的模式。[41]

然而這是事後諸葛。讀者無法抵擋的體驗是不確定和迷惑感。小說的整個角度、結構，甚至年表，是由一連串什麼都不確定的敘事手法的不確定所決定。也許可以說，獨裁者是否控制「他所有的權力」這永恆性的兩難也許正是小說中最反覆而令人迷惑的一點——因為事實上是他的觀點(同時愚蠢而輕率、虛偽而圖私利)無限的放大——由一種三方搖擺所支配：也就是一：古典啟蒙觀點中認為人類意識是理性一致的主體；二：較為馬克斯觀念的階級支配和帝國主義(這兩個概念結合起來就是現代主義的觀點)；以及三：傅柯式的觀點，認為權力無所不在，與認知有關，永遠都要抗拒，但不可能戰勝，即使是最「有力」的能力都無法控制(當然這是後現代的觀點，事實上主宰了小說)。由於賈西亞・馬奎斯對於歷史的觀感非常黯淡，接近在歷史上由馬基維利首先立論、莎士比亞所不斷闡示的，在這件作品對於人類、權力和影響的憤世嫉俗觀感中，我們發現自己被迫考慮可供使用的權力，「有人必須這麼做」。他完成這本書之後隨即與費德爾・卡斯楚建立關係，一位曾經是社會主義解放者，後來成為拉丁美洲的政治人物，也有潛力成為拉丁美洲最持久、最受愛戴的一位獨裁者。

小說的句子非常冗長：第一章只有二十九個句子，第二章二十三個句子，第三章十八句，第四章十六句，第五章十三句，第六章只有一句，因此，全書顯然只有一百個句子。前面幾章的第一頁由三或四個段落開始，像管弦樂正在調音，隨後越來越長。敘事人稱不斷轉變，從第一人稱(「我」、「我們」)到第二人稱(「將軍大人」、「我的母親」等)到第三人稱(「他」、「他們」)，但是第三人稱幾乎總是在另一個聲音之內。身為第三人稱敘事者的賈西亞・馬奎斯自己幾乎是絕對的缺席，然而，卻沒有一本小說比此書更由他典型的文學聲音所支配。每一章以他一如往常執迷的殯葬事宜開始，雖然讀者不確定找到的屍體是否真的屬於暴君——或者實際上如果是的話，他是否真的死了。因此，所謂的「我們」——找到屍體的我們——經由每一章第一頁幾個短句，加上發現屍體時不同的細節，以回顧的方式回想起一個世界，之後敘事鑽進迷宮或漩渦般的片段回顧「他」、「將軍」的人生，逐漸化成自傳式的「我」，在位之人。如同所有現代主義的作品，迷宮同時是主題（人生），也是和技巧（穿過的路徑／方法）。

很清楚地，《獨裁者的秋天》是描繪一位執迷、孤獨的獨裁者，由一位孤獨的作家執迷地寫下。然而根據作者，許多評論家感到憤怒的是他居然以溫和、同情的角度描繪這個可怕的角色，但這些評論家對於這本書真正的內涵卻很遲鈍。因此，一九七五年十二月在墨西哥市，小說完成將近兩年，出版數個月之後，挫折感很深的賈西亞·馬奎斯宣布，他的評論者毫無例外地都只「膚淺地」讀他的書，並且完全出人意料地爲此書的含義提供了詮釋。他堅持這是某種自傳：「幾乎是個人的告解，一本完全自傳體裁的書，幾乎可說是一本回憶錄。當然，寫出來的是一本需要加以詮釋的回憶錄。不過，如果讀者看到的不是獨裁者，而是一位對於自己的名聲非常不安的作家，那麼有了這個線索之後，你可以讀到此書真正的含意。」[42]

乍看之下，這是非常驚人的主張。賈西亞·馬奎斯這個人嘗試以之前這部經典讓讀者留下深刻的印象的作品，外界以爲他在受到壓力時也許創作會期望迎合大眾；然而，《獨裁者的秋天》卻以十分醜陋的方式描繪一位十分醜陋的人物。雖然這位獨裁者在某些方面受到寬容的對待，然而，他是有史以來最令人厭惡的角色。賈西亞·馬奎斯是否敲鑼打鼓的向媒體宣告自己其實寫了世界文學史上最令人震驚的自我批評的作品之一，相當於盧梭《懺悔錄》的小說版，以此嘗試震撼國際上的中產階級？在某些方面，作者和男人、女人以及世界之間整體的關係和他醜陋但可悲的創作，是否有類似之處？如果賈西亞·馬奎斯如此認爲，他是否只是在一個比我們所能想像更充滿不幸屍體和危險關係的世界裡，用自己作爲例子；或者，這只是單純私人的、因而獨特而強烈的自我分析？考慮到這自我描繪如此嚴酷的枯燥，在他如今展望未來之時，他在西班牙佛朗哥政權晚期怪誕、貧瘠的停留，很快的轉變成對於過去的自我分析、自我承擔的懺悔，這完全是有可能的。寫《獨裁者的秋天》也許在某部分是他企圖讓自己在道德上符合現有的名聲，也試圖展現他在文學上擁有應得的名聲（雖然諷刺的是，許多讀者將這明顯的抱負結果視爲自以爲是的傲慢和自滿的證據）。

獨裁者的「第一個死亡」也許很可能是暗指一九六七年，《百年孤寂》的那一年，當「真正」的賈西亞・馬奎斯永遠消失在名人和神話的光環背後：也許他描述的是一步一步的走向告別沒沒無聞、正常生活、個人隱私的過程，在這個過程中，一九六〇年代的失敗危機以滑稽的諷刺變成一九七〇年代名聲和成功的危機，這也許同時也代表他自己的意識中對青春的告別（《百年孤寂》出版時他剛滿四十歲）。此外，賈西亞・馬奎斯總是提早開始省思老年，因此把自己的中年危機提前，比任何人都早開始他自己的「秋天」，因而把自己在巴塞隆納的中年危機和聲望危機混雜在一起，完全不令人意外。也許在將這些教訓全都融入於這部噩夢般的作品之後，他會把名譽和影響運用在好的那一面，就像全盛時期的獨裁者一樣，變成「他所有權力的主人」，只是他是有意識且善意地作此改變。

也許，賈西亞・馬奎斯突如其來的名人地位真的導致另一個分裂的人格，他從少年時期就迫切想要與之合而爲一，這種掙扎的蛛絲馬跡在早期的故事中清晰可見，並且，也許可以推論，《百年孤寂》的完成戰勝了這樣的掙扎。但也許他解決了一個雙重人格的問題後，卻發現如今要面對另一個：一方面是他後來稱爲秘密私下的自我，另一方面是他的公衆自我，兩者之間的分離。也許，這也就是爲什麼小說引發一個可能性，人們在每一章節開頭所發現的屍體可能根本就不屬於獨裁者。如今他也成名了，如同那暴君一般，賈西亞・馬奎斯不斷在媒體上面對自己的代表，「他完美的替身，看到自己處於如此對等的狀態真是羞辱，天殺的，這個男人是我。」至於暴君的「分身」，他正式的分身或公衆形象，帕瑞西歐・阿拉貢尼斯，「他已經認命，要永遠過著一個並不屬於他的命運」。但，賈西亞・馬奎斯覺得，「真的那一個」和「分身」兩者都是他。一開始，獨裁者覺得很難適應人民、媒體，或後來官方政府選擇叫他的新名字(正如賈西亞・馬奎斯許多商標名字：「賈布」、「馬康多的主人」、「魔法師麥達迪」等等)。不過，不論他如何因爲分身確實多重的存在感到爲難，他永遠不像身邊的人那樣混亂。

如此這般，賈西亞・馬奎斯寫這本書時，自傳性的元素凌駕一切(特別是他自己身爲獨特名作家的境遇)，這本書似乎是關於一位男人，這個男人是他極端的相反，因此，獨裁者慢慢地變成他，就像奧瑞利亞諾・布恩迪亞在《百年孤寂》裡變成他一樣；只是，如今他是真的挖掘人類存在最黑暗深處、並深刻地反應在他自己的靈魂上。獨裁者，那就是我：一方面是名聲、魅力、影響、權力；另一方面，孤獨、慾望、野心、殘酷。不消說，作者在一九五〇年晚期就開始寫這本關於權力和名人的書，在他真正開始體驗這些現象的許多年前，於他自己人生的際遇而言其實是非常大的諷刺。無論如何，等他開始對這個主題做最後的攻擊時，他自己也已經是有名又有權，他也很孤獨，他也是「他」，那「另一個人」，那被渴望的對象。他所創造，但決心嘲諷並揭穿(但在別人身上他可能總是羨慕以及渴望)的文學惡棍是他自己所成爲的一種現象。

一九七一年接受胡安・葛薩殷的訪問時，賈西亞・馬奎斯把愛情與權力的主題連接起來，堅持他所有的角色在某種層次上都帶有自傳色彩，他宣布：「你知道，老朋友，對於權力的胃口是來自對於愛的無能[43]。」由這個聲明中可以開始追蹤賈西亞・馬奎斯所有小說中隱藏的關連，這個蜘絲馬跡幫助他的讀者走出由他的作品所創造出錯綜複雜的道德以及精神的迷宮。也許一開始，隨著他感覺自己的潛力逐漸增加，他開始幻想自己可以全部擁有：他可以得到權力，也可以因而被愛。接下來的一九六〇年代晚期與一九七〇年代初期發生了聲望危機，賈西亞・馬奎斯這位具有絕佳自制力、絕佳語言潛能，以及絕佳心理透視力的男人(除此之外還擁有私密勸說的驚人力量，對於親密、非公開活動具有驚人的能力)突然發現自己任由他人擺布，而且常是公眾領域中較沒有才華的那一群——評論、記者、經紀人、出版商、跟班。他也曾經享受過記者的權力，如今卻仰賴記者的恩澤。他成了自己無法完全控制的一個形象、一件商品。難怪卡門·巴爾塞斯對他變得那麼重要：在許多方面，她是他的「經紀人」，不只是和出版商安排他的合約。無疑地，她幫助他瞭解到在人類能力範圍所及之內，成爲「他所有權力的主人」的可能性。

因此，也許如同「獨裁者」一般，他決定掌控那個公開的自我形象，成爲另一個自我(屬於他自己的一部分，但現在他可以選擇自己的形象)。他不再如過去八年一樣抗議自己的處境，而是承擔這個有名氣的自己，利用他的名聲超越競爭對手，成爲一個有權力和影響力的人；不只來自他經由寫作的孤獨行爲所帶來公眾的成功，也來自他私下、幕後的才華洋溢以及誘人的力量。

不論在賈西亞·馬奎斯的詳細描繪中看起來有多麼的殘酷，這位獨裁者是位政治天才，理由非常簡單：「他能看穿別人，別人卻無法猜透他[44]。」雖然自我封閉，但獨裁者「非常清楚自己看透他人現實和未來的能力」[45]。他的耐心驚人，且最後總是勝利，就如同最後——正如他難讀又顯然不可缺少的顧問薩恩茲·巴拉所言——「在那迷惑他的黑曜石牆上，他發現自己多年來所尋找微不可見的裂縫。」這景象是否是賈西亞·馬奎斯自己總是想要「勝過」所有人、親友、妻子情人、事業競爭對手(阿斯圖里亞斯、巴爾加斯·尤薩)、乃至全世界？費德爾·卡斯楚是否成爲唯一一位——屬於他自己的獨裁者、他外公的形象——他沒辦法、不敢，甚至不想勝過的男人？

這本小說的讀者透過與獨裁者勉強共存，終於學到—說是事後諸葛也好—人生無疑是不可能瞭解的。儘管有我們所有的幻影和我們所有當代的相對性，但還是有某些道德「真相」[47]。他們聯結的不只是寬容和憐憫，也聯結到權力、責任、孤獨、承諾，以及最後還有，愛情。也許，這些人性問題彼此之間複雜的關係是賈西亞・馬奎斯自己在成名之時所學到的一課，也是他非得成名才會學到的——更確切地說，在大多數的情況下，也許只有有名有權的人才能學到——縱然隨著他們的權力和影響增加，如同獨裁者他自己，大多數經此學習過程的權力人物繼續成爲更卑劣的人物。這引致一個偏激的可能性；大約一九七二年和一九七五年間，賈西亞・馬奎斯開始接受關於政治和道德的訪問，這是新的賈西亞・馬奎斯，他學到過去那個舊的、仍然相當單純和「天真」的賈西亞・馬奎斯其實是怎麼樣的一個人，決心變得更好、做得更好、如今，名聲已經讓他看清真相。

至於現在的讀者想到賈西亞・馬奎斯和愛情的關連時會微微一笑，並想到《愛在瘟疫蔓延時》中的佛羅倫提諾・阿里薩以及賈西亞・馬奎斯重現於幾千萬本小說封面上那個睿智而會意的表情。然而，不論是《獨裁者的秋天》或其他的書裡，他處理愛情和性愛的方式奇妙地粗暴又令人清醒。獨裁者對於女性的態度極爲粗糙又缺乏想像力，只有兩個例外：選美皇后曼努耶拉・桑切茲，他從遠處視這位難以得到的女人爲偶像，但從未認識；另一個極端是十二歲的女學生羅麗塔形象，他已經衰老之時還想誘惑的對象。然而，他唯一愛過的女人顯然是他的母親。因此，賈西亞・馬奎斯和露易莎・聖蒂雅嘉之間的關係是這本小說的關鍵嗎？曼努耶拉・桑切茲是否代表他錯覺的追求僅存的外在魔力？拉蒂希雅・娜薩雷諾是否代表所有妻子的命運（梅瑟德斯是拉蒂希雅其他的名字之一）？這本書裡一個祖父也沒有，這一切是否也代表另一層意義，他的黑暗面試圖壓抑他的父親？因爲獨裁者認爲自己是自我產生的：

……他認為沒有人是任何人的母親，只有他的母親，只有她。這樣的篤定即使對他而言都似乎有所本，因為他知道自己是個沒有父親的男人，就像歷史中最著名的暴君一樣，他唯一知道的親戚，也許他唯一有的親戚，是我的心中他的母親班迪西翁·阿爾瓦拉度，學校的教材把她沒有男性來源就懷胎的奇蹟和夢中的出現歸因於他彌賽亞命運的奧妙關鍵，他宣告她為大地的女族長。[48]

看來平凡而深切的真相，是男人希望妻子是他們的長期情人，但當他們找到妻子的時候，他們其實真正想要的是母親，同時也繼續想要其他合於理想的情人。獨裁者和拉蒂希雅·娜薩雷諾剛在一起的時候，她每天讓他坐下來學習讀寫，他們每天下午裸身在她的蚊帳之中，她像嬰兒般幫他梳洗穿衣。因此，一半的男人進行的是壓制、強暴明顯被認爲比他「年輕」、低下、從其他男人身邊奪來的女性；另一半的男人希望像孩子或嬰兒一樣被同樣的女人對待，甚至是比他在先或是高他一等的女性——因爲再一次的，平等和民主的互動被認爲不切實際，甚至(因爲不刺激)不被渴望。在這本書還有其他作品中，賈西亞·馬奎斯很少用「性」這個字，以致對於愛情的意義、性與愛之間的關係永遠模糊不清。顯然唯一肯定的是，我們大部分的人可以有的愛是母親愛對我們的愛，無論我們有什麼缺點或做了什麼壞事。然而如我們所知，賈西亞·馬奎斯人生的早期連這樣確定的愛都未曾得到。

在他生命尾聲之時，獨裁者記得的很少，「和他甚至無法分辨出聲音的幽靈對話」，在這所有老年的跡象中，他仍然妄想有性生活，因爲愛情永遠地摒棄了他，因此，他的下屬從國外帶女人給他，但還是沒有用，因爲他仍然喜歡上工人階級婦女，她們總是讓他又開始唱歌(明亮的正月的月亮……)[50]。最後，在小說結尾之處，他想起自己畢生致力於遺忘，「遙遠的童年第一次是他自己的影像在冰封的不毛之地顫抖著，以及他的母親班迪西翁·阿爾瓦拉度的影像，她偷了垃圾堆老頭兒的山羊內臟當作午餐」[51]。如同《憶我憂傷娼婦》提醒我們，童年的經歷不一定是辯白的理由，但也許可以作爲解釋。

賈西亞・馬奎斯於一九七三年後期繼續修改這本小說，一直進入一九七四年[52]；不過，這本書基本上已經完成了，他得開始計畫未來。他是這孤獨的作家，和一個孤獨的主人翁一起，關在孤獨的矛盾之中，但同時和世界進行這無止境的對話，談論關於他的孤獨、他最具共同性的議題：政治。對於報紙讀者而言，這是一幅詭異的景況，至少可以這樣說，賈西亞・馬奎斯僅僅成功的對付這個努力，沒有在國際之間丟自己的臉；然而雖然成功的面對，這樣的經驗使他成爲更爲強韌的文學和政治動物，給他更厚的臉皮，用來面對他的才華和名聲帶給他的幾乎所有的挑戰。

一九七三年早春，他和梅塞德斯從巴塞隆納前往巴黎參加塔奇雅的婚禮，她和查爾斯終於在三月完婚——那時他們的兒子胡安已經八歲——住在一九五六年她流產時住的醫院對面；後來搬到巴克街。她回憶道：「賈布列爾是我婚禮的伴郎，我的妹妹艾琳是主伴娘。賈布列爾也是我兒子胡安的教父。我本來希望布拉斯也來參加婚禮，如果有就好了，但他一點也不可靠，又無法預測[53]。」除了分手的方式之外，賈西亞・馬奎斯和塔奇雅之間恐怕也已經沒有任何的遺憾；然而，對於一個不斷堅持以愛情爲題材的作家，她仍然是非常豐富的參考對象，象徵沒有選擇的那一條路，婚外的關係，成爲一夫一妻制以外的另一種選擇。

那一年稍後，正當他在《獨裁者的秋天》最後階段時，賈西亞・馬奎斯接受另一項重要的國際榮譽紐斯塔獎，由雜誌《海外書籍》與奧克拉荷馬大學聯合頒發。他把加耶戈斯獎的獎金捐給「邁向社會主義運動」，在這醜聞纏身的六個月後，仍有美國的機構決定頒此獎項，實在令人意外，也的確值得讚美[54]。在奧克拉荷馬州草草敷衍的表演，盡責回報銀製老鷹羽毛獎座和支票之後，賈西亞・馬奎斯飛到洛杉磯和舊金山與家人一起度過短暫的假期，接著到墨西哥市，這家人在此度過夏天。他們非常興奮能一起回到墨西哥，在羅德里哥和貢薩羅真正的故鄉和朋友相聚。他們在因麥爾坎・勞瑞的《火山之下》而得到惡名的美麗渡假勝地庫埃納瓦卡郊外，買了一棟搖搖欲墜的鄉居[55]，購得的價格其實很便宜，有一千一百平方公尺的花園，靠近他們的老朋友維森德和阿爾碧塔・羅侯在別墅區那一邊的家，可眺望山景。這一次，不像他在巴塞隆納市外差點買下的鄉居，賈西亞・馬奎斯逕自進行交易。他到公立公證處去註冊地產時，隔壁辦公室的員工全都拿著自己的《百年孤寂》給他簽名。賈西亞・馬奎斯得意的說，「我是資本家，我有一棟房產！」此時的他四十八歲。

停留超過兩個月之後，他於九月九日離開墨西哥。梅瑟德斯則飛往巴塞隆納，兩個男孩在不樂意的狀態下回到這裡的學校上學，賈西亞・馬奎斯則動身前往哥倫比亞辦公事。不過，他告訴墨西哥媒體對於自己在墨西哥受到的待遇十分滿意，他要去巴塞隆納打包行李，盡快回到墨西哥[56]。他也宣布拉丁美洲非常缺乏偉大的領袖，拉丁美洲唯一真正的領袖是卡斯楚和阿言德，其他都只是「共和國的總統」。兩天後，在第一個充滿劫數的九一一事件中，其中一位領袖喪命，拉丁美洲的樣貌從此改變。

第十九章

智利和古巴：賈西亞・馬奎斯選擇革命

一九七三—一九七九

一九七三年九月十一日，如同世界各地成千上萬的政治改革主義者，人在哥倫比亞的賈西亞・馬奎斯坐在電視機前，驚駭地看著智利空軍的轟炸機攻擊位在聖地牙哥的總統府。經由民主程序選出的薩爾瓦多・阿言德總統在幾個小時內就已確認死亡，是謀殺或自殺則不得而知。發動政變的軍政府接掌政權，在接下來的幾個星期內開始搜捕超過三萬名所謂左翼分子，許多人死於獄中。在位於智利太平洋海岸黑島的家中，罹患癌症的帕布羅・聶魯達已不久於人世。在他疾病纏身多年的末日之際，最重要的兩起事件便是阿言德的死與智利落入法西斯政權之手，兩者皆摧毀了他的政治夢想。[1]

世界各地的政治評論家及政治活動分子視阿言德的人民團結黨政府為一場實驗，觀察社會是否可經由民主工具達到社會主義。阿言德把銅、鐵、煤、大多數的私人銀行及其他重要的經濟機構國營化；然而，雖然不斷受到右翼分子的宣傳、瓦解，一九七三年三月的期中選舉中，他的政權選票增加到百分之四十四，卻只促使右翼加倍努力地破壞這個政權。美國中央情報局甚至在阿言德的選舉之前就開始對抗他：美國陷在越戰的泥沼之中，對古巴已經相當執著，非常熱切地希望西半球沒有更多反資本主義的政權。就在全世界的眼前，智利的實驗受到粗暴的破壞，對左翼的影響如同四十年前西班牙內戰對共和黨的影響力一樣。

那天晚上八點鐘，賈西亞・馬奎斯寫了一封電報給智利新執政團的團員：「波哥大，一九七三年九月十一日。致奧古斯都・皮諾切特將軍、古斯塔沃・雷伊、凱薩・門德茲・丹曜、荷西・托利比歐・梅利諾上將，政變軍團成員：你們是阿言德總統之死實質的兇手。智利人民絕不會允許自己被一群受北美帝國主義雇用的罪犯統治。賈布列爾・賈西亞・馬奎斯。」[2]他寫這封信的時候，阿言德的命運尚不得而知，但賈西亞・馬奎斯後來說，他對阿言德的瞭解足以肯定他絕對不會活著出總統府；而且，政變團一定也知道這一點。雖然有些人認爲，寄發電報這樣的舉止比較適合大學生而不是偉大的作家，但結果這成爲新的賈西亞・馬奎斯第一個政治作爲，嶄新的他已經在尋找一個新的角色，阿言德的歷史實驗暴力性的結束使他的政治立場變得極端地專注而強硬。他後來告訴一位訪問者：「對我而言，智利政變是一場災難。」

可以預測的是，帕迪亞事件演變成拉丁美洲冷戰歷史的分水嶺，影響所及不只是針對知識分子、藝術家和作家。雖然飽受朋友的批評，從「投機分子」到「天真」都有，但賈西亞・馬奎斯仍然是拉丁美洲重要作家中政治立場最一致的。在他的心目中，蘇聯並不是社會主義社會，但從拉丁美洲的角度而言，它卻是對抗美國霸權和帝國主義所需要的堡壘。在他的心目中，這不是「同路人」，而是現實的理性客觀評斷。雖然古巴也有其不確定性，卻比蘇聯更積極革新，所有嚴肅的反帝國主義拉丁美洲人都應該支持它，也該盡力節制這個政權有任何壓制、不民主，或獨裁的行爲[3]。他選擇看起來對世界似乎是和平正義的路：也就是廣義的國際社會主義。[4]

無疑地，他希望智利在政治上的賞識可以成功，但一點也不相信客觀情況會允許此事發生。他在一九七一年回答一位紐約記者的問題時提道：

> 我的抱負是使整個拉丁美洲成為社會主義國家，但如今人民受到和平立憲的社會主義思想吸引。如果是為了選舉那一點問題也沒有，但我相信這是完全的烏托邦。智利正走向暴力及引人注目的事件。如果「人民陣線」繼續下去——以智慧、機智、合理、堅定而快速的腳步——總有那麼一天，他們會遭遇一片嚴肅的反對聲浪。美國目前沒有干預，但不會永遠冷眼旁觀。美國不會真的接受智利是社會主義國家，她不會這樣允許，對此我們也不需存有任何幻想，並不是我認為(暴力)是解決之道，但我認為會有那麼一天，那一片反對聲浪只能以暴力對抗。不幸的是，我相信那是不可避免的。我認為發生在智利的情況就改革而言是非常好的，但就革命而言卻不是。[5]

很少有觀察家如此清晰地剖析未來。賈西亞・馬奎斯瞭解到，他如今正處於世界歷史的關鍵時刻。接下來的幾年間，即使打心底對政治悲觀，他仍然對自己政治投身政治做出一連串的聲明，也許可以一九七八年的訪問作爲代表：「這種休戚與共的感覺和天主教徒的『聖徒相通』一樣，對我的意義非常明確。也就是我們每個人的行爲都影響整個人類。一個人能發現這一點是因爲他的政治意識達到了最高點。不謙虛地說，對我正是如此。對我而言，我人生中的行爲沒有一項不是政治行爲。」[6]

他也尋找行動的手段，更深信古巴走的這條路是拉丁美洲政治經濟獨立唯一可行之路——也就是尊嚴。然而，他再次被排除在古巴之外。既然如此，他決定這條路首先必須經由哥倫比亞。他和年輕的哥倫比亞知識分子交流有一陣子了，特別是最近認識《時代報》集團的安立奎・參托斯・卡爾德隆[7]，認識十年的丹尼爾・參貝爾、後來所認識的上層階級自由派小說家愛德華・卡巴耶羅・卡爾德隆之子安東尼奧・卡巴耶羅，他們以創造哥倫比亞新形式的新聞爲出發點——特別是成立左派雜誌[8]。賈西亞・馬奎斯所得到的結論是，如果他根深柢固的保守祖國想要自我改革，唯一的方式是藉由他以「誘惑」、「顛覆」的戲謔說法提及老舊統治家族之下的年輕一代[9]。其他主要成員是國內知名的「暴力事件」編年史家、備受國際尊敬的社會學家奧蘭多・法爾斯・玻達以及左翼實業家荷西・維森德・卡塔萊因，後來成爲賈西亞・馬奎斯在哥倫比亞的出版商。這本新雜誌名爲《抉擇》(*Alternativa*)，出發點是「哥倫比亞社會資訊壟斷的情形越來越嚴重，而壟斷的則是控制國家經濟和政治的同一群利益分子」，目的是展現「日漸屈從於政府控制的大媒體或電視上從沒有出現過的另一個哥倫比亞」[10]。第一期於一九七四年二月出刊，這本雜誌維持了六年起伏的歲月，雖然盡力，但賈西亞・馬奎斯在哥倫比亞的時間相對較少，不過他仍然經常投稿，且永遠有空提供諮詢或建議。他和其他重要的參與者在這宗充滿冒險本質的生意中投資自己大筆的錢財。同時，他宣布自己要搬回拉丁美洲，更轟動的是，他不再寫小說了：從現在開始，直到智利皮諾切特將軍的執政軍團下台爲止，他進行文學「罷工」，全心投入政治。

十二月，彷彿強調心意已決，賈西亞・馬奎斯接受邀請，成爲頗具盛名「羅素民間法庭」的一員，負責調查、評定國際戰爭罪行。也許比表象乍看之下更具意義的是，他希望在其他拉丁美洲作家能在未曾達到領域中受到國際認可，他抱有這樣的企圖心，而接受此邀請是第一個清晰的開端；這也表示縱然他對古巴的投入具有爭議性，但他仍可以在自由選擇時間、地點的情況下相對自由的參與政治活動。

一九七四年，第一期的《抉擇》雜誌在二十四小時內賣了一萬本。波哥大的警方沒收了數百本，不過這本雜誌的歷史上，這是唯一一次受到直接審查(雖然還有藉由炸彈、法院干預、經濟封鎖、通路破壞的「間接審查」，最終導致雜誌關門大吉)。這家雜誌社往後不斷的面臨財務問題，但早期得到的回應非常驚人。過不了多久就賣了四萬本，就哥倫比亞的左翼刊物而言是前所未有的數字。第一期中有一個關於自覺起義的口號——「勇於思考就是開始爭取」——及一篇社論〈給讀者的一封信〉，其中闡明新雜誌的目標是「對抗布爾喬亞媒體對於國內現實的扭曲」、「對抗假消息」(這個主題最有名的例子就是《百年孤寂》裡香蕉園大屠殺的餘波)。

這是一本雙週刊，其中刊載賈西亞・馬奎斯兩篇文章裡的第一篇，標題爲〈智利、政變以及美國佬〉11。這是他成名後首次公開的政治新聞寫作，成功地刊登於世界各地(三月在美國和英國出版)，立即得到崇高的地位。對於他分析爲薩爾瓦多・阿言德誤入歧途的結局，賈西亞・馬奎斯哀悼地表示：

他七月就滿六十四歲。他最偉大的美德是堅持不撓，但命運只許他以罕見的悲壯、為了捍衛那不合時宜的愚蠢布爾喬亞法律而死；他捍衛不承認他、但使他的謀殺者合法化的最高法院，也捍衛宣告他不合法的悲哀國會，而國會卻自滿地屈服於篡位者的意志之下；他捍衛反對黨的自由，而反對黨卻出賣靈魂給法西斯主義；他捍衛這個爛體制所有陳腐的一切，他提議要廢除，但完全沒有機會。這場歷史事件發生在智利，在智利人的苦難之中，但在歷史上這事件發生於我們所有人身上，所有這個年代的子女，且會永遠停留於我們的人生之中。12

以同樣藐視的語調，賈西亞・馬奎斯從一九五〇年代就談到哥倫比亞的國會系統，以〈大媽媽的葬禮〉爲最佳範例。至於薩爾瓦多・阿言德，他成爲賈西亞・馬奎斯筆下的一個角色，拉丁美洲失敗英雄蒼白萬神殿中的另一個烈士。還有許多人追隨他的腳步，以及許多樂觀的人也是，但亦有膽怯的政治人物在或許帶有絕望或迷信的心態下努力，希望避免那樣的命運，在接下來的幾年間也紛紛成爲賈西亞・馬奎斯的朋友。

正如同《百年孤寂》出版賈西亞・馬奎斯得以在償還債務後逃離墨西哥，如今，他完成《獨裁者的秋天》之後，打算離開巴塞隆納，準備他的小說選集[13]。對於西班牙，他總是有股漫不經心、些許分神、偶爾自命不凡的態度；如今，他的心思早就專注在別的事務、別的地方。接下來的一年中，他逐漸習慣居住的地點，把注意力從歐洲轉向拉丁美洲，從文學轉向政治。同時，在他之後抵達巴塞隆納的馬立歐・巴爾加斯・尤薩則比他先離開。一九七四年六月十二日，卡門・巴爾塞斯爲準備回秘魯的巴爾加斯・尤薩舉辦了一場送別會[14]。大部分當時居留在此的拉丁美洲作家都出席，包括荷西・多諾索、豪赫・艾德華、加泰隆尼亞人荷西・馬利亞・卡斯特雷、卡洛斯・巴拉爾、胡安・馬塞、胡安和路易斯・哥蒂索羅、曼努耶・瓦茲奎斯・孟達爾曼，還有其他許多人。巴爾加斯・尤薩要離開，賈西亞・馬奎斯也正爲自己的離去準備，想當然耳，這場儀式代表了拉丁美洲「文學爆炸」的光輝在歐洲劃下句點[15]。巴爾加斯・尤薩和妻子家人啓航前往利馬，留下巴塞隆納許多感到失落的朋友，只有卡門・巴爾塞斯繼續提供注目的焦點。

夏天結束時，賈西亞・馬奎斯和梅瑟德斯做出了非比尋常的決定。他們把兩個男孩留在巴塞隆納，由朋友費度其一家人、卡門・巴爾塞斯、煮飯打掃的女僕一起照顧，夫妻倆則令人意外的前往倫敦。賈西亞・馬奎斯終於決定，該是解決他認爲生命中唯一真正失敗的時候——也就是他始終學不會英文。他和梅瑟德斯建議羅德里哥和貢薩羅，也許可以考慮在倫敦待個兩年，但兩個男孩斷然拒絕。然而，聽到父母打算把他們留下，自己還是要成行時，他們很驚訝也很憤怒[16]。這對夫妻在他們熟悉的肯辛頓的希爾頓飯店住了一陣子，也在牛津街的凱蘭英語學校註冊進階課程，保證使用「萬無一失」的方法，以平常四分之一的時間就可以得到優秀的成果。

賈西亞・馬奎斯學習英文的過程並不順利，這也並非他唯一全神貫注之事。奇妙的是，他在倫敦踏出再次與古巴革命結合的第一步。自從一九七一年帕迪亞事件以來，他比以前更加地放逐於古巴之外，但他在倫敦聯絡上利桑德羅・奧特羅，這位作家和艾貝托・帕迪亞的衝突直接導致一九六八年事件第一階段的發生。奧特羅認識雷吉斯・德布雷，德布雷同意擔任賈西亞・馬奎斯和古巴外交部長卡洛斯・拉法葉・羅德里格茲的中間人。他告訴羅德里格茲，革命把賈西亞・馬奎斯這麼重要的人物留在「政治的地獄邊緣」是很大的錯誤。羅德里格茲同意，駐倫敦的古巴大使邀請賈西亞・馬奎斯共進午餐，通知他：「卡洛斯・拉法葉要我告訴你，該是你回古巴的時候了。」[17]

他在倫敦的早期，幾位來自親美週刊《視野》（*Vision*）的拉丁美洲記者在賈西亞・馬奎斯住的旅館找到他。他閃避了他們大部分的問題，但對倫敦的印象則提供了有意思的見解：

> 倫敦是全世界最有意思的城市：最後一個消失中的殖民帝國寬廣而憂鬱的都會。二十年前我第一次來到此地時，在霧中還有可能找到戴著圓頂硬禮帽，穿著條紋長褲的英國人，看起來就像當時的波哥大人。如今他們隱身於郊區華廈，獨自在悽慘的院子裡，最後剩下的狗，最後的大麗花，被來自失落帝國無法抵抗的人潮壓力所擊敗。牛津街看起來就像巴拿馬、庫臘索島、維拉庫茲的街上一樣，剛毅的印度人坐在滿是絲綢和象牙的店門口，亮麗的黑人女性

> 穿著明亮的衣物販賣酪梨，魔術師在大眾眼前讓球從杯子下面消失。取代濃霧的是炎熱的陽光，聞起來像番石榴和睡著的鱷魚。進到酒吧裡喝一杯啤酒，像拉瓜伊拉的小酒館一樣，炸彈在座位下爆炸。你可以聽到身邊的人在說西班牙文、葡萄牙文、日文、希臘文。我在倫敦遇見的所有人裡，唯一一位說一口流利牛津腔英文的是瑞典財政部長。所以，不必訝異在這裡找到我：在皮卡地利圓環我覺得自己彷彿置身卡塔赫納的糖果屋中。[18]

少有觀察家這麼早、這麼清晰地預見了倫敦未來「世界城市」的身分。被問及拉丁美洲的政權是否可能如英國一般配置沒有武裝的警察時，賈西亞・馬奎斯反駁早就有了：古巴便是如此。他繼續說明，拉丁美洲的大新聞是古巴革命力量的鞏固——當時不友善的觀察家相信這樣的「鞏固」事實上是「史達林化」——如果沒有古巴革命，不可能會有目前拉丁美洲革新的發展——而且，他補充道，也不會有「文學爆炸」的發生。最後，他重申除非智利反抗軍推翻由美國五角大廈所金援的智利獨裁政權，不然他不會再寫小說。在這不友善的訪問中，很清楚地可以感受到賈西亞・馬奎斯在自斷後路，升起堅定支持社會主義的旗幟。爲什麼如此呢？因爲他很肯定自己正在回古巴的路上。

在倫敦沒有上英文課的時候，他修改著《獨裁者的秋天》的定稿，嘗試幾個激進電影劇本的不同想法。他的么弟埃利西歐和妻子蜜麗安於九月份搬到巴黎，而今前來倫敦探望他和梅瑟德斯。雖然相差二十歲，埃利西歐和他有名的哥哥小賈布卻愈發親近。一九七四年的聖誕節，埃利西歐、蜜麗安和小賈布、梅瑟德斯、及他們的兩個兒子在巴塞隆納度過。

一九七四年九月，《抉擇》的社論組出現政治問題，奧蘭多・法爾斯・玻達的派系離開了雜誌。安立奎・參托斯・卡爾德隆後來告訴我，「我們原本打算成爲多元的團體，但大家很快分成幾個小團體。賈布深受困擾，他覺得很難面對朋友之間相處引發的內在張力。他每次偷偷摸摸的回來都讓自己很煩惱，但他們也把他政治化，讓他從武裝掙扎的現實中醒來，並把他當成左派的偶像。[19]」十二月，賈西亞・馬奎斯訪問從美國中央情報局變節的菲利普・阿傑，他揭露局裡在拉丁美洲的活動很快在世界各地造成轟動[20]。如今，沒有人會拒絕見賈西亞・馬奎斯。在一九七四年的哥倫比亞選舉中，國家戰線公約正式結束之後，自由黨的阿豐索・羅培茲・米歇爾森以百分之六十三點八的得票率接掌政權，但投票率低於百分之五十。雖然對羅培茲・米歇爾森的政治立場有所疑慮，但賈西亞・馬奎斯仍樂意他能當總統，因爲經由帕迪亞的科特斯家族，他們有遠親關係，他以前在波哥大上大學時上過羅培茲・米歇爾森的法律課，也很樂意可能有機會和一個顯然不是保守派的人合作。[21]

《獨裁者的秋天》終於在一九七五年三月於巴塞隆納出版。拉丁美洲的媒體充滿謠言，說這本小說（拉丁美洲歷史上最令人期盼的一本書）的出版迫在眉睫，上架前一天才出版。這本書由他的西班牙出版商「布拉扎・賈內斯」發表，一版印了驚人的五十萬本精裝本。六月份，「布拉扎・賈內斯」出版他的小說集，賈西亞・馬奎斯和他的文學讀者之間目前爲止的帳算是結清了。然而，在此書的評論方面，也許因爲評論家有過高的期待，因而呈見出的毀譽參半的狼狽結果，許多評論明顯地不友善[22]。有些評論喜歡這本書超凡的詩意和諷刺的修辭，兩者同時加深、嘲弄拉丁美洲最黑暗的幻想；其他人不喜歡也有一連串的理由，從聲稱其粗俗指稱其中持續誇張的，從缺乏標點符號到顯然有問題的政治立場。這些分歧的意見在出版當時特別顯著，但極端的異議則持續多年。

不過，《獨裁者的秋天》終於肯定賈西亞・馬奎斯專業作家的身分，證明在《百年孤寂》之後，他還可以寫出一本成功的小說。就算是不喜歡這部書的人也沒有試圖否定它出自偉大作家之手。雖然《百年孤寂》很明白地宣示一個寬廣、無庸置疑的大陸面向，但仍然可以認出來這是一本哥倫比亞的小說。相反的，《獨裁者的秋天》是一本屬於拉丁美洲的書，書寫時心中懷抱這象徵性的讀者群，幾乎沒有顯著的哥倫比亞元素，不只是因爲哥倫比亞從來沒有書中所描繪的那種獨裁者：體制上，二十世紀的哥倫比亞大多時間屬於「民主」國家。

在某種層次上而言，賈西亞・馬奎斯身爲作家最重要的作品是《獨裁者的秋天》，而非《百年孤寂》；因爲有別於第一印象，這本書把他其他的作品壓縮在其中。不論這本小說是否公認爲他自己經常主張的「最佳」作品，但並不難看出他爲什麼認爲是最「重要」的一本，特別是如果我們在它簡明扼要之外再加上兩個已經提過的理由：堅持獨裁者所描繪的就是他自己，他寫這本書是爲了在《百年孤寂》麻醉性的成功之後，「證明」自己仍然是個作家。如此這般，也許可以說，如果《百年孤寂》無疑是他「人生」的分水嶺(就範圍更大的世界以及後代子孫而言是最重要的一本書)，那麼，《獨裁者的秋天》是他作品的中心點：諷刺的是在這之後，他在文學上執著於權力這耗盡一切心力的本質會結束——而且就在權力成爲他生活的中心主題之時。他宣布除非皮諾切特下台，否則自己不會再寫小說，他有兩個很好的理由：第一、也是最重要的理由，他決心和拉丁美洲本身活生生的獨裁者費德爾・卡斯楚接觸；其二的理由是他暫時沒有什麼真正重要的東西可以寫；現在可以看得出來，他作家事業的前半段並不是在《百年孤寂》的狂喜之中結束，而是在《獨裁者的秋天》的痛苦中結束。就文學層面而言，他一點也不確定接下來往哪裡去，因而只好專注在卡斯楚身上。

那年春天，他又和利桑德羅・奧特羅在倫敦碰面，他回憶道：「賈西亞・馬奎斯、我、馬塔在阿爾及利亞大使布拉希米家用餐，一位僕人來到餐桌旁，帶給賈布緊急口信。他去接電話，是卡門・巴爾塞斯，她帶著第一批印好的《獨裁者的秋天》剛從巴塞隆納抵達。我們一吃完晚餐就去她下榻的旅館，她給賈布五本下午剛印的好書。他馬上拿起筆，題字簽書給費德爾和勞烏・卡斯楚、卡洛斯・拉法葉・羅德里格茲、勞烏・羅阿、我。毫無疑問的，我覺得他是藉這樣的姿態宣示自己對古巴革命的投入。」[23]

假設他對於卡斯楚主動效忠的姿態成功，他的新策略則需要一種複雜而低調的自我表達方式。藉由屬於他自己秘密的「人民陣線」，他同時支持社會主義和自由民主。一九七五年六月初，他為了羅素民間法庭的事宜飛到里斯本，處理的就是人權和民主事宜。但一九七四年四月爆發葡萄牙革命，且初期是由士兵貫徹完成：這場發生在歐洲的革命也許代表著極大的可能性。這場革命對於非洲的意義和古巴一般地深遠，如同對於賈西亞・馬奎斯自己一般。除了其他人之外，他見到瓦斯可・貢薩爾維斯首相及詩人荷西・高梅斯・費萊拉，並很快地在《抉擇》雜誌發表三篇重要的文章，內容關於革命之後葡萄牙的後續發展[24]。他支持葡萄牙革命、當時熱烈進行中的秘魯軍事革命、以及重度武裝的古巴政權，他對於軍事介入的態度開放得令人意外。在里斯本，他說秘魯徵用的報紙和他所贊成的徵用石油沒什麼不同。他個人並不相信布爾喬亞的媒體自由，「歸根究柢那只是布爾喬亞的自由[25]。」這樣的意見激怒了當時回到秘魯的馬立歐・巴爾加斯・尤薩。

賈西亞・馬奎斯經由墨西哥市前往加勒比海，抵達墨西哥首都時，他向上帝祈禱永遠不要得諾貝爾獎；不過後來發現上帝並沒有在聽，但顯然《卓越》雜誌聽到了，其報導賈西亞・馬奎斯可能得到此榮耀的文章深植許多人的心裡[26]。至於財富方面，六月十七日的《卓越》報導，《百年孤寂》加上《獨裁者的秋天》使賈西亞・馬奎斯非常富有[27]，顯然他負擔得起這自我加諸的文學假期，也可以拿他的名望冒險、進而追求政治使命。

回到加勒比海，他繼續尋找此時沉迷追求的答案。古巴政府由革命游擊隊主掌，他們把自己、全體古巴人民變成士兵；阿言德被革命軍推翻；如今，葡萄牙這個歐洲最長久的獨裁政權也被軍隊推翻。革命士兵——西蒙・波利瓦爾將軍起死回生！——這是拉丁美洲問題的答案嗎？他前往中美洲尋找答案。在那裡，他訪問了一位如暴雨般神氣活現的人物，他對賈西亞・馬奎斯的吸引力僅次於費德爾・卡斯楚。這位奧馬・托利侯斯將軍從一九六八年起就是巴拿馬民粹派獨裁者，他的立論也認爲，由於拉丁美洲當代新殖民地的特殊狀況，有時爲人民、屬於人民、但非以人民爲主人的獨裁政權是必須的[28]。賈西亞・馬奎斯後來和托利侯斯成爲好朋友，幾乎像親兄弟一樣。（托利侯斯坐下來讀過《獨裁者的秋天》後抬起頭對賈西亞・馬奎斯說：「是真的，這就是我們，我們就是如此。」）托利侯斯的個性和卡斯楚不太一樣（有些人很悲觀地說，卡斯楚「受歡迎」的表演是經過嚴格的設計），托利侯斯當時已經開始了一場歷史性的運動，要爲巴拿馬收復巴拿馬運河。他向賈西亞・馬奎斯解釋自己正和美國談判一個新的運河條約，以及他願意接受和不願意接受的條件。賈西亞・馬奎斯自己指出，美國所經營的美國學校所在地的國家裡有軍事反抗軍出現，而這些大陸士兵又學會對抗自己人民的暴動，對美國而言非常地麻煩。托利侯斯告訴他的新朋友，他打算直攻「最重要的後果」，也就是收復運河，驅逐殖民主義於無形。

賈西亞・馬奎斯對於巴拿馬特別有興趣，不只因爲美國帝國主義鼓勵巴拿馬自己接手之前，巴拿馬曾經屬於哥倫比亞；也因爲他的外公尼可拉斯・馬奎斯年輕時在此旅行，追求他最重要的一段愛情。托利侯斯大有可能是出生於巴朗基亞——的確，他在許多方面，特別是長相和舉止，都讓賈西亞・馬奎斯想起他已逝的朋友阿爾瓦洛・塞培達。很快地，這兩人在感情上深深的互相吸引而建立友誼，經過一段時間後成爲一種愛慕之情。賈西亞・馬奎斯並不是唯一的一位：即使是冷冰冰的英國作家葛蘭・格林也和這位巴拿馬領袖發展出密切而深厚的關係，最後針對這個過程寫了一本意外毫無防備的書《認識將軍》。

當時，費德爾・卡斯楚已是二十世紀最偉大的政治人物之一，和他比起來托利侯斯只是小角色。很容易可以想像對於像賈西亞・馬奎斯這樣從年輕時就沉迷於權力這個主題的人，能夠認識卡斯楚必定使他非常的欣喜若狂。在《獨裁者的秋天》中，有些類似之處是無庸置疑的。這本小說在賈西亞・馬奎斯十四年來第一次訪問古巴的三個月前出版，書中形容一位沉迷於鄉間活動特別是牲畜繁衍的獨裁者，卻有著「平滑少女之手、權力之戒」，這兩個細節都指向費德爾，當然提及之處有些可能是巧合，其他則無庸置疑：「他蓋了加勒比海最大的棒球場，授與我們的球隊勝利與死亡的訓言。」

同樣地，他筆下的獨裁者任意更改日期和時間、禁止安息日的行爲，正如費德爾・卡斯楚自己後來禁止慶祝聖誕節一般，卻又在數年後恢復。如同卡斯楚一樣，在以救世主自居的權力早期，賈西亞・馬奎斯的獨裁者突然出現在全國各地，親自檢驗或啓動公共工程，帶來永恆性的歡迎，人民不會把自己的不幸怪到他的頭上：「每次他們學到新的野蠻作爲時，會在內心嘆息，好像只有將軍瞭解。」最後，美國人把大海奪走之後——可以詮釋爲古巴人民英勇抵抗近五十年的禁運——獨裁者仔細思索：「我必須獨自承擔這懲罰的重量……沒有人更清楚……寧願沒有大海也不能允許一批海軍陸戰隊登陸。」殘忍而諷刺的是，小說寫成的二十五年後，這描繪越來越符合卡斯楚。因爲禁運、「大海」也是從他手上被奪走，雖然他自己表現得很沉著，但他所掌握的也是一個在世人眼前腐朽的政權。只不過只有他最狂熱的敵人認爲他是個「怪物」。

不過，一九七五年，卡斯楚較成功的一段時期正要開展。這個政權正安然度過包括帕迪亞事件的「史達林主義者」時刻，並很快地在非洲開始其深具歷史意義、大膽的軍事行動。一九七五年，十四個拉丁美洲國家和這島國政權恢復外交關係；哥倫比亞於一九六一年阿貝爾托・耶拉斯執政時，與其中斷的外交關係，也會在三月六日賈西亞・馬奎斯四十八歲生日這一天恢復。這是羅培茲・米歇爾森所下的決定，在賈西亞・馬奎斯看來必定是個吉兆，他先前就已經暗自決定要重新和古巴革命建立關係，並早在四天前就抵達波哥大。

這一刻終於在七月份來臨，他和羅德里哥一起前往古巴。他們終於回來了，革命軍政府提供他們所有需要的交通工具，任意前往島上四處自由地與人民交談。羅德里哥拍兩千多張照片，賈西亞・馬奎斯回憶道：「我的想法是寫出古巴人如何在自己家裡打擊禁運，不是政府或國家的作爲，而是人民自己如何解決煮飯、洗衣、縫紉的問題，簡單地說，就是日常生活的問題。」[29]他在九月份發表了三次難忘的特稿，大標題是「古巴走透透」，他如此巧妙地結合強烈的恭維與細微的批評、以向官方表明他們所面對的是一位重量級、但令人無比安心的革命舵手。[30]

夏季，這家人在墨西哥再度相聚。賈西亞・馬奎斯和梅瑟德斯在墨西哥市南部找到一棟房子，就在天使石礫區國立大學後方的祝融街上。三十幾年後，這棟簡樸的房子仍是他們主要的住所。這家人需要重新聯絡感情，這也許是爲什麼賈西亞・馬奎斯明知羅德里哥一定會讓他分心，仍帶他一起前往古巴的原因。羅德里哥告訴我回到墨西哥的事，「其實，墨西哥才是我們一直回去的地方，而不是哥倫比亞，彷彿父母親在一九六一年到一九六五年之間成了墨西哥人。」[31]

回到墨西哥可以讓兩個男孩重新確認、並重新建立他們長期的認同感。他們倆都不覺得自己是哥倫比亞人或西班牙人，然而，他們和墨西哥的關係卻無法得以繼續。羅德里哥決心建立自己的獨立生活，不用賈西亞・馬奎斯的名字過生活，最後他也選擇離開這個國家。小兒子貢薩羅對此比較沒有那麼敏感，但也嘗試找到屬於自己的路，雖然這在墨西哥特別困難，但他並未太過仰賴父親的名望。再一次地，兩個男孩被送到英語學校完成中學教育。

在這期間的一九七五年十一月，一顆炸彈在波哥大《抉擇》雜誌的辦公室爆炸，歸因於某種保安組織——，安立奎・參托斯・卡爾德隆後來告訴我，「就發生在我們譴責軍隊最高層腐敗問題的同一個時間」[32]。人在墨西哥的賈西亞・馬奎斯安然無恙，但無畏的發表了一篇聲明，表示炸彈顯然是哥倫比亞軍隊的傑作，一定是來自最高層。他表示，羅培茲・米歇爾森顯然是拒絕關閉雜誌，才刺激軍隊採取如此的行動，顯然他最近對於士兵的熱誠並沒有延伸到哥倫比亞的軍隊。更具挑釁意味地，他特別指名國防部長卡馬丘・雷瓦將軍個人和這些壓制政策有關。哥倫比亞軍隊不會忘記此事，他們也不會忘記自己懷疑《抉擇》的發起人同情中產階級精選的反抗軍游擊隊M—19，他們於一九七四年象徵性地偷去西蒙・波利瓦爾之劍，也許甚至與其共謀。

不過，外面的世界改變得很快，顯然越變越好。不顧來自世界的抗議，佛朗哥將軍的政權於九月二十七日處決了五名巴斯克激進分子（瑞典首相奧洛夫・帕爾梅說西班牙政府是「血淋淋的劊子手」），佛朗哥在十月二十一日嚴重心臟病發作，胡安・卡洛斯王子接掌國家元首。在世界各地左翼分子的衷心喜悅下，佛朗哥終於在十一月二十日去世，胡安・卡洛斯於十一月二十二日成爲國王，三天後宣布大赦。西班牙開始轉型爲民主國家，發生劇烈的改變。十一月十日，雖然有暴力衝突，安哥拉仍自葡萄牙獨立：蘇聯顧問協助主政「安哥拉人民解放運動」中的馬克斯力量，對抗受美國支持荷納斯・薩文比領導的「安哥拉全面獨立國家聯盟」。十一月十一日，古巴宣布決定派數千名部隊前往安哥拉，且一待就是十三年。這是賈西亞・馬奎斯展現記者長才，爲革命出力的機會。

然而，並不是每個人都受到賈西亞・馬奎斯的行爲所吸引。一九七六年二月十二日，如今成爲墨西哥市市民的賈西亞・馬奎斯出席《我們要活著回去》的電影首映會。他抵達時，爲此活動來到當地的馬立歐・巴爾加斯・尤薩——本片編劇——正站在大廳。賈布敞開雙臂大叫：「兄弟！」馬立歐是個頗有成就的業餘拳擊手，他不發一語地一拳打在賈西亞・馬奎斯的臉上，讓他倒地不起。賈西亞・馬奎斯倒下的時候撞到頭，躺在地上呈半昏迷狀態。根據消息來源，馬立歐在那時大叫：「這是爲了你對派翠西亞說的話！」或是「那是爲了你對派翠西亞做的事！」這成爲拉丁美洲歷史上最有名的一拳，至今仍然是大眾熱心猜測的焦點。在場有許多目擊者，除了究竟發生了什麼事之外，此事背後的原因也有許多版本。[33]

據說，巴爾加斯・尤薩的婚姻在一九七〇年代中期出現危機，賈西亞・馬奎斯自願安慰馬立歐顯然心亂如麻、憤怒的妻子。有人說他的作法是建議她開始離婚程序，其他人說他所提供的安慰並不是那麼地直截了當。馬立歐的結論據稱是賈西亞・馬奎斯把他對於派翠西亞的關心，置在他們的友誼之上。只有賈西亞・馬奎斯和派翠西亞・尤薩知道他們之間發生了什麼事，或沒有發生什麼事[34]。只有派翠西亞・尤薩知道，她和先生復合時，自己是怎麼說的。也就是說，只有她知道整件事的來龍去脈[35]。至於梅瑟德斯，她永遠沒有原諒巴爾加斯・尤薩；不論由什麼原因挑起，她也未曾忘記這個她認爲是怯懦而不名譽的行爲。

畢竟不論比例如何，政治、性和私人恩怨這些素材組成強而有力的構合，在巴爾加斯・尤薩感到被背叛的感覺背後，也許有著一股焦慮，他無法忍受這位矮小而不討喜的哥倫比亞人。馬立歐自己很不尋常且實至名歸的文學成功及他如電影偶像般的英俊外型等並不足以釋然，因此，也許他唯一剩下的武器是那有力的一拳。他也許只因爲出其不意才得以得逞：可以想像受到警告的賈西亞・馬奎斯像查理・卓別林一般在他身邊跑來跑去，不斷從背後踢他。不論馬立歐自己寫得多好，不論他受到多少矚目，報紙和大眾最想知道的仍然是和賈西亞・馬奎斯有關的消息；不論馬立歐認爲拒絕卡斯楚和古巴有多少正當性，賈西亞・馬奎斯似乎從帕迪亞事件中全身而退，成爲拉丁美洲左派無人能敵的文學冠軍。馬立歐的挫折感一定異常深刻[36]，兩人也從此沒有再見面。

三月和四月份，賈西亞・馬奎斯回到古巴。他針對智利政變所寫的文章已經得到世界的喝采，他必定認爲費德爾・卡斯楚不至於愚蠢到忽視他這樣的才能。因此，他提出這位古巴領袖無法拒絕的提議。他向卡洛斯・拉法葉・羅德里格茲提議自己撰寫古巴軍隊遠征非洲的史詩故事，這是首次有第三世界國家干預與一次和二次世界大戰超級強國有關的衝突。由於古巴有奴隸和殖民的歷史，因此特別注意當時的非洲解放運動。而且，如尼爾森・曼德拉這樣的人物後來都認爲古巴對於推翻南非的種族隔離有顯著、甚至非常重要的貢獻。

古巴外交部長把賈西亞・馬奎斯的提議傳達給費德爾・卡斯楚，這位哥倫比亞人在哈瓦那的國家飯店等司令官的電話等了一個月[37]。某天下午三點鐘，卡斯楚坐著吉普車出現，他親自開車，讓當時和帶著貢薩羅的賈西亞・馬奎斯可以坐在他身邊。他們往鄉間開去，費德爾講食物講了兩個小時。「我問他，」賈西亞・馬奎斯後來回憶道，「『爲什麼你對食物知道得這麼多？』『年輕人，當你要負責餵飽整個國家的人民時，你就會去瞭解食物！』」如同許多人一般，賈西亞・馬奎斯非常訝異卡斯楚對於事實的熱愛，並且他也驚人的熟知各種細節。也許光是聽過這位偉大領袖沒有準備講稿仍侃侃而談的八小時演講就可以想見，但他並沒有預期到卡斯楚的個人魅力及親和力，不僅兩人之間密談時感覺如沐春風，即使是房間裡有二、三十個人時亦有相同的感受。

在這段探險旅程的最後，費德爾說，「邀請梅瑟德斯過來，然後和勞烏談一談。」梅瑟德斯於次日抵達，但他們又等了一整個月才接到勞烏・卡斯楚的電話。勞烏是軍隊領袖，他親自對賈西亞・馬奎斯做簡報：「所有顧問都在那個房間裡，他以連我都很意外的方式，用地圖開始揭露軍事和國家機密。專家解釋密碼電報、解碼，對我解釋一切：機密地圖、行動、指令、所有的一切，一分鐘一分鐘的交代。從早上十點到晚上十點，他們給了我一張關鍵人物名單，這些人受到指示可以自由地與我交談。我把所有的資料帶到墨西哥，寫成完整的敘述，名爲〈卡洛達行動〉」。[38]

賈西亞・馬奎斯完成文章之後，寄給費德爾先睹爲快。三個月過去，一點消息也沒有，賈西亞・馬奎斯回到古巴討論，諮詢過卡洛斯・拉法葉・羅德里格茲的意見之後，他做了修改，「釐清重要的問題、補足缺少的細節」。這篇文章在世界各地同步發表，卡斯楚兄弟非常高興。賈西亞・馬奎斯贏得他的革命榮耀，或者，如馬立歐・巴爾加斯・尤薩後來所說的，成爲卡斯楚兄弟的「走狗」。

他取悅的不只有費德爾。後來，賈西亞・馬奎斯兩篇關於古巴和安哥拉的紀事，得到國際媒體組織的世界記者獎，這或許表示他們並不知道他有三位傑出的消息來源。接下來的一段時間裡，賈西亞・馬奎斯可被理解地沉浸在他和拉丁美洲近代史上最重要的角色的私人交誼裡，他告訴記者自己不願意談論費德爾，因爲他擔心這會讓自己看起來很諂媚——然而他還是說了。而他說的話則惹惱了邁阿密以及其他地區的古巴流亡人士。

身爲消息靈通的古巴革命捍衛者，賈西亞・馬奎斯繼續他的研究與自我教育。因爲禁運，他也許已經放棄了書在日常生活中的存在，但繼續以此身分掩護了一段時間。他從一開始就瞭解到，人權和政治犯的問題是敵人會丟給他的重要議題，但既然尼克森和季辛吉掌控下的美國已經對拉丁美洲進步運動做出毫不留情的處理，也就是以所謂的「安全方法」訓練軍事政權，包括刺殺、刑求和假情報。如今他站在卡斯楚的古巴這一邊，他需要就監獄議題記下自己的想法——即使這表示他得不計一切地說服自己，認爲在任何的情況下這處境都是可以接受、支持的。（在他爲羅素民間法庭所做的工作中，他學到很多關於監獄管理的細節。）同時，諷刺的是，美國如今有新的領袖，清教徒似的吉米・卡特總統宣揚人權，對於這個議題似乎很真誠。因此，尼克森讓賈西亞・馬奎斯認清美國政府永遠不會真正地改變，但卡特讓他瞭解到，公共關係、外交、宣傳如今也是國際舞台上意識型態的奮鬥中重要的部分。賈西亞．馬奎斯深信，這些外在的反對力量其實希望古巴有政治犯，如此一來他們就可以繼續攻擊，也許他因而太過天真地相信這個國家應該把政治犯的人數盡可能減少到接近零，這是他在接下來幾年中不遺餘力的主要事務，也把注意的焦點從維持《抉擇》雜誌的戰鬥精神、捍衛古巴干預非洲，轉移到國際外交上；漸漸地，隨著處境越來越困難，只好轉而作為捍衛古巴主權完整的後盾，如此而已。

一九七六年晚期，他和巴坦納波監獄的長期反革命犯會談。他從名單中隨機挑選了雷諾爾．貢薩雷茲。貢薩雷茲是反對派領袖，參與基督工會運動，是虔誠的天主教徒，因此實質上是基督民主黨[39]。他在一九六一年遭到逮捕，被控在朗丘．波耶羅機場附近，策畫以火箭筒暗殺費德爾．卡斯楚，以及縱火焚燒哈瓦那的「魅力購物中心」，殺死一位名為費．瓦耶的行政人員。貢薩雷茲後來承認這些指控皆屬實。賈西亞．馬奎斯和貢薩雷茲在巴坦納波監獄會談之後，他的妻子特蕾希塔．阿瓦雷茲聯絡這位墨西哥市的作家，請他協助釋放她先生。賈西亞．馬奎斯受到她的懇求感動，也看到雙贏的可能性。他決心和卡斯楚談一談，但見了四、五次面都不敢觸及這個話題。

最後，卡斯楚帶著他和梅瑟德斯坐著吉普車出去兜風。歸途中，賈西亞．馬奎斯回憶道：「我們有點趕時間，我在小卡片上記下六點我想向他提起的事。費德爾嘲笑我對每一點的精準提問，說『這個好、那個不行、我們做那一樣、我們做另一件。』他回答第六點時，我們正經過通往哈瓦那的一座隧道，他問我，『第七點是什麼？』卡片上沒有第七點，我不知道是否魔鬼在我耳邊低語，但既然他這麼說，我想，『這可能是適當的時機。』我說，『第七點在這裡，不過很尷尬！』他說，『好，告訴我是什麼。』彷彿帶著降落傘跳下飛機的人，我說，『你知道，如果我可以帶著獲得自由的雷諾爾・貢薩雷茲，到墨西哥和他的妻小共度聖誕，有一家人會非常滿足。』我沒有回頭看身後，但費德爾沒有看我，卻看著梅瑟德斯說，『爲什麼梅瑟德斯臉上那個表情？』還是沒有回頭去看梅瑟德斯臉上的表情的我回答：『她大概在想如果我帶走雷諾爾・貢薩雷茲，假如他又對革命玩弄什麼卑鄙的把戲，你會覺得我搞砸了。』接著，費德爾對著梅瑟德斯而不是對我說：『妳聽我說，梅瑟德斯，賈布列爾和我會做我們認爲是對的事，如果在那之後發現那個人其實很卑鄙，那是另一個問題！』」回到旅館房間後，始終審慎的梅瑟德斯指責丈夫的魯莽，但賈西亞・馬奎斯卻興高采烈。不過幾個月過去了，卡斯楚卻說他還沒有辦法說服國務會議的同仁。面對事關複雜的議題，賈西亞・馬奎斯和貢薩雷茲必須有耐心[40]。

一九七七年八月，賈西亞・馬奎斯首次和一位歐洲的社會主義者有重要的接觸，在接下來的幾年間成爲他重要的聯絡人和朋友：那就是西班牙社會主義勞工黨的領袖菲利普・貢薩雷茲。六月十五日，貢薩雷茲在西班牙暌違四十一年的選舉中當選爲馬德里議員，而阿道夫・蘇亞雷成爲中間偏右的執政黨中間民主聯盟的總理。傳奇的共產黨激進分子桃樂瑞絲・伊巴露麗（熱血女子）自內戰後首次回到西班牙參與這場選舉。八月底，身爲律師的貢薩雷茲在波哥大接受《抉擇》雜誌安東尼奧・卡巴耶羅（編輯）、安立奎・參托斯・卡爾德隆（社長）、賈西亞・馬奎斯（編輯顧問）的採訪，文章標題爲〈菲利普・貢薩雷茲：嚴肅的社會主義者〉[41]。社會黨的拉丁美洲政策是在多少有點民主色彩的國家裡支持所有以人民爲本的政權，在非民主國家中支持解放運動：「使我們團結的目標是消除阻礙民主腳步的政權」。這篇文章並未包括貢薩雷茲對古巴的看法，但許多年後，這個問題終究在他和賈西亞・馬奎斯之間造成問題。[42]

這次的訪問很可能在賈西亞・馬奎斯的心裡勾起許多回憶。雖然他對其信仰和活動有所懷疑，不過，不久他就和一些溫和、民主的「社會主義國際」成員密切來往，包括好友委內瑞拉總統安德烈・裴瑞茲、他父母哥倫比亞的親戚、法國的方斯華・密特朗到菲利普・貢薩雷茲自己。密特朗和貢薩雷茲都密切注意著關於阿言德的事件進展和其死亡——但想當然在歐洲的觀點有所不同。十二月，賈西亞・馬奎斯在巴黎和雷吉斯・德布雷有過一段認真的談話，他也曾爲革命派，如今考慮民主之路（他最後在方斯華・密特朗旗下走上此路）。此時，德布雷自己已經是法國社會主義黨的一員，賈西亞・馬奎斯問他是否仍然是「真正的社會主義者」，以及他對拉丁美洲革命進展的看法[43]。幾乎可以肯定從這一刻開始，賈西亞・馬奎斯已經離開《抉擇》，尋找另一個角色，而且是一個雙重角色：一個出現在拉丁美洲，一個出現在歐洲。再一次地，賈西亞・馬奎斯在尋找布局的空間。

六月初，他發表另一篇關於朋友奧馬・托利侯斯的文章，公開地在標題中引用自己的作品：〈有人寫信給托利侯斯將軍〉[44]。當然，這在當時和未來都足以象徵賈西亞・馬奎斯的問題。他到底是在寫關於有權力的男人，寫給有權力的男人，還是爲他們而寫？如同在古巴一樣，他先針對巴拿馬的人權問題下筆，表示自己是現實和讀者間誠實的仲介（正如同最後他試圖一方面扮演卡斯楚和托利侯斯之間的媒介，另一方面則是貢薩雷茲和密特朗之間的媒介）。如此這般，他刻意的發掘據稱是巴拿馬政治犯的情形——隨著時間的推移，托利侯斯被控參與刑求——並作爲托利侯斯政權和墨西哥巴拿馬流亡人士間的媒介。八月份，賈西亞・馬奎斯另一篇重要的文章發表，寫的是關於這位巴拿馬的地方首領和美國的談判、他所受到的生命威脅[45]。賈西亞・馬奎斯把托利侯斯塑造成「騾子和老虎的結合」，可畏的對手、高明的談判高手、認真的人、且受到民眾的愛戴。[46]

一九七七年九月七日，新的巴拿馬運河協定終於在巴拿馬市簽署。巴拿馬代表包括兩位額外成員：葛蘭・格林和賈西亞・馬奎斯，兩人都使用巴拿馬護照——如同世界許多罪犯慣常的作爲——並全然享受這個體驗，像兩個大男孩[47]，他們特別享受貼近怯懦的皮諾切特。十月份，巴拿馬人以公民投票通過新協定，雖然美國繼續修改內容，但終於在一九七八年四月十八日批准了修改過的版本。

一九七七年，隨著兩個男孩長大，也開始走上自己的路，賈西亞・巴爾恰這家人終於開始適應無法避免的分離。雖然，在某些方面而言，賈布和梅瑟德斯在一九七四—七五年就在兩個男孩能離開他們之前先丟下過他們，但至少當時巴塞隆納還有一個家，可以讓他們很自然地回去——儘管只是暫時的。如今，兩個男孩要離家了，特別是羅德里哥要去巴黎上廚藝學校，貢薩羅則考慮跟著一起去念音樂。

這段時間，賈西亞・馬奎斯都在等待消息，回應他針對雷諾爾・貢薩雷茲的提議。終於，在一九七七年十二月，情況開始有所進展[48]。在哈瓦那一場歡迎牙買加首相米歇爾・曼雷的宴會上，費德爾・卡斯楚走向賈西亞・馬奎斯，告訴他，「好啦，你可以帶雷諾爾走。」三天後，賈西亞・馬奎斯和感到大吃一驚的雷諾爾・貢薩雷茲抵達馬德里，他的妻子特蕾希塔很快地和他們會合。一九七八年一月初，賈西亞・馬奎斯、梅瑟德斯、羅德里哥和貢薩雷茲及其家人在巴塞隆納碰面，聽他詳述古巴監獄裡的悲慘遭遇。隨後，貢薩雷茲一家人於一月十五日飛往邁阿密。後來，卡斯楚決定該是降低和三千名受監禁反革命分子的家人之間緊張關係的時候，革命軍開始和流亡組織對話，貢薩雷茲扮演關鍵的角色，爲賈西亞・馬奎斯的策略和卡斯楚的允諾辯護。

許多年來，對於自己協助說服古巴領導人做出重要決定，釋放大多數犯人，賈西亞・馬奎斯對此並不居功。他讓卡斯楚兄弟見到自己不只是充滿善意、而且非常真誠地支持革命，沒有外表看起來那麼像自由派，而是更接近社會主義；除此之外，如同他們的直覺可見，他是個值得信任的人。漸漸的，他們互相因彼此的注意受到恭維，和費德爾的關係從單純的工具、政治手段，轉變爲近乎友誼的關係。（賈西亞・馬奎斯總是對媒體堅稱，他和卡斯楚主要談論的是文學。）卡斯楚是個無可救藥的工作狂，有著非常封閉、秘密的私生活、以及有限的社交生活。有許多年的時間，據信他唯一和女性的長期親密關係是和革命同志希麗雅・桑切茲，她於一九八〇年去世。她去世之後，他偶爾和其他女性逢場作戲、也有私生子。直到最近才清楚的是，到一九六〇年年底時，他已經和塔麗雅・索托・瓦耶開始一段至今仍然持續的關係，實際上就是婚姻，育有五子。但塔麗雅從來未曾被賦予正式公開的角色，卡斯楚孤獨的形象也不斷受到關注，因爲事實上她並不是那有限社交圈生活裡的一部分。

同樣地，切・格瓦拉死後，卡斯楚也以沒有太多重要的男性朋友爲人知，只有他永遠忠誠的弟弟勞烏和安東尼奧・努聶茲・希門內茲、馬努耶・皮內羅、阿爾曼多・哈特這些人。因此，他和賈西亞・馬奎斯的友誼非比尋常，完全出乎意料之外。仔細回顧之下，意外的程度又是另一回事。賈西亞・馬奎斯是西語世界自塞萬提斯以來最有名的作家，而且還剛好是社會主義者，又支持古巴。此外，他和費德爾年紀相當，同樣來自加勒比海，而他成爲反帝國主義的原因，部分是爲了反抗鄰近美國壟斷香蕉生產的聯合水果公司。其中一項軼聞是，一九四八年四月份「波哥大大暴動」時，兩人都在波哥大，有些陰謀論者甚至相信他們從那時就開始一起顛覆拉丁美洲。雖然是個偉大的作家，賈西亞・馬奎斯完全沒有唯美主義的影子或知識分子的傲慢，他的生活方式允許他繼續協助卡斯楚和外界保持聯絡，雖然他實際上是被囚禁於陽光小島之中。卡斯楚自己告訴我，對於他們之間友誼的建立，兩人相仿的加勒比海傳統以及共有的拉丁美洲使命是極爲重要的基礎。「而且，」他補充道，「我們都是鄉下人，我們都是海口人……我們都相信社會公理，相信人的尊嚴。賈布列爾最特別的是他對於旁人的愛，他對人休戚與共的感情，這是革命人的特性。如果沒有愛與信任，是無法成爲革命人的。」[49]

一般而言，古巴一切順利，新的革命熱誠也注入非洲。然而，一個嶄新時代的曙光正要乍現。教宗保祿六世於八月六日去世，若望保祿一世繼任，但於一個月後去世，導致若望保祿二世卡洛・渥耶提拉的任命，他暗中與隆納德・雷根、瑪格麗特・柴契爾結盟，兩人都在他被任命的十八個月內當選，在接下來的二十五年間。教宗改變了對抗古巴的政治交易籌碼（更別提加速了蘇聯瓦解）。更糟的是，從古巴的角度而言，就在一九七八年八月教宗保祿六世去世的兩天之後，伊朗領袖實施戒嚴，這項行爲使得他更快被推翻，進而迫使吉米・卡特總統垮台，以及右派總統隆納德・雷根當選。

一九七八年，在哥倫比亞選舉中，左派的表現前所未有地糟糕，自由黨參選人胡立歐・凱薩・圖爾拜・阿耶拉當選總統，於八月七日開始任期。從一開始，《抉擇》雜誌對圖爾拜這位右派自由黨就相當不友善，用漫畫和文字強調他有多麼肥胖，嘲弄他的招牌領結，眼鏡後面空無一物暗示他沒有大腦[50]。他們希望逼他退選，迫使自由黨尋找更溫和的參選人，雜誌不斷地質疑他的動機以及他當選的可能性。在接下來的四年間，賈西亞・馬奎斯和《抉擇》雜誌分別也共同曾以不尋常的激烈手段攻擊他的任期，卻只發現圖爾拜或他所代表的力量，輕易地以更激烈、實際上更意外的方式反擊。

同時，中美洲繼續震盪的革命過程，吉米・卡特像本丟彼拉多一樣，顯然無法決定是否當裁判還是球員。在尼加拉瓜，桑定反抗軍（桑定民族解放陣線）整年都對索摩薩獨裁政權施加壓力。桑定陣線的領袖時常在賈西亞・馬奎斯位於墨西哥市的家會面，他有時候在古巴會見桑定運動的共同發起人托瑪斯・波赫。賈西亞・馬奎斯協助談判協議，把三個反抗軍團體結合成一個共同的桑定陣線，後來甚至聲稱是他把這些年輕革命軍稱爲「這些小夥子」[51]。一九七八年八月二十二日，一群桑定陣線的突擊隊員由艾登・帕斯托拉領軍，占領馬拿瓜的國會大廈，挾持二十五位眾議員兩天後，把其中四人用飛機載到巴拿馬，並釋放六十位政治犯，以交換其他人質的釋放。帕斯托拉是「零號司令官」，八年前就已經想出這個計畫[52]。賈西亞・馬奎斯馬上打電話給托利侯斯，表示他希望宣傳這非凡的革命成就。托利侯斯自告奮勇的讓游擊隊暫時不與對外界溝通，直到賈西亞・馬奎斯抵達。他馬上出發，花了三天時間在一座軍營裡，和這起轟動攻擊中筋疲力竭的領袖談話，包括艾登・帕斯托拉、朵拉・瑪利亞・特耶茲、雨果・托瑞斯，並於九月初發表一篇報導[53]。到了月底，美國強烈要求索摩薩辭職。賈西亞・馬奎斯後來表示，他放棄文學、選擇擔任政治新聞記者時，想做的正是這樣的報導：「艾登・帕斯托拉和雨果・托瑞斯倦極而沉睡，我繼續和朵拉・瑪利亞這位了不起的女性一直工作到早上八點，接著回旅館寫報導。他們醒來的時候再修改，特別註明武器的正確用詞、團體結構等等。第二天晚上，我興奮得無法入睡，就像二十歲第一份記者工作時一樣[54]。」那一年稍晚，賈西亞・馬奎斯告訴《抉擇》雜誌，他參與了尼加拉瓜危機中數次的高層討論。

九月份，就在他父親狂熱、積極於政治之時，羅德里哥因對廚藝學校幻滅、前往哈佛大學主修歷史。身爲這個革命家庭的一員，這似乎是個令人意外的目的地；也許是這明顯的矛盾使賈西亞・馬奎斯在十月份向《時代報》保證，「我的家人比我的小說更重要。」

圖爾拜在哥倫比亞掌權之後，情況開始變得更糟糕。八月就職的一個月後，他提出安全章程以證明自己保守派的信譽，後來受到國際特赦組織嚴厲的批評。這幾個月中，賈西亞・馬奎斯和幾位左派朋友參與、安排「人身保護令」這項人權運動。吉米・卡特的人權政策雖然無疑是具有誠意，對於轉移注意力到其他組織也是有效的工具，他們抗議、質疑拉丁美洲右派獨裁政權的浪潮——智利、阿根廷、烏拉圭、巴西、瓜地馬拉、尼加拉瓜。當然，卡特爭論古巴和巴拿馬政府也是獨裁政權，至於桑定組織則希望建立同類的政權。賈西亞・馬奎斯出面擔任新機構的負責人，總部位在相對安全的墨西哥市，於一九七八年十二月二十日在一家大都會旅館就任[55]。（至於他們是否向墨西哥官方保證墨西哥本身不會成爲攻擊的對象，則不清楚。）在那次的會議上，賈西亞・馬奎斯成功地宣布古巴已經不是政治囚犯之地，他並小心翼翼、不爲此事居功。

「人身保護令」成立的目的是作爲拉丁美洲的人權組織，特別是爲政治犯辯護，這奮鬥的目標首先使安立奎・參托斯・卡爾德隆和賈西亞・馬奎斯於一九七四年秋天結盟[56]。賈西亞・馬奎斯是這個新組織的利器，他承擔的方式就是從接下來兩年的版稅裡拿出十萬美元資助。他的朋友丹尼洛・巴爾圖林曾任薩爾瓦多・阿言德的私人醫生，他在莫迪納宮邸裡陪著阿言德度過最後的幾個小時，他擔任執行秘書，機構在每個拉丁美洲國家都有代表，包括尼加拉瓜的革命神父埃內斯托・卡登納爾，以及許多類似才能和革新派背景的人。他們大多有反美的歷史，不太可能有人想把「人身保護令」問題應用在古巴上——而且，想到智利、阿根廷、烏拉圭正發生的恐怖情形，其他人也不太可能想這麼做。賈西亞・馬奎斯挖苦的宣告《抉擇》雜誌打算「協助吉米・卡特總統實現他的人權政策」。他建議美國領袖應該從波多黎各開始，革命愛國者如羅莉塔・雷布倫已經被囚禁二十五年，許多罪名比她輕的都已經受到古巴政府的特赦。[57]

一九七九年一月，賈西亞・馬奎斯謁見新教宗若望保祿二世，請他支持「人身保護令」。他在梵諦岡圖書館與教宗會面十五分鐘[58]。賈西亞・馬奎斯當時沒有說，但顯然他對這場短暫的會面深感挫折：他後來陳述，教宗無法想到世界其他的地方——甚至拉丁美洲異議人士的「失蹤」——而不和他對東歐事物的「執迷」連在一起。接著，二月二十九日星期一，他謁見西班牙國王夫婦，由國家文化局音樂部主任阿爾巴公爵赫蘇斯・阿基爾陪同。會面的地點在清歌劇院，他們對於拉丁美洲人權問題討論持續了一個多小時。如今的賈西亞・馬奎斯如此地重要，不止重要的左派人士如雷吉斯・德布雷和菲利普·阿傑必須見他，許多國際社會成員亦如是。被問到和皇室人員的相處與他所習慣的政治人物相較之下如何，賈西亞·馬奎斯回答：「喔，其實他們是很自然的人，和他們談什麼都可以。至於禮儀，國王讓我很安心……他們對於拉丁美洲所知甚詳，我們對一些人物和景致有共同的回憶。他們一直以很真誠的感情談及我們的大陸。」一年輕的憲政君主領袖和如此重要的國際人物談話，而這位國際知名作家上一本小說批評的卻正是專制主義的權力，《國家報》認爲這是非常正面的跡象。[59]

一九七九年七月十九日，桑定組織在尼加拉瓜掌權。這則新聞已經被焦慮的等待整年，特別是從美國和索摩薩政權在二月八日斷交之後。索摩薩於六月六日宣布圍城狀態，終於在七月十九日面對現實，遠走海外。拉丁美洲左派已經很久沒有這樣的好消息了，這一年情況似乎有好轉的跡象：墨利斯·畢許的親古巴「新吉維爾運動黨」在三月十三日拉下了格瑞那達的首相，十月二十七日，這個島嶼自英國獨立；巴拿馬運河協定於十月一日生效，中美洲以軍事政變繼續革命之路，於十月十五日罷黜薩爾瓦多總統卡洛斯·羅梅若。桑定組織掌權的四個星期前，在墨西哥的賈西亞·馬奎斯以電話向哥斯大黎加的朋友、同事、作家瑟席歐·拉米瑞茲進行訪問，他剛宣布尼加拉瓜臨時政府五位領袖之一已經流亡[60]。這兩人討論新政府的組織和功能、軍事狀態，哥倫比亞在不與索摩薩斷交的政策下，美國可能的反應。賈西亞·馬奎斯問到作家爲何涉足政治時，拉米瑞茲回答：「你知道，在愛國戰爭、解放戰爭時，爲了對付索摩薩這樣的佔領軍，大家都拋下自己的工作，拿起來福槍，包括詩人。我認爲自己是在戰場上。」[61]

賈西亞·馬奎斯持續關注尼加拉瓜革命，也給予一定的支持，但他從來沒有表現出和古巴同樣的熱誠。其中一個原因是他對尼加拉瓜沒有像卡斯楚一樣的熟悉，當時他和任何領導團裡的成員也沒有像他和卡斯楚一般親近的關係。另外一個原因是，他想必總是有著無可避免的疑慮，如同他對智利實驗所表現出來的：除非一個國家如同古巴一般採用同樣無情的軍事和政治手段，美國根本就不可能容忍任何一種左派政權。而且，古巴自己的回應也加深了他的疑慮。古巴人幫助尼加拉瓜，但以拉丁美洲的觀點看待持續的革命，他們現在也必須對美國更加敏感，美國自己被迫接受蘇維埃否決入侵古巴一事，但永遠不會接受任何接近「第二個古巴」的事情發生。

這家人在夏天遊遍世界各地，包括日本、越南、香港、印度、莫斯科，隨後羅德里哥回到哈佛，賈布、梅瑟德斯、貢薩羅繼續前往巴黎，貢薩羅在此開始研習音樂、主修長笛。他的父親花了一個月的時間在聯合國教科文組織的事務上，他受邀在麥克布萊德委員會服務，調查第一次世界大戰時國際媒體的資訊壟斷。他接受朋友拉蒙・喬歐和伊格納希歐・拉莫奈特的訪問時表示，這篇文章的靈感是來自他和委員會的工作，標題是聳動的〈資訊戰爭已然開打〉[62]。這兩位記者表示，賈西亞・馬奎斯在巴黎「幾乎是微服出遊，幾乎是秘密行動」。

賈西亞・馬奎斯解釋，委員會由聯合國教科文組織在一九七六年的討論之後，由首長阿馬哈杜・馬塔波成立，從一開始就出現重大的妥協，因爲俄國人當然希望有完全國營的媒體，而美國人要完全私營的媒體。官方語言是英文、法文、俄文，一九八〇年十月下旬，報告會送到聯合國教科文組織在貝爾格勒的大會[63]。賈西亞・馬奎斯後來說，身爲「孤獨的文字獵人」，他從來沒有這麼無聊過，覺得這麼無用，但同樣地他也從沒有學到這麼多過——更重要的是，資訊從強者流向弱者，是富人支配窮人的重要工具[64]。麥克布萊德委員會的工作後來受到美國和英國的反對，最後導致這兩個國家在一九八〇年代中期退出聯合國教科文組織。

奇妙的是，正是這個時候——蘇聯災難性地進軍阿富汗——賈西亞・馬奎斯開始改變他的公開聲明以及公開角色。較早的例子是他一九八〇年一月二十五日在墨西哥市一場會議中的聲明，表示拉丁美洲是無依無靠的受害者，只是美國和蘇聯衝突中的局外人[65]。雖然他向喬歐和拉莫奈特表達一些高談闊論，賈西亞・馬奎斯對於一般而言世界的未來，或者如他所說的針對拉丁美洲的部分還不是那麼有自信——當然世界的未來不可能會是社會主義。回顧隆納德・雷根的選舉，他公開的深思熟慮，既然雷根沒有他假裝的那麼難纏，他會在拉丁美洲證明自己神槍手的名聲，「那一片遼闊、孤獨的後院，我們之中沒有人打算爲其犧牲自己的快樂」[66]。這證明是非常準確的預言。

但無論如何，他已經渴望回到文學。如今許多訪問不斷的暗示賈西亞・馬奎斯厭倦了近六年前自己所做出與皮諾切特有關的魯莽的承諾。十一月十二日的《卓越》報導他在寫一系列關於拉丁美洲人在巴黎的故事，會在皮諾切特下台的二十四小時後發表。有些人把他的「罷工承諾」解釋爲直到這位智利獨裁者下台爲止，以爲他不只是停止發表，而是停止所有文學活動，對於如此解讀的人而言，這樣的消息令人失望。原來，他顯然有在寫作，他的「文學罷工」一旦結束，作品就會像噴射機盤旋世界最大城市上空等待降落般的排隊出版。

他仍然不願意承認更重要的事實是，他已經開始一本新的小說。那年稍早，他還是宣布自己已經「用光了題材」，他腦袋裡「沒有另一本小說」[67]。其實，他的下一本小說顯然非關政治，是重要轉變的預兆。他的讀者和賈西亞・馬奎斯自己都沒有瞭解到，他其實是在尋找愛情。世界各地都出現一股強烈的潮流，回歸個人身上，與初步印象不同的是，賈西亞・馬奎斯自己也成爲這個過程的一部分。

《抉擇》雜誌經歷了一段了不起的努力過程，但已經遇到越來越多的財務困難，特別是圖爾拜掌權之後，政府施壓阻止廣告刊登。到了一九七九年年底，這些問題已經非常嚴重，雜誌負責人繼續用自己的資源補助，但一九八〇年三月二十七日終於關門時，參托斯・卡爾德隆和參貝爾回到《時代報》，那些和波哥大的機構沒有關係的人開始尋找其他的謀生方式，而賈西亞・馬奎斯可以自由地重新考慮他的政治和文學選項，計畫下一個階段的事業。

第二十章 回歸文學：《預知死亡紀事》以及諾貝爾獎

一九八〇—一九八二

如今安居於巴黎的索菲特飯店，賈西亞·馬奎斯的時間分成兩部分運用：早上是寫作時間，下午則處理聯合國教科文組織麥克布萊德委員會的事務，其組織任務與當時「第三世界主義」的意識型態一致，亦即考量「世界資訊新秩序」的可能性，跳脫由西方機構全權掌握國際新聞內容的局面[1]。事實上，賈西亞·馬奎斯雖然認同這樣的理念，這次的合作卻代表他公開戰鬥生涯的結束，再也沒有羅素民間法庭或麥克布萊德委員會，也沒有《抉擇》或《戰鬥新聞報導》（一九七〇年代於波哥大發行的政治論文選集），他甚至連「人身保護令」這類激進主義的努力都放棄。他下定決心停止激進的政治作法，轉戰幕後外交調解。既然皮諾切特近期內不太可能下台，他決定放棄等待，選擇回歸小說創作，同時，這也是他能想到最好的宣傳方式。一九八一年九月，賈西亞·馬奎斯大言不慚的表示「身爲作家的他比政治家危險多了」。[2]

雖然已經是世界知名的作家，但從《邪惡時刻》發表後將近二十年的時間裡，他其實只出版了兩本小說——《百年孤寂》以及《獨裁者的秋天》，他必須寫出更多作品才能成爲當代偉大的作家。至於政治，他永遠不會拋棄拉丁美洲或自己的政治核心價值，然而，他也下定決心把關注的焦點及政治渴望全部投注在古巴，當然還有哥倫比亞，投入的程度，足以使他對這個悲哀的國家保有樂觀的前景。姑且不論古巴在政治與經濟上的劣勢，對賈西亞・馬奎斯而言，古巴至少代表道德上的勝利。費德爾是拉丁美洲人，是屹立不搖的象徵，代表整個拉丁美洲的希望以及最重要的——拉丁美洲的尊嚴。馬奎斯決定停止衝撞拉丁美洲歷史的這堵牆，樂觀以對。

除了古巴和哥倫比亞，他把自己微妙地抽離對拉丁美洲直接衝突的狀態，轉而開始花時間在之前所不喜歡的兩個地點：巴黎和卡塔赫納。也是在這個時期，他在這兩座城市購置了公寓：蒙帕納斯的史丹尼斯拉路上以及卡塔赫納的「大口區」，眺望觀光海岸及他深愛的加勒比海。一九八〇年九月，他終於重新執筆寫了短篇小說〈雪地裡妳的血跡〉，故事起於卡塔赫納，止於巴黎，完全反映了他的情況(甚至還放進了他與塔奇雅巴黎的那一段過去)[3]。同時，他典型的直覺、時機、運氣融合爲一，他的兩位朋友——方斯華・密特朗和雅克・朗獲選爲法國公職，分別成爲總理和文化部長。另一位朋友雷吉斯・德布雷成爲重要但頗具爭議的政府顧問。至於卡塔赫納，感謝航空服務的改善及卡恰克價值觀的改變，此處逐漸成爲波哥大權貴的度假勝地。

對於一個如今五十多歲，理所當然可以大聲說自己曾經爲革命盡力的人而言，這是一段令人興奮的回春時期。帶著短暫精通法國高級料理的經驗，羅德里哥開始他的出埃及記——離開巴黎。如今，既然羅德里哥已在哈佛念書，賈西亞・馬奎斯開始幫小兒子貢薩羅在此物色合適的音樂課程。賈西亞・馬奎斯的弟弟埃利西歐也在巴黎住了幾年，稍後搬到倫敦。同時，年輕一輩的哥倫比亞記者，如曾任《抉擇》的夥伴安立奎・參托斯・卡爾德隆、安東尼奧・卡巴耶羅，以及《觀察家日報》的馬利亞・希門納・杜贊等，他們都在巴黎，比利尼歐・門多薩則在哥倫比亞大使館工作，賈西亞・馬奎斯和高層的關係對他們都很重要[4]。雖然梅瑟德斯在巴黎的時間比賈布短，但她照顧這些年輕的哥倫比亞人，偶爾當他們的媒人，在他們愛情受挫時安慰他們。賈西亞・馬奎斯自己則參與友人深夜冗長的討論，也讓朋友知道他雖然改變了作法，但是背後的信念依舊。[5]

擁有自己小公寓的貢薩羅很快地對長笛失去興趣，讓父親很失望。如今十九歲的他，於一九八一年開始學習繪畫，並遇見了未來的妻子，也就是曾任《勢利》雜誌編輯、墨西哥前衛作家薩爾瓦多・艾利桑多的女兒——琵雅・艾利桑多。貢薩羅的父母不在時，塔奇雅就像姑姑一樣地照顧他，她還住在觀測所大道上，他們自己「邪惡時刻」中灰暗醫院的對面。〈雪地裡妳的血跡〉在一九八〇年九月六日刊載於《觀察家日報》時，《主日》雜誌的封面是一張滴血玫瑰的圖片。

這個寓含深意的故事發表幾星期後，出現了一篇有關梅瑟德斯的罕見文章，出自比利尼歐的妹妹龔雪妻・門多薩・利安諾。文中公開而婉轉的評論賈布一九五〇年代的巴黎之愛，提到他「或許曾經很愛她」，並暗示梅瑟德斯對這件事，甚至其他事太過天真。姑且不論梅瑟德斯是否完全理解最近出版的這篇短篇小說，但這篇毫不避諱的導讀刊登，必定造成意外的難堪局面。然而，這篇文章以受訪人大膽的反擊收尾，龔雪妻・門多薩寫道：「她一點都不為那些女性書迷感到困擾。她說：『你知道，賈布一直很崇拜女性，從書裡就看得出來。到處都有他喜愛的女性朋友，而且多數都不是作家。不過，女性作家有時候也很麻煩，妳不覺得嗎？』」[6]

一九八〇年三月十九日，在一次訪問古巴的行程中，賈西亞・馬奎斯宣布自己在沒人知道他有在寫作的情況下，「上星期」完成了一部名為《預知死亡紀事》的小說。他表示，這本小說「不算是合格的小說也不算是報導文體」。稍後他又聲稱此作品「其實類似美式的『新新聞』寫作手法」。他不斷重複一個最喜歡的意象——寫故事就像是攪拌水泥，而寫小說正如砌磚塊。接著他又加了一個新的比喻：「小說就像婚姻：可以每天不斷修正；但故事就像外遇，即使行不通也沒法修正。」[7]

不過，並不是每個人都樂於接受這嶄新的賈西亞・馬奎斯。當他試圖爲最近湧進秘魯駐哈瓦那大使館的古巴政治難民潮辯護時，意見不同的古巴作家雷納多・阿瑞納斯寫了一篇文章，彷彿爲了證明自己沒有那麼容易受騙，其中難以翻譯的雙關語標題爲〈賈布列爾・賈西亞・馬奎斯：驢蛋還是混蛋?(an Ass or an Asshole?)〉。文中特別提及賈西亞・馬奎斯對於越南船民及古巴政治難民的偏頗評論，阿瑞納斯寫道：

> 像賈西亞・馬奎斯先生這樣的作家，居住在西方國家、在西方國家寫作，其作品有著相當的影響力及回響，也保障了他的生活以及知識分子的威望。像他這樣的作家，世界賦與他享有自由保障，許許多多的機會，他應該善用這些機會，出面為集權共產主義道歉。集權共產主義把知識分子變成警察、把警察變成罪犯，根本是粗蠻的作法……所有自由世界(以外也不存在)的知識分子都該挺身反對這些肆無忌憚的共產主義宣傳工具，他們受到自由的庇護，也利用其器，但卻傷害自由之名。[8]

五月份，賈西亞・馬奎斯接受《紐約時報》亞倫・萊丁的專訪。賈西亞・馬奎斯已經「在美國與古巴調解難民問題之際去過哈瓦那」，他在專訪中向萊丁解釋自己已經成立「人身保護令」，可以「在特殊情況下聯絡左派以及當權者，協助釋放游擊隊綁架的受害者。」[9]這種說法聽起來很像某人兩邊都想討好，並且明顯已受到「當權者」的引誘，不論當權的是誰。至於期盼已久關於古巴的書，

「有許多門爲我敞開，但是我知道這本書備受爭議，可能會讓有心人士拿來批評古巴，因此，即使許多古巴人希望我出版，我還是拒絕出版。」萊丁也寫到，「他雖然常常造訪哈瓦那，卻無法在此定居：『因爲我從沒歷經過所有過程，所以無法在那裡定居。現階段我也很難在那裡定居、或適應那邊的狀況。我會錯過很多東西。我無法住在一個缺乏資訊的地方。我渴望閱讀世界各地的新聞與雜誌。』然而，他也認爲自己無法住在哥倫比亞。『我在那裡毫無隱私可言，』他說，『每件事都和我有關，每件事都牽扯到我。如果總統笑了，我必須對他的笑發表意見。如果今天他沒笑，我也必須對此發表意見。』因此，賈西亞・馬奎斯先生自一九六一年起就長住墨西哥市。」

一如往常的，這本最終命名爲《預知死亡紀事》的作品其實來自過去：小說背景來自三十年前他的好友卡耶塔諾・貞提爾在蘇克雷遭到謀殺；更重要的是，這部作品的靈感來自一九五〇年代早期的政治暴力，故事主軸與《邪惡時刻》相去不遠。然而，已經投身政治七年的作者，把小說的時空背景更往前推，設定在哥倫比亞政治較爲安定的時期，如此一來，他無須如《邪惡時刻》中一般，把故事內容歸因於資本主義、遙遠而殘酷的保守黨政府，而是年代更久遠、深層、深受天主教影響的社會體系。而且，故事一開始對於意識型態和政治差異的執迷，就遠不如對於道德和社會差異的執迷。即使讀者及書評沒特別注意到這個情形，但他的文學架構已經有了巨大的轉變。

在現實世界裡，一九五一年一月在小鎮蘇克雷，一位年輕人米格爾・帕倫西亞在結婚當天收到一封短箋，其中提及他的新娘瑪格麗妲・奇卡・薩拉斯已非完璧之身，他因此感到受辱而把新娘退回。一月二十二日，在全鎮鎮民眼前，新娘的兄弟維多・馬努耶和荷西・華金・奇卡・薩拉斯在大廣場殺了她的前男友卡耶塔諾・貞提爾・奇門多，據稱他引誘瑪格麗妲、奪去她的童貞後又遺棄她[10]。這起謀殺案的手法相當凶殘：貞提爾的屍體被大卸八塊[11]。貞提爾的母親是露易莎・聖蒂雅嘉・馬奎斯的好友(教母)，卡耶塔諾則是小賈布、弟弟路易斯・安立奎、大妹瑪歌的好友。路易斯・安立奎前一天還與卡耶塔諾在一起，瑪歌在他被殺的幾分鐘前才和他見過面；年僅十一歲的海梅目睹他的死亡。從那天起，小賈布就一直想寫出這起慘劇背後的故事，但因爲這個事件關係到他與家人的密友，他的母親要求他必須等到事件主角的雙親亡故之後，方可寫出這個故事。(這起謀殺案也是一九五一年二月賈西亞・馬奎斯家族離開蘇克雷的原因。)一九八〇年，小賈布開始著手寫這部小說時，當年關係密切的人物多已過世，他得以如《獨裁者的秋天》一書中加入自己的角色一般，冷酷地把他所瞭解的事實情節與人物放入這本小說裡。[12]

是在一九七九年全家環遊世界返家的途中，賈西亞・馬奎斯的新作終於成形。他在阿爾及爾機場見到一位帶著獵鷹的阿拉伯王子，靈光一現地想到該如何表現卡耶塔諾・貞提爾與奇卡氏兄弟之間的衝突。有著義大利移民血統的貞提爾，化身爲阿拉伯人聖蒂亞哥・納薩，因而較爲接近梅瑟德斯・巴爾恰家族的血統；梅瑟德斯的朋友瑪格麗妲・奇卡則化身爲安赫拉・維卡里歐、米格爾・帕倫西亞成爲書中的巴亞多・聖羅曼。維多・馬努耶和荷西・華金・奇卡・薩拉斯分別化身爲雙胞胎兄弟佩德羅與帕布羅・維卡里歐。書中大部分的其他細節與現實有雷同或類似之處，有些角色之間的關係受到修正，特別是階級的部分。自然地，賈西亞・馬奎斯也運用小說家魔幻的角度，將故事寫得更戲劇化。

現代主義風格的《葉風暴》是賈西亞・馬奎斯最具自傳意味的小說，但他避開所有直接的自述手法；在後現代主義風格的《預知死亡紀事》中，卻有著明確而鮮明的自傳體元素：書中的敘事者就是賈西亞・馬奎斯本人，即使在小說裡沒有名字，但讀者清楚的知道就是他，因爲書中敘事者的妻子叫梅瑟德斯(而且作者似乎預期我們知道她是誰)、母親叫露易莎・聖蒂雅嘉、兄弟分別爲路易斯・安立奎和海梅、妹妹瑪歌，另一位是沒有具名的修女，這甚至是他的書中第一次出現父親一角，只是沒有名字。由於書中細節與他的家人和生活有很大的相關性，但不全然真實，因此，賈西亞・馬奎斯利用這些細節玩弄讀者以及現實。例如：謀殺案發生的那一天，露易莎・聖蒂雅嘉、路易斯・安立奎、瑪歌以及海梅的確都在蘇克雷，但小賈布、賈布列爾・埃利西歐、艾妲和梅瑟德斯並不在；還有，韋內佛列妲姑婆早已葬於阿拉加塔加多年，卻在小說最後活生生的出現。小說中，他的家族成員不但以本名出現，連個性和說話的語氣也都栩栩如生。敘事者提到他在梅瑟德斯還是小女孩時就向她求婚，事實也是如此；不過，他在小說裡加了一位妓女，用的名字是他在蘇克雷認識的瑪麗亞・阿雷罕德莉娜・塞凡提斯，他在小說中多次與這位妓女共度春宵。小說裡故事發生的小鎮沒有名字，但和蘇克雷一樣有河流經過；這個家族的房子就座落在河畔、遠離大廣場的芒果園裡，和現實中賈西亞・馬奎斯家族在蘇克雷的家地點一模一樣。不過，現實中的蘇克雷從未如小說一般見過大型蒸氣船或汽車；當然遠處也看不到卡塔赫納。除此之外，這個小鎮的描述幾乎和現實的蘇克雷一模一樣。

這部小說在醞釀之初便以成爲文學傑作爲目標。如今，作者明顯地判若兩人，是位截然不同的作者，散發出不同的光芒。在這本小說裡，他彷彿鬥牛士一般以令人難忘、兼具戲劇與美學的方式將牛隻一擊斃命，其作品成果也如同拉威爾的《波麗露》一般地受歡迎，讓人不由自主、無可抗拒的接受。小說同時有自我嘲諷之處，亦是其可取之處。作者含蓄地嘲諷懸疑的概念，在小說第一章的第一行就明白地指出角色的死亡，並在接下來的章節裡提了數次，最後(或許是獨特的地方)由主角像拿著玫瑰花束般的握著自己的腸子，在小說的最後一頁說：「韋內佛列妲小姐，他們殺了我。」接著，這個可憐的角色倒下，故事結束。因此，賈西亞・馬奎斯在書名中提到的「預知死亡」，指的不只是故事本身，也是他選擇敘述這個故事的方式。整個故事的諷刺與矛盾都很技巧地隱藏在複雜的作品中，由這位經驗老到的作者從容不迫的引領讀者走過整個故事。

新婚之夜，巴亞多・聖羅曼發現安赫拉・維卡里歐不是處女，把她退還給她的家族，她最後承認引誘她的是聖蒂亞哥・納薩。她的兄弟爲了報復而殺掉納薩之後把他藏身教堂裡，並告訴牧師：「我們是在全盤瞭解的情況下殺了他，但我們是無罪的。」雙胞胎的律師爭辯這起謀殺是合法的保衛名譽，然而，雖然他們並不認罪，卻似乎盡了一切力量，警告納薩或讓自己受到他人的制止——他們選擇等待他的地點是他最不可能出現之處，而且是在眾人的眼前。敘事者評論道：「沒有比此更預先通知的死亡。」對於小鎮的其他人而言，只有一位受害者，也就是受到欺騙的新郎巴亞多・聖羅曼。一直到二十三年後，敘事者再次見到他時，他依然保持神秘，什麼也沒說。神奇的是，安赫拉原本不太願意嫁給他，卻在被他拒絕的那一刻起轉而愛上他，爲他著迷。最後，等他們兩人都垂垂老矣之時，他帶著兩千封未拆開的信件出現，簡短的說：「是的，我來了。」

如同十七世紀「黃金年代」以降到二十世紀洛卡的戲劇一般，許多西班牙作品的中心主題皆以這部小說中的榮譽、恥辱、男子氣概爲社會主軸。（從此主題選擇的本身，明顯可看出作者謹慎的改變路線。）賈西亞・馬奎斯的結論或許是：由於他們加諸女人的行爲，他們彼此之間的暴力相向完全是活該。

賈西亞・馬奎斯寫作此書時，馬奎斯上校以及梅達多的故事，必定又在他的腦海裡出現過。我們對自己的行爲能負責到什麼樣的程度？還是其實這一切由命運掌握？諷刺的意味出現在每一個層面：最荒謬的是，聖蒂亞哥・納薩可能根本沒有犯下爲他招來殺機的那檔子事，而雙胞胎也不是真的想殺死他。真正招致死亡的，其實是命運結合了不可靠的人性，甚至是兩者之間的認知混淆。

「預知死亡紀事」或許是賈西亞・馬奎斯作品中最具影響力的標題，出現在無數的報紙頭條、雜誌版面上。使用的原因，當然是暗示不管什麼樣的宣告都可以受到阻止，人爲的介入可以決定世界的方向（雖然頗具諷刺地，小說傳達的似乎是完全相反的訊息）。整體而言，賈西亞・馬奎斯早期的作品，傾向暗示事情多半是歸因於人爲介入，有別於拉丁美洲人民一般普遍傾向於相信宿命。整體而言，他後期的作品似以更存疑的態度質疑何者受到人爲介入，並展現許多事並不是事在人爲。矛盾的是，他早期的作品較爲悲觀，卻出自含蓄樂觀的社會主義觀點，目的是爲了改變人心與觀念；他的後期作品較爲活潑，卻來自幾近絕望的世界觀。

一九七三年至一九七九年間，他活躍於政治宣傳及運動，這個時期結束時，同時也是爲了準備他所直覺之未來的到來，他如今擁抱先前拒絕的角色：成爲名流。完成《預知死亡紀事》之後，預料到自己會回到哥倫比亞，他與媒體的朋友溝通，希望從事完全不同的新聞報導。他的新作回歸一九四〇年代至一九五〇年代在卡塔赫納及巴朗基亞時所寫的文章，更接近文學體而非新聞[13]。這些文章同時具有政治與文化評論，類似連載的回憶錄，或是給朋友的每週一信，或是供書迷傳閱、持續的公開日記[14]。不過，這日記並非來自一個需要筆名、讓自己有身分證明的專欄作家，這是「名人」日記。

他的文章同時發表於世界各大媒體，最重要的是波哥大的《觀察家日報》和西班牙的《國家報》，還包括拉丁美洲和歐洲的其他平面媒體。從一開始，這些文章最顯著的就是他出人意表的立場上的改變。雖然許多文章仍然與政治時事相關，卻已經少了左派急迫的語氣。爲這些文章執筆的是一位「偉人」，彷彿是一位十九世紀已經受到普世讚揚、肯定的小說家。他依然很親切——的確，如此重要的人依然如此親切顯然是一種榮幸（兩者含義都存在於字裡行間）——但這已經不是年輕的「塞提莫斯」，以獨特的瘋狂寫他的「長頸鹿」專欄，也不是最近《抉擇》雜誌記者的同志情誼。如此般立場與語氣的轉變，是他最有效的宣傳伎倆，以熟練的戲法進行。很明顯地，這冷靜、謹慎的語氣知道一切，但別無所求，其主人即使回到文章每週日發表的波哥大，也不會引起波瀾。

這些文章從一九八〇年九月開始發表，持續到一九八四年三月，這位作家在一生中最忙碌的時期居然還能每週一篇地發表，而且累積到驚人的一百七十三篇[15]。然而回顧之下，其中最驚人的恐怕是前四篇文章都和諾貝爾獎有關[16]。字裡行間顯示賈西亞・馬奎斯不只做了許多研究，而且非常熟悉斯德哥爾摩，更誇張的是，他不但見過重要院士亞圖・隆德奎斯特，還去過他家拜訪。他研究諾貝爾委員會的組成、遴選方式、授獎儀式的程序。他在第一篇文章提到瑞典皇家學院就像死亡一樣，總是出人意料之外。但就他的情況而言卻並非如此！

從一開始，他就讓讀者以爲自己可以一窺「富有名流的生活」，同享「香檳、魚子醬的生活夢想」[17]。賈西亞・馬奎斯不只不斷地提起自己目前的生活與生活方式、他所認識的重要人物，還不斷地回憶自己的過去，彷彿世界各地的讀者不證自明的都對此感興趣。從一九七九年刊載於《抉擇》的最後一篇文章，到一九八〇年九月《觀察家日報》的第一篇文章之間，彷彿二十五年就這樣過去了，如果是發生在波赫士筆下《秘密的奇蹟》中角色的身上，倒是有可能發生。同時，在不悖離國際自由派主流意見的情形下，他成功地以高尚的手法，持續反對雷根政府在中美洲以及加勒比海所進行的新帝國主義運動。這是一項卓越的成就，他必須以聲譽卓著的民主政治人物如貢薩雷茲、密特朗、卡洛斯・安德烈・裴瑞茲、阿豐索・羅培茲・米歇爾森取代革命同志及聯絡人，如「邁向社會主義」的佩科夫、M-19的海岸人游擊隊隊長海梅・貝特曼。

他的讀者發現這位偉人和多數人一樣懼怕飛行，而且，他揭露其他偉人也深受其苦：如布紐爾、畢卡索，甚至是經常旅行的卡洛斯・富恩特斯。縱然他如此害怕，卻似乎經常在旅行，而且提供光鮮旅程中的見聞和熱情的書迷分享：去了哪裡，見了誰，這些人什麼樣子，有什麼弱點（因爲很明顯地，每個人都有弱點。）他也很迷信，而且，他似乎相信自己因此更受人喜愛。他甚至也有迷惑、不安全感：一九八〇年十二月，他在巴黎回想遇害的約翰・藍儂，懷念起披頭四跨越好幾個世代的音樂，難過地說：「這天下午，透過霧茫茫的窗戶看著外面的大雪，想到經過了五十幾年，我還是不太知道自己到底是誰，也不知道自己在這裡做些什麼，我的印象是從我出生到有披頭四的音樂前，世界都是一成不變的。」[18]他強調藍儂最重要的就是代表愛。回顧起來，他的讀者或許認爲他比較顯著的特質是權力、孤獨、缺乏愛；不過，他們即將改觀。

這篇關於約翰・藍儂的文章隱含寓意，但這次提供他方向的答案並不是巴黎、歐洲。儘管他此時接受一連串的訪問，他需要回到最近一本小說的背景地，也就是哥倫比亞。他多年前就承諾要回去，但一九八〇年早期《抉擇》關閉時，當地局勢又返回混亂的困境：新的暴力勢力、新的販毒浪潮、新的游擊隊出現，三者結合做出驚天動地的行動。

在這樣的背景之下，賈西亞・馬奎斯和梅瑟德斯，於一九八一年二月回到圖爾拜政權下受壓制、保守的哥倫比亞。馬奎斯在卡塔赫納舉辦了家庭聚會，最受注目的是艾爾維菈阿姨，也就是「巴阿姨」，她驚人的記憶力驚豔全場[19]。在此之後，他開始在最近爲最喜歡的妹妹瑪歌在「大口區」買的公寓裡工作。賈西亞・馬奎斯抵達後不久，哥倫比亞詩人兼評論家胡安・古斯塔沃・哥布・玻達前往拜訪，並獲准帶走《預知死亡紀事》的手稿，他在鄰近旅館的十九樓花了兩個小時讀完[20]。哥布・玻達的報導中提到，作者每天都在瑪歌的公寓工作，然後走下四樓、開車前去探視住在曼加的母親，聽「父親說難懂的笑話」。

三月二十日，賈西亞・馬奎斯在波哥大出席法國大使館所舉辦的榮譽勳位晚會，他再次見到哥布・玻達，他們同意這可稱爲「卑鄙的卡恰克人和下流的岸邊人之間的會面」。哥布・玻達表示，他從沒見過他的受訪人在哥倫比亞這麼快樂。這小小的滿足並沒有維持多久：兩人談話當天，總統宣布與古巴斷交。更嚴重的是：賈西亞・馬奎斯開始收到情報，政府試圖把他和M-19游擊隊扯上關係，也就是與古巴扯上關係，甚至謠傳他可能遭到暗殺。他事後告訴墨西哥記者，關於哥倫比亞軍方計畫暗殺他的故事，他至少聽過四種不同的版本[21]。三月二十五日，在朋友的包圍保護之下，他前往墨西哥大使館尋求政治庇護，並在那裡過夜[22]。第二天晚上七點十分，他在墨西哥駐哥倫比亞大使馬利亞・安東尼亞・桑切茲—賈維托的保護下往北飛；在墨西哥機場，有另一大群朋友與更多的記者等著迎接他。墨西哥政府馬上派了貼身保鑣給他。

飛行途中，賈西亞・馬奎斯和哥倫比亞記者瑪格麗妲・薇達爾長談，她後來針對此事寫了一篇深度報導[23]。隨著飛機經過加勒比海上空，賈西亞・馬奎斯向她保證，卡斯楚或托利侯斯都沒有提供武器給哥倫比亞游擊隊：卡斯楚和羅培茲・米歇爾森達成協議，不提供軍事協助，也謹守承諾。他預期自己會在羅培茲・米歇爾森再度成爲總統時返回哥倫比亞。他表示自己堅決反對恐怖主義：不論代價爲何，革命是唯一長遠的解決之道，但他看不出如何能達成目標。哥倫比亞一直是一個自覺性很低的國家，就民粹主義而言時機成熟，就革命而言卻不然。哥倫比亞人已經對一切失去信心，政治從未有所助益，如今人民各自爲己，社會有分崩離析的危險：「一個國家如果沒有有組織的左派，或是只有無法說服人民的左派、只會分裂的左派，這樣的國家成不了事。」

對於一部名爲《預知死亡紀事》的小說而言，這一切是非比尋常的背景。可以想像，對於這位自以爲是的左派「岸邊人」即將遭遇的不愉快和諷刺的意外事件，軍營裡的哥倫比亞軍官幾天前可能還在暗自偷笑。總之，主角落跑了，慶祝他返回哥倫比亞的禮物——他的新小說——在波哥大發表，但主角缺席。

讀者覺得《預知死亡紀事》所敘述的故事非常地曲折離奇，然而，這本小說本身出版後亦遭逢自己曲折的故事。首先，小說在西班牙（布魯奎拉出版）、哥倫比亞（黑羊出版）、阿根廷（南美洲出版）、墨西哥（蒂安納出版）同時出版時，銷售成績斐然。一九八一年一月二十三日，《卓越》報導西語世界印製超過一百萬本——四個國家各印二十五萬本平裝版、西班牙五萬本精裝版。據報導，「黑羊」出版社四月才完成印刷，是拉丁美洲歷史上單一印刷最耗時的小說。四月二十六日，《卓越》報導光是墨西哥的廣告就耗費十四萬美元，此書並翻譯成三十一種語言，拉丁美洲各地街角的報販和零食攤都買得到。

小說出版不久，「黑羊」出版社的老闆荷西・維森德・卡塔萊因接受訪問[24]。原來，小說印製的數量不是一百萬本，而是兩百萬本：哥倫比亞一百萬本，西班牙和阿根廷總共一百萬本，不過，卡塔萊因所引用的數字並不是太可信，正如同他的公司名稱「黑羊」所暗示的。在此之前，哥倫比亞最高的初版數是一萬本，賈西亞・馬奎斯的新書初版印刷量是世界文學作品之最。印製兩萬本所代表的意思是，購買了兩百噸的紙張、十噸的硬紙、一千六百公斤的墨水。光是把哥倫比亞的書運送出境，就需要四十五架波音七二七客機。彷彿錦上添花似地，賈西亞・馬奎斯於四月二十九日宣布《預知死亡紀事》是「我最傑出的作品」。不過，五月十二日，某些哥倫比亞評論聲稱這本書是「冒牌貨」，只不過是一篇較長的短篇故事，對於作者先前的成就並無再上層樓之意[25]。但此書躍上西班牙暢銷書排行榜，並在十一月四日無可避免地被拿來與西班牙一九八一年最暢銷書——羅貝・維加的《羊泉村抗暴記》作比較。偉大的小說家賈布聲勢浩大地復出了。

五月七日，一位波哥大的律師安立奎・阿瓦雷茲控告賈西亞・馬奎斯誹謗小說中描繪的兄弟，因爲他們在現實中獲判「無罪」，但小說裡卻把他們寫成殺人犯，他並且求償五十萬美元。想到三十年前倒楣而且可能無辜的卡耶塔諾・貞提爾真的被這對兄弟謀殺——就算法律上不算——這樣的行爲似乎是惡意的雪上加霜[26]。書中一些其他「主角」，包括被描繪在其中或認爲自己被描繪在其中的人，以及其他的家族成員聚集在哥倫比亞——有些從世界各個角落搭飛機前來——討論他們的不平之聲。他們都無法得其所願：他們永遠無法從賈西亞・馬奎斯龐大的獲利中分一杯羹。哥倫比亞的專業人士一直有著扎實的文學素養，因此，哥倫比亞的法院判定史實與小說之間仍有差異，作者的創作自由得到完全的保障。

《預知死亡紀事》是賈西亞・馬奎斯最成功的小說之一，不僅是一般大眾，就連評論者一旦讀過也無法忘懷。然而，這也許是他所有的作品中最悲觀的一部。很顯然地，這樣的轉變必定和一九七四年至一九八〇年間，他在政治活動上所受到的挫折，以及這段時期結束時哥倫比亞的情況有關。

五月二十一日，賈西亞・馬奎斯在巴黎參加方斯華・密特朗的總統就職典禮，一同出席的還有卡洛斯・富恩特斯、胡立歐・柯塔薩、薩爾瓦多・阿言德的遺孀歐登希雅。在未來的歲月裡，他還會參加其他朋友的總統就職典禮，不過都沒有這首次體驗如此令人讚嘆、派頭十足，並且充滿詩意，因爲這富麗堂皇的典禮，由最具自覺、最具歷史意識的政治人物所演出。從近乎巴黎流浪漢的日子到今天的地位，賈西亞・馬奎斯已非吳下阿蒙[27]。六月，他前往哈瓦那，住在官方安排他永久專用的里維耶拉飯店套房。他和費德爾的關係有了固定模式，他們開始每年一起在卡斯楚位於長沙洲的寓所度假，有時只有他們，有時其他賓客加入，搭乘他的快艇或遊艇阿跨拉馬斯號出海。梅瑟德斯特別享受這樣的時刻，因爲費德爾對女人特別有一套，總是以老派地殷勤周到的招待，讓她覺得既舒服又無微不至。

如今，賈布和費德爾之間的關係，已經自在得足以讓這位哥倫比亞人扮演討人厭的兄弟角色，他一點運動細胞也沒有，一天到晚繃著臉抱怨煩人的事務、飢餓、生活中不幸的急迫任務，這些鬧劇總是引來卡斯楚一笑。當然，朋友的弱點並不總是讓司令官莞爾一笑，不過如果是賈西亞・馬奎斯的話，總有破例的理由。他不只扮演兄弟的角色，總是進退合宜，他也知道什麼時候可以開玩笑，什麼時候扮演宮廷小丑，謹守分際。一般而言，費德爾不見得對作家就有特殊禮遇，也不見得尊重他們的自由，但對於自己這一行的頂尖好手，他總是樂於肯定。

比卡斯楚更尊敬賈西亞・馬奎斯，把他視爲較年長、較有智慧，但同樣無禮的兄弟的，是巴拿馬的托利侯斯將軍。菲利普・貢薩雷茲後來告訴我，對於托利侯斯和賈西亞・馬奎斯，他最深刻的印象是他們一起在托利侯斯的寓所之一喝威士忌，開懷暢飲和「互相譏諷」之後，一場熱帶大雨傾盆而下，兩人從喝著酒的露台上跑下來，像兩個要好的小男孩般在雨中的草坪上打滾、雙腳在空中踢著、放聲大笑[28]。七月底，賈西亞・馬奎斯和委內瑞拉的卡洛斯・安德烈・裴瑞茲，還有希望贏得隔年選舉的阿豐索・羅培茲・米歇爾森一起探望托利侯斯，一起在美麗的康塔朵拉島上度週末。賈西亞・馬奎斯和他的軍人好友多待了幾天之後回到墨西哥。此時，包括拉丁美洲在內的全世界都緊盯著電視轉播，觀賞查爾斯王子與黛安娜・史賓塞女士在倫敦舉行的婚禮。然而，七月三十一日發生了對賈西亞・馬奎斯個人而言最大的打擊，政治上則是薩爾瓦多・阿言德一九七三年去世後的最大衝擊：根據報導，托利侯斯死於巴拿馬山區的一場空難，賈西亞・馬奎斯在最後一刻才決定不陪他搭乘那班飛機。

對於托利侯斯是否遭到暗殺，媒體諸多揣測；接下來的四天裡也臆測賈西亞・馬奎斯是否會出席葬禮，他的缺席令人意外和失望。他的解釋馬上成爲賈西亞・馬奎斯自圓其說的經典：「我不埋葬朋友[29]。」《葉風暴》和《沒人寫信給上校》這兩部小說都處理殯葬事宜，並且如同《安蒂岡妮》一般，小說基調也認爲有尊嚴地處置屍體是重要的道德責任，也許是我們不可靠的人性中最微小的要件；但這兩部小說的作者卻對葬禮做出如此的聲明，令人咋舌。

賈西亞・馬奎斯不埋葬他的朋友，但繼續讚揚他們：他的死者略傳文章〈托利侯斯〉於八月九日刊登於《觀察家日報》，他則在西班牙的科倫尼亞出席加利西亞節[30]。有些人認爲他的行爲既無情又矛盾，然而，托利侯斯之死對他的打擊很大。梅瑟德斯後來提到：「他和托利侯斯感情深厚，他真的很愛他，對他的死非常悲傷：而且因爲悲傷過度而生病。他非常想念他，因而不願意再回去巴拿馬[31]。」後來他自己回顧：「我認爲托利侯斯坐飛機的次數太頻繁，有時候根本沒必要：他是強迫性旅行，給了命運和敵人一樣多的機會。但也有高層傳出的謠言，說他的一位助手搭上公務飛機不久前，把一支無線電留在桌上，他們說等隨扈再去拿時，已經被換成裡面有炸藥的無線電。」畢竟是賈西亞・馬奎斯，他又補充：「就算不是真實故事，也是個很引人入勝的文學故事[32]。」

這一年，哥倫比亞舉辦大選，賈西亞・馬奎斯支持的羅培茲・米歐爾森代表自由黨，對上保守黨參選人貝利薩里歐・貝坦古。三月十二日，賈西亞・馬奎斯警告只有羅培茲・米歐爾森才是這個國家的民主最大的希望[33]。兩天後，他在專欄裡揭露自己在右派敢死隊ＭＡＳ的暗殺名單上(不是委內瑞拉佩科夫的政黨)。同在名單上的，還有兩星期前去採訪M-19游擊隊的馬利亞・希門納・杜贊。賈西亞・馬奎斯控訴軍隊和政府與「ＭＡＳ」共謀，說他一直希望死於「嫉妒丈夫之手」，所以當然不會死在「哥倫比亞歷史上最笨拙政府」的行動之下。[34]

雖然賈西亞・馬奎斯支持羅培茲・米歐爾森，但百分之五十五現身投票的選民大多並不認同。保守黨的貝利薩里歐・貝坦古，以百分之四十八點八的得票率，打敗羅培茲的百分之四十一，換句話說，分裂的自由黨參選人路易斯・卡洛斯・賈朗以百分之十點九的得票率幫保守黨贏得選舉。卸任的圖爾拜總統解除馬康多之地三十四年來斷斷續續的圍城狀態。貝坦古的兒子迪亞哥，代表毛派的工人革命政黨大肆反對自己的父親。貝坦古接任之後，隨即宣布特赦游擊隊運動，開始當代首次嚴肅的和平談判。

賈西亞・馬奎斯首次介入民主政治並不順利，如今，另一起拉丁美洲的災難使他更加失望。四月初，阿根廷軍隊佔領南大西洋的福克蘭群島，英國派出軍隊收復。阿根廷雖然是法西斯軍事執政團，但仍然是拉丁美洲政權；接下來的一年裡，這起與歐洲國家的衝突，考驗賈西亞・馬奎斯目前能表述的政治語言到極限，如同費德爾・卡斯楚一般，他發現自己寧願接受拉丁美洲獨裁者，也不願意接受歐洲殖民主義。他的第一篇評論《取捨福克蘭》發表於四月十一日[35]。接下來的幾個星期裡，雖然阿根廷軍隊自取其辱的情勢明朗化，但拉丁美洲灰心喪志的情緒卻越發強烈。

的確，自從一九七九年桑定組織勝利以來，拉丁美洲的政治新聞似乎每況愈下。波蘭有共產政權的問題，波蘭「團結工聯」領導的工會運動質疑政府的合法性。在賈西亞・馬奎斯的眼裡，世界各地的一切似乎都朝著錯誤的方向前進。同時，賈西亞・馬奎斯往返於大西洋兩岸之間——也讓他的讀者知悉——包括一趟協和客機之旅，「身處呆滯的商人和容光煥發的高級娼婦之間」[36]；他也飛到「可怕的曼谷」，在香港租一輛勞斯萊斯汽車（「我的朋友沒人擁有這種車」），再度說服自己「一如往常」，甚至在世界的性觀光之都，「最佳的做愛地點還是美國飯店，他們過濾空氣，換乾淨的床單[37]。」然而，在文學主題這方面，他似乎已經腸枯思竭。如今社會主義逐漸式微，如今他以孤獨與權力爲主的寫作題材似乎已經征服全世界，他感受到尋找其他主題的需要，滿足自己的樂觀主義，啓迪他人起而效尤。是什麼？當然是愛情！賈布會成爲文學世界裡的查理・卓別林：他會使大家發笑，使他們墜入愛河。

這個行動的第一個公開跡象，是一篇名爲〈佩姬，給我一個吻〉的文章，靈感來自於墨西哥他家那條街牆上的一則塗鴉[38]。賈西亞・馬奎斯說，在這個充滿壞消息的世界裡，特別是來自哥倫比亞的消息，如此純真的懇求令他感動。不過，他懷疑愛情是否真的令人叫好地重整旗鼓。四個月前他才向讀者吐露，除非桌上有一朵黃玫瑰（當然是由他親愛的妻子所置）[39]，否則他「不敢寫作」。他並不是反對性愛——他當場向全世界報告自己在早熟的十三歲就失去童貞——但加上其他元素之後的性愛比較美好，也就是完整的「愛情」。他宣告描繪愛情的小說會再度登上暢銷寶座，就連年代久遠的波麗露舞曲都會再度時興起來。

因此，他拒絕多次、但終於允諾《花花公子》雜誌等待已久的訪問時，也許時機上並非完全是巧合。自然地，地點選在巴黎這愛的世界之都，《花花公子》派出克勞蒂雅・德瑞福斯——後來成爲世界知名的採訪者，這也是這位作家接受的訪問中，研究最透徹、內容最廣泛的一次[40]。他向《花花公子》的美國讀者解釋自己的政治立場，堅持他和費德爾之間「討論文化多於政治」：他們真的只是朋友！接著他談到愛與性的話題，表示我們都無法完全地瞭解另一個人，他和梅瑟德斯也不例外；他還是不知道她到底幾歲。他解釋自己年輕時和妓女之間的關係，只是很單純地爲了找人作伴、逃避孤獨。

> 我對妓女有很美好的回憶，我寫她們的故事是因為念舊……妓院很花錢，所以是老男人才去的地方。性的啟迪其實是從家裡的僕人開始，然後是表姊妹，然後姑姑阿姨。但我年輕時妓女總是對我很好……那些妓女——包括那些沒有和我上床的——我和她們總是有很好的交情。我可以和她們一起睡覺，因為一個人睡覺很可怕，或者我也可以不要。我總是開玩笑地

說自己結婚是為了可以不用孤單地一個人吃飯。當然，梅瑟德斯說我是混蛋。

他說自己羨慕兒子活在男女平等的時代：《預知死亡紀事》描繪了他年輕時的社會型態。他終於描述自己是個拚命需要愛的男人：「我是全世界最害羞的男人，但我也是最友善的。這一點我不接受爭論或辯論……我最大的弱點？嗯……是我的心，在情緒表露以及多愁善感這部分。如果我是女人，我會一直說是。我需要很多的愛。我最大的問題是需要更多的愛，這是我寫作的原因。」《花花公子》：「你把自己講得像花痴一樣。」賈西亞・馬奎斯：「沒錯——是心靈的花痴……如果沒有成爲作家，我想當酒吧裡的鋼琴師。如此一來，我可以貢獻一己之力，讓情人更加相愛。如果身爲作家我能做到這一點，讓別人因爲我的書而更加相愛，我想，這是我一生追求的意義。」當然，如今他用自己的愛情故事爲人類做到這一點，用他的仲裁協調爲國家做到這一點。

這段訪問在近一年後才付印，但在這場訪問之前，關於賈西亞・馬奎斯最有名的一本書出版了，並在未來的歲月裡持續大量地銷售。《番石榴的味道》一書是爲了幫比利尼歐・門多薩的忙，因爲他又遭逢困難。書中顯然是坦白但精心算計過的對話——巧妙的安排——通盤回顧賈西亞・馬奎斯的人生及作品，對事物提出自己的意見，再一次地從政治涵蓋到女人41。很難不想像這些對於性愛挑逗時而驚人的暗示，可能的婚外情，在某些方面爲這位作家打開了新的市場，而他從前在愛情的文學表達上，似乎總是帶有暴力和悲劇的意味。

因此，賈西亞・馬奎斯證實自己回到寫作的決定，只要他還能寫，就不會再度將之捨棄。在此之前，寫作是一種使命、衝動、抱負，有時候是折磨；如今，他開始真正地樂在其中。幾年前他處於文學「罷工」之時，有點憧憬地告訴一位採訪者，他瞭解到自己只有在寫作的時候最快樂42。如今，他終於想到新書的靈感：一本關於愛情與和解的書。隨著春天來到歐洲，他開始做筆記。

那年夏天，他、梅瑟德斯、一位擁有波哥大主要古典音樂廣播電台HJCK的哥倫比亞朋友阿爾瓦洛・卡斯塔兀歐，還有他的妻子，即哥倫比亞最知名的電視節目主持人葛洛麗雅・瓦倫西亞，他們四人一起到歐洲各處遊歷。他們遊覽巴黎、阿姆斯特丹、希臘、羅馬之後，賈布和梅瑟德斯回到墨西哥。此時，他對新小說的內容已經有了較具體的想法：在所有一切的可能性之中，他選擇了自己長久以來拒絕接受的，也就是他父母之間的戀情，作爲新書的題材。

八月下旬，賈西亞・馬奎斯和梅瑟德斯再度與費德爾・卡斯楚在古巴海岸度假。羅德里哥剛從哈佛畢業，與他們同行，此時的他考慮進入電影業。他們的密友費度其夫婦、卡門・巴爾塞斯也加入他們和司令官的假期。費德爾不只以他的遊艇阿跨拉馬斯號歡迎他們，並且邀請他們到十一街的公寓晚宴，自從希麗雅・桑切茲去世後便少有外國人踏足此地。卡斯楚熱中廚藝，也熱中談論烹飪，尤其當時他參與生產的古巴卡門貝爾乳酪和洛克福乳酪。第二天晚上，一行人在安東尼奧・努聶茲・希門內茲家裡用餐，這次話題從烹飪轉向金錢[43]。卡斯楚考慮訪問哥倫比亞，說「賈布列爾」(他總是堅持這麼稱呼他)應該同行，「除非你擔心被控爲古巴間諜。」

「擔心這一點有點太晚了，」賈西亞・馬奎斯回答。

「我聽人家說卡斯楚付錢給賈西亞・馬奎斯時，」梅瑟德斯說，「我說那我們也該見到一點錢了。」

「如果你寄帳單給我就太糟糕了，」卡斯楚說，「但我有一個無法打敗的理由。『閣下，我們沒辦法付錢給賈西亞・馬奎斯，因爲我們付不起。』不久前，爲了不要炫耀我們無法被收買，我對一些美國佬說：『不是我們不肯出賣自己，你懂嗎，其實是美國人買不起我們。』這樣聽起來比較謙虛，對不對？賈西亞・馬奎斯也是一樣。我們沒辦法讓他當我們的間諜，你知道爲什麼嗎？我們沒有足夠的錢收買他，他太貴了。」

一直沉默的羅德里哥說：「我去一家北美大學的時候，他們問我父親如何在政治理想和他的金錢、生活方式之間取得平衡。我盡力回答，但這問題沒有令人滿意的答案。」

「哎呀，你只消對他們說，『那是我母親該傷腦筋的問題，不是父親，』」卡斯楚說。「你應該說，『其實我父親身無分文，花錢的都是我母親。』」

「而且她只給我汽油錢，」賈西亞・馬奎斯不苟言笑地說。

卡斯楚回答：「我正在爲別人向你問及你的銀行帳戶時制訂一條政策。你必須告訴他們，在社會主義的運作下，每個人根據他的能力付出，依據他的工作得到酬勞，賈布列爾是社會主義者——他還不是共產主義者——他根據自己的能力付出，根據自己的工作得到酬勞。而且，共產主義的運作毫無應用之處。」

羅德里哥漸漸投入這個話題：「有一次，一個男孩子突然轉身向我說道：『你的父親是共產主義者。』我問他：『那是什麼意思？他有黨員證，還是他住在共產國家？』」

卡斯楚回答：「你應該告訴他，『我父親只有在古巴時才是共產主義者，他們一毛錢也沒付給他；他根據自己的能力付出，他們印了一百萬本他的書，他根據他的需要獲取酬勞。』」

「他們一毛錢也沒付給我，他們這裡一毛錢的版稅也沒付給我，」賈布說。

在這次的古巴之行中，賈西亞・馬奎斯和卡斯楚也談到貝坦古在哥倫比亞當選的寓意，乍看之下似乎對賈西亞・馬奎斯和古巴革命都是相當大的挫敗。貝坦古於八月七日宣誓就職，他雖然是保守黨，曾任保守派《世紀報》（*El Siglo*）的編輯，但他的聲譽一直都是「文明」的政治人物，不贊成派系，而且他是業餘詩人，和許多詩人有私交。大選後不久，賈西亞・馬奎斯開始在媒體採訪時和新政權眉來眼去，不斷重複強調自己有多麼地「思鄉」。

雖然拒絕出席貝坦古的就職典禮，但賈西亞・馬奎斯對卡斯楚提及這位新總統時，評價不差，宣告他「是我的好朋友」。貝坦古的父親是趕騾子的，他們從一九五四年就認識，當時賈布在《觀察家日報》工作，貝利薩里歐在《哥倫比亞人報》(*El Colombiano*)上班，他們從當時就互有往來。賈西亞・馬奎斯向卡斯楚解釋，「在哥倫比亞，你一出生要不就是保守黨，要不就是自由黨，你自己怎麼想並不重要。」他說貝坦古在意識型態上並不是真正的保守黨，他的政府滿是獨立思考的人。「他非常擅長演說，他的演講能夠觸動人心，真正地觸動人心。而且，」令人意外地，「他常常徵詢我的意見[44]。」

諾貝爾獎的頒獎季節即將再度來臨，如同前幾年一般，賈西亞・馬奎斯的名字再次被提及，只是這次更加堅決。更令人意外的是，他還在諾貝爾獎宣布不到一個月的前夕，毫不留情地攻擊以色列領袖比金，直接牽扯到一九七八年頒給他諾貝爾和平獎的諾貝爾基金會。六月上旬，比金下令入侵鄰國黎巴嫩，他的陸軍司令官阿里耶爾・夏隆，未曾盡責保護巴勒斯坦難民不受攻擊，因而造成九月十八日貝魯特撒布拉和恰提拉難民營的大屠殺。賈西亞・馬奎斯建議夏隆和比金應該獲頒發諾貝爾死神獎。[45]

然而，諸多跡象顯示，他也爲自己的提名施力。他的朋友阿豐索・福恩馬佑爾那年稍後問他是否曾經去過斯德哥爾摩，他咧嘴笑著說：「有，我三年前幫自己安排得諾貝爾獎的時候去過[46]。」自然地，這可能只是他的「笑話」之一，但事實上，他在一九七〇年代去過斯德哥爾摩數次，而且特別和左派瑞典院士亞圖・隆德奎斯特聯絡，他是位傑出的作家，對於先前的諾貝爾獎頒給米格爾・安赫爾・阿斯圖里亞斯、帕布羅・聶魯達有非常大的影響力。賈西亞・馬奎斯並於一九八一年夏天和瑞典大使一起在古巴度假。

如果他在尋找得獎的預兆，那麼最佳預兆莫過於一九八二年九月十九日瑞典大選中，奧洛夫・帕勒姆的社會民主黨再度執政。帕勒姆是賈西亞・馬奎斯多年的好友，一直強調他個人打開文學視野，歸功於隆德奎斯特的文學作品。同時，家族裡的文學專家，也就是弟弟埃利西歐一直都深信小賈布一九八二年會贏得此獎，並確定小賈布自己也是這麼想。阿爾瓦洛・穆堤斯說，這段時間他朋友的行徑「令人起疑」。十月十六日星期天，埃利西歐和他通電話提到諾貝爾獎時，小賈布縱聲大笑，他確定如果有人會得獎的話，瑞典大使應該早在一個月前會先告訴那個人……[47]

十月二十日星期三，墨西哥報紙宣布賈西亞・馬奎斯新小說的主題是愛情。他和梅瑟德斯在中午過後坐下來午餐時，一位朋友從斯德哥爾摩來電說，所有的跡象都顯示應該十拿九穩，但他必定不可張揚，否則學院可能改變心意。掛掉電話，賈布和梅瑟德斯茫然地望著對方，無言以對。終於，梅瑟德斯說：「我的天，我們如今要面對的是什麼啊！」他們馬上起身逃到阿爾瓦洛・穆堤斯家尋求慰藉，直到淩晨時分才回家等待證實此榮譽的通知；他至少還想得這個獎，但對他們夫妻而言，卻也是無期徒刑的開始。

他們倆整夜都沒有合眼。墨西哥時間翌日清晨五點五十九分，瑞典外交部副部長皮耶・休利打電話到賈西亞・馬奎斯墨西哥市的家中證實這個消息。賈西亞・馬奎斯放下電話，轉身對梅瑟德斯說：「我完了[48]。」他們完全沒有時間討論，也沒有機會對這無可避免的突襲做好心理準備，電話就開始響起。兩分鐘後，第一位來電的是波哥大的貝坦古總統。貝坦古的消息來自方斯華・密特朗，而密特朗是從奧洛夫・帕勒姆處聽來的，不過，官方版本表示，貝坦古是在波哥大時間早上七點零三分，從哥倫比亞新聞台的記者處聽來的[49]。賈西亞・馬奎斯和梅瑟德斯一面穿衣服一面接電話，一面吃著女傭娜蒂聽到他們在樓上活動時臨時湊合出來的早餐。

除了《百年孤寂》的創作過程之外，賈西亞・馬奎斯偉大的神話中，受到最多討論的就是宣布他得到諾貝爾獎、接下來的混亂、前往斯德哥爾摩領獎的這整個過程。如果是美國或英國的作家贏得此獎，可能還上不了新聞。(反正作家又不重要，瑞典人以爲他們算什麼……)然而，獲頒此獎的不只是一位來自哥倫比亞的作家，而且是來自一個並不習慣國際祝賀之聲的國家；原來，獲獎的這位作家在一片遼闊、孤立的大陸各處受到喜愛與推崇，這大陸上的千萬人民認爲這位作家堪稱他們的代表，並且是他們的英雄。祝賀的電話及電報從世界各地湧進墨西哥市的家裡：首先是貝坦古，接著是密特朗、柯塔薩、波赫士、葛瑞格利・羅巴薩、胡安・卡洛斯・歐內提、哥倫比亞參議院。卡斯楚的電話打不進來，因此第二天寄了一封賀電：「正義終於得以伸張。此地從昨日便狂喜。電話無法打通。我誠心祝賀你和梅瑟德斯。」葛蘭・格林也寄了一封賀電：「最誠摯的祝賀。可惜我們無法與奧馬一起慶祝。」還有諾曼・梅勒：「你是最佳人選。」不過最重要地，拉丁美洲終於有機會表達他們對賈西亞・馬奎斯的看法——哥倫比亞、古巴、墨西哥都稱他爲自己人——世界各地的報紙滿是歌功頌德的文章，彷彿《百年孤寂》才剛出版，剛出現五秒鐘就有十億人在某個奇特而魔幻的時間裡同時閱讀，想要一起慶祝。

短短的幾分鐘之內，墨西哥市的家裡已經遭到媒體包圍，警方在祝融街兩頭設下路障。第一批記者邀請他到街上喝杯香檳，當然還有拍照，他的鄰居也出來鼓掌。阿雷翰德羅・歐布雷貢那天早上出現在老朋友家，看見這混亂的景象時只想到：「他媽的！賈布死掉了！」(歐布雷貢來墨西哥修補一幅他給賈西亞・馬奎斯的畫，這幅自畫像的眼睛，被畫家自己發酒瘋的時候打穿了[50]。)一大群記者蜂擁至賈西亞・馬奎斯的家裡，鉅細靡遺地描述屋子內外的細節——特別注意到每張桌子上的黃玫瑰和番石榴，大家都爭相要和當今紅人做「獨家」專訪。

賈西亞・馬奎斯已經三個星期沒有和母親通電話，因爲她的電話壞了，積極的波哥大記者運用科技讓他們公開連線。因此，露易莎・聖蒂雅嘉告訴全哥倫比亞，她認爲這個新聞最大的好處就是「也許現在我的電話可以修好了，」事實也真是如此。她也表示自己希望小賈布永遠不要得這個獎，因爲她相信如果一得獎他就會不久於人世。她的兒子已經習慣她這樣的言行，說他前往斯德哥爾摩時會帶著黃玫瑰保護自己。

賈西亞・馬奎斯終於爲蜂擁而至的一百多名記者安排了即興的記者會。他宣布自己參加斯德哥爾摩的頒獎典禮時不會穿晚禮服，而是「瓜亞貝拉」薄布短衫，或是以哥倫比亞的傳統服飾「利奇利奇」(好萊塢電影中拉丁美洲農民所穿的白色亞麻外衣長褲)紀念他的外公。直到典禮開始之前，這個話題一直是哥倫比亞卡恰克人的矚目焦點，他們擔心賈西亞・馬奎斯會引起什麼國際醜聞，或以難堪的下流舉止讓國人失望。他也宣布獎金會用來在波哥大成立一家名爲《其他》(*El Otro*)的報紙：他認爲這個獎一半是對他新聞工作的肯定。他也會在卡塔赫納建造他的夢想家園。

下午一點鐘，賈西亞・馬奎斯和梅瑟德斯把記者拋在身後，逃離祝融街到蚱蜢丘統領飯店，租了一個房間後開始打電話給親朋好友。下午他們隱密地只和八位朋友在一起，家裡則仍然人聲鼎沸。在媒體追逐新聞的期間，阿爾瓦洛・穆提斯擔任賈西亞・巴爾恰夫婦的專屬司機。

同時，華盛頓在同一天證實，剛受到桂冠殊榮的賈西亞・馬奎斯夫婦，還是無法得到入境美國的簽證，他從一九六一年起投入古巴革命之後便被禁止入境美國。(十一月七日他在《觀察家日報》的專欄裡寫到自己寧願「門完全關上而不是只開一半」——但這並不完全真實，因爲他仍然對此禁令非常苦惱——因此，他在十二月一日，魯莽地語出威脅，發誓要禁止他的作品在美國出版，既然他們拒絕核發簽證給他，又何必允許他的作品入境51？）這剛好碰上異議詩人阿爾曼多・瓦亞達瑞斯從古巴監獄被釋放的那一天，賈西亞・馬奎斯在卡斯楚和密特朗之間協調。根據他的支持者描述，瓦亞達瑞斯被釋放時由密特朗的顧問雷吉斯・德布雷陪同，本來大家以爲他已經癱瘓，到達巴黎機場時他卻從輪椅上站起來，把大家嚇了一跳。

賈西亞・馬奎斯在世界各地的朋友同聲慶祝。在巴黎的比利尼歐・門多薩流下熱淚，但也不是只有他一個。相較之下，已經在前往墨西哥途中的荷西・維森德・卡塔萊恩抵達機場時聽到消息，手舞足蹈起來；報攤的女孩問他是否中了樂透。的確如此。在卡塔赫納，他的家人也歡欣鼓舞的慶祝，賈布列爾・埃利西歐到處跟人說：「我早就知道有這麼一天。」沒人提醒他，他曾經預言小賈布會窮到「吃紙」。露易莎・聖蒂雅嘉說她的上校父親一定也在某處慶祝著；他一直認爲小賈布會成就非凡。大部分的報導把這家人寫成他自己小小馬康多裡的古怪居民：露易莎・聖蒂雅嘉是烏蘇拉，賈布列爾・埃利西歐是荷西・阿卡迪歐，雖然有時他大聲地質問自己也許應該是麥逵迪。但漸漸地，雖然他很驕傲、喜悅，賈布列爾・埃利西歐卻開始不當的行爲：小賈布得這個獎是因爲密特朗的影響力（「這些東西都算數，你知道的」）；小賈布只是他家族裡衆多的作家之一，他不懂爲什麼獨獨這一個得到這麼多的矚目。

馬妲雷娜省的省長決定把十月二十二日訂爲地方假日，提議馬奎斯上校在阿拉加塔加的舊家，應該成爲國家紀念館。在波哥大，共產黨安排了示威遊行，請求賈西亞・馬奎斯回國擔任受壓制一方的發言人以拯救哥倫比亞。一位記者詢問街上的妓女是否聽到消息，她說一位客戶剛在床上告訴她，這被公認爲對賈西亞・馬奎斯最高的敬意。在巴朗基亞，波利瓦爾大道上的計程車司機，從收音機上聽到消息後同聲齊鳴喇叭：畢竟，小賈布是他們的自己人。

報紙開始稱賈西亞・馬奎斯爲「新的塞萬提斯」，呼應帕布羅・聶魯達在一九六七年首次讀到《百年孤寂》後首先提出的意見[52]，往後幾年間這個比喻不斷地出現。把賈西亞・馬奎斯放在封面的《新聞週刊》稱他爲「令人入迷的說書人」[53]。也許倫敦的薩爾曼・魯西迪所寫的文章，最能代表當時及往後盛行的意見：他的文章標題《魔術師馬奎斯》：許多年來，他是最受諾貝爾獎評審歡迎的作家之一，是當代文學中少數真正的魔術師之一，身爲藝術家，他的作品有少見的特質，既有崇高的地位又能觸動、吸引一般讀者。我相信馬奎斯的傑作《百年孤寂》是戰後世界各地出版的小說作品中，最重要、最完整的兩、三部作品之一。[54]

同時，就在宣布得獎一星期後，他的好友菲利普・貢薩雷茲以西班牙社會主義黨黨魁的身分當選首相，是另一件值得慶祝的喜事。去年是密特朗，今年是貢薩雷茲。這個獎是否也意味著一切不可同日而語？賈西亞・馬奎斯告訴布宜諾斯艾利斯的人民：「既然現在我已經有了不朽的地位，可以死而瞑目了。」也許這是玩笑話。

十二月一日，米格爾・馬德里就任接下來六年的墨西哥總統。他和賈西亞・馬奎斯一直沒有培養出親近的情誼，但賈西亞・馬奎斯仍然出席就職典禮；同一天，菲利普・貢薩雷茲在馬德里就任西班牙新政府的首相。十二月初，前往古巴之後，賈西亞・馬奎斯前往馬德里祝賀貢薩雷茲，也接受祝賀。他宣稱自己在哈瓦那和卡斯楚談了十一個小時，雷根政府仍然拒絕核發無條件簽證讓他前往紐約。同時，梅瑟德斯在巴黎與兒子貢薩羅見面，但羅德里哥缺席。唯一令人失望的是，賈西亞・馬奎斯的大兒子在墨西哥北部忙著拍片，無法抽空前往斯德哥爾摩參與他傑出的父親在事業上最光榮的一刻。他們兩人前一個月在薩卡特卡斯見過面，沒人透露內容，兩人也都沒準備針對此事發言。

十二月六日星期一晚上七點，一架亞維安卡政府包機從波哥大啓程，開始前往斯德哥爾摩二十二小時的旅程，機上載著官方代表團，由教育部部長海梅・阿里雅斯・拉米瑞茲領軍，加上由基耶爾莫・安古羅所挑選十二位賈西亞・馬奎斯的密友——賈西亞・馬奎斯拜託他的老友安古羅代爲執行這項令人厭惡的任務——加上他們的妻子、「黑羊」出版社所邀請的一大群人，文化部在人類學家葛洛麗雅・特麗安娜的建議及協助下，也邀請了來自各個族群的七十位音樂家。

賈西亞・馬奎斯的賓客終於抵達斯德哥爾摩時，氣溫剛好降到冰點。數百位旅居歐洲的哥倫比亞人及拉丁美洲人聚集機場等候。隨著夜色越深，氣溫降到零度以下，但瑞典人告訴他們——幸運的是氣溫沒有更冷，而且沒有下雪[55]。來自西班牙和巴黎的親友於下午抵達：來自巴塞隆納的是卡門・巴爾塞斯和馬妲雷娜・奧利維爾、費度其夫婦和記者拉蒙・喬歐；來自巴黎的有梅瑟德斯和貢薩羅、塔奇雅和查爾斯、比利尼歐・門多薩、雷吉斯・德布雷和密特朗的妻子丹妮耶拉，不過，另一位朋友文化部長雅克・朗在最後一分鐘不克前往。哥倫比亞大使也在場，加上古巴大使、墨西哥代理大使，大家都在極地的寒風中引頸期待。[56]

塔奇雅自願爲賈西亞・馬奎斯及其友人擔任正式攝影師，甚至成功地取得媒體通行證。她的舊情人從飛機走到接待室時，她搶先拍下這勝利英雄的第一張照片，接著，她拍下瘋狂熱烈的哥倫比亞人試圖在北國夜色中，透過機場鐵欄杆碰觸賈西亞・馬奎斯的景象。賈布和梅瑟德斯前往豪麗飯店，三間華麗的套房等著在接下來的幾天接待他們[57]。賈西亞・馬奎斯既疲倦、興奮，又有時差，一下子就睡著了。然後，「我突然在床上醒來，想到他們每次給諾貝爾獎得主的都是同一個房間——羅雅德・吉卜林睡過這張床，還有湯瑪斯・曼、聶魯達、阿斯圖里雅斯、福克納。這可把我嚇壞了，結果我跑去睡在沙發上。」[58]

第二天早上，賈西亞・馬奎斯和一大群代表他整個過去的朋友一起在飯店用早餐，包括卡門・巴爾塞斯、卡塔萊恩。以前未曾有過這麼一大群朋友聚集在一起，有些根本互相不認識，有些彼此看不順眼。比利尼歐・門多薩說，賈西亞・馬奎斯在機場的表現，好像是視察的鬥牛士對群眾致意，他每天也像鬥牛士一樣，套房裡有人幫他著裝打扮，朋友圍繞在他身邊。有一次，他把阿豐索・福恩馬佑爾從「少數快樂幾人的套房」拉到空無一人的臥室裡，給他看自己的講稿：「幫我看一看，大師，告訴我你怎麼想。」福恩馬佑爾崇敬地的讀完講稿，終於表示他瞭解賈西亞・馬奎斯的政治立場。他的朋友回答：「你剛剛讀的是《百年孤寂》，不多也不少。」[59]

隨著時間接近，門多薩回憶：「我看到賈布和梅瑟德斯在休息室裡，心平氣和、無憂無慮的談話，對於即將要發生在他們身上的加冕典禮一點也不在意，彷彿這還是三十年前，他們在蘇克雷或馬干奎，星期六晚上在畢特拉阿姨或璜娜阿姨的家裡[60]。」文學獎得主的演講，於下午五點在證券交易大樓內瑞典文學院的演講廳舉行，四百位觀眾裡有兩百位是特別受邀的賓客，接著於六點半在學院秘書處以晚宴向所有得主致意。

下午五點鐘，賈西亞・馬奎斯穿著他註冊商標般的千鳥紋外套、深色長褲、白色襯衫、紅色圓點領帶，由瘦長的勞斯・吉倫斯登介紹出場，他不僅是學院的永久秘書，本身也是知名的小說家，亦負責撰寫宣布得獎的公報。由於哥倫比亞的口譯員聽起來好像在播報足球賽，幾乎聽不到以瑞典語介紹的吉倫斯登在說些什麼，賈西亞・馬奎斯自己開始演講的時候，必須做出「小聲一點」的手勢，才開始他的演講《拉丁美洲的孤寂》。作者以挑釁、大膽、幾乎咒語般的風格發表這場演說，以解構魔幻寫實結合政治，毫不掩飾地攻擊歐洲人無能或不願瞭解拉丁美洲歷史問題，歐洲人自己曾經需要的用來成熟、發展的時間，他們卻不願意給拉丁美洲。這場演說重新陳述他畢生反對「歐洲人」(包括北美洲人），不論他們是資本主義還是共產主義，把自己的「規畫」加諸拉丁美洲生活的現實中。賈西亞・馬奎斯宣稱獲頒這個獎項的原因，不只是因爲他的文學成就，也因爲他在政治上的活躍。他的演說在五點三十五分結束，觀眾起立致敬長達數分鐘。61

十二月九日星期四晚上，賈西亞・馬奎斯和梅瑟德斯前往瑞典首相位在哈普松德的官邸，接受私人招待的晚宴，出席的還有帕勒姆和其他十一位特別的賓客，包括丹妮耶拉・密特朗、雷吉斯・德布雷、皮耶・舒利、鈞特・葛拉斯、土耳其詩人／政治家布倫・艾傑維、亞圖・隆德奎斯特。瑞典外交部表示，這場晚宴邀請是特別的榮譽，鮮有前例。幾年前，方斯華・密特朗就在畢耶維禾街的寓所裡介紹賈西亞・馬奎斯和帕勒姆認識。此時，已經倦極的賈西亞・馬奎斯還是和他談了兩個小時中美洲的情形——對於後來提議巴拿馬周邊六國總統參與「康塔朵拉談判過程」的和平協議，有非常大的影響。62

這一系列的活動，都只是十二月十日「諾貝爾節慶」的前奏：早上在音樂廳彩排，下午四點鐘重頭戲上場，在一千七百名觀眾的見證下，由瑞典國王頒發諾貝爾獎。當天「諾貝爾獎得主的妻子」梅瑟德斯出現在哥倫比亞《觀察家日報》副刊「旋轉馬車」的封面上。她的妯娌貝阿翠絲・羅培茲・巴爾恰所寫的文章標題爲〈小賈布等我長大〉63。我們只能想像梅瑟德斯的妯娌對她說：「好吧，既然妳想爲龔雪妻・門多薩去年寫的那篇文章雪恥，何不讓我寫一篇真正讓妳滿意的訪問稿，加上令人稱羨的照片？」梅瑟德斯回答：「好，但是就這麼一次。」

午餐過後，主角很快著裝準備。從聽到消息的那一天起，他就不斷地提到自己的「利奇利奇」，有時候他宣布這是爲了紀念他的上校外公，有時候比較沒有那麼謙遜地，他說是爲了紀念他自己最有名的創作——奧瑞利亞諾・布恩迪亞上校。頒獎典禮次日，《觀察家日報》刊登了哥倫比亞蒙特利亞一位阿利斯帝迪斯・高梅茲・阿維耶斯先生的信，他清楚地記得馬奎斯上校，認爲他寧死也不會穿「利奇利奇」：他是個很時髦的人，絕對不會不穿西裝外套就上街，更何況是諾貝爾獎頒獎典禮[64]。在這些討論中，一位年輕時真的穿過「利奇利奇」的人從未被提及：那人就是賈布列爾・埃利西歐・賈西亞。

一九八二年十二月十日下午三點鐘，斯德哥爾摩豪麗飯店二〇八號套房。離開巴黎之前，塔奇雅幫賈西亞・馬奎斯買了達馬特牌的禦寒內衣，出現在一張有名的照片裡，這位偉大的作家穿著貼身衣物，被男性友人包圍著，他們各自穿著二十克隆租來的西裝外套。梅瑟德斯一個一個幫他們別上黃玫瑰驅走「母火雞」，加勒比海地區西班牙語所謂的「厄運」：「來，教父，讓我看看……」然後她安排拍照[65]，接著出現「利奇利奇」。《觀察家日報》的安娜・瑪麗亞・卡諾三天後惡毒地寫道：「賈西亞・馬奎斯抵達典禮會場時看起來『皺得像手風琴一樣』。」[66]

這些都是後來發生的事。此時，他大膽地穿著他的「利奇利奇」——終究最接近拉丁美洲下層階級制服的象徵——結果可怕的是，他也穿了黑色的靴子，這是賈西亞・馬奎斯自己爲這重大的一刻所準備的。如果「利奇利奇」是皺的，無疑尼加拉瓜的奧古斯都・桑定諾、古巴的荷西・馬提，還有其他拉丁美洲英雄反抗軍的軍服也是皺的，更不用說奧瑞利亞諾・布恩迪亞。他穿上一件大外套抵禦北國的寒冷，比利尼歐・門多薩回憶那一刻：「我們緊緊地擠在一起，陪賈布一起走下台階，迎接他一生中最值得紀念的一刻[67]。」他接著說：「街上覆滿了白雪，到處都是攝影師。在賈布身邊，我看到他的面孔緊繃了一下，以我的上升雙魚座的性格，我可以感受到突如其來的張力。花束、閃光、黑色的人影、紅毯，也許埋在遙遠瓜希拉沙漠裡的祖先正在和他說話。也許他們在告訴他榮耀的華麗和儀式，與死亡的華麗與儀式沒有什麼不同。大概是發生這樣的事情，因爲，當他繼續穿過鎂光燈以及穿著禮服的人影，我聽到他以突然、驚覺、痛苦的驚訝喃喃地說：『他媽的，這好像是在參加我自己的葬禮！』」[68]

進到音樂廳中，在令人想起希臘神殿的大舞廳裡，他們大步向前。一千七百位觀眾中包括三百位哥倫比亞人。賈西亞・馬奎斯穿著一身全白出現時，大家倒抽一口氣：他看起來好像身上只穿著禦寒內衣！舞台右方覆蓋著黃色的花朵，坐在藍金交織沙發椅上的是皇室成員：卡爾・古斯塔夫十六世、席維雅王后(她是巴西混血兒，在聖保羅度過童年時光)、莉莉安公主、伯帝爾王子，他們在國歌奏起時抵達。他們身邊有一個講台——永久秘書吉倫斯登稍後發言之處。受獎人皆坐在左方的紅色座位上：瑞典的蘇恩・伯格史東、班特・山繆森、英國的約翰・范恩(醫學獎)；美國的肯尼斯・威爾森(物理獎)；南非的亞隆・克魯格(化學獎)；美國的喬治・史蒂格勒(經濟學獎)。後方還有兩排座位，坐著學院院士、瑞典內閣、其他顯要。穿著「利奇利奇」的賈西亞・馬奎斯身邊圍繞著晚禮服、長披肩、皮草、珍珠項鍊。他和國王之間的地板上有一個圓圈，裡面是諾貝爾的字首「N」——漆上去還是粉筆畫的？——正等待著他。

瑞典皇家學院的吉倫斯登教授開始發言時，顯然很緊張。輪到賈西亞・馬奎斯的時候，他是倒數第二位，吉倫斯登先用瑞典語發言，接著轉向這位哥倫比亞的「岸邊人」，他如同巴朗基亞聖荷西學校裡那倒楣的小男生一般地站著，以晶亮的眼睛看著全世界，接著，吉倫斯登改用法語發言，扼要地陳述剛剛說過的話，邀請這位哥倫比亞人向前接受國王頒獎。賈西亞・馬奎斯選擇巴爾托克的間奏曲作爲伴奏，把他的黃玫瑰留在座位上，向前接受頒獎，有那麼一下子，他得暴露在沒有那圖騰花朵、無法想像的不幸中，他隨著背景的小號聲，雙手握拳走向遼闊的舞台，停在畫好的圓圈裡等待國王。接著，他和戴滿勳章的國王握手，看起來像卓別林的流浪漢迎合著上流社會的人。接受獎牌和證書之後，他僵硬地向國王敬禮，接著向貴賓、觀眾致意。此時，他受到在這莊嚴典禮的歷史上最久的一次起立致敬——長達數分鐘[69]。

典禮於五點四十五分結束，賈西亞・馬奎斯與其他得獎人魚貫走出會場時，他像拳擊冠軍一樣舉起雙手，在今後的人生裡，他多次做出這樣的手勢。幸運受邀的人有四十五分鐘的時間走到斯德哥爾摩市政廳的巨大藍廳，參加豪華的瑞典皇家學院盛宴。盛宴的菜色由瑞典頂尖廚師約尼・約翰生負責，是「典型的瑞典」菜餚。麋鹿排、鱒魚和雪寶、香蕉和杏仁；香檳、雪利酒、波特酒[70]。大膽的賈西亞・馬奎斯點起一根雪茄。大家一致公認宴會的高潮是七十位哥倫比亞音樂家進場表演。賈西亞・馬奎斯的朋友尼雷歐・羅培茲用他的鏡頭捕捉他們的奇遇及不幸[71]。他看著葛洛麗雅・特麗安娜緊張地護送著所有的女性：「她們都是處女，我答應她們的母親好好照顧她們。」市政廳掛著皇家的掛氈，他們抵達的時候，來自里奧蘇西歐的團體其中一人以為自己在教堂內，當場跪下來禱告。看著「來自馬康多一群成分複雜的團體走下階梯，包括對哥倫比亞認同的印地安人、黑人、加勒比海人、西班牙人。」時，羅培茲不知道這些瑞典人怎麼想。據他表示，到那時為止，所謂的諾貝爾光芒一直是矚目的焦點，如今注入了活力。由托托・蒙波席娜和哥倫比亞大黑妞蕾歐諾所帶領的表演非常精采，不斷的掌聲促使他們原訂十五分鐘的表演持續了三十分鐘。[72]

每一位受獎人都讀一段三分鐘的謝詞，伴隨著舉杯祝賀。賈西亞・馬奎斯首先以「頌讚詩曲」開場，主張詩曲是「人類存在最絕對的證明」[73]。當時沒有人知道的是，阿爾瓦洛幫了很大的忙，如一般人可能推論的阿爾瓦洛，他幫他念講稿、讓他思考。兩位受獎人要求他在《百年孤寂》上簽名。舉杯之後，大家魚貫的走到一樓的「大黃金廳」跳舞，以華爾滋開舞，隨後是各式各樣的北歐舞蹈，接著還有令人意外的〈吻我、深深的吻我〉、〈背叛〉、其他波麗露舞曲，以及狐步和倫巴舞曲。

當晚大家回到飯店之後，羅德里哥從墨西哥北部的沙漠來電。這位新科冠詩人和二十位朋友在一起，還在喝著香檳。賈西亞・馬奎斯眼睛閃亮地去接電話時，大家都靜下來。後來，他驕傲地告訴記者，他的兒子有「母親的風趣、父親的生意頭腦。」[74]

在數千英里外的哥倫比亞加勒比海小鎮阿拉加塔加，此時當然天色還早，更刺激、熱情的慶祝才正要開始。早上九點，小賈布受洗的教堂裡有讚美感謝儀式，接著前往他出生的房子朝聖。有一項活動提議比照普魯斯特的伊利耶─貢布雷，把阿拉加塔加變成歷史觀光小鎮。馬妲雷娜省的議員聚集在文化部，由精力充沛、出身阿拉加塔加的省長莎拉・瓦倫西亞・阿部達拉主持[75]。賈西亞・馬奎斯的妹妹莉妲回憶道：「頒獎那天，馬妲雷娜省在阿拉加塔加安排慶祝的活動。省長租了火車載所有的賓客，一路接運家人，堂兄弟姊妹、叔叔伯伯、姑姑阿姨、外甥姪女，我們全部一起抵達阿拉加塔加，那裡又有更多的表兄弟、叔伯姨甥、更多家人。有煙火、彌撒、露天烤牛肉、足夠全鎮享用的飲料。我們的親戚卡洛斯・馬汀尼茲・希瑪安是礦業部長，他也在場。那天，他們爲弟弟海梅蓋的電信大樓舉行落成典禮。不過，最棒的還是他們放出黃蝴蝶的那一刻。」[76]

回到斯德哥爾摩，主角開始放鬆了。他覺得自己有責任代表拉丁美洲向世界傳達正面的形象，最重要的是，他在哥倫比亞的敵人迫不及待地等他犯錯，因爲他們眼中這個國家的「正面形象」和他所努力的方向截然不同。他後來表示：「沒人懷疑我在那三天裡有多麼不快樂，注意最小的細節，讓一切順利。我一點點錯都不能犯，因爲最小的錯誤，無論多麼微不足道，在這樣的情況下都會引致災難[77]。」（後來他們都回到墨西哥市之後，這位新科得主對阿爾瓦洛・穆堤斯說：「告訴我斯德哥爾摩發生什麼事，我一點也不記得。我只看到閃光燈閃個不停，我忍受記者都是一樣的問題。告訴我你記得什麼。」）[78]

然而，他的表現是如此成功，即使一向關係不算好的《時代報》，都在社論裡對他讚譽有加，內文恭喜賈西亞・馬奎斯，承認他的人生很辛苦，每一分的榮耀都是他應得的。結語寫到：「在諾貝爾頒獎典禮的欣喜之後，這個國家必須回到現實，面對問題，回歸正常。但有些事永遠地改變了：深信我們還有豐厚尚未開發的潛力，我們在世界的舞台上才剛剛開始嶄露頭角。賈西亞・馬奎斯就是最好的證明，我們永遠不會忘記這寶貴的一課。」79

第二十一章
聲名大噪以及番石榴的香味：《愛在瘟疫蔓延時》
一九八二—一九八五

第二天早上，在卡門・巴爾塞斯的陪同下，賈布和梅瑟德斯飛往巴塞隆納，住進索菲雅公主飯店，充分休憩直到新年；不過，他們還是抽空拜訪了當時西班牙的新任首相。賈西亞・馬奎斯在每週一次的專欄裡，忠實記錄過去兩個星期拜訪了蒙克羅阿宮兩次，不受一切干擾與年輕的「菲利普」相談甚歡，「他看起來比較像大學生，而不是總理。」梅瑟德斯與貢薩羅則陪伴他的夫人卡門[1]。很明顯地，這位諾貝爾文學獎新科得主越來越高調，也越來越不謹言慎行。在他的下一篇文章裡，他提到，「我可以很驕傲地說，我認爲自己是最不拘泥形式的人……我始終無法習慣自己的朋友成爲總理，也無法克服對於總統府倒胃口的感覺。」見多識廣的他，深信菲利普對拉丁美洲的瞭解遠甚於「所有非拉丁美洲人」，對於「拉丁美洲與歐洲之間的關係有重要的影響力」。菲利普是否有同感，我們不得而知，然而，賈西亞・馬奎斯很清楚地希望菲利普支持他長久以來對古巴、加勒比海、拉丁美洲的策略，他也毫不在乎地希望讓全世界都知道這一點。

然而，在與媒體的非正式交流中，貢薩雷茲首先提到的卻是「古巴在區域內的形勢，以及全面安全協議的必要」，這不見得是賈西亞・馬奎斯的如意算盤。賈西亞・馬奎斯認爲愛能解決世界上所有的問題，也表示希望能趕快動筆寫他以此爲主題的新小說——他真希望自己是隔年才得獎，讓他得以先完成這本書。[2]

十二月二十九日，這位新科得獎人前往哈瓦那，宣稱自己還是希望能成立報社，好讓他得以再享受「古老而有尊嚴的新聞報導」，這也許聽起來實在不像中間人的直覺，西班牙文有一個比較沒那麼好聽的字眼：「皮條」——報馬仔。接下來的幾年中，馬德里—哈瓦那是賈西亞・馬奎斯最關心的重點，然而他並無法調解卡斯楚和貢薩雷茲之間的不同意見。

諾貝爾文學獎有兩件爲人傳誦的事實，一是這個獎通常頒給江郎才盡的作家；其二是就算受獎的是年輕作家，他們也因爲這個獎所佔去的時間、注意力以及企圖心而無法再寫出佳作。第一個說法顯然無法在賈西亞・馬奎斯身上得到印證：他是最年輕的諾貝爾獎得主之一，同時也是最受歡迎、最有名氣的。預測第二個說法的人要不是憎恨他的成功，就是嫉妒他的名氣，然而，賈西亞・馬奎斯其實早就過著其他諾貝爾得主鮮少享有的名流生活，並不會因爲得獎而停歇，因爲，他早在《百年孤寂》出版的幾年後就經歷過這樣的名氣：就像贏得第一座諾貝爾獎一樣。或者，也許大家期待他受到更多的刺激：寫下更多作品，多旅行，多嘗試一些新的事物。結果也是如此，他對於這個新增的地位不只是得心應手。然而……

然而，他早在一九八〇年就決定改變生活方式，以符合他新得的威信與尊敬。他已經是眾多總統的朋友：除了和費德爾之間並不太受人敬重的關係，海盜船長，還有墨西哥的羅培茲・波提尤、委內瑞拉的卡洛斯・安德烈・裴瑞茲、哥倫比亞的羅培茲・米歇爾森和貝坦古、法國的密特朗、西班牙的貢薩雷茲。如今，他的名人地位已經提升到如總統一般。（費德爾・卡斯楚會說：「對，當然賈西亞・馬奎斯就像元首一樣。唯一的問題是，哪一個國家的元首？」）他告訴自己他是在休息，但很清楚地，他是希望利用自己更強烈的影響力，更有效地在他這些新的總統朋友之間調解。有人也許會說，他公開的政治時期是從一九五九年到一九七九年，而一九七一年到一九七九年之間則是最密集的時期。隨之而來的是更有「外交手腕」的時期。問題在於，他在這「外交」時期是否只是在隱藏自己真正的政治意圖，扮演善意的旅伴角色，就像一九五〇年到一九七九年之間；或者，在他調解、秘密談判、文化事業的背後，其實是在逐漸地修正自己的政治立場？

衣錦還鄉地回到大西洋的另一邊時，不論有意或無意，就算是賈西亞・馬奎斯也很難不察覺名氣的負擔以及他肩上的重責大任。他已經得其所願，但如同瑪麗蓮・夢露所唱的歌一般，得其所願之後反而不再想要。他被迫適應不同程度的奉承阿諛已經有一段時間，除非親眼目睹，一個嚴肅的作家幾乎無法想像：這真的是「名人現象」[3]。如今，他的生活成了必須小心安排的光景。

認識他大半輩子的人說，他在得獎之後變得更加謹慎。有些朋友對他還能保持聯絡受寵若驚，有些因察覺到他的冷淡而不滿。有些人認爲他的虛榮心不斷膨脹，也有人說他平凡一如往昔；他的姪子貢哥說，他本來就活得像個「諾貝爾獎新科得主」[4]。看過無數文學界名人的卡門・巴爾塞斯則說，沒有人能模仿、複製他功成名就的過程[5]。（如果你有一個像賈西亞・馬奎斯一樣的客戶，你可以組個政黨、辦個宗教團體或籌備革命運動。）賈西亞・馬奎斯後來表示自己努力讓一切「維持原狀」，但自從他去了斯德哥爾摩之後，沒有人再以同樣的眼光看待他。他說「名氣」就像一盞「永遠不熄滅的燈」，人們只說你想聽的話；得了諾貝爾獎後就得自持莊重，你再也無法叫別人「滾遠一點」；你必須隨時維持自己的幽默與才智。就算只是在派對上和老朋友聊天，其他人也會停下來聽你說話。諷刺的是，「周遭圍著越多人，你就感覺自己越渺小[6]。」沒多久，他開始打網球，因為他再也無法把在街上散步當成運動。只要他一進到餐廳裡，所有的服務生都急忙跑到附近的書局買一本他的書讓他簽名。機場是最糟糕的，因為他無處可逃。他總是第一個登機，但仍逃不過空服人員要求他在書本、航空雜誌、餐巾紙上簽名。然而，他在本質上仍是一個非常害羞、膽怯、很多時候都非常焦慮的人[7]。「我現在最重要的工作就是當自己，但真的很難。你無法想像這一切如何把你壓垮，但那是我自找的[8]。」接下來的幾年裡，這種情況越來越嚴重，然而，他再也無法像創作《獨裁者的秋天》時那樣地抱怨。

一九八二年十二月三十日清晨五點鐘，賈西亞・馬奎斯與梅瑟德斯飛抵哈瓦那長住，寄宿的禮賓別館六號，在幾年後成為他們在古巴的家。卡斯楚剛去過莫斯科參加布里茲涅夫的喪禮，與英迪拉・甘地討論邀請賈西亞・馬奎斯參加一九八三年三月於德里舉辦的「不結盟國家」會議。（她提到諾貝爾獎宣布時自己正好在讀《百年孤寂》。）卡斯楚在莫斯科買了許多賈西亞・馬奎斯最愛的魚子醬，賈西亞・馬奎斯則為卡斯楚帶來菲利普・貢薩雷茲與奧洛夫・帕爾梅的口信、費度其的鱈魚乾、卡門・巴爾塞斯的白蘭地。

那一個星期，葛蘭・格林和他的巴拿馬朋友喬喬・馬汀尼茲路過哈瓦那，馬汀尼茲是托利侯斯最親密的盟友之一。一月十六日，賈西亞・馬奎斯寫了一篇關於這位英國小說家的文章〈葛蘭・格林在哈瓦那的二十小時〉。他與格林從一九七七年之後就沒有見過面，賈西亞・馬奎斯透露，格林和馬汀尼茲的來訪是最高機密，一切以高層人士的程序處理，搭乘政府的賓士車。格林和卡斯楚討論他們十九歲時玩的著名俄羅斯輪盤實驗。這篇專欄文章的結尾寫到：「我們一個個離開時，我想到這段會面早晚會寫進我們其中一人或所有人的回憶錄裡，使我感到非常不安[9]。」和賈西亞・馬奎斯談話變成一件很危險的事——談話內容可能在四十八小時內就登上國際媒體——有些人質疑諾貝爾獎得主以新聞人的身分訪問其他名人是否得宜。

流亡海外的古巴人基耶爾莫·卡布列拉·因凡特對於這篇寫到葛蘭·格林的文章非常不滿，以一篇〈哈瓦那的顯要〉攻擊：

> 我知道南美洲(與西班牙)的讀者(及作家)每星期都會因拜讀賈西亞·馬奎斯的專欄而哈哈大笑，以高高在上的優越感談論著市井小民，就像觀察著粗鄙人之間的談話或是非希臘人的動作……這篇文章究竟是荒謬至極還是只是陳腔濫調？對某些見多識廣的讀者而言，賈西亞·馬奎斯《國家報》的每週專欄無疑帶來新的撼動，我則有不同的看法。我非常認真看待小說，這篇文章就是證明。也許有些人為了反駁我的意見捏造專有的藉口：拜託，不值得，別花時間，根本沒有人注意。但是我相信，我和高多尼都相信，唯有謙卑的人能擊敗權威。[10]

可以理解的是，拉丁美洲右派、特別是古巴流亡者對這座諾貝爾獎始終抱持不予苟同的心態，這一點開始讓賈西亞·馬奎斯感到焦慮。這些人也許以爲諾貝爾委員會知道他偏「紅」，在他們的眼裡差不多就等於共產主義者，因此他應該沒有機會得獎。或者，如今他的聲望已經到達頂點，公開攻擊他一點損失也沒有，還有可能得益。也有可能這些人就是無法忍受他的成功、他毫不掩飾的上流生活、他的廣大人氣。毫無疑問地，賈西亞·馬奎斯放棄軍事記者的身分之後，有超過一年的時間，他不斷強調自己和卡斯楚之間的私誼。如今非常明顯地，卡斯楚需要賈西亞·馬奎斯多過於賈西亞·馬奎斯需要卡斯楚。無論如何，可以肯定的是，因爲諾貝爾獎，賈西亞·馬奎斯在拉丁美洲的政治地位更加崇高、外交上更具影響力，卻也引發右派對其持續二十年的敵意（令人意外的是，並沒有造成什麼傷害）；不管在世界上哪個角落，即使在提倡新自由主義的西方國家，有了諾貝爾獎的加持，這位哥倫比亞作家可免於所有的批評——除了最激烈、最堅定的批評。

就在他與貝坦古、密特朗、貢薩雷茲、卡斯楚交好之際，為了不讓墨西哥感覺受到冷落，他寫了一篇名為〈重返墨西哥〉的文章，以充滿感情的筆調，強調墨西哥對他的重要性，於一月二十三日刊登[11]。不過，他對墨西哥的感情並沒有阻止他稱這個城市是比曼谷還醜陋的「魔鬼城市」。除了委內瑞拉，如今他手上有五張深具影響力的政治領袖王牌，代表他生命中重要的五個國家（哥倫比亞、古巴、法國、西班牙、墨西哥），剛好對他夢想中自己所扮演的國際政治角色都有舉足輕重的地位，這一點或許並非完全出於巧合。他手上這五張王牌能拿多久、能否換到更好的牌、能否成功地換牌，都非常吸引大眾的目光。

一月三十日，握著手上這五張總統牌，賈西亞・馬奎斯針對雷根總統發表一篇文章：〈是的，狼真的來了〉[12]。這篇文章寫下自豬玀灣事件以來，他自己對於美國帝國主義的體驗。當時的蘇聯已在強弩之末，這掩蓋不住的反美主張，多少讓那五個國家團結起來。可惜的是，雖然這是賈西亞・馬奎斯最受歡迎的時期，國際上的政治情勢卻與他的意願背道而馳。儘管後來稱為康塔朵拉國家（哥倫比亞、墨西哥、巴拿馬、委內瑞拉）的外交部長才剛與他會面，他仍深信打破美國穩定的努力，將在那年開花結果。當然，他所信成真。

總統任期一開始，貝利薩里歐・貝坦古就表示哥倫比亞將尋求加入「不結盟國家組織」，當時由卡斯楚擔任主席[13]。一九八三年三月上旬，古巴代表團出發前往德里，成員包括卡斯楚、賈西亞・馬奎斯、努聶茲、卡洛斯・拉法葉・羅德里格茲、赫蘇・斯蒙塔內、格瑞那達新吉維爾運動的領袖莫利斯主教(他於六個月之後遭到處決，接著美國佔領格瑞那達)，以及惡毒的蘇利南軍事委員會主席戴希瑞・狄拉諾・布特斯。卡斯楚雖然佯裝無事，但他整個主席的任期受到蘇聯侵略阿富汗失敗的影響，如今，能夠交接給較不親蘇聯的人，他感到如釋重負。在官方儀式之後，所有古巴人前往大會安排的住宿地點阿修克飯店；爲了和一些老朋友見面，賈西亞・馬奎斯自己在喜來登飯店訂了一間特別套房。第二天早上，努聶茲發現賈西亞・馬奎斯處於一片混亂之中；爲了找到合適的衣服參加開幕儀式，他的衣服四散在房間裡，因爲通常是梅瑟德斯爲他打理衣著。他告訴努聶茲，「如果讓男人知道婚姻的好處，世界上的女人可能會不夠，造成大災難[14]。」他與梅瑟德斯於三月二十一日慶祝結婚二十五週年紀念。

好不容易，賈西亞・馬奎斯於四月十一日總算「返回」哥倫比亞，他上次回到這裡是近六個月前宣布諾貝爾獎時。關於這次的造訪，媒體諸多揣測，對於賈西亞・馬奎斯身邊的私人保鑣卻隻字不提。不過，貝坦古堅持哥倫比亞政府應該派出一組保鑣。抵達的幾天後，賈西亞・馬奎斯在專欄上發表了一篇名爲〈重回番石榴〉的文章[15]。不消說，波哥大的讀者非常清楚「番石榴」這個字眼就像密碼一般，代表他不是回到哥倫比亞，而是回到他最愛的「海岸區」。如今從文章裡難以得知他當時的所在地，(這些文章越來越不像日記，反倒有點像是連載的回憶錄及記載他的一些怪癖。)事實是，他「休年假」的那一年時間大多在波哥大度過，無疑地，諾貝爾獎讓他在拉丁美洲獨裁者之間取得優勢，如今他們只好對他大加讚揚，或至少尊敬他。不過，許多媒體仍抱持存疑的態度，部分媒體甚至開始攻擊他。[16]

五月底，他飛往古老的殖民城市卡塔赫納，此地很快成爲他在哥倫比亞最常停留的城市，也成爲他往後作品的背景地點。自從一九八二年港邊建造了會議中心之後，許多重要的國際性會議都選在這個古老的城市舉行。此時卡塔赫納正要慶祝建城四百五十週年，卡塔赫納電影節也如火如荼地展開。其中最重要的外賓當屬安達露西亞人菲利普・貢薩雷茲；穿著他著名的「利奇利奇」，賈西亞・馬奎斯和這位西班牙領袖一起漫步穿過嘉年華會的人群，偶爾和一些幸運的仰慕者共舞[17]，完全沉醉在這個「神奇」又「混亂」的家鄉城市之中。正如即將前往美國與之對談的貝坦古，貢薩雷茲全心投入、積極支援「康塔朵拉和平過程」，希望為中美洲帶來和平；在卡塔赫納時，他也和四國外長對談，保證對話的決心。[18]

七月下旬，身為哥倫比亞官方代表團的一員，賈西亞・馬奎斯前往卡拉卡斯，慶祝波利瓦爾兩百年誕辰紀念。他已經五年沒有去委內瑞拉。在卡拉卡斯，他和梅瑟德斯再度與流亡的阿根廷作家／記者托瑪斯・埃羅伊・馬汀尼茲會面，希望一起創辦新的日報《其他》。為了不讓人認出如今太過出名的他，他們選在卡拉卡斯高速公路旁專門提供卡車司機休息的咖啡座討論，馬汀尼茲回憶道：

> 我們碰面的時間大約是凌晨三點，梅瑟德斯當晚參加晚宴，坐在委內瑞拉總統和西班牙國王胡安・卡洛斯之間，此時她還穿著同一套美麗的晚禮服，不過，咖啡座裡那些昏昏欲睡的卡車司機完全沒注意到。懶洋洋的服務生端來一些啤酒，聊著聊著，我們突然聊起往事……但梅瑟德斯把我們拉回現實。「這個地方爛透了，」她說，「你們就不能找個好一點的地方嗎？」「要怪就怪妳先生太有名，」我說。「要是在卡拉卡斯的酒吧，我們會一直受到打擾，」賈西亞・馬奎斯說，「我們應該去『做愛的角落』，就像第一次去布宜諾斯艾利斯的時候。」我糾正他，「是『愛的巷弄』，不過恐怕已經不在了。」梅瑟德斯狡詐地眨眨眼，「你以前能想像賈布會變得這麼有名嗎？」「當然，在布宜諾斯艾利斯的那晚，在戲院裡，

我就看到名氣從天上掉到他的身上。像他這樣的走紅方式，絕對不會有停止的一天。」「你錯了，」賈西亞・馬奎斯說，「在那更早之前我就紅了。」「是嗎，是在巴黎，你寫完《上校》的時候嗎？還是之前在卡拉卡斯，你看到裴瑞茲・希門內茲的白色飛機離開，裴隆的黑色飛機那時？還是更早之前，」我挖苦地說，「在羅馬，蘇菲亞・羅蘭經過你身邊對你微笑的時候？」「比那更早，」他非常正經的解釋。外面山頭上天色漸明，「我從茲帕奇拉的學校畢業時就已經很紅了，又或者是在更早之前，我的外公外婆把我從阿拉加塔加帶到巴朗基亞時。我出生的時候就已經很有名，只是只有我自己知道。」[19]

十月，賈西亞・馬奎斯再一次突如其來地嘗試在波哥大長住，他一面鬱悶地思考諾貝爾文學獎爲何頒給「無聊的」英國作家威廉・高汀，和平獎頒給領導波蘭團結工聯的自由鬥士列赫・華勒沙，一面又接到壞消息：莫利斯主教遭到推翻，於十月十九日在格瑞納達遭到處決[20]。五天後，美國便佔領格瑞納達，此舉證實了賈西亞・馬奎斯向來對於美國加勒比海政策的憂心。聯合國於十月二十八日譴責美國的做法無效，作風強悍的柴契爾夫人抗議美國此舉佔領大英國協屬地也無效。十月二十三日，賈西亞・馬奎斯在專欄裡發布一則訃聞，悼念這位被謀殺的領袖，追憶他們在新德里「不結盟組織」會議中的點點滴滴。接下來的幾星期中，貝坦古在古巴與美國之間調停斡旋，希望美國釋放格瑞納達的古巴囚犯。他與賈西亞・馬奎斯保持聯繫，後者於十一月初媒體訪問時告知全國人民。[21]

儘管賈西亞・馬奎斯盡了全力，他在波哥大就是不快樂。媒體每周鍥而不捨地臆測他是否無法融入哥倫比亞的社會；但問題不在哥倫比亞，而是波哥大。小說家蘿拉・雷斯特雷波告訴我那個夏天發生的一件事，賈西亞・馬奎斯幾個月前協助波哥大記者菲利普・羅培茲得到特殊管道近身採訪費德爾・卡斯楚，如今他又志願指導阿豐索・羅培茲・米歐爾森的兒子羅培茲所領導《星期》雜誌旗下的記者。他們討論到頭條新聞，賈西亞・馬奎斯問到，如果他一走出雜誌社就在街上被槍殺，他們會怎麼下標題。「岸邊人遇害，」菲利普・羅培茲很快地反應，帶著一抹微笑[22]。在波哥大，諾貝爾獎並無法保護他不受到來自寡頭政治及其代表的人身危害。

那一年年底，賈西亞・馬奎斯休息一段時間以實現一個承諾，這是他最後一次也是最重要的返鄉：回到阿拉加塔加。他上次回阿拉加塔加是十六年前的事，這趟旅程實際上也結束了他的「年假」。一星期後，他寫了一篇耐人尋味的文章，名為〈回到源頭〉，不言而喻地呼應阿耶霍・卡本迪爾一篇著名的故事[23]。他承認沒想到自己在當地受到這麼溫暖的歡迎（罪惡感的徵兆？他總是被批評沒有把阿拉加塔加從低度開發地區中「解救」出來。）他說自己記得一切，處於眾多來自過去的面孔中不知所措，就像馬戲團來到時他自己的面孔一般。但他也強調，自己從來沒有把阿拉加塔加當成神話或是充滿鄉愁（似乎暗示其他人是如此）[24]。阿拉加塔加―馬康多之間的關係遭到過多的渲染；如今他回來了，這兩個地方似乎一點相似之處也沒有。「很難想像一個比此處更加被遺忘與遺棄、更遠離神的道路之處。人的靈魂如何不因反抗的慾望而感到兩難？」

在這呆滯年假的尾聲，他一如往昔地來到哈瓦那迎接新年的到來。這次他邀請雷吉斯・德布雷和他一起來到里維耶拉飯店，同行的還有他的老友麥斯・馬蘭比歐，他曾負責阿言德的人身安全，如今在古巴的貿易組織中擔任重要的中間人。德布雷發現賈西亞・馬奎斯「跟以前一樣分裂，一半充滿感情（為了和他的拉丁同胞同仇敵愾），一半則老是嘲諷與挖苦（為了太法國的法國人，傲慢而謹慎），談起電影、凱歌香檳，對布拉松歌曲的歌詞倒背如流，又使我驚嘆無比。」[25]

對賈西亞・馬奎斯而言，一九八四年是較爲順利的一年，對哥倫比亞則是命運多舛的一年。新年慶祝活動一結束，他連古巴不間斷的外交要求都擺脫掉，開始了一連串的轉變：從年假狀態回到寫小說的本行；從每週一次的專欄回到他在諾貝爾獎宣布之前的夏天，就開始的這本關於「愛情」的重要小說；也從他始終無法適應的波哥大轉換到卡塔赫納和海岸區。

這趟阿拉加塔加返鄉之旅一如預期地充滿矛盾。一方面，他回到自己最受歡迎的書裡那名爲馬康多的地方，啓發他寫第一本書《葉風暴》與《百年孤寂》之處。另一方面，這趟旅程也讓他確定自己已抹去那段經歷：他已經成功地抹殺了他與阿拉加塔加之間的關係，一如他在許多方面抹殺了《百年孤寂》本身一般。

如今，他準備重新改寫自己的生命——再度改寫他已經改寫過的部分——然後塡補一些錯過的空白。一位諾貝爾獎得主持續被童年的創傷糾纏，特別是和父親、外公之間的關係導致的戀母情結，無疑地並不體面。目前爲止，他僅僅忽略了某些本質上的事實、掩蓋了一些問題，讓自己在精神層面上得到滿足，並在文學層面上進行巨幅的調整。如今，他要把那風流成性的父親重新寫回自己的故事裡。賈布列爾・埃利西歐自己一年前曾經在諾貝爾獎慶祝時回到阿拉加塔加，也一如往常把自己當成重要的角色。（要說兒子遺傳了他哪一點，那一定是他的活力。）但他也真心地爲賈布的成功感到無比的喜悅，並首度公開他對於這過往的榮耀感到溫暖。

獲知自己得到諾貝爾獎的那一天，賈西亞・馬奎斯向記者宣布，他希望在卡塔赫納建造自己的夢想家園，這正是傳統卡塔赫納人最不願接受的一件事，因爲重要的是保存已經存在的房子。而且，許多人對他的返鄉有著複雜的情緒，更別說負面情緒[26]。他已經決定擺脫波哥大帶來的陰霾，營造全新的形象；又或許回到加勒比海讓他感覺好多了，又或許是因爲他決定全心全意投入愛情所帶來的影響。總之，朋友與記者發現賈西亞・馬奎斯變成一個全新的人——穿著他現在獨特的加勒比海全白服裝，瘦了五公斤，剪了清爽的頭髮，留著整齊的指甲，搽上昂貴的古龍水，悠閒地漫步在卡塔赫納古老的街道、「大口區」的海灘、曼哈的大道上——要不就是開著他的紅色野馬汽車奔馳於大街小巷之中。[27]

他早上六點起床、看報紙、坐下來準備九點到十一點的寫作時間，慢慢地進入狀況（正如他在書裡與電影〈來自公園的信〉中發明的氣球一般）。他說最棒的是自己總算「重回哥倫比亞的懷抱」。中午時分，梅瑟德斯前往海灘與朋友碰面，等他出現。接著，他們以蝦子或龍蝦飽餐一頓，睡個午覺。傍晚他和父母聊天，每天晚上都在城裡散步，找朋友聊天，「隔天把這些事全寫進小說裡」。[28]

由於外形的關係，他住的房子被稱為「打字機」，但賈西亞・馬奎斯開始了另一項突破性、科技性的轉變[29]。也許幸運的是，當時他已經寫好了新小說《愛在瘟疫蔓延時》的前幾章，讓他在這本書與諾貝爾獎的體驗之間有了文學性的連結。此時，他決定改用電腦寫作，請打字員把所有已完成的手稿輸入電腦裡。對於一個堅持丟掉每一張帶有錯字稿紙的作家而言，他因而得以更有效率地工作，也有助他克服多年來困擾許多諾貝爾獎得主的寫作障礙。評論家爭辯這項新科技所可能帶來的風格轉變究竟是福還是禍。

然而，賈西亞・馬奎斯生命中最大的轉變，至少在精神層面而言，在於他與父親的關係。這六十年的時光裡他們鮮少交談，如今，身為兒子的他與父親和解的程度，足以使他幾乎每天下午都開車前往曼加，幾乎總是分別與他和露易莎・聖蒂雅嘉談天——他們的年少時光、他們的戀愛過程。當然，表面上看起來他的動機是為了寫書，但我們有理由相信，賈西亞・馬奎斯總算準備好改變與父親之間的關係，以這本書作為藉口讓他得以保留自尊心，同時消除他對父親的罪惡感。三年前，他筆下《預知死亡紀事》裡的角色突然瞭解了她的母親：「自從出生以來，安赫拉・維卡里歐第一次在那個笑容裡看見她真正的模樣：一個貧苦的女人，全心全意地接納崇拜著自己的缺陷[30]。」無疑地，克服了所有的困難之後，賈西亞・馬奎斯總算能冷靜地對賈布列爾・埃利西歐做出冷靜，但也許較不那樣嚴苛的評斷。

這肯定不是件容易的事。賈布列爾・埃利西歐把賈西亞・馬奎斯的母親從他身邊帶走，多年後又回來把他從最愛的外公、賈布心目中絕對高人一等的上校身邊帶走。賈布列爾・埃利西歐雖然不是個口出惡言的父親，卻總是以暴力威脅維持自己經常前後矛盾、任性的威權；他以嚴格、獨裁的方式，把長久以來飽受折磨的妻子鎖在家裡，自己卻任意離家，數次不是背著妻子偷腥就是鬧出醜事；整體而言，雖然他讓這個大家庭衣食無虞，大部分的孩子都受教育，這已經是個了不起的成就，然而在他長子的眼中，他的善變、瘋狂而動輒更改的計畫、愚蠢卻不得不附和的笑話、頑固而保守的政治立場、自我感覺良好與現實成就之間的鴻溝——加上賈布原即有多所怨懟的戀母情愫，使他難以忍受。

在這樣的關係裡，幾乎一切都變得更難處理，甚至雪上加霜。賈西亞・馬奎斯在拉丁美洲最常受到引述的話也許是，不管他有多麼成功，他永遠不會忘記自己只是一位阿拉加塔加報務員所生的十六個小孩其中之一。賈布列爾・埃利西歐第一次聽到這個說法時，忍不住大發雷霆——他只當了一陣子的報務員，如今是個專業醫生、詩人，也是個小說家[31]。上校如何影響他的兒子、啓發他寫出書中眾多令人難忘的角色，這一點眾所周知，然而身爲父親的賈布列爾・埃利西歐卻從來不曾被提及，似乎也刻意把他排除在外，這不但讓他覺得受到冷落，也覺得備受侮辱。

一九八四年八月下旬，賈西亞・馬奎斯的新書已經寫好三章，共兩百多頁，這本預計有六部的小說已逐漸成形。他有計畫地和父母聊天，據稱是爲了瞭解那個時代的背景，在很難稱之爲個案研究的模糊談話中討論他們的交往過程。他告訴《國家報》這本書的故事只要一語就可以道盡：「一對男女瘋狂陷入熱戀，卻因爲僅有二十歲太年輕而不能結婚；等他們經歷了人生的風雨滄桑，卻因爲八十歲太老而不能結婚。」他表示這本書非常冒險，因爲書中充滿流行文化的元素：集連續劇、肥皂劇、波麗露的粗俗於一身。這本小說同樣受到法國十九世紀傳統的影響，故事從一場葬禮開始，幸福地以船上的場景結尾[32]。也許，這是他決定把故事的時空背景設在過去的原因：也許就連賈西亞・馬奎斯都不認爲自己有辦法成功地寫出一個發生在二十世紀末期、有幸福結局的愛情故事，還能受到嚴肅的看待。

最後，就在這本書完成一半之際，他在那年夏末離開了卡塔赫納，並留了一份手稿給瑪歌，指示她暫時保存這份手稿，等他平安抵達墨西哥後再銷毀。「於是，我在腿上放一個空餅乾盒，一張一張地把手稿撕碎，再把所有的碎片燒掉[33]。」那年秋天，他不情願地爲公事前往歐洲後不久，得知一則震驚的消息。一九八四年十二月十三日，剛過完八十三歲生日沒多久的賈布列爾・埃利西歐・賈西亞在生病十天之後，於卡塔赫納的大口醫院過世。伊尤(埃利西歐・賈布列爾)是家族裡公認最容易緊張的人，他回想當時：「父親的過世讓我們亂了手腳。我在他去世的那天回家，家裡一片混亂，沒有人可以作主。我記得當時是下午五點鐘，海梅和賈布都尚未現身，我得發號施令，把他們從泥沼中拉出來，讓事情運作。第二天，我們聚在一起討論、安排事宜，一切都糟透了，我們完全沒有共識。」[34]

總算有這麼一次，賈布終於參加了一場葬禮。在一連串的轉機、十小時的飛行之後，他趕在葬禮當天抵達，就在儀式剛結束，正準備從曼加教區大禮堂移棺時。(古斯塔沃從委內瑞拉趕來，沒有趕上葬禮。)賈布與波利瓦爾省的省長阿杜羅・麥特森・費格羅阿一同抵達，一起幫忙抬棺。省長穿了黑色西裝，賈布穿著千鳥格紋夾克、黑色開襟襯衫與長褲。海梅回憶道：「那場葬禮是場災難，我們這些男人雙腿發軟，像一群小孩一樣哭成一團，完全派不上用場。幸好有女人在場安排事宜[35]。」（就算雙腿發軟，也沒有阻止這些兄弟依照慣例前往妓院緬懷過去——只喝酒——還有一點老式的聯絡感情。）

和父親之間的關係才改善沒多久，賈西亞・馬奎斯卻突然永遠失去了父親。事實上，他與家人的關係正開始變得親近，但賈布列爾・埃利西歐的死卻改變了一切。伊尤回想：「父親過世之後幾天，母親像個正統瓜希拉女性對小賈布說：『現在你是一家之主了。』他不安地來回踱步：『我對妳做了什麼？妳爲什麼要讓我陷入這樣的處境？』麻煩的是，我的兄弟姊妹很多都不受掌控[36]。」這個聞名世界的作家如今得掌管一大家子。他已經透過各種方式幫助弟妹——幫他們找工作，付醫藥費、學費、貸款——但如今他也必須奉養自己的母親。就在他逐漸回歸哥倫比亞之際，又正好在寫一本小說，其中的情節創作出賈西亞・馬奎斯的核心家庭，可以說，這些湊巧發生的事情，時機再恰當也不過。

父親的過世及母親痛苦的喪偶，讓賈西亞・馬奎斯不只思考愛與性之間的關係，也再次、並且更加深切地思考年老與死亡。雖然他總是說創作《愛在瘟疫蔓延時》的過程中充滿喜悅，但周遭的一切沒有他說的那麼輕描淡寫。隨著諾貝爾獎而來的責任已經讓他難以承受。經歷父親過世、眼見母親因此受到折磨是個非常痛苦的過程。當然，這位小說家把這些感受寫進他的書裡，特別是最開始和最後的章節。他總是把手稿以及創作過程的蛛絲馬跡銷毀的習慣，使得我們無從得知他的生命歷程如何影響他的創作。無論如何，電腦不只改變他整個寫作的過程，也讓我們更難追溯他的寫作架構。

對於這本小說，他一開始的構想就不只是關於愛情的省思，老年也是其中的一部分，雖然愛情這個題材在諾貝爾獎後先行浮現。一九八二年夏末，他發表一篇文章〈路易斯・布紐爾年輕的老年時光〉，可以看出他不僅細細琢磨這些議題，包括老年人墜入愛河、有性生活是否得體，也顯示他讀了西蒙・波娃的經典之作《老之將至》[37]。一九八五年二月，回到墨西哥市，他告訴馬利斯・西蒙斯，讀過兩名老人被船員謀殺的故事後，他對這本小說的第一個意象就是兩名老人搭船逃逸[38]。他表示，自己以前以老人為題材是因為外公外婆是他最瞭解的人，如今，他也面臨同樣的命運。川端康成的〈睡美人之屋〉裡有一段描寫，不斷地縈繞在他的腦海裡：「年老的人擁有死亡，年輕人擁有愛情。愛情可以擁有很多次，死亡只有一回[39]。」透過這段話，我們得以洞察他所有後期的作品。

一九八五年春天，他在墨西哥市接受哥倫比亞記者瑪麗亞・艾爾維菈・參貝爾採訪自己的近況（《星期雜誌》聲稱「他已經兩年沒有好好地和媒體深談」），他告訴記者，自己不是感覺變老，只是發現老化帶來的徵兆，並面對現實。他發現，隨著年齡漸長，更多的靈感湧現，只不過他如今瞭解到那並不是靈感，而是處在一種放鬆、寫作的狀態，暫時有「漂浮的感覺」。現在這個時候，「我坐下來動筆之前就已經知道書的最後一個句子怎麼寫。坐下來寫的時候，整本書已經在我的腦海裡，好像我已經讀過一樣，因為我已經思考了很多年。」他覺得自己「沒有歸宿」，無論身在何處，他的感受都一樣，因而感覺自己「無依無靠、憤怒」。接著，他說了一段很棒的話：「我所有的幻想都已經一個接一個地成真。我是說，這麼多年來，我一直知道這些事會發生。自然地，我盡力讓自己更堅強。」他認為自己「非常強悍」，即使像切・格瓦拉一樣，他相信必須保有「溫柔」的一面。舉凡男人都有脆弱的一面，但女性「冷酷」的一面拯救他們、保護他們。他仍然愛女人，女人讓他覺得「安全」、「受到照顧」。他繼續說，如今，他對於和陌生人聊天感到興趣缺缺，很難讓自己專心聆聽。「在我認識的人當中，我是脾氣最壞、最暴躁的，但我也因而是最自制的人。」[40]

當然，他也談到愛與性。不過，很多人注意到賈西亞・馬奎斯的書裡很少出現「性」這個字。他使用同樣的字眼取代，像是「仰慕」、「愛」，這種混雜的用法，讓愛與性在他的書裡幾乎沒有分別，也因此解釋了他書寫這個題材時所帶來一種特別的味道，一種或許受到誘惑的感覺。

這本關於愛情最重要的作品問世時，書裡的題字是「當然，獻給梅瑟德斯」，然而法文譯本推出時，書裡的題字卻變成「獻給塔奇雅」……

《愛在瘟疫蔓延時》的故事發生於加勒比海的一個城市，很容易認出是一八七〇年代到一九三〇年代早期的美洲卡塔赫納。這本書的主題是愛與性、婚姻與自由、年輕與年老。故事內容描述一段三角戀情：主角是來自上流社會、氣派十足的醫生胡維納爾·烏爾比諾、毫不起眼的船務員佛羅倫提諾·阿利薩、美麗的新貴費爾米娜·達薩。賈西亞·馬奎斯所擁有的特質，胡維納爾的身上都可以看到，不過，其實他最主要的角色靈感，還是知名的當地醫師安立奎·維加，他也是賈西亞·馬奎斯的家庭醫師(賈布列爾·埃利西歐去世時由他照顧，但不到五個月後他自己也去世)；主角佛羅倫提諾的個性融合了賈布列爾·埃利西歐與小賈布自己，是非常有趣且令人神往的融合；費爾米娜的角色則結合了梅瑟德斯(最主要)、塔奇雅的魅影、年輕時受追求的露易莎·聖蒂雅嘉。這本書共分成六部，第一部和最後一部描述老年及故事結構，第二部與第三部描述年輕時期，第四與第五部寫的是中年。這六部又分成兩半，每一半各有三章，二與三這兩個數字也代表了這部小說的象徵，代表著三角戀情總是有崩毀的威脅，終究變成兩人一對。總之，這本小說暗示賈西亞·馬奎斯在逐漸年邁之際與他生命中四段過往的和解：與法國巴黎(胡維納爾與費爾米娜在此特別快樂)；與塔奇雅，他在一九五〇年代曾經的愛；與卡塔赫納，這個保守的殖民城市；以及也許最重要的，與他一直渴望被卡塔赫納的父親接納。

故事始於一九三〇年代初期聖靈降臨節的那個星期天，暌違政權半世紀的自由黨再度掌權之後沒多久。八十幾歲的胡維納爾·烏爾比諾從梯子上摔死，當時他站在梯子上想抓回家裡的鸚鵡，同一天，他也剛參加了一位老友的葬禮，並發現一則驚人的事實。在烏爾比諾的葬禮上，妻子費爾米娜的舊愛佛羅倫提諾·阿利薩試圖重燃半世紀前青少年時期的愛苗。小說的其他部分小心地嵌入許多回溯，從他們一開始的愛情，胡維納爾如何介入，費爾米娜嫁給胡維納爾，和他一起前往巴黎，胡維納爾的事業蒸蒸日上，在卡塔赫納的醫界享有名氣，也是治療霍亂的權威。同時，帶有黑人血統的私生子佛羅倫提諾這邊也有一段較不正統的奮鬥故事：他決定自己也必須成為受人尊敬的市民，在叔叔的船務公司逐漸受到重用；同時，他決定無論多久都要等到費爾米娜——需要的話，甚至可以等到她的先生過世；他與不同的女人發生關係，大多是妓女與寡婦，更別提他十四歲的姪女亞美利嘉·維古妮亞。故事最後，佛羅倫提諾為了新寡的費爾米娜拋棄亞美利嘉，她也因而自殺。相較之下，胡維納爾只有一段緋聞，是與他美豔的黑人牙買加病人，但差點毀了他的婚姻。

故事進行到一半時，第三章的結尾描述費爾米娜這位來自中下階層的哥倫比亞人，如何為了上流社會的「法國人」胡維納爾·烏爾比諾，而拒絕了同為哥倫比亞人的佛羅倫提諾·阿利薩。她和胡維納爾因而熟悉了歐洲，而佛羅倫提諾·阿利薩卻從來沒有離開過卡塔赫納，也沒有意願離開。在某種層面上，胡維納爾·烏爾比諾代表卡塔赫納的上流階級，也是賈西亞·馬奎斯此書寫作的對象。因此，他在故事中段描繪哥倫比亞下層階級落後的克里歐人，或拉丁裔混血私生子被歐洲與現代作風完全擊敗。但這些敘事小說的後半部完全逆轉，著墨在佛羅倫提諾力爭上游，終於贏得女主角的「芳心」。

雖然胡維納爾·烏爾比諾這個「醫生」角色，融合了安立奎·維加、馬奎斯上校、賈布列爾·埃利西歐，但他其實代表賈西亞・馬奎斯所忌妒、羨慕、憎恨、厭惡的上流社會：亦即過去二十五年來多加交融的波哥大與卡塔赫納的統治菁英。賈西亞・馬奎斯認爲波哥大的菁英拒絕接納他，而卡塔赫納的菁英則排斥他和他的父親。値得注意的是，這本書與男人之間的衝突、競爭無關，著重的是不同男女之間的關係。

本書的引言取自一位盲眼瓦耶那多民族樂手雷安德羅・迪亞斯：「我準備表達的語言：他們本身已受到女神的加冕。」這集合引用，讓人想起古老的希臘人、帝國主義西班牙皇室、哥倫比亞下層社會的選美比賽，小說聰明地融合了各種文化衝突。書名乍看之下，是他作品中最不切題的，但受到喜愛與仰慕，闡述愛情與時間：對賈西亞・馬奎斯而言，愛情經常如生理狀態或疾病般無法抵抗；時間不只是一段期間或歷史的度量衡，更是最恐怖的一種疾病，啃蝕一切。這本書選在暫時受到挫敗之際停止，不論這挫敗有多麼地短暫。

隨著這位光鮮成功的作家逼近中晚年之時，他做出許多和解，無論多麼地具有嘲諷、後現代意味，其中一個對象卻是布爾喬亞小說本身；甚至不論多麼地諷刺與重要，和哥倫比亞的布爾喬亞統治階級和解。這並不是史湯達爾、福婁拜或巴爾札克(比較像是大仲馬或拉赫博，雖然當然也是模仿嘲諷的對象)[41]。但這部小說「熟知」這些作品，卻朝向完全不同的方向。從第一行就使用味道挑逗地帶我們回到過去，「無可避免地」使我們想起單戀的愛。書中許多元素和一些廉價羅曼史、連續劇甚至拉丁美洲流行音樂一樣，如同作者所暗示；然而，與之對照的卻又是布爾喬亞婚姻中的習慣、強烈的不滿，只爲了維持表相。賈西亞・馬奎斯這本書拿他的文學名譽下很大的賭注。整體而言，小說很奇妙地融合平庸和平淡無奇，加上無情的現實和寓意深遠。敢於在報紙上解惑專欄的信件裡，探索這最熟悉的陳腔濫調，回覆的真理也是絕望的老生常談：你永遠無法真正地瞭解一個人。你其實也無法評斷他人。有些人能改變他們的行爲，甚至在某種程度上改變他們的性格；其他人則隨著時間的流逝依然故我。你永遠無法預知生命的下一步。只不過真正領悟生命時總是太晚——即使發生了，如果活得更久約莫也會改變你的看法。愛與性很難賦予道德意義，愛與性也很難分開。大部分的人搞不清楚愛一個人究竟是出自習慣、感激、還是爲了自己。你有可能同時愛上好幾個人。世界上有很多種愛，也有很多種愛人的方法。你永遠無從得知哪種生活比較好：單身與結婚、自由與規範；同樣地，也無從得知安定與冒險何者爲佳，但全都需要付出代價。另一方面，你只能活一次、只有一次機會。現在，永遠不遲。還有，不用羨慕別人的人生。這些論調充斥在小說的第一部分裡，然後混雜在接下來的情節中。

在《百年孤寂》中，讀者發現麥逵迪的房間本身就是個充滿文學的空間，麥逵迪在故事發生的一百年前就已經寫下。《愛在瘟疫蔓延時》一書的最後，佛羅倫提諾・阿利薩寫了一封長信給費爾米娜・達薩，此舉有類似「鏡中鏡」的效果：表面上這並不是一封情書，而是他「基於對男女關係的理想與體驗而衍生的思考」，對她而言，則是「關於生命、愛情、年老與死亡的自我觀想」。他所企圖觸及的領域，加上這麼一個平易近人的故事，都讓這本小說在某些程度反倒比《獨裁者的秋天》更像《百年孤寂》的續集。

賈西亞・馬奎斯以「永遠」兩字爲這本書收尾，接著寄給巴朗基亞的阿豐索・福恩馬佑爾以及赫爾曼・巴爾加斯。卡門・巴爾塞斯在倫敦收到手稿，據說邊看邊哭了兩天。賈西亞・馬奎斯需要跟她談公事，於是決定在前往歐洲之前與她在紐約碰面。他的老朋友基耶爾莫・安古羅當時是哥倫比亞駐紐約領事，攝影師埃爾南・迪亞斯也在紐約。賈西亞・馬奎斯不但非常開心地完成這本對他而言是一大突破的小說，身爲早期的電腦使用者，他也經歷了電腦帶來的興奮與苦惱。有沒有存檔、磁片，是否可靠、安全，會不會受損或遭竊？他非常清楚自己是世界知名作家中率先——也許是第一位——使用電腦完成重要著作的人。在梅瑟德斯、貢薩羅與外甥女亞麗珊德拉・巴爾恰的陪伴下，他把存有小說的磁片掛在脖子上，搭飛機到紐約，完全就像找到魔法石的麥逵迪一般，無法鬆手。[42]

賈西亞・馬奎斯帶他的小兒子來到紐約知名的「史奎伯勒」書店，他一九六一年在紐約工作時，每天上班都會經過此地。埃爾南・迪亞斯一開始非常驚訝地發現「史奎伯勒」書店居然沒有他這位著名朋友的小說，後來才知道原來他的書都放在「經典文學」區。書店員工發現這位身穿千鳥格紋外衣的小個子的真實身分後，紛紛上前要求簽名。在街上，他在攝影師的注視下，享用紐約著名的熱狗，群眾蜂擁而上。接著，在如同發現冰塊一般的興奮之中，他來到了一家專門店，短短幾分鐘之內就印好六份熱騰騰的新書稿件。[43]

一九八五年的秋天，脖子上還掛著那三張磁片，賈西亞・馬奎斯飛到巴塞隆納，親自把磁片交給卡門・巴爾塞斯，並投宿索菲雅公主飯店。這一次，就像他一直擔心的，他的房間遭竊。但他後來告訴媒體自己並不認爲那些小偷是爲了偷竊《愛在瘟疫蔓延時》的手稿而來。

哥倫比亞的政治，處於二十世紀最關鍵的歷史時刻時，賈西亞・馬奎斯人還在國外。政府與M-19游擊隊的關係越來越緊張，七月三日，他們拒絕貝坦古所提出的停火協議，整個國家因而陷入一連串的災難。（許多游擊隊懷疑貝坦古並非真心尋求長久和平，而是故意設下這個歷史陷阱。）八月九日，賈西亞・馬奎斯表示國防部長米格爾・維加・烏利貝應該爲刑求的指控下台。八月二十八日，賈西亞・馬奎斯的朋友海梅・貝特曼近日死後，接任M-19新領袖的伊凡・馬利諾・歐斯畢納遭到警方殺害。到了十一月六日，M-19佔領了司法大廈，也就是波哥大的最高法院，開始了一連串的恐怖事件，透過電視轉播，全世界的觀眾都驚愕不已。哥倫比亞總統倒楣的弟弟海梅才剛被綁架，這次人又在現場。在世人的目瞪口呆之下，哥倫比亞軍隊以坦克和重砲進攻，結束了二十七小時的包圍對峙。這場衝突的死亡人數超過一百人，包括最高法院院長阿豐索・雷耶斯・埃恰恩迪亞。厄伯爾托・穆利西亞法官企圖逃跑時被擊中腿部——於是他扔下木腿，從燃燒的天井中逃脫。除此之外，喪生的還有游擊隊隊長安德烈・阿爾馬拉雷斯。謠言盛傳這場衝突是軍隊主導而非貝坦古造成的，這個傳聞至今仍充滿爭議。貝坦古後來告訴我，他認爲賈西亞・馬奎斯對此保持沉默是「友善的舉動」[44]。一星期後，另一場災難撼動了哥倫比亞：內瓦多・盧伊茲火山爆發，活埋了阿爾梅洛鎮，至少兩萬五千人喪生。

最高法院這起衝突是壓垮賈西亞・馬奎斯的最後一根稻草。他在波哥大買了一間公寓，搬了許多衣服和家當過去，但始終沒有搬進去住。衝突發生時，他考慮飛回波哥大，但最後選擇前往巴黎。在巴黎仔細考慮後，他決定取消回哥倫比亞的計畫，選擇回到墨西哥市。當時的墨西哥市剛經歷一場大地震，整個城市雖然四分五裂，人心卻振奮不已。此時，他已經開始計畫下一本小說，一個關於波利瓦爾的故事，並在一九八五年九月已和歷史學家古斯塔沃・巴爾加斯見過面。

如今時序來到十二月五日，哥倫比亞經歷了一連串的災難，《愛在瘟疫蔓延時》推出了。這本小說讓讀者與評論家同感震驚，因爲它代表一個完全不同的賈西亞・馬奎斯，讓人摸不著頭腦地，他把自己變形成現代的十九世紀小說家，不再寫權力，而是寫愛以及愛的力量。這是他最受歡迎的作品，最受喜愛的小說。《百年孤寂》出版將近二十年之後，《愛在瘟疫蔓延時》再度帶給評論家與普羅大眾一種純粹的閱讀喜悅。這本書的成功鼓舞了賈西亞・馬奎斯，使他繼續專注在人類關係、私領域這些令他關注的題材上，同時也成爲他重回電影事業之後的重心[45]。他的名字不再只是代表愛情、情感、微笑、花朵、音樂、食物、朋友、家庭等等，也與鄉愁、回首逝去的美好年代有關：那番石榴的芬芳、充滿香氣的回憶。這本書大受歡迎，也讓他得以用充滿魔幻的筆，撫平深藏心底的那股暗流。

就連《時代報》也向他輸誠：十二月一日，早在小說出版之前，這份報紙就預測本書將「爲這不安的國家帶來愛」。僅有很少的評論給了負面評價。整體而言，這本書大獲全勝，英文譯本推出時，湯瑪斯・品瓊這位總是抱持懷疑態度的小說家，也給了至高無上的讚譽，是典型的讀後反應。品瓊表示，在這樣的時代，賈西亞・馬奎斯還敢寫愛情小說，擁有無比的勇氣，但他「非常成功」：

> 而且——天啊——他寫得真好。他的手法既熱情又克制，瘋狂中帶著從容……我從未讀過這麼驚人的故事結尾，彷彿一首交響樂般，如此充滿自信的力道和節奏，如同河上遊輪一般地移動著；在這條我們都知道的河流上，如同船長一般，作者以他畢生的經驗，精準地引領著我們遠離懷疑與憐憫的迷霧，如果沒有了方向領航，就沒有了愛；若是逆流回頭，僅僅空留下追憶的美名——所呈現的作品充其量讓我們疲累的靈魂得以安歇，但其中的佼佼者當然是《愛在瘟疫蔓延時》，一本既閃亮又令人心碎的小說。[46]

十五年後，賈西亞・馬奎斯對我說：「我最近在讀《愛在瘟疫蔓延時》，說真的，我很驚訝。看得出我膽子真大，不知道當時我是怎麼辦到的。其實我很引以爲傲。總之我走過來了……我度過生命中某些非常黑暗的時刻。」

「什麼？你是說《百年孤寂》之前嗎？」

「不，是得到諾貝爾獎之後的那幾年。我常常覺得自己快死掉了；有些東西一直在那裡，那些黑暗、躲在表面之下的東西。」[47]

第二十二章

以官方歷史為背景：賈西亞・馬奎斯的波利瓦爾《迷宮中的將軍》一九八六—一九八九

正如同他在一九七五年以《獨裁者的秋天》證明《百年孤寂》並不是僥倖的成功，世界文學界應該明白他會長遠地存在；如今，賈西亞・馬奎斯以《愛在瘟疫蔓延時》證明，他並不是那種會因為得到諾貝爾獎的壓力而結束寫作生涯的作家。就在他的寫作題材轉移到愛情之時，同時他也在他的政治活動中開始強調和平、民主、共存。很清楚的是，雷根政權並沒有打算在中美洲和加勒比海容忍任何革命政權的勝利；而啓發大多數革命運動的古巴人也比以前更加謹慎，他們的陣線由於對南非的投入而異常辛苦的拉長，無法再承受更多來自美國和加勒比海的壓力；更重要的是，蘇聯的發展似乎顯示其對於世界革命發展的投入已無法持續太久。同時，雷根在起訴尼加拉瓜革命戰犯上遇到困難，連他都有可能接受和平談判。（一九八六年年中，海牙的世界法庭裁定美國政府援助尼加拉瓜反抗軍的行為違反國際法；同年稍晚，美國本身爆發伊朗門事件，撼動整個雷根政府。）

就算在哥倫比亞，貝坦古一九八二年掌權之後就開始推動和平進程，但如今大部分的觀察家都已經認爲他不會成功，賈西亞・馬奎斯自己對於國家的走勢則是越來越悲觀。一九八六年七月底，他警告哥倫比亞「處於大屠殺的邊緣」，一九八五年末，司法大廈的恐怖事件是無可避免的結果，肇因於不顧後果的游擊隊、壓制的政府軍、怠忽職守、暴力這些敗壞的結合[1]。如果這個聲明出現在貝坦古在職的最後一週，中立的觀察家也許會對此印象深刻，特別是在國際特赦組織嚴厲批評貝坦古以軍隊侵犯人權之後；然而，這個警告的對象實際上是繼任的維希里歐・巴爾可自由派政府，並不是賈西亞・馬奎斯的保守黨朋友貝坦古。

因此，賈西亞・馬奎斯自己如今開始接受社會民主路線和純粹反殖民的論述，以配合他和平與愛的訊息，此舉在某種程度上一定使得親痛仇快，他們要見到他和費德爾都中箭下馬才會滿意。除了別的封號之外，巴爾加斯・尤薩再度稱他是「費德爾・卡斯楚的走狗」、「政治投機分子」[2]。對於一個因爲支持古巴而使自己面臨巨大政治困境的男人而言，後者是奇妙的綽號；而且，他還準備花大錢支持自己在政治上投入的對象，如同他在一九七〇年代在哥倫比亞和《抉擇》所展現的，如同他正要在古巴再次展現的，更是有過之而無不及。

一九八三年一月，賈西亞・馬奎斯於諾貝爾獎之旅後，第一次在卡尤皮耶特拉斯和費德爾見面時，他們開始夢想在哈瓦那開設一所拉丁美洲電影學校。費德爾對於宣傳略知一二，無疑對於賈西亞・馬奎斯獲諾貝爾獎後的世界地位與影響力印象深刻，越來越意識到文化的意識衝擊，雖然也許有點爲時已晚。如今，和賈西亞・馬奎斯討論電影時，他開始思考電影的力量是否比書籍來得強烈，質疑近來拉丁美洲電影不如一九六〇年代和一九七〇年代早期的偉大電影一般具有實質的意義，而這些年代的電影在拉丁美洲各地，包括古巴，正是由他的革命勝利所啓發的。他們一起坐在加勒比海海邊認真地討論時，無可避免地，費德爾有自己好戰的理解方式：「我們真的需要讓電影起飛……我花了二十年的時間奮鬥，我認爲這些電影就像對內外發射的大砲一樣。我們的電影在這方面多麼地豐富啊！當然書對人也有影響力，但讀一本書需要十個小時、十二個小時、兩天，看一部紀錄片只需要四十五分鐘[3]。」卡斯楚是否由於好萊塢影星進軍美國白宮的意外衝擊而受到影響，這一點只能猜測，然而，他和賈西亞・馬奎斯開始討論在哈瓦那創立拉丁美洲電影基金會的可能性，以此增加拉丁美洲大陸的電影生產、改善水準、鼓勵拉丁美洲團結，當然，以及宣傳革命價值的工具。

賈西亞・馬奎斯一完成《愛在瘟疫蔓延時》之後就開始投入這項新的計畫。從一九七四年到一九七九年，他專注在政治新聞上；從大約一九八○年到一九九○年之間，他那股對於電影的著迷又回來了，他在一九八○年到一九八四年之間所寫的文章常常都和電影有關，特別是他自己的計畫。這一項對於電影最具野心的冒險，或者更精確地說，就是哈瓦那的新拉丁美洲電影基金會，包括設立一所新的國際電影電視學校，就位在市郊的聖安東尼奧・巴紐斯[4]。在這裡，他比以往更甚地把自己資本主義的金錢投注在革命的刀口上。他的箴言可能是：既然政治已經行不通，就轉向文化。這個電影基金會協助結合拉丁美洲的電影製作和學習，學校教授電影理論和實務，不但歡迎年輕的拉丁美洲人，也接受來自世界各地的學生。

到了一九八六年，這兩座新機構的計畫已經有所進展，賈西亞・馬奎斯和極端派的電影製作人密切討論未來的發展。然而，這一年的開始，他所投入的工作卻不是電影，而是關於拍攝電影的一本書。他的朋友米格爾・立丁是流亡的智利電影人，在一九八五年五月和六月偷偷回到智利，帶著十萬英尺關於皮諾切特下的智利的影片安全逃離[5]。賈西亞・馬奎斯顯然覺得自己在這位獨裁者下台之前就回到文學，是象徵性地被皮諾切特打敗；他看到報仇的機會，在一九八六年年初和立丁在馬德里碰面，討論該選擇哪些部分。在那裡，他一星期內進行了十八個小時的訪問，接著回到墨西哥，把六百頁的敘述濃縮成一百五十頁。他註記：「我比較希望把立丁的故事維持在第一人稱，好保留個人的、有時候較親密的語調，沒有我這邊戲劇性的附加或歷史的做作。當然，最後文稿是我的風格，因爲一個作家的聲音是無法改變的……然而同樣地，我也試圖保留所有原始的智利片語，以尊敬敘事手法的思維，並沒有與我自己的風格相吻合。」這本書《米格爾・立丁：智利秘密行動》於一九八六年出版[6]。黑羊出版社印了二十五萬本，但賈西亞・馬奎斯在十一月時一定有特別的滿足感，因爲其中的一萬五千本，在智利的瓦爾帕萊索港被燒毀。皮諾切特政府如果沉默以對，反而會是更有力的回應，雖然，沒有人知道當時的政府已經距離倒台不遠。

雖然短暫地偏離正軌政治，進行挑釁，賈西亞・馬奎斯對於自己和平使者的新使命是如此地投入，那年夏天的八月六日，他成功地在墨西哥伊斯塔帕市第二次「六國團體」會議上發表一場演講，他們的政治目標是避免核子浩劫。廣島核爆四十一週年紀念時，這六個國家（阿根廷、希臘、印度、墨西哥、瑞典、坦尚尼亞）強烈要求全面停止核武測試[7]。這個會議以賈西亞・馬奎斯的演講〈達摩克里斯的災難〉（The Ctaclysm of Damocles）開場，他警告雖然如今全世界的問題都可以解決，但金錢卻是花在武器上，這完全不理性，因爲正如他所言，「核子浩劫之後，唯一剩下的只有蟑螂。」[8]在某種層面而言，這場演講是關於地球的未來，應和他關於拉丁美洲命運的諾貝爾獎演講一起解讀。

那一年秋天，隨著賈西亞・馬奎斯投入新電影基金會的準備工作，羅德里哥在洛杉磯美國電影學院註冊——和他父親在哈瓦那的活動成爲鮮明的對比。他在那裡念了四年；同時，貢薩羅和他的女友琵雅・艾利桑多一起搬回墨西哥，開始投入自己的計畫，與荷米・賈西亞・阿斯考特、瑪麗亞・露易莎・埃利歐的兒子迪亞哥・賈西亞・埃利歐一起成立一家高水準的出版社「走鋼索的人」[9]。他們的第一個企畫案是在十月出版《雪地裡妳的血跡》的精裝版。

賈西亞・馬奎斯自己有興趣的，是鼓勵拉丁美洲導演所拍的獨立電影，但其他製片人比較有興趣的是把他的小說改編成電影。一九七九年，根據賈西亞・馬奎斯的劇本，墨西哥導演海梅・艾墨西優拍攝了一部電影〈我心中的瑪麗亞〉。一九八〇年早期，巴西導演盧伊・葛拉拍攝了電影〈艾倫狄拉〉，這個故事幾乎完全沒有修飾地來自賈西亞・馬奎斯的中篇小說，是關於一位少女在哥倫比亞的瓜希拉被迫成爲一位能力過人的妓女，每天服侍數十名男子——以補償她意外地燒掉無情祖母的房子。最後，艾倫狄拉爲了她的自由拋棄、逃離了尤里西斯，一位愛上她且幫助她殺死殘忍祖母的年輕人——這部作品很有意思地以女性主義觀點改寫灰姑娘、巫婆和英俊王子的歐洲童話。一九八四年七月，雷普斯坦首度改編《大限難逃》將近二十年之後，豪赫・阿里・特麗安娜重拍的新版，於八月七日在哥倫比亞電視上播映。這次是在哥倫比亞製作，而不是墨西哥，而且是彩色影片，不是黑白，再一次地爲尼可拉斯・馬奎斯殺死梅達多的事件做出無聲的辯白。如同從前一般，賈西亞・馬奎斯如鐘擺一般精準的「次索佛克里斯」情節引人入勝，不過這個版本再度把說教警語放在現實對話中，卻不幸地分散了觀眾的注意力。一九八五年十二月，《卓越》宣布法蘭西斯柯・羅西、亞倫與安東尼・狄倫已在孟波克斯開始〈預知死亡紀事〉的拍攝前製工作(亞倫後來退出)[10]，由艾琳・帕帕斯、歐梅拉・穆堤、魯伯特・艾佛瑞特主演。《世界報》的米榭爾・布宏多在一九八六年九月寫到這部電影時，描述拍攝這部電影的努力——在觀光勝地卡塔赫納以及孟波克斯——幾乎像史詩一般的過程，正如故事情節本身。[11]

一九八六年十二月四日，基金會在第八屆哈瓦那電影節成立，由基金會主席賈西亞・馬奎斯演講、播放一段廣爲傳播的卡斯楚訪問——先前並不知道他常看電影——並由正在訪問哈瓦那的葛瑞格利・佩克發言。在演講中，賈西亞・馬奎斯說到一九五二年至一九五五年之間，胡立歐・賈西亞・艾斯琵諾沙、費南多・比利、托瑪斯・古堤耶瑞茲和他自己都在羅馬的「義大利電影學院電影實習中心」。當時啓發他們的義大利新寫實主義，就像是「我們的電影必須走的路，是資源最少的電影，卻也是有史以來最具有人性的電影[12]。」英格瑪・柏格曼、法蘭西斯柯・羅西，安妮・華達、彼得・布魯克、黑澤明等人都送上祝福。十二月十五日，國際電影電視學校也相繼開辦，由賈西亞・馬奎斯的老朋友費南多・比利擔任校長。就在一個星期後，報導說基金會要拍攝七部由賈西亞・馬奎斯本人所寫的劇本，也許就內線交易的速度而言是世界紀錄。接下來的幾年間，他最親密的合作夥伴是電影基金會的古巴導演阿基米亞・潘納，以及古巴最偉大的詩人之一艾利西歐・迪亞哥的兒子艾利西歐・阿爾貝托・迪亞哥，大家都叫他「利奇」。利奇和新主席合作，不但教授研討會和「工作室」，後者是賈西亞・馬奎斯堅持使用的名稱，也參與一整疊電影劇本的製作和推敲。賈西亞・馬奎斯全心投入這些工作，他的精力、熱誠、堅定，使合作對象和接下來數年間拜訪這新機構的訪客都印象深刻。

在這些喜事之中，哥倫比亞傳來一件令人心碎的消息，爲這新事業蒙上一層陰影：《觀察家日報》的新社長基耶爾莫・卡諾於十二月十七日離開波哥大的辦公室時遭人謀殺。梅德茵毒品大王帕布羅・艾斯科巴和哥倫比亞司法系統之間的戰爭，如今到了最高潮的階段。艾斯科巴已經是世界第七大富豪，以「賄賂或子彈」策略企圖收買或剷除擋住去路的人，在哥倫比亞陳年的操控系統和暴力之上，又添加了第二層的腐敗和無能。他的政治野心已經受到挫折，《觀察家日報》英勇地對抗他，也支持把運毒疑犯引渡到美國。如今，卡諾爲他的勇氣付出代價。司法部長、最高法院院長、國家警力首長都已經受到暗殺，但如此受到尊敬的記者遇害，強烈地打擊了國內的士氣。《觀察家日報》的記者馬利亞・希門納・杜贊告訴我：「一九八六年十二月電影基金會開辦之時，我在古巴再次見到賈西亞・馬奎斯。幾天後他來找我，最後用電話找到我。『他們殺了基耶爾莫・卡諾，』他說。『剛剛發生。這就是我爲什麼不願意回去哥倫比亞，他們殺了我的朋友。沒有人知道是誰殺了誰。』我去他家，完全處於一片愁雲慘霧之中。打招呼的時候，賈布說基耶爾莫・卡諾是唯一一個真正捍衛過他的朋友。卡斯楚來了，我在哭泣。賈布解釋發生了什麼事，卡斯楚說了很多。賈布又告訴我他不會回去，他非常痛苦。我對他說：『你知道，你真的應該說出哥倫比亞的狀況。』但他不肯。我的結論是，他在一九八一年和圖爾拜事件後真的嚇壞了[13]。」賈西亞・馬奎斯沒有針對這起謀殺做公開聲明，也沒有寫信給卡諾的遺孀安娜・瑪麗亞・巴斯奎特斯。

雖然有來自哥倫比亞的壞消息，賈西亞・馬奎斯仍然興致勃勃地繼續他在哈瓦那的新任務。他在古巴待了幾個月，同時身兼多職、決定大小事務、參與每一件事。拉丁美洲和西班牙的報紙上經常有賈布列爾・賈西亞・馬奎斯電影相關的活動、他的小說可能改編的報導[14]。這才比較像樣！電影不像文學，創作的人注定孤獨。電影像宴會一樣，聚集眾人、主動出擊、年輕；電影是性感的，電影很有趣，賈西亞・馬奎斯時時樂在其中。他身邊圍繞著漂亮的年輕女性，還有充滿活力、抱負但謙遜的年輕男子。他完全得心應手，但也付出很大的代價。他苦笑說，雖然梅瑟德斯不贊成，他還是繼續自己昂貴的興趣：「我們窮的時候，把所有的錢都花在電影上；如今我們有錢了，我還是把錢花在電影上，而且我還投入相當多的時間[15]。」有些人說，賈西亞・馬奎斯那一年自己掏腰包給了學校五十萬美元，還有他大部分無可估價的時間。在這個時候，他開始向歐洲或美國採訪者收取一節兩萬或三萬美元的訪問費，爲電影基金會募款。令人驚訝的是，採訪者都付了費用。

他開始在新學校裡特別就說故事和寫劇本開課——他教授如何寫故事，如何把這些故事變成電影劇本。接下來的幾年間，訪客和老師包括法蘭西斯・福特・柯波拉、吉羅・龐特科沃、費南多・索拉納斯、勞勃・瑞福[16]。和勞勃・瑞福的關係對於賈西亞・馬奎斯特別重要：他後來親自前往勞勃・瑞福在猶他州的日舞電影學校，並在一九八九年八月的電影節中教授課程，以回報人情給這位英俊的美國激進派[17]。一般而言，他說自己的原則，是把作品高價賣給非拉丁美洲的製片，賣給拉丁美洲則是很便宜甚至免費。有些書，特別是《百年孤寂》，他永遠不允許改編成電影，這樣的立場使他在幾年前和安東尼・昆有所衝突。（據說安東尼・昆願意付賈西亞・馬奎斯一百萬美元買改編版權，安東尼・昆說賈西亞・馬奎斯同意之後又食言，但這位哥倫比亞人總是否認有這回事[18]。）其他的書如《愛在瘟疫蔓延時》，他會考慮出售電影版權——但當時他說只會給拉丁美洲的導演。最後在二〇〇七年，他終於允許另一位好萊塢電影製片，這次是英國人麥克・紐威爾，在卡塔赫納拍攝這部電影，由哈維爾・巴登擔任主角[19]。當時，傳言報導梅瑟德斯終於對她先生不屈不撓的慈善失去耐性，希望爲子孫留一點錢。畢竟，這是「她的」書。

既然他的文學主題從權力轉向愛情，愛情在他的電影計畫中佔有重要地位也很合理。古巴人對於這項發展真正的想法是什麼，我們永遠不得而知，但接下來的幾年間，賈西亞・馬奎斯探索電影的新聞蓋過了電影基金會，這些探索經歷一系列不同的導演，以人際關係中的愛情爲主題，主要工具是總計六部的電影計畫，全部統稱〈艱難的愛〉，伊塔羅・卡爾維諾一本鮮爲人知的短篇小說集的標題。（電影出現在美國公視頻道時用的是〈危險的愛〉。）所有的電影都比宣傳所廣告的晦暗，而且都探索愛情與死亡之間的關係。[20]

六年後的一九九六年，賈西亞・馬奎斯製作一部完全索佛克里斯的電影《市長伊底帕斯》（對照伊底帕斯國王），再度和豪赫・阿里・特麗安娜合作（劇本則再度由賈西亞・馬奎斯和哈瓦那電影學院的前任學生史黛拉・瑪拉貢合寫），電影中的市長，不但面對著二十世紀末期哥倫比亞所有的暴行和恐怖——運毒、軍事組織、游擊隊、國家軍隊——還有伊底帕斯殺了父親、與母親同房的老舊悲劇，此處母親由仍然風騷的西班牙演員安赫菈・莫利納扮演。許多影評無情地批評這部電影，但仍然具有重要價值，也許可以更公平而恰當地被當成是英雄般的失敗：這部電影傳達了哥倫比亞困境的複雜性和其中某些恐怖之處，而特麗安娜也成功的阻止神話色彩傷害政治的故事。他本來也想拍〈沒人寫信給上校〉，也許也會做得不錯，不過令人意外地，賈西亞・馬奎斯把這項企畫案交給了阿杜羅・雷普斯坦，其實，他和雷普斯坦之間的關係總是很棘手(據說雷普斯坦對於特麗安娜重拍〈大限難逃〉一事非常憤怒)，一九九九年，這本小說終於搬上銀幕：雖然雷普斯坦享有國際盛名，演員包括國際明星費德里哥・魯漢、瑪利莎・帕瑞迪斯、莎瑪・海耶克，這部電影應該算是賈西亞・馬奎斯的改編作品中最沒有說服力的。[21]

這混雜的體驗確認賈西亞・馬奎斯經常說的：他和電影的關係就像某種不快樂的婚姻。他和電影合不來，可是他們又不能沒有彼此。也許更殘酷的是，他的愛或許是沒有回報的(單面鏡，引述他墨西哥電視電影的其中一個標題)：他沒有電影活不下去，但電影沒有他其實也可以進行得很好。然而事實是，他常常因為自己的作品改編成電影受到責怪，但其實他只是原始作者，對於最後的成果並沒有最終的責任。梅爾・古索在《紐約時報》寫到，賈西亞・馬奎斯的作品需要一個才華自成一格的電影人，也許需要布紐爾這種具有特殊才華的導演，才能拍出作品的精華所在[22]。(這也許可以解釋為什麼才華遠遠不及布紐爾的艾墨西優卻比其他人成功。)賈西亞・馬奎斯的兒子羅德里哥告訴我，他的父親對於對白「不堪造就」，就算是在他的小說裡也一樣；然而，〈大限難逃〉的結構無疑是一齣傑作，除了對白之外，電影構想也非常有力。可惜的是，費里尼沒有嘗試過，黑澤明那幾年很期待能拍攝《獨裁者的秋天》，卻未能成功地開始這個計畫。

雖然他在古巴的活動成功而令人興奮，對於賈西亞・馬奎斯而言，這其實是異常辛苦的幾年，就連他自己也必須體認或許承擔了太多，以至於他的才華和精力都因而稀釋。他發現自己被右派的敵人攻擊，介入當時並無意參與的辯論和爭端，更不用說一連串醜聞甚或配上惡毒的八卦，並不完全適合一個接近六十歲的男人。一九八八年三月，他在墨西哥市和庫埃納瓦卡慶祝六十歲生日，以及他和梅瑟德斯結婚三十週年紀念(四月二十一日)。貝利薩里歐・貝坦古和來自世界各地的三十位朋友都在場。哥倫比亞媒體興致勃勃地猜測這到底是賈西亞・馬奎斯的六十歲生日還是六十一歲生日——當然是六十一歲。他們使用「賈西亞・馬奎斯第二次的六十歲」爲標題，指出他不可能再繼續這樣欺瞞的鬧劇。不過老實說，二〇〇二年出版《細說從頭》之前，包括幫他寫跋的作家在內，大部分的作家都一直沿用一九二八年這個出生年分，有些甚至在自傳出版之後也沿用錯誤的日期。

也是在這一個月，他出版翻印過多次、詼諧、充滿感情，描繪費德爾・卡斯楚的終極版本《文字遊戲》，書中強調的是卡斯楚的口才而非軍事特質。他提到朋友「鐵一般的紀律」及「可怕的魅力」。他說「無法想像任何人會比他更沉迷於談話的習慣」，卡斯楚對談話疲乏時「以說話休息」；他也是個「飢不擇食的讀者」。他揭露費德爾是少數既不會唱歌也不會跳舞的古巴人，承認「我不認爲這世上還有更糟糕的領袖。」但這位古巴領袖也是「一名對自我嚴格要求的男子，有著貪得無厭的幻想、舊式的古板教育、謹言慎行……我認爲他是我們的時代裡最偉大的理想主義者之一，這一點也許是他最偉大的美德，但卻也是他最危險之處。」然而，賈西亞・馬奎斯某次問他，他最想做什麼的時候，這位偉大的領袖回答：「在街角閒晃。」23

此時，賈西亞・馬奎斯的注意力暫時轉到劇場。一九八八年一月，阿根廷演員葛菈謝菈・杜福主演賈西亞・馬奎斯一部短篇改編作品〈對冷漠男子的愛情咒罵〉24。賈西亞・馬奎斯表示這部戲是「乏味的重複」、反覆、碎碎念、大放厥詞，暗示碎碎念的人——當然通常是女性——沒有從她的對象得到回應，也不期待得到回應。在他的成年生涯中，賈西亞・馬奎斯總是說和女人爭論一點用也沒有。這樣的主題、這樣的形式，使賈西亞・馬奎斯著迷許多年，在早期的《獨裁者的秋天》裡，獨裁者人生中一位主要的女性便對著獨裁者大放厥詞。25

該劇在布宜諾斯艾利斯的塞萬提斯戲院的首演，後來延遲到一九八八年八月十七日至二十日。最後，焦慮的賈西亞・馬奎斯（他自己說「緊張得像個初次登台的女明星」）無法面對作品現場演出的壓力，選擇留在哈瓦那，派梅瑟德斯、卡門・巴爾塞斯、她二十四歲的攝影師兒子米格爾面對布宜諾斯艾利斯的批評，他們是拉丁美洲要求最高、最可怕的一群。布宜諾斯艾利斯整個「政治和文化界」都出席，包括許多政府首長。值得注意的是，總統阿豐信和傑出劇作家本人的缺席。令人難過的是，回到布宜諾斯艾利斯的偉大劇院，並沒有重複先前一九六七年的經驗。這齣戲劇只有得到禮貌的掌聲，沒有起立喝采。布宜諾斯艾利斯的戲劇評論褒貶不一，但大部分是負面評價。典型的反應來自《民族報》重量級的歐斯瓦爾多・奇若嘉：「很難在這一位厭倦沒有愛情而快樂的女性冗長的獨白中認出《百年孤寂》的作者……這顯示他對於戲劇語言完全無知。無法否認，〈對冷漠男子的愛情咒罵〉是一部膚淺、重複、單調沉悶的誇張通俗劇。」26

如同《愛在瘟疫蔓延時》一般，這部只有一幕獨白戲的背景是一座匿名城市，可以肯定就是美洲卡塔赫納。葛莅謝莅一開始的幾句話，稍微改編自賈西亞・馬奎斯的引述：「世界上最像地獄的，就是快樂的婚姻！」小說有內含於文本的敘述諷刺，但戲劇仰賴的是劇情諷刺，需要不同的創作直覺，但賈西亞・馬奎斯顯然沒有太多這樣的直覺。不過比缺乏戲劇動作更糟的是，這齣戲劇最具傷害性的瑕疵，顯然是缺乏嚴肅的省思和分析。部分與《愛在瘟疫蔓延時》類似的是，〈對冷漠男子的愛情咒罵〉處理婚姻中的衝突（也如同三十多年前的《沒人寫信給上校》27）；其中心主張認爲傳統婚姻並不適合大多數女性，這一點顯然很重要，雖然這位六十歲的作者，如今也許已經不夠現代得能以根本或甚至有意義的方式探索。可惜的是，〈對冷漠男子的愛情咒罵〉是部單一面向的作品，比不上《愛在瘟疫蔓延時》，無法名列愛情的偉大經典。不久前，賈西亞・馬奎斯曾經表示他永遠不想當電影導演，因爲「我不喜歡輸的感覺」[28]。劇院這個事業的風險更大，在這裡失敗了一次之後，他不會再嘗試。

《愛在瘟疫蔓延時》大獲成功之後，他雖然享有不朽的名聲，卻時有一股惱人、煩悶的虛弱感不斷出現；然而，賈西亞・馬奎斯卻表現得好像精力無窮，有無止盡的能力面對一連串不同的活動，可維持高超的工作能力。只是，他此時的表現無疑已有磨損的跡象。《智利秘密行動》明顯帶有倉卒的痕跡，〈對冷漠男子的愛情咒罵〉是在他不熟悉的環境中實驗，對任何人而言，同時進行六部電影劇本都算沉重的負擔，加上他已經開始下一部重要的作品，也就是關於拉丁美洲歷史上最重要的英雄人物——西蒙・波利瓦爾。

賈西亞・馬奎斯非常投入新的電影基金會和電影學校的政治和行政工作，但最近這幾個月裡，他投入在國際政治和斡旋協調的時間比較少。雖然中美洲的情勢險峻，古巴似乎處於最安逸與自信的時刻之一，但情況也開始改變。隨著烏雲開始集結於古巴和哥倫比亞上方，直到世紀末都不會散去，賈西亞・馬奎斯也開始發現自己短暫離開政治和外交的時期很快就會結束。

一九八七年七月，他擔任莫斯科影展的榮譽貴賓。七月十一日，他在克里姆林宮受到米凱爾・戈巴契夫的接見，苦勸這位極端改革派的蘇維埃領袖前往拉丁美洲。此時，戈巴契夫是全世界受到最多討論的政治人物。他們兩人討論的主題如下(至少這是官方公告的說法)：「蘇聯重建工作的國際涵義、當今世界知識分子的角色以及人道主義價値的超越性。」[29]戈巴契夫表示，閱讀賈西亞・馬奎斯的書可以看到裡面沒有陰謀，是由人性的愛所啓發。賈西亞・馬奎斯則表示，公開性和經濟或政治體系的改革是強烈的字眼，暗示巨大的歷史改變——也許！他表示，有些人——無疑是指費德爾・卡斯楚——抱持懷疑的態度。他自己抱持懷疑的態度嗎？他對於結果的三心二意出現在稍後的評語中，在其中他揭露自己告訴戈巴契夫，他很憂心有些政治人物——應該是指雷根、柴契爾夫人、教宗若望保祿二世——也許想利用他的誠意，因此眼前充滿危機。他表示在他自己看來，戈巴契夫顯然很有誠意，對他而言，這次的會面是他最近最重要的事件[30]。有這麼一次，他也許沒有誇大其詞。

到了第二年年底，他終於接近墨西哥的權力中心，這個他目前爲止已經住了二十幾年的國家。一九八八年十二月，卡洛斯・薩利納斯・高塔利成爲總統，賈西亞・馬奎斯很快就和新領袖建立密切的關係。往後的幾年間，他們在國際政治上密切合作。他從墨西哥出發前往卡拉卡斯，出席委內瑞拉卡洛斯・安德烈・裴瑞茲的第二任就職典禮——爲了實現他曾經做過的承諾，當時，只有他認爲狡詐的人民黨會再度重振雄風。

他幾乎一完成《愛在瘟疫蔓延時》就開始進行波利瓦爾的小說。雖然所有的小說都是來自對於拉丁美洲和世界歷史的理解，雖然他爲了寫《獨裁者的秋天》，對獨裁者和獨裁政權閱讀甚廣，但他從來沒有考慮過研究方法和書寫歷史本身。如今，由於他的中心主角是歷史的演員，而且是最知名的一位，他覺得需要查證小說裡的每一樁事件及其歷史真實性，書中波利瓦爾的每一個想法、聲明或缺點，都必須經過適當的研究和背景查證。這不止需要閱讀數十本關於波利瓦爾的書籍、明白他的時代背景、爬梳上千封波利瓦爾的信件，還要諮詢各類專家，包括多位瞭解這位偉大解放家的生平和時代的重要專家。[31]

一九七〇年代創作他的獨裁者時，賈西亞・馬奎斯得以隨時自由地選擇他所想要的面向、他所挑選的獨裁者，以創造出一個綜合體，在他綜合的設計中帶有意義。雖然每一位歷史學家都發現或發明波利瓦爾不同的角色，但無可避免地，他的基本資料是比較既定、難以加工處理的；他很快地學到就一個歷史學家而言，每一個詮釋的主張背後都必須有一個以上的佐證，且大多數的情況下需要多方佐證，最後出現在作品中的只是冰山一角而已[32]。他必須一方面設法處理這巨大的資料庫，但另方面仍然維持自己的創作性，使波利瓦爾從資料中煥然一新地出現，而不是埋藏在一堆枯竭的事實之下。

雖然這位解放家寫過或口述過一萬封信，他自己以及見過他的人所寫的回憶錄加起來數也數不清；然而，對於他一生中某段時間參與過的事件，仍然所言甚少；還有他的私人生活——特別是他的感情生活——還是沒有什麼答案。由於私人和文學的理由，賈西亞・馬奎斯最有興趣的一部分是波利瓦爾到馬妲雷娜河的最後旅程——信件或回憶錄中完全沒有提及，在歷史真實性的限制內，這位小說家得以自由地發明自己的故事。

後來，他把小說獻給了阿爾瓦洛・穆堤斯，因這本書原是他的發想，一九五〇年代末期在墨西哥的監獄時，他甚至寫了初版的簡短片段〈最後的臉龐〉。最後，賈西亞・馬奎斯讓他勉強承認自己永遠無法完成這項計畫，因而得以自己著手。幾乎早在一開始進行背景研究時，賈西亞・馬奎斯就已經決定了「迷宮中的將軍」這個標題。

西蒙・波利瓦爾一七八三年出生於委內瑞拉的卡拉卡斯，是克里歐貴族的一員。當時，將近三個世紀以來，如今所知的拉丁美洲全部在西班牙和葡萄牙的控制下，而英國和法國則各自控制加勒比海諸島嶼。奴隸制度存在於每一個拉丁美洲國家，也存在於剛獨立的美國。波利瓦爾一八三〇年去世時，幾乎整個拉丁美洲都已經獨立於外在勢力之外，奴隸制度正式受到譴責，有些地區甚至廢除。波利瓦爾對這一切的付出勝過任何一個人。

波利瓦爾的父親是一位地主，在他兩歲半時就去世，母親則在他不到九歲時去世。十二歲時，他反抗收養他的叔叔，搬到老師西蒙・羅德里格茲的家裡；旅遊過歐洲之後，他在十九歲那一年結婚，但年輕妻子不到八個月就去世了。當時，他似乎決定自己在世上注定孤獨一人。（他沒有再婚，不過後來仍和十幾名女性扯上關係，最知名的是他堅強的厄瓜多情婦蔓努耶麗塔・薩恩茲，她傳奇地不止一次救他一命。）回到歐洲時，他出席一八〇四年十二月拿破崙在巴黎的加冕典禮；他受到拿破崙身為歐洲解放者的啓發，但厭惡拿破崙讓自己成為皇帝的決定。回到拉丁美洲的他，已經誓言獻身解放西班牙殖民地運動，他開始軍事事業，最後在拉丁美洲各地成就非凡，得到「解放者」這個榮譽頭銜。所有其他領袖，即使是偉大的將軍如聖馬丁、蘇克雷、桑坦德、烏達內塔、帕耶茲，不管願不願意，無不一個個處於波利瓦爾的陰影下。

除了戰役的輸贏之外，波利瓦爾還在拉丁美洲四處行軍，越過安地斯山脈、在處女之地沿著大河行走，更遑論戰役之輸贏，但這二十年間出征的事實和數據卻相當驚人、可觀，他居然從未在戰役中嚴重受過傷。他第一次沿著哥倫比亞馬妲雷娜河出任務時二十九歲；三十歲時成為委內瑞拉解放者；三十八歲被選為哥倫比亞總統，當時領土還包括現今的委內瑞拉和厄瓜多。在這個時期，他寫了一些關於拉丁美洲主體性的關鍵文件，最重要的是一八一五年的〈牙買加信件〉，其中，他爭論所有拉丁美洲地區特點同多於異，應該接受、擁抱拉丁美洲的種族混雜認同。

然而，一旦西班牙人被擊敗之後，地方領袖開始維護他們在地方和區域的利益，如今解放的地區開始分裂、呈現無政府狀態，獨裁和幻滅如悲劇魅影般出現在地平線，而波利瓦爾企圖團結拉丁美洲這高於一切的夢想開始幻滅。他成為擋路石，不實際的理想主義之聲；其他人也許永遠無法成就波利瓦爾幾乎不可能的本領，然而，他們如今認爲在這解放後的情況至少比他力求的還現實許多。最顯著的例子就是哥倫比亞的法蘭西斯科・保羅・桑坦德，他是波利瓦爾難以對付的敵手，在賈西亞・馬奎斯的眼裡是典型的卡恰克人。小說從波利瓦爾瞭解到自己在哥倫比亞沒有未來開始，他雖然有所成就、持續享有崇高的地位，卻開始從波哥大撤退，也等於是從自己宏大的視野中撤退。在四十六歲的年紀，體弱、幻想破滅的偉大解放者出發前往馬妲雷娜河，前往放逐的路上；賈西亞・馬奎斯暗示波利瓦爾從來沒有真正放棄過希望，如果可能的話，仍然打算安排另一次的解放遠征運動。

小說共有八章，再次分成兩半。前半的第一章到第四章描述大河之旅，賈西亞・馬奎斯自己在一個世紀後前往學校的路上也走過這段路程[33]。在波利瓦爾這邊，這趟旅程發生於一八三〇年五月八日到二十三日。下半段的第五章到第八章描述波利瓦爾最後六個月的生命，從一八三〇年五月二十四日到十二月十七日，他這六個月的時間在海岸區的海邊，後來成爲賈西亞・馬奎斯童年和大部分少年時期的場景。西班牙最受喜愛的詩之一是豪赫・曼立奎的〈悼亡父詩〉，寫於中世紀末期，以最重要的一行聞名，「人生是一條流向大海的河流，終點是死亡。」另一行寫到死亡是我們所陷入的「陷阱」、「埋伏」；或者，如同賈西亞・馬奎斯可能說的，追隨波利瓦爾本人時我們所墜入的「迷宮」。雖然賈西亞・馬奎斯沒有提到曼立奎，他的小說使用與曼立奎偉大詩句同樣的邏輯。

標題的主詞「將軍」代表權力，但「迷宮」的概念在作品開始之前，便暗示就算是掌權者也無法控制命運和定數。當然，如此的無能也可能暗示對於掌權者的開脫，甚至同情；幼時的賈西亞・馬奎斯對於他唯一認識的「掌權者」——保護眾人、有影響力、受尊重的尼可拉斯・馬奎斯上校——可能有這樣的感覺。在整部作品中，他在某些層面反映了不可能死守老人。若有這麼一位年老且脆弱的「父親」，那麼，身爲小孩可以學到最重要的一課就是，你唯一的安全感、親愛的外公「很快」就可能／必須死去；而這樣的一課所傳授的是否是所有的權力都受到渴望或有其必要，但同時它也脆弱、虛假、短暫、引起錯覺？賈西亞・馬奎斯著迷於有權力的男人，並寄予同情，這在當代世界文學上幾乎無人出其右。他雖然一直都是社會主義者，但他這貴族身分的永恆標記，不論如何由諷刺（甚至道德譴責）所和緩，也許可以解釋爲什麼他的書有著一股顯然無法說明的力量：無疑地，當主人翁因爲權力、孤立、孤獨，還有尤其是他們對於千百萬人生活及歷史本身的影響所吹捧時，這樣的悲劇更偉大、更深遠、更遼闊。

寫《迷宮中的將軍》時，賈西亞・馬奎斯和費德爾・卡斯楚熟稔已久，他無疑很有希望繼波利瓦爾之後成爲第二位拉丁美洲的偉人。光就政治壽命而言，難以否定掌權將近半世紀的費德爾・卡斯楚的紀錄。賈西亞・馬奎斯曾經告訴我，費德爾是「國王」。相較之下，賈西亞・馬奎斯自己總是堅持他既沒有那樣的天分、才能，更沒有能力忍受如此的孤獨。嚴肅作家的孤獨是非常巨大的，他總是如此斷言；然而，偉大政治領袖的孤獨是完全不同的層次。就算如此，在這本小說裡，雖然波利瓦爾的角色無疑來自解放者的生平事實，他的許多小缺點則綜合了波利瓦爾、卡斯楚和賈西亞・馬奎斯自己的弱點。

因此，中心主題是權力，而不是暴政。也就是說，賈西亞・馬奎斯的書，有時候被認爲是站在掌權者的這一邊，有時候站在無權力的那一邊，但主要的目的並不是爲了激發對於暴君或「統治階級」的仇恨，並不像拉丁美洲文學主流敘述手法中數以百計的抗議小說。他的作品中不斷出現的主題、不斷錯綜交織的是歷史的諷刺（特別是由權力轉爲無能、生轉成死）、命運、天數、機會、運氣、預知、預感、巧合、同步性、夢境、理想、抱負、懷舊、渴望、生理、意志、人類主觀的謎。他的標題經常提到權力（上校、獨裁者、將軍、大媽媽），其權力通常以某種方式受到挑戰（「沒人寫信」、「孤獨」、「秋天」、「葬禮」、「迷宮」、「預知死亡」、「綁架」），以不同形式的現實爲代表，連結到不同的表達方法，把時間安排進歷史或敘事之中（「沒人寫信」、「百年」、「之時」、「紀事」、「新聞」、「回憶」）。他的作品幾乎總是包括「等待」這個主題，當然只是權力的另一面、無能者的經驗。比如在這整本小說之中，波利瓦爾宣布自己的離去，首先離開波哥大，接著離開哥倫比亞，但當然他其實是離開權力，然而，他假裝自己並沒有要離開什麼，尤其是這一生，雖然沒有什麼能夠延遲這無可避免的離開。因此再一次地，等待是重要的主題，但延遲（有權力如卡斯楚能做到，樂此不疲的）在此是更重要的主題（波利瓦爾延遲離開哥倫比亞、延遲離開權力與榮耀、延遲接受現實、延遲死亡……）。

這本書有些動力必是來自賈西亞・馬奎斯在諾貝爾獎致詞裡所投入的心思，如同前人一般，他覺得有義務不只是代表一個國家發言，而是代表整個拉丁美洲。在這個場合裡，他的所言許多是心照不宣的「波利瓦爾式」語言，許多理想再度出現於小說之中；的確，他在諾貝爾獎的致詞內容對於閱讀、詮釋這本書提供不可或缺的背景。如我們所見，諷刺的是賈西亞・馬奎斯在「拉丁美洲」覺醒的形成上非常緩慢，就算他在歐洲的時候也一樣。只有在造訪過資本主義的中心及共產主義的中心之後，他才瞭解到自己雖然受到社會主義道德和理論的吸引，但這兩個體系都不是拉丁美洲的答案，因爲實際上，兩個體系主要運作的利益都在於所提倡的國家。而拉丁美洲必須照顧自身，因此必須團結。小說中的波利瓦爾對於不同的歐洲民族有犀利的見解，由於當時大英帝國對南美解放運動多加協助，他當然偏好英國人，法國人則非常不行，以波利瓦爾自己的話來說，「對我們而言」，美國「擁有無上權力、令人驚駭且自由的故事會以悲慘的瘟疫結束。」

書中包含的主題以及圍繞的中心問題是如此。然而，不論賈西亞・馬奎斯投入多少心血研究，不論小說在意識型態的設計上多麼一致，並以文學結構支撐，若是沒有一個描繪生動的中心角色，這小說必定會完全失敗。然而，主人翁的確栩栩如生。賈西亞・馬奎斯挑戰拉丁美洲最有名、最熟悉的人物，以令人屏息的大膽程度、令人震驚的自然手法提供自己的版本。這當然不是他最偉大的作品，但可以說是他最偉大的成就，因爲這個挑戰所具有的難度可受公評。只要是熟悉波利瓦爾傳記的讀者，讀完這本書之後很有可能下此結論：在這部近三百頁的作品中，賈西亞・馬奎斯描繪波利瓦爾在最後六個月的生命中所完成的旅程，包含他的一生，從今以後，波利瓦爾給後代子孫的任何形象都離不開此書。

小說的第一頁，已經重病在身的波利瓦爾還活著，裸身躺在——有人可能說是埋在——早晨的洗浴之中。他的裸體使許多讀者驚訝——就像他們發現他嘔吐、放屁、性交、詛咒、打牌作弊或鬧脾氣時一樣震驚，他性格幼稚的一面，和拉丁美洲語言和禮儀中普遍的聖徒形象相去甚遠。然而，他也在描繪中注入了感人的勇敢言行：當然，他因爲自己的不幸而不快樂、受到拒絕、接近死亡，然而，就算在最黑暗、最沒有希望之時，他也未曾被打敗。無法否認地，波利瓦爾在此書中成爲賈西亞・馬奎斯筆下的一個角色；然而，這位作家部分的偉大之處，在於早在他開始寫波利瓦爾之前，這位「拉丁美洲角色」就已經是如他所描繪並永垂不朽；此處揭露的偉大解放者是拉丁美洲無數受苦者的典範，在這個世界險峻的王國中力求掙扎，有時也屈服。賈西亞・馬奎斯雖然虛榮、偶爾自大，但只有少數作家能夠想像他所承受的壓力，他轉而以優雅及少數作家能夠達到的勇敢行爲，回應這美學和歷史的挑戰。因而才有此書對於大多數讀者所產生的感人影響。

小說在出版的幾星期前就已經受到矚目。賈西亞・馬奎斯總是誇耀自己從來不參加新書發表會，經常暗示他的想法，他覺得把作品當作商品一般兜售，是非常貶低自己的行爲，而書寫就原始的動力而言是藝術創作，和最後在資本主義書市中不論以什麼價值交換都不盡相同。然而實際上，就連《百年孤寂》都在出版前許久就已經開始宣傳，隨著每週時間逼近而越來越令人興奮。這也是爲什麼許多年後，有些人開始叫他「賈西亞行銷人」。

二月十九日，小說的第一手回應，來自閱讀打字版的哥倫比亞前總統阿豐索・羅培茲・米歇爾森，他在信中回應道：「我一字不漏地讀了您最新的小說。」此信發表於《時代報》，爲了宣傳這部即將出版的小說[34]。羅培茲宣布，賈西亞・馬奎斯表現出驚人的多面性：他本該是個魔幻寫實作家，卻寫出一部左拉才可能寫出的自然主義作品。羅培茲無法放下此書：他表示，雖然拉丁美洲人對波利瓦爾的故事耳熟能詳，但此書像偵探故事一般地吸引讀者。賈西亞・馬奎斯原創的新論點認爲，波利瓦爾臨終時仍然希望在政治上重新再起，這一點是可信的，因爲「我們這些失去權力的人都是如此」。後來才知道前總統貝坦古也讀了這本書(他比較沒有那麼諂媚，對他這位保守黨而言，他當然無法如羅培茲一般地接受其中對於「自由」的詮釋)[35]，現任自由黨總統維希里歐・巴爾可熬夜讀完[36]。就連推崇古巴、自認爲是解放者荷西・馬提的費德爾・卡斯楚，也都讀過這本小說，據說他宣布此書給了波利瓦爾「異教徒的形象」[37]。沒有人能完全肯定地知道這是什麼意思，或者是褒是貶。

西語世界的報章雜誌上有無數的評論。這不只是最偉大的西語文學家最新的小說，所描繪的也是拉丁美洲歷史上最重要的人物，他的角色和形象受到數千萬人的敬愛，尤其是波利瓦爾光芒的守護者，不論他們是嚴肅的歷史學家、思想家或煽動者。大部分的評論都非常正面，不過，對賈西亞・馬奎斯來說，不尋常但也不意外的是，也有一些打定主意企圖破壞的人。少部分評論爭辯說，賈西亞・馬奎斯對於自我榮耀的自負，影響、阻礙了他所呈現的波利瓦爾——據稱他所呈現的波利瓦爾故事充滿語言效果，由恭賀自己的煙火所形成，並不符合波利瓦爾自己可能的主觀溝通，加上一連串陳腔濫調、偶爾出現的結構，其真正的功用，是使注意力集中在賈西亞‧馬奎斯這個商標身上，這本小說其實是作者本身的陵墓，而不是給他的主人翁。38

也許可以預測的是，最負面的反應來自賈西亞‧馬奎斯自己過去所厭惡的《時代報》，而且是刊在其中的社論版，報導認為這部作品反哥倫比亞：

> 然而，此書有其政治背景。在兩百八十四頁中，作者無法掩飾他的哲學，特別是在意識型態上。他毫無壓抑地發洩自己對於桑坦德的仇恨，發自內心地厭惡波哥大及其典型產物卡恰克人，一面指出將軍的個人特性，歸因於他加勒比海的血統，其大部分的動力使他登上榮耀頂峰。他以十足的巧妙和技巧，強調波利瓦爾的獨裁性格及其混血血統、踏實的性格，創造出與費德爾‧卡斯楚之間無法比較的差異。39

這令人不安的惡評顯示的是，賈西亞‧馬奎斯把波利瓦爾拿來私用，這點有多麼地冒犯到守護哥倫比亞國家認同的人：他觸及每一個痛處，社論作者顯然也失去了冷靜。賈西亞‧馬奎斯無疑感受到戰士的滿足感，逼迫他的敵人現身，他以同樣的方式回應：「我以前就說過《時代報》是瘋狂的報紙，受到十分不尋常的豁免權保護……可以愛寫什麼就寫什麼，愛對付誰就對付誰，不需要考慮後果或思考可能對政治、社會、個人造成的傷害。大多人因為恐懼巨大的力量，很少有人敢抗辯。」「我們需要發現自己，」賈西亞‧馬奎斯的結語說，「我們不希望哥倫布一直當我們的發現者。」無可避免地，《時代報》在四月五日回應了這席話，標題：〈諾貝爾獎得主的脾氣〉；宣告「賈西亞‧馬奎斯只接受讚美」，稱他為「馬康多男爵」。40

很明顯地，賈西亞・馬奎斯本人和他的聲譽有了變化。他和權貴的關係仍然保持穩定——卡斯楚、薩利納斯、裴瑞茲等政治領袖顯然認爲他們比較需要他，而不是相反——然而，世界其他部分的人，開始注意到他在某些地方沒有以前那麼放任。而且，賈西亞・馬奎斯似乎突然開始面臨越來越多的壓力——由於他與卡斯楚和古巴的關係、捕風捉影的性醜聞媒體報導、衰老的中年、對自己受歡迎度下降，及隨之而來的政治影響力消退的恐懼——因而更容易對他人的攻擊或批評反應過度。他似乎首次輕微喪失了自己的本領。的確，有哥倫比亞的文章寫到，他的名聲和影響力絕對把他沖昏了頭，他只是以虛榮、自戀、超級敏感的傲慢做出反應。

不過，當然事實比此更爲複雜。實際上，賈西亞・馬奎斯對於冷戰遊戲比任何人都要拿手，但冷戰已近結束——雖然少數觀察家預測一九八九年十一月就會結束——政治氛圍的改變已難以衡量。比起一些記者，賈西亞・馬奎斯在時事上著墨的手法，比較沒有那麼地自信、放鬆、憑直覺就能獲知，即使他們無法如他一般清楚地預知未來，也無可避免地回應這改變的氛圍。

當賈西亞・馬奎斯寫完這本有關於拉丁美洲歷史上最重要的政治人物波利瓦爾的書之後，必定預測到自己也會捲入一連串在不同地方、不同層次的政治辯論。同時，他從前的朋友馬立歐・巴爾加斯・尤薩則更直接地參與政治事務；的確，他以新自由主義者的身分參與秘魯總統的選舉。他和賈西亞・馬奎斯在一九六〇年代對於秘魯事務有極端不同的看法，如同大部分拉丁美洲左派一般，賈西亞・馬奎斯有條件地支持改革派軍事政權胡安・委拉斯科將軍，巴爾加斯・尤薩則反對他；的確，討厭軍隊一直是巴爾加斯・尤薩的特質，賈西亞・馬奎斯一直都是現實主義者，雖然並不贊成暴力，但知道沒有一個國家、政府或政權有辦法在沒有軍隊的狀況下生存，因此，必須給予軍隊某種形式的尊重。三月底，賈西亞・馬奎斯語帶保留地祝福他的前朋友：「在拉丁美洲，只要有相當觀眾的人最後就會投身政治，這是無可避免的。然而，沒有人像馬立歐・巴爾加斯・尤薩如此深入地投入。我希望他不是被環境拖下水，但相信他真的可以解決秘魯的情況。即使我們之間有這麼多意識型態上的不同，我只能祝福他，爲了秘魯的利益，如果他選上的話，祝福他任期順利[41]。」他又補充說，一個人有名的時候「不應該天真，才不會遭人利用。」結果，令大多數文學旁觀者失望的，巴爾加斯・尤薩被幾乎不知名的人民黨參選人藤森謙也打敗，而後者卻成爲拉丁美洲世紀末最惡名昭彰的統治者。

三月，盛怒的賈西亞・馬奎斯預測好幾個月的事終於發生了。西班牙通過歐盟條例，拉丁美洲人不再自動得到進入伊比利半島的簽證。在一陣負氣與偏執地回憶他在皮諾切特事件裡出的醜事後，他宣布：「我永遠不會回去西班牙[42]。」不消說，他的語調必須改變，但他是真的毅然對抗。他嗤之以鼻地說，西班牙人在一四九二年來到拉丁美洲時也沒有簽證。而且，就連佛朗哥也允許拉丁美洲人成爲西班牙公民。他告訴媒體自己警告菲利普・貢薩雷茲，西班牙一進入歐洲共同體，「你們就會拒絕幫助拉丁美洲」，此話果然一語成讖[43]。事實是，他和貢薩雷茲的關係雖然很親密，但持續受到兩件無法挽回的刺激所困擾。貢薩雷茲從秘密顛覆佛朗哥政權一路走來，不只成爲歐盟成員，甚至進入北大西洋公約組織，因此，西班牙的利益已經不再如西班牙人所聲稱的，是和拉丁美洲「互補」，而是互不相容：如今，西班牙在現代歷史上首次真正成爲「西方世界」的一員，如同貢薩雷茲很快地會在一九九一年宣布西班牙派兵前往波斯灣對抗伊拉克。其次，貢薩雷茲非常希望滿足賈西亞・馬奎斯對他持續的要求，協助古巴慢慢地回到國際社會；然而，貢薩雷茲認爲他現在的世界無法接受、也不方便接受卡斯楚的獨裁作法，並持續對卡斯楚感到惱怒，因爲他認爲卡斯楚的固執已無可救藥，而且又缺乏適應世界新局的能力。（不消說，卡斯楚越來越深信貢薩雷茲是國際社會主義的叛徒。）

同時，古巴正經歷自己的轉折。一九八八年年底，所謂「百人委員會」發出一封信給卡斯楚，譴責他在人權方面的國家政策，要求釋放所有政治犯：「一九八九年一月一日你就掌權三十年了，至今都沒有舉辦選舉，決定古巴人是否希望你繼續當共和國的總統、內閣總理、國務會議主席、三軍統帥。最近，經歷十五年的獨裁政權之後，智利人民得以自由表達他們對於國家政治未來的看法，我們以此信要求公民投票，讓古巴以自由秘密的投票方式，簡單地表達他們是否同意你繼續掌權。」[44]

此事發生之時，賈西亞・馬奎斯描繪費德爾・卡斯楚的作品已經出版九個月，把他寫成既可愛又健談、愛屋及烏的好朋友。此信由巴黎各界名人與知識分子連署，不過基本上還是以《自由》雜誌團體成員(胡安・哥蒂索羅、比利尼歐・門多薩、馬立歐・巴爾加斯・尤薩)爲中心的行動，再度結合主要的法國盟友。這是他們在帕迪亞事件後首次強烈出擊，使得共產主義在歐洲更加搖搖欲墜。除了蘇珊・桑塔格之外，連署名單中的美國人名，並不特別令人印象深刻，拉丁美洲連署名單也一樣(少了卡洛斯・富恩特斯、奧古斯都・羅阿・巴斯托斯等)，但仍形成強而有力的挑戰。

事實上，這是一九七一年以來對於卡斯楚和古巴最嚴厲的一次語言攻擊，而且確實也是其中較有效的，因爲他們並非針對單一事件或單一問題，而是針對古巴的整個政治體系。而且，連署名單中有許多具有影響力的知識分子，他們怎麼也說不上是「右翼」。教宗支持雷根和柴契爾惡毒的反共產主義，戈巴契夫實際上無止盡的屈服表現更助長其聲勢，這很快地改變國際氣候，也很快地會改變世界。費德爾的古巴將是受害最慘重的一方。一九八九年是傷亡慘重的一年。幾乎令人無法相信的是，正當這些烏雲正在聚集時，賈西亞・馬奎斯大多數的時間，都在哈瓦那寫一本關於另一位拉丁美洲英雄末日的小說，一位唯一能與卡斯楚匹敵，也在生涯後期被一些歷史學家認定爲獨裁者的英雄。

古巴這些令人幻滅的事件，必定加深了賈西亞・馬奎斯想回到哥倫比亞的慾望。正當馬立歐・巴爾加斯・尤薩開始以唐吉訶德的方式競選秘魯總統時，古巴政府逮捕(六月九日)、審判阿爾納多・歐丘瓦將軍，他是非洲遠征中最偉大的英雄，由於報導這起冒險行動，才使賈西亞・馬奎斯得以接近費德爾、勞烏及古巴革命。同時受審的還有賈西亞・馬奎斯的兩位好友，堪稱是古巴詹姆士・龐德的東尼・瓜地亞上校，以及他的雙胞胎兄弟帕瓏西歐。當時，賈西亞・馬奎斯在電影學校授課。被告被判走私麻醉毒品罪名成立，也等於背叛古巴革命，歐丘瓦、東尼・瓜地亞與其他兩人於一九八九年七月十三日遭到處決。帕瓏西歐・瓜地亞被判三十年監禁。

《迷宮中的將軍》一書接近尾聲之處，在雨中迷路的波利瓦爾不耐等候，不知道爲什麼心情跌落谷底，在睡夢中哭泣。第二天，他逃離自己最糟的回憶，也就是十三年前在安古斯圖拉處決馬努耶・皮阿爾將軍。皮阿爾是來自庫拉索的黑白混血兒，不斷地代表黑人和白人印地安混血對抗白人政府，包括波利瓦爾本人。波利瓦爾不顧最親近朋友的建議，以抗命判他死刑。然而，他卻努力掙扎著不掉淚，也無法目睹處決。敘事者說明：「這是他一生中使用權力最粗暴的一次，但也是最適切的一次，他因而鞏固了自己的權威，團結下屬，清除前往榮耀的障礙[45]。」許多年後，波利瓦爾對著他的隨從荷西・帕拉西歐斯說：「要是重來一次，我還是會這麼做。」（據說，馬奎斯上校在巴朗卡斯殺了梅達多・帕伽科之後就是這麼說的。）不管怎麼說，賈西亞・馬奎斯都沒有必要把這樁以政治正當性，爲不道德行爲辯護最殘忍的例子放在倒數第二章，在此無可彌補地成爲最後的主要情節、小說最後的敘事（不過此事發生在波利瓦爾生命結束的十三年前，因此是以回顧的方式敘述。）然而，他卻這麼做了。因此再一次地，賈西亞・馬奎斯準確預測主要事件非比尋常的能力令人毛骨悚然。費德爾・卡斯楚參與判決歐丘瓦命運的幾週前，一定有讀到這一章。他在下決定的時候還記得嗎？[46]

如今，賈西亞・馬奎斯最親近的朋友之一，處決了他另一位親近的朋友。（自然地，卡斯楚宣告決定權並不在他。）這項處決使得賈西亞・馬奎斯很煩惱，而且造成諸多政治上的爲難。東尼・瓜地亞的家人不止一次親自懇求他，他也保證會代爲向費德爾求情。如果他有照做，結果並沒有成功。

他在處決前離開古巴，行刑的那一天，他和朋友阿爾瓦洛・卡斯塔尼歐在巴黎，和潔西・諾曼及法國文化部長雅克・朗見面，他們正在爲另一個革命的兩百週年慶做最後準備，這場革命最後的結果，是吞噬了自己的子民。第二天，賈西亞・馬奎斯出席攻陷巴士底監獄兩百週年紀念晚宴。他本來擔心可能要坐在柴契爾夫人身邊(根據他們的主人方斯華・密特朗的說法，她擁有「卡利古拉(凱撒)之眼，瑪麗蓮・夢露的香唇」。)不過，他幸運地坐在亮麗的巴基斯坦碧娜芝・布托身邊，柴契爾宣布法國革命「預示了共產黨立場」，如同一家英國報紙所述，彷彿「慶典上的鬼魂」[47]。第二天，賈西亞・馬奎斯抵達馬德里，說自己「上星期」見過費德爾・卡斯楚，告訴費德爾他「不但反對死刑，而且反對死亡本身。」他表示處決四名革命士兵是「非常痛苦的事，我們都得承受的痛楚。」他說自己有「很好的情資」，死者受軍事法庭審判，處決的原因是叛國，不是運毒。「全世界的叛國罪都是處以死刑」。[48]

他頗具野心的新策略之一是回到哥倫比亞——他是已經斷念，還是如法國人所說的以退爲進？然而，如今哥倫比亞進入另一個夢魘，也許是前所未有的。路易斯・卡洛斯・賈朗是正式的自由黨參選人，也許是哥倫比亞自凱坦以來最有魅力的政治人物，卻遭逢與前任同樣的命運，於一九八九年八月十八日在波哥大郊外的一場政治集會上，被帕布羅・艾斯科巴的殺手暗殺。即使在對恐怖行動已經司空見慣的哥倫比亞，這起事件都引起一片茫然與絕望之聲[49]。再一次地，賈西亞・馬奎斯沒有給其遺孀葛洛麗雅・帕夐任何問候，她是他一九六六年回到哥倫比亞時第一個訪問他的記者；不過，他在第二天宣布這個國家「應該支持巴爾可總統」。接著他公開請求毒販「不要把哥倫比亞變成一個醜惡的國家，讓他們及其後代子孫能夠生活。」[50]

政治上，這是非比尋常的一年。然而，最重大的事件才正要發生：十一月九日，柏林圍牆倒塌。如同瑪格麗特・柴契爾所宣示，也像賈西亞・馬奎斯自己所預測的，西方歷史的兩百年已然結束，如今距離蘇聯和共產主義的崩潰也不遠。十二月，賈西亞・馬奎斯確實沒有轉達他和卡斯楚之間真正的談話內容，他向世界吐露，「費德爾害怕蘇聯會受到資本主義的影響，第三世界會被遺棄51。」他說，世界仍然非常需要蘇聯作爲反制美國的力量，收回對古巴的財務支援是革命揮之不去的陰影，如果發生會像是「第二次禁運」。他承認古巴需要徹底的改變，有些在政治經濟改革之前就開始了。但古巴的敵人持續反對她進入「她的自然世界」，也就是拉丁美洲，因爲人們會把它視爲費德爾的勝利。菲利普・貢薩雷茲和他的西班牙社會主義勞工黨政府，在十月二十九日勝選連任，賈西亞・馬奎斯一定慶幸是如此，這是一片環顧四同、令人沮喪的景像中唯一少數的好消息。

就賈西亞・馬奎斯的角度而言，世界上一整個板塊的革新主義思維和政治行動正在消失之中。隨之而來的，是前所未有的經濟和社會的改變；過去，經歷改變的重要時刻時，不論如何迷失方向，至少都伴隨著受到闡明的政治理念和社會意識型態，如今，驅動一切的是經濟改革本身和全球化的意識型態。同時，所有的意義看似都被科技和生物進步吞噬得不見蹤影，隨之而來的焦慮、恐懼甚至絕望，因而使人回歸宗教基本教義派。賈西亞・馬奎斯進行這樣的思索，但沒對外界多說什麼。不論外面的拜金世界發生什麼事，賈西亞・馬奎斯開始尋找另一個樂觀的方式面對。這是他過去回應所有黑暗時刻的方式；如今，他視爲自己對世界的責任。

第二十三章
回到馬康多？歷史變故的消息
一九九〇—一九九六

一九八九年是哥倫比亞近代史上最動盪的一年。三月，未來的總統埃內斯托・參貝爾在波哥大黃金城機場的暗殺攻擊中受到多處槍傷，差點喪命。五月，準軍事組織成員企圖炸死秘密警察首長米格爾・馬薩・馬奎斯，他也奇蹟似地生還。八月，一位重要的總統候選人，自由黨的路易斯・卡洛斯・賈朗在光天化日之下遭到暗殺。九月，《觀察家日報》辦公室受到另一次攻擊而損失慘重，卡塔赫納的希爾頓飯店遭到炸彈攻擊。賈朗的替代人選凱薩・賈維里亞是黨內的專家治國論者，一被提名就接到販毒組織的威脅[1]。在十一月一次企圖殺害他的襲擊中，一架屬於國營航空公司亞維安卡的民航機爆炸，造成一百零七人死亡，不過賈維里亞不在機上。十二月，另一顆大型炸彈在波哥大秘密警察大樓前引爆，殺死數十名路人。這樣的事件層出不窮，而且都是前所未聞。當然，此時的死亡人數並未超過一九五〇年代「暴力事件」高峰時的死亡人數，但當時死亡的大多數是鄉間的無名面孔；的確，先前對於哥倫比亞政治體系的牢騷，就是除了兩個傳統政黨的候選人之外，幾乎誰都有可能遭到殺害，除非(如同凱坦和賈朗的例子)那些候選人撼動了雙方的共識之船，在這條船上，每個政黨安逸地在事前安排的勝利下，在平穩的政治水域中輪流掌舵。

當然，如今不同之處在於毒品。由於國內資源有顯著的比例，已經不再由傳統政黨分配，他們已經無法完全掌控、維持現狀的「安定」。如今，其他的利益處在危急關頭，因此現在有新的目標。十一月三日，《卓越》報導賈西亞・馬奎斯表示，目前看來所謂「對抗毒品戰爭」（越來越普遍的美國用詞）的計畫「注定失敗」[2]。他開始催促政府、游擊隊和販毒組織之間再度展開對話。他表示，如果不這麼做，哥倫比亞會因爲代表美國打這場戰爭，而代替其他南美大陸國家淪爲美國自身帝國主義的受害者。

僅僅六週之後，希望看到的人都可以如願地見到，賈西亞・馬奎斯再次顯示他很瞭解自己身處的美洲半球。十二月下旬，對於柏林圍牆倒塌，美國的態度更加躁進，而不是安心，在小喬治・布希總統的帶領下入侵巴拿馬，殺死數百名平民，史上第一次綁架現任拉丁美洲總統安東尼奧・諾里耶加，而且他還是由美國政府推上台的。他當然是個獨裁者、幫派分子、國際毒販、真正的混蛋（這些都是入侵的託辭），然而直到幾個月前，他都還是美國眼中的混蛋。因此就在蘇維埃承認他們自己偉大的入侵阿富汗行動是個錯誤的同一年，美國又回歸入侵他國的政策。賈西亞・馬奎斯在古巴的《格拉瑪報》（*Granma*）（十二月二十一日）譴責美國干預巴拿馬的行動；他雖然嫌惡諾里耶加，但《格拉瑪報》並不是爲美國政府所知要注意的出版品。當然，不幸災難的前兆再度出現，正如他先前的多次預言。

一九九〇年的哥倫比亞如一九八九年般地繼續。一群「顯要」及重要公眾人物顯然在巴爾可總統的支持下發表一封公開信，提議如果販毒組織結束這些暴力行動，則施以「較不嚴厲」的處罰。梅德茵組織的主要分子願意以停止殺戮、交出古柯鹼提煉裝備以交換政府的保證。不過，並不是所有的販毒組織都附和這項提議，因此很快破局。第二位總統候選人是愛國聯盟黨（哥倫比亞革命武裝軍隊的前身）的貝爾納多・哈拉米佑，於三月下旬遭梅德茵組織暗殺。（哥倫比亞革命武裝軍隊是最古老的游擊隊組織，他們的創辦人源自「暴力事件」後期的自由黨左派，成立哥倫比亞革命武裝軍隊，作爲一九六〇年代共產黨的武裝派系；也是這個游擊隊組織與農民有最深的淵源，據說哥倫比亞在二十一世紀初，擁有全世界最多被迫離家的農民。哥倫比亞革命武裝軍隊在一九八〇年代試圖走選舉路線時，失去了高達兩千五百名候選人和官員，他們皆遭到經常和政府軍合作的準軍事組織敢死隊殺害。毫不意外地，這演變爲全面的游擊戰爭。）內政部長卡洛斯・雷莫斯・西蒙斯被對手指控煽動哈拉米佑的謀殺而辭職。四月下旬，第三位總統候選人是卡洛斯・皮薩羅，來自游擊隊運動M-19的他，在國內航班上被殺手暗殺，皮薩羅的兄弟指稱出資的是警方或武裝支持的敢死隊。同時，主要販毒組織頭子帕布羅・艾斯科巴的手下，每殺掉一名警察就可以拿到四千美元的賞金。全國各地都有炸彈爆炸，殺死數百人。總統大選時，賈朗的前任幕僚長凱薩・賈維里亞以百分之四十七點四的選票贏得選舉，但全國一千四百萬選民只有百分之四十五出來投票。販毒組織進一步提出建議停止暴力，受到新政府的拒絕。賈維里亞的政策包括繼續堅定的壓制販毒組織、改革憲法。

在這個時刻，賈西亞・馬奎斯決定再次盡力把自己安置在哥倫比亞。不禁令人驚嘆的是，要不是因爲古巴在政治上如此令他爲難，不知他是否仍會在這舉國抑鬱之時考慮這樣做。他再次適應環境，開始鞏固自己新的政治策略，目標已經不是推進古巴革命，而是協助拯救費德爾——如果必要的話，從費德爾他自己的手裡[3]。如今在許多場合裡，賈西亞・馬奎斯承認雖然自己從前以前瞻的直覺推動理念，「我們都處於一個嶄新、無法預測的時代正在開始的階段，」但更詳細、也許沒那麼有說服力地，這個新時代「似乎注定解放我們的思維」[4]。他所沒有承認的是，這個新時代代表他所相信的一切被擊潰。他決定不要完全說清楚，而是善加利用，表現得好像發生的一切都正是他所希望的：問題在於那些保守分子，特別是美國政府，他們沒有領悟到世界上所發生事件的意義之深遠、如今更多的機會等待著人類。他爭論說，這一點需要每個人重新思考他們的政治信仰[5]。這真的是他思維中一個關鍵的時刻。

情況一定會好轉吧？事實上不但沒有，而且立刻變得更糟。二月下旬，就在巴拿馬事件的幾星期後，外界原本預測桑定政府會在美國的反對下，贏得尼加拉瓜政權並持續掌權，然而，在這片仍然由北方巨人所主導的土地上，他們卻在選舉中被厭倦戰爭、對未來悲觀的人民以選票驅逐下台。賈西亞・馬奎斯很茫然，但放話說桑定還是會贏得下一次的選舉[6]。費德爾・卡斯楚對尼加拉瓜的情勢逆轉不感到意外，但他一定非常失望，憂慮自己國家的未來。事實是，一九八〇年代結束時，拉丁美洲整體比一九六〇年代還要貧窮，大多數國家嚴重負債，經濟衰退和司法不公到處可見。原本人們認爲《百年孤寂》是告別因一九六〇年代革命而開發不足的年代的紀念。事實卻完全相反：一九八〇年代的拉丁美洲，似乎在回到馬康多的途中。

記者在哥倫比亞追著賈西亞・馬奎斯到處跑。一如往常，他已經著手另一部關於情慾激情的歷史故事，名爲《愛與魔鬼》；同時，他宣布自己回到哥倫比亞的方式，是表示將於十月推出豪赫・伊薩克《瑪麗亞》（一八六七）的電視改編版，這是《百年孤寂》出版前哥倫比亞最知名、最受喜愛的小說。他表示這是極大的挑戰及責任，但他也非常期待。比起拉丁美洲這一代家庭主婦的曾祖母，在一八七〇年代所讀的原始小說版，他希望能讓這一代因爲電視版（也就是他自己的版本）而流下更多眼淚。他說到「《瑪麗亞》的確是拉丁美洲歷史上最爲人知的愛的故事，」「愛是人類歷史最重要的主題。有些人說是死亡，我不這麼認爲，因爲萬物都和愛有關[7]。」他藉此傳達自己在主題、重心方面的進化，再簡潔也不過。

雖然他宣稱自己「回來了」——聽過許多次的哥倫比亞人無可避免地存疑以對——賈西亞・馬奎

斯和梅瑟德斯很快地又前往智利和巴西，接著暫時回到墨西哥這個安全的避風港。他們前往智利是爲了參加一九七三年以來第一位民主總統帕瑞西歐・艾爾文三月十一日的就職典禮。如今，賈西亞・馬奎斯終於能夠因見到皮諾切特下台而得到些許的滿足感；皮諾切特和桑定政權一樣，是選舉失敗下台的(雖然尚未從智利的政治舞台中消失)。賈西亞・馬奎斯於一九七七年巴拿馬運河協議簽署時在華盛頓見過他，當時正是賈西亞・馬奎斯的文學罷工時期(正因爲皮諾切特掌權)；如今他們再次共同參加一個典禮，這位智利將軍一定覺得自己是比較不安的那一個。(頗爲恰當地，倫敦《金融時報》評論皮諾切特如今「漂泊在自己的迷宮裡」[8]。)賈西亞・馬奎斯最值得注意的經驗是參與帕布羅・聶魯達在黑島的家重新開放的象徵行動，此朝聖之處被獨裁政權關閉十七年。陪伴他的有荷西・多諾索、豪赫・艾德華、詩人尼坎諾・帕拉、新政府的秘書長安立奎・科雷阿。

八月時，五月當選的賈維里亞於哥倫比亞就職，年僅四十三歲，率先提出的政策包括召開國民制憲大會以改革政府系統——目前的憲法回溯到哥倫比亞唯一的「岸邊人」總統，即一八八六年的拉法葉・努聶茲——當然，一直認爲舊憲法只是「空論」的賈西亞・馬奎斯，正希望賈維里亞這麼做。(九月四日，《國家報》反問賈西亞・馬奎斯是否爲「賈維里亞支持者」[9]。他的答案是「不，還不是，」但很快就會是了。)一部新憲法會重新界定這個國家存在的意義，也許因而走向完全不同的未來。八月二十七日，賈西亞・馬奎斯被提議爲制憲大會人選，任務是撰寫這一份新文件；接下來的幾個月裡，媒體沒完沒了地討論他參與的可能性，很樂意地指出這個人是「獨裁者的朋友」，以及他一生從未投過票的矛盾。

雖然有此極富建設性的開端，販毒組織並沒有給賈維里亞蜜月期，在他就職的那個月，恐怖活動依舊進行。八月三十日，前任總統胡立歐・凱薩・圖爾拜擔任記者的女兒蒂安納・圖爾拜及另外五名記者遭到帕布羅・艾斯科巴手下的幫派分子綁架。八月三十一日，土匪企圖綁架廣播記者亞米德・阿馬特。雖然此時還不清楚事件的模式，但這些事件和其他類似事件都成為賈西亞・馬奎斯四年後紀錄小說《綁架新聞》的藍本。九月三日，他找到新口號的第二個格言，第一個已經耳熟能詳：「時代在改變，我們必須調適。」第二個格言是新的：「只有費德爾能改變古巴。但美國總是需要一個怪物[10]。」這句格言異常高明而別出心裁，但古巴是否需要改變這回事，是否先徵詢過費德爾的意見，則令人存疑。他當然沒有公開這麼說，但很快地會承認沒有蘇聯的古巴經濟孤立，加上美國的禁運仍在實施中，古巴很快就會面臨前所未有的苦難，即所謂的「特別時期」。

一九九一年，賈西亞・馬奎斯改變他的哥倫比亞行動，確認自己打算長期分住墨西哥和哥倫比亞，任命去世舅舅胡安・迪歐斯的女兒（他的表妹瑪格莉妲・馬奎斯）為他的在地秘書，在他和梅瑟德斯為他們回歸波哥大所購買的寬敞公寓裡工作。然而，賈西亞・馬奎斯最近一次回來的這個月，仍是異常暴力的一個月。一位祖母瑪麗娜・蒙托亞從艾斯科巴的人質中被帶離之後遭到殺害。軍隊企圖於一月二十五日救援蒂安納・圖爾拜，但她在企圖逃離綁架犯時死去，迫使一向不願宣布支持哥倫比亞政府的賈西亞・馬奎斯發聲。一月二十六日，在蝸牛廣播電台的訪問中，他說這些「該引渡者」（應該遭到逮捕並送到美國受審者）應該「尊重記者的生命」[11]。人質貝阿翠絲・維亞米薩爾於二月六日被釋放，但瑪魯哈・帕夐、《時代報》集團成員之一（哥國未來副總統）帕奇多・參托斯仍然受到囚禁。更混亂的是，波哥大附近也有激烈的游擊隊活動。同時，賈維里亞總統在美國發出聲明，宣布在通盤考慮下，他仍然屬意引渡販毒分子，這樣的決定只是更確定目前的暴力程度不但持續、甚至增加。販毒組織和公民社會之間似乎注定對戰至死。

七月，賈西亞・馬奎斯短暫地回到墨西哥處理他的事務和承諾。不過在他離開之前，賈維里亞總統也許聽進了他的話，和帕布羅・艾斯科巴進行一起轟動但深具爭議性的交易，在這個協定下，這位犯罪首腦自首以得到減刑與舒適的獄中環境，不是如所有販毒分子所恐懼地在美國服刑，而是在他家鄉梅德茵附近。賈西亞・馬奎斯形容這項必然受到哥倫比亞右派和美國譴責的協議是「智慧的勝利」。他指出美國本身長久以來就有和幫派談判的歷史，尤其是不道德但具有政治正當性時[12]。雖然很難支持接下來的三年裡政府迂迴轉折的政策，但賈西亞・馬奎斯仍然盡力協助。

賈維里亞對他也不無助益。賈西亞・馬奎斯回到哥倫比亞時也有重要的事務需要處理，讓所有懷疑的人(而且爲數不少)見到他不但真的實際上以行動長期地回到國內，也參與政治事務。他決定競標晚間電視新聞報導的時段，節目名爲「庫阿貝」(計程車司機的俚語，意爲「準備好了」、「爲你服務」、「交給你」。)這是安立奎・參托斯・卡爾德隆的主意；其他參與的記者有瑪麗亞・艾爾維菈・參貝爾、瑪麗亞・伊莎貝爾・魯耶達，《彩印》雜誌的老闆胡立歐・安德烈・卡馬丘是重要的股東，當然還有賈西亞・馬奎斯(雖然他後來聲稱自己只是這個企業的「聖靈」)。並不意外地，賈維里亞政府發給「庫阿貝」執照，於一九九二年一月一日開播。

同時，賈西亞・馬奎斯和梅瑟德斯以最實質的方式，展示他們是如何地真心想要回歸。買了波哥大的公寓之後，他們爲卡塔赫納的新家選了一個地點，就在面海的舊城牆邊，緊鄰廢棄的聖塔克拉拉修道院，市內最美麗的殖民建築之一。哥倫比亞重要的建築師羅赫里歐・薩爾莫納曾於一九五七年在巴黎協助過賈西亞・馬奎斯，這回領導這個興建計畫。看起來，古巴似乎已不再是賈西亞・馬奎斯的第一優先；或者，至少他表現得好像古巴已經不再是他的首選了。

一九九一年八月，作爲他持續適應自由資本主義勝利過程的一部分，他終於得以以一般簽證進入美國，這是一九六一年來的第一次。針對共產主義和移民的新法律使得賈布列爾・賈西亞・馬奎斯的名字得以從黑名單上移除。他等這個普通簽證已經等了三十年，如今，他得以前往美國爲八月十六日到三十日的紐約影展開幕。被列名黑名單這件事，其實比賈西亞・馬奎斯所願意承認的，更令他生氣。其中一個原因是如同大部分來自海岸區的人，尤其是巴朗基亞團體的其他成員，他對美國從來都沒有那種發自內心的仇恨、傲慢地鄙視她的文化，這種仇視美國的情結在拉丁美洲知識分子中非常普遍，是他們與許多歐洲人的共同點，特別是法國人。（諷刺的是，費德爾・卡斯楚對於美國人和美國文化也沒有偏見，他一生熱愛棒球只是其中一個例子。）

事實上，賈西亞・馬奎斯反美的本質，絕大部分在於政治方面。他很快地注意到美國讀者比他的歐洲讀者明顯較爲熱心，令人意外地，他們對於他文學以外的立場也比較不那麼覺得困擾。他的英譯本一向賣得不錯，評論的接受度也不錯，他的兩位主要譯者葛瑞格利・羅巴薩和伊蒂絲・葛羅斯曼都是美國人。近幾年來，他很熱切地希望和革新派的美國電影人建立關係，最值得注意的是法蘭西斯・福特・柯波拉、勞勃・瑞福、伍迪・艾倫[13]。如今他以高知名度遊客的身分來到此處，而不是不斷遭到古巴反革命分子的包圍，他也開始比較欣賞紐約。因此，他的處境能夠合法化令他如釋重負。他在紐約時，莫斯科正發生企圖推翻米凱爾・戈巴契夫的政變，後來引致十二月蘇維埃領導人下台與蘇聯最後的瓦解。賈西亞・馬奎斯在紐約飯店的房間裡，看著電視上的報導討論此事和其他世界發展，討論的對象是他以前最討厭的美國前任國務卿亨利・季辛吉，此外他更討厭的只有皮諾切特[14]。古巴也是重要的討論議題。

晚秋，如今既然已和拉丁美洲最近的壓迫者美國和解，賈西亞・馬奎斯回到最原始的殖民國西班牙。一九九二年即將來臨，這一年要慶祝所謂「發現新世界」五百週年紀念。西班牙人並不總是完全意識到自己在拉丁美洲人的眼裡有多麼地神氣十足，拉丁美洲國家競相宣布謝謝好意，但自己不需要被「發現」時，西班牙人非常地灰心；拉丁美洲人或他們的印地安祖先在許多個世紀前就已經「發現」自己；對拉丁美洲人而言，西班牙人於一四九二年到來並誤名「印度群島」這件事，一點也不構成慶祝的理由。西班牙人急忙把即將來到的五百週年紀念改爲「兩個世界的相遇」，進行一些緊急外交，讓活動得以繼續。賈西亞・馬奎斯是存疑者之中屬於高知名度的一位，但暗地裡他一定樂見如此前景。法國慶祝革命兩百週年時，掌權的是他的朋友方斯華・密特朗；如今，安排慶祝歐洲人抵達新世界五百週年的，是他的西班牙朋友菲利普・貢薩雷茲。

賈西亞・馬奎斯對歷史總是非常敏感，他早已在爲此場合進行恰當的文學計畫。自從一九六〇年代起，在某些層次而言，是自從他在一九五〇年代中期真正地住在歐洲開始，他就把玩著一些故事的想法，傳達相反於西班牙人所慶祝的經驗，也就是拉丁美洲人抵達歐洲，儘管發生的一切，面對對他們而言陌生文化的故事。就某些方面來說，這就是他最近所談到，美國的拉丁美洲移民是一種象徵性的逆轉殖民，有些人可能甚至會說是對於壓制者的回禮。幾年來，他寫下大約十幾個情節大綱，如今決定選擇最有希望、經歷最後選拔的幾個故事，寫出可以在一九九二年出版的選集。其中有些故事在一九八〇至八四年時期才出現，他才剛寫了後來成爲《艱辛的愛》系列電影劇本的年代記，因此，也有一些故事可以放進新的文學作品選集裡。賈西亞・馬奎斯從來都不急著出版，但他也鮮少錯過機會；他的許多計畫都進行數十年，在最後一刻、而且常常是最理想的時刻轉化成藝術或書的形式。因此，他延遲新小說《愛與魔鬼》的完成與出版，先專注在以歐洲爲中心的故事上。

他前往巴塞隆納。如今，他在城內最時髦的地段擁有一間豪華公寓，這條街由享譽盛名的建築師阿豐斯・米拉重新翻修。隨後，他在歐洲各地旅行，好像是在對這片曾爲帝國主義領地宣稱所有權，部分回憶著自己拉丁美洲的遭遇，除此之外還去了瑞士和瑞典。主要的原因是他決定把新的故事選集命名爲《朝聖者故事》。西班牙文中「peregrinos」的主要涵義是名詞「朝聖者」，但還有第二個形容詞的涵義，即「陌生的」、「意外的」、「異鄉的」，因此，標題的英文翻譯是《異鄉的朝聖者》。他也是一位異鄉的朝聖者，談不上精通世界政治，卻更決心全力以赴，在思維或至少談話上保持樂觀。如今，他規畫的短篇故事集，已經篩選到剩下十五篇故事左右；這段本來打算只是最後溫習的歐洲旅程，比較屬於感情之旅而不是現狀更新，最後卻讓他有點慌亂起來。他記憶中的歐洲並不是今日的歐洲，似乎也不是他的書裡所描繪的歐洲。他慌忙地寫筆記，決定在接下來的幾個月裡認真修改這本新書，他本來答應經紀人和出版商，可以來得及出現在第二年七月的塞維亞博覽會上。

很不幸地，古巴以處決另一位入侵叛軍愛德華·迪亞斯·貝坦古爾開始這五百週年紀念。賈西亞·馬奎斯公開請求特赦，就連與古巴最友好的國家領袖也同聲請求，但徒勞無功[15]。古巴政府認爲在現況下，嚇阻反革命和恐怖分子是生死之事。詩人歐克塔維歐·帕茲是墨西哥重要的知識分子，他和拉丁美洲右派大作文章，賈西亞·馬奎斯再次慌亂地爲他和古巴領袖的關係自圓其說，解釋自己協助犯人特赦和釋放的紀錄。不過，他自己的人氣並沒有受到影響，至少在拉丁美洲人民心目中是如此。二月，他簡短地出席國立墨西哥自治大學的一項會議，會場離他家只有幾條街，他一進入會場，全場觀眾起立給了他兩分鐘的鼓掌歡迎[16]，他甚至不是與會者，但所到之處皆是如此。在歷史上，拉丁美洲大陸並不曾贏得什麼，但賈西亞·馬奎斯是個未被擊敗、無可爭議的世界冠軍。

然而，這位冠軍卻突然被不預期的敵人打倒。他覺得疲勞已經有一陣子，回到波哥大稀薄的空氣中突然覺得呼吸困難，決定接受檢查。醫生在他的左肺發現一公分大小的腫瘤，幾乎可以斷定，是因爲他這麼多年來在打字機前吸入過多的黑菸草，醫生建議動手術。他告訴新聞記者，費德爾·卡斯楚和卡洛斯·薩利納斯都在手術前打電話祝福他。卡斯楚願意提供私人飛機，讓他和私人醫生飛到古巴，薩利納斯抱怨他沒有選擇回墨西哥治療。賈西亞・馬奎斯承諾，身體復元之後的第一站會是墨西哥。他大可選擇去古巴、墨西哥或美國就醫，但仍然決定在哥倫比亞動手術。手術沒有發現癌症擴散，並且完全成功，他不再呼吸困難，據說精神也很好。

賈西亞・馬奎斯一生恐懼死亡，因此也害怕生病。自從出名之後，他很聽醫生的話，也聽從多數的養生建議。如今，他雖然小心翼翼卻還是生病了，而且還是最可怕的肺癌。然而，他讓自己和認識他的人都很意外。他接受挑戰，堅持知道這場病所有的事實，可能的預後，還吹噓「我是自己的主人」[17]。他本來應該完全休息六個星期，卻在六月十日宣布自己七月會如期出席塞維亞博覽會，不僅爲哥倫比亞館開幕，也參加自己的新書發表會。此時已經知道書中有十二則「朝聖者故事」，書已經準備好了。

賈西亞・馬奎斯真的差點搶去了塞維亞博覽會的風頭。雖然已經在馬德里宣布塞維亞不會有「馬康多館」[18]，但抵達這個安達魯西亞的城市後，他卻幾乎稱霸哥倫比亞展覽館的展覽大廳。（他已經多年沒有使用馬康多這字眼，如今使用了，暗示接下來發生的事。）如同在馬德里一般，他一有機會就宣傳印了五十萬本的新書《朝聖者故事》，所到之處，大家都爭著要他的簽名。哥倫比亞的政治人物及未來的總統候選人歐拉西歐・謝巴等著進入哥倫比亞館，聽到兩名西班牙人評論著《百年孤寂》二十五週年宣傳布條上賈西亞・馬奎斯的照片：「那個人是誰？」「喔，他是哥倫比亞的獨裁者，已經掌權二十五年了[19]。」事實上，這是賈西亞・馬奎斯第一次出現在自己的新書發表會上，這畢竟是一九九二年，而且是哥倫比亞的國慶日！還勞駕警方動員控制群眾。由於帕布羅・艾斯科巴逃獄，賈維里亞取消前往西班牙的行程，賈西亞・馬奎斯甚至擔任一日總統。這位諾貝爾獎得主發現自己在馬德里爲一家哥倫比亞裝瓶工廠開幕。

《朝聖者故事》收集了賈西亞・馬奎斯一開始寫的拉丁美洲以外背景的作品，這些故事多少帶有一些自傳性意味。作者在序曲中說明除了其中兩篇（〈雪地裡妳的血跡〉、〈福布斯小姐的夏日幸福〉），其他都在一九九二年四月完成，但全部作品都早在一九七六年到一九八二年一月之間就開始構思，也就是賈西亞・馬奎斯爲《抉擇》工作，決心在智利皮諾切特下台前不出版任何「文學」作品的期間。回顧起來，他投入這些古怪、有些甚至頗爲精緻創作的時期，同時也和費德爾和勞烏・卡斯楚密切互動，而且還寫出反對美國和哥倫比亞統治階級的酷評，真是令人驚訝。

這些故事的時間或主題都沒有明顯的順序。第一篇〈再見，總統先生〉以第三人稱敘述，是許多讀者的最愛，背景設於一九五〇年代的日內瓦，也就是賈西亞・馬奎斯一九五五年在巴黎下飛機後直接前往之處。主人翁是加勒比海共和國聖港的前總統，從流亡的馬丁尼克前往瑞士接受醫學檢查。如同另一個故事〈瑪莉亞・普拉瑟雷斯〉和他最近的小說《憶我憂傷娼婦》，這個故事描述的是一個人發現死亡可以無限期延後，而且最好完全忘記——因此，這個故事大概和作者準備這個選集的最後階段比較有關。此處一位迷人但非常憤世嫉俗的統治者，贏得兩位善意的無產階級者支持，爲自己的操弄提供正當性，「是謊言也不是謊言，如果和總統有關，最糟的恥辱有可能是真假同時存在。」

繼被迫留在波哥大之後，賈西亞・馬奎斯決定在歐洲度過這五百週年慶的夏天，異鄉的朝聖、逆向的自拉美入侵。見到他的人都說他的氣色很好，「醫生把我體內唯一健康的東西拿出來了。」他如此宣告[20]，接著到墨西哥。十一月六日，梅瑟德斯滿六十歲，根據報導，她生日那天，薩利納斯總統送來巨大的花束[21]。她有一整團有權有勢的愛慕者，許多人甚至羨慕賈西亞・馬奎斯這位伴侶。她從不炫耀，但總是表現出許多優秀的人格特質、可靠的判斷力、永恆的支持。她善於做圓融的外交；不久前，她的丈夫才被問到對二十一世紀有什麼期待，他認爲女人應該接管世界以拯救人類。[22]

接著，承繼這外交上的修正主義，他踏出政治的第一步，也就是對抗哥倫比亞左派的圖騰代表——哥倫比亞游擊隊。十一月二十二日，他連署一封信寄到《時代報》，連署的還有哥倫比亞的知識分子，包括畫家費南多・奧特羅。這封信實際上支持賈維里亞最近的決定，也就是全面對付游擊隊，游擊隊對於他的和平提案完全沒有興趣[23]。毫無疑問地，這樣做的結果，讓游擊隊覺得受到疏遠，特別是被「小布爾喬亞知識分子」排拒，他們因而採取更強硬的態度，至今仍是如此。對於賈西亞・馬奎斯而言，這是一個重大的決定，但無疑和他在柏林圍牆倒塌之後所做的其他決定一致。也許，他最希望的是在生病後能靜養一陣子，不希望一直被力勸支持那些幾乎不值得支持的人。他再也不會擁有目前爲止對哥倫比亞左派的影響力，然而，哥倫比亞左派也不再享有從前的影響力。無可避免地，謠言四處散播說他很快地也會遠離卡斯楚；畢竟，卡斯楚是一九六〇年代起橫掃拉丁美洲大部分游擊隊運動的宗師及其象徵。賈西亞・馬奎斯對此謠言嗤之以鼻，他永遠不會背棄費德爾[24]。

他和游擊隊切割的時間，正好是一位新總統要進入華盛頓白宮的時機。據報導，十二年來的第一位民主黨總統比爾・柯林頓是賈西亞・馬奎斯的書迷。也許情況終於好轉了：據說布希家族的家裡沒有書，他們比較喜歡看電視。

賈西亞・馬奎斯繼續留在卡塔赫納，一月十一日出現在《觀察家日報》的一張照片裡，他在鬥牛場和奧古斯特・羅培茲・瓦倫西亞談話，他是胡立歐・馬立歐・參托・多明哥跨國企業「巴伐利亞」的董事長[25]。對於他們的會面，報紙沒有評論也沒有解釋。在前一個時代，賈西亞・馬奎斯要不就是讓這樣的會面不對外流出，或者會提供一些解釋，包括偶遇，但他已不再這麼做。如今，他身處布爾喬亞的世界，已經準備好投身市場經濟。身爲社會主義者，他總是原則上反對慈善行爲(雖然私底下他對於那些仰賴自己金錢的人總是很慷慨，但從不大張旗鼓；)然而，他所相信的主張並無法得到任何形式的收入，他因而轉向一個十九世紀末期以來正在回歸西方世界的現象，壟斷資本主義最後的偉大勝利，並且是美國「鍍金時代」以來就沒有見過的規模：公共慈善事業。（比爾・柯林頓自己後來也針對「施與」寫了一本書[26]。）他有一個古巴電影基金會要經營，開始思考另一個同樣花費龐大的計畫——新聞學院。武裝與知識的公開社會主義戰爭已然結束，階級鬥爭暫停，他越來越相信立場的文化戰和政治戰是目前的情況下盡可能的革新行爲，只有這是他能追求的。因此，他開始比從前更不屈不撓地結識有錢、有名、有勢的人。

作爲他在外交上重新定義自我的部分行動，他讓自己的名字出現在聯合國教科文組織「省思座談會」的名單上，或如哥倫比亞媒體所稱二十一位「智者」的座談會，討論所謂的「新世界秩序」裡世界上日漸嚴重的問題，同時，聯合國教科文組織正因這樣的行爲，受到美國和英國的嚴厲批評——花費甚鉅的國際「野餐會」，只是「空談」而沒有具體行動。自從柴契爾和雷根出現的幾十年來，這是首度此類公開對話，然而，在西方世界自由派勢力中心的眼中，對話是危險的，對話造成麻煩，是左派沉溺其中的行爲；畢竟，如同柴契爾自己著名的宣告，「沒有社會這回事」，那麼空談還有什麼意義呢？提名賈西亞・馬奎斯參與的是路易斯・卡洛斯・賈朗的遺孀葛洛麗雅・帕竇，她也是哥倫比亞駐巴黎聯合國教科文組織的大使，當然還有她的老闆賈維里亞總統。賈西亞・馬奎斯說此舉是爲了他的國家，也是爲了這個世界[27]。座談會的其他成員包括瓦克雷夫・哈維爾、安伯托・艾可、米歇爾・瑟里斯、艾德華・薩伊德。第一次會議於一九九三年一月二十七日在巴黎舉行，賈西亞・馬奎斯因而認識了聯合國教科文組織第一位拉丁裔主席，亦即西班牙的費德里哥・馬佑爾，他們很快成爲堅貞的好友。彷彿爲了強調自己高升的地位和尊敬，也許讓家鄉「南美雅典」的人民印象深刻，繼巴黎這學術意識之都後，他又攻擊西班牙皇家學院，聲稱他們是「以地球爲中心的字典」的作者[28]。再一次地，過去他不會降格提到學術人士。但這結果就長期而言是另一次智慧之舉，再次使他密切地與一些人接觸——學院派、哲學家、右派詩人，以前的他絕對不會把自己的時間「浪費」在這些人身上。不久他就會和墨西哥瓜達拉哈拉大學聯繫上，他最近和教長勞烏・帕迪亞・羅培茲建立密切的關係，他和卡洛斯・富恩特斯爲了向胡立歐・柯塔薩表示敬意，而支持教長擔任瓜達拉哈拉的主席。富恩特斯和賈西亞・馬奎斯已經在討論如何接觸美國新任總統比爾・柯林頓，推測他比前一任的共和黨總統溫和，也較具有文化素養。

六月，儘管抱怨這會讓他無法專心寫作，他仍前往巴塞隆納爲菲利普・貢薩雷茲助選；在貢薩雷茲競選後期的蒙特惠克晚會上，他在四萬名西班牙社會主義勞工黨支持者面前造成轟動。也許他更該去的是委內瑞拉，另一位朋友卡洛斯・安德烈・裴瑞茲正深陷政治危機。五月二十日，總統裴瑞茲被控於一九八九年上任時竊取一千七百萬美元公款，因而遭到解職。賈西亞・馬奎斯發表公開支持，強調裴瑞茲勇敢抵抗多次對他發起的政變企圖——其中一次由目前服刑中的雨果・查維茲手下士兵發起——以及他「動人的友誼感」（這又有什麼關係，許多讀者問），只不過並沒有發揚他堅持正直的原則。不幸的是，賈西亞・馬奎斯居然更進一步地批評起委內瑞拉的制度和民意代表，暗示這些指控是捏造的；他只差沒有批評委內瑞拉人民[29]。他在委內瑞拉再也沒有那麼受歡迎，和當權者的私人關係使他付出慘痛的代價。

十月，賈西亞・馬奎斯見到葛洛麗雅・帕夐的妹妹，即時任哥倫比亞教育部長的瑪魯哈，及她的丈夫阿爾貝托・維亞米薩爾。這對夫婦提議他寫一本書，內容是瑪魯哈於一九九〇至九一年被綁架時的經歷。他還在一心一意地準備《愛與魔鬼》，請他們給他一年時間考慮；然而令他們驚訝的是，他在幾個星期後就回覆接受。六十六歲的他開始另一項耗費心力的辛苦計畫，一本名爲《綁架新聞》的書。結果，等他下定決心時，這個故事的兩位主角已經去世：父親拉法葉．賈西亞．埃爾雷洛斯死於一九九二年十一月二十四日，是他說服帕布羅．艾斯科巴自首，艾斯科巴自己則於一九九三年十二月二日在梅德茵被哥倫比亞警方射殺身亡，就在賈西亞．馬奎斯首次和他的受害者瑪魯哈和阿爾貝托談話的幾個星期後。

然而，正當警方終於找到艾斯科巴，賈西亞．馬奎斯對賈維里亞所有的努力也終於有所回報，哥倫比亞政府宣布和古巴恢復外交關係。卡斯楚正在前往玻利維亞新總統就職典禮回程的路上，他最近才剛以「私人行程」的名義前往卡塔赫納，賈西亞．馬奎斯至少得以在哥倫比亞的土地上迎接他的朋友；如今，就在幾週後，兩國恢復完整外交關係。費德爾回來，艾斯科巴出局：對賈維里亞和賈西亞．馬奎斯而言都是美好的一個月。

這一年的年底，賈西亞．馬奎斯家族終於在多年後，首次於卡塔赫納聚會。一張歷史性的照片裡包括露易莎．聖蒂雅嘉和她的兒女，這樣的聚會後來不復得見。

賈西亞．馬奎斯繼續忙碌，顯然太忙碌。但一如往常地，他在幾乎沒有人知道的情況下已經又在進行下一本書，而上一本書根本還沒出版。不過，目前他需要保密。三月，他和包括《紐約時報》詹姆斯．布魯克在內的一群美國記者，一同前往哥倫比亞西北部梅德茵附近的伊塔圭，目的是拜訪歐丘瓦兄弟，繼艾斯科巴後最主要的販毒分子。布魯克回憶道：

> 總統來來去去，但這位一臉嚴肅、世界都以他的外號賈布叫他的作家卻可以長存……和賈西亞．馬奎斯相處一天的時間裡，很快就可以粗略地瞭解這個人的面向。在卡塔赫納機場，他所住的城市，遊客認得這位戴著黑框眼鏡的作家，不斷驚呼他的綽號。在梅德茵郊外的伊塔

> 主監獄，歐丘瓦兄弟這三名判刑確定的古柯鹼毒販，為了爭奪能替他送上午餐的榮耀而絆倒。在內瓦的軍營裡，來自哥倫比亞反毒警方的直升機駕駛忽視國家警察首長的存在，爭相和作家拍紀念照。[30]

這是賈西亞・馬奎斯爲了研究《綁架新聞》唯一的一次旅程。兩年後，他告訴眾人，自己避開布魯克和其他記者，單獨和豪赫・路易斯・歐丘瓦談話。他不希望自己的消息來源受到羞辱，也不希望歐丘瓦對他虛應故事。

突然之間，正當賈西亞・馬奎斯期待《愛與魔鬼》的出版，墨西哥這個他的避難所、他的落腳處開始爆炸；先是他的好友卡洛斯・薩利納斯開始遭逢困境，接著甚至比委內瑞拉的卡洛斯・安德烈・裴瑞茲還要倒楣。首先，墨西哥南部的恰帕斯興起了一項原住民運動，由神秘又具有魅力的游擊隊領袖「馬可司令官」領導薩帕達擁護者，開始躍上世界新聞頭版；薩利納斯似乎沒有提防，也不知道如何處理。然而更加戲劇化的是，賈西亞・馬奎斯的好朋友路易斯・多納爾多・柯羅西歐代表執政的建制革命黨參與即將到來的大選，卻在墨西哥北部遭到暗殺，這是一九二〇年代血腥革命時期以來，首度如此高位的政治人物這樣死法。許多觀察家懷疑是薩利納斯策畫暗殺自己的繼任者；四年前，賈西亞・馬奎斯在哈瓦那面對朋友東尼・瓜地亞被另一位朋友費德爾・卡斯楚處決，與今日的處境有似曾相識之處。他和柯羅西歐變得非常親近，深深地希望這位非正統的候選人，也許可以帶領國家前往更進步的方向。賈西亞・馬奎斯第一次違反個人原則以及墨西哥法律，針對這起事件發出聲明，呼籲這個他所愛國家的人民冷靜[31]。哥倫比亞、古巴、委內瑞拉，如今甚至墨西哥，他所有的要塞都失守了：一切徹底地回到馬康多。

賈西亞・馬奎斯思索他自己的衰敗是否也已開始。正當《愛與魔鬼》準備出版之際，他於三月和四月接受《華盛頓郵報》大衛・史璀費爾德的訪問。史璀費爾德注意到賈西亞・馬奎斯的書對死亡很執迷，而這些書的作者自己亦是如此，覺得自己如果不再寫死亡，也許就會死去：「不光是癌症，他的身體開始背叛他。他說，『一個人如何開始領悟變老的徵兆是件神奇的事。我自己的徵兆是開始忘記名字和電話號碼，然後開始變得更徹底。我不記得單字、面孔或旋律。』」[32]無疑地，這有助解釋爲何比起從前，如今他的回憶錄成爲更加迫切的課題。

四月二十二日，在這所有的政治混亂之中，《愛與魔鬼》出版了。新書發表時間剛好碰到波哥大書展，他的老朋友貢薩羅・馬亞利諾以充滿熱情的演講推薦朋友的新小說，宣告賈西亞・馬奎斯已經達到權力的頂峰[33]。他把這本小說獻給卡門・巴爾塞斯，題上「浸在眼淚之中」。這本小說的背景再次設在卡塔赫納：一九四九年年末，一位年輕的記者爲一家報社工作，編輯是克雷門特・馬奴耶・薩巴拉，年經記者被派去調查一個故事。舊聖塔克拉拉修道院被改建成一座豪華飯店，有些舊墳被打開遷移。（提及、承認薩巴拉的存在就是賈西亞・馬奎斯和卡塔赫納的過去和解；他想像自己進入目前的卡塔赫納，因爲他的新房子就蓋在舊修道院的正對面。）其中一個墓穴裡似乎有一顆頭顱，長著一頭明亮的紅髮，兩世紀以來持續地生長著，如今已超過二十二公尺。年輕記者決定調查這個案子，其結果就是這本小說。

小說想像殖民後期的一個十二月裡，一隻患有狂犬病的狗在卡塔赫納市場咬了好幾個人，包括一名叫希爾娃・瑪麗亞的紅色長髮女孩，她正要慶祝十二歲生日。她的父親卡薩杜耶羅侯爵雖然是城裡最富有的人之一，卻也是個低能的人，允許不受母親疼愛的希爾娃・瑪麗亞在奴隸的院子長大。雖然沒有演變成狂犬病，天主教會卻相信她受到惡魔的附身，因爲她只相信非洲人的信仰，故而慫恿侯爵幫她驅魔。她被帶到聖塔克拉拉修道院，主教帶來附身和驅魔的最新專家卡耶塔諾・德勞拉，他是一位神學家，據說內定爲梵諦岡圖書館館長。女孩再也見不到卡塔赫納的街道。

德勞拉對女人沒有經驗，也不瞭解女人，但在見到這女孩之前就已經夢到她。她在一個房間裡——在他的夢境中，那是他在薩拉曼卡當學生時的房間——看著窗外被雪覆蓋的景色，吃著大腿上的葡萄，有吃不完的葡萄，如果吃完她就會死去。第二天早上，他見到現實中的女孩，因爲憤怒而手腳都被綁住，和夢境中的她一模一樣。他的第一個反應是告訴修道院院長，受到這樣的待遇任誰都會變成惡魔。他的第二個反應是對這個孩子開始執迷，開始探索圖書館裡只有他可以看的禁書。他找到修道院的秘密通道，開始每天晚上去見希爾娃・瑪麗亞，對她念詩。終於，他宣告自己真實的感受，擁抱她，睡在一起，雖然沒有真的完成性行爲。然而就在四月，她被帶有狂犬病的狗咬到，將近五個月後，驅魔儀式開始，她的頭髮被剪下來燒掉。主教在當局和修女面前主持儀式卻倒下；自然地，希爾娃・瑪麗亞的表現就好像真的被附身一樣。宗教法庭發現德勞拉的惡行，判他爲異教徒。他當然是異教徒：的確，他有罪，而希爾娃・瑪麗亞無罪。他被判住在痲瘋病院許多年。希爾娃・瑪麗亞等不到他，三天後開始拒絕進食。她一直不明白德勞拉爲什麼沒有回來；五月二十九日，她自己夢到雪景，焦慮中一次吃兩顆葡萄，直到吃完最後一顆。她在第六次驅魔前死去，但她剪掉頭髮的頭又長出一大堆頭髮。

這本書更深刻地顯示賈西亞・馬奎斯對卡塔赫納的投入。《愛在瘟疫蔓延時》也許可以詮釋爲再次遭遇他的父親以及哥倫比亞的過去，並且探索婚姻和性冒險主義之間的衝突；更重要的是，這本書是關於曼加的郊區——他的父母過去居住之處，他最近在此爲母親購置公寓。《愛與魔鬼》是關於舊城牆內的都市，寫這本書的時候，賈西亞・馬奎斯正在蓋他的「華廈」；因此，兩本小說都拐彎抹角地和他的財產、權力有關。這一次，他把哥倫比亞的歷史還原到殖民後期。如同阿爾瓦洛・穆提斯的一些作品，這部作品有著一股荒涼、沉重的權威感，只有少數輕鬆之處。《愛在瘟疫蔓延時》寫於一九八九年歷史性的災難之前；「愛與魔鬼」的背景雖然設於殖民時期，但構思於一九八九年之後的世界，是一部較爲黑暗的作品。賈西亞・馬奎斯雖然宣稱對未來抱持樂觀，但他的內心深處無疑看到一個兩百年來首次倒退的世界：在某些方面，倒退到法國革命和啓蒙運動之前，倒退到拉丁美洲自西班牙獨立之前（如今至少在經濟方面逆轉），也從一九一七年社會主義革命的夢想之中倒退。在他筆下的世界裡，沒有一個革命是可能的，波利瓦爾式的概念，認爲哥倫比亞的政治運動是無益的，這一點會再次開始主導他的思維。

這部作品在夢境的使用上才華洋溢——使用賈西亞・馬奎斯自己少年時的經驗（從家裡放逐到冰冷風土的學校、他的行李箱、沒有封面的書、可怕的噩夢，）如同承襲希區考克風格的狄帕瑪，小說尾聲令人不寒而慄，提醒讀者這位作家專心一意的時候，召喚的能力無出其右。最後幾頁帶給這部作品一種回顧性的精采，也許並不完全應得。也許最偉大的奇蹟特別在於讀者在《迷宮中的將軍》最後一頁也注意到的，作者如何給我們讀者所期待的——同樣的主題（雖然安排有所不同）、同樣的主人翁、同樣的結構、同樣的風格、同樣的敘事技巧——包括有點扭曲而矛盾地，我們最想要的：在熟悉的情境之中，以我們有些預期但卻無法完全預料的方式，這位作者仍能讓我們意外，讓我們對於這樣的手法心悅誠服。如同文學雲霄飛車上的一趟旅程，結束時仍餘悸猶存。

這本書一般反應良好，尤其學術界很樂意見到賈西亞・馬奎斯相當刻意地運用目前「後現代」熱中的議題：女性主義、性別、種族、宗教、認同、啓蒙運動的遺教，因爲和這些議題全部相關。尙—方斯華・福格爾在《世界報》宣告賈西亞・馬奎斯仍然是「少數有能力召喚愛情卻不需要諷刺或難爲情的作家」[34]。紐約書評家拜雅特描述這本小說「幾乎帶點說教的意味，卻動人心弦，是一部精心力作」[35]。倫敦《週日泰晤士報》的彼得・坎普提到以冷靜風格敘述的事件：「同時懷舊又諷刺，耀眼的寓言，幽暗的比喻，《愛與魔鬼》更進一步了不起地表現賈西亞・馬奎斯的故鄉哥倫比亞總是在他心中激起的魅惑及清醒[36]。」無論如何，「馬奎斯」——如大多英語系評論堅持這麼稱呼他，再度編織了他的「魔法」。

《愛與魔鬼》在哥倫比亞出版時，賈西亞・馬奎斯正訪問西班牙，繼續他不出席新書發表會的習慣。他再度前往塞維亞參加四月春會，出席一些傳統季節初的鬥牛表演。《國家報》的羅莎・莫拉在四月訪問他的近況，他告訴她自己正在進行撰寫回憶錄，特別是他和母親回到阿拉加塔加的故事：「我想，我所有的一切都來自這趟旅程[37]。」但回憶錄的進行再度中止，無論如何，他決定下一本書應該是某種報導文學。他說自己不止想念新聞，而且有聯合國教科文組織支持他最珍貴的計畫之一，一所能挑戰現代傳播學校的新聞基金會，在他的眼裡，那是「爲了除掉新聞業」。

近年來，在哥倫比亞遭到殺害的記者比世界各地都要多。不幸地，這個國家也比世界其他各地有更多驚人且通常悲慘的故事需要報導。哥倫比亞的謀殺率偏高，沒有其他國家能夠誇口有哥倫比亞綜合恐怖主義、販毒組織、游擊戰、準軍事活動的暴力，而警方和軍方的反擊有時幾乎就和這些劣行同樣暴力。在凱薩・賈維里亞幻覺般四年執政的尾聲，他英勇地企圖防止這個國家陷入完全的無政府狀態，但預計五月選出的下一任政府手中也有著夢魘般的挑戰。當然，賈西亞・馬奎斯手中秘密進行的一本書（「某種報導文學」）正是關於這剛過去的時期，但他尚未準備好做出完整的宣布，因爲就這本書的情況而言，隱匿並保護他的消息來源具有絕對的重要性。

六月，他回到拉丁美洲，出席在卡塔赫納舉辦，由拉丁美洲和伊比利半島所有國家領袖參與的伊比利美洲高峰會。賈維里亞以哥倫比亞卸任總統的身分安排地點，西班牙國王、菲利普・貢薩雷茲、卡洛斯・薩利納斯・高爾塔利、費德爾・卡斯楚、賈維里亞都出席這實際上在賈西亞・馬奎斯家鄉舉辦的會議。包括國王在內的這些人，賈西亞・馬奎斯如今都認爲是「朋友」；雖然有些哥倫比亞人中傷賈西亞・馬奎斯，似乎是古巴代表的一員，的確他也自願擔任費德爾・卡斯楚的保鑣：「我在場是因爲他們謠傳要暗殺費德爾。古巴的安全人員不讓費德爾參加遊行，所以我自願陪他坐馬車。我告訴他們，在哥倫比亞，只要我和他在一起就沒有人敢開槍。所以我們五個人坐上馬車，全部擠在一起，還開著玩笑。正當我告訴費德爾沒事時，馬匹卻揚起前腿[38]。」在這場峰會中，卡洛斯・薩利納斯提議成立「加勒比海國家聯盟」，並納入古巴。費德爾表示，由於古巴每次都「被那些主掌這個世界的意志」排除在外，他很感激這項邀請[39]。賈西亞・馬奎斯很滿意自己能讓這位古巴領袖，看到他積極從事外交活動的一些成果。

兩星期後，哥倫比亞舉辦最後一輪選舉。兩位候選人是自由黨的埃內斯托・參貝爾和保守黨的安德烈・帕斯特拉納。帕斯特拉納是波哥大前任市長，前任總統之子，也是著名的電視新聞主播，他在一九八八年被販毒組織綁架時，大家都以爲他死定了；參貝爾則剛在馬德里做完一任哥倫比亞大使，第二年在波哥大黃金城機場差點死於一陣槍林彈雨，就哥倫比亞而言具有深遠的意義。參貝爾應該是賈西亞・馬奎斯自然的盟友：他屬於左傾的自由黨，是老朋友丹尼爾・參貝爾(《抉擇》和《時代報》的記者)的弟弟，一九八七年三月在古巴時，賈西亞・馬奎斯曾經邀請他和最得意的手下歐拉西歐・謝巴會見費德爾・卡斯楚。但那次的會面並不順利[40]。身爲平民主義者，比起更保守但也務實的政治人物如賈維里亞，參貝爾對卡斯楚主義反而更加懷有敵意。參貝爾也是個慓悍、懷疑、頑固的組織政治人物，雖然有波哥大的背景，在鄉下卻非常受歡迎，他的優先考量和賈西亞・馬奎斯不同。

大選結果，參貝爾贏得選舉，帕斯特拉納卻立刻疾呼弊端，因爲他收到美國特務機關的一捲錄音帶，似乎顯示參貝爾的競選總幹事，收到直接來自販毒組織的大量獻金。這不僅引發政治危機，更導致憲政危機，是哥倫比亞歷史上少有的情形。此事完全咬住參貝爾整整四年的總統任期；事實上，大家一直都不確定他是否能夠完成任期。賈西亞・馬奎斯總是否認他在新總統任期剛開始時反對他，但他也從來沒有給予參貝爾無條件的支持。的確，他當時已經開始和一些較年輕的政治人物建立關係，如另一位《時代報》時代的「皇太子」胡安・馬努耶・參托斯，他在賈維里亞時期曾經擔任外貿部長，由卸任政府指派在國賓抵達伊比利美洲高峰會議時負責歡迎事宜。賈西亞・馬奎斯認爲參托斯是哥倫比亞未來的總統，開始栽培他。參托斯會成爲參貝爾最可畏的對手之一，而且是來自黨內。

賈西亞・馬奎斯帶了《巴黎競賽》週刊的一組人去參觀他卡塔赫納新家的興建過程，表示自己「等了三十年才能在最完美的地點蓋最完美的家園」[41]。如今他的美夢終於要成真，卻籠罩著一層非常不幸的陰影。聖塔克拉拉修道院被改建成他一九九三年《愛與魔鬼》寫作時虛構的五星級飯店，建築物西側所有的房間都直接眺望賈西亞・馬奎斯仍在興建中的新家，尤其是露台和游泳池。

一九九四年八月七日，參貝爾就任總統，賈西亞・馬奎斯和梅瑟德斯寄給新任總統的賀電與祝福被翻印在媒體上，然而，不需要多疑的人也看得出來，這並不是特別溫暖的祝賀，而且含蓄地預期新政府艱難的工作。的確，這正如報紙頭條所揭露的是某種警告：「總統先生，好好當心你的腦袋瓜[42]。」無疑地，事情的發展正如莎士比亞戲劇的情節轉折。近來的賈西亞・馬奎斯一切順利，參貝爾則幾乎從就職的那一天開始就諸多不順，有可能一向謹慎的賈西亞・馬奎斯開始從參貝爾任期一開始就弄巧成拙。

不過，九月他終於得以進入世界權力的中心。他和卡洛斯・富恩特斯接受富恩特斯的朋友威廉・史泰隆的邀請，前往他在瑪莎葡萄園的家會見柯林頓伉儷，《華盛頓郵報》和《紐約時報》的老闆也在場。賈西亞・馬奎斯本來希望討論古巴議題——就在前一個星期，他才說服費德爾讓異議作家諾爾貝托・富恩特斯離開古巴——不幸的是，美國和古巴正經歷關係最低潮的時期，據說柯林頓拒絕討論古巴議題[43]。不過，他們的確討論了哥倫比亞的危機，賈西亞・馬奎斯替參貝爾辯護了一番，請柯林頓不要爲了參貝爾可能的不當行爲而懲罰哥倫比亞。在這場由衷熱誠的會面中，如果這位美國總統和三位作家有所共識的話，那是他們對於威廉・福克納作品共同的熱愛。富恩特斯和賈西亞・馬奎斯很驚訝地聽到柯林頓直接背誦《聲囂與憤怒》的段落。至於古巴，柯林頓後來發現自己無法抵抗來自邁阿密古巴人的壓力，誓死反共的共和黨多數參議院，允許對這島國進行愈加嚴厲的制裁。賈西亞・馬奎斯未來和世界最有權力的人之間的關係，是否爲古巴或哥倫比亞帶來正面的效果，並無明顯的證據，然而無疑地，對他自己的光環和地位則有利無弊。

接下來的那一個月，凱薩・賈維里亞成爲美洲國家組織的秘書長。諷刺的是，賈維里亞是中間偏右的新自由派，面對美國民主黨總統的反對之餘，覺得自己很難實行他所偏好和古巴半邊自由化的關係；然而，他仍然不遺餘力。因此，如今賈西亞・馬奎斯與之有密切關係的，包括美洲國家組織的秘書長、聯合國教科文組織主席，以及美國、墨西哥、古巴、法國、西班牙總統。唯一缺少的是哥倫比亞總統。同時，賈維里亞就任秘書長時，始終政治敏銳的卡洛斯・富恩特斯表示比爾・柯林頓應該「失去佛羅里達但得到全世界」，費德爾・卡斯楚應該「失去馬克斯但拯救革命」[44]。不過，兩者都沒打算注意他的建議。

九月二十日，巴朗基亞團體最後一位重要成員、也是核心成員的阿豐索・福恩馬佑爾在巴朗基亞去世。（赫爾曼・巴爾加斯於一九九一年去世，阿雷翰德羅・歐布雷貢則是隔年。）從他的老同事兼良知開始生病起，賈西亞・馬奎斯就躲得遠遠的，說自己「太沒膽量」在如此的危機中面對他的朋友[45]。也許，他自己的疾病使他開始迷信「太靠近死亡」這檔事。福恩馬佑爾的兒子羅德里哥，以及團體成員奇奎・史科佩爾、璜丘・希內特獨自參加葬禮後的聚餐，三人之間放著兩瓶威士忌。如此一來，只剩下賈西亞・馬奎斯最顯眼的老朋友阿爾瓦洛・穆堤斯仍然老當益壯。

二月，賈西亞・馬奎斯的兒子羅德里哥，在洛杉磯東區「秘錄殿堂」低調的婚禮上娶了阿德莉亞娜・薛恩堡。這對新人的長女伊莎貝爾於一九九六年一月一日出生，次女伊涅絲於一九九八年出生。前一年七月，賈西亞・馬奎斯向《巴黎競賽》週刊保證「我和兩個兒子的關係都很好。他們達到自己的目標，還有我希望他們成就的目標[46]。」羅德里哥在好萊塢的電影事業越來越有成就。

三月五日，賈西亞・馬奎斯在卡塔赫納接受雅克・朗的電視專訪，這是他首度接受電視訪問，選擇以電影〈蝸牛的策略〉備受讚譽的導演瑟席歐・卡布列拉擔任攝影師。雅克・朗即將卸任部長工作，如今病重的方斯華・密特朗撐過兩任七年任期，於一九九六年一月八日去世。法國社會黨選舉落敗正要下台，在雅克・朗的政治生涯中不會再執政。賈西亞・馬奎斯和法國政治人物的接觸開始減少。

此時，他正式爲新伊比利美洲新聞開辦他的基金會，在巴朗基亞和卡塔赫納舉辦其常態「工作室」，卡塔赫納逐漸取得優越地位，成爲運作中心。他很愛「基金會」這個字，就像他喜歡「工作室」這個字，因爲無疑讓他想起上校外公，他總是聲稱自己「建立」阿拉加塔加。這個新的基金會是賈西亞・馬奎斯送給這收容他的哥倫比亞城市的禮物，同時，也是他對這個國家及其福祉重新投入最強烈的象徵。（不過，基金會的年輕董事長海梅・阿貝羅來自巴朗基亞，而不是卡塔赫納；這選擇顯然不是偶然的。）基金會提供來自拉丁美洲各地的年輕記者短期進修課程，賈西亞・馬奎斯自己也指導許多課程，授課者還有其他世界知名的記者，如波蘭的瑞斯札德・卡普欽斯基和美國的強・李・安德森。

《愛與魔鬼》出版之時，賈西亞・馬奎斯已經對哥倫比亞新任總統完全失去耐性。在墨西哥接受墨西哥記者蘇珊娜・卡托的訪問時，他毫不隱藏對參貝爾的失望和輕蔑。她問到：「哥倫比亞人打算怎麼做，才不會在二十一世紀落入今日相同的處境？」賈西亞・馬奎斯回答：

當我們還在努力到達二十世紀之時，妳認為要如何思考二十一世紀？光是為了確定一本書裡沒有一絲絲錯誤的資訊，我就花了三年的時間，這本書卻是關於一個已經不知道真假的國家。如果一位總統候選人不知道他神聖的顧問，是否為他的競選收受了數百萬骯髒錢，小說還有什麼未來可言？指控他的人沒有受到嚴肅的對待，是因為在他們說出的許多真相之間，他們也說了許多謊言。而總統本身也指控他的指控者，他的論點是他的確有收骯髒錢，只是沒有用在競選上，因為他們污走了……在這樣的國家，他媽的，我們小說家沒有選擇只能找其他的工作。47

這是回到過去的爭論，他抗議自己只想以自然主義記錄每一天的現實，但哥倫比亞的恐怖超過報導文學的一般見解。馬康多仍然栩栩如生。

情況越來越糟。賈西亞・馬奎斯的保鑣由貝坦古政權以來的政府相繼提供，但如今人手不足又管理不當，他開始擔心。這些保鑣的流動率之頻繁，最後有六十個人熟悉他的生活方式和個人資料。在哥倫比亞這是非常危險的，這樣的問題讓他思索自己在這個國家到底有多安全。他和參貝爾之間持續討論，但關係也越來越緊繃，而賈西亞・馬奎斯威士忌也喝得更多；這樣的情形一直持續到一九九六年的復活節，他們在卡塔赫納前任市長豪赫・安立奎・瑞索的公寓裡最後一次見面。賈西亞・馬奎斯告訴正要接受國會裁決的參貝爾，他所考慮的憲政改革也許被認爲是國會議員爲他開脫的預付款。受傷的參貝爾回答：「賈維里亞的支持者一定告訴你一些有的沒有的故事。」賈西亞・馬奎斯反駁：「放尊重一點。爲什麼如果我的意見和你想聽的一樣，那就是我自己所思考的，如果不一樣就是我被對手洗腦？」參貝爾試圖安撫他，但賈西亞・馬奎斯嘟噥著：「這裡沒什麼可做的了。」從那一刻開始，他不再積極參與國內事務，他和參貝爾許多年都沒有再見面。[48]

不過，以其人之道還治其人之身。古巴流亡人士諾爾貝托・富恩特斯是賈西亞・馬奎斯的好友，而賈西亞・馬奎斯最近剛說服古巴政府釋放他離開島國；諾爾貝托・富恩特斯最近寫了數篇文章，其中一篇不但顯示他對賈西亞・馬奎斯一點也不感激，還嚴厲譴責他在古巴體制中所扮演的角色，一面把他的影響力和成就減到最低[49]。一如往常，賈西亞・馬奎斯拒絕回應。然而，四月他做了一件讓認識他的人都很驚訝的事，在波哥大的高等軍事學校演講。在一些不自然的笑話中，他預言式地告訴他們，「參貝爾總統把這個國家的未來握在他的手中。」他也不是很有外交手腕地表示，「如果你們的背包裡放一本書，我們可能會安全點[50]。」復活節，他和丟臉的卡洛斯・安德烈・裴瑞茲一起在卡拉卡斯度過。參貝爾是否曾經回顧賈西亞・馬奎斯當初批評委內瑞拉人讓他們的總統下台，正如哥倫比亞人如今也想讓他下台？

四月二日，正當五月波哥大書展中即將推出的《愛與魔鬼》期待之聲越來越高，一個先前不知名、位於卡利的團體稱自己「爲了哥倫比亞的尊嚴運動」，綁架前總統賈維里亞的建築師弟弟胡安・

卡洛斯。這並不是賈維里亞的親戚第一次被當成目標。在一篇公告中，這個團體宣布哥倫比亞的問題不在於「法律問題，而是道德問題。」顯然是一個右翼組織，他們引述賈西亞・馬奎斯本人說的話，認爲哥倫比亞處於「道德災難之中」，請他接任參貝爾當總統，因爲他們認爲他是哥倫比亞少數「手腳乾淨」的人。他們也要求凱薩・賈維里亞應該辭去美洲國家組織秘書長的職務。距離賈西亞・馬奎斯出版這本關於當代哥倫比亞問題的新書只有一個月的時間，其中一個主題是賈維里亞強硬地抵抗來自綁架家庭和受害者的請求，而賈維里亞自己是賈西亞・馬奎斯主要的消息來源之一，這個情況的諷刺真是不言而喻。安立奎・參托斯・卡爾德隆在《時代報》上寫道：「賈西亞・馬奎斯在《變化十六》雜誌的訪問中曾經說到，他覺得他是生活在自己的報導文學之中。的確，見到前總統賈維里亞今日和當初人質家屬處於同樣的處境，或是見到目前的『綁架天王』阿爾貝托・維亞米薩爾做出五年前相同的事，想釋放他的妻子瑪魯哈・帕夐時，令人不寒而慄。」[51]

維亞米薩爾和帕夐是賈西亞・馬奎斯下一本新書《綁架新聞》的主角。從一九五〇年代《沒人寫信給上校》、《邪惡時刻》、《大媽媽的葬禮》之後，他就沒有寫過當代的哥倫比亞。正當他考慮回到哥倫比亞長住之時，他最具政治性的歷史小說《迷宮中的將軍》，使他非常不受哥倫比亞統治階級的歡迎。諷刺的是，他永遠不可能融入卡塔赫納的上層社會——上層社會的岸邊人永遠不會尊敬來自下層地區的人——雖然他已經連續將三本書獻給他們的「英勇城市」，不過的確也因爲如此，他如今擁有鎮上最大、最豪華、最昂貴的房子。

不，波哥大是他在哥倫比亞的目標，他在那裡總是感到不安，但那裡才是國內的權力中心。就某些層面而言，他的下一本書主要是描寫波哥大的統治階級，甚至有可能是爲他們而寫。他舊有的左翼支持者大多覺得新書不合自己的品味，但波哥大的布爾喬亞則覺得無法抗拒。謀殺和綁架一波又一波地恐嚇著哥倫比亞的人民，路易斯・卡洛斯・賈朗絕不是最後一個犧牲者，但他的死絕對是其累積的結果與象徵，自此之後，許多哥倫比亞人終於開始說服自己，他們的國家的確無藥可救。賈朗一再拒絕帕布羅・艾斯科巴加入競選團隊，也不接受他的資助。賈西亞・馬奎斯並不是賈朗的同伴，也不景仰他們這種人，似乎覺得某些心靈或天意的任務是自己的使命。(只有費德爾有資格這樣虛榮。)賈朗的替手凱薩・賈維里亞對賈西亞・馬奎斯而言似乎也太冷靜、太嚴肅、太明確、太直接。但他們倆的確都在一九九〇年代結交有權力的朋友，都有什麼可以提供給別人，而且都不是來自波哥大。

事實上，這本新書是令人驚訝的成就。它對於任何時代的作家都是顯著的成就，因此對於一位完成時已是六十九歲的作家而言，更是非凡的成就。許多年來，評論家認爲賈西亞・馬奎斯的才華比較適合遙遠過去的情節，說他如同大部分的小說家一般，也許無法寫當代的議題。而且，大部分的觀察家覺得根本就不可能有人能把哥倫比亞這些年來的混亂理出頭緒，進而創造連貫的情節、建構有利的敘事。然而這本書出現時，連那些不喜歡此書態度和觀點的人，都同意這位偉大的小說家又寫出了一本高水準、令人欲罷不能的書。的確，許多人說他們不看完沒辦法上床睡覺，有些甚至承認自己覺得若是沒有一口氣讀完，書中這些人質可能無法逃離他們的困境：他的敘事就是如此地有力。如此一來，明顯的第一個問題是賈西亞・馬奎斯是否爲了製造出他透視這個國家的清晰度，而犧牲了複雜度。

當然，作者的出發點是以七位中心角色的故事情節，涵蓋哥倫比亞迷宮般的複雜性。首先，女主角瑪魯哈・帕夐是記者、福星電影基金會的主席，也是葛洛麗雅・帕夐(賈朗的遺孀及最近駐聯合國教科文組織大使)的妹妹。第二位主角是男主角阿爾貝托・維亞米薩爾，他是瑪魯哈的丈夫，也是第二位人質貝阿翠絲・威藍米薩爾的兄弟，貝阿翠絲是瑪魯哈的朋友也是她的小姑；阿爾貝托盡力讓大姨子(先釋放)和妻子離開噩夢般的處境。法蘭西斯科・參托斯(一般人稱帕奇多)是第三位主要角色，他是《時代報》的頂尖記者，也是社長厄南多・參托斯的兒子(如今是哥倫比亞的副總統)。第四位主角是蒂安納・圖爾拜，她是電視記者，前總統胡立歐・凱薩・圖爾拜的女兒，與幾位同事同時被俘虜，後來一一被釋放，悲慘地在軍隊拯救她的行動中遭到殺害。第五位主角是瑪麗娜・蒙托亞，巴爾可政府一位重要成員的妹妹，也是人質中最年長、最先遭到俘虜、唯一一位最後被販毒組織殺害的人。第六位中心角色是賈維里亞總統，也許應該是敘事者口中唯一的英雄，若是考量到賈西亞・馬奎斯和他的親近關係，他居然不是英雄人物很令人意外。第七位中心角色是帕布羅・艾斯科巴，他鮮少出現，但當然是小說中的壞人，整齣戲背後的邪惡天才，賈西亞・馬奎斯無疑對這個人有非常矛盾的感覺，包括推崇。許多家族成員和他們的僕從，許多小毒販和他們的嘍囉，許多政府部長以及其他公務員(包括米格爾・馬薩・馬奎斯，秘密警察首長及作者的表兄弟)都有出現。賈西亞・馬奎斯把他們聚集在一起，安排他們巧妙地重新訴說這個駭人聽聞的故事。

他在序曲裡提到這「秋天的任務」是「我一生中最困難也最悲傷的」。因此非常意外地，一個本來對哥倫比亞或其中許多主人翁(瑪麗娜、蒂安納、無名且很快被遺忘的「黑白混血兒」人質)而言都是沒有圓滿結局的故事，居然出現人爲的圓滿結局，其原因完全是因爲專注在某些主人翁上，以及賈西亞・馬奎斯自己想成爲「好消息使者」的慾望。他原本完美執行的政治新聞工作彷彿受到挾持、綁架，取而代之的這本書，有著所有好萊塢驚悚劇本所需要的元素及先入之見，加上連續劇式的結尾。作者說服我們得拚命地在乎瑪魯哈是否存活，雖然她的司機在第四頁就被殺害了，這乾淨俐落的敘事方式，正如殺手處理真正的司機一般，再也沒有提起過(帕奇多・參托斯的司機的遭遇一樣)。從敘事手法效率的觀點而言，還有多少人以多麼低劣的方式死去似乎沒有關係，只要主角活著就好。的確，在傳統的驚悚小說裡，某些人的死亡是必須的對比，襯托出所希望最適者的生存。這是本書敘事手法殘酷、甚至無情的藝術。他確實離薩瓦提尼很遙遠，甚至是費里尼的《甜蜜生活》。

本書的基本架構是奇數章處理人質和他們的綁架者，偶數章處理家人和政府，互相交替。這個故事的核心情節首先是人質的折磨，以及他們爲了生存而做的努力，和他們的守衛針對每天的生活討價還價；第二則是家人努力與綁架者和政府談判釋放人質。在比較深入的層次上，當然真正的掙扎是在「該引渡者」和政府之間，人質和他們的家屬只是棋子，但賈西亞・馬奎斯盡可能把它變成一個「攸關人類利益」的故事。最重要的是，他專注在十名人質中四位關鍵的角色：瑪魯哈、瑪麗娜、蒂安納、帕奇多。這四名人質之中只有瑪魯哈和帕奇多存活下來，在第十一章結束時的一九九一年五月二十日，他們彼此釋放的時間僅相隔幾小時；在被擄數月後的第六章，瑪麗娜和蒂安納的死亡時間相隔兩天(一九九一年一月二十三日及二十五日)。

本書原來的構想是一個涉及危機(苦惱的閨女)的愛情故事，在勇敢的掙扎(騎士)後成功地返回家園，這本書真正的結束是在第十一章，瑪魯哈快樂地回到她住的公寓大樓，迎接她的是欣喜的朋友、鄰居，還有她狂喜的丈夫。賈西亞・馬奎斯顯然希望表現出就算在哥倫比亞，也許甚至對哥倫比亞而言，還是可能有圓滿的結局。艾斯科巴的投降和死亡只是這個故事的附言，還有綁架者歸還瑪魯哈的戒指，敘事在此結束，加上最後瑪魯哈本人的陳述——「這一切都該寫成書。」然而，關於艾斯科巴死亡的處理令人好奇。在連續劇和驚悚劇裡，壞人的死，特別是像艾斯科巴這種壞人的死，通常是作品的高潮。但此處卻讓人感覺到艾斯科巴的死處理得相當草率，瓦解了似乎固定帶到高潮的傳統。

那麼，如同大部分賈西亞・馬奎斯先前的作品一般，《綁架新聞》不是關於較鬆散的社會秩序(甚至這麼久之前的《邪惡時刻》中被逐出家園的窮人，突然出現在「村莊」都令人驚訝。)真正關鍵、重要的是缺少秩序。這本書幾乎完全是關於中上層階級，包括幾位重要的右翼(蒂安納、圖爾拜和帕奇多・參托斯的父親是賈西亞・馬奎斯先前反對、譴責的對象。)《時代報》專欄作家羅貝多・波薩達・賈西亞－培尼亞(《三劍客》裡的「達塔南」)自己是這個統治階級的追隨者，爲了「讚頌波哥大的布爾喬亞」而對賈西亞・馬奎斯展開激烈的攻擊。[52]

幾乎同樣令人不安的，賈西亞・馬奎斯在此書中完全排除美國方面的角色。是販毒組織對於被引渡到美國的恐懼決定了衝突——艾斯科巴說「就算是哥倫比亞的墳墓也比美國的牢房好」，而這衝突是書中陳述事件的原動力，當然需要某種反帝國主義的批評。雖然他和古巴的關係友好，在這部作品中，他連游擊隊的「各種恐怖行動」都批評[53]，對於美國方面卻完全沒有處理，小說整個漫不經心解釋的結構因而扭曲、失去焦點。這本小說的作者當然不會難爲情，出版不久之後，他送了一本給比爾・柯林頓，毫不意外地，柯林頓欣賞的終究是它「人性」的一面；這個故事並沒有其他的面向。因此，最困難的問題在於：這本書的對象是否是波哥大的布爾喬亞及比爾・柯林頓(「Us(我們)」和「US(美國)」)而完全不是「我們(us)」(讀者)?或者用另一種說法，這本書是「爲我們讀者」而寫，就像肥皂劇也是爲我們而寫，讓我們滿足於我們的處境，讓我們相信有錢有名的人也像我們一樣……「只是一般人」？

然而，觀察事物的角度總是不止一種。這當然是賈西亞・馬奎斯第一本以波哥大爲背景的書，此書仔細評價當代哥倫比亞，從他在一九九〇年決定「離開」古巴(雖然他從來沒有真正離開)，決定「回到」哥倫比亞(雖然他從來沒有完全「回來」)。不過，這不只是評價，也是獲得力量。在某種層次而言，此書只是對他所有的哥倫比亞評論者示威又含蓄的回答。他沒有住在那裡?那麼，有哪一個當代哥倫比亞人有辦法像他一樣，把這個國家近代史中所有的複雜狀況融合起來，變成連貫、可理解的東西？他是個空虛的諂媚者，奉承權貴？那麼，看看和掌權者有直接關係可以做些什麼：此處這位「記者」(歸因他顯赫的地位)可以有任何層次的「關係」、「資源」，沒有這些東西的那些人永遠無法如他一般得到「完整的故事」。他的寫作技巧變得陳腔濫調，重複自己、引述自己、自我滿足？那麼，這是只有這位將近七十歲的人可以做得到的。

面對一部作品和一位作家公然佔有這國家的象徵之物，《時代報》嘲諷的社論，如同表態支持《迷宮中的將軍》的評論一般不中肯。因此，這次他們的缺席格外重要。賈西亞・馬奎斯沒有表現出來，但從《將軍》出版之後，他等了七年才得以復仇，只爲了這本書如今給他的滿足感。媒體訪問中他已經完全不像少女般地表達對於新作品的「不安全感」，如同《愛在瘟疫蔓延時》出版時所發生的。「接受吧，」鬥牛士說。看起來可能很意外，在六十九歲的年紀，哥倫比亞終於以前所未有的方式屬於賈西亞・馬奎斯。《百年孤寂》使拉丁美洲臣服於他，甚至全世界，但其中並沒有哥倫比亞。《百年孤寂》是「馬康多」，當然，但波哥大以及其他內陸城市(梅德茵、卡利)的人都知道馬康多是海岸區，他們並沒有把自己包括在所談及的概念之中。如今，他們自己比較沒有那麼自信、那麼自滿，如今賈西亞・馬奎斯終於接受了整個哥倫比亞，不只是海岸區。這背後的批評會一直持續——這是政治和社交生活的自然本質——但已經沒有那麼堅定。現在已經無人能夠撼動他的地位，他可以爲所欲爲。

問題還是可以重複：部分以卡恰克人的觀點爲卡恰克人寫《綁架新聞》，他是否等於是向他們屈服；在他勝利的那一刻(或甚至因爲那勝利的本質)，他是否傷害了自己整個道德和政治的信念？也許就像那老人以疲倦而令人沮喪的方式成爲保守派，他也以同樣的方式成了保守派。或者他終於體認「政治現實」，特別是「柏林圍牆倒塌之後的政治現實」。或者，他現在想要的，政治上是見到費德爾和古巴革命象徵性地抵抗歷史的迷宮，直到最後偉大的迷宮讓他們再也沒有選擇的餘地。或者，也許他是在拒絕那些圍繞的現實，以及所有的選擇和詮釋；也許，以只有他知道的方式，賈西亞・馬奎斯到最後都在繼續主張他的夢想。也許。當然這是問題所在。

自然地，這本書一出版就登上暢銷書排行榜第一名。雖然書評一面倒地叫好，少數非常具有侵略性，甚至無禮的批判，特別是來自美國的評論，在語調上和《時代報》對於《將軍》的書評是頗爲不同的角度[54]。然而，賈西亞・馬奎斯審視過他的選擇，也做了選擇。可以確定的是，他很滿意。

第二十四章
七十歲及之後的賈西亞・馬奎斯：
回憶錄及憂傷娼婦
一九九六－二〇〇五

現在他該做些什麼？六十九歲的作家仍然充滿活力、滿是計畫，仍然強烈地受到政治的吸引，如美國人所說的獻身「改變」。然而，他還是位小說家嗎？《迷宮中的將軍》是一部歷史小說，雖然加入卓越的虛構成分，但仍是一部歷史小說。同樣地，《綁架新聞》是紀實小說，的確，紀錄的成分多於小說的成分。很清楚的是，《迷宮中的將軍》寫的是「當時」，兩百年前哥倫比亞如何開始；《綁架新聞》寫的是現在，哥倫比亞成為什麼樣的國家。兩者都以無可否認的神韻寫成。然而，賈西亞・馬奎斯的內心是否還有頗具抱負的創作想像力，或者，世界歷史的偉大泉源其實已然枯竭？毫無疑問地，世界雖然臣服於他的腳下，卻已經不是成就他的那個世界了。他是否能夠回應這個新世界——後共產黨、後烏托邦、後現代的世界，如今正跨越時代，進入二十一世紀的這個疲憊世界？

老實說，沒有多少人能夠完整地對這個新時代加以反應，要求一位老人做出反應實在太過苛求，雖然對賈西亞・馬奎斯來說，當然他是自找的。這是偉大文學的時代，但不是偉大作品的時代。

一八八〇年代到一九三〇年代現代主義時期，一般大眾和評論家對於大多數偉大藝術家的看法一致，但其實二次世界大戰以來就少有作家或任何體裁的藝術家，讓他們以過去同樣的方式得到一致的看法。如今賈西亞・馬奎斯是少數公認的偉大作家之一，《百年孤寂》是少數公認的偉大小說之一，兩者都出現在二十世紀後半期公認偉大作家和偉大作品的名單上。除此之外，他的《愛在瘟疫蔓延時》也經常出現在二十世紀「前五十」或「前一百」小說排行榜上。他還能再錦上添花嗎？他該嘗試嗎？

他當然想繼續下去。他曾經表示，自己在《百年孤寂》和《愛在瘟疫蔓延時》「這兩本書之後完全掏空」[1]。不知為何，他總是有辦法下定決心、找到靈感獲得新的主題、新的形式，也想到下一個計畫，先是他想寫的小說，隨後成為他需要寫的小說，再變成絕對必須寫的小說。現在也是一樣，他還在尋找。的確，他告訴採訪者自己希望「回歸小說」。一如往常，他自有計畫。他手上有三篇短篇小說，他認為加在一起會是一本有意思的書，另一本關於愛情的書；愛情和女人。他告訴《國家報》：「我身邊都是女人。我的朋友大多是女性，梅瑟德斯必須學習那就是我存在的方式，我和她們的關係只是無傷大雅的打情罵俏。到現在大家都已經知道我是什麼樣的人。」[2]

他補充說自己已經開始失去記憶，這是他整個人生和作品的根源。（這也發生在《獨裁者的秋天》受到自傳靈感啓發的主人翁身上。）然而諷刺的是，碎紙機是他家中最常用到的機器。不過，最近他暫緩銷毀《愛與魔鬼》的手稿，送給梅瑟德斯當作禮物。他似乎沒有察覺到在電腦時代，大部分的故事發展蛛絲馬跡都隱藏在電腦之中，手稿已經失去大半的魔法，包括財務上的利益。的確，從手寫進化到打字機再到電腦生產，可以解釋讀者心目中，作者光輝逐漸淡去的部分原因，或許也是作者自己失去信心的原因。賈西亞・馬奎斯比大多數的人成功抗拒這個過程，他銷毀大部分準備中或未完成的作品，剛好符合自己強烈的自信，雖然他不會想如此解釋，但藝術家的工作是拿出傳統典範上完整完成的作品。

退休這個話題隱隱約約地縈繞著，但所有的徵兆都很糟糕。這是所有獨裁者的秋天：即使數百萬人都希望參貝爾辭職，他仍然執拗地拒絕這麼做；卡洛斯・安德烈・裴瑞茲被迫退休；卡洛斯・薩利納斯成功地做完任期，但被威脅會被送進監獄或更糟的處境，只好乖乖出國；沒人有辦法強迫費德爾・卡斯楚退休，但他很快就要滿七十歲；革命已經逐漸年華老去，可是有誰能取代他？真情流露的賈西亞・馬奎斯沒有參加波哥大的新書發表會，而是前去探望另一位不情願的退休人士菲利普・貢薩雷茲，他受到指控和醜聞纏身的困擾，在西班牙總理官邸蒙克羅阿宮待了十三年之後，被選民掃地出門。賈西亞・馬奎斯一到馬德里就趕到蒙克羅阿宮，但總理不在家；大作家在蒙葛拉哥國家公園找到孤零零的總理和保鑣，正如賈西亞・馬奎斯筆下另一位失去權力和榮耀的角色[3]。他們上次見面擁抱時，貢薩雷茲說：「老天爺，兄弟，我想你是西班牙唯一一位願意擁抱總理的人。」如今，他宣布解除自己的職務，準備退休；即將取代他的是右翼領袖荷西・馬利亞・阿茲納爾。

在西班牙停留了一段時間之後，賈西亞・馬奎斯前往古巴和費德爾・卡斯楚一起慶祝他的七十歲生日。這是另一場秋天的大事，和探望菲利普・貢薩雷茲也並非那麼截然不同。費德爾並沒有考慮退休，但他正處於前所未有省思的心境。他是這麼一個活在未來的人，爲了達到目的，必須一分鐘一分鐘地征服現在，卻終於有這麼一次在思考過去，他自己的過去。他曾經說並不希望特別慶祝，但賈布宣布他仍然要和梅瑟德斯一起前往古巴。費德爾雖然由於公務繁重，無法在八月十三日當天正式慶祝生日，不過，他那天晚上仍然出現在賈西亞・馬奎斯的家裡，接受他的禮物，一本哥倫比亞卡洛與庫爾佛語言學院所出的字典。兩星期後，費德爾透露自己準備的驚喜：他帶著賈布、梅瑟德斯、幾位親近的同僚、一位記者和一位攝影師回到他出生的小鎮比蘭，「一次回到過去的旅程：他的過去、他的回憶、他學說話的地方；射擊、繁殖鬥雞、釣魚、學拳擊，他受教育、成形之處；他一九六九年離開後就未曾再回去，一生中第一次可以在雙親墓前獻上花束及敬意，在這一刻之前他都無法做到。是這樣的一段旅程。」費德爾陪著客人在小鎮上到處散步，回到舊學校（他坐在以前的座位上），回想小時候的活動（「我比雷根還像牛仔，因爲他只是電影牛仔，我是真正的牛仔。」）他回憶母親，還有她的個性、其獨特之處，他充分回想感到滿足之後宣布：「我沒有把夢境和現實混淆在一起。我的記憶裡沒有幻想。」[4]賈西亞・馬奎斯最近在寫自己的回憶錄，特別是近半個世紀前和母親回到他出生的地方，他一定得到很多思考的靈感。

九月，回到卡塔赫納的賈西亞・馬奎斯在新家待了一段時間。他在那裡並沒有家的感覺，這一點已經是公開的秘密，不只因爲從聖塔克拉拉飯店可以眺望他家：他們在這裡就是覺得不舒服；事實上，他們就是不喜歡這裡。一位阿根廷記者魯道夫・布拉切利曾經訪問過瑪魯哈・帕爰在一九九〇年到九一年間的經歷，以及《綁架新聞》裡對他們的描繪；利用她的關係，布拉切利接觸生氣但仍樂於提供資料的賈西亞・馬奎斯，他這陣子接受訪問的表現越來越具省思與哲學意味，就像處於危險境地的老士兵，帶著些許迷惘：內容有趣、資訊豐富，甚至頗具分析性，但已經不爲了專注在單一項目上而排除其他，他對於下一個計畫已經不像過去一般全神貫注[5]。他再度提到自己雖然是「記憶專家」，卻已經開始忘東忘西，特別是電話號碼。他的母親如今有時對他說：「你是誰的兒子？」其他時間她又幾乎完全記得，他會問她對他童年的回憶。「她現在說得比較多，因爲已經不需要隱藏，她已經忘了自己的偏見[6]。」

他告訴布拉切利自己發現有很多朋友突然滿七十歲，這實在是個意外，「我從來沒問過他們幾歲。」他說自己對於死亡的感覺是：「憤怒」。六十歲之前，他從來沒有認真地思考過自己的死亡。

「我記得很清楚：某天晚上我在讀一本書，突然之間，我想到完蛋了，這會發生在我身上，逃也逃不掉，我永遠不會有時間思考這件事。然後突然之間，砰，天哪，逃不掉。我感覺到一陣冷顫……六十年全然的不負責任一樣。我解決的方式是殺掉角色。」他說死亡就像熄燈或是接受麻醉。

自從《抉擇》雜誌結束，他在《觀察家日報》和《國家報》的每週專欄開始，他就清楚地處於沉思默想、回顧的心境，至少一開始是如此。他雖然銷毀了私生活大多數書面的線索，甚至是關於他的文學作品的，然而，對於工作上兩個特別的層面，他越想越多。首先，在如何做到以及時間點這方面，也就是技巧和時機。他顯然是個名匠大師，越來越能理解到不是每個人都能像他或海明威一樣說故事，因而有了他在哈瓦那和墨西哥市寫劇本的「工作室」，還有現在馬德里和卡塔赫納的記者工作室。這兩者都是關於說故事：如何把現實分解成故事，把故事分解成有組織的元素；如何敘述，讓每一個細節自然地引領到下一個細節；如何以組織結構讓讀者或觀眾無法停止閱讀。第二是內容和動機：因爲他的「羞恥和難爲情」的感覺，他厭惡表現出感情及內省。然而近幾年來，他更有興趣辨識出自己人生經驗中經歷過的粗胚材料，幾年來在他的作品中爲了不同的文學和美學目的而以不同的方式處理。就某部分而言，這是他控制自己故事的方式，確定一定要經過他的詮釋才能形成這些故事。他已經掌控自己的形象三十年了；現在他想要掌控自己的故事。

十月，賈西亞・馬奎斯前往加州帕薩迪納參加第五十二屆美洲媒體協會大會，有兩百位媒體老闆與會，加上中美洲諾貝爾和平獎得主黎戈貝塔・門楚、奧斯卡・阿里雅斯、亨利・季辛吉。《觀察家日報》的路易斯・賈布列爾・卡諾被選爲下一屆理事長，大家同意下次會議在瓜達拉哈拉舉辦。賈西亞・馬奎斯非常關切他所領導的新聞基金會，發表一場政策性演說，宣告「記者已經迷失於科技的迷宮之中」：團隊作業不受重視，爲競爭獨家消息而傷害了嚴肅的專業工作。特別需要注意的是三個關鍵領域：「應該以才華與才能爲優先；不應該把調查性報導當成特別活動，因爲所有的新聞報導都應該是調查性報導；職業道德不應該是偶然出現，而是永遠伴隨記者，正如伴隨蒼蠅的嗡嗡聲。」（最後一句話成爲他新聞基金會的座右銘。最重要的口號是：「不要只是當最優秀的，還要以最優秀的記者爲人知。」這非常具有賈布列爾・賈西亞・馬奎斯的風格。）正如他的新基金會一般，賈西亞・馬奎斯的演講主要關切的是個別記者所應該做的事，以改善他們的專業及道德標準；一九七〇年代時，他最關心的則是媒體的所有權。如今，他所存在的是一個不同的世界。也許，只有他會試圖巧妙地應付這雙重生活，憑此辯論民主國家中布爾喬亞媒體的問題，卻又忠誠地支持另一個世界的國家，也就是古巴；古巴在卡斯楚的掌權下從來沒有媒體自由、也永遠不會有。賈西亞・馬奎斯同步發表的文章經常出現在哈瓦那的《格拉瑪報》和《叛逆青年報》。在這個年代裡，他已經不能用社會主義目標、建立社會主義經濟當成藉口，他越來越難維持這樣的立場。但如果他還在談論這些議題，甚至假使他想要談論這些議題，就無法和那些富豪混在一起——例如他未來最大的金主[7]，亦即蒙特瑞的水泥大王羅倫索・桑巴拉諾——也無法說服他們吐出錢來。

參貝爾在聖誕節前宣布將引入新的電視法，成立委員會，決定電視頻道是否不負所託地採取中立。大家都假設不久他就會取消「庫阿貝」的傳播執照，因爲「庫阿貝」批評參貝爾不遺餘力，而賈西亞・馬奎斯因此從一九八一年以來首次任由當權者擺布。他特地宣布自己不會在哥倫比亞慶祝七十大壽。三月六日，他、梅瑟德斯、羅德里哥、貢薩羅和他們的家人，在國外的一個秘密地點度過生日[8]。無可避免地，所有的拉丁美洲報紙都登載他的七十歲生日，同樣記錄下來的是《百年孤寂》的三十週年紀念。只要報紙上有賈西亞・馬奎斯的名字，銷售量就和他的書一樣好，因此報社只要找到藉口就會刊登他的消息。雖然他堅持不要「還活著就接受死後的敬意」，但他打算更加強調自己不在哥倫比亞的事實，因而在所有的地點中，他選擇接受九月華盛頓的多項週年慶祝邀約，以他第一個出版的故事五十週年作爲基準點。在華盛頓，這樣的慶祝通常需要主角母國使館的合作、安排、批准。但賈西亞・馬奎斯不但和不遠之處白宮裡的權貴一直維持聯繫，那些人士也是美洲國家組織秘書長的好友；不論美國多麼地具有霸權心態，在這個組織中也只是同輩中最年長的而已。賈維里亞唾棄他如今認爲是參貝爾政府的恥辱，憤怒地認爲參貝爾政府浪費掉他留給他們的遺產，卻利用自己的關係，以向賈西亞・馬奎斯致敬爲名安排一系列的活動，以自己官邸的宴會及喬治城大學的晚宴達到高潮，賈西亞・馬奎斯和另一位諾貝爾獎得主東妮・莫莉森是大學校長里歐・唐納文神父的貴賓。

隨著重要的千禧年逼近，幾年來西方文化中發展出週年紀念的趨勢。一四九二、一七七六、一七八九：在後現代主義的處境下，這些日期相當於臨時的主題樂園。在控制範圍之內，賈西亞・馬奎斯也開始變成自己的主題樂園，自塞萬提斯、莎士比亞、托爾斯泰以來的文學世界裡無可比擬。《百年孤寂》這本書改變了世界，不但改變了拉丁美洲的讀者，也改變了拉丁美洲以外的讀者；《百年孤寂》出版之後，他自己很快地意識到這一點。漸漸地，他開始瞭解到自己才是下金蛋的金鵝，包圍他的「名人狂熱」之劇烈、蔓延力之強，對於他所有的計畫、策略、手腕而言，他做什麼其實一點也不重要：他已經進入了這個時代的精神，也超越了這個時代的精神，進入不朽及永恆之中。行銷手法可以調整，但他的魔法是自主的。他承受極大的壓力，必須避免自己人生剩下的時間變成一場漫長、永遠頌讚他一生的週年紀念。他如何才能逃離這個迷宮？他還想逃離這個迷宮嗎？

九月十一日，他前往白宮與比爾・柯林頓共進午餐。柯林頓已經讀了《綁架新聞》的手稿，此時賈西亞・馬奎斯送他一本個人化皮面裝訂的英文版，「才不會這麼痛。」（賈西亞・馬奎斯的出版商把《綁架新聞》的手稿拷貝寄給柯林頓時，他寄了一張短箋說「昨晚我把您的書從頭讀到尾。」）賈西亞・馬奎斯的出版商之一，希望在書出版時把這無價的誇獎用在封面。賈西亞・馬奎斯回答：「是的，我肯定他會同意，但如此一來，他永遠不會再寫另一張短箋給我。」兩人討論哥倫比亞的政治情勢，也觸及拉丁美洲毒品生產的問題，以及美國使用毒品的問題。[9]

然而，參貝爾還是不肯讓步。華盛頓慶祝會的幾個星期前，賈西亞・馬奎斯和參托斯家族的政治新星胡安・馬努耶見面，討論哥倫比亞持續敗壞的狀況。參托斯宣布會在一九九七年下次總統選舉時爭取代表自由黨參選。他們是否各自密謀，或共謀把參貝爾拉下台，只有他們知道，不過，他們提出一個「和平計畫」，涉及哥倫比亞所有陣線之間的談判：但不包括參貝爾政府！在壓力下，參托斯最後說是賈西亞・馬奎斯提出來的(「我們必須做一些大膽的事，我們必須讓大家表達，以便分擔失敗，因爲我們全都打輸這場戰爭。」)然而，此項計畫在十月的第二個星期曝光之後，參托斯否認自己試圖把總統拉下台。他和賈西亞・馬奎斯都飛往西班牙，賈西亞・馬奎斯是從華盛頓直接前往馬德里，和前總理菲利普・貢薩雷茲會談(因而冷落了新任右派總理荷西・馬利亞・阿茲納爾)。不過，菲利普・貢薩雷茲等於是否決了這個提議，因爲他表示除非參貝爾同意談判，有美國和其他國家的支持，他才會支持。

一九九八年一月，經過嚴峻而困難的談判之後，如今年老體弱的教宗若望保祿二世終於一償宿願，訪問卡斯楚統治下的古巴。(賈西亞・馬奎斯於一九九七年向我保證，教宗是個「偉大的人」，我應該讀他的傳記。)這當然是費德爾以他的方式表現古巴雖然維持革命的原則，但也可以做出彈性的調整，也準備和世界上的強權國家談判；在僅此一次的條件下，他甚至允許慶祝聖誕節。在這次訪問的過程中，最有資格坐在卡斯楚身邊的莫過於賈布列爾・賈西亞・馬奎斯。雖然教宗長期以來積極反共，但在許多層面上也以反資本主義、反對新消費社會的頹廢聞名，因而似乎值得冒險接受他的來訪。不幸的是，對古巴和卡斯楚而言，這本來是大量正面宣傳的絕佳機會，尤其是在美國，卻被比爾・柯林頓和白宮實習生莫妮卡・陸文斯基之間的性醜聞案擠下世界媒體版面。這是雙重災難：教宗的訪問並沒有達到應有的世界性衝擊，而賈西亞・馬奎斯的朋友柯林頓的政治影響力因爲這件醜聞及隨即而來的彈劾大幅地削弱。柯林頓剩餘的任期只能坐以待斃，就像參貝爾一般地無助。其中的諷刺不言可喻。

賈西亞・馬奎斯決定不回哥倫比亞參加五月的第一輪選舉。不過，透過電視畫面，他在墨西哥的家裡，解釋自己爲什麼支持保守黨二度候選人安德烈・帕斯特拉納，「和安德烈一起拚命！」賈西亞・馬奎斯居然支持保守黨候選人！馬奎斯上校會怎麼說！他的家族成員以不贊同和麻木的心態看待他的舉止。不過，據說帕斯特拉納和邁阿密的古巴人很接近，也許賈西亞・馬奎斯認爲此舉和其他方法有助於古巴。作爲回報，賈西亞・馬奎斯應該協助帕斯特拉納第二注重的教育政策，重要性僅次於他最關注的、和游擊隊的和平談判。

賈西亞・馬奎斯受到自由黨媒體凶猛但不情願的批評。「達塔南」在《時代報》寫了一篇才華洋溢的文章，很清楚的是寫給目前爲止干預哥倫比亞政治，但如今顯然已逝的賈西亞・馬奎斯的墓誌銘。他對於帕斯特拉納的政權究竟有多少影響力，啓人疑竇。不論共同行動或各自努力，沒人看見他或安德烈「拚命」[10]。就連頭腦清楚的實用主義者賈維里亞，都嘗試讓古巴在缺席三十四年之後回到美洲國家組織，但這項決議毫不意外地遭到美國的否決。此事等於是對帕斯特拉納的提前攻擊，他也許反而覺得如釋重負，這表示賈西亞・馬奎斯讓安德烈掌權的策略胎死腹中，無疑地解釋他雖然承諾投入哥倫比亞事務，卻在接下來的四年裡如此興趣缺缺。柯林頓並沒有興趣改善和古巴的關係，但帕斯特拉納的「和平計畫」承諾終結毒品交易。秋季，經常前往墨西哥探視賈西亞・馬奎斯的美洲開發銀行主席借了一大筆錢給哥倫比亞，好「藉由開發達到和平」[11]。接下來的四年間，在國內外的情勢演變之下，帕斯特拉納是華盛頓最尊榮、最受到款待的貴賓之一。十月二十七日，他首次以哥倫比亞總統的身分訪問美國，是二十三年來的第一人，賈西亞・馬奎斯也出席，身邊圍繞著一群折中主義的美國「西班牙人」和「拉丁美洲人」，大部分是音樂家和演員[12]。這樣的榮幸是帕斯特拉納的回饋，他之前同意柯林頓的「哥倫比亞計畫」，讓人想起冷戰策略的顛覆政策。賈西亞・馬奎斯雖然必定覺得深深難爲情，但他此時並未針對此事發表公開聲明。

一九九七年年底，賈西亞・馬奎斯的電視時段被剝奪之後[13]，他幾乎馬上決定買下《變化》，這份雜誌原本和西班牙雜誌《變化十六》有關係，後者在一九八〇年代西班牙轉型期間影響力很大。《變化》（「改變」剛好是安德烈・帕斯特拉納競選時唯一的口號）是哥倫比亞最有影響力的政治週刊《星期》直接的競爭對手，類似《時代雜誌》和《新聞週刊》之間的競爭。賈西亞・馬奎斯聽說弟弟埃利西歐的好友兼同事派翠西亞・拉拉準備出售雜誌，他找了瑪麗亞・艾爾維茲・參貝爾、「庫阿貝」的前任社長，也就是赫爾曼・巴爾加斯的兒子莫利西歐・巴爾加斯（曾在賈維里亞的政府任職，公開批評參貝爾）、《星期》的記者羅貝托・彭波以及其他人競標（包括梅瑟德斯憑自己的能力競標）。聖誕節時，交易已經完成，新公司名爲「開闡有限公司」，以《愛與魔鬼》中懷疑論領悟的醫生命名。一月下旬，賈西亞・馬奎斯已經開始寫長篇頭條文章，主要關於如他自己的有名人士（查維茲、柯林頓、衛斯理・克拉克、哈維爾・索拉納），以提高銷售。《紐約時報》的賴瑞・洛特隔年訪問他，記錄下「一九九九年一月底的某個晚上，《變化》舉辦派對慶祝重生，他待到半夜，和兩千名受邀賓客打招呼。接著回到辦公室，徹夜不寐地寫下一篇關於委內瑞拉新總統雨果・查維茲的長篇報導，趕在日出截稿前寫完。『我上次做這檔事已經是四十年前了，』他說，聲音透露出喜悅。『真棒。』」[14]

查維茲那一期的雜誌揭露了許多訊息。雨果・查維茲上校就是當初企圖顛覆賈西亞・馬奎斯之友卡洛斯・安德烈・裴瑞茲總統的士兵。不過他在委內瑞拉掌權之後，賣給古巴可靠又便宜的石油，救了卡斯楚的古巴一命，讓費德爾得以喘息。此外，他是個「波利瓦爾主義者」，主張拉丁美洲團結與獨立，他準備把委內瑞拉的前途和自己綁在一起。由於賈西亞・馬奎斯一直在幕後幫助古巴以及促成拉丁美洲的團結，查維茲也許期待受到他完整而秘密的支持。然而，賈西亞・馬奎斯對查維茲始終提不起勁，也許是因爲他之前和帕斯特拉納還有柯林頓的關係；而且，查維茲的反美立場不但持續而且還有害。賈西亞・馬奎斯於一九九九年一月在哈瓦那和查維茲碰面，回到墨西哥的路上，他們一起搭機前往委內瑞拉。後來他寫了一篇全世界同步發表的長篇報導，幫《變化》賺了不少錢，而且深具影響力。結語寫到：

> 我們的飛機大約在凌晨三點降落於卡拉卡斯。我看著窗外這個令人難忘的城市，一片光之海。總統以加勒比海式的擁抱道別。我看著他走開，身邊圍繞著保鑣和他們身上的功勳，我有種奇特的感覺，自己和兩個互不相干的男人一起旅行、談話。一位有著頑強的運氣，得以拯救自己的國家，另一位是個魔術師，卻很可能是在歷史上寫下另一頁的暴君。[15]

荷西・薩拉馬戈是一位諾貝爾獎得主，至今仍是共產黨員，也是位直言不諱的革命家；事實上，賈西亞・馬奎斯和卡斯楚，以及如今同樣無所不在的荷西・薩拉馬戈一起在古巴慶祝革命四十週年紀念。戴著眼鏡的費德爾朗讀一篇講稿，表示在跨國資本主義(得益者爲大資本家)及消費資本主義(得益者爲他們的客戶）的時代裡，如今世界成了一個「巨大的賭場」，接下來的四十年具有決定性，禍福難料，端看人們是否瞭解世界生存唯一的希望是結束資本主義體制[16]。沒人知道賈西亞・馬奎斯對此作何感想，但從他的眼神看起來，他似乎生病了，疏遠而心不在焉。然而，他還是非常努力地增加《變化》令人失望的銷售率。一篇比查維茲文章流傳更廣的文章是〈我的朋友比爾爲何必須說謊〉，此文震驚了世界各地的女權主義者，因爲他沒有專注在共和黨共謀彈劾的惡意，卻把此事當成只是一個典型的男人追求的性冒險，如同所有典型男人明顯的作爲，而試圖向妻子和所有人隱瞞。

在哈瓦那，賈西亞・馬奎斯聽到費德爾呼籲，結束已經進入最後階段的破壞世界資本主義。然而，如今在二十世紀的最後一年回到歐洲，實現另一堆承諾，爲他的《變化》文章訪問名人，賈西亞・馬奎斯開始涉入一個新的組織，一個知識分子和大資本家的奇怪組合，名爲「伊比利美洲論壇」，表面上的目的是跳出思維框架，思考世界發展的問題。聯合國教科文組織、美洲開發銀行、西班牙新政府共同安排了初步會議。就某部分而言，這是賈西亞・馬奎斯-薩拉馬戈的另一場表演。在短暫的來稿中，賈西亞・馬奎斯宣告拉丁美洲的過去是不真實的命運：「我們成爲失敗的幻想實驗室。我們主要的美德是創意，然而我們卻只有重新加熱過的教條、外來戰爭，以及不幸地成爲克里斯多弗・哥倫布的後代，他只是在尋找印度人時不小心發現我們。」他再度提到作爲失敗象徵的波利瓦爾，重複自己在諾貝爾獎演講時所說過的話：「讓我們安靜地度過我們的中世紀。」稍後，他朗讀最新的故事之一，一個外遇的故事〈八月見〉，想當然耳，對這樣的場合非常不恰當[17]。薩拉馬戈扮演以前賈西亞・馬奎斯的角色，提議世界的每一個人「都應該變成黑白混血兒」，就沒有必要再爭論文化的問題。

幾個星期後，賈西亞・馬奎斯回到波哥大，出席卡洛斯・富恩特斯和《國家報》老闆赫蘇斯・波朗哥在哥倫比亞「卡洛與庫爾佛」語言學院的榮譽註冊典禮。坐在台上的他看起來比以前更蒼老，什麼話也沒有說。接著，如同一九九二年一般，他發現波哥大的高度，引發他在歐洲不曾經歷過的過度疲倦。他暈倒了，從公眾雷達消失了幾個星期，梅瑟德斯否認癌症的消息，要求媒體再「耐心」等一陣子。起初，報導說他得的是一種奇怪的毛病，叫「一般倦怠症候群」，但大家都憂心最糟的可能性。結果診斷出來是淋巴癌，即免疫系統的癌症。他再次在波哥大病倒，波哥大再次診斷出他的病症。不過這次由於診斷的嚴重性，他前往兒子羅德里哥所居住的洛杉磯尋求第二意見；證實的確是淋巴癌。這家人決定在洛杉磯接受治療，賈西亞・馬奎斯先是租了一間公寓，後來在醫院地產上租了一間平房。淋巴癌的新療法不斷出現，他的癒後和當初阿爾瓦洛・塞培達在紐約面對類似挑戰時已不盡相同。賈西亞・馬奎斯和梅瑟德斯拜訪塞培達的女兒派翠西亞，她是一位口筆譯員，他們以前拜訪美國時就接受過她的協助，最出名的就是與比爾・柯林頓的會面。派翠西亞嫁給柯林頓的同事約翰・歐瑞利，出身律師的他曾任駐智利大使。如同他後來告訴我的，接受治療和隨之而來的檢驗後，賈西亞・馬奎斯每個月「去見醫生，決定我會死還是會活。」不過，每個月的報告都傳來好消息，到秋天時，他已經回到墨西哥市，每個月定期回洛杉磯接受檢查。

一九九九年十一月底，我飛到墨西哥市探望賈西亞・馬奎斯。他比我以前見到時還要瘦、頭髮很短但充滿活力。我想到他一生中都說自己懼怕死亡，卻在重要的時刻表明自己是個偉大的鬥士。這場會面充滿感傷，他知道我四年前也得了淋巴癌，但存活下來[18]。他告訴我自己好幾個月什麼也沒做，現在又在看回憶錄的筆記，念他出生的那一段，描述給我聽。梅瑟德斯散發出沉著與決心，但我可以看到這樣的努力對她而言已經很吃力。不過，她天生就有面對這種情況的能力，能讓丈夫的生活維持正常，包括不特別大驚小怪的平常心。貢薩羅和孩子前來探視，眼前這位祖父的舉止也一如往常。

賈西亞・馬奎斯最近告訴《紐約客》的強・李・安德森，柯林頓和帕斯特拉納之間的「哥倫比亞計畫」永遠不可能成功，美國似乎回到「帝國主義的原型」[19]。九月，他威脅控告西班牙媒體埃菲通訊社，求償一千萬美元，因爲他們報導他「幫助協調美國軍隊援助哥倫比亞」[20]。這大概是他公開和帕斯特拉納、柯林頓以及他們致命的「計畫」切割的信號[21]。如今他對我說，「至於哥倫比亞，我想我終於習慣了。我想你必須接受。此刻情況顯然已經有所改善，就連準軍事組織都瞭解到不能這樣繼續下去。但是這個國家永遠都不會改變、永遠會有內戰、永遠會有游擊隊，永遠都會有，這是哥倫比亞的生活方式。拿蘇克雷來說，游擊隊其實住在那邊的房子裡，大家都知道他們是游擊隊。哥倫比亞人來這裡或波哥大探望我，他們說，『我是哥倫比亞革命軍，要不要喝咖啡？』這是很平常的事。」我猜，這表示他終於放棄以直接的政治活動改變這個無可救藥的國家，更不用說含蓄地承認把自己的聲譽放在政治保守派的手裡實在太過分，如同他許多親朋好友所告訴他的；也就是帕斯特拉納及美國共和黨挾持柯林頓成爲他們的政治囚犯。諷刺的是，這場病如今讓他獲得掩護，讓他得以謹慎地從這些不快樂的同盟中引退。也許，該是回到寫他自己的回憶錄的時候了。

他偶爾寫些文章，和《變化》、卡塔赫納新聞基金會保持聯繫，不過主要還是住在墨西哥市，避開鎂光燈，專注在康復上；或者前往洛杉磯，他和梅瑟德斯得以和羅德里哥一家人相處。賈布和梅瑟德斯也和《變化》的記者兼投資人羅貝托・彭波發展出密切的關係，他和《時代報》集團有密切關係，目前派駐墨西哥市。在接下來的十年中，他就像賈布和梅瑟德斯的第三個兒子一樣。賈西亞・馬奎斯爲雜誌寫越來越多自傳性的文章，接受夏奇拉的訪問，還有一個「賈布問答」專欄，可以讓他發表由讀者問題所啓發靈感的文章。雜誌上的廣告表示，讀者可以在網路上閱讀這些文章的電子版。

不過，當然他主要的活動還是寫回憶錄。他時常開玩笑說，等到人們開始寫回憶錄的時候，通常已經老得什麼都記不得了；但他沒有提到有些人還沒開始寫回憶錄就去世了。如今，完成這本名爲《細說從頭》的回憶錄成爲他主要的目標。他也許記得波利瓦爾的兩難，《迷宮中的將軍》接近尾聲時：「讓他震撼的是，他驚訝地發現自己不幸和夢想之間的比賽此刻已經接近終點。其他只是一片黑暗。『天殺的，』他嘆息。『我要怎麼離開這座迷宮？』」

他試著遠離政治，不過，偶爾《變化》會把他扯進去。如今，雜誌在沒有他的情況下偏向右派，但如同年輕的記者可能回嘴，他自己也一樣。身爲第三世界人民領袖的查維茲時有表現，但賈西亞・馬奎斯告訴我，「根本不可能跟他說到話。」卡斯楚顯然不同意這點，因爲他和查維茲經常見面聊天。我告訴他的時候，賈西亞・馬奎斯說，「費德爾是試著要節制。」二〇〇二年年底，查維茲說自從他們一九九九年初見過面之後，賈西亞・馬奎斯從來沒有和他聯絡過，他覺得很遺憾。查維茲和巴拿馬的奧馬・托利侯斯並沒有太大的不同，只不過查維茲統治的委內瑞拉擁有石油，所以權力比較大，而且他是以民主機制選出；看起來，除了個人問題之外(包括他和卡洛斯・安德烈・裴瑞茲、泰奧多羅・佩科夫的友誼)，賈西亞・馬奎斯可能認爲，對於新時代以及自己過去十年所參與的幕後民主而言，查維茲是個無法預料的人。

二〇〇〇年十一月，新聞報導蒙特瑞的墨西哥實業家、水泥大王羅倫索・桑巴拉諾打算捐出十萬美元，爲卡塔赫納新伊比利美洲新聞基金會所主辦的比賽提供獎金[22]。兩個星期後，消息宣布媒體集團維沙電視台打算和《變化》合作舉辦墨西哥版的比賽，由羅貝托・彭波主導。這是賈西亞・馬奎斯的世界。墨西哥新任右派總統維森德・福克斯的就職典禮，剛好和「伊比利美洲論壇」的會議撞期，這次不但有賈西亞・馬奎斯的參與，還有卡洛斯・富恩特斯再度以駐會知識分子的身分參與，加上西班牙前總理菲利普・貢薩雷茲、《國家報》的老闆赫蘇斯・波朗哥、國際銀行家安娜・波丁，以及既是墨西哥首富也曾是世界首富的卡洛斯・史林姆，他在二〇〇七年和賈西亞・馬奎斯成為密友；哥倫比亞首富胡立歐・馬立歐・聖多明哥也是賈西亞・馬奎斯的朋友，如今是《觀察家日報》老闆，慷慨地贊助卡塔赫納基金會。身為獨立新聞基金會的主席，賈西亞・馬奎斯是否應該和這些剛好擁有大報社、電視台的壟斷資本家過從甚密，並不清楚，他顯然從未公開談論過。他現在通常拒絕回應所有媒體的發問，但曾經說不知道自己或其他人在這論壇做什麼，直到聽卡洛斯・富恩特斯精采的演講，解釋商業世界和理想世界之間存在一個分界面的重要性！至於墨西哥，他一點也不知道發生什麼事。他進一步娛樂記者，說自己現在只是「梅瑟德斯的丈夫」，有些人認為這是他終於承認自己最近依賴她，並感謝她協助他經歷最近和持續的試煉[23]。他大部分的頭髮都長回來，瘦掉的二十公斤長回十五公斤，雖然觀察家耳語道，他尖銳的機智和完整的表達能力並沒有復元。也許化療加速了記憶力減退，他已經對此抱怨了很多年。

幸運的是，他人不在哥倫比亞。他的老朋友基耶爾莫・安古羅，在波哥大市郊前往鄉間別墅的路上，被哥倫比亞革命軍綁架。七十多歲的安古羅幾個月後被釋放，他告訴我，他很肯定賈西亞・馬奎斯和他的釋放有關，因為哥倫比亞革命軍的人質大多遭到囚禁數年，如總統候選人英格麗・貝坦古爾[24]。到了二〇〇〇年年底，大家公認安德烈・帕斯特拉納也許是哥倫比亞自一九四八年後的時代以來最無能的總統。二〇〇一年二月，一封由傑出人物如艾瑞克・霍布斯邦、埃內斯托・薩巴托、安立奎・參托斯・卡爾德隆聯合寫給帕斯特拉納和小布希總統的公開信中要求，任何哥倫比亞與美國在哥倫比亞的聯合行動，都應該讓聯合國與歐盟參與，賈西亞・馬奎斯也列名其中[25]。再一次地，他表達對於「哥倫比亞計畫」的反對之意：這不僅表示他壯士斷腕地切割和帕斯特拉納的關係，也包括他所支持的賈維里亞。

三月分，如他所保證，馬可司令官率領無武裝的薩巴塔擁護者游擊隊進入墨西哥市。在羅貝托・彭波的協助下，賈西亞・馬奎斯短暫逃離退休生活，為《變化》進行一項訪問。薩帕塔擁護者得到左翼的同情及全世界的支持，包括恰帕斯在內許多政治朝聖地的知名知識分子、藝術人士，然而，這已經不再是賈西亞・馬奎斯會花時間支持的團體。的確，對於普通人的受苦，特別是哥倫比亞農民被迫離開家園，被夾在游擊隊、準軍事組織、地主、警察和軍隊之間的噩夢中，他對這一切的沉默，使得一九八〇年之後觀察他一言一行的人感到不安。然而，這個人從來不曾為了自己的良知而做出取悅群眾的政治聲明：他總是非常地政治化、實際，做自己認為需要的事，與批評他的人所主張的相反，他並不會為了讓自己受歡迎而刻意做一些事。

賈西亞・馬奎斯對抗癌症時，他的么弟埃利西歐也有自己的仗要打。如同小賈布一般，他一面面對腦癌末期，一面努力想完成一本書《追隨麥達迪的線索：〈百年孤寂〉的故事》。他無法如願完成這本書，但他和親友同意應該在他死前發表。五月出版時，埃利西歐坐在輪椅上，幾乎無法說話。他是布恩迪亞家族的最後一個，破解祖傳文件之後不久就去世，正如《百年孤寂》中令人毛骨悚然的預言。(一九九八年十月，庫奇是兄弟姊妹中第一個過世的。)賈西亞・馬奎斯無力前往埃利西歐六月底的葬禮。

九月十一日，紐約世貿雙子星大樓在蓋達組織惡劣的飛行員攻擊下殞落，世界政治局勢有了重大的改變；這雖然不是小布希總統所設想的劇本，卻加速了他本已看似堅決的戰爭之路。賈西亞・馬奎斯最近前往古巴會見費德爾・卡斯楚，據說他的健康狀況日益下滑。紐約恐怖事件的兩星期後，同時也是基耶爾莫・安古羅被釋放的三個星期後的二〇〇一年九月二十四日，哥倫比亞前任文化部長及檢察總長之妻龔雪妻・阿勞侯諾葛拉，在烏帕爾河谷附近遭到哥倫比亞革命軍游擊隊的綁架；將近一星期之後的九月三十日，人們發現她的屍體，顯然是遭到流彈攻擊。全國人民都叫她「老大」，她是烏帕爾山谷與其瓦耶那多音樂節最主要的推動者，也是賈西亞・馬奎斯、阿爾瓦洛・塞培達、拉法葉・艾斯克隆那（她也是他傳記的作者）、丹尼爾・參貝爾（直到他們為了他所寫的電視傳記失和）、阿豐索・羅培茲・米歐爾森的朋友。比爾・柯林頓也見過她，後來把她寫進他的回憶錄裡。在那些聲稱為了捍衛哥倫比亞人民與其文化所殺的人之中，她是大家最無法想像的受害者。

到了二〇〇二年一月，賈西亞・馬奎斯漸漸開始公開露面。見到他的人注意到他比以前更加躊躇，有時有點迷惑、記憶力不足，但看起來精神還不錯。以他接近七十五歲的年齡而言，加上他持續投入《變化》和新聞基金會，這了不起的復元再度見證了他驚人的生命力。話雖如此，回憶錄出版的延誤，顯示他的工作效率已經不如以往。他在二〇〇一年七月寄了初版給穆提斯，但有什麼事耽擱了他的進度，最後，他找來兒子貢薩羅和哥倫比亞作家威廉・歐斯畢納查證一些書中提到的事實，幫忙填補他日漸衰退的記憶缺口。為這本書做最後修飾之時，他的母親露易莎・聖蒂雅嘉・馬奎斯・伊瓜蘭以九十六歲高齡於卡塔赫納去世。她的丈夫和兩個兒子已經先她而去。這一次，小賈布還是無法出席葬禮。26

八月七日，阿爾瓦洛・烏利貝・維雷茲這位變節的自由黨員，以反游擊隊的政見就職哥倫比亞總統。哥倫比亞革命軍游擊隊——據說他們殺了他的父親——在就職典禮上對他發射火箭砲。自由黨參選人歐拉西歐・謝巴是埃內斯托・參貝爾忠實的追隨者，他再度敗北。哥倫比亞人很樂意見到帕斯特拉納下台，但投給烏利貝似乎也是一大冒險。他是來自安提歐基亞的地主，據說和準軍事組織有來往。不過，他會以異常、幾乎非常激動的活力執政，他的風格同時貼近平民及權力主義，使他的支持度幾乎高得令人害怕。這個年代有查維茲、巴西的魯拉、玻利維亞的莫拉雷斯、智利的拉哥斯和巴謝雷、阿根廷的基爾希納，他的當選使得哥倫比亞成爲南美洲唯一由右派執政的國家，雖然哥倫比亞已經非常習慣於跟不上腳步。烏利貝成爲小布希總統親密的盟友及支持者。

終於，回憶錄出版的時間到了，此書涵蓋的時期是從他出生到一九五五年。最後一刻，「Vivir para contarlo」(living to tell it' 陽性，活下來訴說「活著」這回事。)改成「Vivir para contarla」(陰性，活下來訴說「人生」、沉思人生。)一如往常，英文翻譯多加了一點浪漫的色彩：「活下來訴說故事」，也就是從偉大的冒險中存活下來，訴說這些故事——但這並非事先計畫，也不是當成一種生活方式[27]。當然，英文版還有一個重點：這本回憶錄因爲一場插曲而延遲，賈西亞・馬奎斯對抗死亡、對抗癌症的插曲，及他英勇的勝利。大家都知道這一點，特別是他的讀者。

自從出版了關於馬康多的偉大小說之後，他就一直提到他的回憶錄，此舉應該會讓讀者稍微瞭解到他身爲作家最深的動力來自何處。他只想回到過去，只想寫自己的故事；納西塞斯想要回到他自己原來的面孔之中，然而，就連他的面孔也隨著時光流逝而消失，消失在所有的歷史之中，就連他的面孔也不斷地在改變，從來不會一樣：因此，即使他找到原始的那張臉——不朽，神喻——每次出現在他眼前時，他也會看見不同的面孔。然而，這就是他希望得到的。一九六七年聽他說到這本回憶錄的人一定會想：這個人還活得不夠久。但納西塞斯一直都活得夠久，足以看自己的面孔是否還是一樣；然而，如果他的母親從來沒有告訴他，自己的面孔很美麗，那麼他也注定要一直尋找她、找到她、回到她身邊。因此，這本書從一九五〇年露易莎・聖蒂雅嘉在巴朗基亞尋找她失去的兒子開始，爲她十六年前的另一趟旅程帶來鮮活的回憶：

母親要我和她一起去賣房子。她當天早上才從家人所住的遠方小鎮來到此地，因此完全不知道該如何找我……她在十二點整抵達。輕盈的腳步走在陳列書籍的桌子之間，停在我的面前，以她狀態較佳時有點頑皮的微笑凝視著我，我還沒能反應時，她就說：

「我是你的母親。」

如此這般，在七十五歲的那一年，賈布列爾・賈西亞・馬奎斯以這樣的場景開始他的人生故事；再一次地，他的母親擔心他不認識她，因此必須自我介紹。他聲稱這場重逢是他回憶錄的中心主題，發生在「我真正出生的那一天，我成爲作家的那一天[28]。」是在那一天，他再度得回母親；他們一起回家，回到最初。

關於他的回憶錄，他早在一九八一年就開始向記者說一些令人意外的話：「賈西亞・馬奎斯(一直)在談他的回憶錄，他希望可以很快開始寫，那真的會是『虛假的回憶』，因爲如此一來，並不會寫到他真正的人生如何，原本可能如何，而是他認爲自己的人生是如何[29]。」二十一年後，他會說出同樣的話。這到底是什麼意思？還好，如今有跋來幫他釐清：「人生並不是一個人的經歷，而是一個人如何記憶、如何細述一切。」

結果，《細說從頭》成了他最厚的一本書。如同他其他的作品一般整齊地(也許沒有往常那麼整齊)分成兩半，不過，若細看結構，會發現嚴重的問題，因爲這兩半的結尾都是最沒有意思的部分——對他而言沒有意思，還有不幸地對我們而言也是如此——關於卡恰克土地：首先是一九四三到四六年的茲帕奇拉部分，其次是一九五四至五五年波哥大和《觀察家日報》這一部分。

雖然大部分的內容非常卓越，但必須承認這只是一部實現願望的作品：其中隱藏所有的傷害(必須考慮到故事的開場並不是很容易面對)。偶爾深入寫到他的父親，只因爲他的「個性」，不是因爲小賈布自己覺得有敵意或有戀母情結，或是仍然由馬奎斯・伊瓜蘭那一邊的家族所形塑出來的世界觀。一般而言，這本書繼續他生命的和解——由《愛在瘟疫蔓延時》所開始嘗試的調解。作者謹慎而微弱(通常只有一個句子，有時候只有一行。)地恭維他所有的朋友及他們的妻子或遺孀。書中並沒有真正的私密情節或告白。這本書包括他的公開生活，以及他「虛假」、發明的生活，但並沒有包括太多他的「私人」生活，關於他的「秘密」生活確實著墨更少。

此書的中心主題是敘事者經由成長、不可抗拒的才華、特殊的生活體驗而成爲作家。(並不是敘事者一面成爲作家，同時又發展出複雜而嚴肅的政治意識，既充滿又形塑他真正寫出的作品。)那似乎沒有察覺到的諷刺是(等他完成這本書時，他已經失去一些以前有的敏銳注意力。)形塑、支配這本書和他人生的，是他意識到這才華之前的時期，而且嚴格地說，是他能夠讀、寫之前的時期。賈西亞・馬奎斯對於自傳文體也許並不拿手；身爲作家的他是外向、直言不諱的寓言作家；但寫到自己的人生時，他比較像是個需要遮掩多餘表演的靈媒。況且，在回憶錄裡聲稱自己知道其實並不知道的事，例如《百年孤寂》中大多數幽默的源頭，或主張自相矛盾的事實，會造成嚴重的問題。同樣地，賈西亞・馬奎斯的特色風格(誇張法、對句、格言、置換)在自傳式文體中比較會產生問題。一切塵埃落定之後，我們所見到的是一部深具諷刺性的作品：這位賈西亞・馬奎斯在公然可看穿的《獨裁者的秋天》裡全然地顯露自己，如今卻在顯然透明的《細說從頭》中完全地隱藏自己！

就算只有短暫列入考慮，賈西亞・馬奎斯對此回憶錄的執迷，很明顯地不是因爲他據傳的虛榮，而是爲了對付他的名聲及苦悶，最好的辦法就是說出自己的故事，他自己版本的人生和性格。雖然在書的一開頭看似如此，但其實這不是一本告白之書。

二〇〇二年十月八日，《細說從頭》在墨西哥市出版，伴隨著大張旗鼓的宣傳、真正驚人的預售成績。魔法師又回來了，這次確實是死而復生。

不論從什麼角度，賈西亞・馬奎斯都是個偉大的存活者。他不但身心承受了癌症治療的痛苦，也完成回憶錄的第一部，他真的活下來說了故事，而且留下一個自己滿意的形象，他知道會留存下來的形象。封面上手拿餅乾的小嬰兒如今已是七十五歲的老人，他所經歷的人生真是一言難盡。他花了這麼多年的時間，走過我們都必須經歷的迷宮，部分由世界構成，部分由我們對它的洞察所構成。回首過去，賈西亞・馬奎斯決定他天生就是要創作故事，人生最重要的事，就是訴說自己所經歷過的存在故事。那個他選擇放在封面上的焦慮小孩，永遠地在尋找自己的母親，等待這麼多年後，終於得以告訴全世界這個故事，他在現實生活中如何再度找到母親，永遠地找回她，此後如何得以重生爲作家；他所走上的路使他成爲風靡全世界的預言家。悲慘但恰當的是，在這一刻，正當他開始進入這本書最後寫作階段之時，她卻開始失去記憶；與其說這本書是他的故事，不如說也是她的故事，就在他完成所有最後修飾的那一刻，她卻離開了他在書中所記錄的人生。

在回憶錄的第一部裡，實際上他的母親找到他(不是相反)，告訴他自己是誰，帶他回到他出生的房子裡，那棟他嬰兒到小男孩時期，她離開他時他所住的房子，此書真的是集不同文體之大成，無論如何都是偉大的自傳作品，也是現代文學偉大古典作家所訴說的故事。其實，這才是他特別想要說出來的故事；面對這趟旅程的生動色彩與啓發，訴說這故事的熱情時，其他的故事都黯然失色。此書的其他部分是閱讀的享受，賈西亞・馬奎斯終於直接地對他了不起的人生與時期娓娓道來，然而，將近六百頁裡卻沒有什麼可比擬前五十頁的輝煌勝利。當然，在他所有的書中，這一本肯定會讓讀者期待落空。然而，一旦他們調適、瞭解到自傳(即使是文學奇才的自傳)鮮少如小說般神奇，大部分的讀者會認爲此書令人滿意，會在欣然贊同後再次閱讀這本書；而閱讀這本書的經驗甚至像是溫暖、舒服的泡浴，在水溫還未冷卻之時撫慰人生的艱辛創傷。

三個星期之內，這本書光在拉丁美洲就售出驚人的一百萬本，比他所有的書賣得都要快。十一月四日，賈西亞・馬奎斯帶了一本到墨西哥市的松園官邸，送給福克斯總統；委內瑞拉的查維茲也收到一本，他不但表示祝賀之意，還在每週電視談話上朝著鏡頭揮舞，號召委內瑞拉全國人民閱讀。十八日，西班牙國王與王后來到墨西哥市進行官方訪問，自然地，他們撥出時間給賈西亞・馬奎斯，他應該也有送上一本。

十二月，他再度前往哈瓦那參加電影節，見到費德爾、比利和其他朋友。一月從電影節回來後，他接受了最後一次的個人一對一訪問，不是坐下來訪問，而是和一位美國攝影師凱勒・巴赫漫無目的地在他墨西哥市的家裡閒晃，從花園散步到書房。他的秘書莫妮卡・阿隆索・葛雷隨侍在旁，她說老闆記憶力驚人，但很明顯地，她常常代表他回答問題。他和巴赫談到爲《細說從頭》封面選擇自己嬰兒時期的照片，並對結果很滿意。他提到自己有一隻二十七歲的鸚鵡叫小卡洛斯；他也忘了自己曾經發誓永遠不會說的秘密，透露一九七〇年代在巴塞隆納時，他的精神科醫師朋友(路易斯・費度其)叫他戒菸那天他就戒菸的原因：抽菸會導致老年記憶力喪失。[30]

二〇〇三年三月，在聯合國沒有同意的情況下，美國和英國進軍由薩達姆・海珊統治下的伊拉克，其託詞是伊拉克藏有大規模殺傷性武器(當然，入侵者自己擁有，伊拉克卻沒有。)並藏匿蓋達組織士兵(事實也是沒有，但在入侵之後變成有這回事。)有些人認爲九一一事件永遠地改變了世界；其他人則認爲美國對九一一事件的回應中，入侵伊拉克是影響最爲深遠的行動，改變世界的程度更大，不只如美國入侵者所預期，也如九一一事件策謀者所預期的。伊拉克人驚恐失措，世界上其他人則麻木而不可置信，特別是賈西亞・馬奎斯。英國國家廣播公司拉丁美洲網站刊登一篇名為〈存活但不說故事〉的文章，內容是關於報導戰爭的挑戰。美國於二十世紀初在古巴的關塔那摩灣，比照巴拿馬運河佔領了一個區，蓋了新的監獄；他們在阿富汗和巴基斯坦逮捕了數以百計、據稱是蓋達的士兵，在此囚禁數年，可能遭到刑求，沒有任何形式的審判；就在同一個小島上，美國一直主張卡斯楚政府囚禁對手數年，可能加以刑求，沒有任何形式的審判。他們說古巴這個島上沒有人權。模稜兩可的官腔。後來消息走漏，布希政府如今有了入侵古巴的官方計畫，只等他們先處理北韓、伊拉克、伊朗這些「邪惡軸心」。

七月十九日，《國家報》刊登了一張老作家在墨西哥市的照片，圖說：「賈西亞・馬奎斯不讓自己被人看到。越來越少看到賈西亞・馬奎斯出席公開場合[31]。」他出現時拒絕對媒體發言。很明顯地，《國家報》真的想說的是：「賈西亞・馬奎斯怎麼了嗎？他為什麼躲起來？他生病了嗎？他為什麼不發言？他失憶了嗎？他玩完了嗎？」

同時，回憶錄的英文版和法文版出版，封面相同，周邊宣傳也使用同樣的家族相片。雖然沒有西語世界的成功，但此書在英語世界受到歡迎，在法國則差一些。為了配合出版時間，紐約筆會於二〇〇三年十一月五日為賈西亞・馬奎斯安排了特別的致敬典禮。筆會傳統一向保護作家的言論自由和人權，由於那年稍早，賈西亞・馬奎斯與古巴的關係受到多數來自美國人的攻訐，這是個令人意外的決定。主辦人之一是羅絲・史泰隆，她不只是前總統柯林頓的朋友(他以視訊贈禮)，一九六〇年代早期，傳說甘迺迪總統和賈姬為藝術家、知識分子所舉辦的「卡麥洛」晚宴上也見過她的身影[32]。許多紐約頂尖的上流人士、文學家、自認聰明的人都在場，但對賈西亞・馬奎斯居然沒有出席一定非常失望。沒錯，他身體不適；然而，對於美國社會的發展、美國小布希總統任內在哥倫比亞和中東的政策，他感到極度幻滅。他送給在場觀眾一則很掃興的訊息，不但不圓滑，而且不知感恩，這也是他樂觀不懈的個性中最悲觀的宣言——他表示這不是慶祝的時候。雖然如此，二〇〇四年一月，擁有廣大觀眾的美國脫口秀主持人歐普拉．溫佛芮，在「歐普拉選書」單元中推薦《百年孤寂》，此書一下子從銷售排行榜的三千一百一十六名跳到第一名。[33]

賈西亞．馬奎斯在墨西哥有一些長期投入的活動，他覺得無法忽略來自這些單位的邀約，大部分都有出席，但仍然沒有對媒體發言；如同和藹的白髮巫師一般，他會突然出現在指定的舞台上或頒贈適當獎項。《變化》在墨西哥開會時他仍會參加，此時羅貝托．彭波會照顧他，就像在西班牙有卡門．巴爾塞斯，在美國有派翠西亞．塞培達。

他本來希望自己可以更有活力，勇於冒險。他和梅瑟德斯最近換了巴黎的公寓，他們賣掉史丹尼斯拉街上的小公寓，在巴黎最搶手的巴克街買了一間比較大的，就在塔奇雅家樓下。所以，現在他擁有她家樓下的公寓，對於注定失敗的愛情，變成既困難又不自在的友誼而言，這是一種奇妙的忠誠。他很少有機會使用這間新公寓，但他的兒子貢薩羅二〇〇三年從墨西哥搬到巴黎時，與其家人在此定居了一段時間(貢薩羅想再度從事繪畫)。

他暫時把回憶錄放在一邊，但他有一本已經計畫多年的小說，至少已經計畫了四分之一世紀，名為《憶我憂傷娼婦》(「我的悲傷娼婦回憶錄」，後來翻譯成英文是「我憂傷娼婦的回憶錄」)。一九九七年我在哈瓦那見到他時，他就是在思考此書；一年後我們談起時，顯然這本書已經頗有進展。很有可能初稿早在他出版《細說從頭》很久以前就完成了，他在二〇〇二年秋天和二〇〇四年秋天出版之間做了少數顯著的改變。原本估計是寫一本較長的短篇小說，並不比中篇故事長，但最後以長篇小說宣傳、出售。

十月分，正當整個拉丁美洲期待這部新作時，他回到哥倫比亞，媒體拍到他走在卡塔赫納街上，看起來有點迷惘、迷惑；同行的有梅瑟德斯、如今在新聞基金會工作的弟弟海梅、海梅的妻子瑪格麗妲、基金會常任主席海梅・阿貝羅。許多人預測賈西亞・馬奎斯不會再回到哥倫比亞，這使他們非常難堪。然而，老魔術師的身體狀況看起來並不是很好。

新小說終於推出時，大部分讀者感到非常迷惑。簡單地說，這個故事訴說一個老人慶祝九十歲生日，決定與一位年少處女共度熱情良宵，便付錢給他經常光顧的妓院老鴇幫他安排。他雖然沒有奪去少女的童貞，卻深深地爲她著迷，漸漸與她墜入愛河，決定把所有的財產留給她。書中把這名男子描寫得異常平凡，一名單身的新聞人，一輩子沒有做過什麼有意思的事，直到九十歲才首次陷入愛河。驚人的是，雖然沒有言明，這卻是賈西亞・馬奎斯唯一一本以巴朗基亞爲背景的小說。

通常，賈西亞・馬奎斯的小說靈感看似來自影像，但這次卻由這引人注目的書名開始，烙印在賈西亞・馬奎斯的意識之中，等了許多年才有機會變成一本小說。然而，這書名正是問題所在。首先，這是個驚人的標題(而且大抵本來就如此打算)。「妓女(Puta)」這個字在文學上比「娼婦(prostituta)」強烈，「娼婦」比較中性，不太具有輕蔑之意(譯注：本書作者在書名中選用的是Puta一詞，因此《憶我憂傷娼婦》，亦有中譯名爲《若妓回憶錄》)，哥倫比亞有些電視和廣播電台拒絕允許播報者說出「puta」這個字眼。第二，這個標題和小說內容並沒有直接的關係：小說本身堅持這是一個「愛情故事」，其中唯一和敘事者有任何性關係的「娼婦」是那位他深深著迷的十四歲少女，但她顯然未曾有過性經驗，不論收受金錢與否。也無法猜測她是「憂傷的」。(這樣說起來的話，她也從來沒有清醒著在角色之中。)唯一可能的理解方式是，這個句子是一種稱爲「倒裝法」的獨特詩作巧思(把通常連在一起的字的功能分開)，來自西班牙黃金年代頗具影響力的詩人路易斯・龔果拉

(一五六一—一六二七)。如果這一行文字是來自他的話，有學識的讀者會把它解構爲「我關於娼婦的悲傷回憶」；或甚至：「我、悲傷、想起娼婦」。雖然這並不能解決複數的問題：小說主文裡唯二的兩名娼婦是所提及的少女德嘉蒂娜及老鴇卡芭卡絲(除非如我們所見，標題也包括敘述中短暫提到一位名爲克洛蒂爾德・阿爾門塔的前妓女，更重要的是，書最後兩行提到另一位老鴇卡絲朵琳娜，如此一來則有深遠的意義。)最佳狀態下的賈西亞・馬奎斯會解決讀者的疑惑：標題暗示的是一本完全情色的小說，但他(目標讀者大概是個男性)得到的印象只是自己被這個標題欺騙。雖然某些讀者仔細思索之後會認爲它其實也夠情色。

賈西亞・馬奎斯總是承認這本書的靈感來自川端康成的《睡美人》，關於老男人來到此處，躺在受藥物控制的妓女身邊，不准碰觸她們[34](跋本身就是來自那本小說)。但他承認這一點受影響，可能掩蓋了一個事實，成熟男人與沒有經驗的少女之間的性關係，這是賈西亞・馬奎斯的作品中不斷出現的主題。

此處是同時發生兩個社會現象，但分析上是各自獨立的。首先，男人受到「少女」的吸引，少女根本就還很年輕，甚至(如《百年孤寂》裡的瑞米迪歐斯)年紀小到不該有性行爲。(大體而言，較傳統的唐璜角色比較喜歡誘惑較年長的女性，特別是屬於他人的女性，不論已婚或訂婚。)其次是對於童貞的執迷。在《預知死亡紀事》中，童貞或伴隨而來的榮譽與羞恥症候群是這個故事的中心焦點，但女主角安赫拉・維卡里歐並不是少女。不過，在《愛在瘟疫蔓延時》裡，深受大多數讀者喜愛，已經七十多歲的佛羅倫提諾・阿利薩和他十四歲的姪女及被監護人亞美利嘉・維古妮亞(姓名縮寫和安赫拉・維卡里歐相同)有性關係，雖然持平而論，他也和各種想像得到的女性有性關係。

在所有文學作品中，這個主題最爲人知的作品是納博可夫的《羅莉泰》，所謂的爭議作品莫過於此。然而，這樣的主題爲何在拉丁美洲文學中如此風行？(又不是說對於女學生的著迷，只侷限於拉丁美洲男子。)在拉丁美洲小說中，常被用來作爲發現與征服大陸本身的象徵，搜掠、佔有未知與未探索的，是對於新事物的慾望，對於那些尙未被開發、發展的慾望。但這不太能解釋拉丁美洲男人自己衝動的力量超越任何文學上的幻想。其中一個可能性是，雖然在所有文化裡，年輕女性總是被較年長、富有、有權力的男性誘惑、侵犯或收買，但拉丁美洲的少年典型第一次性關係是和較年長的女性，通常是女僕或妓女，因此許多人繼續渴望自己從未有過的，即在他們天真沒有受過指導時，和一位同樣天真沒有受過指導的少女發生第一次性關係。傳統上，「羅蜜歐與茱麗葉」並不是拉丁美洲文學，甚至也並非普遍存在拉丁美洲社會的主題。[35]

賈西亞・馬奎斯在妻子九歲(或十一歲、十三歲，說法各異)時就決定娶她。顯然他從堅持主張她只有九歲這回事，得到一些啼笑皆非或邪惡的樂趣(梅瑟德斯自己也是如此)。然而，也許真正的直覺並不是諷刺或變態，也許他希望預先保留她、留住她，純潔清白的她，只爲他自己保留，永遠如此。(當然，但丁很樂意讓畢阿翠斯保持清白，連他自己都不碰。)

賈西亞・馬奎斯第一次和我討論這本小說時，他已經七十歲了，但他一位少女時期就成爲記者的朋友瑪麗亞・希門納・杜贊記得他五十歲在巴黎時就告訴過她這個故事[36]。這本書出版的時候，他已經將近八十歲，他的主人翁九十歲。這位偉大的小說家從他自己非常年輕時就開始寫老人的故事，年紀越大時卻益發著重於年輕女性的吸引力，這在現代文學中幾乎舉世無雙。就一個外公對他如此重要的小男孩而言，他對於青春和年齡的對比(童話故事的精髓)越來越著迷，也許並不令人意外。《細說從頭》世界各版本的封面，使用的是一歲的賈西亞・馬奎斯穿著深褐色衣服的照片，《憶我憂傷娼婦》的西語版封面照片是一位老人身著白裝、踽踽而行，也許走下舞台，也許走進遙遠的未知：彷彿最後一次轉過身不理會生命(雖然小說本身否定這樣的詮釋)。不可能不令人想到這些年來賈西亞・馬奎斯的小說裡出現許多退休上校，但這照片看起來也怪異得像同一個賈西亞・馬奎斯，身材消瘦、頭髮稀薄、氣衰力微，那個在小說送到印刷廠前坐著修訂的他。是否有人刻意這樣對比，則不得而知。

由於小說是以第一人稱寫成，因而帶有一種賈西亞・馬奎斯的小說中相當陌生的手法，對讀者來說雖然有意思但不易理解。在敘事手法和角色的距離之間，並沒有什麼諷刺之處使我們可以批評，甚至對主人翁產生可靠的詮釋。敘事者穆斯提歐・柯牙多(既然我們不知道他的真名，讓我們以外號稱呼他。)在第一頁寫到他決定九十歲生日的那一天，和一位年輕處女共度春宵時，我們似乎完全不知道該如何反應。他談到道德和純潔的原則時，我們不知道該從今天的角度評斷他，還是接受在他的社會裡(一九五〇年代的巴朗基亞)，對於一個像他這樣的中產階級記者而言，這樣說話並沒有必然的矛盾之處。

柯牙多一生中從來沒有不需要付費的性行爲。他不喜歡橫生枝節，也不喜歡承諾。老鴇幫他找來的女孩只有十四歲，比他年輕七十六歲。她是工人階級，父親去世，母親病弱，顯然並沒有兄長；她的皮膚黝黑，帶著下層階級口音，在成衣廠工作。柯牙多希望把她當成幻想中的情人，活著但無意識的娃娃。他叫她德嘉蒂娜——有點怪誕，因爲在西班牙民謠中，這個名字屬於一位變態、殘忍的國王，他想侵犯自己無依無靠的女兒，但柯牙多沒有看出其中的諷刺之意。一天早上，女孩在他們飯店房間的鏡子上留下一句話：「給醜陋的爸爸[37]。」他不希望知道她的真名(更不希望認識真正的她)。

最後，在一系列只由老人的需要和幻想所引發的劇情之後，他決定自己真的愛上了這女孩，在遺囑裡把所有的一切都留給她。他沒有如自己所害怕的在九十一歲生日死去，第二天早上他上街去，覺得精神煥發，自信會活到一百歲。(自然地，讀者會想到對女孩而言他最好馬上死去。)「終於，這是真正的人生，我的心臟安全無虞，百歲生日之後的隨便一天，在歡樂的苦惱中注定死於快樂的愛（不是瘋狂的愛）。」在賈西亞・馬奎斯的書裡，只有年輕人才會爲愛而死：愛情使老人生氣勃勃。

事實上，有兩種可能的詮釋尙未被評論提及。首先，曾經刀槍不入、剝削他人、殘忍無情的老人如今卻受到愛的影響，在女孩知情與否的情況下被「邪惡的」老鴇卡芭卡絲欺騙上當，她把貧窮的德嘉蒂娜變成娼婦；在小說最後的情節（如今應該是在女孩知情之下）和字裡行間之間，她仍然在欺騙他。這本小說完全沒有處理一件事實，就是主人翁所知關於德嘉蒂娜的一切（除了他色情的亂摸及戀童幻想的果實），都是來自妓院老闆的仲介，他也許就像《玫瑰傳奇》或好萊塢電影作者一般，編造女孩和她對客戶的愛，給她的對象柯牙多他所需要的。當然，柯牙多拒絕知道所有關於女孩的真實細節，他非常明確而坦白地不想知道。如果這次要的情節其實才是主要的情節（或改正的情節），那麼，這本小說有一個非常有趣的自我批評面向。至少可以說的是，這老傻瓜因此變成輕蔑的對象（雖然不是憐憫），不過，這當然是對讀者而言，但也許對讀者和作者而言都是如此。

另一個解讀（不見得被第一個排除在外）是柯牙多受傷的人格。他在十二歲時就與一個同是妓女的年長女性非自願地發生性行爲，地點就在書中同一棟建築物，也就是柯牙多的父親工作之處（剛好是現實中賈西亞・馬奎斯在《先鋒報》工作時和妓女同居之處：「巨塔」）。這樣的經驗先是使小男孩受創，接著迫使他對性行爲上癮。很明顯地，這指的是賈布列爾・埃利西歐以前爲小賈布安排過類似的經驗，也在類似的年齡帶來類似的創傷；賈西亞・馬奎斯選擇把這段情節放在接近書尾之處，是否爲之解釋、開脫？是否有可能表示老人因此無法愛人、無能發展出親密關係，解釋他對於妓女的著迷、對於年輕處女的戀童慾望；也許如果時光可以倒流，如果他可以回到少年時期的自己，他希望與其有第一次的性經驗。如果真是如此的話，這無可避免地誘導讀者問自己，同樣的分析是否可以回頭應用在這位作者先前小說裡類似的幻想；果真如此的話，那麼由如今「終於脫離自十三歲以來就奴役我的勞役」的主人翁所敘述的[38]，和三十年前所寫的《獨裁者的秋天》一樣無情地暴露自己、批評自己。這也暗示賈西亞・馬奎斯在《細說從頭》裡有意識地原諒他的父親，卻也許無意識地(不太可能)繼續怪罪他的父親，童年創傷的影響延續到成人時期。簡而言之，如同他七十五歲所寫的回憶錄中，他回到那個想法；遺棄他的露易莎・聖蒂雅嘉害怕他也許不認識她，因此在七十七歲所寫的「回憶」裡，他回到那個想法，父親在自己還是嬰兒的時候就帶著母親離開他，因而在他少年時期一開始時就扭曲了他性方面的萌芽。

《憶我憂傷娼婦》可能是賈西亞・馬奎斯最稱不上成就的一本小說。然而，如同每一本書，雖然此處的敘事手法相對平淡、平庸，然而，想像力的光芒、偶爾詩意的才華，仍然彷彿從銀幕背後出現一般地耀眼。就作者的標準而言，這本書的結構鬆散，有時甚至簡單得令人難堪，欠缺完成度。就他對世界潛在觀點的深度而言(其潛力允許每一位讀者以自己希望的方式完成這個故事)，此書與他其他小說同樣具有多層次的模稜兩可、矛盾心理、複雜度，比《愛與魔鬼》和《預知死亡紀事》都更具層次；不僅大膽、厚顏玩弄著幻想，也有在他的其他作品中缺少的傳統道德面向。這雖然是個令人不安、駭人聽聞的童話故事，但還是個童話故事。

我們也許可以說，在某個層面上，這個結局把賈西亞・馬奎斯經歷人生的文學和哲學旅程也帶到終點。他在六十幾歲時瞭解到自己會死，決定每件事都要快點做，「不能揮棒落空」。七十幾歲得到淋巴癌時，這樣的衝動越來越強烈，只不過他需要優先順序：因此，寫回憶錄《細說從頭》是他最急迫的目標，雖然並非全然不諷刺地，他暫時放棄其他所有的活動來完成這本書。當時已經很明顯的是，他的記憶力消退之快令人害怕，因此他反其道而行，決定完成自傳之後再開始順其自然。《憶我憂傷娼婦》的敘事者到最後一點也不急——繼續趕下去遇到的只是死亡——但決心活得越久越好，並且活一天算一天。不過，他也是存活下來訴說自己的故事。痛苦或矛盾的是，賈西亞·馬奎斯只有在現實體能已經不給他任何其他選擇時，才得到這耐心的智慧——如果是智慧的話。

約翰·厄普戴克於二〇〇五年爲《紐約客》寫書評時，以他慣有的機智與辯才彌補了可能的動機：

想要在九十歲紀念自己的愛情並不罕見，在生命的漫長啃蝕中，如此回憶短暫地抵擋時間的流逝，靜默了敘事者耳畔的喁喁細語：「今年或接下來的一百年裡，不論你怎麼做都會永遠地死去。」趁他還有一口氣在，七十幾歲的賈布列爾·賈西亞·馬奎斯以他如常的嚴肅表情與無出其右的幽默，寫了一封給遲暮之年的情書。[39]

賈西亞·馬奎斯在小說發表時回到卡塔赫納，有兩個很重要的理由。「伊比利美洲論壇」還有另一次會議。（如今他對於卡塔赫納的會議及觀光收入的貢獻已經不可忽視。）西班牙國王與王后會在此之前抵達。他們於十一月十八日來到哥倫比亞，訪問期間，這位老傢伙和西班牙兩位殿下談笑風生，可能讓烏利貝總統感到難爲情。如果他們問到他的書，他無疑會解釋啓發靈感的來源是西班牙公主被國王父親侵害的故事。當然，他只是在開玩笑。（照片裡的他對著鏡頭吐舌頭，現在經常被報紙引用。）

已經沒有書要寫了。人生的尾聲、退休生活，他可以開始新生活。二〇〇五年四月，在所有的恐懼之後，他在生病後第一次飛越大西洋回到西班牙和法國，再次回到他在歐洲的公寓。再一次地，他旅程的目的是「伊比利美洲論壇」在巴塞隆納的會議，如今他似乎對此比其他一切事務都要投入。媒體事先就開始慶祝賈西亞·馬奎斯回到西班牙，特別是巴塞隆納；這是《唐吉訶德》出版四百週年紀念，在巴塞隆納是年度小說。然而，報導指出他抵達時似乎有點躊躇，甚至暗示他神智不清。

此時我們已經三年沒有聯絡。我猶豫了一下，終於在十月分飛到墨西哥市去探望他。梅瑟德斯得了流感，因此他兩度到我的旅館來。他看起來不太一樣，已經沒有典型戰勝癌症者的外表：他還是非常瘦，頭髮仍然短而稀疏，如同二〇〇二年寫完《細說從頭》時一般。現在的他看起來就像以前一樣，如同我在一九九〇到一九九九年間認識的那個人，只不過老了一些。不過，他現在比較健忘，適當提醒的話，他可以想起大部分過去的事，雖然書名有時記不起來，也能進行、正常、甚至幽默的對話。然而，他的短期記憶變得比較差，也很明顯爲之苦惱，還有如今似乎開始的這個人生新階段。我們談了一下他的作品和計畫，他說不確定自己會不會再寫作。接著，他幾乎有點可憐地說：「我寫得夠多了，是不是？讀者不可能會失望吧，他們不能期待我再寫了，對不對？」

我們坐在靜僻旅館大廳的藍色大沙發上，眺望墨西哥市南區的外環道路。二十一世紀在外面飛馳而過，八線道的車流永不停止。

他看著我說：「你知道，有時候我很悶悶不樂。」

「什麼，你，賈布？在你成就這些之後？不會吧，爲什麼？」

他指著窗外的世界（都市大道，在沉默的張力中，這些尋常人在一個已經不屬於他的世界裡照舊過著日常生活），回頭看著我咕噥地說：「瞭解到這一切已經來到尾聲。」[40]

後記

永垂不朽——新的塞萬提斯

2006-2007

不過，賈西亞・馬奎斯的人生波折尚未停歇，雖然我們最後一次在墨西哥市見面後的幾個星期，我們可能會這麼想。二〇〇六年一月，他接受巴塞隆納《前衛報》(*La Vanguardia*)的訪問，很是出人意表——至少對於那些如今已習慣他不跟媒體說話的人是個意外。不過，這並不是一時興起的決定；看起來似乎是經過家族會議所決定的，考慮到目前的狀況後，決定正式做出「最後聲明」，接著引退，從此沉默。

梅瑟德斯也在訪問的現場，就在他們墨西哥市的家裡，如同三年前他的秘書莫妮卡隨侍在旁一般，記者似乎暗示結束訪談的是梅瑟德斯。賈西亞・馬奎斯本人說的不多，訪問中描述多於對話；被問到一個關於過去的問題時，他說：「關於這種事，你要去問我的官方傳記作者傑拉德・馬汀，不過，我認爲他在等我發生什麼事之後才打算把傳記寫完[1]。」我花了很久的時間書寫是事實，但這種「強烈的耐性」——引述安東尼奧・斯卡米達小說中關於帕布羅・聶魯達的郵差——如今得到回報，在十五年之後，我是這位偉大作家的「官方」傳記作者，不只是我所得到的解釋——「默認」的傳記作者。要是我早知道就好了！

重點似乎在於確定他還能夠公開出現多久，在怎麼樣的情況下。目前已經無法仰賴他對直接或意外的問題，給予清楚或明確的答案，他也有辦法忘記自己五分鐘前說過的話。在我看起來很清楚的是，他已經無法再寫書了。是否還有書可以出版，則要看他是否哪裡還藏著作品，他身邊的人如何決定，不一定是由他決定。對於各種不同形式記憶力喪失的過程，我並不是專家，不過我的印象是，他的情況穩定的持續中。看見一個以記憶爲整個存在中心焦點的人被如此的不幸所圍繞，真的很難過。「專業的記憶者」，他總是這麼稱呼自己。然而，他的母親去世時也不知道自己是誰、不認得子女。他同父異母的哥哥阿貝拉多羅患帕金森氏症已經三十年；弟弟南奇顯然也開始有此跡象；埃利西歐死於腦癌、古斯塔沃從委內瑞拉回來時也有記憶力喪失的跡象。如今，加上小賈布的情況，「腦袋瓜的毛病，」海梅對我說「似乎整個家族都有。」[2]

如今，賈西亞·馬奎斯快滿七十九歲。(自從隆重的慶祝過七十歲生日之後，他已經不再假裝他是一九二八年出生，有人可能會說他終於不再幼稚。)儘管他的情況不明確，他身邊親近的人都不願意揭露，媒體的保持沉默也令人意外，仍然要面對他的八十歲生日。一九九二年之後，西班牙皇家學院開始安排每三年一次的集會，慶祝西語世界中的西班牙語言和文學，作爲西班牙長期文化散播的計畫。在屢經延遲的首次會議之後，一九九七年四月於墨西哥的薩卡特卡斯舉辦。賈西亞·馬奎斯曾要求傳統西班牙文法和拼字「退休」的建議[3]，雖然造成爭議、甚至冒犯，但過去非常具權威的學院，當時已經非常具有外交手腕和策略，不會讓賈西亞·馬奎斯這樣有地位的作者脫隊。同年十一月，他受邀到馬德里時訪問學院，與官方人士會面。然而，他仍於二〇〇一年宣布爲了抗議西班牙有史以來首次要求拉丁美洲人必須申請簽證，他不會出席西班牙薩拉戈薩舉辦的第二次大會。他表示西班牙似乎是宣告自己首先是個歐洲國家，然後才是個西語國家。這爭議持續到二〇〇四年，他沒有受邀參加阿根廷羅沙里歐的第三次大會(反正他也很迷信的避免再回去阿根廷)。接著，葡萄牙的諾貝爾獎得主荷西·薩拉馬戈宣布，如果賈西亞·馬奎斯沒有受邀，他也不會出席；因此，學院趕緊宣布是因爲行政疏失，這位哥倫比亞的諾貝爾獎得主當然在受邀之列；但賈西亞·馬奎斯還是沒有出席。可是，二〇〇七年大會地點安排在哥倫比亞的卡塔赫納，賈西亞·馬奎斯如今在哥倫比亞的主要居住地，也在兩本著名小說裡吹捧過此處。

而且，爲了慶祝西班牙歷史及多方文學中最重要的書出版四百週年紀念，學院於二〇〇四年推出塞萬提斯《唐吉訶德》的大眾市場版。如果可以緊接著於二〇〇七年在卡塔赫納慶祝《百年孤寂》的四十週年紀念，配合類似的版本出版，還有慶祝賈西亞·馬奎斯的八十歲生日，這不是很棒嗎？先推出西班牙的天才，緊接著是拉丁美洲的天才。畢竟，許多書評都把這哥倫比亞小說和它卓越的前輩相提並論，爭論這本書在拉丁美洲已經擁有、在可見的未來也會繼續擁有塞萬提斯的作品之於首先西班牙人，然後西裔美洲人的地位。當然，有些人不同意。不過，一位並不總是熱愛賈西亞·馬奎斯作品的書評，很快地會做出非常二十一世紀的類比宣告，認爲《百年孤寂》已經打入拉丁美洲文化的「基因」裡，自從一九六七年首次出版後就已經不可分離。如塞萬提斯一般，賈西亞·馬奎斯探索了筆下角色的夢想和幻想，在歷史的某一段時間，曾經爲處於偉大帝國時期的西班牙所擁有，然後以不同的形式，爲獨立後的拉丁美洲所擁有[4]。而且，如同塞萬提斯一般，他創造了一種情緒、一種氣質，確實也是一種幽默感，不知爲何馬上可以被辨認出來，一旦存在，似乎一直都在，而且成爲所提及的世界裡融合的一部分。

一九四八年四月，賈西亞·馬奎斯一生中第一次逃離波哥大前往卡塔赫納；在那美麗但頹廢而荒蕪的殖民城市裡，他認識了報社編輯克雷門特·馬奴耶·薩巴拉，他受邀在剛成立的《世界報》擔任記者。一九四八年五月二十日，這位新進人員在他新的文學之家受到褒揚。三百五十八年前的五月二十一日，某位米格爾·塞萬提斯寫信給西班牙國王，要求前往海外工作，「可能是卡塔赫納」；三百五十八年後的同一天，這位新進人員的第一個專欄出現[5]。塞萬提斯從來沒有到過美洲卡塔赫納，也沒有到東印度群島的任何一個地方：他沒有見到新世界，不過在他筆下創造了一個甚至更大的新世界——西方文學的現代性——隨著他的作品流傳到新大陸，縱然西班牙禁止在新發現的疆土上閱讀，撰寫小說。二〇〇七年四月，配合皇家學院在卡塔赫納的大會及西班牙國王與王后的來訪，這舊殖民港的港邊豎立了一座塞萬提斯的新銅像。

塞萬提斯一生大多不爲人所欣賞、深受挫折。隨著八十歲生日的來到，賈西亞・馬奎斯是世界上最知名的作家之一，就算他是足球明星或流行天王，也不可能在南美大陸上成就更多的名聲、受到更多的肯定。拉丁美洲的國際性組織打算趁他在世時就給予他塞萬提斯死後、且經過幾世紀才達到的肯定。一九八二年賈西亞・馬奎斯獲頒諾貝爾獎時，從十月份消息宣布到十二月份瑞典國王頒獎爲止，拉丁美洲的慶祝、媒體報導持續了七個星期。一九九七年他七十大壽時，三月份有一個星期的慶祝活動，伴隨著媒體大篇幅的報導，接著，九月份在華盛頓慶祝他第一篇短篇小說發表五十週年紀念，美洲國家組織的秘書長安排了慶祝晚宴，並前往白宮拜訪他的朋友比爾・柯林頓。如今，他即將慶祝八十大壽、身爲作者的第一篇作品六十週年紀念、《百年孤寂》四十週年紀念、獲頒諾貝爾獎二十五週年紀念。他的朋友和仰慕者開始計畫在二〇〇七年的三月份和四月份，進行爲期八個星期的慶祝活動，媲美一九八二年那令人難忘的七個星期。

爲了把賈西亞・馬奎斯變成活生生的紀念碑，已經進行了許多步驟。巴朗基亞團體的老巢「洞穴」酒吧，由當地記者埃里柏托・費歐里洛別出心裁的重新推出——兼具博物館及酒吧餐廳。曾經有人提議比照普魯斯特的伊利耶—貢布雷，把阿拉加塔加重新命名爲阿拉加塔加—馬康多，雖然大多數的居民似乎贊成，可惜參與公投的人數不夠，提案失敗。如今，地方及全國性主管機關同意把馬奎斯上校在阿拉加塔加的舊房子，也就是賈布列爾出生之處，改成主要的觀光景點——已經是半塌到令人回味的博物館——決定老房子剩下的部分應該拆掉，依照謹慎的研究重建。

時序來到二〇〇七年的三月。一年一度的卡塔赫納電影節獻給賈西亞・馬奎斯。堪稱恰當的是古巴是「重點國家」。（波哥大於四月份開始爲期一年「世界書籍之都」的同時，賈西亞・馬奎斯是波哥大書展的主要作家。圓圈內的圓圈，一切如夢境一般的彼此相合。）以賈西亞・馬奎斯的小說拍攝而成的電影幾乎都播放了，許多執掌的導演也出席，包括費南多・比利、米格爾・立丁、海梅・艾墨西優、豪赫・阿里・特麗安娜、利桑德羅公爵等。雖然他的生日就在書展期間，賈西亞・馬奎斯本人並沒有出席。被問到原因時，他反駁：「沒人邀請我。」這並不是他最成功的笑話之一，但怎麼能不原諒他？三月六日，一場慶生會伴隨著瓦耶那多音樂在卡塔赫納頂尖的飯店舉辦——恰如其分的，一家名為「熱情」的飯店，主客沒有出現，他和家人在其他地點較低調的慶祝。在這之後，緊張情緒開始升高，許多皇家學院活動的宣傳海報——「語言大會」(西班牙文的「語言」和「舌頭」是同一個字)中有賈西亞・馬奎斯的照片，宣傳他是榮譽貴賓，對著觀眾伸出舌頭。此舉肯定著名作家知名的幽默感，無疑是為了凸顯學院本身也有幽默感；然而，就算真是如此，他們未必會把這幽默感延伸到名人嘉賓沒有出席他們為他精心準備的派對的可能性。

同月中旬，卡塔赫納舉辦另一項重要的活動；美洲媒體協會年度大會。會中有兩位貴賓：電腦巨頭比爾・蓋茲，世界首富(雖然幾個月內，賈西亞・馬奎斯的億萬富翁好友、墨西哥的卡洛斯・史林姆就超越蓋茲。)及賈西亞・馬奎斯本人；他不願意發表談話，但承諾出席。他只在最後一天出現，但一如往常造成轟動，也一如往常立刻使其他與會者相形失色。對於賈西亞・馬奎斯的新聞基金會主席海梅・阿貝羅而言，這是重要的一刻；對於賈西亞・馬奎斯的弟弟，如今是副主席的另一位海梅，也同樣重要。這一刻對於西班牙皇家學院如此的重要，他們和哥倫比亞全國人民一般，可以偷偷的鬆一口氣。

根據目擊者的報導，賈西亞・馬奎斯看起來很好；雖然有點躊躇，但很高興，似乎精神也不錯。和我一年前的判斷相反，他的情況似乎穩定下來了；決定不再接受訪問，而是以他較為從容時期特有的樂觀和勇敢，面對他的健康以及人民。朋友及仰慕者從全世界飛到卡塔赫納，還有數百位語言學家及其他學者出席皇家學院大會。有一些大型音樂會、國際流行巨星、較小型的瓦耶那多音樂表演、豐富的文學活動、許多其他藝穗活動。天氣也非常宜人。正如三年前學院配合前一次大會推出《唐吉訶德》的大眾市場版本，如今也推出《百年孤寂》新的評論版本。不意外的，其中包括兩篇由他最親密的文學好友所寫的論文——阿爾瓦洛・穆提斯、卡洛斯・富恩特斯，引起議論紛紛的是一篇長篇，居然是由馬立歐・巴爾加斯・尤薩所寫。他們和解了嗎？想當然耳，要把論文放進去需要雙方的同意。不過，梅瑟德斯・巴爾恰對此決定作何感想則不得而知。

哥倫比亞首富以最有權勢的商人、如今《觀察家日報》老闆的身分，在就職典禮前舉辦了特別的派對，某種遲來的慶生會，榮譽嘉賓是賈布和梅瑟德斯。舉辦的地點在另一家卡塔赫納的豪華飯店，接下來的那一星期裡，西班牙國王伉儷投宿之處；賓客包括卡洛斯・富恩特斯、托瑪斯・埃羅伊・馬汀尼茲、前任總統帕斯特拉納、《紐約客》雜誌的強・李・安德森特別從伊拉克戰地中抽空前來、尼加拉瓜前副總統及小說家塞席歐・拉米瑞茲，還有許多來自波哥大、卡塔赫納，特別是巴朗基亞的名人。衣香鬢影之間流轉的是香檳、威士忌、蘭姆酒；夜色中迴盪不去的是瓦耶那多低沉的韻律。在走廊和露台上，賓客低聲的討論著最重要的話題：賈布是否會在大會第一天向他致敬的典禮上發表演說？如果會的話……

那最重要的一天終於來到：二〇〇七年三月二十六日，數千人湧進卡塔赫納會議中心，就在賈西亞・馬奎斯一九四八到四九年間在《世界報》深夜下班之後吃飯喝酒的地方[6]。除了兩個兒子，他的許多朋友都在場，還有大多數的家人。前總統帕斯特拉納、賈維里亞、令人驚訝的參貝爾都在場，還有前總統貝坦古，他和其他講者在另一個講台上，包括現任總統阿爾瓦洛・烏利貝・維雷茲。那天天氣非常悶熱，但大多數男性都穿著波哥大風格的深色西裝。一向慷慨的卡洛斯・富恩特斯預定對他的朋友發表一份特別的頌讚；從腦瘤復元中的托瑪斯・埃羅伊・馬汀尼茲也預計發言；預計致詞的還有皇家學院的院長維克多・賈西亞・孔恰、塞萬提斯學院的院長安東尼奧・穆諾茲・莫利納、哥倫比亞總統、西班牙國王，還有賈西亞・馬奎斯。賈西亞・馬奎斯和梅瑟德斯進場時，全場觀眾起立鼓掌好幾分鐘。他看起來很高興、很輕鬆。講台上有兩組人：賈西亞・馬奎斯和他的隨行（梅瑟德斯、卡洛斯・富恩特斯、哥倫比亞文化部長艾爾維菈・庫耶爾多・哈拉米佑）及舞台另一側的學院一行人，大家依序坐下。引頸期盼的觀眾幾乎無法相信他們的運氣，自己居然有幸在場。主角身後一個巨大的電視螢幕上轉播著西班牙國王伉儷胡安・卡洛斯閣下和索菲雅夫人進場，觀眾看著他們走上階梯，沿著會議中心走廊大步邁進，直到他們如宣告抵達會場。

包括國王在內有許多人致詞發言，大多數的演說都很有趣。最突出的是賈西亞・孔恰，他的任務是把第一本皇家學院版的《百年孤寂》致贈給賈西亞・馬奎斯[7]。他說了一個不是很得體的小故事，不過已經事先得到國王胡安・卡洛斯的首肯。原來，學院首先想到要在這次大會向賈西亞・馬奎斯致意時，賈西亞・孔恰請求作家的許可逕自安排活動。賈西亞・馬奎斯說他同意，但「我真正想見的是國王。」賈西亞・馬奎斯下一次見到胡安・卡洛斯的時候，他自己帶話：「你，國王，你一定要來卡塔赫納。」（他所使用的「你」是西班牙文中對熟悉朋友所使用的第二人稱。）這起雙重或三重意義的軼事，引起錯綜複雜的狂笑聲，端看聆聽的人如何詮釋，聽者是西班牙人或是拉丁美洲人、擁護君主制度或共和體制、是社會主義者或是保守派；緊接著這個故事的是眾人不斷持續的起立歡呼。這個拉丁美洲人不知道自己的地位嗎？更糟糕的是，他就是不知道怎麼對國王說話嗎？或者最糟糕的，他覺得自己比西班牙國王還要上等，因此出言不遜？靠近講台的那些人注意到賈西亞・馬奎斯走近和這位皇室握手時，是以拉丁美洲學生致意的方式，大拇指和對方交纏，代表彼此的地位對等。波旁王朝在十九世紀初失去拉丁美洲，如今，胡安・卡洛斯盡力以外交和經濟贖罪。

對於知情的人而言，最戲劇性的一刻莫過於賈西亞・馬奎斯自己演說的開場。他躊躇的開始，第一句結巴了一下，但漸入佳境。這不只是一場演說，更是感傷的追憶在墨西哥時和梅瑟德斯所經歷的貧窮生活：希望有一天會中獎，出版一本暢銷書。這是真正的童話故事——「這一切發生在我身上，我真的到現在都還感到意外。」並且，觀眾也感受到他是在感謝這位伴侶、肯定她這位半世紀以來陪伴他度過那些艱困日子、或悲或喜的時光。梅瑟德斯焦慮而嚴肅的看著他，希望這位已經經歷過這麼多挑戰的男人可以撐得過這一次。他成功了：他說完一九六六年他們倆在墨西哥市沒錢寄出完整的手稿，只好先寄出一半的稿件到布宜諾斯艾利斯的故事[8]。迎接這場演說結尾，大家起立致敬持續了好幾分鐘。早先在活動進行時，另一項宣布撼動了觀眾。「各位先生，各位女士，美國前總統威廉・柯林頓先生抵達會場了。」這位世界上最知名的男士走向會場前方時，觀眾起立；西班牙國王、五位哥倫比亞歷任總統，再加上全世界最有權力國家裡最受歡迎的前總統。有些觀察家回顧，唯一缺少的超級明星是在古巴病弱的費德爾・卡斯楚，以及羅馬教宗。這再次顯示出，如果賈西亞・馬奎斯對於權力著迷，深深的受到其吸引，那麼權力也不斷、無法抗拒的受到他的吸引。在西方文明爲世界所創造的稍縱即逝之地，成就永垂不朽的地位，文學與政治是兩種最有效的方法；只有少數人會認爲政治上的榮耀，比寫出有名小說的榮耀來得持久。

我離開卡塔赫納之前，我們還能夠非常簡短的交談幾句；這是一切的終點。

「賈布，真棒的活動，」我說。

「可不是，」他說。

「你知道，我身邊很多人在啜泣。」

「我也在啜泣，」他說，「只是在心裡。」

「那麼，」我說，「我知道我永遠不會忘記這個場合。」

「那麼，還好你在場，」他說，「這樣你可以告訴別人，這故事不是我們編出來的。」

《百年孤寂》的布恩迪亞家族

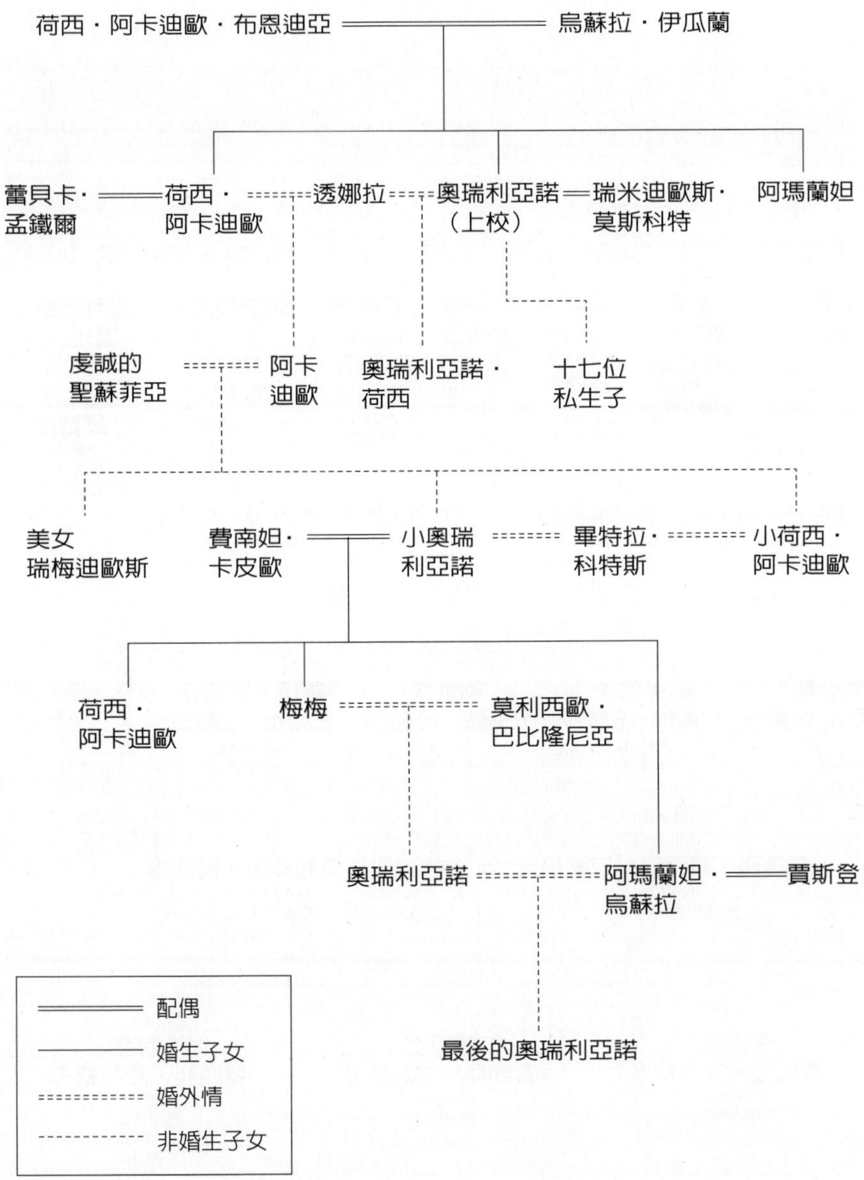

賈西亞・馬奎斯家族與巴爾恰・帕爾多家族

- 莉西亞*・賈西亞・馬奎斯　8/8/34　阿拉加塔加
- 古斯塔沃・賈西亞・馬奎斯　27/9/35　阿拉加塔加
- 莉妲・卡門　10/7/39　巴朗基亞
- 海梅・賈西亞・馬奎斯　22/5/40　蘇克雷
- 費南多（南奇）賈西亞・馬奎斯　26/3/43　蘇克雷
- 阿夫列多・里卡多（庫奇）賈西亞・馬奎斯　4/10/98　蘇克雷－卡塔赫納
- 埃利西歐・賈布列爾（伊尤）賈西亞・馬奎斯　29/6/01　蘇克雷－波哥大

德梅特里歐・巴爾恰・維利亞（馬干奎・巴朗基亞）＝ 拉奎爾・帕爾多・羅培茲（阿爾荷納）

- 愛德華*　巴爾恰・帕爾多　16/9/37　馬干奎
- 阿多爾夫　巴爾恰・帕爾多　8/11/41　馬干奎
- 阿豐索　巴爾恰・帕爾多　28/7/45　蘇克雷
- 羅莎・瑪麗亞　巴爾恰・帕爾多　25/10/47　蘇克雷
- 蜜莉安*　17/11/49　馬干奎

貢薩羅・賈西亞・巴爾恰（16/4/62　蘇克雷墨西哥市）＝*1987*＝ 琵雅・艾利桑多・阿爾班（25/11/63　墨西哥市）

- 馬特歐・賈西亞・艾利桑多　25/9/87　墨西哥市
- 艾蜜莉亞・賈西亞・艾利桑多　5/12/89　墨西哥市
- 耶洛尼莫・賈西亞・艾利桑多　7/4/98　墨西哥市

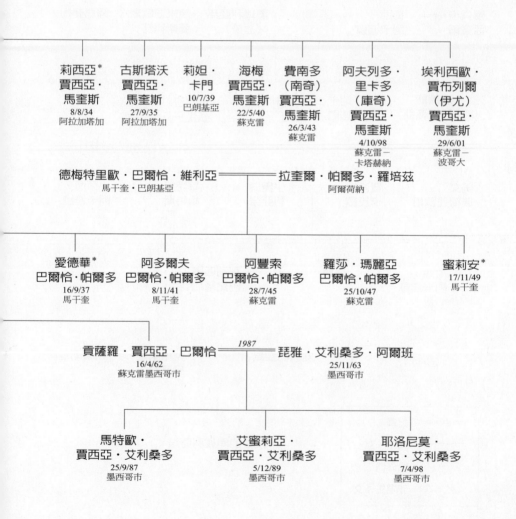

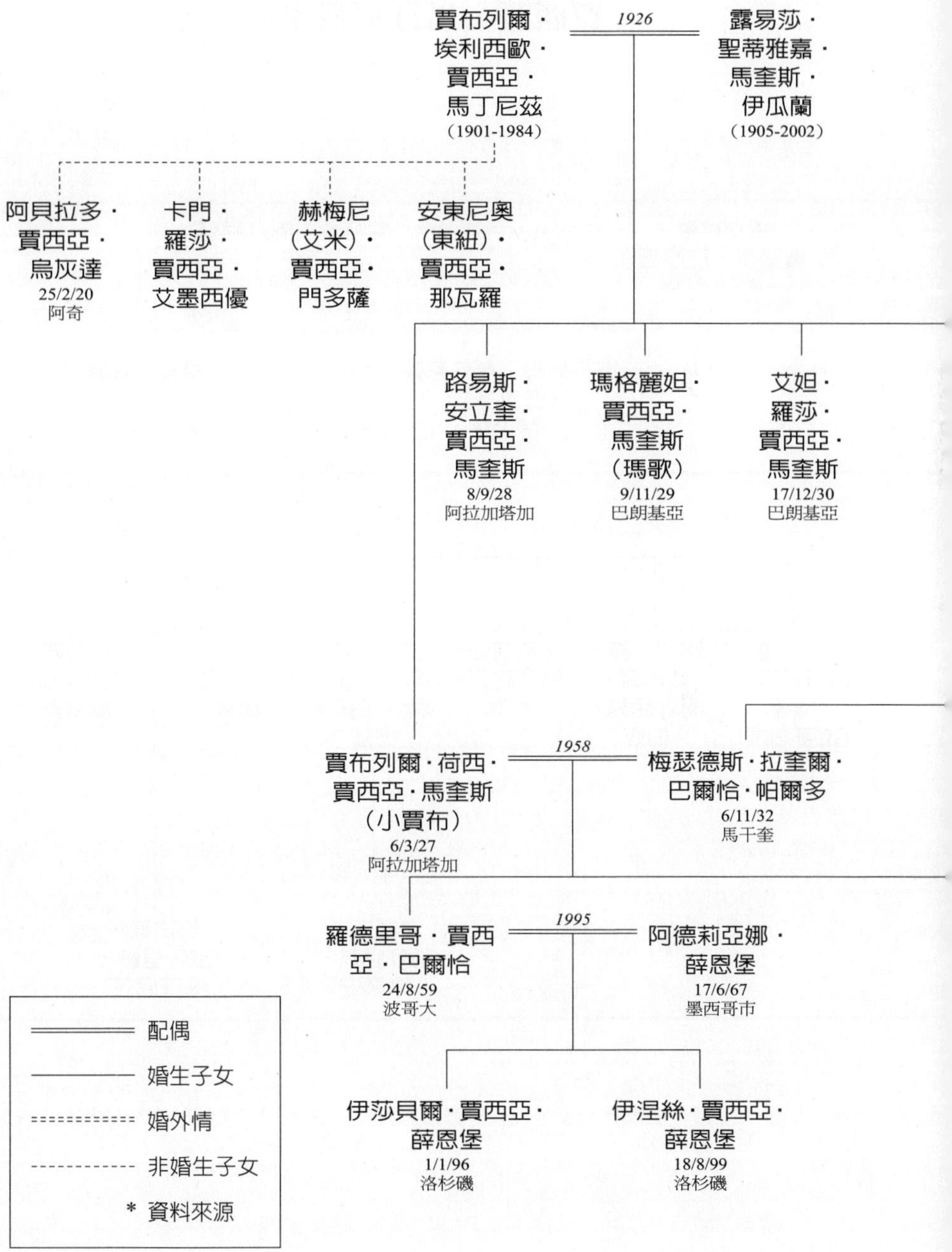
賈布列爾·
埃利西歐·
賈西亞·
馬丁尼茲
(1901-1984)
1926
露易莎·
聖蒂雅嘉·
馬奎斯·
伊瓜蘭
(1905-2002)
阿貝拉多·
賈西亞·
烏灰達
25/2/20
阿奇
卡門·
羅莎·
賈西亞·
艾墨西優
赫梅尼
(艾米)·
賈西亞·
門多薩
安東尼奧
(東紐)·
賈西亞·
那瓦羅
路易斯·
安立奎·
賈西亞·
馬奎斯
8/9/28
阿拉加塔加
瑪格麗妲·
賈西亞·
馬奎斯
(瑪歌)
9/11/29
巴朗基亞
艾妲·
羅莎·
賈西亞·
馬奎斯
17/12/30
巴朗基亞
賈布列爾·荷西·
賈西亞·馬奎斯
(小賈布)
6/3/27
阿拉加塔加
1958
梅瑟德斯·拉奎爾·
巴爾恰·帕爾多
6/11/32
馬干奎
羅德里哥·賈西
亞·巴爾恰
24/8/59
波哥大
1995
阿德莉亞娜·
薛恩堡
17/6/67
墨西哥市
伊莎貝爾·賈西亞·
薛恩堡
1/1/96
洛杉磯
伊涅絲·賈西亞·
薛恩堡
18/8/99
洛杉磯
配偶
婚生子女
婚外情
非婚生子女
* 資料來源

賈西亞·馬汀尼茲家族

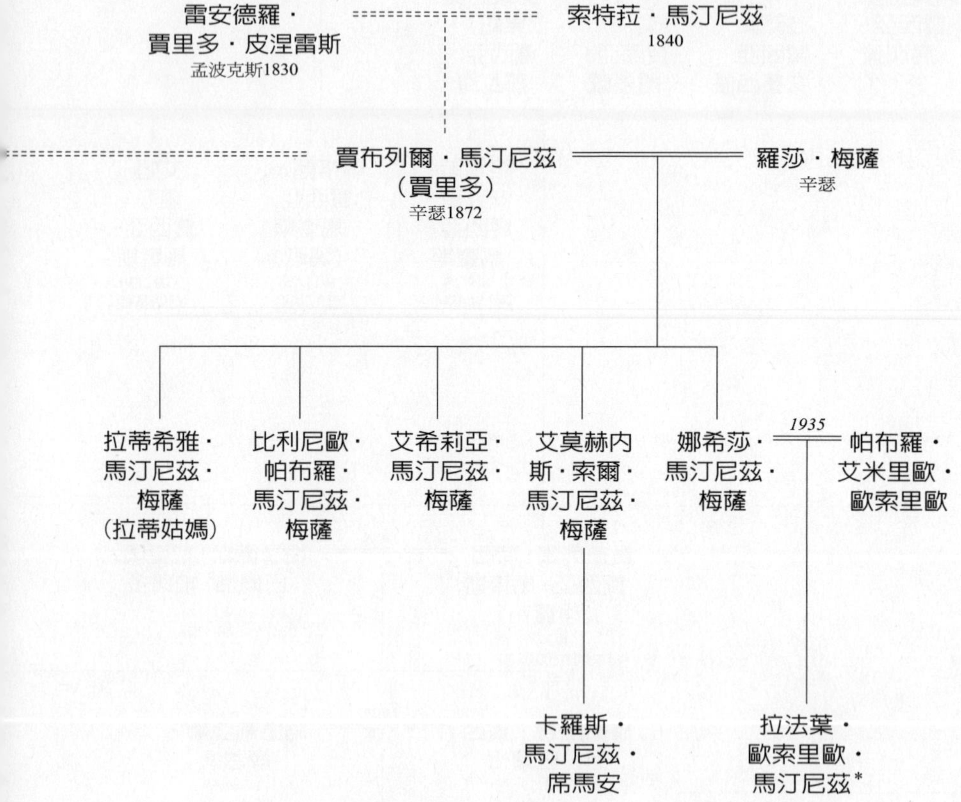
雷安德羅·賈里多·皮涅雷斯
孟波克斯1830
索特菈·馬汀尼茲
1840
賈布列爾·馬汀尼茲（賈里多）
辛瑟1872
羅莎·梅薩
辛瑟
拉蒂希雅·馬汀尼茲·梅薩（拉蒂姑媽）
比利尼歐·帕布羅·馬汀尼茲·梅薩
艾希莉亞·馬汀尼茲·梅薩
艾莫赫内斯·索爾·馬汀尼茲·梅薩
娜希莎·馬汀尼茲·梅薩
1935
帕布羅·艾米里歐·歐索里歐
卡羅斯·馬汀尼茲·席馬安
拉法葉·歐索里歐·馬汀尼茲*

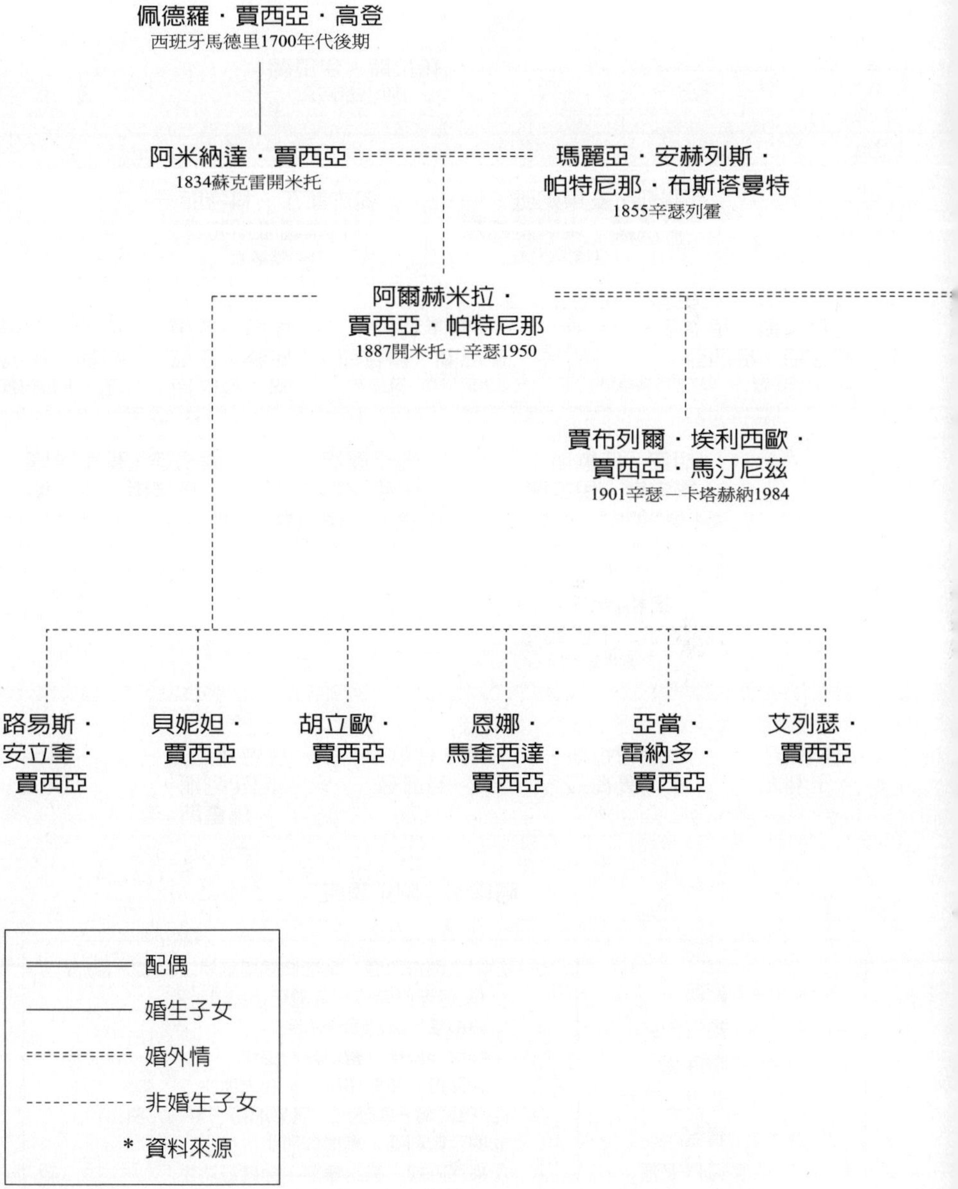
佩德羅・賈西亞・高登
西班牙馬德里1700年代後期
阿米納達・賈西亞
1834蘇克雷開米托
瑪麗亞・安赫列斯・帕特尼那・布斯塔曼特
1855辛瑟列霍
阿爾赫米拉・賈西亞・帕特尼那
1887開米托－辛瑟1950
賈布列爾・埃利西歐・賈西亞・馬汀尼茲
1901辛瑟－卡塔赫納1984
路易斯・安立奎・賈西亞
貝妮妲・賈西亞
胡立歐・賈西亞
恩娜・馬奎西達・賈西亞
亞當・雷納多・賈西亞
艾列瑟・賈西亞
配偶
婚生子女
婚外情
非婚生子女
* 資料來源

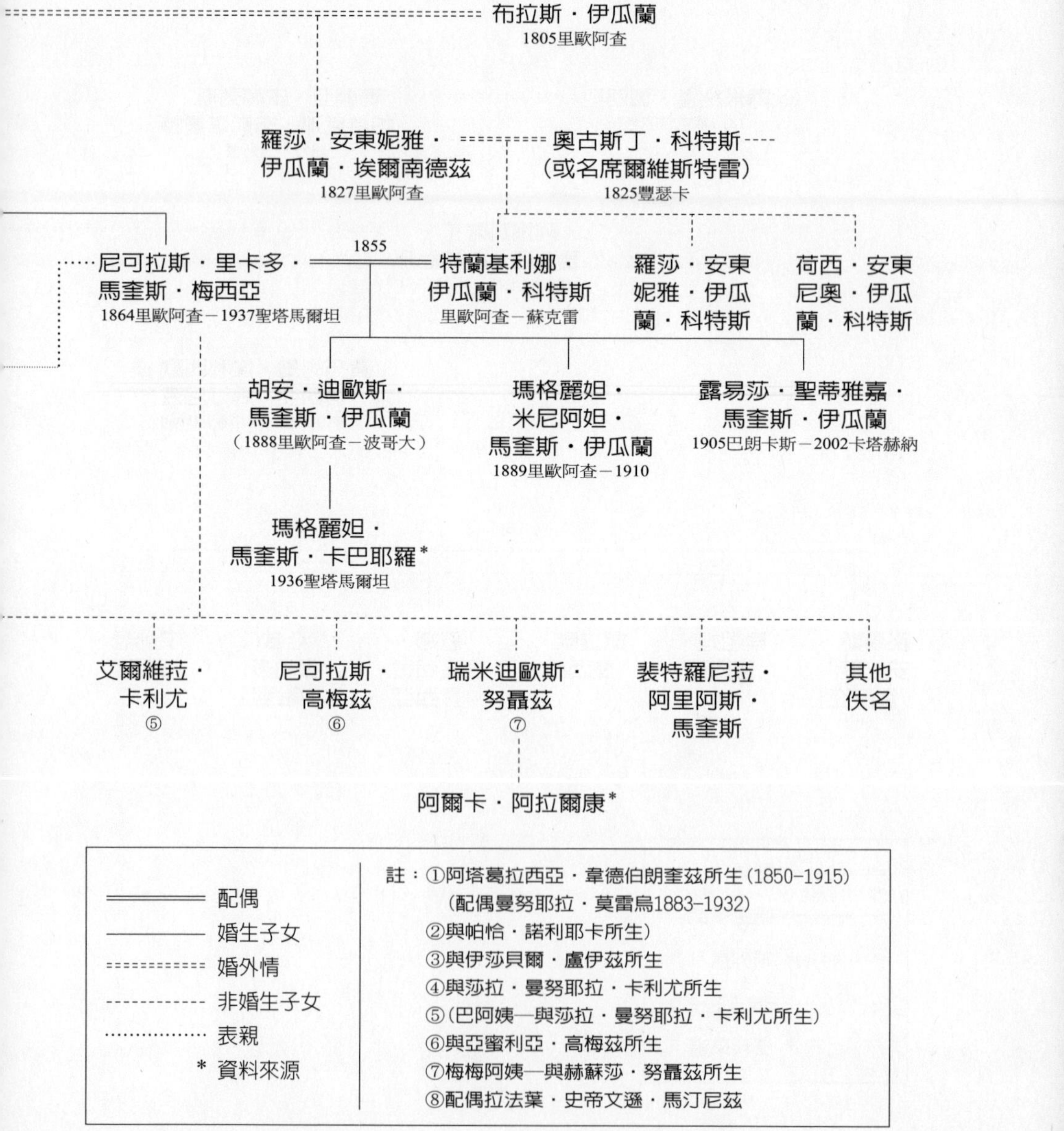
布拉斯・伊瓜蘭
1805里歐阿查
羅莎・安東妮雅・伊瓜蘭・埃爾南德茲
1827里歐阿查
奧古斯丁・科特斯（或名席爾維斯特雷）
1825豐瑟卡
1855
尼可拉斯・里卡多・馬奎斯・梅西亞
1864里歐阿查－1937聖塔馬爾坦
特蘭基利娜・伊瓜蘭・科特斯
里歐阿查－蘇克雷
羅莎・安東妮雅・伊瓜蘭・科特斯
荷西・安東尼奧・伊瓜蘭・科特斯
胡安・迪歐斯・馬奎斯・伊瓜蘭
（1888里歐阿查－波哥大）
瑪格麗妲・米尼阿妲・馬奎斯・伊瓜蘭
1889里歐阿查－1910
露易莎・聖蒂雅嘉・馬奎斯・伊瓜蘭
1905巴朗卡斯－2002卡塔赫納
瑪格麗妲・馬奎斯・卡巴耶羅*
1936聖塔馬爾坦
艾爾維拉・卡利尤
⑤
尼可拉斯・高梅茲
⑥
瑞米迪歐斯・努聶茲
⑦
裴特羅尼拉・阿里阿斯・馬奎斯
其他佚名
阿爾卡・阿拉爾康*
配偶
婚生子女
婚外情
非婚生子女
表親
* 資料來源
註：①阿塔葛拉西亞・韋德伯朗奎茲所生(1850-1915)
(配偶曼努耶拉・莫雷烏1883-1932)
②與帕恰・諾利耶卡所生)
③與伊莎貝爾・盧伊茲所生
④與莎拉・曼努耶拉・卡利尤所生
⑤(巴阿姨—與莎拉・曼努耶拉・卡利尤所生)
⑥與亞蜜利亞・高梅茲所生
⑦梅梅阿姨—與赫蘇莎・努聶茲所生
⑧配偶拉法葉・史帝文遜・馬汀尼茲

馬奎斯・伊瓜蘭家族

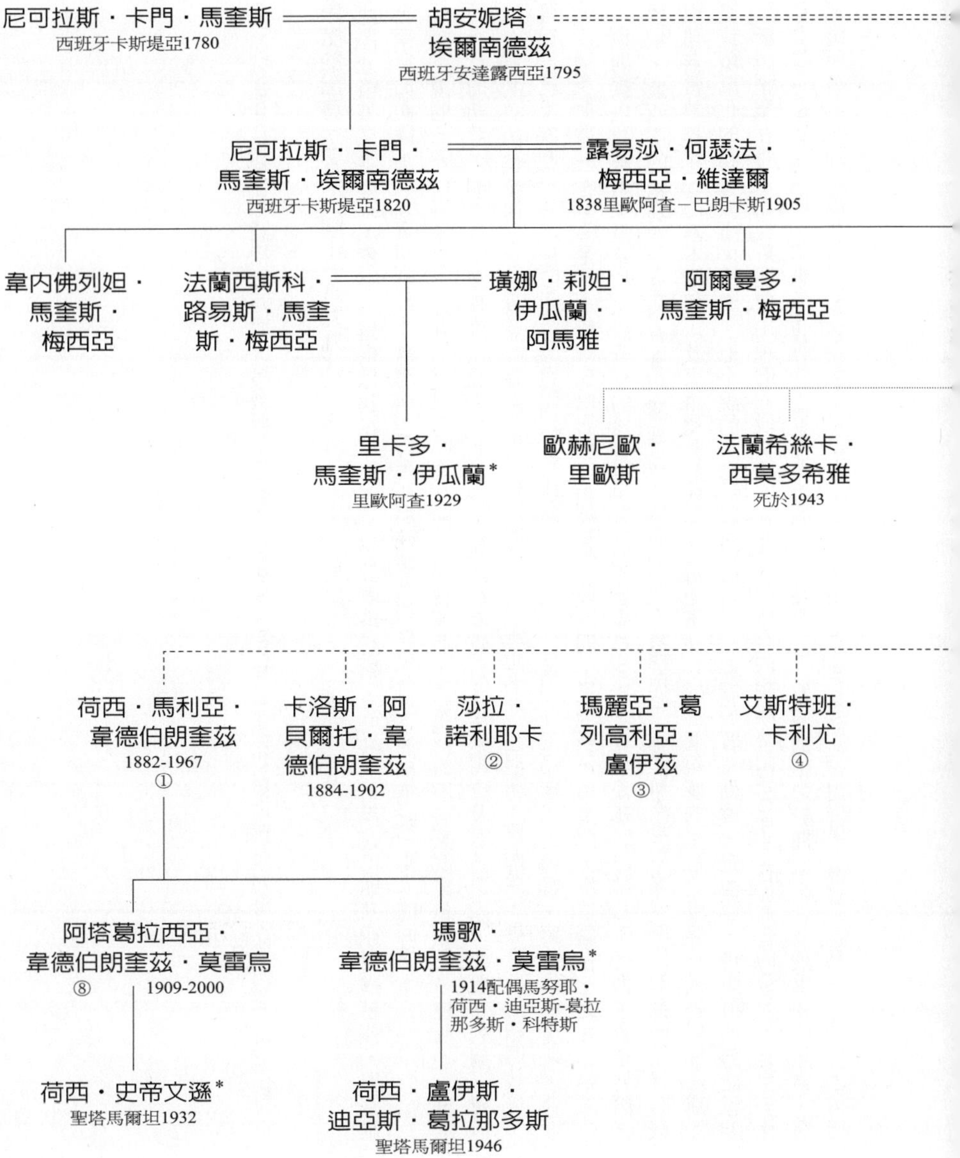
尼可拉斯・卡門・馬奎斯
西班牙卡斯堤亞1780
胡安妮塔・
埃爾南德茲
西班牙安達露西亞1795
尼可拉斯・卡門・
馬奎斯・埃爾南德茲
西班牙卡斯堤亞1820
露易莎・何瑟法・
梅西亞・維達爾
1838里歐阿查－巴朗卡斯1905
韋內佛列妲・
馬奎斯・
梅西亞
法蘭西斯科・
路易斯・馬奎
斯・梅西亞
璜娜・莉妲・
伊瓜蘭・
阿馬雅
阿爾曼多・
馬奎斯・梅西亞
里卡多・
馬奎斯・伊瓜蘭*
里歐阿查1929
歐赫尼歐・
里歐斯
法蘭希絲卡・
西莫多希雅
死於1943
荷西・馬利亞・
韋德伯朗奎茲
1882-1967
①
卡洛斯・阿
貝爾托・韋
德伯朗奎茲
1884-1902
莎拉・
諾利耶卡
②
瑪麗亞・葛
列高利亞・
盧伊茲
③
艾斯特班・
卡利尤
④
阿塔葛拉西亞・
韋德伯朗奎茲・莫雷烏
⑧
1909-2000
瑪歌・
韋德伯朗奎茲・莫雷烏*
1914配偶馬努耶・
荷西・迪亞斯-葛拉
那多斯・科特斯
荷西・史帝文遜*
聖塔馬爾坦1932
荷西・盧伊斯・
迪亞斯・葛拉那多斯
聖塔馬爾坦1946

註

縮寫：GM即*García Márquez*意指賈西亞・馬奎斯；GGM即Gabriel García Márquez意指賈布列爾・賈西亞・馬奎斯

序曲：卑微的出身（一八〇〇—一八九九）

1. 儘管此部分略具文學形式，實際上是根據我在一九九一年於卡塔赫納、一九九三年在巴朗基亞與露易莎・聖蒂雅嘉・馬奎斯的訪談，加上賈布列爾・賈西亞・馬奎斯與妹妹瑪格麗妲（以下簡稱瑪歌）兩人的回憶。

2. 序曲及接下來的三章內容來自一九九一至二〇〇八年間，與賈西亞・馬奎斯的所有家庭成員以及多位延伸家庭的成員所進行的訪談，加上多次在哥倫比亞沿岸的旅行，包括從蘇克雷至里歐阿查及更遠之處。而賈布列爾・賈西亞・馬奎斯的弟弟也參與了其中幾次。其中最具權威的消息來源是名爲莉西亞・賈西亞・馬奎斯的摩門教徒，她以研究自己家族歷史爲己任（家譜完全歸功於莉西亞）；一九二〇及一九三〇年代，瑪歌・韋德伯朗奎斯・迪亞斯–葛拉納多斯於其外公馬奎斯上校的住處居住過相當長一段時間；里卡多・馬奎斯・伊瓜蘭在一九九三至二〇〇八年期間提供我關於在瓜希拉家族分支的珍貴資訊；而Rafael Osorio Martínez在二〇〇七年提供了賈布列爾・埃利西歐・賈西亞的家庭在辛瑟的背景相關細節。賈布列爾・賈西亞・馬奎斯本身對家族歷史的細節並沒有概念，但他非常熟稔家族的基本結構以及家譜變動的狀況，這些事件包括哪個親戚的生命或受賜福或被詛咒、或多彩多姿或戲劇化的獨特故事，構成了他小說的本體。一般而言，一部關於賈布列爾・賈西亞・馬奎斯的傳記也非常仰賴斷斷續續在哥倫比亞新聞中出現的片段資訊。在此之前僅有的相關傳記是Oscar Collazos的*García Márquez: la soledad y la goloria*(巴塞隆納，布拉扎・賈內斯出版，一九八三），有幫助但過於簡短；以及最重要的達索・薩爾迪瓦爾所著《回歸本源》（*García Márquez: el viaje a la semilla. La biorafía*，馬德里，豐泉出版，一九九七），寫賈布列爾・賈西亞・馬奎斯到一九六七年爲止的生命歷程：其最大的貢獻在於提供了賈西亞・馬奎斯兩邊家族的家譜背景，以及他童年及學生時代的相關資訊。歷史上第一個出現的相關傳記是馬立歐・巴爾加斯・尤薩《賈西亞・馬奎斯：弒神的故事》(*García Márquez: historia de un deicidio*)(巴塞隆納，巴拉爾出版，一九七一)，同時也是一部文學批評著作：儘管真實度不足，卻是一盞明燈，因爲巴爾加斯・尤薩大部分的訊息是直接來自於一九六〇年代末期的賈布列爾・賈西亞・馬奎斯。另一本同樣重要的書是由賈布列爾・賈西亞・馬奎斯的弟弟埃利西歐・賈西亞所著*Tras las claves de Melquíades: historia de 'Cien años de soledad'*(波哥大，標準出版，二〇〇一)。他曾在二〇〇二年寫了一部出色但不甚精確的回憶錄《細說從頭》(*Living to Tell the Tale*)(倫敦，Jonathan Cape，一九九三)(其書題辭「生命不是一個人經歷的生活，而是一個人所記得的，以及他爲了敘述而回憶的方式」，大家一定要有所警惕)，在此之前，賈布列爾・賈西亞・馬奎斯最爲人重視的自傳式反思是收錄於比利尼歐・阿布雷右・門多薩所著《番石榴的香味》(*The Fragrance of Guava*)，倫敦，Faber，一九八八)；但整體而言，《觀察家日報》(波哥大)及《國家報》(馬德里)於一九八〇至一九八四年間所刊登之賈布列爾・賈西亞・馬奎斯每週專欄相對提供了更多的訊息與指引，但是這部分沒有英文版。Juan Luis Cebrían所著*Retrato de GGM*(巴塞隆納，Circulo de Lectores，一九八九)，是一部具有出色圖示的傳記體散文。門多薩《番石榴的香味》與賈布列爾・賈西亞・馬奎斯所著《細說從頭》是賈布列爾・賈西亞・馬奎斯相關傳記中僅有的兩部重要英文著作，然而，Stephen Minta所著*Gabriel García Márquez: Writer of Colombia*(倫敦，Jonathan Cape，一九八七)以及Gene Bell-Villada所著*García Márquez: The Man and His Work*(教堂丘，北卡羅萊納大學出版，一九九〇)也有幫助。相關文學批評分析(尤其請見Bell，Wood)可見參考文獻。

3. 關於「自然的孩子」見賈布列爾・賈西亞・馬奎斯'Telepatía sin hilos'《觀察家日報》(波哥大)一九八〇年十一月二十三日。由附錄中的家譜可見《百年孤寂》如何使賈西亞・馬汀尼茲及馬奎斯・伊瓜蘭在正式與非正式婚姻間擺盪的家族歷史。

4. Guillermo Henriquez Torres所著' *El misterio de los Buendía: el verdadero trasfondo histórico de 'Cien anos de soldead'*(波哥大，Nueva America，二〇〇三，再版修訂二〇〇六)。Henríquez是道地的西安納加人，他相信《百年孤寂》中的布恩迪亞家族是以他的家族爲背景：Henríquez家族有一部分是自阿姆斯特丹移民至加勒比海的猶太人後裔。雖然很少讀者會全盤接受Henríquez的論點，但他的書爲《百年孤寂》的一種解讀法提供了珍貴的背景與氛圍。

5. 賈布列爾・賈西亞・馬奎斯《細說從頭》第六六至六七頁有這個事件的修正版本。尼可拉斯・馬奎斯的所有私生子女都沒有繼承他的姓，他們都從母姓。

6. 訪談，一九九三年巴朗卡斯。

7. 一九九一年我第一次在波哥大遇見荷西・路易斯・迪亞斯-葛拉納多斯時，他向我解釋他與賈布列爾・賈西亞・馬奎斯的關係如下：「馬奎斯上校十八歲時已經與阿塔葛拉西亞・韋德伯朗奎斯育有一子，叫荷西・馬利亞，從母姓韋德伯朗奎斯。他是我的外公。之後馬奎斯上校與特蘭基利娜・伊瓜蘭・科特斯結婚，也就是我父親的姑姑，他們有了另外三個孩子，其中露易莎・聖蒂雅嘉・馬奎斯・伊瓜蘭是賈布列爾・賈西亞・馬奎斯的母親。換句話說，我是賈布列爾・賈西亞・馬奎斯的雙表兄弟。」這故事是我所見複雜關係的典型，不只發生在公認富有異國情調的瓜希拉，而是我一九九〇年代在哥倫比亞各地遊歷時所見的普遍現象。事實上，荷西・路易斯・迪亞斯-葛拉納多斯在一九七二年還與表親結了婚！

8. 訪談莉西亞・賈西亞・馬奎斯，一九九一年波哥大。

9. 有理由相信阿赫米菈是《百年孤寂》主角特娜拉的原型之一。

10. 關於本應稱爲賈布列爾・賈里多・馬汀尼茲的賈布列爾・馬汀尼茲・賈里多，我的資料來自他的孫子Rafael Osorio Martínez。他的陳述讓我瞭解賈布列爾・賈西亞・馬奎斯本來很有可能叫作賈布列爾・賈里多・馬奎斯(或更確切的說是賈布列爾・賈里多・科特斯)；而這更讓我進一步了解，賈布列爾・賈西亞・馬奎斯選擇認同他來自瓜希拉的自由派外公外婆，而非來自辛瑟(當時屬於波利瓦爾省)的保守派地主祖父母，是多麼意義深遠的作法。

11. 小賈布列爾於一九五八年結婚需要出生證明時，家族說服阿拉加塔加的神父更改其祖父母的名字，因此他們文件上的名字是賈布列爾・賈西亞及阿赫米菈・馬汀尼茲。

第一章：關於上校以及注定失敗的事業(一八九九—一九二七)

1. 見Ernesto González Bermejo所著，“GGM, la imaginación al poder en Macondó”，*Crisis*（布宜諾斯艾利斯，一九七二）(重新收錄於Alfonso Renteria Mantilla, ed., *GM habla de GM en 33 grandes reportajes*（波哥大，Renteria Editores，一九七九，pp. III-17)，馬奎斯在書中提到他希望拉丁美洲的革命不再成爲「殉道者」，他要這片大陸及其人民開始獲得勝利。他自己的一生就是這個目標的紀念碑。

2.見David Bushnell, *The Making of Modern Colombia. A Nation in Spite of Itself*（Berkeley and Los Angeles, University of California Press,1993）, Eduardo Posada-Carbo, *The Colombian Caribbean: A Regional History, 1870-1950*（Oxford, Clarendon Press, 1996），及 Frank Safford and Marco Palacios, *Colombia: Fragmented Land, Divided Society*（Oxford, Oxford University Press, 2001）。

3.「阿姨瑪格麗妲較我母親年長十六歲，且這之間還有其他的孩子，他們皆在出生時夭折：一個女孩，兩對雙胞胎姊妹，還有其他……舅舅小胡安較我母親年長十七歲，她稱他為『教父』而不是哥哥。」引述莉西亞於希爾維雅・蓋爾維斯所著《賈西亞・馬奎斯家族》（*Los García Márquez*）（波哥大，Arango，一九六六）一五二頁。

4.與馬奎斯・伊瓜蘭家族關係最親密的是歐亭尼歐・里歐斯，他是尼可拉斯的姪子及生意夥伴。露易莎經過此地時他的女兒安娜・里歐斯只有兩歲，但記得所有那些母親阿森妮雅・卡利尤所告訴她，如今已成傳奇的歲月。她的姊妹法蘭希絲卡・露易莎・里歐斯・卡利尤出生於一九二五年八月二十五日，兩週後由露易莎施洗，成為她的教母。

5.感謝Gustavo Adolfo Ramírez Ariza提供一九〇八年十一月號的《部門期刊》（*Gaceta Departmental*）於馬妲雷娜的文件影本，顯示尼可拉斯於一九〇八年十一月七日在聖塔馬爾坦因殺人入獄但未受審。

6.薩爾迪瓦爾《回歸本源》第四四頁(原文版)。

7.見馬立歐・巴爾加斯・尤薩與賈布列爾・賈西亞・馬奎斯，*La novella en América Latina: diálogo*(利馬，Milla Batres，一九六八)十四頁。在《百年孤寂》中尼可拉斯的角色由荷西・阿卡迪諾・布恩迪亞扮演，而梅達多則成為布魯登西歐・阿基拉爾。

8.賈布列爾・賈西亞・馬奎斯談話，墨西哥市，一九九九年。

9.見《細說從頭》第四十頁(原文版)，關於這個事件賈布列爾・賈西亞・馬奎斯的版本。

10.在《葉風暴》(原文版)第五一到五四頁中，賈布列爾・賈西亞・馬奎斯自己提供了一個羅曼蒂克的福克納式版本，關於這個我們姑且稱為賈西亞・馬奎斯家族虛構神話，他將移居外國這件事情怪罪於「那場戰爭」(相對於之後《百年孤寂》中美化過的版本，不用說的確是更不坦率而接近「史實」)。

11.Henríquez(*El misterio*)反駁薩爾迪瓦爾所說的，符合賈西亞・馬奎斯家族的版本。

12.阿拉加塔加海拔四十公尺，距聖塔馬爾坦八十八公里，平均溫度二十八度(這也是賈布列爾・賈西亞・馬奎斯工作時偏好這個溫度的原因）。

13. 見Lázaro Diago Julio著*Aracataca...una historia para contar*（阿拉加塔加，一九八九，未出版），一部描述當地歷史極爲珍貴的作品，儘管他傾向於將賈布列爾・賈西亞・馬奎斯的文學作品當作是其史料佐證。

14. 這兩個字在哥倫比亞極具爭議性，外地人隨意使用是相當魯莽的行爲。一般大家都認同「岸邊人」是加勒比海或該國北部大西洋熱帶低地的居民。一開始「卡恰克人」是波哥大的上等居民。但許多岸邊人開始認爲所有該國「內陸」（主要指安地斯山脈）的居民都是卡恰克人，有時甚至包括鄉下人或者安堤歐奇亞的居民。見賈布列爾・賈西亞・馬奎斯《細說從頭》（原文版）四一至四二頁。

15. Judith White: *Historia de una ignominia: la UFC en Colombia*（波哥大，Editorial Presencia，一九七八）pp. 19-20。然而無庸置疑的，馬奎斯上校是城裡的自由黨領袖之一。（他年輕時就曾擔任里歐阿查解放社團的會長。）

16. 見薩爾迪瓦爾《回歸本源》（原文版）第五十頁。White所著*Historia*·，以及Catherine C. LeGrand所著'*Frontier Expansion and Peasant Protest in Colombia,* 1850-1936'（Albuquerque, New Mexico University Press,1986）, p. 73。

17. 見《細說從頭》（原文版）第十五頁。賈布列爾・賈西亞・馬奎斯在此錯誤的堅稱他的外公曾兩度擔任阿拉加塔加市長。

18. 同上，第四十二頁，賈布列爾・賈西亞・馬奎斯對此事的敘述。

19. 同上，第四十四至六十頁，關於他們交往的過程，在此有令人驚訝的長篇敘述，因爲賈布列爾・賈西亞・馬奎斯已經在《愛在瘟疫蔓延時》（一九八五）以另一種方式說過這個故事。

20. 莉西亞・賈西亞・馬奎斯，於蓋爾維斯所著《賈西亞・馬奎斯家族》第一五一至一五二頁。

21. 賈布列爾・賈西亞・馬奎斯在其回憶錄中未直接提及他父親的姓。至少我們可以說這是值得注意的。

22. 賈布列爾・賈西亞・馬奎斯後來在波哥大求學時曾見過帕雷哈。帕雷哈是法學教授、擁有一間書店，並於一九四八年擔任「波哥大大暴動」之領袖。

23. 由荷西・豐特・卡斯楚引證，'El padre de GM'，《民族報》（卡拉卡斯），一九七二年七月。亦見豐特・卡斯楚'Las claves reales de *El amor en los tiempos del coléra*'《國家報》（馬德里）一九八六年一月十九日。

24. 這是賈布列爾・賈西亞・馬奎斯在他的第一部小說《葉風暴》（一九五五）中重建的版本。

25. 除了那棟房子以外，其餘所有部分今日仍可見。該房屋於二〇〇七年初因要重建房子及一棟博物館而拆除。

26. 以西班牙文來說：「阿拉加塔加的漂亮女孩」（'La niña bonita de Aracataca'）。巴爾加斯・尤薩與薩爾迪瓦爾皆使用這個詞。

27. 阿拉加塔加的人告訴我，他們在一九二〇年代從未在街上看見過露易莎。

28. 如前所述，《愛在瘟疫蔓延時》絕大部分來自賈布列爾・埃利西歐和露易莎・聖蒂雅嘉兩人交往的過程。賈西亞・馬奎斯在《細說從頭》中敘述法蘭希絲卡姑婆是這對年輕情侶的推手。但賈布列爾・埃利西歐總是堅持她是他最厲害的敵人，稱她爲「門神」（'la cancerbera'）。

29. Leonel Giraldo所著 '*Siete Dias* en Aracataca, el pueblo de "Gabo" GM', *Siete Dias*(布宜諾斯艾利斯), 808, 8-14 December 1982. 賈布列爾・埃利西歐始終不曾改變。多年後他與妻子在一次訪談中被問及他們最美好的回憶時，露易莎回答「就是他給我那只戒指的時候」，而賈布列爾・埃利西歐回答「是我單身的日子，當時多麼快活！」

30. 莉西亞・賈西亞・馬奎斯，收錄於蓋爾維斯所著《賈西亞・馬奎斯家族》。露絲・阿里薩・科特斯訪談，二〇〇七年波哥大。

31. 訪談荷西・豐特・卡斯楚，一九九七年馬德里。

32. 巴爾加斯・尤薩：《弒神的故事》(原文版)第十四頁。

33. 見《細說從頭》(原文版)第五十九至六十頁。事實上他們度蜜月時所住的房子是馬奎斯・伊瓜蘭家族的家，緊鄰里歐阿查的海關辦公室。里卡多・馬奎斯・伊瓜蘭曾在二〇〇八年七月帶我到當地；根據他的說法，那裡就是賈布列爾・埃利西歐以他「精湛的槍法」引導了賈布列爾・賈西亞・馬奎斯在一九二六年六月十二至十三日晚間的想法。兩周後這對夫妻遷居到隔街另一個較小的房子。

34. 很明顯的，關於尼可拉斯爲何不甘願地同意了他們的婚事，以及爲何賈西亞・馬奎斯的出生日期總是無法確認，背後有些秘密。最簡單的解釋是，古今中外皆然，因爲露易莎・聖蒂雅嘉未婚懷孕，結婚的日期似乎沒有爭議，因此小賈布的出生日期遠早於六月六日(或是在六月六日但遠超過預產期)，也因此直到三歲前都沒有受洗及註冊(這畢竟是一個非常崇高、正派、守法敬神的家庭)。露易莎・聖蒂雅嘉堅持不顧父母的反對，嫁給身爲私生子、不夠格的賈布列爾・埃利西歐，這是個不平凡的故事。既然她對於賈布列爾・埃利西歐的愛無庸置疑，有可能爲了確保她的父母勉強同意，只好懷孕。不過除了間接證據，沒有任何的線索。

第二章：阿拉加塔加的家(一九二七—一九二八)

1. 門多薩《番石榴的香味》第十七頁。
2. 見John Archer所著 'Revelling in the fantastic'，刊於《週日泰晤士報雜誌》(倫敦，一九八一年二月八日)。「他們讓我在夜裡安靜的辦法之一是告訴我如果我亂動的話，死人會從每個房間裡跑出來。所以當夜色暗了，我會嚇得半死。」以及Germán Castro Caycedo所著 '"Gabo" cuenta la novela de su vida'，《觀察家日報》，一九七七年三月二十三日：「我不怕黑，我怕大房子，因爲死人只會從大房子裡跑出來……我只買小房子，因爲死人不會從那裡跑出來。」
3. 艾妲・賈西亞・馬奎斯，收錄於蓋爾維斯所著《賈西亞・馬奎斯家族》第九十九頁：「所以孫子在我外公外婆家住了下來。」在一次面談時，那孫子告訴一個記者，「我父母把我當作禮物給了外公外婆以取悅他們」，這個版本能夠協調其他數個彼此矛盾的版本。
4. 路易斯・安立奎・賈西亞・馬奎斯，收錄於蓋爾維斯《賈西亞・馬奎斯家族》第一二三頁。
5. 見《細說從頭》第三二至三六頁，其中有賈西亞・馬奎斯對那棟房子的回憶。我的敘述是根據仔細比對賈布列爾・賈西亞・馬奎斯的回憶錄、引用於薩爾迪瓦爾《回歸本源》的建築師分析、及二〇〇八年負責重建的建築師所確立的版本。
6. 同上，第三十四頁賈西亞・馬奎斯提到那個房間刻有「1925」，也就是他完工的那一年。
7. 瑪歌・賈西亞・馬奎斯，收錄於蓋爾維斯《賈西亞・馬奎斯家族》第六十五頁。
8. 見《葉風暴》及《細說從頭》第三十五頁。
9. 稍後賈布列爾・賈西亞・馬奎斯自己「想起來」烏利貝・烏利貝曾拜訪過他，儘管這位將軍在他出生的十四年前已經遭到刺殺。見《細說從頭》第三十三頁。
10. 一如《葉風暴》中以他爲基礎的角色，尼可拉斯總是在那房子裡晃蕩，找尋一些零碎的小工作，像是上緊螺絲，補補漆之類的。後來賈布列爾・賈西亞・馬奎斯慢慢讓自己適應這些活動，當作寫作之間的一種排遣；那段時期他都是穿著工人工作褲寫作。
11. 見《細說從頭》第三三頁及七三至七四頁：賈布列爾・賈西亞・馬奎斯說她是「我外公的姊姊」。
12. 見賈布列爾・賈西亞・馬奎斯 'Watching the Rain in Galicia', *The Best of Granta Travel* (London, Granta/Penguin,

1991）pp. 1-5，賈布列爾・賈西亞・馬奎斯形容特蘭基利娜料理麵包和火腿的方式，他一直沒機會再嘗到類似的味道，直到去拜訪西班牙的加利西亞自治區：儘管他在一九六〇年代在巴塞隆納已經吃過類似的東西（豬前肘）足以讓他回顧當時的愉悅，但更多的是童年時的焦慮與寂寞。

13. 莉西亞・賈西亞・馬奎斯收錄於蓋爾維斯所著《賈西亞・馬奎斯家族》, p. 152。

14. 賈布列爾・賈西亞・馬奎斯所著 'Vuelta a la semilla'。《觀察家日報》一九八三年十二月十八日。

15. 見英國國家廣播公司二台製作「在馬康多長大：賈布列爾・賈西亞・馬奎斯，作家與地方」（Growing Up in Macondo: Gabriel García Márquez', *Writers and Places*），於一九八一年二月十二日播出。製作人John Archer。

16. 見Germán Castro Caycedo, '"Gabo" cuenta la novela de su vida. 6'，《觀察家日報》一九七七年三月二十三日，關於無法動彈的小孩的影像，充滿恐懼，以及他的作品中對於葬禮的著迷。

17. 英國國家廣播公司製作「在馬康多長大」：「家裡每個人都是加勒比海人，而每個加勒比海人都迷信。我母親到今天都還是，有許多非洲及印度的信仰系統仍在天主教勢力內活動……我自己相信心靈感應、預兆，以及我們至今仍無法了解的夢境的力量……我是在那個世界長大的，至今依然非常的迷信，而且我仍會去解自己的夢，並經常跟隨直覺行事。」

18. 從我與瑪歌・韋德伯朗奎斯根據她的回憶錄及家族照片所作的討論；亦見薩爾迪瓦爾所著《回歸本源》第九六至九七頁，根據莎拉・艾蜜莉亞・馬奎斯的回憶。

19. 英國國家廣播公司：「在馬康多長大」。

20. 'Recuerdos de la maestra de GM'，《觀察家日報》一九八二年十月三十一日。

21. 由賈布列爾・埃利西歐告訴荷西・豐特・卡斯楚的故事。

22. 見門多薩《番石榴的香味》第十八頁。

23. 見賈布列爾・賈西亞・馬奎斯所著 'La vaina de los diccionarios'，《觀察家日報》一九八二年五月十六日，他回憶其外父盲目地信任字典，並坦承自己抓到錯誤時樂在其中。

24. 從我與瑪歌・韋德伯朗奎斯根據她的回憶錄及家族照片所做的討論；亦見薩爾迪瓦爾《回歸本源》第一〇三至一〇四頁，根據莎拉・艾蜜莉亞・馬奎斯的回憶。

25. White, *Historia*, PP. 19-20。

26. 見Gabriel Fonnegra, *Bananeras: testimonio vivo de una epopeya*（波哥大，Tercer Mundo, n. d.）, pp. 27-8。
27. 同上，一九一頁。
28. 同上，二六頁。
29. 見Catherine C. LeGrand所著 'Living in Macondo: Economy and Culture in a UFC Banana Enclave in Colombia'，收錄於Gilbert M. Joseph編著Catherine C. LeGrand and Ricardo D. Salvatore, eds., *Close Encounters of Empire: Writing the Cultural History of US-Latin American Relations*（Durham, N.C. Duke University Press, 1988）, pp. 333-86（p. 348）。
30. 賈布列爾・賈西亞・馬奎斯《細說從頭》第十八頁。
31. 薩爾迪瓦爾《回歸本源》第五四頁，五二二頁。
32. 對此事件尚無歷史定論，遭軍隊殺死的平民人數也沒有一致的數字。無可避免地，大多數作家透過自己意識形態的眼鏡來看待這件事情。
33. Carlos Arango, *Sobrevivientes de las bananeras*（波哥大，ECOE, 2nd ed., 1985）, p. 54。
34. 見María Tila Uribe, *Los años escondidos: suenos y rebeldías en la decada del veinte*（波哥大，CESTRA，一九九四）, p. 265。
35. 見Carlos Cortés Vargas, *Los sucesos de las bananeras*, ed. R. Herrera Soto（波哥大，Editorial Desarrollo, 2nd edition, 1979）, p. 79。
36. Roberto Herrera Soto and Rafael Romero Castaneda, *La zona bananera del Magdalena: historia y léxico*（波哥大，Instituto Caro y Cuervo, 1979）, pp. 48, 65。
37. White, *Historia*, p. 99。
38. Herrera and Castaneda, *La zona bananera*, p. 52。
39. Arango, *Sobrevivientes*, pp. 84-6。
40. Fonnegra, *Bananeras*, pp. 136-7。
41. 同上，一三八頁。
42. 同上，一五四頁。
43. José Maldonado，引述自Arango, *Sobrevivientes*, p. 94。

44. White, *Historia*, p. 101。

45. 見賈布列爾・賈西亞・馬奎斯 'Vuelta a la semilla'《觀察家日報》一九八三年十二月十八日，在此他坦白的說「我幾年前才發現他（安卡利塔）在罷工與屠殺香蕉工人中明確且持久的地位非常清楚」。讓人驚訝的是，賈布列爾・賈西亞・馬奎斯在撰寫《百年孤寂》的時候，並不清楚與罷工相關的大部分實情——包括他祖父、杜藍、安卡利塔及其他與他親近的人的作爲。

46. Cortés Vargas, *Los sucesos de las bananeras*, pp. 170-71, 174, 182-3, 201, 225。難道賈布列爾・賈西亞・馬奎斯從來沒學過寫這些字？

47. 文件的謄本，包括安卡利塔的證詞，可以在*1928: La masacre en las bananeras* (Bogata, Los Comuneros, n.d.)找到。

第三章：牽著外公的手（一九二九—一九三七）

1. 見《細說從頭》第十一至十三頁，八十頁，一二二至一二五頁，關於這兩位來訪者的回憶。
2. 同上，一二三頁，他讓她說「你不記得我了」，但這可能算是個詩人打破規格的自由之範例。
3. 瑪歌是個不正常的小孩，她持續的嗜吃泥土直到八、九歲的年紀。她可能啓發了阿瑪蘭妲與羅貝嘉這兩個《百年孤寂》中的角色。
4. 英國國家廣播公司：「在馬康多長大」。
5. 'El microcosmos de GM'，《卓越》雜誌（墨西哥市）一九七一年四月十二日。
6. LeGrand, *Frontier Expansion*, p. 73。
7. 瑪歌・賈西亞・馬奎斯摘錄於蓋爾維斯所著《賈西亞・馬奎斯家族》六十至六十一頁。很明顯的瑪歌與小賈布是被寵壞，如他在 'La conduerma de las palabras' 文中承認。《觀察家日報》一九八一年五月十六日。
8. 在阿拉加塔加大家都相信尼可拉斯在所謂的卡塔基塔區買下隨後並出租廠房，而後成了一個「學院」，或者說是舞廳，在那裡可以獲得免費的酒與性。見Venancio Aramis Bermudez Gutierrez, 'Aportes socioculturales de las migraciones en la Zona Bananera del Magdalena'（波哥大，November 1995, Beca Colcultura 1994, I Semestre, unpublished ms.）。
9. 英國國家廣播公司：「在馬康多長大」。

10. 見《細說從頭》第八二頁，關於他一生都怕黑。

11. 見Carlota de Olier, 'Habla la madre de GM: "Quisiera volar a verlo…pero le tengo terror al avión"'，《觀察家日報》一九八二年十月二十二日「『如果我父親還活著，』露易莎夫人說，『他會感到高興，他一直認爲死亡會使他無法分享小賈布的成功。他直覺認爲小賈布總有一天會達到非常傑出的地位，並且常說，「真是遺憾呀，我沒辦法親眼看到這孩子的聰明才智未來會帶給他的成就。」』」

12. 見賈布列爾・賈西亞・馬奎斯 'Manos arriba?'，《觀察家日報》一九八三年三月二十日，其中提到大部分來訪的客人都帶著槍。

13. 見Nicolas Suescun, 'El prestidigitador de Aracataca'，《彩印》雜誌(波哥大)，一九八二年十月廿六日，廿四至廿七頁，在此開始勾勒賈布列爾・賈西亞・馬奎斯的肖像，孩童閃爍的眼光像電影的攝影機吸收處理這個世界，再將他變成故事。

14. 瑪歌・賈西亞・馬奎斯於蓋爾維斯所著《賈西亞・馬奎斯家族》，六四至六五頁。

15. 'La memoria de Gabriel', *La Nacion*(Guadalajara), 1996, p. 9。

16. Elena Poniatowska, 'Los *Cien anos de soledad se iniciaron con solo 20 dolares*' (interview, September 1973), in her *Todo México* (Mexico City, Diana, 1990)。

17. 賈布列爾・賈西亞・馬奎斯在'"Gabo" cuenta la novella de su vida'，《觀察家日報》一九九七年三月二十三日中，告訴Germán Castro Caycedo，直到他正在巴黎等錢的時候，他總是在思考這個戲劇性的儀式。

18. 蓋爾維斯所著《賈西亞・馬奎斯家族》第六四頁。上校也經常寫信給他的長子荷西・馬利亞・韋德伯朗奎斯。

19. 見賈布列爾・賈西亞・馬奎斯著 'Vuelta a la semilla'，《觀察家日報》一九八三年十二月十八日。賈布列爾・賈西亞・馬奎斯提到——首次——這位熟識的將軍荷西・羅沙里歐・杜藍的房子，這棟房子他與上校一定經過或者拜訪過非常多次了。

20. 英國國家廣播公司：「在馬康多長大」。見賈布列爾・賈西亞・馬奎斯，《細說從頭》第八四頁，出自神父安卡利塔。

21. 見賈布列爾・賈西亞・馬奎斯 'Memoria feliz de Caracas'，《觀察家日報》一九八二年三月七日；亦見於《細說從頭》第四三頁，關於在阿拉加塔加的委內瑞拉人。

22. 見賈布列爾・賈西亞・馬奎斯《細說從頭》第廿四至三二頁。
23. 薩爾迪瓦爾所著《回歸本源》第六七、七一至七二頁。
24. 在阿拉加塔加訪談安東尼奧・達康蒂(孫)，二〇〇六年十一月。見賈布列爾・賈西亞・馬奎斯《細說從頭》第十八頁及八七至八八頁。
25. 見賈布列爾・賈西亞・馬奎斯《細說從頭》八七至八八頁，九一至九二頁。
26. 賈布列爾・賈西亞・馬奎斯 'La nostalgia de las almendras amargas'，《變化》雜誌(波哥大)二〇〇〇年六月廿三日。以及艾米利歐先生，見 'El personaje equivoco'，《變化》雜誌二〇〇〇年六月十九至廿六日。
27. 英國國家廣播公司：「在馬康多長大」。
28. 見Henríquez, *El misterio*, pp. 283-4。
29. 訪談瑪歌・韋德伯朗奎斯・迪亞斯－葛拉納多斯，波哥大，一九九三年。
30. 見《百年孤寂》與《細說從頭》第六六至六七頁，關於十七個額頭上滿是灰塵的壞蛋來臨。
31. 英國國家廣播公司：「在馬康多長大」。
32. 見賈布列爾・賈西亞・馬奎斯《細說從頭》第六二至六四頁。
33. 見蓋爾維斯著《賈西亞・馬奎斯家族》第五十九頁。
34. 至少可以說，這是一個創傷性而令人困惑的經歷。賈西亞・馬奎斯總是說他五歲以前沒有「見」過母親。很明顯的他是指「記得」，因爲在他兩次造訪巴朗基亞中，至少其中一次一定曾見過她。無論如何他的第一次回憶，儘管受到記憶與意念的影響，是他生命的關鍵性時刻，之後記錄在《葉風暴》與《細說從頭》。原本集中在其外婆身上的注意力，如今他的姑姑及僕人將注意力都放在這個新人身上，他的母親。
35. 賈布列爾・賈西亞・馬奎斯 'Cuánto cuesta hacer un escritor?'，《變化十六》雜誌，哥倫比亞，一九九五年十二月十一日。見《細說從頭》第九十四至九十五頁，關於賈布列爾・賈西亞・馬奎斯的回憶與對學校的態度。
36. 根據 Fonnegra, Bananeras, pp. 96-7, a Pedro Fergusson曾於一九二九年擔任阿拉加塔加市長。
37. 見賈布列爾・賈西亞・馬奎斯 'La poesia al alcance de los ninos'，《觀察家日報》一九八一年一月二十五日。
38. 薩爾迪瓦爾著《回歸本源》第一百二十頁。
39. 'Recuerdos de la maestra de GM'，《觀察家日報》一九八二年十月三十一日。

40. 訪談瑪歌・韋德伯朗奎斯，波哥大一九九一。
41. 薩爾迪瓦爾著《回歸本源》一百二十頁。
42. 見薩爾迪瓦爾著 'GM：'La novela que estoy escribiendo está localizada en Cartagena de Indias, durante el siglo XVIII''，*Diario* 16（馬德里）一九八九年四月一日。
43. 見Rita Guibert, *Seven Voices*（New York, Vintage, 1973），pp. 317-20，關於賈布列爾・賈西亞・馬奎斯早期連環漫畫作品與他對於大眾表演的欲求之間的關係，最後由於自我意識太強而無法成功。
44. 英國國家廣播公司：「在馬康多長大」。
45. 賈布列爾・賈西亞・馬奎斯 'La vaina de los diccionarios'，《觀察家日報》一九八二年五月。
46. 路易斯・安立奎・賈西亞・馬奎斯於蓋爾維斯《賈西亞・馬奎斯家族》第一二三至一二四頁。
47. 家族的出生：小賈布(阿拉加塔加，一九二七年三月)；路易斯・安立奎(阿拉加塔加，一九二八年九月)；瑪歌(巴朗基亞，一九二九年十一月)；艾妲・羅莎(巴朗基亞，一九三〇年十二月)；莉西亞(阿拉加塔加，一九三四年八月)(她記得阿拉加塔加的那棟房子，載於蓋爾維斯《賈西亞・馬奎斯家族》第一百五十二頁)；古斯塔沃(阿拉加塔加，一九三六年九月)；接著是莉妲(巴朗基亞，一九三九年七月)；海梅(蘇克雷，一九四〇年五月)；埃爾南多「南奇」(蘇克雷，一九四三年三月)；阿夫列多「庫奇」(蘇克雷，一九四五年二月)；以及埃利西歐・賈布列爾「伊尤」(蘇克雷，一九四七年十一月)。
48. 門多薩《番石榴的香味》第二二頁(筆者譯)。
49. 見賈布列爾・賈西亞・馬奎斯 'La túnica fosforescente'，《時代報》一九九二年十二月；亦見 'Estas Navidades siniestras'，《觀察家日報》一九八〇年十二月。他說這一切發生時他五歲。在《細說從頭》第七十頁中他提到，他當時十歲而非七歲，如年表所顯示一般。
50. 在《葉風暴》第五十至五十四頁，以賈布列爾・埃利西歐為藍本的角色馬丁是個邪惡(他使用瓜希羅的巫術，包括用針刺人偶的眼睛)又無趣的人。很明顯的，他從未愛過伊莎貝爾（以露易莎為藍本的角色），只是想貪圖上校具有的影響力和金錢，而他在小孩(該角色部分以賈布列爾・賈西亞・馬奎斯為藍本)開始對他有印象以前就離開了，這一點當然和賈布列爾・賈西亞・馬奎斯自身的經驗一模一樣，除了賈布列爾・埃利西歐把露易莎一起帶走。因而在《葉風暴》中賈布列爾・賈西亞・馬奎斯(為了一償宿願)將母親留給自己，而把父親永遠的送走。

51. ‘Recuerdos de la maestra de GM’，《觀察家日報》一九八二年十月三十一日。
52. 瑪歌・賈西亞・馬奎斯於蓋爾維斯《賈西亞・馬奎斯家族》第六一頁。
53. 見《細說從頭》第八五頁。
54. 見Leonel Giraldo所著 ‘Siete Días en Aracataca, el pueblo de “Gabo” GM’, Siete Dt ‘as（布宜諾斯艾利斯）, 808, 8-14 December 1982。
55. 賈布列爾・賈西亞・馬奎斯在《細說從頭》第八二至八四頁中提到這個問題。
56. 瑪歌・賈西亞・馬奎斯於蓋爾維斯《賈西亞・馬奎斯家族》第六二頁；見《細說從頭》第八四至八五頁，賈布列爾・賈西亞・馬奎斯回憶他父母回來的時候。在書中，緊接著他就談到毆打，因此顯示他將父親連結到暴力。（對此事他說，賈布列爾・埃利西歐後來道了歉。）當然，那個時代大部分父母都會體罰小孩。
57. 見瑪歌於蓋爾維斯《賈西亞・馬奎斯家族》第六八頁中的回憶。
58. 賈布列爾・賈西亞・馬奎斯*Los cuentos de mi abuelo el coronel*, ed. Juan Gustavo Cobo Borda（Smurfit Carton de Colombia, 1988）。
59. 見《細說從頭》第九五至九六頁。
60. Ramiro de la Espriella, ‘De “La casa” fue saliendo todo’, *Imagen*（Caracas）, 1972。
61. 見蓋爾維斯《賈西亞・馬奎斯家族》第一二四至一二五頁中路易斯安立奎對這趟旅程鮮活的回憶；以及賈布列爾・賈西亞・馬奎斯《細說從頭》第九六至九七頁。
62. 訪談賈布列爾・賈西亞・馬奎斯，墨西哥市，一九九九年。
63. 我與賈布列爾・賈西亞・馬奎斯的妹夫阿豐索・托瑞斯（娶賈布列爾・賈西亞・馬奎斯的妹妹莉妲，她曾住在當地），一九九八年造訪辛瑟時。
64. 瑪歌・賈西亞・馬奎斯於蓋爾維斯《賈西亞・馬奎斯家族》第六八頁。
65. 薩爾迪瓦爾 ‘GM: La novela que estoy escribiendo está localizada en Cartagena de Indias, durante el siglo XVIII’, Diario 16, 1 April 1989。很明顯的，這些敘述十分重要。賈布列爾・賈西亞・馬奎斯的故事與小說對屍體非常著迷，但他自己似乎從未見過那些對他很重要的人的屍體，直到一九八四年他父親去世。在他的第一個故事〈第三度的斷念〉（一九四七年）中，敘述者本身死了，但他的屍體卻不腐爛，也不埋葬。

66. 基耶爾莫·歐丘瓦 'Los seres que inspiraron a Gabito'，《卓越》雜誌(墨西哥市)一九七一年四月十三日。他的外公過世時，他當然不是八歲而是十歲。(見 'El personaje equívoco'，《變化》雜誌，二○○○年六月十九至二十六日，他說當時「我最多不超過五歲」)；事實上，他的外公發生致命的意外時他已經八歲，而他那飽受父母及弟妹返回所威脅的生活，確實的結束。

67. 訪談露易莎·馬奎斯，巴朗基亞，一九九三年。

68. 瑪歌·賈西亞·馬奎斯於蓋爾維斯《賈西亞·馬奎斯家族》第六九頁。

69. 路易斯·安立奎於蓋爾維斯《賈西亞·馬奎斯家族》一三○頁。關於那個「學院」及前輩的故事，愛惡作劇的路易斯·安立奎是否比他裝出來的知道更多？

70. 賈布列爾·賈西亞·馬奎斯 'Regreso a la guayaba'，《觀察家日報》一九八三年四月十日，關於他與阿拉加塔加的關係。亦見賈布列爾·賈西亞·馬奎斯 'Vuelta a la semilla'，《觀察家日報》一九八三年十二月十八日。

第四章：學校的日子：巴朗基亞、蘇克雷、茲帕奇拉(一九三八—一九四六)

1. 賈布列爾·賈西亞·馬奎斯《細說從頭》第一二八至一二九頁。
2. 同上，第一三三頁。
3. 同上，第一四二至一四三頁。
4. 門多薩，《番石榴的香味》第一九頁。
5. 賈布列爾·賈西亞·馬奎斯 *Vivir para contarla* (Mexico City, Diana, 二○○二), p. 173.(筆者譯)。
6. *Vivir para contarla*, p. 163.(作者譯)事實上他存活的原因要歸功於露易莎·聖蒂雅嘉，因爲她每天給他魚肝油。見基耶爾莫·歐丘瓦 'El microcosmos de GM'，《卓越》雜誌(墨西哥市)一九七一年四月十二日：「『這孩子整天都有魚的味道，』他的父親說。」
7. 接下來關於蘇克雷的部分是利用我在一九九一及一九九三年與露易莎·馬奎斯·賈西亞、在卡塔赫納及巴朗基亞的訪談、一九九一年於墨西哥市與賈布列爾·賈西亞·馬奎斯本人的對話，以及多年來與他許多弟妹的對話加上注釋中記載的各出版物。
8. 古斯塔沃·賈西亞·馬奎斯於蓋爾維斯《賈西亞·馬奎斯家族》第一八五頁。

9. 《細說從頭》一五五頁。

10. *Vivir para contarla*, p. 188.（筆者譯）。

11. Juan Gossaín, quoted by Heriberto Fiorillo, *La Cueva: crónica del grupo de Barranquilla*（波哥大, Planeta, 二〇〇二）, pp. 87-8。

12. 薩爾迪瓦爾《回歸本源》是賈布列爾・賈西亞・馬奎斯在聖胡安學院時期最好的資料來源。但亦可見José A. Núñez Segura, 'Gabriel García Márquez (Gabo-Gabito)', *Revista Javeriana*（波哥大）, 352, March 1969, pp. 31-6，在此其中一位學校的耶穌會老師保存了部分賈布列爾・賈西亞・馬奎斯少年時期的作文。

13. 蓋爾維斯《賈西亞・馬奎斯家族》第七十頁。

14. 賈布列爾・賈西亞・馬奎斯在《細說從頭》第二二七至二二八頁中提到這樁謀殺。

15. 最年輕的伊尤並不完全同意：出生在蘇克雷的他告訴我，他們家年紀較小的那幾個都是「無可救藥」，包括他自己，正因爲他們是父親親手接生的！

16. 見Harley D. Oberhelman, 'Gabriel Eligio García habla de Gabito', in Peter G. Earle, ed., 賈布列爾・賈西亞・馬奎斯（馬德里, Taurus, 一九八一）pp. 281-3。Oberhelman與賈布列爾・埃利西歐進行訪談，討論他的醫學訓練與經驗。

17. 基耶爾莫・歐丘瓦 'El microcosmos de GM'，《卓越》雜誌，一九七一年四月十二日。

18. 《細說從頭》第二二四頁。

19. 與賈布列爾・賈西亞・馬奎斯的訪談，墨西哥市，一九九九年。

20. Rosario Agudelo, 'Conversaciones con García Márquez', *Pueblo*, suplemento, 'Sábado Literario'（馬德里）, 2 May 一九八一。在其他版本中，賈布列爾・賈西亞・馬奎斯對這個創傷性經歷一笑置之；《細說從頭》提供一個較爲中庸的版本；而《憶我憂傷娼婦》中則有加油添醋的敘述。

21. 熱門的加勒比音樂風，其風格超脫了昆比亞傳統哥倫比亞國家舞蹈節奏。

22. Roberto Ruiz, 'Eligio García en Cartagena. El abuelo de Macondo', *El Siglo*, 31 October 1969。

23. Quoted by Gossaín in Fiorillo, *La Cueva*, p. 88。賈布列爾・埃利西歐之後否認有此意圖。

24. 見賈布列爾・賈西亞・馬奎斯 'El cuento del cuento. (Conclusion)'，《觀察家日報》一九八一年九月二日，他回憶在蘇克雷的少年時光，稱其爲「我生命中最自由的幾年」。關於他對妓女的態度，見Claudia Dreifus 'Gabriel

García Márquez'（收於《花花公子》30:2，一九八三年二月）。

25. 《細說從頭》第一六六頁。

26. 作者譯。見《細說從頭》第一六八至一七一頁。

27. 同上，一七四頁。

28. 見賈布列爾・賈西亞・馬奎斯〈波哥大一九四七〉，刊登於《觀察家日報》，一九八一年十月二十一日，以及 'El río de nuestra vida'，刊登於《觀察家日報》一九八一年三月二十二日。作家Christopher Isherwood於一九四〇年代造訪哥倫比亞時亦搭乘大衛・阿朗哥號。其遊記於*The Condor and the Cows*（London, Methuen, 1949）。

29. 賈布列爾・賈西亞・馬奎斯《獨裁者的秋天》（倫敦，Picador，一九七八）第十六頁。

30. 《細說從頭》第一七九至一八〇頁。

31. 描述到達波哥大及整個旅程最好的遊記是Germán Castro Caycedo, ' "Gabo" cuenta la novela de su vida. 1 and 2'，《觀察家日報》一九七七年三月二十三日。

32. 賈布列爾・賈西亞・馬奎斯〈波哥大一九四七〉《觀察家日報》，一九八一年十月十八日。

33. 賈布列爾・賈西亞・馬奎斯《細說從頭》第一八四至一八五頁。

34. 關於茲帕奇拉的學校生活最好的資料來源是薩爾迪瓦爾《回歸本源》一書，我所得到的資料大多根據一九九八年於波哥大與賈西亞・馬奎斯同學荷西・艾斯琵諾沙的訪談。

35. Rosario Agudelo, 'Conversaciones con García Márquez', *Pueblo*, suplemento, 'Sabado Literario'（馬德里，2 May 一九八一）。

36. 見Aline Helg, *La educacion en Colombia 1918-1957: una historia social, economica y politica*（波哥大，CEREC，一九八七）。

37. 賈布列爾・賈西亞・馬奎斯，'Estoy comprometido hasta el tuetano con el periodismo politico'. *Alternativa* entrevista a GGM'。《抉擇》雜誌二十九期(波哥大)，一九七五年三月三十一日至四月十三日，第三頁。

38. 見胡安・古斯塔沃・哥布・坡達 'Cuatro horas de comadreo literario con GGM'（一九八一年三月二十三日訪談）收於*Silva, Arciniegas, Mutis y García* Márquez（波哥大, Presidencia de la Repu' blica, 一九九七), pp. 469-82（p. 475）。

39. 《細說從頭》第一九六頁。

40. 由Carlos Rincon 引述, 'GGM entra en los 65 años. Tres o cuatro cosas que querría saber de él'，《觀察家日報》，一九九二年三月一日。

41. 瑪歌・賈西亞・馬奎斯於一九九三年告訴我：「媽媽懷了南奇之後又發生同樣的情形，這次連媽媽也失望了。她躺在蘇克雷廣場的兩層樓屋子裡，不願意起來。那次她甚至對著他尖叫。媽媽每次懷孕都病的很重，嘔吐，體重減輕：很驚人但都是真的。我對她感到難過想做些什麼，但她不准。」

42. 路易斯・安立奎・賈西亞・馬奎斯於蓋爾維斯《賈西亞・馬奎斯家族》第一四六頁。

43. 《細說從頭》第二一七至二一八頁。

44. 薩爾迪瓦爾《回歸本源》第一五六頁。

45. 達里歐也是來自一個加勒比海小鎮，也是由母親帶大，他也曾聽過一個老上校講述戰爭故事。三十年後，賈西亞・馬奎斯的《獨裁者的秋天》還將成為達里歐富有詩意話語的禮讚。

46. 《細說從頭》第二〇五頁。

47. 'La ex-novia del Nobel Colombiano'，《國家報》（馬德里，二〇〇二年十月七日）。

48. *Vivir para contarla*, p. 242.（筆者譯）

49. 見賈布列爾・賈西亞・馬奎斯《百年孤寂》（倫敦，Picador，一九七八）第二九至三十頁。

50. 《細說從頭》第二〇四頁。

51. 同上，第一九三頁。

52. 同上，第一九三頁。

53. 見薩爾迪瓦爾《回歸本源》第一六六頁；亦見賈布列爾・賈西亞・馬奎斯《細說從頭》第一九三至一九四頁。

54. 見Germán Santamaria, 'Carlos Julio Calderon Hermida, el profesor de GM', *Gaceta*（波哥大，Colcultura）, 39, 1983, pp. 4-5。

55. 於其成名後的面談中，他經常否認曾寫詩：例如，見他與Maria Esther Gilio的談話，'Escribir bien es un deber revolucionario', *Triunfo*（馬德里），一九七七，見Renteria, ed., *GM habla de GM en 33 grandes reportajes*.

56. 見La Casa Grande (Mexico CitylBogotá), 1:3, February—April 1997, p. 45, 此詩發表於該處 'thanks to Dasso Saldivar and Luis Villar Borda'。

57.《細說從頭》二〇五至二〇六頁。
58. 莉西亞・賈西亞・馬奎斯於蓋爾維斯《賈西亞・馬奎斯家族》第一六五頁：「小賈布愛上梅瑟德斯時，她是個八歲女孩，穿著印著小鴨子的圍兜。」
59. 見Beatriz López de Barcha，（Gabito esperó a que yo creciera）, *Carrusel*, Revista de *El Tiempo*（波哥大）, 10 December 1982。
60. 由Hector Abad Gomez重新出版，'GM poeta?', *El Tiempo*, Lecturas Dominicales, 12 December 1982。亦見Donald McGrady, 'Dos sonetos atri- buidos a GGM', *Hispanic Review*, 51 (1983), pp. 429-34. 數年後所創作，哥倫比亞最熱門的昆比亞，名為'Colegiala'（〈女學生〉）。
61. 見賈布列爾・賈西亞・馬奎斯'Memorias de un fumador retirado'，《觀察家日報》一九八三年二月十三日。
62.《細說從頭》二〇〇頁。
63. *Vivir para contarla*, p. 281.（筆者譯）亦見賈布列爾・賈西亞・馬奎斯'El cuento del cuento. (Conclusión)'，《觀察家日報》一九八一年九月二日，在此他回憶十五年後回來時，如何發現瑪麗亞・阿雷罕德莉娜・塞凡提斯的妓院變成了修女學校。
64. 見《細說從頭》二三六至二三九頁。
65.《百年孤寂》三〇一頁。
66. 訪談，卡塔赫納，一九九一年。
67. 梅瑟德斯在孟波克斯有個好友叫瑪格麗妲・奇卡・薩拉斯，她住在蘇克雷：不久她牽連到卡耶塔諾・貞提爾的命案。他是賈西亞・馬奎斯及其家族的好友。
68. 訪談Gertrudis Prasca de Amín，馬干奎，一九九一年。
69. 賈布列爾・賈西亞・馬奎斯《預知死亡記事》，（波哥大，黑羊出版，一九八一年）第四十頁（筆者譯）。
70. 賈布列爾・賈西亞・馬奎斯〈我們生活的河流(El río de nuestra vida)〉，《觀察家日報》一九八一年三月二十二日，其中提到「無法挽回的荷西・帕倫希亞」。見《細說從頭》二三九至二四三頁。
71.《細說從頭》二四三至二四四頁。
72. 薩爾迪瓦爾：'GM: La novela que estoy escribiendo está localizada en Cartagena de Indias, durante el siglo XVIII',

Diario 16, 1 April 1989。

73. 莉西亞・賈西亞・馬奎斯於蓋爾維斯《賈西亞・馬奎斯家族》，一五八頁。

74. 見賈布列爾・賈西亞・馬奎斯 'Telepatía sin hilos'，《觀察家日報》，一九八〇年十一月十六日，其中他表示特蘭基利娜「將近一百歲」才過世。

75. 艾姮・羅莎・賈西亞・馬奎斯於蓋爾維斯《賈西亞・馬奎斯家族》第九十九頁。

第五章：大學生活與波哥大大暴動(一九四七—一九四八)

1. 本章取材自各種消息來源與訪談，特別是以下的訪談：貢薩羅・馬亞利諾(波哥大，一九九一)，路易斯・維亞爾・玻達(波哥大，一九九八)，瑪格麗妲・馬奎斯・卡巴耶羅(波哥大，一九九八)，雅克・吉朗德(土魯斯一九九九，二〇〇四)，以及古斯塔沃・阿多爾夫・拉米瑞茲・阿里薩(波哥大，二〇〇七)。

2. In M. Fernández-Braso, *GGM: una conversación infinita* (馬德里, Azur, 1969), p. 102, 賈布列爾・賈西亞・馬奎斯提到哥倫比亞學院認爲連西班牙皇家學院都算「先進」並談到「保護」這種語言(即使他們反對西班牙！)。

3. 卡夫卡〈致父親的信〉(一九一九年十一月)。卡夫卡的父親從未讀過這封信。

4. 訪談，波哥大，一九九三年。阿豐索・羅培茲・米歇爾森是遠房親戚，在科特斯這一邊有共同的曾祖父，他們成爲朋友後發現這件事。

5. 訪談路易斯・維亞爾・玻達，一九九八年。關於該時期，亦參見賈布列爾・賈西亞・馬奎斯〈波哥大一九四七〉，《觀察家日報》一九八一年十月十八日。

6. 見Juan B. Fernández, 'Cuando García Márquez era Gabito', *El Tiempo*, Lecturas Dominicales, October 1982。他此時最重要的同伴之一哥倫比亞非洲裔的醫科學生馬奴耶・薩巴塔・歐立維亞，之後將分別在不同時間對他的命運產生巨大的影響。其他重要的「岸邊人」學生還有豪赫・阿爾瓦洛・艾斯琵諾沙，他介紹賈布列爾・賈西亞・馬奎斯看喬哀斯的《尤里西斯》以及借他卡夫卡《變形記》的多明哥・馬努耶・維加。

7. 阿爾瓦洛・穆提斯 'Apuntes sobre un viaje que no era para contar', in Aura Lucía Mera, ed., *Aracataca/Estocolmo* (Bogotá, Instituto Colombiano de Cultura, 1983), pp. 19-20, 他在一九八二年諾貝爾之旅將馬利亞諾形容爲「我們的校長」，他是賈布列爾・賈西亞・馬奎斯在波哥大時期最年長的卡恰克朋友。

8. 關於卡密洛・托瑞斯以及他決定成爲神父乃至於之後發生轉折之重要細節，見Germán Castro Caycedo ‘“Gabo” cuenta la novela de su vida. 2’，《觀察家日報》，一九七七年三月二十三日。
9. 比利尼歐・阿布雷右・門多薩，*La llama y el hielo*（波哥大，Gamma，三版，一九八九）第九至十頁。
10. 直譯爲‘cock-sucking’，是指當鬥雞的主人諷刺而挑釁的緊盯著對手，一面下巴頂著自己心愛鬥雞的雞冠，以嘴唇深情安撫的畫面。
11. 見賈布列爾・賈西亞・馬奎斯〈波哥大一九四七〉，《觀察家日報》一九八一年十月十八日；及‘El frenesí del viernes’《觀察家日報》一九八三年十一月十三日，提到他在波哥大那些淒涼的週日。
12. 訪談貢薩羅・馬利亞諾，波哥大，一九九一。
13. 第二部‘Celestial Geography’，於一九四七年七月一日發行。
14. 見Germán Castro Caycedo“Gabo”cuenta la novela de su vida. 2’，《觀察家日報》一九七七年三月二十三日，關於賈布列爾・賈西亞・馬奎斯對卡密洛・托瑞斯的告別。
15. *La Vida Universitaria*, Tuesday supplement of *La Razón*, 波哥大，22 June 1947。見*La Casa Grande*（Mexico City|Bogotá）, 1:3, February-April 1997, p. 45，在此這首詩再次發行，歸功達索・薩爾迪瓦爾和路易斯・維亞爾・玻達。
16. 見胡安・古斯塔沃・哥布・玻達，‘Cuatro horas de comadreo literario con GGM’, in his *Silva, Arciniegas, Mutis y GM*（波哥大，Presidencia de la República，一九九七）, pp. 469-82，這個故事眾多版本之一。
17. 當然這不是卡夫卡的祖母的說法——精確的說，這就是不同之處！
18. 見John Updike, ‘Dying for love: a new novel by GM’，《紐約客》，二〇〇五年十一月七日：「讀來如行雲流水般愉快，儘管有時深思後未必同意，具有對精巧短篇故事的戀屍癖傾向，對於行屍走肉的著迷，是賈西亞・馬奎斯在二十出頭時所發表」。
19. 賈布列爾・賈西亞・馬奎斯，*Todos los cuentos*（一九四七—一九七二）（巴塞隆納, Plaza y Janés, 3rd edition, 1976）, pp. 17-18.（作者譯）
20. 同上, pp. 14-15。
21. 同上, pp. 17-18。

22. 賈布列爾・賈西亞・馬奎斯告訴赫爾曼・卡斯楚・卡耶希多整個故事：'‘Gabo’ cuenta la novella de su vida. 3'，《觀察家日報》，一九九七年三月二十三日。
23. 賈布列爾・賈西亞・馬奎斯，*Collected Stories* (New York, Harper Perennial, 1991), p. 24。
24. 'La Ciudad y el Mundo'，《觀察家日報》一九四七年十月二十八日。
25. 《細說從頭》第二七一頁。
26. 古斯塔沃・阿多爾夫・拉米雷茲・阿里薩正在準備大規模修訂賈西亞・馬奎斯在波哥大的關係與經歷。
27. 賈布列爾・賈西亞・馬奎斯 *Collected Stories*, p. 19。
28. 路易斯・安立奎・賈西亞・馬奎斯於蓋爾維斯《賈西亞・馬奎斯家族》，一三二至一三三頁。
29. 字尾 *-azo* 在西班牙文中意指猛烈的吹過或對抗某件事。
30. 見貢薩羅・桑切茲 'La *Violencia* in Colombia: New research, new questions'。*Hispanic American Historical Review*, 65:4 (1985), pp. 789-807。
31. 訪談，波哥大，一九九八年。在一九八一年十月十八日刊登於《觀察家日報》的〈波哥大一九四七〉中，賈布列爾・賈西亞・馬奎斯肯定的說他在那場大火中遺失了文件，因而毀了他的撫恤金，特別提到「電車中的羊男」）。《細說從頭》第二八八頁則有不同的說法。
32. 見Herbert Braun, *Mataron a Gaitan: vida pública y violencia urbana en Colombia*（波哥大，標準出版，一九九八）p. 326。
33. 諷刺的是，他的第一個革命行動是幫一個搶匪砸爛一台打字機；賈西亞・馬奎斯後來向卡斯楚保證那台打字機是他的！
34. 見Arturo Alape, *El Bogotazo: memorias del olvido*（波哥大，Universidad Central，一九八三）。
35. 訪談瑪格麗妲・馬奎斯・卡巴耶羅，波哥大，一九九八。
36. 莉妲・賈西亞・馬奎斯於蓋爾維斯《賈西亞・馬奎斯家族》第二三七頁。

第六章：回到海岸區：卡塔赫納的實習記者（一九四八－一九四九）

1. 《細說從頭》第三〇四頁。本章描述與賈西亞・馬奎斯家族之訪談，包括拉米洛・艾斯畢里埃亞（波哥大，一九九一），卡洛斯・阿雷曼（波哥大，一九九一），馬奴耶・薩巴塔・歐立維亞（波哥大，一九九一），胡安・薩巴塔・歐立維亞（卡塔赫納，一九九二），雅克・吉拉德（土魯斯，一九九九，二〇〇四），艾科妥・羅哈斯・赫拉索（巴朗基亞，一九九八），以及瑪妲・楊恩斯（卡塔赫納，二〇〇七），及許多其他。

2. 關於賈西亞・馬奎斯在卡塔赫納的時期有兩部佳作：Gustavo Arango, *Un ramo de nomeolvides: García Márquez en 'El Universal'*（卡塔赫納，《環球報》，一九九五）及Jorge García Usta, *Como aprendió a escribir García Márquez*（Medellín, Lealon，一九九五），此書在二〇〇七年出了一部書名較不聳動的修定版：*García Márquez en Cartagena: sus inicios literarios*（Bogotá, Planeta，二〇〇七）。兩者皆表示這個城市對於他發展成爲一個作家的影響較證據所顯示的更深遠，但他們都想修正多數人的觀點，一般認爲其後於巴朗基亞（一九五〇—一九五三年）的時期有決定性的影響。他們尤其反對法國學者雅克・吉拉德的著述，他在一九七〇年代收集賈西亞・馬奎斯在《環球報》（卡塔赫納），《先鋒報》（巴朗基亞），《觀察家日報》（波哥大）以及其他報章的所有文章。不管對這個無止境的論戰採何種觀點，都無損於吉拉德對賈西亞・馬奎斯相關研究的貢獻，而他爲賈布列爾・賈西亞・馬奎斯的〈新聞作品〉系列所着之序言更是不可或缺。自一九四八年至二〇〇八年爲止，賈布列爾・賈西亞・馬奎斯所發表的一千多篇文章、散文以及短篇文學，只有少數曾以英文發表。針對這個時期的作品請參考Jacques Gilard, ed., *Gabriel García Márquez, Obra periodística vol.I: Textos costeños* 1（波哥大，黑羊出版社，一九八三）。

3. 《細說從頭》第三〇六至三一六頁提供了這幾個星期日子大量細節。

4. 見賈布列爾・賈西亞・馬奎斯 'profile of Rojas Herazo'，《先鋒報》（巴朗基亞）一九五〇年三月十四日。

5. 《細說從頭》第三一三至三一四頁，三二〇至三二一頁。在此書中賈布列爾・賈西亞・馬奎斯稱他爲「荷西・桃樂瑞斯」。

6. 見 'Un domingo de delirio'，《觀察家日報》一九八一年三月八日，其中賈布列爾・賈西亞・馬奎斯，回到卡塔赫納，提到它的魔力並揭露阿尼瑪斯海灣的碼頭曾是他最喜愛的地方，就在市場以前的位置。亦見 'Un payaso pintado detrás de una puerta'，《觀察家日報》一九八二年五月一日。

7. 在卡塔赫納，一般認爲賈西亞・馬奎斯沒有因爲向他學到很多而正式的向薩巴拉致謝，在一九八〇年賈西亞・馬奎斯曾對記者Donaldo Bossa Herazo表示「薩巴拉是一位紳士，多虧他造就了現在的我」（Arango, *Un ramo de nomeolvides*, p. 136.）。

8. 這兩篇文章皆無標題，出現在《環球報》署名「新段落」，於一九四八年五月二十一及二十二日發表，距波哥大大暴動六週之後。

9. 這一些以及其他所有這時期的文章都可在Gilard, ed., *Textos costeños 1*找到。

10. 見Gilard, ed., *Textos costeños 1*, pp. 94-5。

11. 《細說從頭》第三二四至三二五頁。

12. 莉西亞・賈西亞・馬奎斯於蓋爾維斯《賈西亞・馬奎斯家族》第一六九頁。

13. Arango, *Un ramo de nomeolvides*, p. 178。

14. García Usta, *Como aprendió a escribir García Márquez*, p. 49。

15. 這個詞在西班牙文中是‘tan modosito’（Arango, Un ramo de nomeolvides, p. 67）。

16. 同上，p. 275。

17. Franco Munera引述同上，一七八頁。此細節非常重要：在種族主義的哥倫比亞一九四〇年代，尤其是波哥大，對所有岸邊人文化及部分黑人文化而言鼓聲是種訊息代碼；賈西亞・馬奎斯對此樂器的明確情感，同時也象徵著他對區域文化的情感，以及他對這個世界看待卡恰克人觀點的藐視姿態。

18. 《環球報》一九四八年六月二十七日。

19. 見賈布列爾・賈西亞・馬奎斯關於愛倫・坡的文章，刊於《環球報》，一九四九年十月七日。關於他與伊巴拉・梅拉諾的關係，見哥布・坡達‘Cuatro horas de comadreo literario con GGM’, *op. cit.*。

20. 《環球報》, 4 July 1948；見Arango, *Un ramo de nomeolvides*, p. 149.該文於 *El Heraldo*（巴朗基亞）, 16 February 一九五〇重新刊出，增加了一個名字Albaniña。

21. 《環球報》, 10 July 1948，於*El Heraldo*, 1 February 一九五〇重新刊出，略有不同。

22. Arango, *Un ramo de nomeolvides*, pp. 208, 222。

23. 與Luis Enrique 賈西亞・馬奎斯面談於巴朗基亞，一九九八年。

24. 與Luis Enrique 賈西亞・馬奎斯面談於巴朗基亞，一九九三年。

25. 《細說從頭》, pp. 333-9。

26. 見賈布列爾・賈西亞・馬奎斯，‘El viaje de Ramiro de la Espriella’，《環球報》一九四九年七月二十六日，同時提及兩位作家。

27. 見維吉妮亞・吳爾芙《奧蘭多》（紐約，Vintage二〇〇〇）p. 176：「然而愛情——如同男性小說家所界定的——究竟誰在這方面比較有權威？——和好意，忠誠，慷慨或詩都沒有關係。愛情是脫下襯裙，然後——但我們都知道愛情是什麼。奧蘭多有這麼做嗎？」（筆者強調）。

28. 這句話的原文是 'mucha vieja macha'：see Arango, *Un ramo de nomeolvides*, p. 220。

29. Rafael Betancourt Bustillo, quoted by García Usta, pp. 52-3。

30. Arango, *Un ramo de nomeolvides*, p. 231。

31. 但這個世界已經再次發明了稱爲「魔幻寫實」的東西，那些年長他兩倍的作家們比如米格爾・安赫爾・阿斯圖里亞斯（*Men of Maize*，一九四九）及阿耶霍・卡本迪爾（*The Kingdom of This World*，一九四九）才剛接觸到這個想法，而賈西亞・馬奎斯已經在和《家》搏鬥，在這樣一個（即使以當時拉丁美洲的標準來看）小說仍極度落後的國家。

32. Vivir para contarla, p. 411.（筆者譯）。

33. 見賈布列爾・賈西亞・馬奎斯關於「西爾貝」的文章，於吉拉德編著*Gabriel García Márquez, Obra periodística vol. II: Textos costeños 2*（波哥大, Oveja Negra, 一九八三）。

34. 見埃利西歐・賈西亞 '*La tercera muerte de Santiago Nasar*'（波哥大，黑羊出版，一九八七）p. 61。

35. 見賈布列爾・賈西亞・馬奎斯 'La cándida Eréndira y su abuela Irene Papas'，《觀察家日報》，一九八二年十一月三日。

36. Fiorillo, *La Cueva*, p. 95。

37. 在《細說從頭》第三百五十頁，他說他現在開始！到了三百六十三頁，他說那一直都是「半成品」而已！

38. Arango, *Un ramo de nomeolvides*, p. 266。

39. 同上，二四三頁。海梅・安古羅・波薩回憶在卡塔赫納的日子，他和賈西亞・馬奎斯總是搖對方的左手（同上，三〇二頁）。說來也真諷刺，雖然評論家不斷爭論賈西亞・馬奎斯是在卡塔赫納或巴朗基亞開始閱讀現代小說，他們之中卻似乎沒有人注意到，他積極的政治教育無疑就從卡塔赫納開始，從一開始的薩巴拉直到拉米洛・艾斯畢里埃亞；政治從來就不是巴朗基亞團體的主要議題。

40. 見Juan Gossaín, 'A Cayetano lo mató todo el pueblo'，《觀察家日報》一九八一年五月十三日。路易斯・安立奎・賈西亞・馬奎斯提到瑪麗亞・阿雷罕德莉娜・塞凡提斯的非凡事蹟：她位於蘇克雷的臨時妓院「有點像某種辦公室，我們都會在假期時在那聚會……。我的母親從不擔心小賈布很晚都還沒回家，因爲她知道他在瑪麗亞・阿雷罕德莉娜那裡。我不曉得人們是否能了解三十年前當時的狀況而不感到震驚……」。

41. 賈布列爾・賈西亞・馬奎斯，'Viernes'《環球報》一九四九年六月二十四日。這本書對他的重要程度可能有點誇張，他之後認爲不論是真實生活或是小說中他所有對於時間的了解，都要歸功於《達洛威夫人》。

42. Gilard, ed., *Textos costeños 1*, pp. 7-10；薩爾迪瓦爾：*GM*, pp. 556-7。

43. 賈布列爾・賈西亞・馬奎斯 'Abelito Villa, Escalona & Cía'《先鋒報》一九五〇年三月十四日。

44. Arango, *Un ramo de nomeolvides*, p. 237。

45. 阿朗哥和賈西亞・烏斯塔都用這句話。

第七章：巴朗基亞、書商和波希米亞團體（一九五〇—一九五三）

1. Arango, *Un ramo de nomeolvides*, p. 222。

2. 同上，三二二頁。本章資料來自訪談賈西亞・馬奎斯之弟妹，阿豐索・福恩馬佑爾（巴朗基亞，一九九一、一九九三），赫爾曼・瓦爾賈斯（巴朗基亞，一九九一），阿雷翰德羅・歐布雷貢（卡塔赫納，一九九一），蒂達・塞培達（巴朗基亞，一九九一），Susy Linares de Vargas（巴朗基亞，一九九一），Heliodoro García（巴朗基亞，一九九一），Guillermo Marín（巴朗基亞，一九九一，Quique Scopell（巴朗基亞，一九九三），Katya González（巴朗基亞，一九九一），Pacho Bottía（巴朗基亞，一九九一），Ben Woolford（倫敦，一九九一），Ramón Illán Bacca（巴朗基亞，一九九一、二〇〇七），Antonio María Peñaloza Cervantes（阿拉加塔加，一九九一），Otto Garzón Patiño（巴朗基亞，一九九三），Alberto Assa（巴朗基亞，一九九三），Juan Roda與María Fornaguera de Roda（波哥大，一九九三），雅克・吉拉德（土魯斯，一九九九、二〇〇四），Guillermo Henríquez（巴朗基亞，二〇〇七），Meira Delmar（巴朗基亞，二〇〇七），Jaime Abello（巴朗基亞，二〇〇七），及其他人。

3. 訪談，墨西哥市，一九九三。

4. 關於巴朗基亞團體，參考阿豐索・福恩馬佑爾《*Crónicas sobre el grupo de Barranquilla*》（Bogotá, Instituto

Colombiano de Cultura, 1978）以及Fiorillo, *La Cueva*, 有精采的描述。Fiorillo創作了一些珍貴的作品，圍繞著該團體的文化議題。關於Vinyes, 見雅克・吉拉德《*Entre los Andes y el Caribe: la obra americana de Ramon Vinyes*》（Medellín, Universidad de Antioquia, 1989）以及Jordi Lladó《*Ramón Vinyes: un home de lletres entre Catalunya i el Caribe*》（Barcelona, Generalitat de Catalunya, 2006）。

5.《What, you are Subirats? Subirats, the mediocre translator of Joyce?》（Fuenmayor, *Crónicas sobre el grupo*, p. 43）。

6. Fiorillo, *La Cueva*, pp. 46, 98。

7. 見阿爾瓦洛・穆提斯'Apuntes sobre un viaje que no era para contar', in Mera, ed., *Aracataca-Estocolmo*, pp. 19-20。

8. 見Fiorillo, *La Cueva*, p. 108。

9. Daniel Samper, Prologue, *Antología de Alvaro Cepeda Samudio*（Bogotá, Biblioteca Colombiana de Cultura, 1977）;以及比利尼歐・門多薩'Requiem', *La llama y el hielo*。

10. 見賈西亞・馬奎斯'Obregon, o la vocación desaforada'《觀察家日報》，一九八二年十月二十日。

11. 'El grupo de Barranquilla', *Vanguardia Liberal*, Bucaramanga, 22 January 1956，由吉拉德引述賈布列爾・賈西亞・馬奎斯*Obra periodística vol. V: De Europa y América 1*（波哥大黑羊出版社，一九八四）p. 15。

12. Fiorillo, *La Cueva*, p. 96。

13. 同上，pp. 136-7。

14. 同上，p. 58：之後，歌手夏奇拉的父親在那裡開了一間珠寶店。

15. 本書作者在一九九三年曾在此地接受阿豐索・福恩馬佑爾所提供令人難忘的旅程，就在他過世前不久；海梅・阿貝羅在二〇〇六年讓我的資訊好好的更新了一番，他是賈布列爾・賈西亞・馬奎斯爲「伊比利美洲新新聞」所設基金會的董事。

16. 羅登可能是第一位將賈布列爾・賈西亞・馬奎斯介紹給共產世界的人，見'"Estoy comprometido hasta el tuétano con el periodismo político": *Alternativa* entrevista a GGM'，《抉擇》雜誌（波哥大）二十九期，一九七五年三月三十一日至四月十三日，p. 3, 在此他提到與共產黨組織休戚與共的關係「當時二十二歲」。

17. 見《細說從頭》第一段。

18. Fiorillo, *La Cueva*, p. 74.尤菲米亞的妓院是另一個被賦予神話般地位的地點，起因於賈西亞・馬奎斯的故事 'The

Night of the Curlews' 及《百年孤寂》。許多團體的惡作劇成了不朽的文學或當地傳奇，比方說當阿豐索・福恩馬佑爾把一隻鸚鵡從樹上嚇得掉下來，接著掉進了「參可丘」燉鍋裡，當時這故事總是在岸邊人妓院的各種奇聞軼事中鬧得沸沸揚揚；賈西亞・馬奎斯不假思索的拿起鍋蓋，讓那隻鸚鵡在香味四溢的燉鍋裡成了雞肉的代替品。關於巴朗基亞的妓女及文學見Adlai Stevenson Samper, *Polvos en La Arenosa: cultura y burdeles en Barranquilla* (巴朗基亞，La Iguana Ciega，二〇〇五)。

19. Fiorillo, *La Cueva*, p. 93。
20. 一九九七年賈布列爾・賈西亞・馬奎斯在哈瓦那告訴我這件事。
21. 見《細說從頭》三六三頁。在《憶我憂傷娼婦》中，以她爲本虛構的角色名爲卡斯托麗娜。
22. 在《細說從頭》中他被稱爲拉西德斯，而不是達瑪索。
23. 福克納在他出名的*Paris Review*訪談中提到此事，使賈布列爾・賈西亞・馬奎斯備受關注。關於早期「巨塔」與其居民的敘述，見比利尼歐・門多薩，'Entrevista con Gabriel García Márquez, *Libre* (Paris), 3, March-May 1972, pp. 7-8。
24. 'Una mujer con importancia'，《先鋒報》一九五〇年一月十一日。
25. 'El barbero de la historia'，《先鋒報》一九五一年五月二十五日。
26. 'Illya en Londres'，《先鋒報》一九五〇年七月二十九日。
27. 'Memorias de un aprendiz de antropófago'，《先鋒報》一九五一年二月九日。
28. 'La peregrinación de la jirafa'，《先鋒報》一九五〇年五月三十日。
29. 薩爾迪瓦爾在《回歸本源》一書中駁斥賈布列爾・賈西亞・馬奎斯的故事，並十分堅持他與母親拜訪阿拉加塔加是在一九五二年，而賈布列爾・賈西亞・馬奎斯說那是在一九五〇年只是爲了讓巴朗基亞成爲《葉風暴》最初創作的地點，與母親的這趟旅程成爲其發想—事實上，根據薩爾迪瓦爾的說法，《葉風暴》最初創作的時間與地點是一九四八至四九年在卡塔赫納！由於薩爾迪瓦爾如此堅持，賈布列爾・賈西亞・馬奎斯設法使他與母親的這趟旅程成爲他整部回憶錄的起點，同時彰顯他的文學造詣。薩爾迪瓦爾的假設非常無禮，根據我的判斷，完全錯誤。
30. 往後他將運用這部分記憶創作他的故事《週二的午休》，關於一個死去小偷的母親與妹妹，他們必須走過馬康多充滿敵意的街道才能見到他的墓。打從《百年孤寂》的第一行起，胡安・魯佛的《佩德羅・巴拉摩》(一九五五)

就對賈布列爾・賈西亞・馬奎斯產生極大的影響。讀過的人會注意到《細說從頭》此段的風格與內容皆與魯佛的書一開頭胡安・普雷夏多來到科馬拉的場景似曾相識。關於此時的阿拉加塔加，見Lázaro Diago Julio, *Aracataca... una historia para contar*（阿拉加塔加，一九八九，未出版）pp. 198-212.

31. 相當諷刺的，當地史學家Diago Julio表示一九五〇年是阿拉加塔加自一九二〇年代以來最繁榮的一年(同上，二一五頁)。
32. 《細說從頭》二十六頁。
33. 一九八一年，彼得・史東爲《巴黎競賽》訪問賈布列爾・賈西亞・馬奎斯。見Philip Gourevitch, ed., *The 'Paris Review' Interviews*, Vol. II (London, Canongate, 2007), pp. 185-6.
34. 一九九九年向表示：見Anthony Day and Marjorie Miller, 'Gabo talks: GGM on the misfortunes of Latin America, his friendship with Fidel Castro and his terror of the blank page'，《洛杉磯時報雜誌》一九九〇年九月二日，三十三頁。
35. 在《細說從頭》中賈布列爾・賈西亞・馬奎斯表示回程幾乎沒有和母親交談，然而在胡安・古斯塔沃・哥布・坡達的 'Cuatro horas de comadreo literario con GGM'，他說他立刻開始問母親「外公的故事，家族，我從哪裡來」。
36. 賈布列爾・賈西亞・馬奎斯，'Problemas de la novela?'《先鋒報》一九五〇年四月二十四日。
37. Fiorillo, *La Cueva*, pp. 20-21.
38. 《先鋒報》一九五〇年三月十四日。
39. 艾斯克隆那一直是瓦耶那多音樂最知名的作曲家，也是國寶。見龔雪妻・阿勞侯諾葛拉 '*Rafael Escalona: el hombre y el mito*'（波哥大，Planeta，一九八八），由她所寫的傳記，她後來並在烏帕爾河谷開始如今傳統的瓦耶那多音樂節，直到她於二〇〇一年死於哥倫比亞革命軍游擊隊與哥倫比亞軍隊的戰火之下。
40. 見Fiorillo, *La Cueva*, p. 36.
41. 見《細說從頭》，Fuenmayor, *Crónicas sobre el grupo*, and Gilard, ed., *Textos costeños I*.
42. 見Fiorillo, *La Cueva*, pp. 186-7.
43. 關於賈布列爾・賈西亞・馬奎斯與海明威，參考William Kennedy, 'The Yellow Trolley Car in Barcelona: An Interview'（1972), in *Riding the Yellow Trolley Car* (New York, Viking, 1993), p. 261.
44. 賈布列爾・賈西亞・馬奎斯 'Faulkner, Nobel Prize'，《先鋒報》一九五〇年十一月十三日。

45. 埃利西歐・賈西亞*Tras las claves de Melquíades*, pp. 360-61.

46. 我們一九九一年在波哥大見面時，卡洛斯・阿雷曼給了我一份信件副本。西班牙文版後來再次印行於Arango, *Un ramo de nomeolvides*, pp. 271-3.

47. 說來奇怪，兩年前凱坦葬於波哥大家中的庭院裡，原因是擔心他的墳墓會招來不良的注意力，不論是仰慕者或敵人。

48. ‘Caricatura de Kafka’《先鋒報》一九五〇年八月二十三。

49. 馬丁既陰險(他使用瓜希羅巫術，包括用針插人偶的眼睛)又乏味：一個怪異的組合。

50. ‘El viaje a la semilla’，*El Manifiesto*（波哥大，一九七七），in Rentería, p. 161.

51. 賈布列爾・賈西亞・馬奎斯告訴伊蓮娜・波妮娃托斯卡(一九七三年九月之訪談，*Todo México*，p.224)，表示他「在文學上一直無法使用梅瑟德斯做爲素材，因爲他對她太熟悉，以至於他完全不知道她到底像什麼」。

52. 二〇〇六年十一月和梅拉・戴爾瑪談論那些日子的故事。

53. 莉西亞・賈西亞・馬奎斯於蓋爾維斯《賈西亞・馬奎斯家族》一六五至一六六頁。梅瑟德斯在一九九一年告訴我同樣的事。

54. 見Antonio Andrade, ‘Cuando Macondo era una redacción’，《卓越》雜誌（墨西哥市，一九七〇年十月十一日）。

55. 艾妲・賈西亞・馬奎斯訪談，巴朗基亞，一九九三。

56. 見‘El día que Mompox se volvió Macondo’《時代報》二〇〇二年十二月十一日。瑪格麗妲・奇卡於二〇〇三年五月逝於辛瑟列霍。關於這樁謀殺及後續發展，最好的消息來源是埃利西歐・賈西亞 *La tercera muerte de Santiago Nasar*（波哥大，黑羊出版社，一九八七）。

57. 見《細說從頭》三八四至三八六頁。

58. 莉西亞・賈西亞・馬奎斯於蓋爾維斯《賈西亞・馬奎斯家族》一五四頁。

59. 見安赫爾・羅梅若‘Cuando GM dormía en El Universal’，《環球報》一九八三年三月八日，他後來成爲阿朗哥著述的重要消息來源。

60. Gilard, ed., *Textos costeños 1*, p. 7。

61. 古斯塔沃・賈西亞・馬奎斯於蓋爾維斯《賈西亞・馬奎斯家族》二一一頁；賈布列爾・賈西亞・馬奎斯在‘El

cuento del cuento’中提到這件事，《觀察家日報》一九八一年八月二十三日。

62. 《細說從頭》三九〇頁。

63. 賈西亞・烏斯塔，*Como aprendió a escribir García Márquez*, pp. 34-5.

64. Arango, *Un ramo de nomeolvides*, p. 274.

65. 同上，p. 211.

66. 古斯塔沃・賈西亞・馬奎斯於蓋爾維斯《賈西亞・馬奎斯家族》一九四頁。

67. 賈布列爾・賈西亞・馬奎斯‘Nabo. El negro que hizo esperar a los ángeles’，《觀察家日報》一九五一年三月十八日。

68. 也很明顯的「福克納式」。

69. 薩爾迪瓦爾說這次拜訪是在一九四九年，這顯然是根據錯誤的記憶，因爲賈布列爾・賈西亞・馬奎斯曾住在卡塔赫納兩次：一九四八至四九年，及一九五一至五二年。穆堤斯很清楚自己利用他在哥倫比亞國家航線公司的工作曾經前往卡塔赫納會見賈布列爾・賈西亞・馬奎斯，而他一九五〇年以後才進入這家公司工作。

70. 賈布列爾・賈西亞・馬奎斯‘Mi amigo Mutis’，《國家報》(馬德里)一九九三年十月三十日。雖然他在一九五一年之前從未見過穆堤斯，賈布列爾・賈西亞・馬奎斯仍在一九四七至四八年在波哥大把他的故事告訴了穆堤斯和馬亞利諾。見《波哥大一九四七》，《觀察家日報》一九八一年十月十八日。

71. 見聖蒂亞哥・穆堤斯*Tras las rutas de Maqroll el Gaviero* (Cali, Proartes, 1988), p.366.

72. 見Fernando Quiroz, *El reino que estaba para mí: conversaciones con Alvaro Mutis* (波哥大，標準出版，一九九三)pp. 68-70.

73. Vaina. Colombianism: ‘whatsit’, ‘thingumajig’. 僅僅這一個字就足以寫一篇論文，這是哥倫比亞整個國家特性的一部分。一開始，當說話者第一時間沒辦法找到一個適當的字時，就會用上。然而在一個語言的精準度超過平常的國家裡，使用vaina這個字幾乎都是刻意的，是一種全國的習慣甚至癖好，一種讓事情保持不精確，甚至是一種用以表現他崇尚自由不愛浮誇方式—或者，在一個「全世界西班牙說說得最好國家」中，是某種程度的逾矩。很明顯的，因爲vaina在此意指「所有的事情」，但通常指不值一提、無足輕重的小事，此處用法顯示出一種諷刺與不敬的態度。這個字受到男性廣泛的使用—可能女性意識到這個字是從拉丁字的vigina而來。

74. *Vivir para contarla*, p. 481.（筆者譯）

75. 在一九六八年的訪談中，賈布列爾・賈西亞・馬奎斯說維耶斯為了被拒絕的事安慰他：見Leopoldo Anzacot, 'García Márquez habla de política y literatura', *Indice* 二三七期(馬德里）一九六八年十一月；但理所當然維耶斯於該年四月離開了。

76. 還是有一些非比尋常的時候。令大家記憶深刻的是 'The Coca-Cola Drinker'（'El bebedor de Coca-Cola', 24 May 1952），先是他對於拉蒙・維耶斯致敬，接著他在五月五日去世於巴塞隆納，就在他七十歲生日前。這是對「聰明的老卡泰隆」的見證，但也是小賈布對自己創造力的憧憬，他最後的門徒，找到了一種顛覆方式來說再見，自我嘲解而動人。事情是這樣結束「最後一個星期六他們將我們從巴塞隆納找來，通知他已經過世了。我坐著回想著這些事情；而這些竟都是真的。」

77. 我於一九九三年在烏帕爾山谷訪談朋丘・科特斯。見拉法葉・艾斯克隆那・馬汀尼茲 'Estocolmo, Escalona y Gabo', in Mera, ed., *Aracataca-Estocolmo*, pp. 88-90，關於他們的關係。

78. 一九九一年於波哥大訪談馬奴耶・薩巴塔・歐立維亞。見薩巴塔・歐立維亞 'Enfoque antropológico: Nobel para la tradición oral', *El Tiempo, Lecturas Dominicales*, December 1982.

79. 見Ciro Quiroz Otero, *Vallenato, hombre y canto*（波哥大，Icaro，一九八三）。

80.（筆者譯）這首曲子於一九七七年獲瓦耶那多音樂作曲獎。賈西亞・馬奎斯原本對瓦耶那多音樂一無所知，在一九四〇年代因克雷門特・馬奴耶・薩巴拉與馬奴耶・馬奴耶・薩巴拉而開始探索(兩人都來自海岸區波利瓦爾省的那一邊），甚至在他遇到艾斯克隆那之前，但他始終熱愛當他本地流行音樂。

81. 見賈布列爾・賈西亞・馬奎斯 'Cuando Escalona me daba de comer'，*Coralibe*（波哥大），一九八一年四月。

82. 參考範例 'La cercanía con el pueblo encumbró la novela de América Latina'，《卓越》雜誌（墨西哥市）一九八八年一月二十五。

83. Vivir para contarla, p. 499.（筆者譯）

84. 哥布・玻達*Silva, Arciniegas, Mutis y García Márquez*, p. 479.

85. 見比利尼歐・門多薩 'Entrevista con Gabriel García Márquez', *Libre*, 3, March-May 1972, p. 9, 在此賈布列爾・賈西亞・馬奎斯引用此文，並承認這可能是《獨裁者的秋天》的靈感來源。

86. 在《預知死亡紀事》裡，他虛構的自己變成了百科全書推銷員「在某個不確定的時期，我正嘗試了解自己的某個部分」(倫敦，Picador，一九八三) p. 89。

87. 見Colombian Atlanticl/Caribbean Coast之地圖。

88. 見Gilard, ed., *Gabriel García Márquez, Obra periodística vol. III: Entre cachacos 1*, p. 66.

89. 記錄在一封一九七〇年五月二十六日賈布列爾・賈西亞・馬奎斯從巴塞隆納寄到巴朗基亞給阿爾瓦洛・塞培達・薩穆迪歐的信件，感謝蒂達塞培達讓我能看到這封信。

90. *Vivir para contarla*, p. 504(筆者譯)；不過吉拉德被通知賈布列爾・賈西亞・馬奎斯先離開(*Textos costenos 1*, p. 25)。

91. 這個作品贏得一九五四年全國短篇故事獎。見《細說從頭》四五四頁。在這裡，如往常一般，他沒有受到金錢與名譽的影響。

92. 哥布・玻達*Silva, Arciniegas, Mutis y García Márquez*, p. 480。賈布列爾・賈西亞・馬奎斯在此也提到他最喜愛的小說家，一位真正能讓他的心隨著故事遨遊的就是康拉德。再次感謝穆提斯。

93. *Vivir para contarla*, pp. 506-7.(筆者譯)。

第八章：回到波哥大：王牌記者(一九五四—一九五五)

1. 我在一九九二及一九九四年在墨西哥訪談阿爾瓦洛・穆提斯。為了本章的內容，我也訪談下列人士：荷西・薩卡爾(波哥大，一九九一；卡塔赫納，二〇〇七)，Germán Arciniegas(波哥大，一九九一)，胡安・古斯塔沃・哥布・玻達(波哥大，一九九一)，安娜・瑪麗亞・卡諾(波哥大，一九九一)，阿豐索及費南多・卡諾(波哥大，一九九三)，Alvaro Castaño(波哥大，一九九一、一九九八、二〇〇七)，南希・維森(墨西哥市，一九九四)，荷西・豐特・卡斯楚(馬德里，一九九七)，雅克・吉拉德(土魯斯，一九九九、二〇〇四)，還有其他許多訪談對象。一九九三年，Patricia 非常專業的帶領我參觀波哥大市中心所有和賈布列爾・賈西亞・馬奎斯有關的景點。

2. 見Alfredo Barnechea and José Miguel Oviedo, ‘La historia como estética’(interview, Mexico 1974), reproduced in Alvaro Mutis, *Poesía y prosa* (Bogotá, Instituto Colombiano de Cultura, 1982), pp. 576-97 (p. 584).

3. 《細說從頭》四三九頁。

4. Oscar Alarcón，《觀察家日報》一九八二年十月二十四日。p. 2A. 我訪談Oscar Alarcón，他是來自聖塔馬爾坦的表親，賈布列爾・賈西亞・馬奎斯於二〇〇七年在《觀察家日報》中提到他。

5. 出自於一九九一年我與薩卡爾之訪談。

6. 'La reina sola'《觀察家日報》一九五四年二月十八日。

7. Gilard, ed., *Entre cachacos* 1, pp. 16-17. 吉拉德的作品再次成為此時期無可取代之作。

8. 見Sorela, *El otro García Márquez*, p. 88. Sorela，一位曾在西班牙《國家報》擔任記者的人士，對賈布列爾・賈西亞・馬奎斯的報導獨具慧眼。

9. Gilard, ed., *Entre cachacos* 1，對賈布列爾・賈西亞・馬奎斯的影評特別嚴厲。

10. 這種一致性，可信度，以及—是的—人性光輝，是他與不朽先驅塞萬提斯斬不斷的連結。

11. 有鑒於他如此喜歡旁敲側擊，他人生的後期透過電影與新聞「工作室」繼續。

12. 《細說從頭》四五〇頁。亦見荷西・豐特・卡斯楚 'Gabo, 70 años: "No quiero homenajes póstumos en vida"'，《時代報》一九九七年二月二十三日，作爲這個階段的回顧。

13. 一九九四及一九九七年與南希・維森在墨西哥市的訪談。關於路易斯・維森，見E. García Riera, *El cine es mejor que la vida* (Mexico, Cal y Arena, 1990), pp. 50-53.

14. 由Fiorillo引用, *La Cueva*, p. 262.

15. 見Diego León Giraldo, 'La increíble y triste historia de GGM y la cinematografía desalmada', *El Tiempo, Lecturas Dominicales*, 15 December 1982, 在La langosta azul以及他在巴朗基亞與波哥大的電影評論。我的朋友古斯塔沃・阿多爾夫・拉米雷茲・阿里薩指出賈布列爾・賈西亞・馬奎斯的「岸邊人」朋友甚至更常來波哥大拜訪。

16. 《細說從頭》四六三至四六五頁。

17. Gilard, ed., *Entre cachacos* 1, pp. 52-3.

18. 賈布列爾・賈西亞・馬奎斯 'Hace sesenta años comenzó la tragedia'，《觀察家日報》一九五四年八月二日。

19. 依序出版於一九五四年八月二、三、四日。

20. 賈布列爾・賈西亞・馬奎斯向 'Urabá' 提起這次旅程，見 'Seamos machos: hablemos del miedo al avión'，《觀察家日報》, 26 October 1980。然而他對於操作方式最仔細的說明之一，是在Germán Castro Caycedo, '"Gabo" cuenta

la novela de su vida. 4’，《觀察家日報》, 23 March 1977. 亦見《細說從頭》, pp. 444-50. Daniel Samper, ‘GGM se dedicará a la musica’, 1968, in Renter’ ia, pp. 21-7, 提供了一個關於這件軼事特別令人厭惡的版本：p. 26, ‘Y así fue como se salvó al Chocó’. 見 ‘GGM: “Tengo permanente germen de infelicidad: atender a la fama”’, *Cromos*, 1 January 1980，在此他做的更多(「我們是在操弄現實」)，明顯的震驚了部分*El País*的記者。

21. ‘Hemingway, Nobel Prize’，《觀察家日報》一九五四年十月二十九日。這篇文章未署名，但吉拉德非常確信作者就是賈布列爾・賈西亞・馬奎斯！
22. 《細說從頭》四七二頁中指出這是在賈布列爾・賈西亞・馬奎斯於《觀察家日報》的辦公室中。
23. 賈布列爾・賈西亞・馬奎斯，在記者課程中對《國家報》之談話，馬德里自治大學(Universidad Autónoma de Madrid)，一九九四年四月二十八日。
24. 一九九七年於馬德里訪談荷西・豐特・卡斯楚。
25. 見 ‘La desgracia de ser escritor joven’，《觀察家日報》一九八一年九月六日。第一次出現後的十二年後，賈西亞・馬奎斯在《百年孤寂》出版後短暫的回到波哥大，他在二手書店發現好幾打第一版的小說，以每本一披索的價錢拍賣，於是他能買多少就買多少。
26. 見《細說從頭》四八二頁。
27. 見Claude Couffon, ‘A Bogotá chez García Márquez, *L’Express* (Paris), 17-23 January 1977, pp. 70-78, especially p. 74。
28. 見但丁《新生》(*Vita Nuova*)第二章。
29. 梅瑟德斯是個優秀的中學生，她想在大學修習微生物學，但似乎由於她一直迫切的希望嫁給小賈布，最後只好將計畫束之高閣。
30. 見《細說從頭》四六七至四七〇頁。
31. 見Juan Ruiz，Arcipreste de Hita,《真愛之書》(*El libro de buen amor*)(十四世紀)，對於西班牙文化及心理學極具影響。「瘋狂愛情」之論述曾在他最後一本小說《憶我憂傷娼婦》的第一頁提及，並且毫無疑問的，在最後一頁影射「真愛」，賈布列爾・賈西亞・馬奎斯七十七歲時時出版。
32. 墨西哥市，一九九七年。
33. 見Claudia Dreifus, ‘Gabriel García Márquez《花花公子》30:2，一九八三年二月。他提到梅瑟德斯說他最好去，否

則他後半輩子會一直怪她(一七八頁)。

第九章：探索歐洲：羅馬(一九五五)

1. ‘“Los 4 grandes” en Tecnicolor’，《觀察家日報》，一九五五年七月二十二日。
2. 本章取材自與Fernando Gómez Agudelo(Patricia Castaño 一九九一年於波哥大訪問)、基耶爾莫・安古羅(波哥大，一九九一、二〇〇七)、費南多・比利(卡塔赫那，二〇〇七；倫敦，二〇〇八)、及雅克・吉拉德(土魯斯，一九九九，二〇〇四)的訪談，以及與許多其他消息來源人士—尤其是John Kraniauskas—的討論。
3. ‘“Los 4 grandes” en Tecnicolor’。他對這段旅程的另一段回憶，請參見一九八三年四月十日《觀察家日報》的‘Regreso a la guayaba’，裡面他再次提到，他是想要「過幾個禮拜後回到哥倫比亞」。
4. Germán Castro Caycedo發表於一九七七年三月二十三日《觀察家日報》的‘“Gabo” cuentala novella de su vida. 4’。Castro Caycedo 4和5對賈布列爾・賈西亞・馬奎斯在日內瓦的經驗有最好的記述。
5. 同前，Gilard的作品十分重要：參見*Gabriel García Márquez, Obra periodística vol. V: De Europa y América 1*(波哥大，黑羊出版社，一九八四)，p. 21。
6. 同上。
7. Sorela，*El otro García Márquez*，p. 115。
8. 其實此時教皇的危機——事件剛發生時賈西亞・馬奎斯還在波哥大——早就結束了。但參見一九八二年六月六日《觀察家日報》的‘Roma en verano’，裡頭賈布列爾・賈西亞・馬奎斯堅持事情就是這樣，還詳述了細節。
9. 在Germán Castro Caycedo發表於一九七七年三月二十三日《觀察家日報》的‘“Gabo” cuenta la novella de su vida. 5’裡，他提到他在羅馬待了「八個月，或一年」。
10. 一九八八年三月十九日的《卓越》雜誌(墨西哥市)報導：*La Stampa of Turin*說賈布列爾・賈西亞・馬奎斯寫蒙特西的系列文章對這事件沒有新的見解。而更重要的是，若考量賈布列爾・賈西亞・馬奎斯的障礙，不知道有沒有其他的記者能將整件事簡述得更好。
11. 《觀察家日報》，一九五五年九月十六日，p. 1。
12. Karen Pinkus：*The Montesi Scandal: The Death of Wilma Montesi and the Birth of the Paparazzi in Fellini's Rome*(芝加

哥，Chicago University Press, 2003), p. 2.

13. 同上，p. 36討論巴贊的*What is Cinema?*

14. 賈布列爾・賈西亞・馬奎斯發表於一九五五年九月十三日《觀察家日報》的 'Domingo en el Lido de Venecia. Un tremendo drama de ricos y pobres'。

15. 'Roma en verano'，《觀察家日報》，一九八二年六月六日。

16. 賈布列爾・賈西亞・馬奎斯發表於 'Confusíon en la Babel del cine'，《觀察家日報》，一九五五年九月八日。超過四分之一個世紀以後，已是摯友的羅西到哥倫比亞，把賈布列爾・賈西亞・馬奎斯的一部小說《預知死亡紀事》拍成電影。

17. 見*De Europa y América 1*，ed. Gilard，pp. 5-8。

18. 參見賈布列爾・賈西亞・馬奎斯發表於 'Me alquilo para soñar'，《觀察家日報》，一九八三年九月四日。佛列妲的故事比較接近拉法葉・里貝羅・西爾瓦在羅馬的故事(在本章有提到)——她到歐洲去當一名古典聲樂家。

19. 對照賈布列爾・賈西亞・馬奎斯發表於 'el mar de mis cuentos perdidos'，《觀察家日報》，一九八二年八月二十二日，提到賈西亞・馬奎斯在多年以後突然的迷信，他因爲對死亡的恐懼而離開卡達蓋斯，且不再回頭。

20. 但參見 'Polonia: verdades que duelen'，《觀察家日報》，一九八一年十二月二十七日。由於當時已經安全了，他才在文中直截了當地說，第一次也是唯一一次到波蘭，是一九五五年的秋天，待了兩週。

21. '《鐵幕後的九十天》. VI. Con los ojos abiertos sobre Polonia en ebullición'，《彩印》，2，203，一九五九年八月三十一日。

22. 同上。

23. 'La batalla de la medidas. III. La batalla la decidirá el público'，《觀察家日報》，一九五五年十二月二十八日。

24. 賈布列爾・賈西亞・馬奎斯發表於 'Triunfo líricon Ginebra'，《觀察家日報》，一九五五年十二月十一日。

25. 賈布列爾・賈西亞・馬奎斯發表於 'Roma en verano'，《觀察家日報》，一九八二年六月六日。賈布列爾・賈西亞・馬奎斯將這個女孩歸類爲波格塞公園的「悲傷妓女 (sad whore)」；這詞在五十多年後，登上他最後一本小說的標題(譯按：《憶我憂傷娼婦》發表於二〇〇四年)。

26. 參見一九八二年十一月十四日《觀察家日報》的 'La penumbra del escritor de cine'，他在裡面詳細描述了對劇作家的欣賞，其中提到的劇作家幾乎均不具名，唯獨凱薩・薩瓦提尼除外。

27. 埃利西歐・賈西亞引述，*Tras las claves de Melquíades*，pp. 408-9。

28. 同上，p. 432。賈西亞・馬奎斯在多年之後，反倒不是對費里尼，而是針對薩瓦提尼評論道：「在拉丁美洲，藝術一定要有『視覺vision』，因爲我們的現實常會讓人產生幻覺，且本身就是幻覺的產物。難道都沒人懷疑拉美小說的『魔幻寫實主義』最可能的來源就是《米蘭奇蹟*Miracle in Milan*》嗎？」

29. 基耶爾莫・安古羅，一九九一年的訪談。並參見基耶爾莫・安古羅，'En busca del Gabo perdido'，in Mera, ed., *Aracataca-Estocolmo*, p. 85。

30. 埃利西歐・賈西亞，*Tras las claves de Melquíades*，p. 408。

31. Claude Couffon發表於'A Bogotá chez García Márquez'，*L'Express*，一九七七年一月十七至二十三日，p. 75的。賈布列爾・賈西亞・馬奎斯告訴Couffon他第一個晚上就直奔法蘭德斯飯店了。

第十章：飢寒交迫的巴黎時期：波西米亞人(一九五六—一九五七)

1. 本章引用的訪問包括：比利尼歐・阿布雷右・門多薩(波哥大，一九九一)、赫南・維耶科(波哥大，一九九一)、赫爾曼・瓦爾賈斯(巴朗基亞，一九九一)、基耶爾莫・安古羅(波哥大，一九九一、二〇〇七)、塔奇雅・金塔娜・羅索夫(巴黎，一九九三、一九九六、二〇〇四)、拉蒙・喬歐(巴黎，一九九三)、Claude Couffon(巴黎，一九九三)、路易斯・維亞爾・玻達(波哥大，一九九八)、雅克・吉拉德(土魯斯，一九九九、二〇〇四)，及許多其他的受訪者。

2. 因爲巴黎是巴黎，所以這兩間旅館都還存在，只是法蘭德斯旅社現在改名爲三學院飯店(Hôtel des Trois Collèges)。二〇〇七年旅館將賈布列爾・賈西亞・馬奎斯在此下榻的時光記錄在一塊匾額上。他的兒子貢薩羅和塔奇雅・金塔娜也參加了這塊匾額的揭幕典禮。

3. 比利尼歐・門多薩，'Retrato de GM(fragmento)'，收錄於Angel Rama，*Novísimos narradores hispanoamericanos en 'Marcha' 1964-1980*(墨西哥，Marcha Editores，1981)，pp. 128-39。

4. 同上，p. 137。並參見'GM 18 años atrás'，《觀察家日報》，一九七四年二月二十七日。

5. 比利尼歐・門多薩，*La llama y el hielo*；比利尼歐・門多薩，'GM 18 años atrás'，*op. cit.*。

6. 不可思議地，四年後，另一位偉大的拉美作家，後來成為賈布列爾·賈西亞·馬奎斯朋友的馬立歐·巴爾加斯·尤薩也為了同樣的理由，而住進一間由拉瓜夫人出租的閣樓。

7. 關於奧特羅·西爾瓦，參見賈布列爾·賈西亞·馬奎斯發表於'Un cuento de horror para el día de los Inocentes'，《觀察家日報》，一九八〇年十二月二十八日。

8. 門多薩，《火焰與冰》(*La llama y el hielo*)，pp. 49-51。(《火焰與冰》一書造成了門多薩與賈布列爾·賈西亞·馬奎斯之間的嫌隙，尤其是門多薩和梅瑟德斯，因為梅瑟德斯覺得門多薩揭露的一些事情是背叛了他們的信任和友情)。

9. 參見安東尼奧·努聶茲·希門內茲，'García Márquez y la perla de las Antillas (o Qué conversan Gabo y Fidel)'(哈瓦那，一九八四，未出版手稿)。一九九七年我造訪哈瓦那時，努聶茲·希門內茲破例讓我讀到手稿。賈布列爾·賈西亞·馬奎斯發表於'Desde París con amor'，《觀察家日報》，一九八二年十二月二十六日中也說了紀嚴的故事。其實裴隆——他也怎麼都不算是獨裁者——一九五五年九月就下台了，所以有可能這聲大叫是在說七月二十八日心有不甘離職的祕魯總統奧德里亞，或九月二十一日遭暗殺的尼加拉瓜總統蘇慕薩。

10. 賈布列爾·賈西亞·馬奎斯發表於'El proceso de los secretos de Francia. XII. El ministro Mitterrand hace estremecer la sala'，《獨立報》(波哥大)，一九五六年三月三十一日。這些文章可在吉拉德主編的*De Europa y América 1*中找到。

11. 門多薩，*La llama y el hielo*，pp. 19-20。

12. 參見龔雪妻·門多薩·利安諾發表於'La Gaba'，*Revista Diner*(波哥大)，第八十期，一九八〇年十一月。其中記載賈布列爾·賈西亞·馬奎斯一週寫信給梅瑟德斯三次，但「聽說在巴黎有個西班牙女友」。

13. Peter Stone，'García Márquez'(*Paris Review*一九八一)，收錄於Gourevitch主編的*The 'Paris Review' Interviews*，p. 188。

14. 參見門多薩，《番石榴的香味》，第五十六頁。

15. 引述者為埃利西歐·賈西亞，*Tras las claves de Melquíades*，p. 403。

16. 關於馬畢隆、其他咖啡館，與他們之間的關係，參見胡安·哥蒂索羅，*Coto vedado*(巴塞隆納，巴拉爾出版社，一九八五)pp. 209-12。

17. 這段敘事是根據一九九三年三月在巴黎一段很長的訪談。

18. 賈布列爾・賈西亞・馬奎斯在巴黎吃的苦，最詳盡的版本可能是Jean Michel Fossey發表於'Entrevista a Gabriel García Márquez', *Imagen*(卡拉卡斯)，一九六九年四月二十七日。但Germán Castro Caycedo發表於'"Gabo" cuenta la novella de su vida 5'，《觀察家日報》，一九七七年三月二十三日，也有重要的細節。

19. 奧古斯丁的三個朋友，都是裁縫師，分別名爲阿豐索、阿爾瓦洛和赫爾曼，是賈布列爾・賈西亞・馬奎斯在巴朗基亞摯友的名字。

20. 門多薩，《番石榴的香味》，第二六頁。

21. 他的叔叔荷西・馬利亞・韋德伯朗奎茲在波哥大政府工作了數十年。一九九三年我和賈西亞・馬奎斯口氣酸溜溜的表弟里卡多・馬奎斯・伊瓜蘭在里歐阿查喝了好幾大瓶威士忌，他一九四〇年代在退輔部門和韋德伯朗奎茲共事了幾年——「一年工作過一年，我們從來也沒給過一次撫卹金！」

22. 《沒人寫信給上校》的敘事時間發生在一九五六年十月初到十二月初——因爲提到了蘇伊士運河。這表示《沒人寫信給上校》的寫作時間大約就是書中描述的哥倫比亞—中東事件發生之時，且顯然是在賈布列爾・賈西亞・馬奎斯和塔奇雅・金塔娜在一起的時候(一九五六年三月至十二月中)寫成。

23. 筆者譯。

24. Sorela, *El otro GM*, p. 133.

25. 這個故事的架構與同時期的《預知死亡紀事》相同：一位口氣像賈布列爾・賈西亞・馬奎斯的敘事者，多年後在卡塔赫那跟比利談話，之後在巴黎調查醫院的紀錄，看妮娜何時住進醫院，並與在哥倫比亞大使館當顧問的官員比利談話。

26. 參見賈布列爾・賈西亞・馬奎斯發表於'El argentine que se hizo querer de todos'，《觀察家日報》，一九八四年二月二十二日。

27. 古斯塔沃・賈西亞・馬奎斯於蓋爾維斯《賈西亞・馬奎斯家族》二〇六頁。

28. 福恩馬佑爾在*Crónicas sobre el grupo de Barranquilla*裡討論了這一段。賈布列爾・賈西亞・馬奎斯的第一部小說《葉風暴》是獻給赫爾曼・瓦爾賈斯，《沒人寫信給上校》裡的朋友叫阿豐索、阿爾瓦洛和赫爾曼——這三個人和拉蒙・維耶斯(還有梅瑟德斯等)都出現在《百年孤寂》裡。難怪賈西亞・馬奎斯常告訴採訪者，他寫書「是爲了讓好友們更愛我」。一個人兒時有這樣的家庭經驗，會如此緊抓住讓他初次體驗到歸屬感的朋友，也就不足為奇。

29. 引述於Silvana Paternostro發表於'La Mirada de los otros'，《第十二頁報》(布宜諾斯艾利斯)，二〇〇四年五月五日。

30. 賈布列爾・賈西亞・馬奎斯發表於'Georges Brassens'，《觀察家日報》，一九八一年十一月八日。

31. 賈布列爾・賈西亞・馬奎斯發表於'Desde París, con amor'，《觀察家日報》，一九八二年十二月二十六日。其中他回憶曾為「阿爾及利亞民族解放陣線」工作。(二十五年後，在獨立慶典上，他說這是唯一一個讓他入獄的鬥爭活動。)

32. 賈布列爾・賈西亞・馬奎斯發表於'Desde París, con amor'，《觀察家日報》，一九八二年十二月二十六日。

33. Couffon發表於'A Bogotá chez García Márquez'，*L'Express*，一九七七年一月十七至二十三日，第七十六頁。

34. 比利尼歐・門多薩，收錄於Mera編輯的*Aracataca-Estocolmo*，pp. 100-1。

35. 賈布列爾・賈西亞・馬奎斯發表於'Mi Hemingway personal'，《觀察家日報》，一九八一年七月二十六日。

第十一章：鐵幕之內：冷戰時期的東歐(一九五七)

1. 門多薩，*La llama y el hielo*，p. 21。本章引用的訪問包括：比利尼歐・門多薩(波哥大，一九九一)、路易斯・維亞爾・玻達(波哥大，一九九八)、基耶爾莫・安古羅(波哥大，一九九一、二〇〇七)、赫南・維耶科(波哥大，一九九一)、塔奇雅・金塔娜(巴黎，一九九三)、馬奴耶・薩巴塔・歐立維亞(波哥大，一九九一)、賈克・吉拉爾(土魯斯，一九九九、二〇〇四)及其他。

2. 即使在對這趟旅程發表的文章裡——而且在一九五九年自己修訂過，賈西亞・馬奎斯仍然將索利達伴稱為來自印度支那的法國平面藝術家「賈克琳」、且將比利尼歐伴稱為義大利自由撰稿記者「法蘭科」。在一九五〇年代，一個哥倫比亞人就算到鐵幕外旅遊，都必得冒著最慘重的政治和個人風險。參見Gilard ed.，*De Europa y América 1*，p. 7。

3. 賈布列爾・賈西亞・馬奎斯發表於《鐵幕後的九十天》 I. La "Cortina de Hierro" es un palo pintado de rojo y blanco'，《彩印》，一九五九年七月二十七日的。這些文章都收錄在吉拉德主編的GGM，*Obra periodistica vol. V*

及*vol. VI: De Europa y América 1 and 2*。

4. 賈布列爾・賈西亞・馬奎斯發表於'90 días en la Cortina de Hierro. VI. Con los ojos abiertos soble Polonia en ebullición'，《彩印》，第2,199期，一九五九年八月三日。

5. 賈布列爾・賈西亞・馬奎斯發表於'90 días en la Cortina de Hierro. II. Berlín es un disparate'，《彩印》，第2,199期，一九五九年八月三日。

6. 賈布列爾・賈西亞・馬奎斯發表於'《鐵幕後的九十天》, III. Los expropiados se reúnen para contarse sus penas'，《彩印》，第2,200期，一九五九年八月十日。

7. 多年後，維亞爾・玻達成了哥倫比亞駐東柏林的末任大使。

8. 二〇〇四年七月，賈克・吉拉爾告訴我，「在某個場合，賈布列爾・賈西亞・馬奎斯告訴我，他不確定他在波哥大是不是共產主義者，但他覺得是。肯定的是，他一九五五年到維也納與參加共產黨會議的豪赫・薩拉梅亞碰面時，他確實認爲自己是共產黨的一份子」。當然，這並不代表他是黨員。

9. 賈布列爾・賈西亞・馬奎斯，《鐵幕後的九十天》'III. Los expropiados se reúnen para contarse sus penas'，同前。

10. 賈布列爾・賈西亞・馬奎斯發表於《鐵幕後的九十天》'II. Berlín es un disparate'，《彩印》，第2,199期，一九五九年八月三日。

11. 同上。

12. 同上。

13. 賈西亞・馬奎斯在他的文章裡說，只有「Jacqueline」回到巴黎，而他和「法蘭科」留在柏林，並把車留在那裡，再搭火車到布拉格。這樣一來，除了一九五七年五月的德國行，也順便把一九五五年的捷克和波蘭之旅納入了後來一九五七年七、八月的蘇聯與匈牙利之旅。如此這般，三段不同的行程，最後便融爲一段所謂的「鐵幕後的九十天」之旅。

14. 阿朗哥，*Un ramo de nomeolvides*，p. 88。這個演出團體是Delia Zapata民謠樂團，賈西亞・馬奎斯在波哥大寫過一篇他們的文章('Danza cruda'，刊登於一九五四年八月四日的《觀察家日報》)；而且，命運真奇妙，這個團體剛好缺了手風琴手和薩克斯風手。

15. 賈布列爾・賈西亞・馬奎斯一九五七年夏天從巴黎寫到馬德里給塔奇雅・金塔娜的信。

16. 這段旅程在賈布列爾・賈西亞・馬奎斯發表於'Allá por los tiempos de la Coca-Cola'，《觀察家日報》，一九八一年十月十一日中有所描繪。
17. 賈布列爾・賈西亞・馬奎斯發表於'《鐵幕後的九十天》. VII. URSS: 22, 400,000 kilómetros cuadrados sin un solo aviso de Coca-Cola'，《彩印》，第2,004期，一九五九年九月七日。寫蘇聯的這四篇文章後來於一九五九在波哥大的《彩印》發表，最初是兩篇文章：'Yo visité Rusia' 1和2，《時代報》，卡拉卡斯，一九五七年十一月二十二和二十九日。兩個版本都收錄在吉拉德主編的*Gabriel García Márquez, Obra periodística vol. VI: De Europa y América* 2(波哥大，黑羊出版社，一九八四)，但我在此引述一九五九年版，因爲這些文章較完整，且結合成一個全面的觀點。
18. 莫洛托夫後來於一九五七年六月一日遭到罷黜。
19. 賈布列爾・賈西亞・馬奎斯發表於《鐵幕後的九十天》. VIII. Moscú la aldea más grande del mundo'，《彩印》，第2,205期，一九五九年九月十四日。
20. 同上。
21. 同上。
22. 賈布列爾・賈西亞・馬奎斯發表於'《鐵幕後的九十天》. IX. En el Mausoleo de la plaza Roja Stalin duerme sin remordimientos'，《彩印》，第2,206期，一九五九年九月二十一日。
23. 同上。參見賈布列爾・賈西亞・馬奎斯發表於'El destinto de los embalsamados'，《觀察家日報》，一九八二年九月十二日。裡頭討論到列寧和史達林的遺體，提到艾娃・裴隆、聖塔安娜和歐布雷貢，並比較了史達林、卡斯楚和切・格瓦拉細緻的手。
24. 門多薩，*La llama y el hielo*，p. 30。
25. 後來賈布列爾・賈西亞・馬奎斯遇到另一個有著超細緻雙手的獨裁者，卡斯楚司令官，世人稱他「費德爾」——不算是叔叔，卻是每個人的朋友和同志。那時賈布列爾・賈西亞・馬奎斯自己也是每個人的朋友：「賈布」。
26. 賈布列爾・賈西亞・馬奎斯發表於'《鐵幕後的九十天》. IX. En el Mausoleo de la plaza Roja Stalin duerme sin remordimientos'，《彩印》，第2,206期，一九五九年九月二十一日。
27. 同上。
28. 賈布列爾・賈西亞・馬奎斯發表於'《鐵幕後的九十天》。VII. URSS: 22, 400,000 kilómetros cuadrados sin un solo

aviso de Coca-Cola'，《彩印》，第2,204期，一九五九年九月七日。

29. 賈布列爾・賈西亞・馬奎斯發表於'Yo visité Hungría'，《時代報》(卡拉卡斯)，一九五七年十一月十五日。

30. 同上。

31. 同上。

32. 同上。

33. 門多薩，*La llama y el hielo*，p. 32。

34. 賈布列爾・賈西亞・馬奎斯一九五七年十二月三日從倫敦寄到卡塔赫那給露易莎・聖蒂雅嘉・馬奎斯(中間透過巴朗基亞的梅瑟德斯)的信。

35. Claude Couffon發表於'A Bogotá chez García Márquez'，*L'Express*(巴黎)，一九七七年一月十七至二十三日。

36. 見吉拉德主編的*De Europa y América 1*，pp. 33-8。

37. 參見Anthony Day與Marjorie Miller發表於'Gabo talks: GGM on the misfortunes of Latin America, his friendship with Fidel Castro and his terror of the blank page'，*Los Angeles Times Magazine*，一九九〇年九月二日：「他說『從中學開始直到我首次周遊社會主義國家，我有點算是政治宣傳活動的受害者』。他說『我(一九五七年從東歐)回來時就很清楚，理論上，社會主義是比資本主義更公正的系統。但也明白，實際上，這不是社會主義。就在那時，發生了古巴革命』」(pp. 33-4)。

38. 一九五七年十一月十五日，賈布列爾・賈西亞・馬奎斯在《時代報》發表了《訪問匈牙利》，十一月二十二和二十九日則一樣在《時代報》分別發表了《人在蘇聯》一、二兩集。將近兩年後，一九五九年的七月底到九月底，又在波哥大的彩印週刊發表了十篇以「鐵幕後的九十天」爲大標題的文章——三篇寫德國、三篇寫捷克、一篇寫波蘭、四篇寫蘇聯(實爲重複一九五七年的文章)；奇怪的是，他並未重複匈牙利的文章。欲了解這系列寫作及出版品詳細的順序重現，請參閱吉拉德主編的*De Europa y América 1*，pp. 33-8。

39. 塔奇雅・金塔娜，訪談，巴黎，一九九三。

40. 賈布列爾・賈西亞・馬奎斯一九五七年十二月三日從倫敦寄到卡塔赫那給露易莎・聖蒂雅嘉・馬奎斯(中間透過巴朗基亞的梅瑟德斯)的信。

41. 吉拉德主編的*De Europa y América 1*，p. 44。

42. 賈布列爾・賈西亞・馬奎斯，'Un sábado en Londres'，《民族報》(卡拉卡斯)，一九五八年一月六日。
43. 賈布列爾・賈西亞・馬奎斯一九六六年十月一日從墨西哥市寄到倫敦給馬立歐・瓦爾賈斯・尤薩的信。
44. 賈布列爾・賈西亞・馬奎斯一九五七年十二月三日從倫敦寄到卡塔赫那給露易莎・聖蒂雅嘉・馬奎斯(中間透過巴朗基亞的梅瑟德斯)的信。參見克勞蒂雅・德瑞福斯，'Gabriel García Márquez'，《花花公子》，30:2，一九八三年二月，pp. 65-77和172-8：《花花公子》雜誌：「梅瑟德斯(對他到歐洲去)怎麼反應？」賈西亞・馬奎斯：「這是她性格中我永遠無法參透的謎團——到現在還是不懂。她完全篤定我會回去。每個人都跟她說她瘋了，說我會在歐洲找到新的人。而在巴黎，我確實過著全然自由的生活。但我知道結束後，我會回到她身邊。不是爲了名聲，而比較像自然注定的，就像已經發生了的事。」
45. 會談，墨西哥市，一九九三。
46. 會談，墨西哥市，一九九九。

第十二章：委內瑞拉和哥倫比亞：「大媽媽」的誕生(一九五八—一九五九)

1. 參見賈布列爾・賈西亞・馬奎斯，'Caribe mágico'，《觀察家日報》，一九八一年一月十八日。本章與次章引用的訪談包括：比利尼歐・門多薩(波哥大，一九九一)、龔雪婁與艾爾維菈・門多薩(波哥大，二〇〇七)、荷西・豐特・卡斯楚(馬德里，一九九七)、Domingo Miliani(匹茲堡，一九九八)、Alejandro Bruzual(匹茲堡，二〇〇五)、讀過本章手稿的胡安・安東尼歐・埃爾南德茲(匹茲堡，二〇〇四、二〇〇八)、路易斯・哈爾斯(匹茲堡，一九九三)、荷西・路易斯・迪亞茲・葛拉那多斯(波哥大，一九九一及其後)、José('Pepe')Stevenson(波哥大，一九九一，卡塔赫那，二〇〇七)、Malcolm Deas(牛津及波哥大，一九九一)、Eduardo Posada Carbó(牛津，一九九一)、愛德華・巴爾恰・帕爾多(阿爾荷納，二〇〇八)、阿豐索・羅培茲・米歇爾森(波哥大，一九九三)、赫爾曼・阿西涅加斯(阿齊尼格斯)(波哥大，一九九一)、拉米洛・艾斯畢里埃亞(波哥大，一九九一)、雅克・吉拉德(土魯斯，一九九九、二〇〇四)、Rafael Gutiérrez Girardot(巴塞隆納，一九九二)、Jesús Martín Barbero(匹茲堡，二〇〇〇)、路易斯・維亞爾・玻達(波哥大，一九九八)、Rita García Márquez，及其他許多人。
2. 門多薩，*La llama y el hielo*，pp. 35-6。並參見賈布列爾・賈西亞・馬奎斯，'Memoria feliz de Caracas'，《觀察家日報》，一九八二年三月七日。

3. 門多薩，*La llama y el hielo*，p. 89。

4. 賈布列爾・賈西亞・馬奎斯，'No se me ocurre ningún título'，《美洲之家》(哈瓦那)，第一百期，一九七七年一月至二月，pp. 85-9的。

5. 參見《獨裁者的秋天》的結語，其靈感無疑是來自卡拉卡斯的這些慶祝活動。

6. 參見門多薩，*La llama y el hielo*，pp. 40-41；賈布列爾・賈西亞・馬奎斯在'Los idus de marzo'，《觀察家日報》，一九八一年十一月一日中回想起這件事，並連結到《獨裁者的秋天》和《預知死亡紀事》。

7. 當時和之後，他都忽略了米格爾・安赫爾・阿斯圖里亞斯的《總統先生》。這本書是以瓜地馬拉的暴君馬努耶・艾斯特拉達・卡布列拉為基礎的小說，一九四八年在布宜諾斯艾利斯出版時造成轟動——其出版商羅薩妲拒絕了出版《葉風暴》——且於一九五二年登陸法國時，贏得了《百年孤寂》在其後十八年才贏得的國際書籍獎項。

8. 見門多薩，《番石榴的香味》，pp. 80-90，及Ernesto González Bermejo，'García Márquez: ahora doscientos años de soledad'，《凱旋》(馬德里)，第四四期，一九七〇年十一月十四日(見Rentería，pp. 49-64)。

9. 見 吉拉德主編的*De Europa y América 1*，pp. 50-51。

10. 賈布列爾・賈西亞・馬奎斯，'El clero en la lucha'，《時代報》，一九五八年二月七日。

11. 荷西・豐特・卡斯楚，訪談，馬德里，一九九七年。

12. 埃利西歐・賈西亞，*Tras las claves de Melquíades*，p. 232。

13. Rita GM，收錄於同上，p. 243。

14. 費歐里洛，*La Cueva*，p. 266。

15. 梅瑟德斯・巴爾恰，一九九一年於卡塔赫那的訪談。參見Beatriz López de Barcha，'"Gabito esperó a que yo creciera"'，《旋轉馬車，時代報期刊*Carrusel, Revista de El Tiempo*》(波哥大)，一九八二年十二月十日：「一九五八年小賈布從巴黎來到卡拉卡斯，然後『有一天他出現在這房子』。兩天後他們就結婚了。」

16. 參見Castro Caycedo，'Gabo cuenta la novela de su vida'。其中包含了與梅瑟德斯的簡短交流。

17. 見阿豐索・福恩馬佑爾，'El día en que se casó Gabito'，Fin de Semana del Caribe，日期不詳(見費歐里洛，*La Cueva*，pp. 265-7)。

18. 莉妲於蓋爾維斯的《賈西亞・馬奎斯家族》第四六至四七頁。

19. 埃利西歐・賈西亞，'Gabriel José visto por Eligio Gabriel, en benjamín'，《彩印》(波哥大)，一九八二年十月二十六日，pp. 20-21。
20. Germán Castro Caycedo，'"Gabo" cuenta la novela de su vida. 3'，《觀察家日報》，一九七七年三月二十三日。
21. 龔雪婁・門多薩・利安諾，'La Gaba'，*Revista Diners*(波哥大)，一九八〇年十一月份。
22. Domingo Miliani，'Diálogo mexicano con GGM'，《民族報文學副刊》(卡拉卡斯)，一九六五年十月三十一日。
23. 馬立歐・巴爾加斯・尤薩，會談，英國史特拉福，一九九〇年。
24. 梅瑟德斯・巴爾恰，會談，墨西哥市，一九九三年十月。
25. 門多薩，*La llama y el hielo*，p. 46。
26. 梅瑟德斯・巴爾恰，訪談，卡塔赫那，一九九一年。
27. María Esther Gilio，'Escribir bien es un deber revolucionario'，《凱旋》(馬德里)，一九七七年(見Rentería，pp. 141-5)。
28. 埃利西歐・賈西亞，*Tras las claves de Melquíades*，p.424。
29. 門多薩，*La llama y el hielo*，p.44。
30. Domingo Miliani，'Diálogo mexicano con GGM'，《民族報文學副刊》(卡拉卡斯)，一九六五年十月三十一日。
31. 見龔雪婁・門多薩，'La Gaba'，*Revista Diners*(波哥大)，一九八〇年十一月；貝阿翠絲・羅培茲・巴爾恰，'"Gabito esperó a que yo creciera"'，《旋轉馬車，時代報期刊 *Carrusel, Revista de El Tiempo*》(波哥大)，一九八二年十二月十日；及克勞蒂雅・德瑞福斯，'Gabriel García Márquez'，《花花公子》，30:2，一九八三年二月，p. 178。
32. Sorela，*El otro GM*，p. 185。
33. 埃利西歐・賈西亞，*Tras las claves de Melquíades*，p. 366。
34. 賈布列爾・賈西亞・馬奎斯，'Mi hermano Fidel，《時代報》(卡拉卡斯)，一九五八年四月十八日。
35. 努聶茲・希門內茲，'GM y la perla de las Antillas'。
36. 賈布列爾・賈西亞・馬奎斯，'No se me ocurre ningún título'，《美洲之家》(哈瓦那)，第一〇〇期，一九七七年一月至二月。

37. 門多薩，*La llama y el hielo*，p. 60。
38. 安東尼奧・努聶茲・希門內茲，*En marcha con Fidel*(哈瓦那，Letras Cubanas，一九八二)，重新收錄了這席話。
39. 門多薩，*La llama y el hielo*，p. 67。
40. 見吉拉德主編的*De Europa y América 1*，p. 53；及門多薩，*La llama y el hielo*，pp. 67-8。
41. 門多薩，*La llama y el hielo*，pp. 75-7。
42. 門多薩的記述與賈布列爾・賈西亞・馬奎斯不同：門多薩記得都是門多薩在波哥大——而非卡拉卡斯——做的，而賈布列爾・賈西亞・馬奎斯則未被提及。門多薩同意「條件是錢要對，且要以同樣薪水雇用一個他在卡拉卡斯的朋友」。賈布列爾・賈西亞・馬奎斯在努聶茲，'GM y la perla de las Antillas'裡頭有著頗為不同的記述。
43. 努聶茲・希門內茲，'GM y la perla de las Antillas'。
44. 門多薩，*La llama y el hielo*，p. 71。
45. 二〇〇七年三月與José Stevenson於卡塔赫那的訪談。二〇〇八年我也在阿爾荷納與梅瑟德斯的弟弟愛德華・巴爾恰・帕爾多談過。他那時在波哥大讀書，徵選入拉丁美洲報，然後和姐姐與姐夫住在他們波哥大的公寓。
46. 賈布列爾・賈西亞・馬奎斯，'Colombia: al fin hablan los votos'，《時代報》(卡拉卡斯)，一九五八年六月二十八日。
47. José Luis Díaz Granados，訪談，波哥大，一九九一年；並參見龔雪婁・門多薩，'La Gaba'，*Revista Diners*，一九八〇年十一月。
48. 門多薩，*La llama y el hielo*，p. 72。
49. 賈布列爾・賈西亞・馬奎斯，'Nagy, ¿héroe o traidor?'，《精英》(卡拉卡斯)，一九五八年六月二十八日。
50. 參見門多薩，'Entrevista con Gabriel García Márquez'，*Libre*，第三期，一九七二年三至五月，pp. 13-14。其中門多薩和賈布列爾・賈西亞・馬奎斯回憶Torres的事。
51. 門多薩，*La llama y el hielo*，p. 74。
52. 同上，p. 71。
53. 賈布列爾・賈西亞・馬奎斯，*Collected Stories*，p. 184。
54. 同上，p. 200。

55. 參見埃爾南迪亞斯在爲拉丁美洲報工作時對賈布列爾・賈西亞・馬奎斯的描繪。他行爲舉止的改變十分明顯且驚人。
56. 見Gilard主編的*De Europa y América 1*，pp. 60-63。
57. 同上，pp. 53-4。亦參見Gilard，'García Márquez: un projet d' école de cinema (1960)'，*Cinéma d' Amérique latine*(Toulouse)，第三期，一九九五，pp. 24-38，和'"Un carnaval para toda la vida", de Cepeda Samudio, ou quand García Márquez faisait du montage'，*Cinéma d'Amérique latine*(Toulouse)，第三期，一九九五，pp. 39-44。
58. 參見丹尼爾・參貝爾，'GGM se dedicará a la música'，《時代報》，一九六八年十二月，收錄於Rentería，p. 24；及薩爾迪瓦爾《回歸本源》，pp. 389-90。

第十三章：古巴革命及美國(一九五九－一九六一)

1. 門多薩，*La llama y el hielo*，pp. 87-8。
2. 見E. González Bermejo，'Ahora doscientos años de soledad . . .'，《凱旋》，一九七一年十一月(收於Rentería主編的*García Márquez habla de García Márquez en 33 grandes reportajes*，p. 50)；及Angel Augier，'GM en La Habana'，*Mensajes*，一九七〇年九月十日(古巴作家與藝術家協會競賽，哈瓦那)，I:17。阿羅爾托・華爾之後成了胡立歐・柯塔薩與古巴革命之間重要的聯繫。
3. 門多薩，*La llama y el hielo*，p. 88。
4. 十六年後，不屈不撓的華許因爲在所謂的「污穢戰役」中英勇反抗，被阿根廷軍隊在布宜諾斯艾利斯凌虐致死。見賈布列爾・賈西亞・馬奎斯，'Rodolfo Walsh, el escritor que se le adelantó a la CIA'，《抉擇》，第124期，一九七七年七月二十五日至八月一日。亦見賈布列爾・賈西亞・馬奎斯，'Recuerdos de periodista'，《觀察家日報》，一九八一年十二月十四日。
5. 努聶茲・希門內茲，'GM y la perla de las Antillas'。亦見賈布列爾・賈西亞・馬奎斯，'Recuerdos de periodista'，《觀察家日報》，一九八一年十二月十四日，以參照其中不同的細節。
6. 門多薩，*La llama y el hielo*，pp. 84-6。
7. 同上，p. 81。

8. 阿朗哥，*Un ramo de nomeolvides*，p. 179。

9. 見埃利西歐・賈西亞，*Tras las claves de Melquiades*，pp. 474-9。

10. 見Orlando Castellanos在哈瓦那電台對賈西亞・馬奎斯的專訪：《形式上的不正式*Formalmente Informal*》；重刊於*Prisma del meridiano*(哈瓦那)，第八十期，一九七六年十月一日至十五日。

11. 賈布列爾・賈西亞・馬奎斯，'Regreso a México'，《觀察家日報》，一九八三年一月二十三日。

12. 甘迺迪，'The Yellow Trolley Car in Barcelona'，p. 258。

13. 賈布列爾・賈西亞・馬奎斯，'Nueva York 1961: el drama de las dos Cubas'，*Areíto*，一九七九年六月二十一日，pp. 31-3。

14. Miguel Fernández-Braso，*Gabriel García Márquez*(*Una conversación infinita*)(馬德里，Azur，一九六九)，p. 31。

15. 賈布列爾・賈西亞・馬奎斯，'El fantasma para el progreso'，《觀察家日報》，一九八二年二月二十八日。

16. 努聶茲・希門內茲，'García Márquez y la perla de las Antillas'。

17. 賈布列爾・賈西亞・馬奎斯，'Nueva York 1961: el drama de las dos Cubas'，*Areíto*，一九七九年六月二十一日，p. 33。

18. 賈布列爾・賈西亞・馬奎斯在一九六一年四月二十六日從紐約寫到巴朗基亞給阿爾瓦洛・塞培達的信，只在信件的最後提到「入侵」。

19. 當然，反革命份子無論如何都會指責他。見基耶爾莫・卡布列拉・因凡特，'Nuestro prohomre en La Habana'，《時代報》，一九八三年三月六日。他自稱是一位「知道賈布列爾・賈西亞・馬奎斯真正生平」的人，然後不慎表露出這並非事實(或賈布列爾・賈西亞・馬奎斯自己刻意誤導)，他說賈布列爾・賈西亞・馬奎斯一聽到豬玀灣入侵事件，因爲擔心入侵會成功，就逃離了紐約。這個故事在其他有影響力的反革命作家之間——如卡洛斯・法蘭奇與卡洛斯・阿爾貝托・蒙塔內爾等人——廣爲流傳，但明顯與事實不符。

20. 門多薩，*La llama y el hielo*，p. 104。

21. 努聶茲・希門內茲，'GM y la perla de las Antillas'。

22. 門多薩，*La llama y el hielo*，pp. 75-106。

23. 賈布列爾・賈西亞・馬奎斯在一九六一年五月二十九日從紐約寫到巴朗基亞給阿爾瓦洛・塞培達的信。

24. 賈布列爾・賈西亞・馬奎斯在一九六一年五月二十九日從紐約寫給比利尼歐・門多薩的信。
25. 同上。
26. 門多薩，*La llama y el hielo*，p. 106。
27. Ernesto Schóo，'Los viajes de Simbad'，《封面故事》(布宜諾斯艾利斯)，第二三四期，一九六七年六月二十日至二十六日。
28. 賈布列爾・賈西亞・馬奎斯，'Regreso a México'，《觀察家日報》，一九八三年一月二十三日。
29. 賈布列爾・賈西亞・馬奎斯在一九六一年六月三十日從墨西哥市寫到波哥大給比利尼歐・門多薩的信。

第十四章：走避墨西哥(一九六一—一九六四)

1. 見賈布列爾・賈西亞・馬奎斯，'Regreso a México'，《觀察家日報》，一九八三年六月二十三日。其中他表示他永遠不會忘記他抵達的日子(一九六一年七月二日！)，因爲翌日有位朋友致電告知他海明威之死。但是，一九六一年六月三十日賈布列爾・賈西亞・馬奎斯寫給比利尼歐・門多薩的一封信中，證明這個大家最愛的賈西亞・馬奎斯傳說——他在海明威去世當天抵達墨西哥市——是假的。但事實並非如此。參見 'Breves nostalgias sobre Juan Rulfo'，《觀察家日報》，一九八〇年十二月七日。裡頭他再度搞錯了自己在墨西哥期間大部分的日期和時間。再好的記性也有出錯的時候。
2. 本章與之後兩章取材自與下列人士的訪談：比利尼歐・門多薩(波哥大，一九九一)、阿爾瓦洛・穆堤斯(墨西哥市，一九九二、一九九四)、馬利亞・露易莎・埃利歐(墨西哥市，一九九二)、卡洛斯・蒙希維斯(墨西哥市，一九九二)、法蘭西斯科・帕可・波魯瓦(巴塞隆納，一九九二)、卡門・巴爾塞斯(巴塞隆納，一九九一、一九九二、二〇〇〇)、Berta Navarro(墨西哥市，一九九二)、瑪麗亞・露易莎・門多薩('La China')(墨西哥市，一九九四)、卡洛斯・富恩特斯(墨西哥市，一九九二)、詹姆斯・帕布華斯(墨西哥市，一九九二)、貢薩羅・賈西亞・巴爾恰(墨西哥市，一九九二、一九九四；巴黎，二〇〇四)、Berta('La Chaneca')、埃爾南德茲(墨西哥市，一九九三)、Aline Mackissack Maldonado(墨西哥市，一九九三)、Tulio Aguilera Garramuño(巴茲堡，一九九三)、馬奴耶・巴爾巴恰諾(墨西哥市，一九九四)、Margo Glantz(墨西哥市，一九九四)、Augusto('Tito')Monterroso與Barbara Jacobs(墨西哥市，一九九四)、伊蓮娜・波妮娃托斯卡(墨西哥市，一九九四）、豪赫・桑切茲（墨西哥市，一九九四），Juan及Virginia Reinoso（墨西哥市，一九九四）、路易斯・庫德耶爾（墨西哥市，一九九四）、維森德和阿爾碧塔・羅侯（墨西哥市，一九九四）、南希・維森（墨西哥市，一九九四）、伊格納希歐・（「納丘」）・杜藍（墨西哥市，一九九四，倫敦，二〇〇五）、Guillermo Sheridan（瓜達拉哈拉及墨西哥市，一九九七），及其他許多人。

3. 賈布列爾・賈西亞・馬奎斯，'Regreso a México'，《觀察家日報》，一九八三年一月二十三日。

4. 賈布列爾・賈西亞・馬奎斯，'Un hombre ha muerto de muerte natural'，*México en la Cultura. Novedades*（墨西哥市），一九六一年七月九日。在與努聶茲・希門內茲的對話裡，賈布列爾・賈西亞・馬奎斯說是《新聞報》的人告訴他海明威逝世的消息，他在一九六一年七月十日寫給比利尼歐・門多薩的信裡也是這麼說的。

5. 關於賈布列爾・賈西亞・馬奎斯對海明威的感覺，其評論刊登於Alejandro Cueva Ramírez，'García Márquez: "El gallo no es más que un gallo"'，*Pluma* 52（哥倫比亞），一九八五年三至四月。並參見'Mi Hemingway personal'，《觀察家日報》，一九八一年七月二十六日。

6. 賈布列爾・賈西亞・馬奎斯在一九六一年八月九日從墨西哥市寫到波哥大給比利尼歐・門多薩的信。參見'Breves nostalgias sobre Juan Rulfo'，《觀察家日報》，一九八〇年十二月七日，其中描繪了相似的無電梯建築和公寓。

7. 賈布列爾・賈西亞・馬奎斯在一九六一年八月十三日從墨西哥市寫到波哥大給比利尼歐・門多薩的信。

8. 賈布列爾・賈西亞・馬奎斯在一九六一年九月二十六日從墨西哥市寫到波哥大給比利尼歐・門多薩的信。賈布列爾・賈西亞・馬奎斯在一九六一年十二月四日從墨西哥市寫到巴朗基亞給阿爾瓦洛・塞培達的信，寫道：「五月你要來爲阿蕾罕德菈施洗，她即將在四月底出生。別錯過這次機會，因爲這是我們能給你的最後一個教子。之後我們就要歇業了。」

9. 賈布列爾・賈西亞・馬奎斯，'Mi otro yo'，《觀察家日報》，一九八二年二月十四日。

10. 賈布列爾・賈西亞・馬奎斯在一九六一年八月九日從墨西哥市寫到波哥大給比利尼歐・門多薩的信。

11. 關於魯佛的評論，見賈布列爾・賈西亞・馬奎斯，'Breves nostalgias sobre Juan Rulfo'；並參見埃利西歐・賈西亞，*Tras las claves de Melquíades*，pp. 592-9。

12. 賈布列爾・賈西亞・馬奎斯在一九六一年八月十三日從墨西哥市寫到波哥大給比利尼歐・門多薩的信。

13. 'The Sea of Lost Time'，賈布列爾・賈西亞・馬奎斯，*Collected Stories*，p. 220。

14. 賈布列爾・賈西亞・馬奎斯此前不久在紐約工作一陣子，工作時間大多在深夜，協助阿爾瓦洛・塞培達拍攝巴朗基亞一年一度狂歡節的電影，電影的出資者是「聖多明哥鷹牌」(Santo Domingo Aguila)啤酒公司。

15. 見Darío Arizmendi Posada，'El mundo de Gabo. 4: Cuando Gabo era pobre'，*El Mundo*(Medellín)，一九八二年十月二十九日。

16. 費歐里洛，*La Cueva*，p. 105。

17. 而胡安・賈西亞・彭瑟之後與艾列索托的前妻同住；這位女士的女兒後來嫁給了賈西亞・馬奎斯的兒子。

18. Eduardo García Aguilar, 'Entrevista a Emilio García Riera'，*Gaceta*(波哥大，Colcultura)，第三十九期，一九八三年。

19. 賈布列爾・賈西亞・馬奎斯在一九六一年十二月初從墨西哥市寫到波哥大給比利尼歐・門多薩的信。

20. 賈布列爾・賈西亞・馬奎斯在一九六二年四月從墨西哥市寫到巴朗基亞給比利尼歐・門多薩的信。

21. 尤見'La desgracia de ser escritor joven'，《觀察家日報》，一九八一年九月六日。其中，他說一九五四年收下這個獎及前一個以〈星期六後的一天〉One Day After Saturday贏得的獎，是他作家生涯裡唯一的遺憾。

22. 賈布列爾・賈西亞・馬奎斯，《細說從頭》，p. 231。

23. 見Bernardo Marques，'Reportaje desde Cuba (I). Gabriel García Márquez: pasado y presente de una obra'，《抉擇》(波哥大)，一九七六年八月九日至十六日。

24. 賈布列爾・賈西亞・馬奎斯在一九六二年六月十六日從墨西哥市寫到巴朗基亞給比利尼歐・門多薩的信。在賈布列爾・賈西亞・馬奎斯於一九六三年春天從墨西哥市寫到巴朗基亞給阿爾瓦洛・塞培達的一封信中，他承認自己在爛醉如泥之下撞毀了這部車。

25. 賈布列爾・賈西亞・馬奎斯在一九六二年三月二十日從墨西哥市寫到巴朗基亞給阿爾瓦洛・塞培達的信。

26. 在薩爾迪瓦爾《回歸本源》四二九頁引述，穆堤斯說賈布列爾・賈西亞・馬奎斯從未在墨西哥撰寫《獨裁者的秋天》，但賈布列爾・賈西亞・馬奎斯一九六四年七月一日從墨西哥市寫到巴朗基亞給比利尼歐・門多薩的信則實了這件事。

27. 荷西・豐特・卡斯楚，'Anecdotario de una Semana Santa con Gabriel García Márquez en Caracas'，《時代報》(卡拉卡斯)，第七七一期，一九七一年四月，pp. 34-7。他表示賈布列爾・賈西亞・馬奎斯在一九六三年念《獨裁者的秋天》的第一部分給他聽(p. 37)。

28. 賈布列爾・賈西亞・馬奎斯在一九六二年九月底從墨西哥市寫到巴朗基亞給比利尼歐・門多薩的信。

29. 賈布列爾・賈西亞・馬奎斯在一九六二年四月四日從墨西哥市寫到波哥大給比利尼歐・門多薩的信。

30. 不是一九六三年九月，大家——包括薩爾迪瓦爾——講的都一樣。見賈布列爾・賈西亞・馬奎斯在一九六三年四月十七日從墨西哥市寫到巴朗基亞給比利尼歐・門多薩的信。

31. Antonio Andrade，'Cuando Macondo era una redacción'，《卓越》雜誌(墨西哥市)，一九七〇年十月十一日。他在其中提出了不同的觀點，表示阿拉特利斯特開除了賈布列爾・賈西亞・馬奎斯，而在他苦苦哀求下，付了一些錢給《牛仔》。

32. Raúl Renán，'Renán 21'，收錄於José Francisco Conde Ortega 等人編輯，*Gabriel García Márquez: celebración. 25º aniversario de 'Cien años de soledad'*(墨西哥，Universidad Autónoma Metropolitana，1992)，p. 96。

33. 同上，p. 95。

34. 羅德里哥・賈西亞・巴爾恰告訴我：「我們一直都念英語學校。這是父親走火入魔的事情之一；他對於自己不會說英語有個嚴重的心結，所以決心要讓我們都會說英語。」

35. 賈布列爾・賈西亞・馬奎斯在一九六三年十二月八日從墨西哥市寫到巴朗基亞給比利尼歐・門多薩的信。其中，賈布列爾・賈西亞・馬奎斯說他「今早」完成了劇本。

36. 賈布列爾・賈西亞・馬奎斯說他在一九六一年遇見富恩特斯；埃利西歐・賈西亞說是一九六二；富恩特斯自己則說是一九六三：Julio Ortega，*Retrato de Carlos Fuentes*(馬德里，Círculo de Lectores，1995)，p. 108，他卻表示是一九六四年。

37. 卡洛斯・富恩特斯，《民族報》(墨西哥市)，一九九二年三月二十六日。在墨西哥和其他地方一樣，賈布列爾・賈西亞・馬奎斯來往最頻繁的是最重要的作家(只有歐克塔維歐・帕茲例外，他通常對他充滿敵意)。他在重要作家中最友善的關係，就是富恩特斯和卡洛斯・蒙希維斯。

38. Miguel Torres，'El novelista que quiso hacer cine'，*Revista de Cine Cubano*(哈瓦那)，1969。

39. 賈布列爾・賈西亞・馬奎斯在一九六四年十月底從巴拿馬市寫到巴朗基亞給比利尼歐・門多薩的信。

40. 賈布列爾・賈西亞・馬奎斯在一九六四年十一月底從墨西哥市寫到巴朗基亞給比利尼歐・門多薩的信。

41. 賈布列爾・賈西亞・馬奎斯，'Sí, la nostalgia sigue siendo igual que antes'，《觀察家報》，一九八〇年十二月十六日。
42. 艾米爾・羅德里格茲・蒙內卡爾，*'Novedad y anacronismo de Cien años de soledad'*，*Revista Nacional de Cultura*(卡拉卡斯)，第一八五期，一九六八年七月至九月。
43. 賈布列爾・賈西亞・馬奎斯在一九六五年五月二十二日從墨西哥市寫到巴朗基亞給比利尼歐・門多薩的信，其中提到他「一週前」完成了劇本，且當時有了確定的標題《大限難逃》。
44. Miguel Torres，'El novelista que quiso hacer cine'，*Revista de Cine Cubano*(哈瓦那)，1969；艾米里歐・賈西亞・里耶拉，*Historia documental del cine mexicano*(墨西哥市，Universidad de Guadalajara，1994)，12(1964-5)，pp. 229-33。
45. 見比利尼歐・門多薩，'Entrevista con Gabriel García Márquez'，*Libre*，第三期，一九七二年三月至五月。其中，他說他在墨西哥寫電影劇本(「據專家說都很糟糕」)，並學會了電影產業裡所有該學的事，和所有的限制(p. 13)。他表示他最欣賞的導演是Welles和Kurosawa，但他最喜歡的電影是*Il Generale della Rovere*和*Jules et Jim*。
46. 艾米里歐・賈西亞・里耶拉，*Historia documental del cine mexicano*，12(1964-5)，pp. 160-5。
47. Miguel Torres，'El novelista que quiso hacer cine'，*Revista de Cine Cubano*(哈瓦那)，1969。
48. 荷西・多諾索，*The Boom in Spanish American Literature: A Personal History*(紐約，哥倫比亞大學出版社/Center for Inter-American Relations，1977)，pp. 95-7。
49. 他的書後來的西文書名爲*Los nuestros*[意思是：*Our People*(筆者英譯)我們的人]，但英文版的書名則較有歷史意義：*Into the Mainstream*[意思是：進入主流]。
50. Eligio García Riera，*Historia documental del cine mexicano*，12(1964-5)，pp. 160-5。
51. 路易斯・哈爾斯與Barbara Dohmann，*Into the Mainstream: Conversations with Latin-American Writers*(紐約，Harper and Row，1967)，p. 310。
52. 同上，p. 317。
53. 埃利西歐・賈西亞，*Tras las claves de Melquíades*，pp. 68-9。
54. Carme Riera，'Carmen Balcells, alquimista del libro'，*Quimera*，一九八三年一月二十七日，p. 25。

55. 埃利西歐・賈西亞，*Tras las claves de Melquíades*，p. 608。

56. 他在信中跟門多薩說，他十七歲時就有了這第一句！

57. 舉兩個例子：在《番石榴的香味》中，賈布列爾・賈西亞・馬奎斯明確地向比利尼歐・門多薩保證他把車掉頭（「是真的，我根本沒抵達阿卡布可」，p. 74）；但在'La novela detrás de la novela'，*Cambio*(波哥大)，二〇〇二年四月二十日中，他又表示他們確實一路開到了阿卡布可度週末(「我在海灘上一秒鐘也不得安心」)而「在那週二」回到墨西哥市。

第十五章：魔術師麥逵迪：《百年孤寂》(一九六五—一九六六)

1. 賈布列爾・賈西亞・馬奎斯，'La penumbra del escritor de cine'，《觀察家日報》，一九八二年十一月十七日。

2. 門多薩，《番石榴的香味》，p. 80。

3. 波妮娃托斯卡，訪談，一九七三年九月，*Todo México*，同前，pp. 218-19。

4. 見Alastair Reid，'Basilisk' s Eggs'，收錄於*Whereabouts. Note on being a Foreigner*(舊金山，North Point Press，1987，pp. 94-118。)Reid特別擅長解讀賈西亞・馬奎斯的真實與逼真。

5. 埃利西歐・賈西亞，*Tras las claves de Melquíades*，p. 59。在一封信裡，帕可・波魯瓦告訴我「賈布在布宜諾斯艾利斯的經驗——活在交心與熱忱的狂喜之中——無疑是非常特殊的。街上的書、街上的戲院……賈布是在街上受歡迎的人物，也是夜復一夜派對中受歡迎的人物。有些情景幾近歇斯底里：布宜諾斯艾利斯有爲數驚人的太太都說她們的叔伯或祖父就跟Aureliano Buendía一模一樣。」(一九九三年五月六日於巴塞隆納)。

6. 卡洛斯・富恩特斯，'No creo que sea obligación del excritor engrosar las filas de los menesterosos'，'La Cultura en México'，*¡Siempre!*(墨西哥市)，一九六五年九月二十九日。

7. 薩爾迪瓦爾，《回歸本源》，p. 433。

8. 見荷西・豐特・卡斯楚，'Anecdotario de una Semana Santa con Gabriel García Márquez en Caracas'，《時代報》(卡拉卡斯)，第七七一期，一九七一年四月，pp. 34-7。

9. 埃利西歐・賈西亞，*Tras las claves de Melquíades*，p. 617。

10. 波妮娃托斯卡，一九七三年九月的訪談，*Todo México*，*op. cit.*，p. 195。

11. 我在一九九二年與馬利亞・露易莎・埃利歐、及一九九三年與賈布列爾・賈西亞・馬奎斯談過此事。
12. 波妮娃托斯卡，一九七三年九月的訪談，*Todo México*，*op. cit.*，p. 197。
13. Claude Couffon，'A Bogotá chez García Márquez'，*L'Express*，一九七七年一月十七至二十三日，p. 77。
14. 荷西・豐特・卡斯楚，'Anecdotario de una Semana Santa con Gabriel García Márquez en Caracas'，《時代報》(卡拉卡斯)，第七七一期，一九七一年四月，p. 36。
15. 門多薩，*La llama y el hielo*，pp. 110-11。
16. 埃利西歐・賈西亞，*Tras las claves de Melquíades*，pp. 88-91。並參見賈布列爾・賈西亞・馬奎斯，'Valledupar, la parranda del siglo'，《觀察家日報》，一九八三年六月十九日。
17. 埃利西歐・賈西亞，*Tras las claves de Melquíades*，pp. 505及後頁。
18. 同上，pp. 570-71。
19. 卡洛斯・富恩特斯，'García Márquez: *Cien años de soledad*'，'La Cultura en México'，*¡Siempre!*(墨西哥市)，第六七九期，一九六六年六月廿九日。
20. 比利尼歐・門多薩，《番石榴的香味》，p. 77。
21. 費歐里洛，*La Cueva*，pp. 105-6。
22. 同上，pp. 268-9。
23. 就如Jorge Ruffinelli的洞見指出，要講述這本書寫作、出版、及受歡迎的故事(和此書最常爲人傳述的方式)就像在講述一個神話(*La viuda de Montiel*(Xalapa，Veracruz，1979)。
24. 詹姆斯・帕布華斯，訪談，墨西哥市，一九九四年。
25. 賈布列爾・賈西亞・馬奎斯，'Desventuras de un escritor de libros'，《觀察家日報，週日期刊《觀察家日報》，*Magazín Dominical*》一九六六年八月七日。
26. 賈布列爾・賈西亞・馬奎斯於一九六六年七月二十二日從墨西哥市寫到巴朗基亞給比利尼歐・門多薩的信。
27. Claude Couffon，'A Bogotá chez García Márquez'，*L'Express*(巴黎)一九七七年一月十七至二十三日，p. 77。然而在門多薩的《番石榴的香味》中，賈布列爾・賈西亞・馬奎斯說梅瑟德斯獨自把包裹拿到郵局(p. 75)……。(也許是第二個包裹?.)

第十六章：終於到來的名氣(一九六六－一九六七)

1. 薩爾迪瓦爾，*GM*，p. 498引述Alvaro Mutis的話。本章取材的訪談尤多來自穆堤斯(墨西哥市，一九九二、一九九四)、托瑪斯・埃羅伊・馬汀尼茲(華盛頓，一九九七，Warwick，2006，卡塔赫那，二〇〇七)、帕可・波魯瓦(巴塞隆納，一九九二及透過信件)，Eligio GM，José（‘Pepe’）Stevenson，與其他許多人。
2. 埃利西歐・賈西亞，*Tras las claves de Melquíades*，pp. 32-3。
3. 見克勞蒂雅・德瑞福斯，‘Gabriel García Márquez’，《花花公子》，30:2，一九八三年二月，p. 174。
4. 見埃利西歐・賈西亞，Tras las claves de Melquíadez，pp. 32-3。
5. 如A. D’ Amico 和 S. Facio，*Retratos y autorretratos*(布宜諾斯艾利斯，Crisis，1973)再版所載，其書中也收錄賈布列爾・賈西亞・馬奎斯一九六七年在布宜諾斯艾利斯的照片。
6. Ernesto Schóo，‘Los viajes de Simbad’，《封面故事》(布宜諾斯艾利斯)，第二三四期，一九六七年六月二十至二十六日。
7. 馬立歐・巴爾加斯・尤薩，‘*Cien años de soledad*: el Amadís en América’，*Amaru*(利瑪)，第三期，一九六七年七月至九月，pp. 71-4。
8. 見賈布列爾・賈西亞・馬奎斯，‘La poesía al alcance de los niños’，《觀察家日報》，一九八一年一月二十五日。其中賈布列爾・賈西亞・馬奎斯在抱怨文學評論家時，說到就連Rojo都不曉得他為何要在封面上放倒反的字母。
9. ‘Cien años de un pueblo’，*Visión*，一九六七年七月二十一日，pp. 27-9。
10. 例如，見‘De cómo García Márquez caza un león’，*Ercilla*(Chile)，第一六八期，一九六七年九月二十日，p. 29。
11. 賈布列爾・賈西亞・馬奎斯於一九六七年五月三十日從墨西哥市寫到巴朗基亞給比利尼歐・門多薩的信。
12. 薩爾迪瓦爾，《回歸本源》，p. 501。
13. 托瑪斯・埃羅伊・馬汀尼茲，‘El día en que empezó todo’，收錄於Juan Gustavo Cobo Borda主編的‘*Para que mis amigos me quieran más...*’: *homenaje a Gabriel García Márquez*(波哥大，Siglo del Hombre，1992)，p. 24。
14. 同上。
15. 薩爾迪瓦爾，《回歸本源》，p. 501。
16. Martínez，‘El día en que empezó todo’，收錄於Cobo Borda，同前，p. 25。

17. 同上。
18. José Emilio Pacheco，'Muchos años después'，《美洲之家》(哈瓦那)，第一六五期，一九八七年七月至十二月。
19. Quoted by Paternostro，*Paris Review*，第一四一期，同前。
20. 見巴爾加斯・尤薩，《弒神的故事》，p. 80。
21. 同上。
22. 艾米爾・羅德里格茲・蒙內卡爾，'Diario de Caracas'，*Mundo Nuevo*(巴黎)，一九六七年十一月十七日，pp. 4-24(p. 11)。
23. 《星期》*Semana*(波哥大)，一九八七年五月十九日。其中提到《百年孤寂》在當時極少受哥倫比亞媒體提及。
24. 門多薩，*La llama y el hielo*，p. 111。
25. Eligio GM，收錄於蓋爾維斯，《賈西亞・馬奎斯家族》，p. 257。
26. 例如，見Félix Grande，'Con García Márquez en un miércoles de ceniza'，*Cuadernos Hispanoamericanos*(馬德里)，一九六八年六月，pp. 632-41。
27. Iáder Giraldo，'Hay persecución a la cultura en Colomia'，《觀察家日報》，一九六七年十一月二日。
28. 阿豐索・蒙薩爾夫，'La novela, anuncio de grandes transformaciones'，*Enfoque Internacional*(波哥大)，第八期，一九六七年十二月，pp. 39-41；重載於'Lecturas Dominicales'，《時代報》，一九六八年一月十四日，p. 4。

第十七章：巴塞隆納和拉丁美洲風潮：文學與政治之間(一九六七—一九七〇)

1. 賈布列爾・賈西亞・馬奎斯於一九六七年十月三十日從波哥大寫到巴黎給艾米爾・羅德里格茲・蒙內卡爾的信。
2. 賈布列爾・賈西亞・馬奎斯於一九六七年十一月二十一日從巴塞隆納寫到巴朗基亞給比利尼歐・門多薩的信。
3. 本章及其後兩章取材的訪談來自：胡安・哥蒂索羅(倫敦，一九九〇)、Luis 與 Leticia Feduchi(巴塞隆納，一九九一、二〇〇〇)、Paul Giles(巴塞隆納，一九九二)、赫爾曼・阿西涅加斯(阿齊尼格斯)(波哥大，一九九一)、赫爾曼・巴爾加斯(巴朗基亞，一九九一)、瑪歌 GM(1993)、Eligio GM(一九九一、一九九八)、海梅・賈西亞・馬奎斯(Santa Marta，1993)、馬立歐・巴爾加斯・尤薩(華盛頓，一九九四)、豪赫艾德華(巴塞隆納，一九九二)、比利尼歐・門多薩(波哥大，一九九一)、Nieves Arrazola de Muñoz Suay(巴塞隆納，

一九九二、二〇〇〇)、卡門・巴爾塞斯(巴塞隆納，一九九二、二〇〇〇)、Rosa Regás(哈瓦那，一九九五)、Beatriz de Moura(巴塞隆納，二〇〇〇)、Juan Marsé(巴塞隆納，二〇〇〇)、José María Castellet(巴塞隆納，二〇〇〇)、塔奇雅・金塔娜(巴黎，一九九三)、拉蒙・喬歐(巴黎，一九九三)、Claude Couffon(巴黎，一九九三)、Jacques 吉拉德(Toulouse，一九九九、二〇〇四)、Roberto Fernández Retamar(哈瓦那，一九九五)、Víctor Flores Olea(Providence，羅德島州，一九九四)、Rafael Gutiérrez Girardot(巴塞隆納，一九九二)、Joaquín Marco(巴塞隆納，一九九二)、Annie Morvan(巴黎，一九九三)、帕可・波魯瓦(Bacelona，一九九二，及透過信件)、Juan Roda和María Fornaguera de Roda(波哥大，一九九三)、阿豐索・羅培茲・米歐爾森(波哥大，一九九三)，及與其他人的許多談話。

4. 關於這點以及與西班牙有關的事，參見賈布列爾・賈西亞・馬奎斯，'España: la nostalgia de la nostalgia'，《觀察家日報》，一九八二年一月十三日。

5. 注意遲至一九七八年，賈布列爾・賈西亞・馬奎斯對《國家報》的安赫爾・哈根迪(Angel Harguindey)宣稱，如果他是西班牙人，他就會加入西班牙共產黨。(參見Rentería, ed., p. 172)。值得一提的是，他總是強調這檔事取決於一些特殊的情況。

6. Rosa Regás，訪談，哈瓦那，一九九五年一月。

7. Luis和Leticia Feduchi，訪談，巴塞隆納，一九九二年和二〇〇〇年。

8. Rodrigo和Gonzalo García Barcha兩人都跟筆者這麼說。

9. Paul Giles，訪談，巴塞隆納，一九九二年。

10. 卡門・巴爾塞斯，訪談，巴塞隆納，一九九一年。

11. Francisco Urondo，'La buena hora de GM'，*Cuadernos Hispanoamericanos*(馬德里)，第二三二期，一九六九年四月，pp. 163-8(p. 163)。

12. 他對評論家的厭惡後來幾乎走火入魔，而他自己從一九四七年開始的新聞寫作也曾偶爾擔任評論家的角色，有時也蠻毒舌的(從他一九四九年在《環球報》(*El Universal*)批評畢斯威爾・科特斯(Biswell Cotes)的書《藍霧》*Neblina azul*可見一斑；詳見吉拉德主編的*Textos costeños 1*)。

13. 一九七三年，電影導演帕索里尼同意賈布列爾・賈西亞・馬奎斯對《百年孤寂》及其構想的看法，甚至對這位作家及其書進行可說是最嚴苛的攻擊。見'GGM: un escritor indigno'，*Tempo*，一九七三年七月二十二日，這是一篇典型的帕索里尼式狂熱及誇飾的文章。

14. 在《異鄉客》*Strange Pilgrims*(一九九二)的序言中，賈布列爾・賈西亞・馬奎斯寫道，在巴塞隆納待了幾年後，他作了一個改變人生的夢：他在自己的葬禮上(西班牙文*entierro*[入土、埋葬]：請記得這個具象的字，在該語言中最常用來當作funeral[葬禮]解釋)，且和老友聊得很開心，直到最後他發現朋友們在儀式後都要離開，而他卻不行。

15. 賈布列爾・賈西亞・馬奎斯在一九六七年後常重複說及此事，而惹惱許多評論家(不消說，沒一位評論家和他一樣出名)。但對比鮑伯狄倫，*Chronicles. Volume 1*(紐約，Simon and Schuster，二〇〇四)：「過了一陣子你就會發現，隱私這東西你可以販賣，但卻買不回來……。媒體？我想你就對它扯謊吧」(pp. 117-18)。

16. 賈布列爾・賈西亞・馬奎斯對《百年孤寂》的反感在某種程度上，可能延燒到了布宜諾斯艾利斯，那是他第一次爲名氣所擾的地方。在一封信中，促成他大紅的帕可・波魯瓦告訴我：「我在巴塞隆納再見到賈布時，注意到一些改變。尤其是我感覺到賈布和我談話時，不再像以前那樣自然而然地富有靈感；還有他在某方面也開始建構一個新的人物。多年後，在一九七七年，我又在巴塞隆納見到他，跟他和梅瑟德斯聊到在布宜諾斯艾利斯的日子。嗯，我獨自一個人開始講說那些時光多美好。賈布和梅瑟德斯有點勉強地聽著，幾乎有些反對的味道。後來我想，他在巴塞隆納作的那個有名的、參加自己葬禮的夢，顯然已經指向其他種死亡。」(巴塞隆納，一九九三年五月六日)。

17. 見Franco Moretti，*Modern Epic: The World System from Goethe to García Márquez*(倫敦，Verso，1996)。請將上述帕索里尼的回應，與Moretti對這本書卓越地位的評價，兩相對照、對比。

18. Fernández-Braso，*Gabriel García Márquez*。(*Una conversación infinita*)，p. 27。

19. *París: la revolución de mayo*(Mexico，Era，1968)。

20. 賈布列爾・賈西亞・馬奎斯於一九六八年十月二十八日從巴塞隆納寫到巴朗基亞給比利尼歐・門多薩的信。

21. 同上。

22. 賈布列爾・賈西亞・馬奎斯似乎從未對特拉特洛克一事做任何評論，就連私人通信亦然。乍看之下這挺不尋常，因爲他在墨西哥住了六年(但若思及他有意回去，似乎又有點合理)，且應考慮此事件與一九二八年西安納加大屠殺相似之處，因這大屠殺是賈布列爾・賈西亞・馬奎斯畢生作品中，用典最著名且最具爭議性的橋段。

23. Beatriz de Moura，訪談，巴塞隆納，二〇〇〇年。

24. Juan Marsé，訪談，巴塞隆納，二〇〇〇年。

25. 胡立歐・柯塔薩於一九六八年九月二十三日寫給帕可・波魯瓦的信。見胡立歐・柯塔薩，*Cartas*，奧蘿拉・貝納德茲編，三冊(布宜諾斯艾利斯，豐泉出版社，二〇〇〇)。

26. 賈布列爾・賈西亞・馬奎斯，'El argentino que se hizo querer de todos'，《觀察家日報》，一九八四年二月二十二日。

27. 卡洛斯・富恩特斯，*Geografía de la novela*(Mexico，Fondo de Cultura Económica，一九九三)，p. 99。他們在布拉格時，日本作家Yasunari Kawabata在斯德哥爾摩獲頒諾貝爾文學獎。賈西亞・馬奎斯很熱衷於讀他的作品。

28. 卡門・巴爾塞斯，訪談，巴塞隆納，一九九一年。

29. 貢薩羅的第一個孩子馬特歐(Mateo)生於一九八七年。

30. 見Régis Debray，*Les Masques*(巴黎，伽里瑪，一九八七)，其中對於一九七〇年代謹慎左派份子的心態有精闢的見解。

31. 羅德里哥・賈西亞・巴爾恰，訪談，紐約，一九九六年。

32. 見'Memorias de un fumador retirado'，《觀察家日報》，一九八三年二月十三日。其中賈布列爾・賈西亞・馬奎斯憶及「十四年前」戒了菸。

33. 見Eligio GM在*Aracataca-Estocolmo*中的紀事(pp. 22-4)：「費度其是那抽一千根菸斗分析家，他協助賈布列爾・賈西亞・馬奎斯想出《預知死亡紀事》中的謀殺動機，並且幫助賈布列爾・賈西亞・馬奎斯戒菸；只是很諷刺地，他自己卻未能堅持戒菸」。

34. 見E. González Bermejo，'Ahora doscientos años de soledad...'，《凱旋》，一九七一年十一月，收錄於Rentería，p. 50。

35. John Leonard，《紐約時報書評》，一九七〇年三月三日。《紐約時報》在三月八日發表了一份語帶稱讚的書評，後於一九八六年收入該報慶祝百歲生日的精選書評集。

36. 見荷西・多諾索，*Historia personal del 'Boom'*(巴塞隆納，巴拉爾出版社，一九八三；瑪麗亞・琵拉爾・索拉諾，有附錄的第二版，'El boom doméstico'）。英文版，*The Boom in Spanish American Literature: A Personal History*（紐約，哥倫比亞大學出版社／Center for Inter-American Relations，一九七七）。

37. 這段關係從開始到結束都極戲劇化。見雅克・吉拉德與Fabio Rodríquez Amaya，*La obra de Marvel Moreno*（Viareggio-Licca，Mauro Baroni，1997）；亦參見比利尼歐・門多薩的小說*Años de fuga*（1985）及*La llama y el hielo*。

38. 門多薩，*La llama y el hielo*，p. 120。關於巴塞隆納和賈布列爾・賈西亞・馬奎斯在那裡的韻事，見pp. 120-25。

39. 見Adam Feinstein，*Pablo Neruda: A Passion for Life*（倫敦，Bloomsbury，二〇〇四），p. 351。

40. 賈布列爾・賈西亞・馬奎斯於一九七〇年夏（八月？）從巴塞隆納寫給比利尼歐・門多薩的信。

41. 'GGM evoca Pablo Neruda'，《彩印》，一九七三年（引述自Rentería中），p. 95。

42. 胡立歐・柯塔薩一九七〇年八月十五日寫給Eduardo Jonquieres的信，收錄於*Cartas*，p. 1419。

43. María Pilar Serrano de Donoso，收錄於荷西・多諾索，*Historia personal del 'Boom'*，p. 134。

44. 多諾索，*The Boom in Spanish American Literature*，pp. 105-6。

第十八章：孤獨作家緩慢的寫著：《獨裁者的秋天》與大千世界（一九七一－一九七五）

1. 費歐里洛，*La Cueva*，p. 271。

2. 胡安・葛薩殷，'Regresó García Márquez: "Vine a recordar el olor de la guayaba"'，《觀察家日報》，一九七一年一月十五日。

3. 後來發現他是故意暗指在西班牙布爾戈斯（Burgos）對巴斯克分裂主義團體（ETA）成員所進行的審判，其中有三名被聲稱為恐怖分子的成員遭判死刑。

4. 這句話後來在一本以此為名的訪談錄問世時，巧妙地翻成英文《番石榴的香味》。

5. 胡安・葛薩殷，'Ni yo mismo sé quién soy: Gabo'，《觀察家日報》，一九七一年一月十七日。

6. 基耶爾莫・歐丘瓦，'Los seres que inspiraron a Gabito'，《卓越》雜誌，一九七一年四月十三日。

7. Gonzalo García Barcha，訪談，巴黎，二〇〇四年。

8. 見Lourdes Casal主編的*El caso Padilla: literatura y revolución en Cuba. Documentos*（邁阿密，Universal and New

York，Nueva Atlántida，1972），p. 9.，及豪赫・艾德華，*Persona Non Grata*(紐約，Paragon House，1993），p. 220。

9. 這封抗議信發表在西方世界各處的報紙上，包括，例如，一九七一年五月六日的《紐約書評》。

10. 二〇〇七年他允許西班牙學術界在當年出版的《百年孤寂》特別版中，加入這本書的片段。

11. 這則訪談在一九七一年五月廿九日發表於《時代報》，其重要性立即受到《拉丁美洲報》重刊的肯定(但是是以「限量」／「不可出版」的形式)，而這則訪談一定在當地激起了各種複雜的回響，其後不久也重刊於《自由*Libre*》第一期。

12. 見*Realms of Strife: 1957-1982*(倫敦，Quartet Books，一九九〇)，p. 153。

13. 見Guibert，Seven Voices，pp. 330-32。

14. 胡立歐・羅卡專訪，*Diario del Caribe*，一九七一年五月二十九日。

15. '"*Cien años de soledad es un plagio*": Asturias'，*La República*，一九七一年六月二十日。

16. 見Félix Grande，'Con García Márquez en un miércoles de ceniza'，*Cuadernos Hispanoamericanos*(馬德里)，第二二二期，一九六八年六月，pp. 632-41。

17. 'Gabo pasea con *Excelsior* y come tacos'，《卓越》雜誌(墨西哥市)，一九七一年七月十二日。

18. 哈瓦那「美洲之家」資料庫的檔案。

19. 巴爾加斯・尤薩對於此故事的解讀，參見《弒神的故事》，pp. 457-77。

20. 一九七二年六月，'The Incredible and Sad Tale of Innocent Eréndira' 發表於*Esquire*。欲知*Eréndira*的解讀，可參見 A. Benítez Rojo，'Private Reflections on GM' s *Eréndira*'，收錄於*The Repeating Island: The Caribbean and the Postmodern Perspective*(Durham，N.C.，Duke University Press，1996)，pp. 276-93。

21. 見Jaime Mejía Duque，'La peste del macondismo'，《時代報》，'Lecturas Dominicales'，一九七三年三月四日。

22. 多明尼克共和國屢敗屢戰的總統候選人，而於一九六五年被美國人罷黜的Juan Bosch，也於一九七一年六月將賈西亞・馬奎斯與賽凡提斯相提並論。

23. 波妮娃托斯卡，訪談，一九七三年九月份，*Todo México*，pp. 202-3。

24. 卡門・巴爾塞斯，二〇〇〇年於巴塞隆納的訪談。參見Ricardo A. Setti，*Diálogo con* 巴爾加斯・尤薩(哥斯大黎加，Kosmos，1989），pp. 147-50。
25. 埃利西歐・賈西亞，《時代報》，一九七二年八月十五日。
26. 蜜麗安・賈爾松，談話，一九九三年。
27. 見《卓越》雜誌，一九七二年八月五日：'En vez de yate, donativo político: García Márquez cedió su premio'。
28. 見一九七二年八月十七日《卓越》中的訪談：「GM es muy embustero, dice su padre. Lo era de chiquito, siempre inventaba cuentos.」
29. 參見聶魯達逝世後一份給《彩印》的訪談。'GGM evoca a Pablo Neruda'，《彩印》，一九七三年(收於Rentería，op. cit.)。
30. 就連「邁向社會主義運動」領導者Pompeyo Márquez在文章'Del dogmatismo al marxismo crítico'，*Libre*, 3(一九七二年三月至五月)，pp. 29-34中都表示：「邁向社會主義運動」的政策是決不採取「反蘇維埃立場」(p.33)。
31. 門多薩，*La llama y el hielo*，pp. 196-7。
32. 費歐里洛，*La Cueva*，pp. 161-2。
33. 賈布列爾・賈西亞・馬奎斯於一九七二年十一月初從巴塞隆納寫到巴朗基亞給福恩馬佑爾的信。(見費歐里洛，*La Cueva*，pp. 162-3)。
34. 'GGM evoca a Pablo Neruda'，《彩印》，一九七三年，p. 96。
35. 《卓越》雜誌，一九七三年五月十三日。四分之一個世紀後，賈布列爾・賈西亞・馬奎斯對這本書的寫作與目的，和成就的評價，有較為嚴謹的看法，參見'Hoja por hoja y diente por diente'，*Cambio*，2001。
36. 由此觀之，可直接與阿斯圖里亞斯的《總統先生》(一九四六)相提並論。
37. 見艾米爾・羅德里格茲・蒙內卡爾，'Novedad y anacronismo de *Cien Años de soledad*'，收錄於他的*Narradores de esta América*，*Tomo II*(Alfadil，卡拉卡斯，一九九二)。
38. Guillermo Sheridan及Armando Pereira，'GM en México (entrevista)'，*Revista de la Universidad de México*，30:6，一九七六年二月。
39. 同上。
40. 賈布列爾・賈西亞・馬奎斯對時間表最好的說明收於Odete Lara，'GM'，《金龜子》*El Escarabajo de Oro*(布宜諾斯艾利斯），第四七期，一九七三年十二月至一九七四年二月，pp. 18-21。

41. *Anatomy of Criticism*(1957)中可見Northrop Frye對角色與季節(象徵性的階段)之原型的思想。

42. Sheridan與Pereira，'GM en México (entrevista)'，同前。

43. 胡安・葛薩殷，'El regreso a Macondo'，《觀察家日報》，一九七一年一月。參照Conrad的*Nostromo*(賈布列爾・賈西亞・馬奎斯的書刻意而古怪、扭曲地傳自於此)，裡頭的主角死於「孤寂」。

44. 賈布列爾・賈西亞・馬奎斯，《獨裁者的秋天》(倫敦，Picador，一九七八)，p. 45(強調記號爲作者注)。

45. 同上，p. 74。

46. 同上，p. 180。

47. 同上，p. 205。

48. 同上，p. 39。

49. 同上，p. 199。

50. 同上，pp. 200-2。

51. 同上，p. 203。阿斯圖里亞斯先前在《總統先生》中表現過，他獨裁者(艾斯特拉達・卡布列拉)的角色形塑自被剝奪的童年，而童年經驗因摯愛的低下階級母親不斷的努力而稍微緩和。

52. 卡門・巴爾塞斯，訪談，巴塞隆納，二〇〇〇年。

53. 塔奇雅・金塔娜・羅索夫，訪談，巴黎，一九七三年。

54. 此獎項在前一年的十一月公布。見《卓越》雜誌，一九七二年十一月十九日。

55. 波妮娃・托斯卡，訪談，一九七三年九月，*Todo México*，p. 194。

56. 《卓越》雜誌，一九七三年九月十日。大約在此時，賈布列爾・賈西亞・馬奎斯似乎與《卓越》的記者形成某種共識。從此時開始，似乎有人向這些記者透露賈布列爾・賈西亞・馬奎斯的行動，而他則比任何一個墨西哥作家更常上報，且報導內容比任何墨西哥作家更正面，此狀況持續了十五年。

第十九章：智利和古巴：賈西亞・馬奎斯選擇革命（一九七三—一九七九）

1. 見比利尼歐・門多薩，'Fina'，*Gentes*，*lugares*(波哥大，行星，一九八六)。其中他在政變之後，立即把自己奇特的智利之旅透過Arica告訴當時是攝影師的Fina Torres。門多薩是唯一一個抵達聶魯達家的外國記者，且在聶魯達過世四個小時之後便見到其遺體，後來Fina Torres的照片傳遍了全拉丁美洲。

2. 重刊於《卓越》雜誌，一九七三年十月八日。

3. Ernesto González Bermejo，'La imaginación al poder en Macondo'，*Crisis*(布宜諾斯艾利斯)，一九七五年(重印於Rentería，op.cit.)。在這則一九七〇年的訪談中，賈布列爾・賈西亞・馬奎斯說：「我希望古巴考量自己的狀況創造一個社會主義，一個像古巴自己的社會主義：人道、富想像力、喜悅，且沒有任何官僚的腐敗。」

4. 胡安・葛薩設，'Ni yo mismo sé quién soy: Gabo'，《觀察家日報》，一九七一年一月十七日。

5. Guibert，*Seven Voices*，p. 333。但在p. 329中，賈布列爾・賈西亞・馬奎斯說蘇聯讓他徹底幻滅，因為那個體制「不是社會主義」。

6. 見Luis Suárez，'El periodismo me dio conciencia política'，《街道》*La Calle*(馬德里)，一九七八年(收錄於Rentería，pp. 195-200)。

7. 賈布列爾・賈西亞・馬奎斯於一九六二年四月寫給比利尼歐・門多薩的一封信中闡述了自己的理論，他認為《時代報》的讀者在哥倫比亞大選裡舉足輕重。

8. 本章的基礎是與以下三位記者的訪談：Antonio Caballero(馬德里，一九九一，波哥大，一九九三)、丹尼爾・參貝爾(馬德里，一九九一)及安立奎・參托斯・卡爾德隆(波哥大，一九九一、二〇〇七)，且取材於以下人士的訪談：荷西・維森德・卡塔萊恩(波哥大，一九九三)、阿豐索・羅培茲・米歇爾森(波哥大，一九九一)、貝利薩里歐・貝坦古(波哥大，一九九一)、Hernando Corral(波哥大，一九九八)、胡立歐・安德烈卡馬丘(卡塔赫那，一九九一)、荷西・薩卡爾(波哥大，一九九一)、José Stevenson(波哥大，一九九一；卡塔赫那，二〇〇七)、Fernando Gómez Agudelo(波哥大，一九九三)、Felipe López Caballero(波哥大，一九九三)、蘿拉・雷斯特雷波(波哥大，一九九一)、Jaime Osorio(波哥大，一九九三)、路易斯・維亞爾・玻達(波哥大，一九九八)、Jesús Martín Barbero(匹茲堡，二〇〇〇)、瑪麗亞・露易莎・門多薩(墨西哥市，一九九四)、伊蓮娜・波妮娃托斯卡(墨西哥市，一九九四)，及其餘許多人。

9. 見瑪格麗妲・薇達爾，'GGM'，《彩印》，一九八一年。訪談重新刊登於*Viaje a la memoria* (*entrevistas*)(波哥大，Espasa Calpe，一九九七)，pp. 128-39。

10. 安立奎・參托斯・卡爾德隆，'Seis años de compromiso: breve historia de esta revista y de las realidades que determinan su cierre'，《抉擇》，第二五七期(最後一期)，1980年三月二十七日。

11. 第一篇刊登於一九七四年二月十五至二十八日號。第二篇刊登於一九七四年三月一日至十五日號，包含賈布列爾・賈西亞・馬奎斯的'El golpe en Chile (II). Pilotos gringos bombardearon La Moneda'。

12. 取自英文版'Why Allende Had to Die'，*New Statesman*，倫敦，一九七四年三月十五日的，p. 358。

13. 兩者均發表於一九七五年。

14. 見Rafael Humberto Moreno Durán，*Como el halcón peregrino*(波哥大，Santillana，1995)，p. 117。Moreno Durán說賈布列爾・賈西亞・馬奎斯在派對上遲到，因爲他「在馬德里參加米格爾・安赫爾・阿斯圖里亞斯的喪禮」。二〇〇二年，筆者曾詢問賈布列爾・賈西亞・馬奎斯，他否認這件事。時間上應該是對的，但我來不及在二〇〇五年Moreno Durán去世前問他爲何這麼說。亦參見Julia Urquidi Illanes，*Lo que Varguitas no dijo*(拉巴斯，Khana Cruz，一九八三)。

15. 見多諾索，*Historia personal del 'boom'*，pp. 148-9。

16. 「感覺好奇怪，我們以前總是一起到處旅行」(羅德里哥・賈西亞・巴爾恰，訪談，紐約，一九九六年)。

17. 努聶茲・希門內茲，'GM y la perla de las Antillas'。

18. 'Gabriel García Márquez: de la ficción a la política'，《視野》*Visión*，一九七五年一月三十日。

19. 安立奎・參托斯・卡爾德隆，訪談，波哥大，一九九一年。

20. 在此訪談中，評論阿傑著作(*Inside the Company: CIA Diary*，Harmonds-worth，Penguin，一九七五)的形式。刊登於《紐約書評》，一九七五年八月七日的。

21. 然而，Sorela，*El otro García Márquez*對賈布列爾・賈西亞・馬奎斯與羅培茲・米歇爾森後來多年的關係頗多批評。

22. 最暴力的反應是哥倫比亞左派評論家Jaime Mejía Duque在一九七五年七月號Medellín發表的*'El otoño del patriarca' o la crisis de la desmesura*，出版者不是別人，正是賈布列爾・賈西亞・馬奎斯日後的出版社「黑羊」。

23. 利桑德羅・奧特羅，*Llover sobre mojado: una reflexión sobre la historia*(哈瓦那，Letras Cubanas，一九九七)，p. 208。

24. 六月三十日至七月七日，《抉擇》，第四十期，賈布列爾・賈西亞・馬奎斯，'Portugal, territorio libre de Europa'；七月七日至十四日，第四一期，'Portugal, territorio libre de Europa (II). ¿Pero qué carajo piensa el pueblo?'；及七月十四至二十一日，第四二期的'Portugal, territorio libre de Europa (III). El socialismo al alcance de los militares'。
25. 見《卓越》雜誌，一九七五年六月五日，引述Lisbon的*Diário Popular*。
26. 《卓越》雜誌，一九七五年六月三十日。
27. 《卓越》雜誌，一九七五年六月十七日。
28. 見'GGM entrevista a Torrijos. "No descar- tamos la violencia"'，《抉擇》，第三八期，一九七五年六月十六日至二十三日。
29. 努聶茲・希門內茲，'GM y la perla de las Antillas'。亦參見賈布列爾・賈西亞・馬奎斯，'Allá por los tiempos de la Coca-Cola'，《觀察家日報》，一九八一年十月十一日，實亦爲禁運的故事，講的是切・格拉瓦在革命早期設法找到可樂的替代品。
30. 見《抉擇》，第五一期，一九七五年九月十五日至二十二日，'Cuba de cabo a rabo (I)'；第五二期，一九七五年九月二十二日至二十九日，'Cuba de cabo a rabo (II). La necesidad hace parir gemelos'；第五三期，一九七五年九月二十九日至十月六日，'Cuba de cabo a rabo (III). Final, si no me creen, vayan a verlo'。
31. 羅德里哥・賈西亞・巴爾恰，訪談，紐約，一九九七年。
32. 安立奎・參托斯・卡爾德隆，訪談，波哥大，一九九一年。
33. 例如，見馬莉亞・露易莎・門多薩，'La verdad embarazada'，《卓越》雜誌，一九八一年七月八日。
34. 這就是那個值美金六萬四千元的問題，大部分記者和許多讀者一見到倒楣的賈西亞・馬奎斯傳記作者都就想討論這問題。
35. 兩位男士均不願討論這件事，但我與數位目擊者討論過此事，包括梅瑟德斯・巴爾恰及兩位男士親近的朋友。二〇〇八年馬立歐・巴爾加斯・尤薩本人發表了一齣名爲《塔梅西斯腳下》*Al pie del Támesis*的戲劇，其中主角憶及三十五年前揍了他的至友一頓，且之後就未再相見。
36. 見Perry Anderson，'A magical realist and his reality'，*The Nation*，二〇〇四年一月二十六日，一位賞析家讀過兩人

回憶錄後，對兩人的比較。賈布列爾・賈西亞・馬奎斯再度略勝一籌。

37. 努聶茲・希門內茲，'GM y la perla de las Antillas'。
38. 同上。
39. 見他自己的證詞：*Y Fidel creó el Punto X*(邁阿密，Saeta，一九八七)。
40. 努聶茲・希門內茲，'GM y la perla de las Antillas'。
41. 'Felipe González: Socialista serio'，《抉擇》，第二二九期，一九七七年八月二十九日至九月五日。
42. 見'Felipe'，《觀察家日報》，一九八三年一月二日。賈布列爾・賈西亞・馬奎斯在其中回想第一次在波哥大的會面。
43. 'GGM entrevista a Régis Debray: "Revolución se escribe sin mayú sculas"'，《抉擇》，第一四六—七期，一九七七年十二月二十六日至一九七八年一月二十日。
44. 賈布列爾・賈西亞・馬奎斯，'El general Torrijos sí tiene quien le escriba'，《抉擇》，第一一七期，一九七七年六月五至十二日。
45. 賈布列爾・賈西亞・馬奎斯，'Torrijos, cruce de mula y tigre'，《抉擇》，第一二六期，一九七七年八月八日至十五日。
46. 見葛蘭・格林，*Getting to Know the General: The Story of an Involvement*(倫敦，Bodley Head，1984)。獻給「吾友奧馬・托利侯斯在尼加拉瓜、薩爾瓦多、及巴拿馬的朋友」。
47. 見賈布列爾・賈西亞・馬奎斯，'Graham Greene: la ruleta rusa de la literatura'，《觀察家日報》，一九八二年一月二十七日，及'Las veinte horas de Graham Greene en La Habana'，《觀察家日報》，一九八三年一月十六日。
48. 見拉蒙・喬歐，'García Márquez: El caso Reynold González'，《凱旋》(馬德里)，一九七八年四月二十九日，pp. 54-6。
49. 卡斯楚，訪談，哈瓦那，一九七七年一月。
50. 例如，見'Turbay, el candidato enmascarado'，《抉擇》，第九四期，一九七八年八月二十三日至三十日。
51. 見Sorela，*El otro García Márquez*，p. 249。其中提到賈布列爾・賈西亞・馬奎斯與桑定民族解放陣線領袖的關係。
52. 見賈布列爾・賈西亞・馬奎斯，'Edén Pastora'，《觀察家日報》，一九八一年七月十九日。

53. 見賈布列爾・賈西亞・馬奎斯，'Locura maestra, tomar palacio'，《卓越》雜誌，一九七八年九月一日：這是當天報紙頭版頭條新聞。

54. 賈布列爾・賈西亞・馬奎斯，'Edén Pastora'，《觀察家日報》，一九八一年七月十九日。

55. 《卓越》雜誌，一九七八年十二月二十一日。

56. 見 'Habeas: de verdad por los derechos humanos'，《抉擇》，第一九四期，一九七八年十二月二十五日至一九七九年一月二十二日。

57. 一九七九年十月在巴黎對拉蒙・喬歐和伊格納希歐拉莫奈特的一場訪談，'La guerra de la información. Tres casos: Nicaragua, Vietnam y Cuba'，《抉擇》，第二三七期，一九七九年十一月一日至八日。賈西亞・馬奎斯提到羅莉塔・雷布倫和她波多黎各的同志當時獲卡特釋放，「但僅是爲了選舉的考量」。

58. 見 'Habeas y los derechos humanos: despegue por lo alto'，《抉擇》，第二〇一期，一九七九年二月二十六日。其中宣稱，賈布列爾・賈西亞・馬奎斯於一月十九日見到教宗若望保祿二世，且於二月三日見到西班牙國王與皇后。

59. 引述於《時代報》，一九七九年二月八日。

60. 'Gobierno de post-guerra: GGM entrevista a Sergio Ramírez'，《抉擇》，第二一八期，一九七九年六月二十一日至二十八日。

61. 約與賈布列爾・賈西亞・馬奎斯的電影劇本《桑帝諾萬歲》*Viva Sandino*發表同時，此劇本後來以《綁架》及《突襲》爲名。

62. 喬歐與拉莫奈特，'La guerra de la información. Tres casos: Nicaragua, Vietnam y Cuba'，《抉擇》，第二〇一期，一九七九年二月二十六日。

63. 針對麥克布萊德報告，參見賈布列爾・賈西亞・馬奎斯，'La comisión de Babel'，《觀察家日報》，一九八〇年十一月二日。並見Sorela，*El otro García Márquez*，p. 250，其中提到一九八〇—八一年間有過八次會議：四次在巴黎，及在斯德哥爾摩(瑞典)、杜布羅夫尼克(克羅埃西亞)、德里(印度)，和阿卡波可(墨西哥)各一次。

64. 最後賈布列爾・賈西亞・馬奎斯和他的智利籍同事胡安・薩莫維亞(Juan Somavía)(其人後來成爲國際勞工組織的秘書長)不滿委員會達成的妥協方案，合遞了一份弱勢紀實。

65. 這些意見發表於「拉美記者聯盟」(Federación Latinoamericana de Periodistas)在墨西哥市爲墨西哥總統波提洛舉辦

的午宴上。

66. 賈布列爾・賈西亞・馬奎斯，'Del malo conocido al peor por conocer'，《觀察家日報》，一九八〇年十一月九日。

67. 見'La Revolución Cubana me libró de todos los honores detestables de este mundo'，*Bohemia*(哈瓦那)，一九七九，收錄於Rentería，pp. 201-9：「我完全沒了寫書的靈感。若有一天又有了靈感，那就棒極了。」

第二十章：回歸文學：《預知死亡紀事》以及諾貝爾獎(一九八〇—一九八二)

1. 見賈布列爾・賈西亞・馬奎斯，'La comisión de Babel'，《觀察家日報》，一九八〇年十一月二日。

2. Carmen Galindo和Carlos Vanella，'Soy más peligroso como literato que como político: GM'，*El Día*(墨西哥市)，一九八一年九月七日，兩篇文章中的第二篇。

3. 見賈布列爾・賈西亞・馬奎斯，'Georges Brassens'，《觀察家日報》，一九八一年十一月八日，及'Desde París con amor'，《觀察家日報》，一九八二年十二月二十六日。這時期的許多文章皆以巴黎為主題。

4. 馬利亞・希門納杜贊，訪談，波哥大，一九九一年。

5. 安立奎・參托斯·卡爾德隆，訪談，波哥大，一九九一年。

6. 龔雪婁・門多薩・利安諾，'La Gaba'，*Revista Diners*(波哥大)，一九八〇年十一月。

7. 《卓越》雜誌，一九八〇年三月二十日。

8. 'Gabriel García Márquez. ¿Esbirro o es burro?'，《環球報》，一九八〇年五月十七日。

9. 亞倫・萊丁，'For GM, revolution is a major theme'，《紐約時報》，一九八〇年五月二十二日。

10. 見胡安・葛薩殷，'A Cayetano lo mató todo el pueblo'，《觀察家日報》，一九八一年五月十三日，p. 7a，訪問了路易斯・安立奎・賈西亞・馬奎斯。

11. 見埃利西歐・賈西亞的*Crónica de la crónica*，裡頭將原來的事件與小說相比，並將小說及原事件與電影及製作過程的事件相比。

12. 見賈布列爾・賈西亞・馬奎斯，'El cuento del cuento'，《觀察家日報》，一九八一年八月二十三日，及'El cuento del cuento. (Conclusión)'，《觀察家日報》一九八一年八月三十日。

13. 關於一九八〇年至一九八四年的文章，參見Sorela，*El otro García Márquez*，p. 255。

14. 賈布列爾・賈西亞・馬奎斯在一九六六年七月二十二日寫了一封信給比利尼歐・門多薩，裡頭——一九六六年，就在完成《百年孤寂》後不久，但在出版前！——說到他會喜歡做這種報導。
15. 見John Benson，'Notas sobre *Notas de prensa* 1980-1984'，*Revista de Estudios Colombianos*，第十八期(一九九八年)，pp. 27-37。
16. 這四篇文章於一九八〇年九月中旬至十月上旬刊登於《觀察家日報》。
17. 後來成了美國一個電視影集的名稱和副標題。
18. 'Sí, la nostalgia sigue siendo igual que antes'，《觀察家日報》，一九八〇年十二月十六日。
19. 賈布列爾・賈西亞・馬奎斯，'Un domingo de delirio'，《觀察家日報》，一九八一年三月八日。
20. 哥布・坡達，'Crónica de una muerte anunciada: García Márquez sólo escribió su nueva novela cuando su mamá le dio permiso'（一九八一；後來刊登於哥布・坡達，*Silva, Arciniegas, Mutis y García Márquez*，pp. 419-27）。
21. 見Sorela，*El otro García Márquez*，pp. 259-62。寫到這件事，他說他確知賈布列爾・賈西亞・馬奎斯對於這個威脅的看法是對的。
22. 見 'El viaje de GM: crónica de una salida anticipada'，《彩印》，一九八一年三月三十一日。
23. 見薇達爾，*Viaje a la memoria*，pp. 128-39。
24. 'GGM y su nuevo libro vistos a través de su editor'，《觀察家日報》，一九八一年五月三日。
25. 見《卓越》雜誌，一九八一年五月十二日。
26. 《卓越》雜誌，一九八一年五月七日。
27. 見賈布列爾・賈西亞・馬奎斯，'Mitterrand, el otro: el presidente'，《觀察家日報》，一九八一年五月二十四日。
28. 菲利普・貢薩雷茲，一九九七年於馬德里的訪談。
29. 《卓越》雜誌，一九八一年八月四日。
30. 'Torrijos'，《觀察家日報》，一九八一年八月九日。
31. 見Beatriz López de Barcha，'"Gabito esperó a que yo creciera"'，《旋轉馬車，時代報期刊 *Carrusel, Revista de El Tiempo*》，一九八二年十二月十日。
32. 引述自José Pulido，'No quiero convertirme en la estatua del Premio Nobel'，*Muro de confesiones*(卡拉卡斯，El Libro

Menor，Academia Nacional de la Historia，1985），pp. 9-18。

33. 並參見'Habla GM: "Votaré por primera vez en mi vida por López"'，《時代報》，一九八二年五月二十三日。

34. 賈布列爾．賈西亞．馬奎斯，'Crónica de mi muerte anunciada'，《觀察家日報》，一九八二年三月十四日。

35. 'Con las Malvinas o sin ellas'，《觀察家日報》，一九八二年四月十一日。

36. 'Otra vez del avión a la mula . . . ! Qué dicha!'，《觀察家日報》，一九八二年一月三十一日。

37. 'Bangkok la horrible'，《觀察家日報》，一九八二年三月二十八日。

38. 'Peggy, dame un beso'，《觀察家日報》，一九八二年四月四日。

39. 'Como sufrimos las flores'，《觀察家日報》，一九八一年十二月六日。

40. 克勞蒂雅．德瑞福斯，'GGM'，《花花公子》，30:2，一九八三年二月，pp. 65-77，172-8。

41. 比利尼歐．阿布雷右．門多薩主編的*El olor de la guayaba*(巴)塞隆納，布魯奎拉，一九八二年四月)。

42. María Esther Gilio，'Escribir bien es un deber revolucionario'，《凱旋》(馬德里)，一九七七，收錄於Rentería, ed., pp. 141-6。

43. 本段取材自努聶茲．希門內茲，'GM y la perla de las Antillas'，pp. 69-103。

44. 同上。

45. 'Beguin y Sharon, premios "Nobel de la muerte"'，《觀察家日報》，一九八二年九月二十九日。

46. 阿豐索．福恩馬佑爾，'Transparencia de un Nobel'，收錄於Mera主編的*Aracataca- Estocolmo*，pp. 30-33。

47. 見'Gabriel José visto por Eligio Gabriel, el benjamín'，《彩印》，一九八二年十月二十六日，pp. 20-21。

48. 見賈布列爾．賈西亞．馬奎斯，'William Golding, visto por sus vecinos'，《觀察家日報》，一九八三年十月九日。其中，賈布列爾．賈西亞．馬奎斯憶及他在一九八二年聽到自己的獎項時的情況。

49. 埃利西歐．賈西亞，'Así se recibió el Nobel'，*Revista Diners*(波哥大)，一九八二年十一月。

50. 賈布列爾．賈西亞．馬奎斯，'Obregón o la vocación desaforada'，《觀察家日報》，一九八二年十月二十日。

51. 賈布列爾．賈西亞．馬奎斯，'USA: mejor cerrado que entreabierto'，《觀察家日報》，一九八二年十一月七日。

52. 例如《拉丁美洲時代雜誌 *Latin American Times*》，一九八二年十二月，封面故事。

53. Joseph Harmes，'A spellbinding storyteller'，《新聞周刊》，一九八二年十一月一日。

54. 薩爾曼・魯西迪，'Márquez the Magician'，泰晤士報(倫敦)，一九八二年十月二十四日。
55. 見Mera主編的*Aracataca-Estocolmo*，其中關於馬奎斯的諾貝爾獎經驗及其對哥倫比亞的意義，有最精闢的見解。
56. 比利尼歐・門多薩，'Postales de Estocolmo'，收錄於同上，pp. 96-103。
57. 見基耶爾莫・卡諾，'Crónica anticipada de unas ceremonias'，《觀察家日報》，一九八二年十二月五日。
58. Anthony Day和Marjorie Miller，'Gabo talks: GGM on the misfortunes of Latin America, his friendship with Fidel Castro and his terror of the blank page'，*Los Angeles Times Magazine*，一九九〇年九月二日。
59. Mera主編的*Aracataca-Estocolmo*，p. 30。
60. 門多薩，'Postales de Estocolmo'，載於同上，p. 96。
61. 埃利西歐・賈西亞，'Gabriel José visto por Eligio Gabriel'，《彩印》，一九八二年十二月十四日。
62. 賈布列爾・賈西亞・馬奎斯，'Cena de paz en Harpsund'，《觀察家日報》，一九八二年十二月十九日。
63. Beatriz López de Barcha，'"Gabito esperó a que yo creciera"'，《旋轉馬車，時代報期刊》*Carrusel, Revista de El Tiempo*，一九八二年十二月十日。
64. 見《觀察家日報》，一九八二年十二月十一日。
65. 門多薩，'Postales de Estocolmo'，收錄於Mera主編的*Aracataca-Estocolmo*，p. 98。
66. 安娜・瑪麗亞・卡諾，'Para leer en la mañana: El arrugado liquiliqui'，《觀察家日報》，一九八二年十二月十三日。
67. 比利尼歐・門多薩，'La entrega del Nobel: un día inolvidable'，《時代報》，一九八二年十二月十二日。
68. 門多薩，'Postales de Estocolmo'，收錄於Mera主編的*Aracataca-Estocolmo*，p. 103。
69. 'La cumbia del Nobel'，《人民 *Gente*》(布宜諾斯艾利斯)，一九八二年十二月。
70. 見Tom Maschler，*Publisher*(倫敦，Picador，二〇〇五)，pp. 128-9。
71. Nereo López，'Humanas y hermosas anécdotas de la delegación folklórica colombiana en Estocolmo'，收錄於Mera主編的*Aracataca-Estocolmo*，pp. 91-5。
72. 見葛洛麗雅・特麗安娜，'Hasta la Reina Silvia se divirtió'，《觀察家日報》，二〇〇二年十月六日。
73. 賈布列爾・賈西亞・馬奎斯，'El brindis por la poesía'，《觀察家日報》，一九八二年十二月十二日。

74. Alexandra Pineda，'El Nobel Gabo piensa en *El Otro*'，《觀察家日報》，一九八二年十二月十二日。
75. 《觀察家日報》，一九八二年十二月十日。
76. 莉妲・賈西亞・馬奎斯，收錄於蓋爾維斯，《賈西亞・馬奎斯家族》，p. 249。
77. 埃利西歐・賈西亞，'La entrega del Nobel: Estocolmo fue una fiesta y una rosa amarilla'，*El Mundo al Vuelo, Avianca*，第六四期，一九八三年二月至三月。
78. 阿爾瓦洛・穆提斯，'Apuntes sobre un viaje que no era para contar'，收錄於Mera主編的*Aracataca-Estocolmo* pp. 19-20。
79. 《時代報》，一九八二年十二月十二日。

第二十一章：聲名大噪以及番石榴的香味：《愛在瘟疫蔓延時》（一九八二—一九八五）

1. 賈布列爾・賈西亞・馬奎斯，'Felipe'，《觀察家日報》，一九八三年一月二日。
2. 'Diálogo de Gabo con Felipe González'，《時代報》，一九八二年十二月二十七日。
3. 亦參見Braudy，*The Frenzy of Renown: Fame and Its History*(紐約，Vintage，一九八六；一九九七).
4. Sorela，*El otro García Márquez*，p. 259。
5. 羅貝托・彭波，'El año de GM'，《星期》（波哥大），一九九七年一月。
6. 大衛・史瑞費爾德，'The intricate solitude of GGM'，《華盛頓郵報》，一九九四年四月十日。
7. Juan Cruz，'Relato de un tímido'，《國家報》（馬德里），一九九三年一月十一日。
8. 魯道夫・布拉切利，'El genio en su laberinto'，《人民 *Gente*》（布宜諾斯艾利斯），一九九七年一月十五日。
9. 賈布列爾・賈西亞・馬奎斯，'Las veinte horas de Graham Greene en La Habana'，《觀察家日報》，一九八三年一月十六日。
10. 重新收錄於基耶爾莫・卡布列拉・因凡特，*Mea Cuba*(倫敦，Faber & Faber，一九九四)，p. 210。
11. 賈布列爾・賈西亞・馬奎斯，'Regreso a México'，《觀察家日報》，一九八三年一月二十三日。
12. 賈布列爾・賈西亞・馬奎斯，'Sí: ya viene el lobo'，《觀察家日報》，一九八三年一月三十日。
13. 見Alfonso Botero Miranda，*Colombia, ¿no alineada? De la confrontación a la cooperación: la nueva tendencia en los No*

Alineados(波哥大，Tercer Mundo，一九九五)。

14. 努聶茲・希門內茲，'GM y la perla de las Antillas'。
15. 賈布列爾・賈西亞・馬奎斯，'Regreso a la guayaba'，《觀察家日報》，一九八三年四月十日。
16. 賈布列爾・賈西亞・馬奎斯很不尋常地反擊，發表於'Con amor, desde el mejor oficio del mundo'，《觀察家日報》，一九八三年四月二十四日。
17. 賈布列爾・賈西亞・馬奎斯，'Cartagena: una cometa en la muchedumbre'，《觀察家日報》，一九八三年六月五日。
18. 賈布列爾・賈西亞・馬奎斯，'Contadora, cinco meses después'，《觀察家日報》，一九八三年七月十日。
19. 托瑪斯・埃羅伊・馬汀尼茲，'El día en que empezó todo'，《第十二頁報》(布宜諾斯艾利斯)，一九八八年八月二十一日。
20. 見賈布列爾・賈西亞・馬奎斯，'Bishop'，《觀察家日報》，一九八三年十月二十三日。
21. 見María Teresa Herrán，'GM ante el mito de Gabo'，《觀察家日報》，一九八三年十一月五日。
22. 蘿拉・雷斯特雷波，訪談，波哥大，一九九一年。
23. 賈布列爾・賈西亞・馬奎斯，'Vuelta a la semilla'，《觀察家日報》，一九八三年十二月十八日。
24. 見克勞蒂雅・德瑞福斯，'Gabriel García Márquez'，《花花公子》，30:2，一九八三年二月，p. 172。
25. Régis Debray，*Les Masques*(巴黎，伽里瑪，一九八七)，pp. 26-8。
26. 見阿朗哥，*Un ramo de nomeolvides*，p. 247。
27. 同上，p. 120。
28. 見馬利斯・西蒙斯，'The best years of his life: an interview with GGM'，《紐約時報書評》，一九八八年四月十日。
29. 'GGM usa escritura computarizada'，《卓越》雜誌，一九八四年十月十六日。
30. 《預知死亡紀事》，p. 93。
31. 阿朗哥，*Un ramo de nomeolvides*，p. 136。
32. Eric Nepomuceno，'GGM afronta en su nueva obra los peligros de la novela rosa'，《國家報》，一九八四年八月二十八日。

33. 瑪歌・賈西亞・馬奎斯，收錄於蓋爾維斯，《賈西亞・馬奎斯家族》，p. 67。

34. 埃利西歐・賈西亞・馬奎斯，收錄於同上，pp. 285-6。值得注意的是，巴阿姨當時在場。她自己也於一年後過世。

35. 海梅・賈西亞・馬奎斯，收錄於同上，p. 55。

36. 埃利西歐・賈西亞・馬奎斯，收錄於同上，p. 286。

37. 賈布列爾・賈西亞・馬奎斯，'La vejez juvenil de don Luis Buñuel'，《觀察家日報》，一九八二年八月一日。不僅《愛在瘟疫蔓延時 *Love in the Time of Cholera*》(1985)，且《憶我憂傷娼婦》(二〇〇四)的種子也埋藏在這篇文章裡。

38.(《紐約時報》的)馬利斯・西蒙斯，'Sexo y vejez: una charla con GM'，《時代報》，一九八五年四月十四日。一九八八年西蒙斯又採訪了他一次：馬利斯・西蒙斯，'The best years of his life: an interview with GGM'，*op.cit.*。

39. Yasunari Kawabata，*La casa de las bellas durmientes*(巴塞隆納，Luis de Caralt，2001)，p. 79。

40. 瑪麗亞・艾爾維・菈參貝爾，'Habla Gabo'，《星期》，一九八五年五月十三日。

41. 最明顯的參照依據是Valéry Larbaud的*Fermina Marquez*(巴黎，一九一一)，講的是一個在法國的美麗哥倫比亞女孩，及她所引發的愛戀。這標題必定吸引了賈布列爾・賈西亞・馬奎斯的注意，而故事情節也迷住了他的想像力。

42.《星期》，一九八五年十二月九日。

43. 埃爾南・迪亞斯，'Una historia trivial antes del huracán'，*Revista Diners*(波哥大)，一九八五年九月。

44. 貝利薩里歐・貝坦古，訪談，波哥大，一九九一年。賈布列爾・賈西亞・馬奎斯後來的書《綁架新聞》(一九九六)就是在回憶這些情況，目的是要爲他本人敘述的事件(一九九〇—九三)佈下政治的脈絡。

45.「我花了半個世紀的時間撰寫愛情」，《卓越》雜誌，一九八六年一月十七日。

46. 湯瑪斯・品瓊，'The heart's eternal vow'，《紐約時報書評》，九八八年四月十日。

47. 賈布列爾・賈西亞・馬奎斯，訪談，墨西哥市，一九九九年。

第二十二章：以官方歷史為背景：賈西亞・馬奎斯的波利瓦爾《迷宮中的將軍》(一九八六—一九八九)

1. "Colombia está al borde del holocausto": GM'，《卓越》雜誌，一九八六年七月二十八日。
2. 刊在巴西及其他地方版本的《花花公子》雜誌；而於一九八六年一月，也出現在第四十五屆「紐約筆會」與鈞特・葛拉斯的辯論中。
3. 努聶茲・希門內茲，'GM y la perla de las Antillas'。
4. 訪問：卡斯楚、托瑪斯・古堤瑞茲・艾列、費南多・比利、阿基米亞・培尼亞、Cacho Pallero、María Luisa Bemberg、Eliseo Alberto 豪赫・阿里・特麗安娜、利桑德羅公爵、Jaime Humberto Hermosillo、Jorge Sánchez、Ignacio Durán、Mario García Joya、Berta Navarro；談話：胡立歐・賈西亞・艾斯琵諾沙、Dolores Calviño、史黛拉・瑪拉貢、Martha Bossío、米格爾・立丁。
5. 立丁最出名的是《納胡托洛的共犯》*The Jackal of Nahueltoro*，一九七一；但他也於一九七八年在墨西哥把賈西亞・馬奎斯的故事*Montiel's Widow*拍成電影，領銜主演的是潔洛汀・卓別林(譯按：默片喜劇大師查理・卓別林的女兒)。
6. 賈布列爾・賈西亞・馬奎斯，《智利祕密行動》*Clandestine in Chile*(劍橋，Granta，一九八九)。
7. 這件事使得賈布列爾・賈西亞・馬奎斯和密特朗疏遠。法國當時仍在南太平洋進行核子試射。一九八五年，綠色和平組織的船*Rainbow Warrior*在(我們現在知道是)密特朗本人指使下，由法國間諜偷偷開進奧克蘭港。
8. 'Con emotivo discurso de Gabo se instaló "reunión de los 6"'，《時代報》，一九八六年八月七日。見賈布列爾・賈西亞・馬奎斯的演說，'El cataclismo de Dámocles'，Conferencia Ixtapa，一九八六(波哥大，黑羊出版社，一九八六)。
9. 貢薩羅和琵雅後來於一九八七年結婚，九月底生了一個兒子Mateo，也是賈西亞・馬奎斯的第一個孫子。
10. 見Andrew Paxman，'On the lot with GGM'(訪談)，*Variety*，一九九六年三月二十五日至三十一日。
11. 米榭爾・布宏多，'Le tournage de "Chronique d' une mort annoncée"'，*Le Monde*，一九八六年七月。
12. 關於賈布列爾・賈西亞・馬奎斯演講的文字稿，見《理性報》(布宜諾斯艾利斯)，一九八六年十二月七日。
13. 馬利亞・希門納・杜贊，訪談，波哥大，一九九一年。
14. 尤見馬利斯・西蒙斯，'GM on love, plagues and politics'，《紐約時報》，一九八八年二月二十一日。

15. 見Hugo Colmenares，'El demonio persigue las cosas de mi vida'，《民族報》，(卡拉卡斯)，一九八九年二月二十二日。
16. 見 'Robert Redford es un admirador de GM'，《卓越》雜誌，一九八八年十月十五日。
17. Elías Miguel Muñoz，'Into the writer' s labyrinth: storytelling days with Gabo'，*Michigan Quarterly Review*，34:2，1995，pp. 173-93。其中，談到賈布列爾・賈西亞・馬奎斯一九八九年八月在「日舞」(Sundance)的工作。
18. 見賈布列爾・賈西亞・馬奎斯，'Una tontería de Anthony Quinn'，《觀察家日報》，一九八二年四月二十一日。
19. 紐威爾之前的電影包括：《妳是我今生的新娘》、《驚天爆》、及《哈利波特：火盃的考驗》。
20. 例如，見賴瑞・洛特，'GM: words into film'，《紐約時報》，一九八九年八月十三日。
21. 見電影劇本Paz Alicia Garciadiego，《沒人寫信給上校》(墨西哥，Universidad Veracruzana，一九九九)。
22. 《卓越》雜誌，一九九〇年八月七日：《紐約時報》對於薩爾瓦多・塔沃拉(Salvador Távora)在「拉丁嘉年華」(Festival Latino)中改寫《預知死亡紀事》做出評論。Mel Gussow表示，只有像布紐爾這樣天才的導演，才能夠改編賈布列爾・賈西亞・馬奎斯的作品。
23. 賈布列爾・賈西亞・馬奎斯，'Fidel Castro, el oficio de la palabra'，《國家報》，一九八八年三月六日。參見 'Plying the Word'，*NACLA*，一九九〇年八月二日。
24. 賈布列爾・賈西亞・馬奎斯，*Diatriba de amor contra un hombre sentado*(波哥大，阿朗哥，一九九四)。
25. Osvaldo Soriano，'La desgracia de ser feliz'，《第十二頁報》(布宜諾斯艾利斯)，一九八八年八月二十一日。
26. 歐斯瓦爾多.奇若嘉，'Soledades de un poeta que no acudió a la cita'，《民族報》(布宜諾斯艾利斯)，一九八八年八月二十一日。
27. 當時聽說Monica Vitti考慮要將這齣戲搬上羅馬的舞台。後來在波哥大上演時由Laura García飾演葛菈謝菈；二〇〇五年歌手兼演員的Ana Belén在西班牙演出同一個角色，二〇〇六年一月則是葛菈謝菈・杜福，儘管受著許多苦難，仍在布宜諾斯艾利斯重新扮演這個角色。雖然評論家持保留意見，但這些女演員顯然都演這個角色演得很快樂。
28. 'GM sólo quiere hablar de cine'，*Occidente*，一九八九年十二月三日。
29. 'Cordial entrevista en Moscú de GM con Gorbachev'，《觀察家日報》，一九八七年七月十一日。

30. 《卓越》雜誌，一九八七年七月二十一日。
31. 見他在正式發表版的長篇「感恩'gratitudes'」或謝辭。
32. 見蘇珊娜・卡托，'El Gabo: "Desnudé a Bolívar"'，*Proceso*(墨西哥市)，一九八九年四月三日。
33. 見賈布列爾・賈西亞・馬奎斯，'El río de la vida'，《觀察家日報》，一九八一年三月二十五日。
34. '"Me devoré tu último libro": López a Gabo'，《時代報》，一九八九年二月十九日。一九七五年七月二十九日，Santa Marta創辦四百五十週年，哥倫比亞總統羅培茲・米歇爾森與委內瑞拉的裴雷茲及巴拿馬的奧馬・托利侯斯在聖佩德羅・阿雷罕德利諾(San Pedro Alejandrino)碰面，並向一八三〇年在當地去世的波利瓦爾致意。有塊匾額紀念這事件。這三位男士在接下來的十年間，都成了賈布列爾・賈西亞・馬奎斯的至交及盟友。
35. 貝利薩里歐・貝坦古，《第十二頁報》(布宜諾斯艾利斯)，一九八九年四月二日。
36. 《卓越》雜誌，一九八九年三月二十一日。
37. 瑪麗亞・艾爾維菈・參貝爾，'*El general en su laberinto*: un libro vengativo. Entrevista exclusiva con GGM'，《卓越》雜誌，一九八九年四月五日。
38. 例如，見Oscar Piedrahita González，'El laberinto de la decrepitud'，*La República*(哥倫比亞)，一九八九年五月十四日；及Diego Mileo，'En torno al disfraz literario'，《號角報》(布宜諾斯艾利斯)，一九八九年六月二十二日。
39. 'El libro'(社論)，《時代報》，一九八九年三月十九日。
40. 'La rabieta del Nobel'(社論)，《時代報》，一九八九年四月五日。
41. 《卓越》雜誌，一九八九年三月二十八日。並參見，'"Mario ha ido demasiado lejos": GM. "Admiro el valor de Vargas Llosa"'，《卓越》雜誌，一九八九年六月二十八日。
42. 'GM no volverá a España'，《觀察家日報》，1989年三月二十八日。
43. 《卓越》雜誌，一九八九年三月二十八日。
44. Comité de la Carta de los Cien，'Open Letter to Fidel Castro, President of the Republic of Cuba'，《紐約時報》，一九八八年十二月二十七日。
45. 《迷宮中的將軍》(倫敦，Jonathan Cape，一九九一)，p. 230。
46. 儘管卡斯楚的敵人認定是他主導這決定，但這決定是集體的；他們也無憑無據地認爲歐丘瓦被殺的原因是要隱瞞卡斯楚和勞烏・卡斯楚自己捲入加勒比海毒品交易。

47.《週日鏡報》*Sunday Mirror*七月十六日一篇標名‘Shabby ghost at the feast’的文章，拿她與瑪莉・安端內特(Marie Antoinette)做比較。

48. ‘El narco-escándalo cubano. Siguen rodando cabezas militares’，《觀察家日報》，一九八九年七月十五日。

49. 見Geoffrey Matthews，‘Plague of violence scars land of magical beauty’，《衛報 *Guardian*》(倫敦)，一九八九年九月三日。

50. 見‘GM: “Hay que apoyar al Presidente Barco” ’，《時代報》，一九八九年八月二十日。

51. ‘GM: “Castro le teme a la Perestroika” ’，《卓越》雜誌，一九八九年十二月二十二日。

第二十三章：回到馬康多？歷史變故的消息(一九九一－一九九六)

1. 這些事件，或簡短或詳細，大多在賈布列爾・賈西亞・馬奎斯，《綁架新聞》(倫敦，Jonathan Cape，一九九七)中提到。

2. ‘Condenada al fracaso, la guerra contra la droga: GM’，《卓越》雜誌，一九八九年十一月三日。

3. 見Anthony Day和Marjorie Miller，‘Gabo talks: GGM on the misfortunes of Latin America, his friendship with Fidel Castro and his terror of the blank page’，*Los Angeles Times Magazine*，一九九〇年九月二日，pp. 10-35的，裡頭他說美國「對卡斯楚幾乎有如對色情文學般地著迷」(p. 34)。如果不是因爲卡斯楚，他補充說，「那麼美國早就長驅直入拉丁美洲，直到巴塔哥尼亞了」。

4. 見《卓越》雜誌，一九八九年二月九日。

5. Day和Miller，‘Gabo talks’，p.33。

6.《卓越》雜誌，一九九〇年三月十日。

7. 見José Hernández，‘*María* es un texto sagrado’，《時代報》，一九九〇年三月十日。

8. Imogen Mark，‘Pinochet adrift in his labyrinth’，*Financial Times*，一九九〇年十一月二十五日。

9. 報導於*La Prensa*，一九九〇年九月五日的。

10. ‘GM: sólo Fidel puede transformar a Cuba; EEUU siempre necesita un demonio’，《卓越》雜誌，一九九〇年九月三

日。

11.《卓越》雜誌，一九九一年一月二十七日；並請見‘Llamamiento de Gabo por secuestrados’，《時代報》，一九九一年一月二十七日。

12.‘Gabo: “Es un triunfo de la inteligencia” ’，《時代報》，一九九一年六月二十日。

13.‘Redford: “Gabo es un zorro viejo” ’，《觀察家日報》，一九九一年三月三日。

14.Renato Ravelo發表於一九九八年十月二十五日*La Jornada*的‘El taller de GM’。

15.‘Pide GM perdonar la vida a los dos infiltrados’，*La Jornada*，一九九二年一月十八日。

16.《卓越》雜誌，一九九二年二月十五日。

17.‘GGM: ‘L’ amour est ma seule idéologie’，*Paris Match*，一九九四年七月十四日。

18.《卓越》雜誌，一九九二年七月三十一日的。

19.《星期》，一九九二年七月十四日。

20.‘GM descubre la literatura y le gusta’，《民族報》，一九九二年八月十日。

21.《星期》，一九九二年十一月十七日。

22.《星期》，一九九二年九月二十九日。

23.‘Nunca es tarde’，《時代報》，一九九二年十一月二十三日。

24.‘GM desmiente en Cuba el rumor de discrepancias con Castro’，《國家報》，一九九二年十二月十四日。

25.《觀察家日報》，一九九三年一月十一日。

26.比爾・柯林頓，《施與：我們可以改變世界》(倫敦，Hutchinson，二〇〇七)。

27.《觀察家日報》，一九九三年一月二十八日。

28.《卓越》雜誌，一九九三年一月二十九日。

29.‘GGM exalta “el talento” de CAP’，《卓越》雜誌，一九九三年六月十八日。

30.詹姆斯・布魯克，‘Cocaine’ s reality, by GM’，《紐約時報》，一九九四年三月十一日。

31.一九九四年三月二十四日。這則聲明是以新聞稿的方式發佈。

32.大衛・史瓘費爾德，‘The intricate solitude of GGM’，《華盛頓郵報》，一九九四年四月十日。

33. 貢薩羅・馬亞利諾在波哥大書展讚揚賈布列爾・賈西亞・馬奎斯新書的演說(一九九四年四月二十二日)，刊登於一九九四年四月二十五日的《觀察家日報》。
34. 尙・方斯華・福格爾 'Revolution of the heart'，*Le Monde*，一九九五年一月二十七日。
35. 拜雅特，'By love possessed'，《紐約書評》，一九九五年五月二十八日。
36. 彼得・坎普，'The hair and the dog'，*Sunday Times*(倫敦)，一九九五年七月二日。
37. 羅莎莫拉，'El fin de un ayuno'，重載於《觀察家日報》，一九九四年四月十七日。
38. 見Silvana Paternostro，'Tres días con Gabo'，*Letra Internacional*(馬德里)，一九九七年五月至六月，p. 13。卡斯楚本人後來於二〇〇八年七月在*Granma*中回想這件事。
39. *Unomasuno*(墨西哥市)，一九九四年七月二十五日。
40. 見埃內斯托・參貝爾，'Apuntes de viaje'，《星期》，一九八七年三月三日。筆者於二〇〇七年四月在波哥大訪問參貝爾。
41. 'GGM: 'L' amour est ma seule idéologie'，*Paris Match*，一九九四年七月十四日。
42. 'Querido Presidente, cuídese los sentidos'，《時代報》，一九九四年八月八日。
43. 'Una charla informal'，《星期 *Semana*》，一九九四年九月六日。
44. *La Jornada*(墨西哥市)，一九九四年九月十四日的。
45. 費歐里洛，*La Cueva*，p. 85。
46. 'GGM: 'L' amour est ma seule idéologie'，*Paris Match*，一九九四年七月十四日。
47. 蘇珊娜・卡托，'Gabo cambia de oficio'，*Cambio 16*，一九九六年五月六日至十三日。
48. 見 'Por qué Gabo no vuelve al país'，*Cambio 16*，一九九七年二月二十四日。
49. 諾爾貝托・富恩特斯，'De La Habana traigo un mensaje'，一九九六年三月十三日。富恩特斯的《古巴的溫柔戰士 *Dulces guerrilleros cubanos*》於一九九九年問世，而賈布列爾・賈西亞・馬奎斯在其中扮演一個駭人的角色。
50. Pilar Lozano，'Gabo da una lección a los "milicos"'，《國家報》，一九九六年四月十六日。
51. 安立奎・參托斯・卡爾德隆，'Noticia'，《時代報》，一九九六年五月五日。參托斯・卡爾德隆提到，《新聞》週刊不久前說賈布列爾・賈西亞・馬奎斯對帕布羅艾斯科巴念念不忘，因為帕布羅・艾斯科巴代表了權力，而賈布列爾・賈西亞・馬奎斯真正迷戀的不是政治，正是權力。見Virginia Vallejo，*Amando a Pablo, odiando a Escobar*(墨西哥市，Random House Mondadon，二○○七)，內對哥倫比亞在艾斯科巴時期的政治及社會有X光般透徹的剖析。

52. 羅貝多・波薩達・賈西亞・培尼亞(達塔南)，'Las Cozas del Gavo'，《時代報》，一九九八年五月二十二日。

53. 賈布列爾・賈西亞・馬奎斯，《綁架新聞》*News of a Kidnapping*，pp. 129-30。哥倫比亞游擊隊(The FARC)尤其相信這個說法，並在此後數年以擄人勒贖親身實踐。二○○八年他們深受一連串毀滅性的打擊所苦，包括領導人'必殺Sureshot' Manuel Marulanda死於轟炸副司令Raúl Reyes的事件中，以及哥倫比亞軍隊解放貝坦古特等事。

54. 例如，見Joseph A. Page，'Unmagical realism'，*Commonweal*，第十六期，一九九七年九月二十六日的；及Charles Lane，'The writer in his labyrinth'，*New Republic*，第二一七號，一九九七年八月二十五日。並請見Malcolm Deas，'Moths of Ill Omen'，*London Review of Books*，一九九七年十月三十日。

第二十四章：七十歲及之後的賈西亞・馬奎斯：回憶錄以及憂傷娼婦(一九九六—二○○五)

1. Darío Arizmendi，'Gabo revela sus secretos de escritor'，《彩印》，一九九四年六月十三日。
2. 'La nostalgia es la materia prima de mi escritura'，《國家報》，一九九六年五月五日。
3. 羅莎・莫拉，'He escrito mi libro más duro, y el más triste'，《國家報》，一九九六年五月二十日。
4. Ricardo Santamaría，'Cumpleaños con Fidel'，《星期》，一九九六年八月二十七日。
5. 魯道夫・布拉切利，'El genio en su laberinto'，《人民》*Gente*(布宜諾斯艾利斯)，一九九七年一月十五日。
6. 尚・方斯華・福格爾，'The revision thing'，*Le Monde*，一九九五年一月二十七日。
7. 《國家報》，一九九六年十月九日。
8. Pilar Lozano，'Autoexilio de Gabo'，《國家報》，一九九七年三月三日。
9. 'Clinton y GM en el Ala Oeste'，《觀察家日報》，一九九七年九月十二日。
10. 《時代報》，一九九八年六月七日。
11. 'Pastrana desnarcotiza la paz. Con apoyo del BID se constituye Fondo de Inversión para la Paz(FIP)'，《觀察家日報》，一九九八年十月二十三日。

12. 'Salsa Soirée: fete for Colombian president a strange brew'，《華盛頓郵報》，一九九八年十月二十九日。
13. 賈布列爾・賈西亞・馬奎斯和他的同事聽說參貝爾會拒絕，而收回了出價。參貝爾在二〇〇七年四月與我的訪談中，否認這決定，但直言「民主世界裡，沒有任何政府會感激敵人的恩惠」。
14. 賴瑞・洛特，'GGM embraces old love (that's news!)'，《紐約時報》，一九九九年三月三日。
15. 賈布列爾・賈西亞・馬奎斯，'El enigma de los dos Chávez'，*Cambio*，一九九九年二月份。
16. 'Castro augura el fin del capitalismo en el mundo'，《國家報》，一九九九年一月三日。
17. 羅莎・莫拉，'GGM seduce al público con la lectura de un cuento inédito'，《國家報》，一九九九年三月十九日。
18. 六月二十八日，我在英國，賈西亞・馬奎斯在診斷確定後打電話給我。他知道我一九九五年曾罹患過淋巴癌。他說：「我這輩子未曾像這一切開始時那麼疲累過。我身上一丁點氣力都沒了。」我們討論了這種病的歷程，以及病患該如何奮鬥才最有效——吃什麼、想什麼、怎麼活。「好了，」他說，「這下子你和我成了同行了。」我感覺到他深受打擊，但決意一戰。但我也了解他已屆七十二高齡。
19. 強・李・安德森，'The Power of García Márquez'，*The New Yorker*，一九九九年九月二十七日。
20. 《時代報》，一九九九年九月二十三日。
21. 見《獨裁者的秋天》(一九七五)，p. 181這段真知灼見：「但他認爲思想貧乏的部會首長們的爭辯不無道理，他們叫囂著要海軍回來，將軍，同時把他們連同替感染疾疫的人民消毒的機器一併帶回來，讓他們用那種機器交換他們所需要的東西」(譯文摘自楊耐冬譯，新潮文庫一九八五年初版)。
22. 《星期》，二〇〇〇年十一月十四日。
23. Juan Cruz，'El marido de Mercedes'，《國家報》，二〇〇〇年十二月二日。
24. 基耶爾莫・安古羅，訪談，波哥大，二〇〇七年。
25. 二〇〇一年二月二十七日。這封信流傳於全世界各地的報紙。
26. 佛洛伊德在父親的葬禮遲到，且爲此作了個充滿罪惡感的夢；他後來以身體不健康爲藉口，未出席他母親的喪禮。
27. 見Richard Ellman對喬哀斯的評論：「藝術家的生命，但特別是喬哀斯的生命，和其他人的生命不同之處在於，喬哀斯生命中的事件雖然會佔據他當下的注意力，但會成爲藝術的泉源」(*James Joyce*，新版及修訂版(紐約，牛津大學出版社，一九八三)，p. 3)。

28. Matilde Sánchez，'GGM presentó en México sus memorias: "Es el gran libro de ficción que busqué durante toda la vida"'，《號角報》(布宜諾斯艾利斯)，一九九八年三月二十四日。

29. 《卓越》雜誌，一九八一年十一月十二日：「賈西亞・馬奎斯最後講起他的回憶錄，他希望能趕快寫，且會是『假的回憶錄』，因為這些回憶不會如實細數他的生平事件，也不會是些假想的可能性，而是他自己相信發生過的事。」

30. 凱勒・巴赫，'Closeups of GGM'，*Américas*，二〇〇三年五月至六月。

31. 《國家報》，二〇〇三年七月十九日。

32. 《星期》，二〇〇三年十一月。

33. 後來，《愛在瘟疫蔓延時》也收進歐普拉俱樂部精選書目中。

34. 見賈布列爾・賈西亞・馬奎斯，'El avión de la bella durmiente'，《觀察家日報》，一九八二年八月十九日。後來改寫，收錄為《朝聖者故事》中的一則故事。

35. Isaacs的María某部分是例外。

36. 馬利亞・希門納・杜贊，訪談，波哥大，一九九一年。

37. 賈布列爾・賈西亞・馬奎斯，《憶我憂傷娼婦》(紐約，Alfred A. Knopf，二〇〇五)，第七四頁。

38. 同上，p. 45。

39. 約翰・厄普戴克，'Dying for love: a new novel by García Márquez'，*The New Yorker*，二〇〇五年十一月七日。

40. 我回家，回想這次對話時，我打開了《迷宮中的將軍》，想看看他的最後幾句是不是像我記憶中的，另一首對生命光采的讚歌。其中臨死的玻利瓦爾對「生命中，即使穿過了永恆也無法重現的，最後的壯麗光輝」讚嘆不已(允晨文化出版，尹承東、蔣家曹、申寶樓中譯本：「這些生命的最後閃光，在今後的多少個世紀內，這樣的生命將再也不會在人世間重現」)。參見賈布列爾・賈西亞・馬奎斯，'Un payaso pintado detrás de una puerta'，《觀察家日報》，一九八二年五月一日。其中賈布列爾・賈西亞・馬奎斯回想在卡塔赫那時，每個早晨曙光乍現時，他自己燦爛青春的感性。

後記：永垂不朽——新的塞萬提斯(二〇〇六—二〇〇七)

1. Xavi Ayén，'Rebeldía de Nobel. GM: "He dejado de escribir"'，《前衛》*La Vanguardia*(巴塞隆納)，二〇〇六年一月二十九日。

2. 海梅・賈西亞・馬奎斯，會談，卡塔赫納，二〇〇七年。

3. 一九九七年四月八日的*La Jornada*刊登了賈布列爾・賈西亞・馬奎斯的原文，'Botella al mar para el dios de las palabras'。

4. Ilan Stavans，'GM's "Total" novel'，*Chronicle of Higher Education*，二〇〇七年六月十五日。在Stavans訴諸文字的兩年前，Christopher Domínguez在墨西哥的*Letras Libres*(二〇〇四年十二月)重提他早先說過賈西亞・馬奎斯是拉丁美洲的「荷馬」的說法。類似的情況還有Roberto González Echevarría在二〇〇七年十二月至二〇〇八年一月份*Primera Revista Latinoamericana de Libros*(紐約)一篇著名的文章中，評論說《百年孤寂》一見便知是「完美的東西…經典之作」，並說此書爲他的人生和事業留名。這三位都是嚴格、挑剔的評論家，不會一時興起就無的放矢地批評人，更不會給左傾的作家過度溢美之辭。

5. 阿朗哥，*Un ramo de nomeolvides*，p. 91。

6. 見賈布列爾・賈西亞・馬奎斯，'Un domingo de delirio'，《觀察家日報》，一九八一年三月十日。其中他挖苦了在卡塔赫那建會議中心的想法，多麼諷刺。

7. 賈布列爾・賈西亞・馬奎斯，*Cien años de soledad.* Edición conmemorativa(馬德里，西班牙皇家學院／西班牙語言學院協會，二〇〇七；由標準出版在哥倫比亞發行)。

8. 在這個版本裡，他說他和梅瑟德斯不小心先寄了第二部分出去，而出版商帕可・波魯瓦因爲急著想看上半部書，用回郵信封的方式送郵資給他們。透過這份榮耀，皇家學院將他與他拚命努力想擺脫的小說緊緊捆綁在一起；而他的演說不僅是對夫人的一句感謝，也是與這本在四十年前就改變他們一生的書的和解。

參考書目

賈西亞・馬奎斯的西班牙文著作

新聞寫作、訪談、回憶錄……等：

Obra periodística vol. I: Textos costeños 1 [1948—50], ed. Jacques Gilard（Bogotá, Oveja Negra, 1983）.

Obra periodística vol. II: Textos costeños 2 [1950—53], ed. Jacques Gilard（Bogotá, Oveja Negra, 1983）.

Obra periodística vol. III: Entre cachacos 1 [1953—5], ed. Jacques Gilard（Bogotá, Oveja Negra, 1983）.

Obra periodística vol. IV: Entre cachacos 2 [1955], ed. Jacques Gilard（Bogotá, Oveja Negra, 1983）.

Obra periodística vol. V: De Europa y América 1 [1955—6], ed. Jacques Gilard（Bogotá, Oveja Negra, 1984）.

Obra periodística vol. VI: De Europa y América 2 [1957], ed. Jacques Gilard（Bogotá, Oveja Negra, 1984）.

Por la libre: Obra periodística 4（1974—95）（Barcelona, Mondadori, 1999）.

Periodismo militante（pirated political journalism; Bogotá, Son de Máquina, 1978）.

Notas de Prensa 1980—84（Madrid, Mondadori, 1991）.

El secuestro（紀錄片劇本，1982, aka *Viva Sandino*, *El asalto*; Bogotá, Oveja Negra, 1984）.

Relato de un náufrago（紀錄片旁白，1970; Barcelona, Tusquets, 29th edition, 1991）.

La novela en América Latina: diálogo（with Mario Vargas Llosa）（Lima, Milla Batres, 1968）.

El olor de la guayaba. Conversaciones con Plinio Apuleyo Mendoza（Bogotá, Oveja Negra, 1982）.

'La soledad de América Latina' l 'Brindis por la poesía'（諾貝爾獎得獎感言，Stockholm, December 1982）.

'El cataclismo de Dámocles' (Conference Ixtapa, 1986)(對核擴散危機的演講，Bogotá, Oveja Negra, 1986).

La aventura de Miguel Littín clandestino en Chile(紀錄片旁白，1986; Bogotá, Oveja Negra, 1986).

'Un manual para ser niño' (寫兒童教育需求的散文，*El Tiempo*, Bogotá, 9 October 1995).

Noticia de un secuestro(紀錄片旁白，Bogotá, Norma, 1996).

Taller de guión de Gabriel García Márquez. *'Cómo se cuenta un cuento'* (劇本寫作工作坊，EICTV Cuba/Ollero & Ramos, Madrid, 1995).

Taller de guión de Gabriel García Márquez. *'Me aquilo para soñar'* (劇本寫作工作坊，EICTV Cuba/Ollero & Ramos, Madrid, 1997).

Taller de guión de Gabriel García Márquez. *'La bendita manía de contar'* (劇本寫作工作坊，EICTV Cuba/Ollero & Ramos, Madrid, 1998).

Vivir para contarla(回憶錄，Bogotá, Norma, 2001).

文學作品(引用版本在先，初版日期在後)：

La hojarasca(1955; Madrid, Alfaguara, 2nd edition, 1981).

El coronel no tiene quien le escriba(1961; Buenos Aires, Sudamericana, 1968).

La mala hora(1962; Madrid, Alfaguara, 2nd edition, 1981).

Los funerales de la Mamá Grande(1962; Barcelona, Plaza y Janés, 1975).

Cien años de soledad(1967; Buenos Aires, Sudaméricana, 18th edition, 1970).

La incrétable y triste historia de la cándida Eréndira y de su abuela desalmada(1972; Madrid, Mondadori, 4th edition, 1990).

El otoño del patriarca(1975; Barcelona, Plaza y Janés, 1975).

Todos los cuentos(1947—1972)(1975; Barcelona, Plaza y Janés, 3rd edition, 1976).

Crónica de una muerte anunciada(1981; Bogotá, Oveja Negra, 1981).

El amor en los tiempos del cólera(1985; Barcelona, Bruguera, 1985).

Diatriba de amor contra un hombre sentado（1988; Bogotá, Arango, 1994）.
El general en su laberinto（1989; Bogotá, Oveja Negra, 1989）.
Doce cuentos peregrinos（1992; Bogotá, Oveja Negra, 1992）.
Del amor y otros demonios（1994; Bogotá, Norma, 1994）.
Memoria de mis putas tristes（2004; New York, Alfred A. Knopf, 2004）.

賈西亞・馬奎斯的英文作品

Collected Stories, Gregory Rabassa and J. S. Bernstein譯（New York, Harper Perennial, 1991）.
The Story of a Shipwrecked Sailor, Randolph Hogan譯（New York, Vintage, 1989）.
Leaf Storm, Gregory Rabassa譯（London, Picador, 1979）.
No One Writes to the Colonel, J. S. Bernstein譯（含 *Big Mama's Funeral*; Harmondsworth, Penguin, 1974）.
In Evil Hour, Gregory Rabassa譯（New York, Harper Perennial, 1991）.
One Hundred Years of Solitude, Gregory Rabassa譯（London, Picador, 1978）.
The Autumn of the Patriarch, Gregory Rabassa譯（London, Picador, 1978）.
Chronicle of a Death Foretold, Gregory Rabassa譯（London, Picador, 1983）.
The Fragrance of Guava: Conversations with Gabriel García Márquez, ed., Plinio Apuleyo Mendoza, Ann Wright譯（London, Faber, 1988）.
Clandestine in Chile, Asa Zatz譯（Cambridge, Granta, 1989）.
Love in the Time of Cholera, Edith Grossman譯（London, Jonathan Cape, 1988）.
The General in His Labyrinth, Edith Grossman譯（London, Jonathan Cape, 1991）.
Strange Pilgrims, Edith Grossman譯（Harmondsworth, Penguin, 1994）.
Of Love and Other Demons, Edith Grossman譯（Harmondsworth, Penguin, 1996）.

News of a Kidnapping, Edith Grossman譯（London, Jonathan Cape, 1997）.

Living to Tell the Tale, Edith Grossman譯（London, Jonathan Cape, 2003）.

Memories of My Melancholy Whores, Edith Grossman譯（New York, Alfred A. Knopf, 2005）.

'The future of Colombia', *Granta* 31（spring 1990）, pp. 87—95.

'Plying the word'（portrait of Fidel Castro）, *North American Congress on Latin America* 24:2（August 1990）, pp. 40—46.

'Watching the rain in Galicia', *The Best of Granta Travel*（London, Granta/Penguin, 1991）, pp. 1—5.

其他人寫賈西亞・馬奎斯

目錄學作品：

Cobo Borda, Juan Gustavo, *Gabriel García Márquez: crítica y bibliografía*（Madrid,Embajada de Colombia en España, 1994）.

Fau, Margaret E., *Gabriel García Márquez. An Annotated Bibliography* vol. 1 1947—1979, and vol. 2 1979—85（Westport, Conn., Greenwood Press, 1980）.

Klein, Don, *Gabriel García Márquez: una bibliografía descriptiva*, 2 vols（Bogotá, Norma, 2003）.

Sfeir de González, Nelly, *Bibliographic Guide to Gabriel García Márquez*, 1986—1992（Westport, Conn., Greenwood Press, 1994）.

傳記作品：

Alvarez Jaraba, Isidro, *El país de las aguas: revelaciones y voces de La Mojana en la vida y obra de Gabo*（Sincelejo, Multigráficas, 2007）.

Anderson, Jon Lee, 'The Power of García Márquez', *The New Yorker*, 27 September 1999, pp. 56—71.

Arango, Gustavo, *Un ramo de nomeolvides: García Márquez en 'El Universal'*（Cartagena, El Universal, 1995）.

Aylett, Holly, *Tales Beyond Solitude. Profile of a Writer: Gabriel García Márquez*（電影紀錄片，London, ITV, South BankShow, 1989）.

Bell-Villada, Gene, *García Márquez: The Man and His Work*（Chapel Hill, University of North Carolina Press, 1990）.

Billon, Yves, *García Márquez: A Witch Writing*（電影紀錄片，Zarafa Films, France 3, 1998）.

Books Abroad, 47:3（Summer 1973）（on GGM' s Neustadt Prize）.

Bottía, Pacho, *Buscando a Gabo*（電影紀錄片，Colombia, 2007）.

Bravo Mendoza, Víctor, *La Guajira en la obra de Gabriel García Márquez*（Riohacha, Gobernación de la Guajira, 2007）.

Cebrián, Juan Luis, *Retrato de Gabriel García Márquez*（Barcelona, Círculo de Lectores, 1989）.

Collazos, Oscar, *García Márquez: la soledad y la gloria*（Barcelona, Plaza y Janés, 1983）.

Conde Ortega, José Francisco, Mata, Oscar and Trejo Villafuerte, Arturo, eds., *Gabriel García Márquez: celebración. 25° aniversario de 'Cien años de soledad'*（México City,Universidad Autónoma Metropolitana, 1991）.

Darío Jiménez, Rafael, *La nostalgia del coronel*（Aracataca, 2006, 未出版）.

Esteban, Angel and Panichelli, Stéphanie, *Gabo y Fidel: el paisaje de una amistad*（Bogotá, Espasa, 2004）.

Facio, Sara and D' Amico, Alicia, *Retratos y autorretratos*（Buenos Aires, Crisis, 1973）.

Fernández-Braso, Miguel, *Gabriel García Márquez.*（*Una conversación infinita*）（Madrid, Azur, 1969）.

—*La soledad de Gabriel García Márquez*（Barcelona, Planeta, 1972）.

Fiorillo, Heriberto, *La Cueva: crónica del grupo de Barranquilla*（Bogotá, Planeta, 2002）.

Fiorillo, Heriberto, ed., *La Cueva: Catálogo Reinaugural, 50 años 1954—2004*（Barranquilla, La Cueva, 2004）.

Fuenmayor, Alfonso, *Crónicas sobre el grupo de Barranquilla*（Bogotá, Instituto Colombiano de Cultura, 1978）.

Galvis, Silvia, *Los García Márquez*（Bogotá, Arango, 1996）.

García, Eligio, *Son así: reportaje a nueve escritores latinoamericanos*（Bogotá, Oveja Negra, 1983）.

—*La tercera muerte de Santiago Nasar. Crónica de La crónica*（Madrid, Mondadori, 1987）.

—*Tras las claves de Melquíades: historia de 'Cien años de soledad'*（Bogotá, Norma, 2001）.

García Usta, Jorge, *Como aprendió a escribir García Márquez*（Medellín, Lealon, 1995）.

—*García Márquez en Cartagena: sus inicios literarios*（Bogotá, Planeta, 2007）.

Gilard, Jacques, 'García Márquez: un project d' école de cinéma（1960）', *Cinéma d'Amérique Latine* 3（1995）, pp. 24—45.

Guibert, Rita, *Seven Voices*（New York, Vintage, 1973）.

Harss, Luis, *Los nuestros*（Buenos Aires, Sudamericana, 1968）.（英文版‥L.H. and Barbara Dohmann, *Into the Mainstream: Conversations with Latin-American Writers*（New York, Harper & Row, 1967）.

Henríquez Torres, Guillermo, *García Márquez, el piano de cola y otras historias*（2003, 未出版）.

—*El misterio de los Buendía: el verdadero trasfondo histórico de 'Cien años de soledad'*（Bogotá, Nueva América, 2003; 2nd revised edition, 2006）.

Leante, César, *Gabriel García Márquez, el hechicero*（Madrid, Pliegos, 1996）.

Mendoza, Plinio Apuleyo, *La llama y el hielo*（Bogotá, Gamma, 3rd edition, 1989）

—*Aquellos tiempos con Gabo*（Barcelona, Plaza y Janés, 2000）.

Mera, Aura Lucía, ed., *Aracataca/Estocolmo*（Bogotá, Instituto Colombiano de Cultura, 1983）.

Minta, Stephen, *Gabriel García Márquez: Writer of Colombia*（London, Jonathan Cape, 1987）.

Moreno Durán, Rafael Humberto, *Como el halcón peregrino*（Bogotá, Santillana, 1995）.

Muñoz, Elías Miguel, 'Into the writer' s labyrinth: storytelling days with Gabo', *Michigan Quarterly Review* 34:2（spring 1995）, pp. 171—93.

Núñez Jiménez, Antonio, 'García Márquez y la perla de las Antillas（O "Qué conversan Gabo y Fidel"）'（Havana, 1984, 未出版）.

Plimpton, George, *Writers at Work: The 'Paris Review' Interviews. Sixth Series*（New York, Viking Press, 1984）.

Rentería Mantilla, Alfonso, ed., *García Márquez habla de García Márquez en 33 grandes reportajes*（Bogotá, Rentería Editores, 1979）.

Saldívar, Dasso, *García Márquez: el viaje a la semilla. La biografía*（Madrid, Santillana, 1997）.

Sorela, Pedro, *El otro García Márquez: los años difíciles*（Madrid, Mondadori, 1988）.

Stavans, Ilan, 'Gabo in decline', *Transition* 62 (October, 1994), pp. 58—78.

Timossi, Jorge, *De buena fuente: reportajes alrededor del mundo* (Caracas, C & C, 1988).

Valenzuela, Lídice, *Realidad y nostalgia de García Márquez* (La Habana, Editorial Pablo la Torriente, 1989).

Vargas Llosa, Mario, *García Márquez: historia de un deicidio* (Barcelona, Barral, 1971).

Wallrafen, Hannes, *The World of Márquez* (intro. by GGM, London, Ryan, 1991).

Woolford, Ben and Weldon, Dan, *Macondo mío* (電影紀錄片，London, 1990).

Writers and Places, 'Growing Up in Macondo', transcript (BBC2, 11 February 1981).

文學評論作品：

Barth, John, 'The Literature of Exhaustion', *Atlantic Monthly*, 220:2, August 1967, pp.29—34; 'The Literature of Replenishment', *Atlantic Monthly*, 245, January 1980, pp. 65—71.

Bell, Michael, *Gabriel García Márquez: Solitude and Solidarity* (New York, St Martin's Press, 1993).

Bell-Villada, Gene, *Gabriel García Márquez's 'One Hundred Years of Solitude': A Casebook* (Oxford, Oxford University Press, 2002).

Benitez-Rojo, Antonio: *The Repeating Island: The Caribbean and the Postmodern Perspectiv*e (Durham, N.C., Duke University Press, 1996), esp. 'Private Reflections on García Márquez' s *Eréndira*', pp. 276—93.

Benson, John, 'Gabriel García Márquez en *Alternativa* 1974—79. Una bibliografía comentada', *Chasqui*, 8:3 (May 1979), pp. 69—81.

— 'Notas sobre *Notas de prensa* 1980—1984', *Revista de Estudios Colombianos* 18 (1998), pp. 27—37.

Bhalla, Alok, *García Márquez and Latin America* (New York, Envoy Press, 1987).

Bloom, Harold, ed., *Gabriel García Márquez* (New York, Chelsea House, 1989).

Bodtorf Clark, Gloria J., *A Synergy of Styles: Art and Artifacts in Gabriel García Márquez* (Lanham, Md./New York/Oxford,

University Press of America, 1999).

Cobo Borda, Juan Gustavo, 'Vueltas en redondo en torno a GGM', *Letras de esta América* (Bogotá, Universidad Nacional de Colombia, 1986), pp. 249—99.

—*Silva, Arciniegas, Mutis y García Márquez* (Bogotá, Presidencia de la República, 1997).

—*Para llegar a García Márquez* (Bogotá, Temas de Hoy, 1997).

—*Lecturas convergentes* (GGM and Alvaro Mutis) (Bogotá, Taurus, 2006).

Cobo Borda, Juan Gustavo, ed., *'Para que mis amigos me quieran más . . .': homenaje a Gabriel García Márquez* (Bogotá, Siglo del Hombre, 1992).

—*Repertorio crítico sobre Gabriel García Márquez*, vols 1 and 2 (Bogotá, Instituto Caro y Cuervo, 1995).

—*El arte de leer a García Márquez* (Bogotá, Norma, 2007).

Deas, Malcolm, *Del poder y la gramática y otros ensayos sobre historia, política y literatura colombianas* (Bogotá, Tercer Mundo, 1993).

Debray, Régis, 'Cinco maneras de abordar lo inabordable; o algunas consideraciones a propósito de *El otoño del patriarca', Nueva Política* 1 (January—March 1976), pp. 253—60.

Detjens, W.E., *Home as Creation.* (*The Influence of Early Childhood Experience in the Literary Creation of Gabriel García Márquez, Agustín Yáñez and Juan Rulfo*) (New York, Peter Lang, 1993).

Díaz Arenas, Angel, *La aventura de una lectura en 'El otoño del patriarca' de Gabriel García Márquez, I Textos intertextualizados, II Música intertextualizada* (Kassel, Reichenberger, 1991).

Dolan, Sean, *Gabriel García Márquez* (Hispanics of Achievement) (New York, Chelsea House, 1994).

Donoso, José, *Historia personal del 'Boom'* (Barcelona, Seix Barral, 1983). Appendix by María Pilar Serrano. (英文版：Donoso, José, *The Boom in Spanish American Literature: A Personal History* (New York, Columbia University Press/Center for Inter-American Relations, 1977).)

Fiddian, Robin, ed., *García Márquez* (London, Longman, 1995). Fuentes, Carlos, *Myself with Others* (London, Deutsch, 1988).

—*Valiente mundo nuevo: épica, utopía y mito en la novela hispanoamericana* (Mexico City, Fondo de Cultura Económica, 1990).

—*Geografía de la novela* (Mexico City, Fondo de Cultura Económica, 1993).

García Aguilar, Eduardo, *García Márquez: la tentación cinematográfica* (Mexico City, UNAM, 1985).

Gilard, Jacques, *Veinte y cuarenta años de algo peor que la soledad* (Paris, Centre Culturel Colombien, 1988).

Giraldo, Luz Mary, *Más allá de Macondo: tradición y rupturas literarias* (Bogotá, Universidad Externado de Colombia, 2006).

González Bermejo, Ernesto, *Cosas de escritores: Gabriel García Márquez, Mario Vargas Llosa, Julio Cortázar* (Biblioteca de Marcha, n.p.未註明出版商，日期不詳).

Janes, Regina, *Gabriel García Márquez. Revolutions in Wonderland* (Columbia, University of Missouri Press, 1981).

Joset, Jacques, *Gabriel García Márquez, coetáneo de la eternidad* (Amsterdam, Rodopi, 1984).

Kennedy, William, *Riding the Yellow Trolley Car* (New York, Viking, 1993).

Kline, Carmenza, *Fiction and Reality in the Works of Gabriel García Márquez* (Salamanca, Ediciones Universidad de Salamanca, 2002).

—*Violencia en Macondo: tema recurrente en la obra de Gabriel García Márquez* (Bogotá, Fundación General de la Universidad de Colombia, Sede Colombia, 2001).

Latin American Literary Review 25, Special Issue: 'Gabriel García Márquez' (Pittsburgh, January—June 1985).

Levine, Suzanne Jill, *El espejo hablado. Un estudio de 'Cien años de soledad'* (Caracas, Monte Avila, 1975).

Ludmer, Josefina, *'Cien años de soledad': una interpretación* (Buenos Aires, Trabajo Crítico, 1971).

Martínez, Pedro Simón, ed., *Recopilación de textos sobre Gabriel Garcia Márquez* (Havana, Casa de las Américas, 1969).

McGuirk, Bernard, and Cardwell, Richard, *Gabriel García Márquez: New Readings* (Cambridge, Cambridge University Press, 1987).

McMurray, George R., *Gabriel García Márquez: Life, Workand Criticism* (Fredericton, Canada, York Press, 1987).

Mejía Duque, Jaime, *'El otoño del patriarca' o la crisis de la desmesura* (Bogotá, Oveja Negra, 1975).

Mellen, Joan, *Literary Masters, Volume 5: Gabriel García Márquez*（Farmington Hills, Mich., The Gale Group, 2000）.

Moretti, Franco, *Modern Epic: The World System from Goethe to García Márquez*（London, Verso, 1996）.

Oberhelman, Harley D., *The Presence of Faulkner in the Writings of García Márquez*（Lubbock, Texas Tech University, 1980）.

—*Gabriel García Márquez. A Study of the Short Fiction*（Boston, Twayne, 1991）.

—*The Presence of Hemingway in the Short Fiction of Gabriel García Márquez*（Fredericton, Canada, York Press, 1994）.

—*García Márquez and Cuba: A Study of its Presence in his Fiction, Journalism, and Cinema*（Fredericton, Canada, York Press, 1995）.

Ortega, Julio, ed., *Gabriel García Márquez and the Powers of Fiction*（Austin, University of Texas Press, 1988）.

Oyarzún, Kemy and Magenny, William W., eds., *Essays on Gabriel García Márquez*（University of California, Riverside, 1984）.

Penuel, Arnold M., *Intertextuality in García Márquez*（York, S.C., Spanish Literary Publications Company, 1994）.

Rama, Angel, *Los dictadores latinoamericanos*（Mexico City, Fondo de Cultura Económica, 1976）.

—*García Márquez: edificación de un arte nacional y popular*（Montevideo, Universidad Nacional, Facultad de Humanidades, 1987）.

Reid, Alastair, *Whereabouts. Notes on Being a Foreigner*（San Francisco, North Point Press, 1987）. [尤其請見 ‘Basilisk’ s Eggs’, pp. 94—118.]

Review 70（Center for Inter-American Relations, New York）, ‘Supplement on Gabriel García Márquez’. [評析《百年孤寂》的所有譯本; 1971.]

Revista Iberoamericana 118—119, ‘Literatura colombiana de los últimos 60 años’ l ‘Home- naje a GGM’ （Pittsburgh, July—December 1984）.

Rincón, Carlos, *La no simultaneidad de lo simultáneo*（Bogotá, Editorial Universidad Nacional, 1995）.

—*Mapas y pliegues: ensayos de cartografía cultural y de lectura del Neobarroco*（Bogotá, Colcultura, 1996）.

Rodman, Selden, *South America of the Poets*（New York, Hawthorn Books, 1970）.

Rodríguez Monegal, Emir, *El Boom de la novela latinoamericana* (Caracas, Tiempo Nuevo, 1972).
Rodríguez Vergara, Isabel, *Haunting Demons: Critical Essays on the Works of Gabriel García Márquez* (Washington, OAS, 1998).
Ruffinelli, Jorge, ed., *La viuda de Montiel* (Xalapa, Veracruz, 1979).
Shaw, Bradley A. and Vera-Godwin, N., eds., *Critical Perspectives on Gabriel García Márquez* (Lincoln, Neb., Society of Spanish and Spanish American Studies, 1986).
Sims, Robert L., *El primer García Márquez. Un estudio de su periodismo 1948 a 1955* (Potomac, Maryland, Scripta Humanistica, 1991).
Solanet, Mariana, *García Márquez for Beginners* (London, Writers and Readers, 2001).
Stavans, Ilan, 'The Master of Aracataca', *Michigan Quarterly Review* 34:2 (spring 1995), pp. 149—71.
Tobin, Patricia, 'García Márquez and the Genealogical Imperative', *Diacritics* (summer 1974), pp. 51—5.
Von der Walde, Erna, 'El macondismo como latinoamericanismo', *Cuadernos Americanos* 12:1 (January—February 1998), pp. 223—37.
Williams, Raymond, *Gabriel García Márquez* (Boston, Twayne, 1984).
Wood, Michael, *García Márquez: 'One Hundred Years of Solitude'* (Cambridge, Cambridge University Press, 1990).
Zuluaga Osorio, Conrado, *Puerta abierta a García Márquez y otras puertas* (Bogotá, La Editora, 1982).
—*Gabriel García Márquez: el vicio incurable de contar* (Bogotá, Panamericana, 2005).

其他

Agee, Philip, *Inside the Company: CIA Diary* (Harmondsworth, Penguin, 1975).
Alape, Arturo, *El Bogotazo: memorias del olvido* (Bogotá, Universidad Central, 1983).
Ali, Tariq, *Pirates of the Caribbean: Axis of Hope* (*Evo Morales, Fidel Castro, Hugo Chávez*) (London, Verso, 2006).

Arango, Carlos, *Sobrevivientes de las bananeras*（Bogotá, ECOE, 2nd edition, 1985）.

Araujonoguera, Consuelo, *Rafael Escalona: el hombre y el mito*（Bogotá, Planeta, 1988）.

Bagley, Bruce Michael and Tokatlian, Juan Gabriel, *Contadora: The Limits of Negotiation*（Washington, Johns Hopkins Foreign Policy Institute, 1987）.

Balzac, Honoré de, *The Quest of the Absolute*（London, Dent, Everyman, 日期不詳）.

Birri, Fernando, *Por un nuevo nuevo cine latinoamericano 1956—1991*（Madrid, Cátedra, 1996）.

Braudy, Leo, *The Frenzy of Renown: Fame and its History*（New York, Vintage, 1986）.

Braun, Herbert, *The Assassination of Gaitán: Public Life and Urban Violence in Colombia*（Madison, University of Wisconsin Press, 1985）.

Broderick, Walter J., *Camilo Torres: A Biography of the Priest-Guerrillero*（New York, Doubleday, 1975）.

Bushnell, David, *The Making of Modern Colombia. A Nation In Spite of Itself*（Berkeley and Los Angeles, University of California Press, 1993）.

—*Simón Bolívar: Liberation and Disappointment*（New York, Longman, 2004）.

— 'What is the problem with Santander?' , *Revista de Estudios Colombianos* 29（2006）, pp.12—18.

Cabrera Infante, Guillermo, *Mea Cuba*（London, Faber & Faber, 1994）.

Carter, Jimmy, *Keeping Faith: Memoirs of a President*（New York, Bantam, 1981）.

Casal, Lourdes, ed., *El caso Padilla: literatura y revolución en Cuba. Documentos*（Miami, Universal and New York, Nueva Atlántida, 1972）.

Castañeda, Jorge G., *Utopia Unarmed: The Latin American Left After the Cold War*（New York, Vintage, 1994）.

Castrillón R., Alberto, *120 días bajo el terror militar*（Bogotá, Tupac Amaru, 1974）.

Cepeda Samudio, Alvaro, *La casa grande*（英文版：Austin, University of Texas Press, 1991）.

Clinton, Bill, *Giving: How Each of Us Can Change the World*（London, Hutchinson, 2007）.

Conrad, Joseph, *Nostromo*, ed., Ruth Nadelhaft（Peterborough, Canada, Broadview Press, 1997）.

Cortés Vargas, Carlos, *Los sucesos de las bananeras*, ed., R. Herrera Soto（Bogotá, Editorial Desarrollo, 2nd edition, 1979）.

Dante Alighieri, *Vita Nuova*（Oxford, Oxford University Press, 1991）.

Darío, Rubén, *Autobiografia*（San Salvador, Ministerio de Educación, 日期不詳）.

Debray, Régis, *Les Masques*（Paris, Gallimard, 1987）.

—*Praised Be Our Lords: The Autobiography*（London, Verso, 2007）.

Diago Julio, Lázaro, *Aracataca . . . una historia para contar*（Aracataca, 1989, unpubd）.

Díaz-Granados, José Luis, *Los años extraviados*（Bogotá, Planeta, 2006）.

Donoso, José, *The Garden Next Door*（New York, Grove Press, 1991）.

Duzán, María Jimena, *Death Beat*（New York, Harper Collins, 1994）.

Edwards, Jorge, *Persona Non Grata: A Memoir of Disenchantment with the Cuban Revolution*（New York, Paragon House, 1993）.

Ellner, Steve, *Venezuela's 'Movimiento al Socialismo': From Guerrilla Defeat to Innovative Politics*（Durham, N.C., and London, Duke University Press, 1988）.

Feinstein, Adam, *Pablo Neruda: A Passion for Life*（London, Bloomsbury, 2004）.

Fluharty, Vernon L., *Dance of the Millions: Military Rule and the Social Revolution in Colombia, 1930—1956*（Pittsburgh, University of Pittsburgh Press, 1957）.

Fonnegra, Gabriel, *Bananeras: testimonio vivo de una epopeya*（Bogotá, Tercer Mundo,日期不詳）.

Fuentes, Norberto, *Dulces guerreros cubanos*（Barcelona, Seix Barral, 1999）.

Fundación del Nuevo Periodismo Iberoamericano, *La ética periodística; El reportaje; Ediciones dominicales*（Manizales, La Patria, 1999）.

Gerassi, John, *Revolutionary Priest. The Complete Writings and Messages of Camilo Torres*（London, Jonathan Cape, 1971）.

Giesbert, Franc3ois, *Dying Without God: Franccois Mitterrand's Meditations on Living and Dying*, intro. William Styron（New York, Arcade, 1996）.

Gilard, Jacques, *Entre los Andes y el Caribe: la obra americana de Ramón Vinyes*（Medellín, Universidad de Antioquia, 1989）.

Giraldo, Luz Mary, ed., *Cuentos y relatos de la literatura colombiana*, 2 vols.（Bogotá, Fondo de Cultura Económica, 2005）.

Gleijeses, Piero, *Conflicting Missions: Havana, Washington and Africa, 1959—1976*（Chapel Hill, North Carolina University Press, 2002）.

González, Felipe and Cebrián, Juan Luis, *El futuro no es lo que era: una conversación*（Madrid, Santillana, 2001）.

González, Reinol, *Y Fidel creó el Punto X*（Miami, Saeta, 1987）.

Gott, Richard, *In the Shadow of the Liberator: Hugo Chávez and the Transformation of Venezuela*（London, Verso, 2000）.

—*Cuba: A New History*（New Haven, Yale Nota Bene, 2005）.

Goytisolo, Juan, *Realms of Strife: Memoirs 1957—1981*（London, Quartet, 1990）.

Greene, Graham, *Getting to Know the General*（Harmondsworth, Penguin, 1984）.

Guerra Curvelo, Weildler, *La disputa y la palabra: la ley en la sociedad wayuu*（Bogotá, Ministerio de Cultura, 2002）.

—*El poblamiento del territorio*（Bogotá, I/M Editores, 2007）.

Guillermoprieto, Alma, *The Heart that Bleeds: Latin America Now*（New York, Vintage, 1994）.

Gutiérrez Hinojosa, Tomás Darío, *Cultura vallenata: origen, teoría y pruebas*（Bogotá, Plaza y Janés, 1992）.

Guzmán Campos, Germán, Fals Borda, Orlando and Umaña Luna, Eduardo, *La violencia en Colombia*, vols 1 and 2（Bogotá, Tercer Mundo, 1961 and 1964）.

Helg, Aline, *La educación en Colombia 1918—1957: una historia social, económica y política*（Bogotá, CEREC, 1987）.

Herrera Soto, Roberto and Romero Castañeda, Rafael, *La zona bananera del Magdalena: historia y léxico*（Bogotá, Instituto Caro y Cuervo, 1979）.

Hinckle, Warren and Turner, William, *The Fish is Red: The Story of the Secret War Against Castro*（New York, Harper & Row, 1981）.

Hudson, Rex A., *Castro's Americas Department*（Washington, DC, Cuban American National Foundation, 1988）.

Hylton, Forrest, *Evil Hour in Colombia*（London, Verso, 2006）.

Illán Bacca, Ramón, *Escribir en Barranquilla*（Barranquilla, Uninorte, 2nd revised edition, 2005）.

Independent Commission of Enquiry on the US Invasion of Panama, *The US Invasion of Panama: the Truth Behind Operation*

'Just Cause' (Boston, South End Press, 1991).

Isherwood, Christopher, *The Condor and the Cows: A South American Travel-Diary* (London, Methuen, 1949).

Kagan, Robert, *A Twilight Struggle: American Power and Nicaragua 1977—1990* (New York, Free Press, 1996).

Kapuscinski, Ryszard, *Los cinco sentidos del periodista (estar, ver, oír, compartir, pensar)*(Bogotá, Fundación para un Nuevo Periodismo Iberoamericano and Fondo de Cultura Económica, 2003).

Kawabata, Yasunari, *The House of the Sleeping Beauties and Other Stories* (New York,Ballantine, 1969). [西班牙文版：*La casa de las bellas durmientes* (Barcelona, Luis de Caralt, 2001).]

King, John, *Magical Reels: A History of Cinema in Latin America* (London, Verso, 2000).

Kissinger, Henry, T*he White House Years* (New York, Little, Brown & Co., 1979).

La masacre en las bananeras: 1928 (Bogotá, Los Comuneros,日期不詳).

Lara, Patricia, *Siembra vientos y recogerás tempestades: la historia de M-19* (Bogotá, Planeta, 6th edition, 1991).

Larbaud, Valery, *Fermina Márquez* (Paris, Gallimard, 1956).

LeGrand, Catherine C., *Frontier Expansion and Peasant Protest in Colombia, 1850—1936* (Albuquerque, NM, New Mexico University Press, 1986).

— 'Living in Macondo: Economy and Culture in a UFC Banana Enclave in Colombia', in Gilbert M. Joseph, Catherine C. LeGrand and Ricardo D. Salvatore, eds., *Close Encounters of Empire: Writing the Cultural History of US—Latin American Relations* (Durham, N.C., Duke University Press, 1998), pp. 333—68.

Lemaitre, Eduardo, *Historia general de Cartagena, vol. II: la Colonia* (Bogotá, Banco de la República, 1983).

LeoGrande, William M., *Our Own Backyard: The United States in Central America, 1977—1991* (Chapel Hill, North Carolina University Press, 1998).

Libre, Revista de crítica literaria (1971—1972). Facsimile edition (nos. 1—4), with introduction by Plinio Apuleyo Mendoza (Mexico City and Madrid, El Equilibrista y Ediciones Turner, Quintocentenario).

Lladó, Jordi, *Ramón Vinyes: un home de lettres entre Catalunya i el Cárib* (Barcelona, Generalitat de Catalunya, 2006).

Llerena Villalobos, Rito, *Memoria cultural en el vallenato* (Medellín, Universidad de Antioquia, 1985).

López Michelsen, Alfonso, *Palabras pendientes: conversaciones con Enrique Santos Calderón* (Bogotá, El Ancora, 2001).

Luna Cárdenas, Alberto Luna, *Un año y otros días con el General Benjamín Herrera en las Bananeras de Aracataca* (Medellín, Bedout, 1915).

Lundkvist, Artur, *Journeys in Dream and Imagination*, prologue by Carlos Fuentes (New York, Four Walls Eight Windows, 1991).

Lynch, John, *Simón Bolívar: A Life* (New Haven, Yale University Press, 2006).

MacBride, Sean, *Many Voices, One World: Communication and Society, Today and Tomorrow.Towards a New, More Just and More Efficient World Information and Communication Order* (London, Unesco, 1981).

Martínez, José de Jesús, *Mi general Torrijos.* (*Testimonio*) (Bogotá, Oveja Negra, 1987).

Martínez, Tomás Eloy, ed., *Lo mejor del periodismo de América Latina: textos enviados al Premio Nuevo Periodismo CEMEX FNPI* (Mexico City, Fundación para un Nuevo Periodismo Iberoamericano and Fondo de Cultura Económica, 2006).

Maschler, Tom, *Publisher* (London, Picador, 2005).

Maya, Maureén and Petro, Gustavo, *Prohibido olvidar: dos miradas sobre la toma del Palacio de Justicia* (Bogotá, Casa Editorial Pisando Callos, 2006).

Mendoza, Plinio Apuleyo, *Gentes, lugares* (Bogotá, Planeta, 1986).

Miranda, Roger and Ratliff, William, *The Civil War in Nicaragua: Inside the Sandinistas* (New Brunswick and London, Transaction, 1993).

Mitterrand, Franc3ois and Wiesel, Elie, *Memoir in Two Voices* (New York, Arcade, 1995).

Mundo Nuevo, Paris and Buenos Aires, 1966—1971. Mutis, Alvaro, *Poesía y prosa* (Bogotá, Colcultura, 1981).

—*The Adventures and Misadventures of Maqroll* (New York, New York Review Books, 2001).

Núñez Jiménez, Antonio, *En Marcha con Fidel* (Havana, Letras Cubanas, 1981).

Ortega, Julio, *Retrato de Carlos Fuentes* (Madrid, Círculo de Lectores, 1995).

Otero, Lisandro, *Llover sobre mojado: una reflexión sobre la historia* (Havana, Letras Cubanas, 1997; 2nd edition, Mexico City, Planeta, 1999).

Palacios, Marco, *Between Legitimacy and Violence: A History of Colombia, 1875—2002* (Durham, N.C., Duke University Press, 2006).

Pastrana, Andrés, *La palabra bajo fuego*, prologue by Bill Clinton, with Camilo Gómez (Bogotá, Planeta, 2005).

Paternostro, Silvana, *In the Land of God and Man: A Latin American Woman's Journey* (New York Plume/Penguin, 1998).

Petras, James and Morley, Morris, *Latin America in the Time of Cholera: Electoral Politics, Market Economies and Permanent Crisis* (New York, Routledge, 1991).

Pinkus, Karen, *The Montesi Scandal: The Death of Wilma Montesi and the Birth of the Paparazzi in Fellinis Rome* (Chicago, Chicago University Press, 2003).

Poniatowska, Elena, *Todo México* (Mexico City, Diana, 1990).

Posada-Carbó, Eduardo, *The Colombian Caribbean: A Regional History, 1870—1950*(Oxford, Clarendon Press, 1996).

Quiroz Otero, Ciro, *Vallenato: hombre y canto* (Bogotá, Icaro, 1981).

Rabassa, Gregory, *If This Be Treason. Translation and its Dyscontents: A Memoir* (New York, New Directions, 2005).

Ramírez, Sergio, *Hatful of Tigers: Reflections on Art, Culture and Politics* (Willimantic, Conn., Curbstone Press, 1995).

—*Adiós muchachos: una memoria de la revolución sandinista* (Mexico City, Aguilar, 1999).

Ramonet, Ignacio, *Fidel Castro: My Life. A Spoken Autobiography* (New York, Scribner, 2008).

Restrepo, Laura, *Historia de una traición* (Bogotá, Plaza y Janés, 1986).

Safford, Frank and Palacios, Marco, *Colombia: Fragmented Land, Divided Society* (Oxford, Oxford University Press, 2002).

Salinas de Gortari, Carlos, *México: un paso dificil a la modernidad* (Mexico City, Plaza y Janés, 4th edition, March 2002).

Samper Pizano, Ernesto, *Aquí estoy y aquí me quedo: testimonio de un gobierno* (Bogotá, El Ancora, 2000).

Santos Calderón, Enrique, *La guerra por la paz*, prologue by Gabriel García Márquez (Bogotá, CEREC, 1985).

Saunders, Frances Stonor, *Who Paid the Piper: The CIA and the Cultural Cold War* (London, Granta, 1999).

Setti, Ricardo A., *Diálogo con Vargas Llosa* (Costa Rica, Kosmos, 1989).

Stevenson, José, *Nostalgia boom* (Bogotá, Medio Pliego, 1977).

Stevenson Samper, Adlai, *Polvos en La Arenosa: cultura y burdeles en Barranquilla* (Barranquilla, La Iguana Ciega, 2005).

Tarver, H. Michael, *The Rise and Fall of Venezuelan President Carlos Andrés Pérez. II The Later Years 1973—2004* (Lewiston, N.Y., Edwin Mellen, 2004).

Tila Uribe, María, *Los años escondidos: sueños y rebeldias en la década del veinte* (Bogotá, CESTRA, 1994).

Tusell, Javier, *Retrato de Mario Vargas Llosa* (Barcelona, Círculo de Lectores, 1990).

Urquidi Illanes, Julia, *Lo que Varguitas no dijo* (La Paz, Khana Cruz, 1983).

Valdeblánquez, José María, *Historia del Departamento del Magdalena y del Territorio de la Guajira 1895—1963* (Bogotá, El Voto Nacional, 1964).

Vallejo, Virginia, *Amando a Pablo, odiando a Escobar* (Mexico, Random House Mondadori, 2007).

Vargas, Mauricio, Lesmes, Jorge and Téllez, Edgar, *El presidente que se iba a caer: diario secreto de tres periodistas sobre el 8,000* (Bogotá, Planera, 1996).

Vargas, Mauricio, *Memorias secretas del Revolcón: la historia íntima del polémico gobierno de César Gaviria revelada por uno de sus protagonistas* (Bogotá, Tercer Mundo, 1993).

Vázquez Montalbán, Manuel, *Y Dios entró en La Habana* (Madrid, Santillana, 1998).

Vidal, Margarita, *Viaje a la memoria* (*entrevistas*) (Bogotá, Espasa Calpe, 1997).

Villegas, Jorge and Yunis, José, *La guerra de los mil días* (Bogotá, Carlos Valencia, 1979).

Vindicación de Cuba (Havana, Editora Política, 1989).

Vinyes, Ramón, *Selección de textos*, ed. Jacques Gilard, 2 vols. (Bogotá, Instituto Colombiano de Cultura, 1981).

Wade, Peter, *Blackness and Race Mixture: The Dynamics of Racial Identity in Colombia* (Baltimore, Johns Hopkins University Press, 1993).

—*Music, Race and Nation: 'Música Tropical' in Colombia* (Chicago, University of Chicago Press, 2000).

White, Judith, *Historia de una ignominia: la UFC en Colombia* (Bogotá, Editorial Presencia, 1978).

Wilder, Thornton, *The Ides of March* (New York, PerennialHarperCollins, 2003).

Williams, Raymond L., *The Colombian Novel, 1844—1987* (Austin, University of Texas Press, 1991).

Woolf, Virginia, *Orlando* (New York, Vintage, 2000).

Zalamea, Jorge, *El Gran Burundún-Burundáha muerto*（Bogotá, Carlos Valencia, 1979）.

照片來源及引文許可

Colonel Nicolás R. Márquez.（*Family Archive—Margarita Márquez Caballero*）

Tranquilina Iguarán Cotes de Márquez.（*Family Archive—Margarita Márquez Caballero*）

Colonel Nicolás R. Márquez on a tropical day out in the 1920s.（*Family Archive—Margarita Márquez Caballero*）

Luisa Santiaga Márquez Iguarán.（*Family Archive—Margarita Márquez Caballero*）

Gabriel Eligio García and Luisa Santiaga, on their wedding day, 11 June 1926.（*Gustavo Adolfo Ramírez Ariza*（*GARA—Archive*）

GGM on his first birthday.（*Family Archive—Margarita Márquez Caballero*）

The Colonel' s old house in Aracataca.（*GARA—Archive*）

Elvira Carrillo, 'Aunt Pa'.（*GARA—Archive*）

Aida GM, Luis Enrique GM, Gabito, cousin Eduardo Márquez Caballero, Margot GM and baby Ligia GM, 1936.（*Photo by Gabriel Eligio García, courtesy of Family Archive— Margarita Márquez Caballero*）

Gabito at the Colegio San José, Barranquilla, 1941.（*GARA—Archive*）

The Liceo Nacional in Zipaquirá where GGM studied between 1943 and 1946.（*GARA—Archive*）

The GM brothers, Luis Enrique and Gabito, with cousins and friends, Magangué, c. 1945.（*Family Archive—Ligia García Márquez*）

Argemira García and her daughter Ena, early 1940s.（*Family Archive—Ligia García Márquez*）

GGM, mid-1940s.（*GARA—Archive*）

Berenice Martínez, mid-1940s. (*GARA—Archive*)

Mercedes Barcha at school in Medellín, late 1940s. (*GM Family Archive*)
Steamship David Arango. (*Photo by William Caskey*)
Fidel Castro and other student leaders during the Bogotazo, April 1948. (*http://www.latinamericanstudies.org*)
Barranquilla, April 1950: farewell for Ramón Vinyes. (*GARA—Archive*)
Barranquilla, in the El Heraldo office, 1950. (*Photo by Quique Scopell, courtesy of El Heraldo*)
GGM, Bogotá, 1954. (*El Espectador*)

GGM, Paris, 1957. (*Photo by Guillermo Angulo, courtesy of GARA—Archive*)
Tachia Quintana in Paris. (*Photo by Yossi Bal, courtesy of Tachia Rosoff*)
GGM and friends, Red Square, Moscow, summer 1957. (*GARA—Archive*)
The Soviet invasion of Hungary, Budapest, 1956. (*Hulton-Deutsch Collection/CORBIS*)
Caracas, 13 May 1958. (*Bettmann/CORBIS*)

GGM working for Prensa Latina, Bogotá, 1959. (*Photo by Hernán Díaz*)
Mercedes Barcha in Barranquilla. (*GARA—Archive*)
Cuba, December 1958: Che Guevara and comrades relax. (*Popperfoto/Getty Images*)
GGM and Plinio Mendoza working for Prensa Latina, Bogotá, 1959. (*El Tiempo*)
GGM and Mercedes, on Séptima in Bogotá, 1960s. (*GARA—Archive*)

Havana, January 1961. (*Getty Images*)
Havana, 21 April 1961. (*Bettmann/CORBIS*)
Mexico, 1964. GGM in glasses. (*GARA—Archive*)

GGM in Aracataca, 1966.（*GARA—Archive*）
Valledupar, Colombia, 1967.（*Photo by Gustavo Vásquez, courtesy María Elena Castro de Quintero*）
Camilo Torres.（*GARA—Archive*）

Wizard or dunce? GGM in Barcelona, crowned by the famous cabbalistic cover ofOHYS, 1969.（*Colita/CORBIS*）
Mercedes, Gabo, Gonzalo and Rodrigo, Barcelona, late 1960s.（*GM Family Archive*）

Soviet invasion of Czechoslovakia, August 1968.（*epa/CORBIS*）
GGM, Barcelona, late 1960s.（*GARA—Archive*）
GGM and Pablo Neruda, 1972.（*GARA—Archive*）
Boom couples, Barcelona, 1974.（*Photo by Colita*）

GGM, Barcelona, 1970s.（*Photo by Rodrigo García*）
GGM and Carlos Fuentes, Mexico City, 1971.（*Excelsior*）
GGM and Mercedes, 1970s.（*Excelsior*）
Cartagena, 1971: GGM visits his parents.（*Excelsior*）

Writers of the Boom.（*Photo by Silvia Lemus*）
Julio Cortázar, Miguel Angel Asturias and GGM, West Germany, 1970.（*GARA—Archive*）
Paris, 1973. Wedding of Charles Rosoff and Tachia Quintana.（*Tachia Rosoff, Personal Archive*）
Santiago de Chile, 11 September 1973. President Salvador Allende.（*Dmitri Baltermants/ The Dmitri Baltermants Collection/ CORBIS*）
Santiago de Chile, 11 September 1973. General Pinochet and his henchmen.（*Ullsteinbild — dpa*）

Cuban troops in Angola, February 1976.（*AFP/Getty Images*）

Castro, President of Cuba, 1980s.（*Excelsior*）

General Omar Torrijos, 1970s.（*AFP/Getty*）

GGM interviews Felipe González in Bogotá, 1977.（*Alternativa*）

Bogotá, 1977: GGM, Consuelo Araujonoguera（‘la Cacica’）and Guillermo Cano, editor of El Espectador.（*El Espectador*）

GGM, Carmen Balcells and Manuel Zapata Olivella, 1977.（*GARA—Archive*）

Mexico City, 1981: GGM buried by press attention following his self-exile from Colombia.（*Bettmann/CORBIS*）

Alvaro Mutis chauffeurs GGM.（*GARA—Archive*）

Stockholm, December 1982: Jaime Castro, German Vargas, GGM, Charles Rosoff, Alfonso Fuenmayor, Plinio Mendoza, Eligio García and Hernán Vieco.（*GM Family Archive*）

Stockholm, December 1982: GGM in costeño ‘sombrero vueltiao’.（*Photo by Nereo López, courtesy of the Biblioteca Nacional de Colombia*）

Stockholm, December 1982: GGM in the chalk circle.（*GARA—Archive*）

Cartagena, 1993. Luisa Santiaga and her children.（*Family Archive—Ligia García Márquez*）

GGM and Fidel Castro, by the Caribbean, 1983.（*Photo by Rodrigo Castaño*）

Havana, 1988: GGM and Robert Redford.（*Excelsior*）

Bogotá, mid-1980s: GGM and Mercedes with President Betancur and his wife.（*GARA—Archive*）

Berlin, November 1989.（*Regis Bossu/Sygma/Corbis*）

Bogotá' s Palacio de Justicia in flames, 6 November 1985.（*http://alvaroduque.wordpress.com*）

Bogotá, 1992: GGM salutes his admirers in the Jorge Eliécer Gaitán Theatre.（*GARA— Archive*）

GGM, 1999.（*GARA—Archive*）

GGM and Mercedes, October 1993.（*GARA—Archive*）

Barcelona, *c.* 2005: Carmen Balcells in her office.（© *Carlos González Armesto*）

Havana, 2007: GGM and Fidel Castro.（*Diario El Tiempo/epa/Corbis*）

Cartagena, March 2007: GGM and Bill Clinton.（*Cesar Carrion/epa/Corbis*）

Cartagena, March 2007: GGM and King Juan Carlos I of Spain.（*AFP/ Getty Images*）

Cartagena, March 2007: GGM waves to admirers during his eightieth birthday celebrations.（*STR/AFP/Getty Images*）

本書作者及出版社誠摯地感謝賈布列爾・賈西亞・馬奎斯及Agencia Literaria Carmen Balcells, S.A.允許我們引用賈布列爾・賈西亞・馬奎斯的版權作品；並感謝Latimer, S.A.提供馬奎斯許多西班牙文作品的英譯本，包括：*One Hundred Years of Solitude*（1970）; *No One Writes to the Colonel*（1971）; *The Autumn of the Patriarch*（1977）; *Leafstorm*（1979）; *In Evil Hour*（1980）; *The Story of a Shipwrecked Sailor*（1986）; *Love in the Time of Cholera*（1988）; *Clandestine in Chile*（1989）, *The General in His Labyrinth*（1991）; *Collected Stories*（1991）; *Strange Pilgrims*（1993）; *Of Love and Other Demons*（1995）; *News of a Kidnapping*（1997）; *Living to Tell the Tale*（2003）and *Memories of My Melancholy Whores*（2005）.

The author and publishers gratefully acknowledge Gabriel García Márquez and the Agencia Literaria Carmen Balcells, S.A., for permission to quote extracts from copyright material by Gabriel García Márquez throughout this book, and also acknowledge Latimer, S.A., for the English translations of the original Spanish-language editions of various of his works, as follows: One Hundred Years of Solitude（1970）; No One Writes to the Colonel（1971）; The Autumn of the Patriarch（1977）; Leafstorm（1979）; In Evil Hour（1980）; The Story of a Shipwrecked Sailor（1986）; Love in the Time of Cholera（1988）; Clandestine in Chile（1989）, The General in His Labyrinth（1991）; Collected Stories（1991）; Strange Pilgrims（1993）; Of Love and Other Demons（1995）; News of a Kidnapping（1997）; Living to Tell the Tale（2003）and Memories of My Melancholy Whores（2005）.

此外，作者及出版社也誠摯地感謝下列著作的版權所有人：Plinio Apuleyo Mendoza（ed.）, *The Fragrance of Guava: Conversations with Gabriel García Márquez*（London, Faber & Faber, 1998）; Plinio Apuleyo Mendoza, *La llama y el hielo*（Bogotá, Gamma, 1989）. By permission of the author; Gustavo Arango, *Un ramo de nomeolvides*（Cartagena, El Universal, 1996）. 作者授權By permission of the author; Guillermo Cabrera Infante, *Mea Cuba*（London, Faber & Faber, 1994）; José Donoso, *The Boom in Spanish American Literature: A Personal History*（© Columbia University Press, 1977）. 作者授權轉印Reprinted by permission of the publisher; Claudia Dreifus, 'Gabriel García Márquez', *Playboy*, February 1983（© *Playboy* 1982）. Reprinted by permission; Heriberto Fiorillo, *La Cueva: crónica del grupo de Barranquilla*（Bogotá, Planeta, 2002）. 作者授權By permission of the author; Silvia Galvis, *Los García Márquez*（Bogotá, Arango Editores, 1996）. 作者授權By permission of the author. Eligio García, *Tras las claves de Melquíades*（Bogotá, Normal, 2001）. Agencia Literaria Carmen Balcells, S.A.出版社授權By permission of the Agencia Literaria Carmen Balcells, S.A.; Rita Guibert, *Seven Voices*（New York, Vintage, 1973）; Luis Harss and Barbara Dohmann, *Into the Mainstream: Conversations with Latin-American Writers*（New York, Harper and Row, 1967）; Antonio Núñez Jiménez, 'García Márquez y la perla de las Antillas（o "Qué conversan Gabo y Fidel"）'（unpublished manuscript, Havana, 1984）. 作者授權By permission of the author; Gabriel García Márquez, *Paris Review* Writers at Work interview by Peter H. Stone, Issue 82, winter 1981 and 'Solitude and Company: An Oral Biography of Gabriel García Márquez' by Silvana Paternostro, *Paris Review*, no. 166, summer 2003. Wylie Agency授權重印Reprinted by permission of the Wylie Agency; Elena Poniatowska, 'Los *Cien años de soledad* se iniciaron con sólo 20 dólares'（interview, September 1973）, in *Todo México, 1*（Mexico City, Diana, 1990）.

of the author; Guillermo Cabrera Infante, Mea Cuba（London, Faber & Faber, 1994）; José Donoso, The Boom in Spanish American Literature: A Personal History（© Columbia University Press, 1977）. Reprinted by permission of the publisher; Claudia Dreifus, 'Gabriel García Márquez', Playboy, February 1983（© Playboy 1982）. Reprinted by permission; Heriberto Fiorillo, La Cueva: crónica del grupo de Barranquilla（Bogotá, Planeta, 2002）. By permission of the author; Silvia Galvis, Los García Márquez（Bogotá, Arango Editores, 1996）. By permission of the author. Eligio García, Tras las claves de Melquíades (Bogotá, Normal, 2001). By permission of the Agencia Literaria Carmen Balcells, S.A.; Rita Guibert, Seven Voices (New York, Vintage, 1973); Luis Harss and Barbara Dohmann, Into the Mainstream: Conversations with Latin-American Writers (New York, Harper and Row, 1967); Antonio Núñez Jiménez, 'García Márquez y la perla de las Antillas (o "Qué conversan Gabo y Fidel")' (unpublished manuscript, Havana, 1984). By permission of the author; Gabriel García Márquez, Paris Review Writers at Work interview by Peter H. Stone, Issue 82, winter 1981 and 'Solitude and Company: An Oral Biography of Gabriel García Márquez' by Silvana Paternostro, Paris Review, no. 166, summer 2003. Reprinted by permission of the Wylie Agency; Elena Poniatowska, 'Los Cien años de soledad se iniciaron con sólo 20 dólares' (interview, September 1973), in Todo México, 1 (Mexico City, Diana, 1990).

馬奎斯的一生

2010年5月初版
定價：新臺幣平裝650元
新臺幣精裝800元

著　　者　Gerald Martin
譯　　者　陳　靜　妍
發 行 人　林　載　爵

出　版　者　聯經出版事業股份有限公司
地　　　址　台北市忠孝東路四段561號4樓
編輯部地址　台北市忠孝東路四段561號4樓
叢書主編電話　(02)87876242轉224
台北忠孝門市：台北市忠孝東路四段561號1樓
電　　　話：(02)27683708
台北新生門市：台北市新生南路三段94號
電　　　話：(02)23620308
台中分公司：台中市健行路321號
暨門市電話：(04)22371234ext.5
高雄辦事處：高雄市成功一路363號2樓
電　　　話：(07)2211234ext.5
郵政劃撥帳戶第0100559-3號
郵撥電話：27683708
印　刷　者　文聯彩色製版印刷有限公司
總　經　銷　聯合發行股份有限公司
發　行　所：台北縣新店市寶橋路235巷6弄6號2樓
電　　　話：(02)29178022

叢書主編	邱靖絨
校　　對	吳美滿
	劉洪順
	楊蕙苓
	林亞萱
封面設計	李東記
西文翻譯	李文進
索引翻譯	陳奕文
	毛子榮

行政院新聞局出版事業登記證局版臺業字第0130號

本書如有缺頁，破損，倒裝請寄回聯經忠孝門市更換。
ISBN　978-957-08-3608-0 (平裝)
ISBN　978-957-08-3609-7 (精裝)
聯經網址：www.linkingbooks.com.tw
電子信箱：linking@udngroup.com

國家圖書館出版品預行編目資料

馬奎斯的一生/Gerald Martin著．陳靜妍譯．
初版．臺北市．聯經．2010年5月（民99年）．
720面．16×23公分．
譯自：Gabriel García Márquez：A life
ISBN　978-957-08-3608-0（平裝）
ISBN　978-957-08-3609-7（精裝）
1.賈西亞馬奎斯（García Márquez, Gabriel, 1928）
2.作家　3.傳記　4.哥倫比亞

785.738　　99007373